Nähen

Alle Techniken Schritt für Schritt

Weltbild

Cheflektorat Stephanie Farrow
Chefbildlektorat Karen Sawyer
DTP-Design Sonia Charbonnier
Herstellung Louise Daly
Fotografie Laura Knox
Gestaltung Jane Forster, Martin Short
Modezeichnungen Terry Evans

Originalausgabe:
Lektorat Penelope Cream
Bildredaktion Cathy Shilling
Redaktion Joanna Bellamy, Tracey Beresford,
Colette Connolly, Linda Gibson,
Samantha Gray, Vivien Ruddock
Design Ellen Harris, Dawn Terry
Designassistenz Helen Benfield, Nathalie Hennequin
Cheflektorat Stephanie Jackson
Leitung Cheflektorat Josephine Buchanan, Krystyna Mayer
Leitung Bildlektorat Lynne Brown
Herstellung Meryl Silbert
Fotografie Andy Crawford, Steve Gorton

Titel der englischen Originalausgabe:
The Complete Book of Sewing

Genehmigte Lizenzausgabe für Verlagsgruppe Weltbild GmbH,
Steinerne Furt, 86167 Augsburg
© Dorling Kindersley Limited, 1996, 2003
Ein Unternehmen der Penguin-Gruppe
© der deutschsprachigen Ausgabe bei Dorling Kindersley Verlag
GmbH, München, 2005, 2010
Alle deutschsprachigen Rechte vorbehalten
Übersetzung: Wiebke Krabbe
Redaktion: Helene Weinold-Leipold, Andrea Müh
Umschlaggestaltung: Waldmann & Weinold –
Kommunikationsdesign, Augsburg
Umschlagmotive: (vorne groß) Cultura Images RF/F1online,
alle anderen Fotos von istockphoto.com

Gesamtherstellung: Neografia, a.s. printing house, Martin

Printed in the EU
978-3-8289-2675-2

2014   2013   2012
Die letzte Jahreszahl gibt die aktuelle Lizenzausgabe an.

Einkaufen im Internet:
www.weltbild.de

Inhalt

Einleitung 6

Werkzeuge und Hilfsmittel
Werkzeuge und Hilfsmittel 10
Nähmaschinen 16

Schnittmuster
So arbeiten Sie mit Schnittmustern 22
So schneiden Sie richtig zu 34

Stoffe, Garne, Kurzwaren
Baumwollstoffe 42
Wollstoffe 48
Leinen und Seide 52
Synthetiks und besondere Stoffe 56
Pflegehinweise 62
Garne 63
Kurzwaren 64

Stiche, Stiche ...
Handstiche 72
Maschinenstiche 77
Der letzte Schliff 78

Nähte
Nähen, steppen und versäubern 82

EINLAGE UND FUTTER
Materialien für Einlagen und Futter 94
Unterlagen 96
Einlagen 98
Futterstoffe 102
Zwischenfutter 105

ABNÄHER, BIESEN, FALTEN UND KRÄUSELN
Abnäher 108
Fältchen 111
Falten 114
Kräuseln 120

HALSABSCHLÜSSE
Halsabschlüsse arbeiten 126
Die zweiteilige Schlitzblende 138

KRAGEN
Kragen arbeiten und ansetzen 142
Elastische Halsabschlüsse 154

TAILLENABSCHLÜSSE
Taillenverbindungen und Taillenabschlüsse 158
Tunnelzüge 160
Taillenbündchen 166
Gürtel und Gürtelschlaufen 172

ÄRMEL UND MANSCHETTEN
Ärmel 180
Gerade Ärmelabschlüsse 188
Manschetten mit Öffnung 192
Manschetten ohne Öffnung 198

SÄUME
Säume und Kantenabschlüsse 204

ECKEN, KANTEN UND RÜSCHEN
Kanten einfassen 220
Rüschen 228

VERSCHLÜSSE
Knöpfe 234
Maschinenknopflöcher 238
Handgenähte Knopflöcher 246
Knopfschlingenverschlüsse 248
Reißverschlüsse 250
Andere Verschlüsse 260

TASCHEN
Taschen arbeiten und ansetzen 266

PROFESSIONELLE TECHNIKEN
Maßschneiderei 282
Designertechniken 298
Reparaturen 304

Glossar 308
Register 313
Dank 320

EINLEITUNG

Dieses Handbuch enthält eine Fülle von Information über Stoffe, Werkzeuge, Hilfsmittel und Arbeitstechniken. Mit diesem Wissen können Sie nahezu jedes Modell Ihrer Wahl schneidern. Wenn Sie die Grundtechniken einmal beherrschen, können Sie sich auch an schwierige Entwürfe wagen. In 16 Kapiteln erfahren Sie alles über Werkzeuge, Stoffe, Techniken, Tricks und Kniffe. Ausführliche Anleitungen und detaillierte Fotos führen Sie Schritt für Schritt zum Erfolg.

SO IST DIESES BUCH AUFGEBAUT

Das Buch ist in 16 Kapitel gegliedert, von denen sich jedes mit einem speziellen Thema beschäftigt: von den unterschiedlichen Werkzeugen und Stoffen über die Grundtechniken des Nähens bis hin zu Feinheiten wie etwa die Varianten von Säumen oder das Arbeiten von Krägen oder Manschetten.

Inhaltsübersicht für jedes Kapitel

Jedes Kapitel mit einer informativen Einleitung.

Werkzeuge und Hilfsmittel

Übersichtliche Aufteilung

Eine große Auswahl von Materialien mit Hinweisen zu Verarbeitung und Pflege.

Stoffe, Stoffe …

Detaillierte Fotos, die Ihnen bei der Auswahl der richtigen Werkzeuge helfen.

Die richtige Technik

Ausführliche Schritt-für-Schritt-Anleitungen, die sicher zum Erfolg führen.

SO FINDEN SIE SICH AUF DEN SEITEN ZURECHT

Damit Sie sich leicht orientieren können, wird jede Technik zuerst mit einem einleitenden Text erläutert. Anschließend finden Sie Fotos und klare Arbeitsanleitungen, mit denen Sie die einzelnen Arbeitsschritte nachvollziehen können. Tips und Tricks für Abwandlungen fehlen ebensowenig wie Verweise auf verwandte Themen.

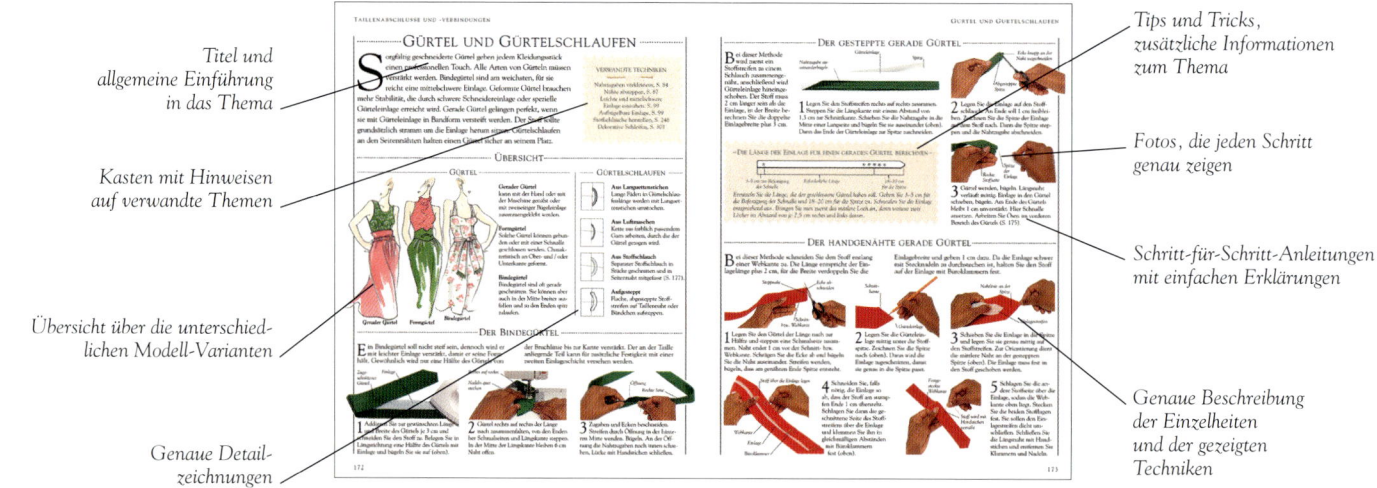

Titel und allgemeine Einführung in das Thema

Kasten mit Hinweisen auf verwandte Themen

Übersicht über die unterschiedlichen Modell-Varianten

Genaue Detailzeichnungen

Tips und Tricks, zusätzliche Informationen zum Thema

Fotos, die jeden Schritt genau zeigen

Schritt-für-Schritt-Anleitungen mit einfachen Erklärungen

Genaue Beschreibung der Einzelheiten und der gezeigten Techniken

EINLEITUNG

SO ARBEITEN SIE MIT DEN ANLEITUNGEN

Die einzelnen Arbeitsschritte sind numeriert, und zu jedem Schritt finden Sie ein Detailfoto. So sehen Sie jede Einzelheit des dargestellten Arbeitsganges ganz genau und können ihn leicht nachvollziehen. Extratips und Hinweise auf verwandte Themen und Nähmethoden finden Sie in farbig unterlegten Kästen.

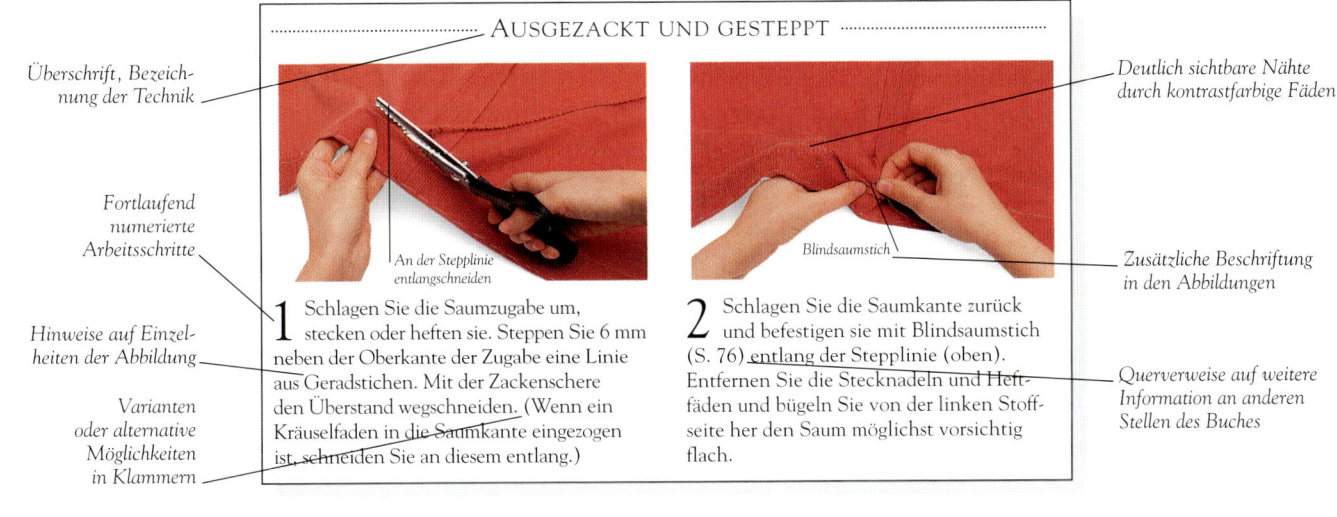

AUSGEZACKT UND GESTEPPT

Überschrift, Bezeichnung der Technik

Fortlaufend numerierte Arbeitsschritte

Hinweise auf Einzelheiten der Abbildung

Varianten oder alternative Möglichkeiten in Klammern

An der Stepplinie entlangschneiden

Blindsaumstich

Deutlich sichtbare Nähte durch kontrastfarbige Fäden

Zusätzliche Beschriftung in den Abbildungen

Querverweise auf weitere Information an anderen Stellen des Buches

1 Schlagen Sie die Saumzugabe um, stecken oder heften sie. Steppen Sie 6 mm neben der Oberkante der Zugabe eine Linie aus Geradstichen. Mit der Zackenschere den Überstand wegschneiden. (Wenn ein Kräuselfaden in die Saumkante eingezogen ist, schneiden Sie an diesem entlang.)

2 Schlagen Sie die Saumkante zurück und befestigen sie mit Blindsaumstich (S. 76) entlang der Stepplinie (oben). Entfernen Sie die Stecknadeln und Heftfäden und bügeln Sie von der linken Stoffseite her den Saum möglichst vorsichtig flach.

SO ARBEITEN SIE MIT DIESEM BUCH

Dieses Buch wendet sich an Anfänger und an Könner. Wer das Nähen erst lernt, kann sich von Seite zu Seite voranarbeiten, wie in einem Schneiderkurs. Aber auch erfahrene Schneiderinnen werden immer wieder einen Rat zu bestimmten Techniken und Problemen suchen. Zum schnellen Zurechtfinden gibt es am Ende des Buches ein alphabetisches Register und ein Verzeichnis der Fachbegriffe.

Nähen ist ein Buch über die Techniken des Schneiderns. Darum werden Sie kaum Anleitungen für ganze Kleidungsstücke finden. Es geht mehr darum, knifflige Probleme, die beim Nähen unterschiedlichster Kleidungsstücke auftreten, zu erklären. Wenn Sie mit dem Buch arbeiten, sollten Sie sich dieses Anliegens bewußt sein.

Bild zeigt bestimmten Arbeitsgang – i.d.F. Einschneiden

Stoffarbe ist nur ein Beispiel

Werkzeuge
Wenn Sie zu nähen beginnen wollen, brauchen Sie eine Nähmaschine, ein Bügeleisen, eine scharfe Schere und ein akkurates Maßband. Im Kapitel über Werkzeuge (S. 8–19) finden Sie eine Vielzahl von Informationen über die Grundausstattung und die verschiedenen Hilfsmittel, die darüber hinaus sinnvoll sind.

Schnittmuster
Auf den Fotos werden Sie Schnittmuster sehen, die speziell für dieses Buch entworfen wurden. Wahrscheinlich werden Sie mit fertigen Schnittmustern arbeiten, darum verzichten wir auf ein Kapitel über das Konstruieren von Schnitten. In den meisten Fällen ist nur die rechte Hälfte eines Musters abgebildet. Natürlich gelten die Anleitungen gleichermaßen für die linke Hälfte.

Stoffe, Garne, Zubehör
Im Kapitel über Stoffe, Garne und Zubehör (S. 40–69) finden Sie Informationen über eine Vielzahl von Materialien, dazu Hinweise auf ihre Verarbeitung und ihre Pflege. Auch die unterschiedlichen Garnsorten werden ausführlich beschrieben.

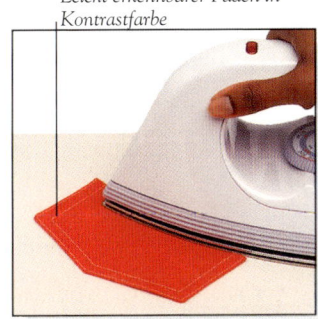

Leicht erkennbarer Faden in Kontrastfarbe

Grundtechniken
Die Stoffe und Schnitte, die Sie in diesem Kapitel finden, sind oft als Anschauungsmuster gedacht. Natürlich wird man meist den Faden in einer Farbe wählen, der zum Stoff paßt. Hier haben wir jedoch oft Garn in Kontrastfarben verwendet, damit die Details noch deutlicher zu erkennen sind.

Professionelle Techniken
In diesem Kapitel (S. 280–303) erfahren Sie, wie Sie auch anspruchsvolle Modelle und Näharbeiten erfolgreich meistern. Das Kapitel wendet sich an geübte Schneiderinnen, die die Grundtechniken schon beherrschen.

BEGRIFFE, DIE SIE IMMER WIEDER LESEN WERDEN

Nähen: Nähen mit der Hand oder der Maschine.
Steppen: Nähen mit der Nähmaschine.
Heften: Vorstiche, die Stoff vorübergehend fixieren.
Bekanteln/Versäubern: Zickzackstiche, die über die Stoffkante greifen und das Ausfransen verhindern.
Kräuseln: große Maschinenstiche, die Stoff aufkräuseln.
Nahtzugabe: Überstand von ca. 1,5 cm.

Werkzeuge und Hilfsmittel

Werkzeuge und Hilfsmittel
Stecknadeln 10 · Nähnadeln 10
Werkzeuge zum Schneiden 11
Messer · Scheren · Trenner · Ahle · Schneiderädchen · Schneidematte
Messwerkzeuge 12
Maßbänder · Kurvenlineale · Saumabrunder · Schneiderwinkel · Messlehre · Lineal
Markieren und Kopieren 13
Saumroller · Schneiderkreide · Schneiderkopierpapier
Kopierrädchen · Markierstift · Kreidestift
Der Smoker 13
Allerlei Hilfsmittel 14
Wendenadel · Stopfpilz · Schrägstreifen-Schneider · Klebstoffe
Fixierspray · Schneiderpapier · Nadelgreifer · Kantenglätter · Magnet
Nadelkissen · Fingerhut · Einfädler · Schneiderbüste · Bienenwachs · Klebeband
Bügeln und Glätten 15
Dampfbügeleisen · Ärmelbrett · Saumrolle · Schneider-Ei
Bügelhandschuh · Nadelbrett · Pressholz · Bügeltuch · Bügelbrett

Nähmaschinen
Der Aufbau einer Nähmaschine 16
Zubehör · Werkzeug · Nadeln · Fadenspannung · Wie ein Stich gemacht wird
Nähfüßchen 18
Die Overlock-Maschine 19
Zubehör

WERKZEUGE UND HILFSMITTEL

Wer schneidern will, braucht für den Anfang eine solide Grundausstattung. Speziellere Werkzeuge und Hilfsmittel kann man jederzeit bei Bedarf nachkaufen. Kleines Nähzubehör wie Nadeln oder Schere sind relativ preiswert, eine gute Nähmaschine dagegen ist teuer, aber unerlässlich. Auch ein Dampfbügeleisen und ein Bügelbrett sind wichtig. Andere Werkzeuge wie Saumabrunder oder Schneiderkreide können für bestimmte Modelle nötig sein.

STECKNADELN

Stecknadeln gibt es in verschiedenen Stärken und Längen, aus Messing, Edelstahl und aus vernickeltem Stahl. Gewöhnliche Stecknadeln sind etwa 26 mm lang. Für feine Stoffe gibt es aber auch kürzere, leichtere Nadeln. Glaskopfnadeln sind am besten zu sehen, Nadeln mit breitem T-Kopf bleiben sicher an ihrem Platz.

Stecknadeln   *Glaskopfnadeln*   *Spitzennadeln*   *T-Nadeln*   *Sicherheitsnadeln*

NÄHNADELN

Für das Nähen mit der Hand gibt es zahllose Nadelvarianten. Am bekanntesten und universellsten sind die einfachen Nähnadeln. Viele Arbeiten lassen sich aber mit einer speziell für diesen Zweck geeigneten Nadel besser ausführen. Richten Sie sich bei der Auswahl der Nadeln nach der verwendeten Garnstärke und dem Gewicht des Stoffes.

Nähnadeln, die gängigsten Nadeln überhaupt, sind mittellang mit einem runden Öhr. Sie eignen sich für viele Arbeiten.

Halblange Nähnadeln sind etwas kürzer als Nähnadeln. Sie eignen sich besonders für kurze, feine Stiche.

Trikotnadeln haben eine abgerundete Spitze, die bei gestrickten Stoffen die Maschen nicht verletzt.

Heftnadeln sind länger als Nähnadeln. Man kann mit ihnen viele Vorstiche auf einmal machen.

Chenillenadeln sind sehr dick und spitz und haben ein großes Öhr. Sie eignen sich für Arbeiten mit dicken Garnen oder Wolle.

Perlennadeln sind sehr lang und fein, sie haben eine scharfe Spitze. Mit ihnen lassen sich Perlen und Pailletten besonders gut verarbeiten.

Teppichnadeln mit großem Öhr sind dick und an der Spitze abgerundet. Sie eignen sich darum speziell zum Sticken mit dicken Garnen, z. B. Teppichstickerei.

Stopfnadeln sind etwas dicker und besonders lang. Man benutzt sie, um Löcher in dickeren Geweben zu stopfen. Das Öhr ist so groß, dass auch dickere Wolle eingefädelt werden kann.

Sticknadeln sind mittellang, rund oder spitz und haben ein längliches Öhr, durch das sich mehrfädiges Stickgarn gut einfädeln lässt.

Feine Stopfnadeln verwendet man zum Stopfen feinerer Gewebe. Wegen ihrer scharfen Spitze lassen sie sich auch gut für andere Arbeiten einsetzen.

Polsternadeln sind gebogen. Sie werden beim Nähen von Polsterkanten eingesetzt, wo gerade Nadeln ungeeignet wären.

Ledernadeln sind besonders stabil. An der Spitze sind sie dreieckig zugeschliffen, damit man auch dickeres Leder leicht durchstechen kann.

Werkzeuge und Hilfsmittel

Werkzeuge zum Schneiden

Wenn Sie eine Schere kaufen, achten Sie unbedingt auf gute Qualität. Wählen Sie ein Werkzeug aus hochwertigem Stahl und achten Sie darauf, daß es immer sauber geschliffen ist. Scheren mit abgewinkelten Griffen eignen sich zum Zuschneiden besonders gut. Mit einer scharfen Schneiderschere bekommen Sie saubere Kanten, Zackenscheren verhindern das Ausfransen von Schnittkanten. Leder und Wildleder schneiden Sie am besten mit einer speziellen Lederschere oder einem Cutter. Extrem saubere Schnittkanten erhalten Sie, wenn Sie mit einem Schneiderädchen arbeiten. Mit einer Ahle stechen Sie kleine Löcher in Ihren Stoff, auch Leder lässt sich damit stechen. Zum Abschneiden von Fäden gibt es Federscheren, zum Auftrennen von Nähten Pfeiltrenner in verschiedenen Größen.

Schneiderädchen und Klinge
Schneiderädchen werden in verschiedenen Größen und mit verschiedenen Klingen angeboten. Die Klingen lassen sich zur Sicherheit einziehen, wenn das Gerät nicht benutzt wird. Schneidematte verwenden.

Werkzeuge und Hilfsmittel

Messwerkzeuge

Damit ein Stück gut gelingt, müssen Sie akkurat arbeiten – und akkurat messen. Körpermaße müssen ebenso genau abgenommen werden wie die Maße von Schnittmustern. Nur so können Sie ein Schnittmuster Ihren persönlichen Maßen anpassen, damit es wirklich passt. Es gibt Universalwerkzeuge, die Sie benötigen, wann immer Sie nähen. Andere eigenen sich für ganz spezielle Aufgaben, etwa eine Kragenrundung zu variieren, einen Saum abzurunden oder Falten auszumessen.

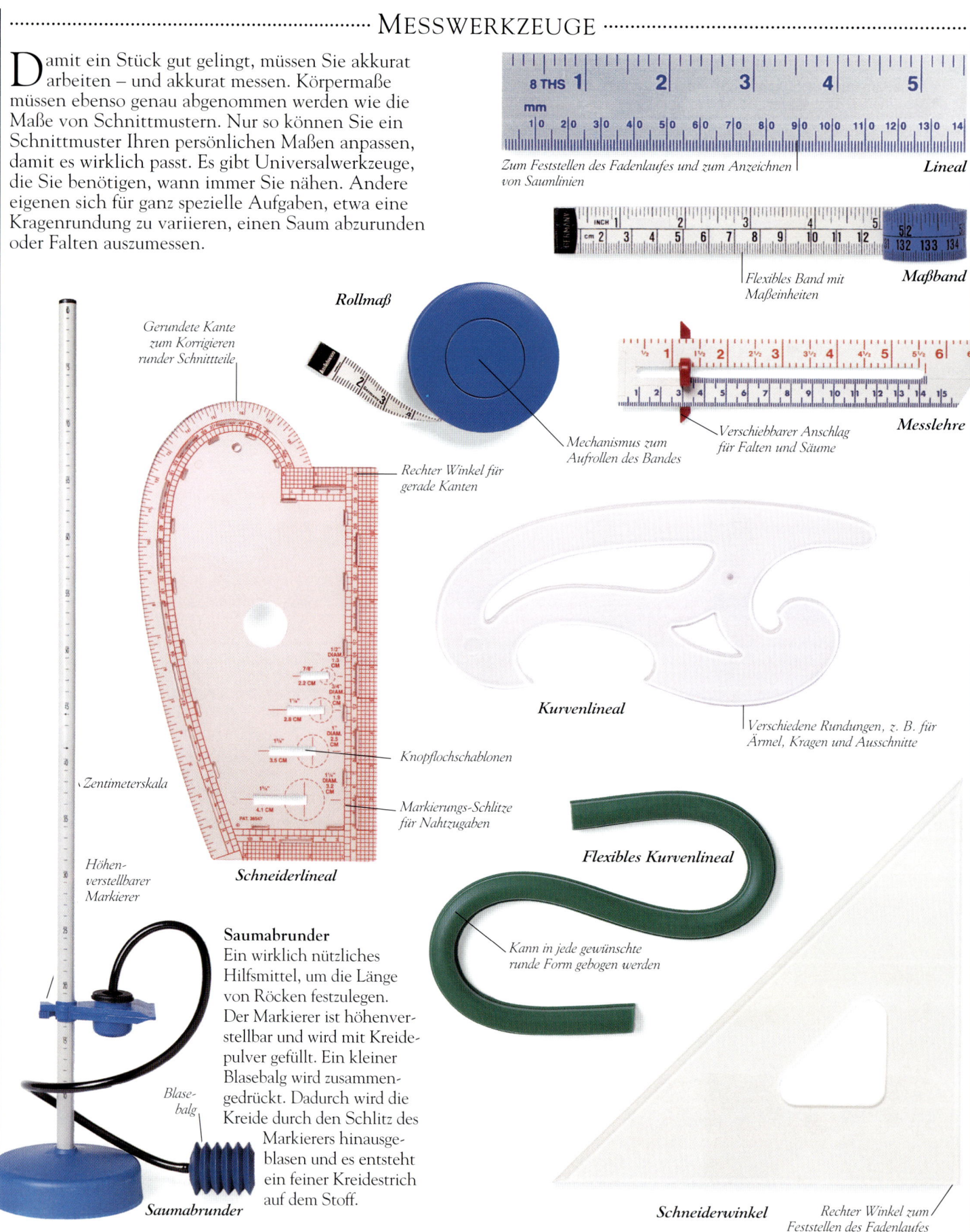

Zum Feststellen des Fadenlaufes und zum Anzeichnen von Saumlinien — **Lineal**

Flexibles Band mit Maßeinheiten — **Maßband**

Rollmaß — *Mechanismus zum Aufrollen des Bandes*

Messlehre — *Verschiebbarer Anschlag für Falten und Säume*

Schneiderlineal
- *Gerundete Kante zum Korrigieren runder Schnittteile*
- *Rechter Winkel für gerade Kanten*
- *Knopflochschablonen*
- *Markierungs-Schlitze für Nahtzugaben*

Kurvenlineal — *Verschiedene Rundungen, z. B. für Ärmel, Kragen und Ausschnitte*

Flexibles Kurvenlineal — *Kann in jede gewünschte runde Form gebogen werden*

Saumabrunder
Ein wirklich nützliches Hilfsmittel, um die Länge von Röcken festzulegen. Der Markierer ist höhenverstellbar und wird mit Kreidepulver gefüllt. Ein kleiner Blasebalg wird zusammengedrückt. Dadurch wird die Kreide durch den Schlitz des Markierers hinausgeblasen und es entsteht ein feiner Kreidestrich auf dem Stoff.

Zentimeterskala · *Höhenverstellbarer Markierer* · *Blasebalg* — **Saumabrunder**

Schneiderwinkel — *Rechter Winkel zum Feststellen des Fadenlaufes*

Werkzeuge und Hilfsmittel

Markieren und Kopieren

Wenn Sie Schnittmuster auf Stoff übertragen wollen oder Änderungen auf dem Stoff einzeichnen, brauchen Sie Kreide oder andere geeignete Materialien. Im Fachhandel gibt es eine Vielzahl von Stiften, Kreideblöcken und anderem. Probieren Sie aus, womit Sie am liebsten arbeiten möchten!

Markierungsrädchen

Schneiderkreide *Wachskreide*

Schneiderkopierpapier
Dieses Papier gibt es in vielen Farben. Es wird benutzt, um Linien von einem Schnittmusterbogen auf den Stoff zu übertragen. Dazu drücken Sie die Linien mit einem Kopierrädchen (siehe unten) auf den Stoff durch. Richten Sie sich nach den jeweiligen Herstellerangaben.

Saumroller
Das kleine Plastikgefäß wird mit Kreidepulver gefüllt. Durch ein Rädchen an der Basis des Rollers wird die Kreide auf den Stoff übertragen.

Kreiden
Schneiderkreide gibt es in vielen verschiedenen Farben. Sie lässt sich leicht ausbürsten. Wachskreide wird in Schwarz und Weiß angeboten. Sie verschwindet beim Bügeln.

Kreidestift
Mit einem Kreidestift können Sie feinere Linien zeichnen als mit einem Kreideblock.

Kopierrädchen
Damit drücken Sie die Konturen eines Schnittes mithilfe von Schneiderkopierpapier auf den Stoff durch.

Markierstift
Solche Stifte funktionieren ähnlich wie Filzschreiber. Bei einigen verschwinden die Linien auf dem Stoff nach 48 Stunden von allein, andere sind auswaschbar.

Kreidestift
Der Kreidestift wird benutzt, um feine Markierungen auf dem Stoff anzubringen. Am Ende hat er eine Bürste, um Striche »auszuradieren«.

Der Smoker

Der Smoker ist ein zeitsparendes Gerät, wenn man Stoffe mit einem Netz aus elastischen Fäden überziehen möchte. In eine Reihe von Nadeln wird Näh- oder Gummigarn eingefädelt. Nun wird der Stoff eingelegt und durch Drehen an den Handgriffen um die Walzen des Smokers gezogen. Dabei durchstechen die Nadeln den Stoff und ziehen die Fäden hindurch. Damit die Stiche in geraden Reihen laufen, sind in die Walzen Führungskerben eingearbeitet. Die Anzahl der Nadeln richtet sich nach der Breite des Stoffes, der gesmokt werden soll.

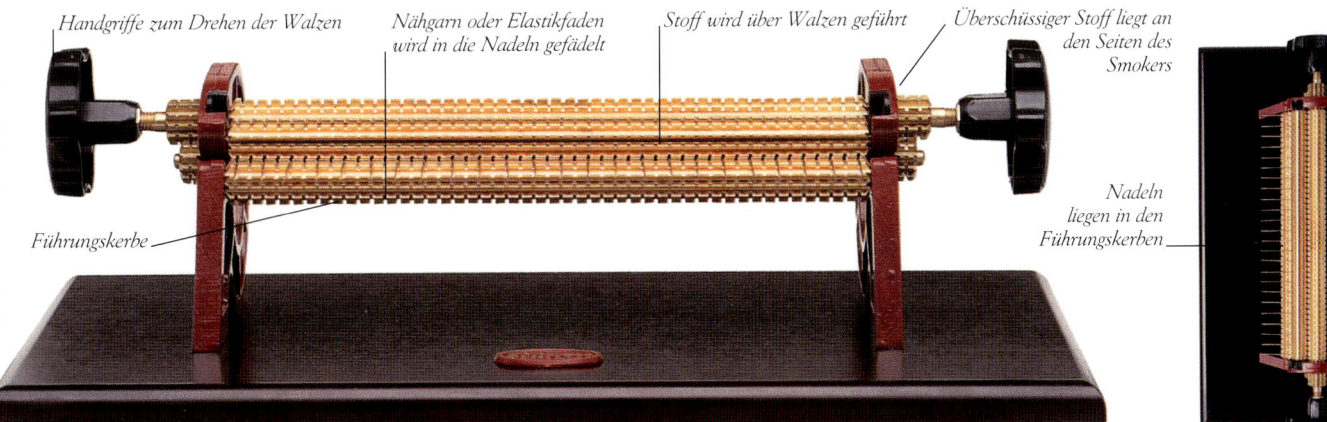

Handgriffe zum Drehen der Walzen *Nähgarn oder Elastikfaden wird in die Nadeln gefädelt* *Stoff wird über Walzen geführt* *Überschüssiger Stoff liegt an den Seiten des Smokers*

Führungskerbe

Nadeln liegen in den Führungskerben

Ansicht von vorn *Ansicht von oben*

Werkzeuge und Hilfsmittel

Allerlei Hilfsmittel

Mit diesen praktischen Helfern sparen Sie Zeit und machen sich so manche Arbeit leichter. Bevor Sie Chemikalien wie Fixierspray benutzen, lesen Sie die Herstellerangaben genau durch. Probieren Sie das Produkt auf einem Reststück Ihres Stoffes aus. Leicht entflammbare Produkte sollten Sie immer in einem kühlen Schrank aufbewahren.

Fingerhut

Einfädler — Drahtschlaufe zieht den Faden durch das Nadelöhr

Nadelkissen

Durchziehnadel — Griff; Metallschaft lässt sich leicht in schmale Stoffschläuche einschieben

Die schadhafte Stelle wird über den Hut des Pilzes gelegt

Stopfpilz

Rundes Ende zum Glätten kleiner Nähte und Abnäher

Magnet

Schrägstreifenfalter — *Am schmalen Ende tritt der fertig gefaltete Schrägstreifen aus. Der Stoffstreifen wird an der breiten Seite in das Werkzeug eingeschoben.*

Greif-Hilfe — Flexibler Kunststoff; *Wegen der strukturierten Oberfläche lassen sich Nadeln auch beim Durchstechen dicker und harter Materialien gut festhalten.*

Kantenglätter — *Spitzes Ende zum Herausdrücken von Kragenecken usw.*

Klebstoff — gesicherter Haken

Fixierspray

Flüssiges Fixiermittel — *Feine Spitze zur punktgenauen Anwendung*

Klebe-Naht

Schneiderbüste

Justierrad — Verstellbare Öffnung

Eine Schneiderbüste ist praktisch, wenn Sie maßgeschneiderte Modelle arbeiten wollen. Der Fachhandel bietet Büsten in Standardgrößen und auch verstellbare Büsten (oben) an. Mithilfe von Justier-Rädern können solche Puppen an jede gewünschte Körperform angepasst werden.

Schneiderpapier — Raster; Punkte zur Orientierung

Werkzeuge und Hilfsmittel

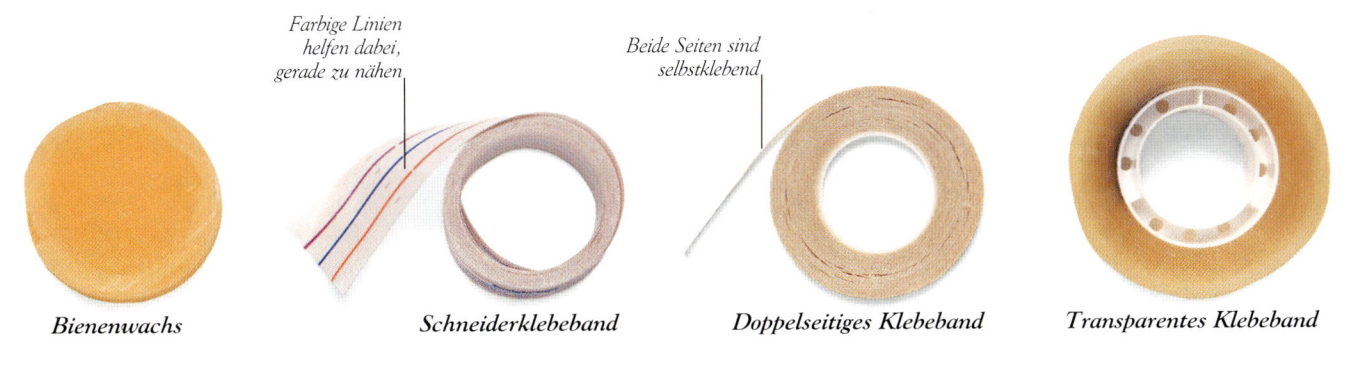

Bienenwachs

Farbige Linien helfen dabei, gerade zu nähen

Schneiderklebeband

Beide Seiten sind selbstklebend

Doppelseitiges Klebeband

Transparentes Klebeband

Bügeln und Glätten

Was Sie zum Schneidern unbedingt brauchen, ist ein stabiles Bügelbrett, ein Dampfbügeleisen und ein Bügeltuch. Ideal sind Bügeleisen, die unter Druck Dampf erzeugen, aber auch mit einfachen Geräten kommen Sie gut zurecht. Die übrigen Hilfsmittel machen manche Arbeit leichter, sind aber nicht unbedingt erforderlich.

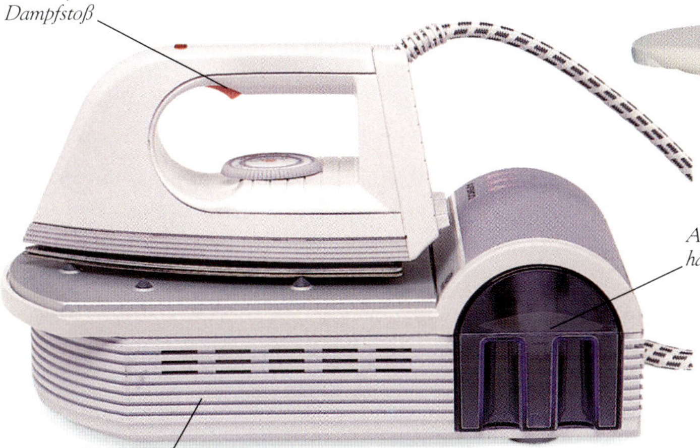

Auslöser für Dampfstoß

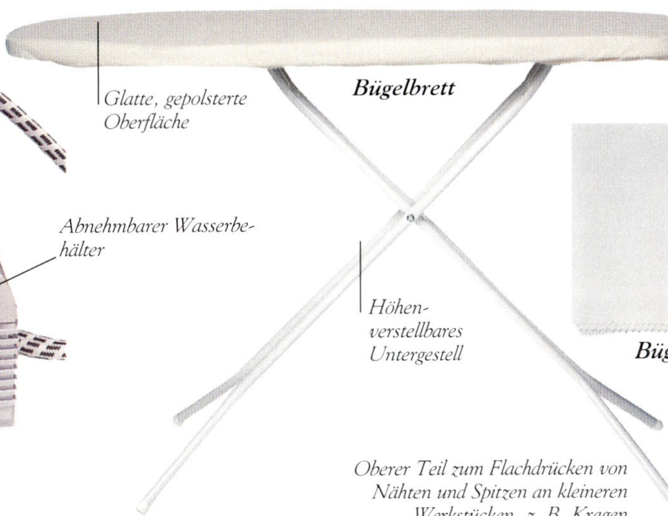

Glatte, gepolsterte Oberfläche

Bügelbrett

Abnehmbarer Wasserbehälter

Höhenverstellbares Untergestell

Bügeltuch

Hitzefeste Abstellplatte

Dampfbügeleisen

Schmale Seite für Nähte und enge Werkstücke

Oberer Teil zum Flachdrücken von Nähten und Spitzen an kleineren Werkstücken, z. B. Kragen

Breite Seite für längere, gerade Stücke

Ärmelbrett

Unterer Teil zum scharfen Eindrücken von Falten und Kniffen in schwereren Stoffen

Pressholz

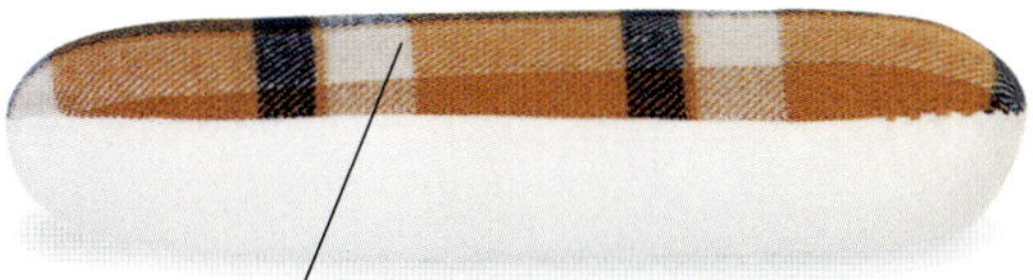

Wird in Ärmel oder Hosenbeine eingeschoben und verhindert ungewollte Bügelfalten

Saumrolle

Fest gestopftes Kissen

Bügelhandschuh

Samtbrett

Auf der Unterlage aus aufrecht stehenden Nadeln lassen sich Stoffe mit Flor ohne Zerdrücken bügeln.

Bügelkissen

Werkzeuge und Hilfsmittel

NÄHMASCHINEN

Mit einer Nähmaschine und einer Overlock-Maschine können Sie Kleidung schnell, einfach und professionell fertigen. Es gibt zahlreiche verschiedene Maschinentypen – von der einfachen Haushaltsmaschine bis zum computergesteuerten Hightechgerät. Wenn Sie eine Maschine kaufen, sollte diese mindestens Geradeaus- und Zickzackstiche nähen können. Für Nähmaschinen und Overlock-Maschinen gibt es verschiedene Nähfüßchen, die für die unterschiedlichsten Aufgaben gedacht sind. Solche Füßchen können Sie als Zubehör jederzeit einzeln nachkaufen. Machen Sie sich keine Sorgen, wenn Ihre Nähmaschine ganz anders aussieht als das Modell in unseren Beispielen. Solange die wesentlichen Funktionen die gleichen sind, werden Sie unsere Anleitungen erfolgreich nacharbeiten können.

DER AUFBAU EINER NÄHMASCHINE

Die typische elektrische Haushaltsnähmaschine ist ein kompaktes Gerät, das sich für vielfältige Arbeiten eignet. Die mechanischen Teile sitzen in einem stabilen Gehäuse, das sich zur Bedienung und Wartung leicht öffnen lässt. Oft gehört ein Aufbewahrungsfach für kleines Maschinenzubehör und spezielles Werkzeug dazu. Manche Maschinen werden mit einem Transportkoffer geliefert, andere haben einen Tragegriff.

Garnrollenhalter
Diese Zubehörteile halten die Garnrolle fest und sorgen dafür, dass der Faden glatt abrollt.

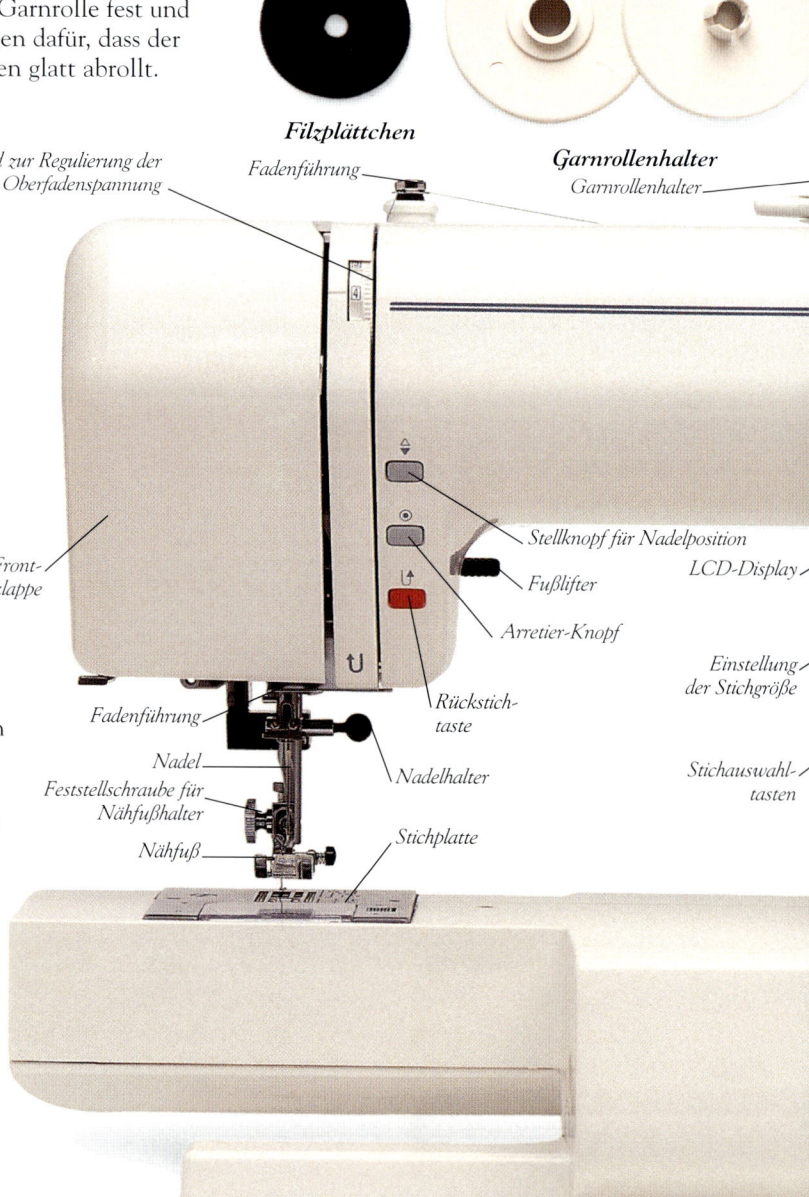

Fadenführung
Von der Garnrolle aus läuft der Oberfaden zwischen den Spannungsscheiben hindurch, dann zum Gelenkfadenhebel und schließlich hinab zur Nadel. Im unteren Teil der Maschine befindet sich eine Spule, auf die der Unterfaden gewickelt ist. Fadenführungsösen sorgen für den schlaufenfreien Lauf der Fäden.

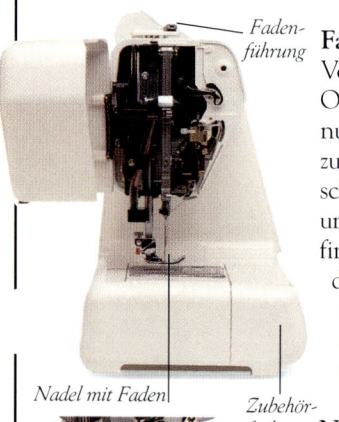

Nähfüßchen
Für jeden Stich, jede Anwendung gibt es ein spezielles, durch Schnellwechsel-Vorrichtung meist leicht austauschbares Füßchen. Das Füßchen hält den Stoff fest und sorgt dafür, dass die Nadel sauber einsticht.

Spulen
Wenn ein Stich entsteht, wird der Oberfaden um die Spule mit dem Unterfaden geschlungen. Je nach Maschinentyp brauchen Sie unterschiedliche Spulen – aus Metall oder Kunststoff.

NÄHMASCHINEN

ZUBEHÖR

Kreislehre
Dieses Hilfsmittel dient dazu, perfekte Kreise oder Rundungen mit Steppstichen oder Zierstichen zu nähen.

Kantenanschlag
Der Anschlag wird in der Stichplatte festgeschraubt und auf das gewünschte Maß eingestellt. Für gerade Nähte!

Biesenfuß
Spezieller Fuß für Biesen mit Kordel. Die Kordel wird in einer Rille auf der Unterseite des Füßchens geführt.

Kräuselfuß
In einem Arbeitsgang können Sie mit diesem Fuß kleine Kräusel oder Fältchen legen und sie feststeppen.

WIE EIN STICH GEMACHT WIRD

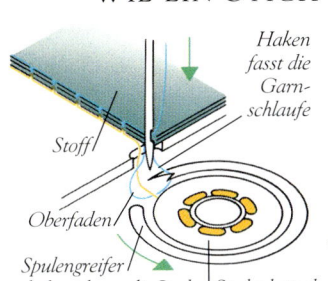
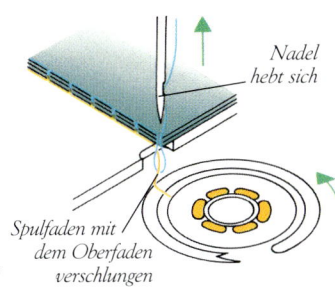

1 Oberfaden tritt aus Spulenkapsel aus → Schlaufe, vom Haken an Spulengreifer festgehalten.

2 Oberfadenschlaufe wird um Spule herumgeführt → Fäden sind beim Herausziehen der Nadel verbunden.

FADENSPANNUNG

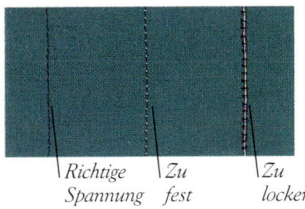

Die Fadenspannung bestimmt, wie viel Faden für einen Stich verwendet wird. Die Spannung darf weder zu fest noch zu locker sein (siehe Abb.).

Richtige Spannung — *Zu fest* — *Zu locker*

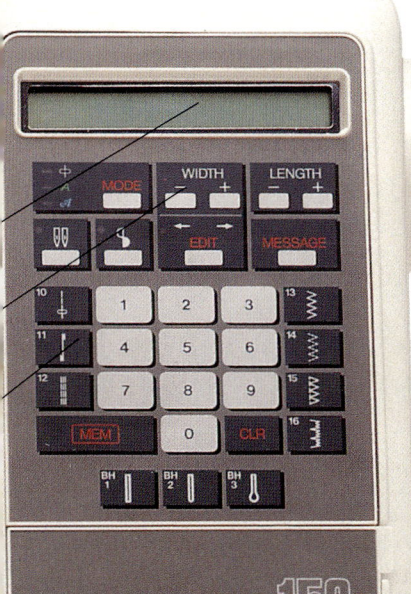

Garnrolle, Spuler, Garnrollenhalter, Handrad

WERKZEUG

Ölflasche, Schraubendreher, Flusenpinsel

Eine Nähmaschine muss häufig gereinigt werden, damit Staub und Stoffflusen die Mechanik nicht lahmlegen. Viele moderne Maschinen sind selbstschmierend. Dennoch dürfen Sie die Reinigung nicht vernachlässigen.

Der Antrieb
Nähmaschinen haben einen Keilriemenantrieb. Die Laufgeschwindigkeit wird mithilfe eines Fußpedals reguliert. So bestimmen Sie auch, wie schnell die einzelnen Stiche nacheinander genäht werden.

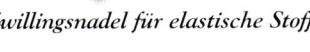

Fußpedal

NADELN

Spitze Nadel für gewebte Stoffe

Abgerundete Nadel für Strickstoffe

Ledernadel

Zwillingsnadel für Zierstoppereien

Zwillingsnadel für elastische Stoffe

Drillingsnadel für Ziernähte

Spezialnadel für Maschinenstickerei

Spezialnadel für Seide und feine Synthetiks

Spezialnadel für dicke Ziergarne

Jeansnadel für besonders feste Stoffe

Für jeden Stoff und Zweck gibt es spezielle Nadeln. Für Jerseys und Strickstoffe unbedingt eine Nadel mit abgerundeter Spitze verwenden, damit die Maschen nicht beschädigt werden. Wechseln Sie die Nadel häufig, denn nur mit geraden, scharfen Nadeln können Sie sauber arbeiten.

Werkzeuge und Hilfsmittel

Nähfüsschen

Erst mit den richtigen Füßchen können Sie die Möglichkeiten Ihrer Maschine voll ausschöpfen. Manche Nähfüße lassen sich universell für verschiedene Arbeiten einsetzen, andere eigenen sich nur für einen bestimmten Zweck. Üben Sie auf Stoffresten, bis Sie mit den Füßchen Ihrer Maschine vertraut sind.

Wattierlineal
Zum Steppen akkurater Linien.

Zickzackfuß
Für alle Zickzack- und Geradeaus-Stiche.

Kantelfuß
Verhindert das Hochrollen beim Bekanteln von Stoffen.

Blindsaumfuß
Spezialfuß für Blindsäume und unsichtbare Einschläge.

Reißverschlussfuß
Mit diesem Fuß können Sie nah an der Raupe des Reißverschlusses entlangnähen.

Fuß für verdeckte Reißverschlüsse
Nur zum Einnähen verdeckter Reißverschlüsse.

Kordelfuß
Zum Einnähen von Kordeln unter dem Oberstoff. Auch geeignet zum Paspelieren.

Biesenfuß
Mit diesem Fuß nähen Sie mit der Zwillingsnadel saubere, schmale Biesen.

Schmaler Säumer
Schmale Säume in einem Arbeitsgang umlegen und feststeppen.

Breiter Säumer
Zum Einlegen und Feststeppen von ca. 6 mm breiten Säumen.

Satinstichfuß
Zum Nähen eines sehr feinen Zickzackstiches zur Umrandung von Applikationen.

Kräuselfuß
Legt den Stoff schnell in weiche Kräuselfalten.

Automatischer Knopflochfuß
Näht perfekte Knopflöcher.

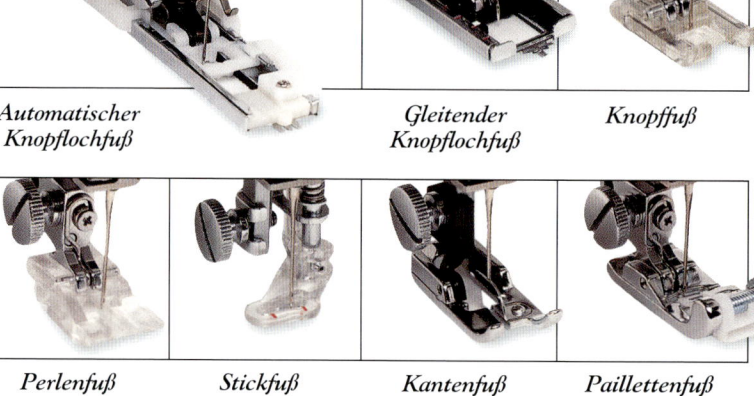

Wattierlineal *Zickzackfuß* *Kantelfuß* *Blindsaumfuß*

Reißverschlussfuß *Fuß für verdeckte Reißverschlüsse* *Kordelfuß* *Biesenfuß*

Schmaler Säumer *Breiter Säumer* *Satinstichfuß* *Kräuselfuß*

Automatischer Knopflochfuß *Gleitender Knopflochfuß* *Knopffuß*

Perlenfuß *Stickfuß* *Kantenfuß* *Paillettenfuß*

Bandeinfasser *Rollfuß* *Teflonfuß* *Zusätzlicher Obertransport*

Gleitender Knopflochfuß
Ideal zum Nähen von Knopflöchern, die in vier Arbeitsschritten gefertigt werden.

Knopffuß
Mit diesem Fuß können Sie flache Knöpfe annähen.

Perlenfuß
Dieser Fuß hat eine tiefe Rille auf der Unterseite, mit deren Hilfe Sie Perlen und andere dekorative Elemente festnähen können.

Stickfuß
Ein spezieller Fuß für Maschinenstickerei.

Kantenfuß
Mit diesem Fuß nähen Sie dekorative Bogenkanten.

Paillettenfuß
Ein Fuß, mit dem Sie Pailletten oder dekorative Bänder befestigen.

Bandeinfasser
Dieser Fuß faltet Schrägstreifen und steppt sie an Stoffkanten fest.

Rollfuß
Dieser Fuß gleitet durch Rollen besonders leicht über den Stoff, lässt sich aber trotzdem gut steuern.

Teflonfuß
Nähfuß mit einer Teflonbeschichteten Unterseite. Er gleitet leichter auf schwierigen Materialien.

Zusätzlicher Obertransport
Dieses Zusatzteil hält Leder und andere schwierige Materialien fest und verhindert Verrutschen.

NÄHMASCHINEN

DIE OVERLOCK-MASCHINE

Mit einer Overlock-Maschine können Sie in einem Arbeitsgang Nähte steppen, versäubern und die Kanten abschneiden. Trotzdem reicht sie allein nicht aus. Für Zierstepperein, Knopflöcher, Reißverschlüsse und vieles andere brauchen Sie dennoch eine normale Nähmaschine. Eine Overlock-Maschine näht viel schneller als eine Nähmaschine. Mit entsprechendem Zubehör können Sie feine Rollsäume nähen, schnell und gleichmäßig kräuseln und Schrägstreifen annähen. Ideal ist eine Overlock-Maschine zum Nähen von elastischen Stoffen.

So funktioniert eine Overlock-Maschine

Der Stoff wird durch ein Differentzial transportiert. Kleine bewegliche Schlitten schieben den Stoff auf die Nadel und die Messer zu. Nun wird der Stoff von den Messern sauber beschnitten. Die Nadeln nähen den Stoff zusammen und versäubern gleichzeitig die Kanten. Der zusammengenähte Stoff wird hinten wieder unter dem Schlitten herausgeschoben. Die Fäden kommen von bis zu fünf hinter der Maschine angebrachten Spulen. Die Overlock-Maschine arbeitet mit zwei beweglichen Messern. Wie zwischen den Klingen einer Schere werden damit die Stoffkanten und lose Fadenenden abgeschnitten.

Frontansicht der eingefädelten Overlock-Maschine

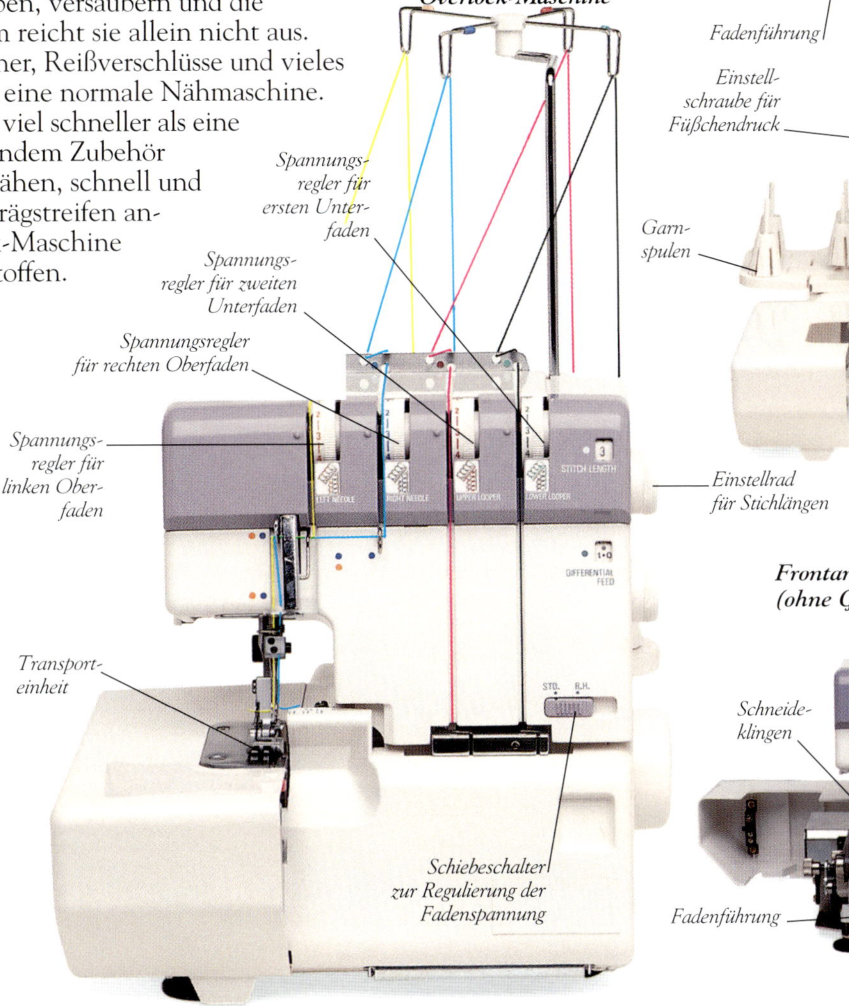

Spannungsregler für ersten Unterfaden
Spannungsregler für zweiten Unterfaden
Spannungsregler für rechten Oberfaden
Spannungsregler für linken Oberfaden
Transporteinheit
Schiebeschalter zur Regulierung der Fadenspannung
Einstellrad für Stichlängen

Seitenansicht (ohne Garn)
Fadenführung
Einstellschraube für Füßchendruck
Frontplatte mit Fadenführung
Garnspulen

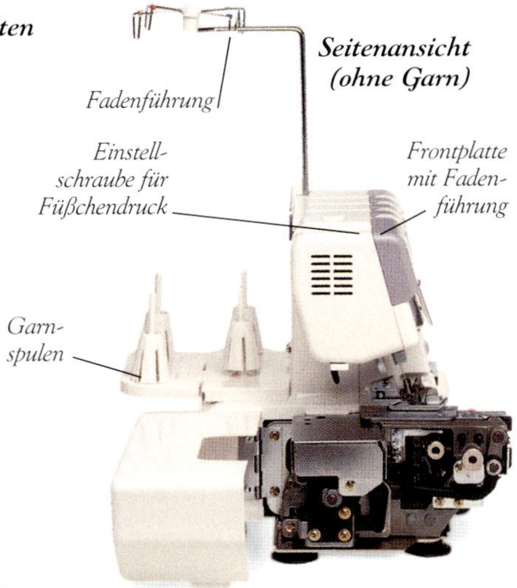

Frontansicht (ohne Garn)
Schneideklingen
Fadenführung

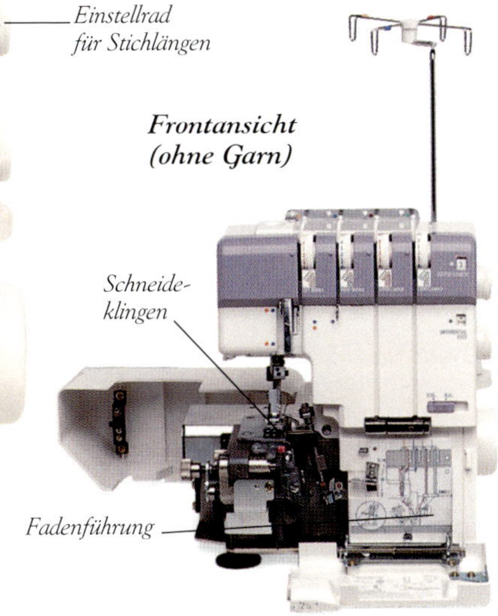

ZUBEHÖR

Nähen und Versäubern des Saums

Standardfuß
Zum Nähen und Versäubern in einem Arbeitsgang. Ein Dorn rastet im Füßchenhalter ein, dann wird der Bügel auf das Füßchen abgesenkt, um es zu sichern. Heben Sie den Nähfuß an, um seine Befestigung zu prüfen.

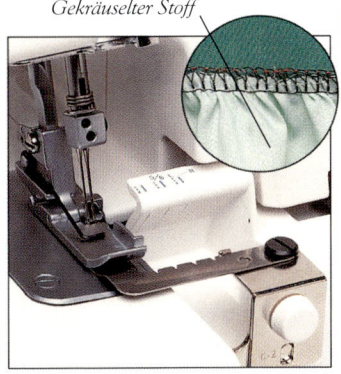

Gekräuselter Stoff

Kräuselvorsatz
Mit diesem Zusatzteil können Sie leicht und schnell Stoffe aufkräuseln. Es eignet sich auch dafür, ein gekräuseltes und ein glattes Stück Stoff zusammen zu verarbeiten (z. B. Rüschen an Möbelbezügen).

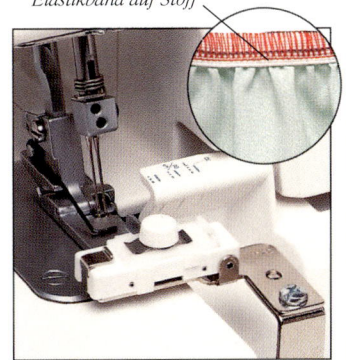

Elastikband auf Stoff

Elastikvorsatz
Mit diesem Zubehörteil nähen Sie elastische Bänder auf glatte Stoffe, z. B. für einen Rockbund. An einer Justierschraube stellen Sie ein, wie stark das Elastikband den Stoff zusammenziehen soll.

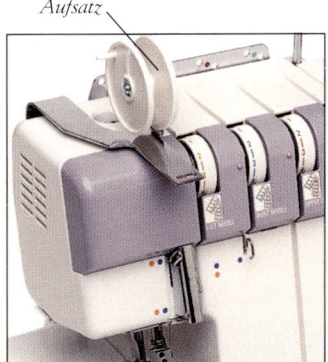

Aufsatz

Aufsatz für Bänder
Dieser Aufsatz ist nützlich, wenn Sie Bänder auf Stoffkanten aufnähen wollen. Am besten lässt es sich damit arbeiten, wenn Sie auch einen Nähfuß zum Aufsteppen von Bändern verwenden.

SCHNITTMUSTER

SO ARBEITEN SIE MIT SCHNITTMUSTERN
Die Schnittübersicht 22
Die Markierungszeichen 23
Richtig maßnehmen 24
Schnittmuster verlängern oder kürzen 26
Schnittänderungen im Brustbereich 28
Schnittänderungen im Schulterbereich 29
Änderung der Schrittlänge 29
Vergrößern der Taillenweite 30
Verkleinern der Bundweite 31
Vergrößern der Hüftweite 32
Verkleinern der Hüftweite 33
Schnittänderung an Ärmeln 33

SO SCHNEIDEN SIE RICHTIG ZU
Fadenlauf und Strichrichtung 34
Gerade Schnitte 35
Der Papierschnitt 35
Der Schnittauflageplan 36
Das Aufstecken des Papierschnittes 37
Das Zuschneiden 37
Karos und Streifen 38
Zuschneiden von karierten oder gestreiften Stoffen 39

SCHNITTMUSTER

So Arbeiten Sie mit Schnittmustern

Ein Schnittmuster besteht immer aus drei Teilen: der Schnittübersicht, der Arbeitsanleitung und dem Schnittmusterbogen. Bei fertig gekauften Schnittmustern finden Sie die Schnittübersicht normalerweise auf dem Umschlag. Dazu gehört in der Regel ein Foto oder eine Zeichnung des jeweiligen Modells, eine Maß- und Größenübersicht und Hinweise für Stoffqualität und -verbrauch sowie andere benötigte Materialien. In der Arbeitsanleitung finden Sie eine Erläuterung der einzelnen Schnittmarkierungen, außerdem einen Schnittauflageplan und Informationen zum Nähen des gewünschten Modells. Das Schnittmuster selbst besteht oft aus Seidenpapier. Darauf aufgedruckt sind die einzelnen Schnittmusterteile in fertiger Größe. Es gibt Ein-Größenschnitte und Mehrgrößenschnitte (für dasselbe Modell).

Die Schnittübersicht

Die hier abgebildete Schnittübersicht zeigt alle Schnittteile in verkleinerter Darstellung, liefert eine Maß- und Größenübersicht, Hinweise zu Stoffqualität und Stoffverbrauch und informiert über die zusätzlich benötigten Materialien. Meist zeigt die Schnittübersicht auch noch das fertige Modell bzw. Modellvarianten.

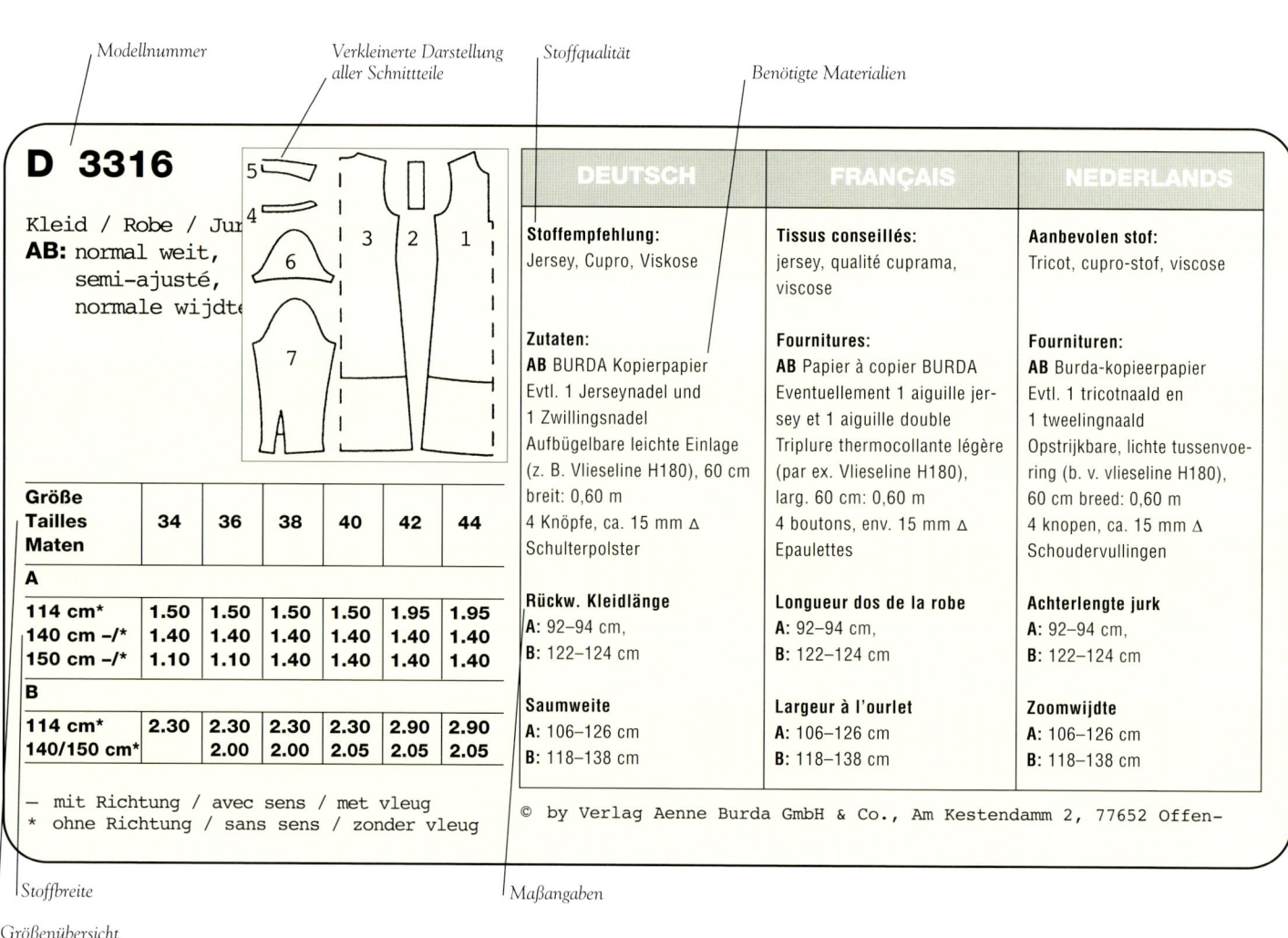

SO ARBEITEN SIE MIT SCHNITTMUSTERN

DIE MARKIERUNGS-ZEICHEN

Markierungszeichen sind Linien, Punkte und andere Symbole, die auf ein Schnittmuster aufgedruckt sind, um zusätzliche Informationen zu geben. Wichtigste Zeichen sind lange, gerade Pfeile, die den Fadenlauf kennzeichnen. Beidseitig abgeknickte Pfeile markieren den Stoffbruch (Linie, auf der die Stoffbahn der Länge nach umgeklappt wird).

Markierungszeichen

———	Umrisslinie
—·—·—	Umrisslinie bei Mehrgrößenschnitten
– – – –	
⟵⟶	Fadenlauf
⟸⟹	
▽———▽	Stoffbruch
═══════	Hilfslinie für Änderungen
– – – –	Nahtlinie
— — —	Nahtzugabe
- - - -	
———	Vordere oder hintere Mitte
———	Saumzugabe und Saumlinie
⊢—+—⊣	Knopfloch
⊢—×—⊣ ⊕	Knopfloch mit Knopf
⊙ ×	Knopf
⊗	Druckknopf
▷○○○	Abnäher
	Falte
	Doppelfalte
⊕	Brustpunkt oder Hüftlinie
———	Taillenlinie oder Hüftlinie
● • ○ ∘ ■ ▪ □ ▫ ▲ △	Markierungen, die auf den Stoff übertragen werden, um Details oder zusammengehörende Teile zu kennzeichnen
◇ ◆ ▽ ▼	Einfache Klipse
⬡ ⬢	Doppelte Klipse
⬢⬢ ⬢⬢⬢	Dreifache Klipse
🗝 ▴▴▴▴	Reißverschluss

MEHRGRÖSSENSCHNITTE

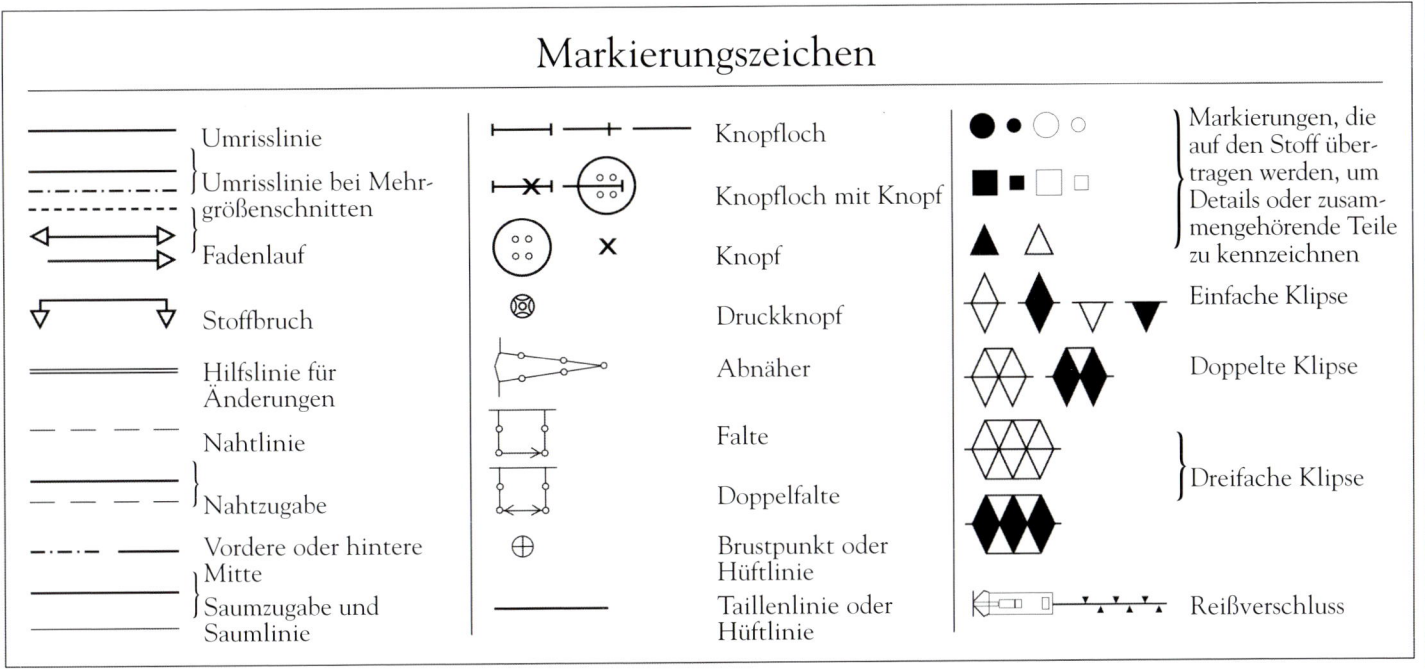

Bei diesen Schnitten sind die Umrisslinien für mehrere Größen auf einen einzigen Bogen gedruckt. Die Umrisslinien für die einzelnen Größen sind oft verschieden gestaltet und zusätzlich beschriftet.

Wo nur eine Linie aufgedruckt ist, bezieht sie sich auf alle Größen

Der gerade Pfeil wird im Fadenlauf, d. h. parallel zu den Webkanten, auf den Stoff gelegt.

Wo mehrere Linien aufgedruckt sind, schneiden Sie entlang der Linie für Ihre Größe.

Hilfslinie für Änderungen

EINGRÖSSENSCHNITTE

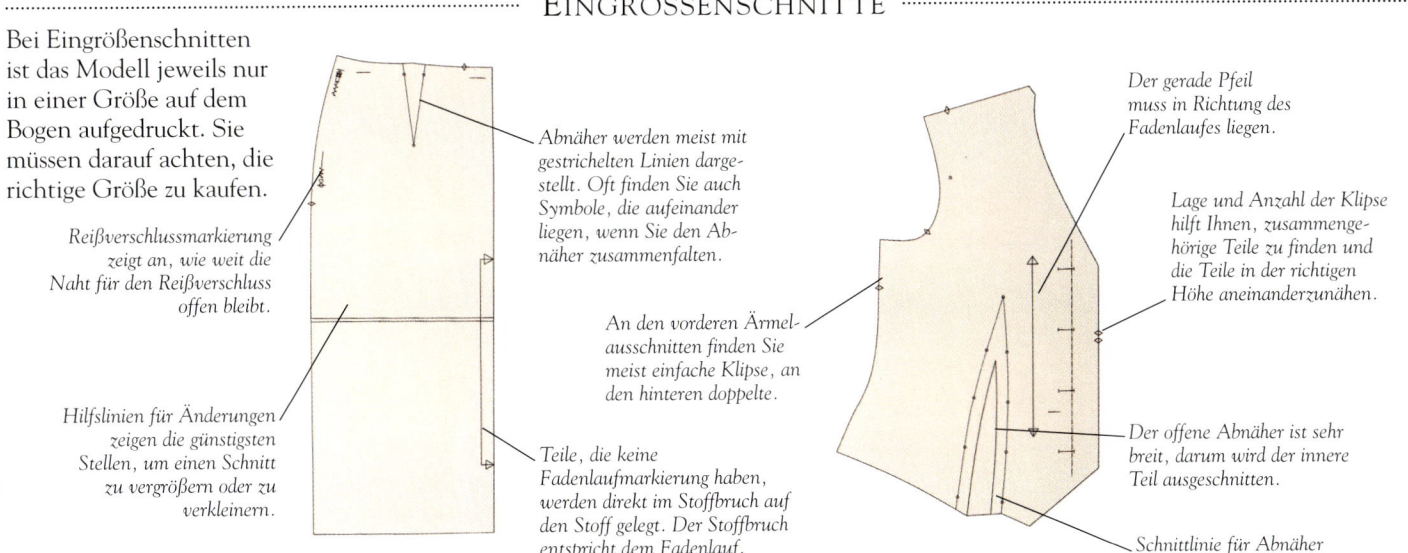

Bei Eingrößenschnitten ist das Modell jeweils nur in einer Größe auf dem Bogen aufgedruckt. Sie müssen darauf achten, die richtige Größe zu kaufen.

Reißverschlussmarkierung zeigt an, wie weit die Naht für den Reißverschluss offen bleibt.

Hilfslinien für Änderungen zeigen die günstigsten Stellen, um einen Schnitt zu vergrößern oder zu verkleinern.

Abnäher werden meist mit gestrichelten Linien dargestellt. Oft finden Sie auch Symbole, die aufeinander liegen, wenn Sie den Abnäher zusammenfalten.

An den vorderen Ärmelausschnitten finden Sie meist einfache Klipse, an den hinteren doppelte.

Teile, die keine Fadenlaufmarkierung haben, werden direkt im Stoffbruch auf den Stoff gelegt. Der Stoffbruch entspricht dem Fadenlauf.

Der gerade Pfeil muss in Richtung des Fadenlaufes liegen.

Lage und Anzahl der Klipse hilft Ihnen, zusammengehörige Teile zu finden und die Teile in der richtigen Höhe aneinanderzunähen.

Der offene Abnäher ist sehr breit, darum wird der innere Teil ausgeschnitten.

Schnittlinie für Abnäher

SCHNITTMUSTER

RICHTIG MASSNEHMEN

Um Ihre Konfektionsgröße festzustellen, müssen Sie Ihre Körpermaße kennen. Vergleichen Sie Ihre Maße mit denen des gewünschten Schnittmusters, aber geben Sie einige Zentimeter für die Bequemlichkeit dazu (siehe unten). Schnittmuster werden immer von Naht zu Naht gemessen, die Nahtzugaben werden also nicht berücksichtigt.

DIE RICHTIGE GRÖSSE FINDEN

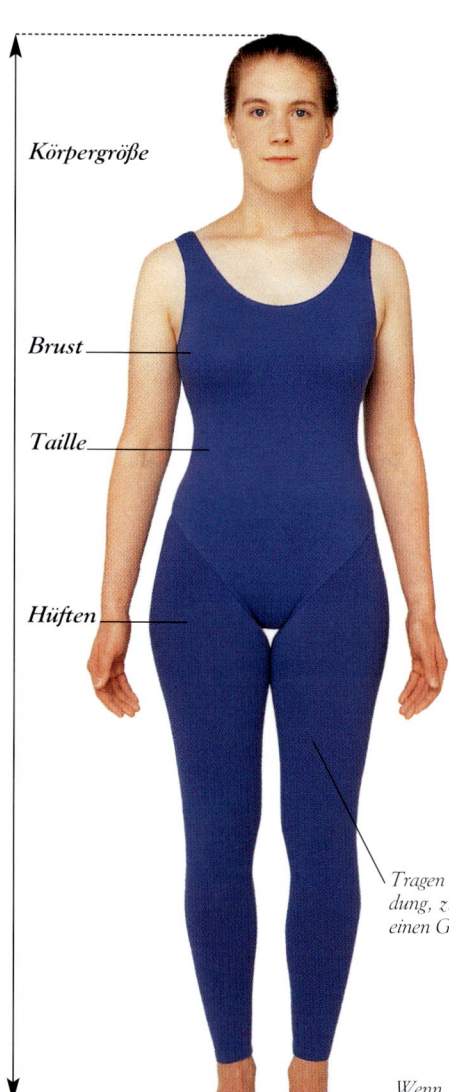

Körpergröße
Brust
Taille
Hüften

Um Ihre Konfektionsgröße festzustellen, brauchen Sie folgende Maße: Körpergröße, Brust-, Taillen- und Hüftweite und Rückenlänge. Stellen Sie sich barfuß und in Unterwäsche oder enger Sportkleidung gerade hin, und lassen Sie sich beim Messen von einer zweiten Person helfen. Es ist unwahrscheinlich, dass Ihre persönlichen Maße genau den Normmaßen einer Konfektionsgröße entsprechen. Wählen Sie darum die Größe, die Ihren Maßen am nächsten kommt. Notieren Sie sich Ihre Maße und aktualisieren Sie sie von Zeit zu Zeit. Wenn Sie Ihre Körpergröße feststellen wollen, stellen Sie sich barfuß mit den Rücken gegen eine Wand oder einen Schrank. Legen Sie ein Lineal gerade auf Ihren Kopf und messen Sie von Boden bis zu der Stelle, wo das Lineal auf die Wand trifft.

Tragen Sie engsitzende Kleidung, z. B. Leggings und einen Gymnastikanzug.

Wenn Sie Ihre Körpergröße messen wollen, ziehen Sie die Schuhe aus.

BEQUEMLICHKEITSZUGABEN

Normalerweise ist die Bequemlichkeitszugabe bei Schnittmustern schon einkalkuliert: als Differenz zwischen der tatsächlichen Schnittweite und den zugrundegelegten Körpermaßen. Hier eine Übersicht über die mindestens erforderlichen Bequemlichkeitszugaben.

Brust	7,5 cm	Schritthöhe	1,5 cm
Taille	2,5 cm	vordere Schrittlänge	1,5 cm
Hüfte	5 cm	hintere Schrittlänge	1,5 cm

HÜFTEN

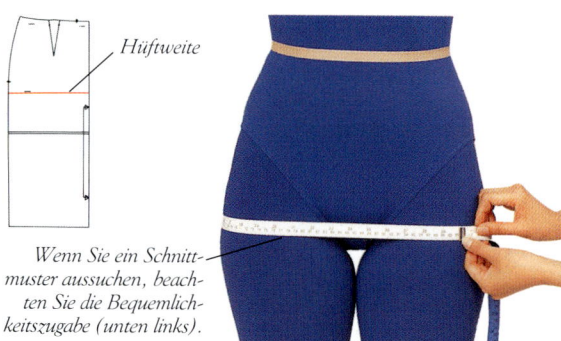

Hüftweite

Wenn Sie ein Schnittmuster aussuchen, beachten Sie die Bequemlichkeitszugabe (unten links).

Messen Sie an der breitesten Stelle der Hüften, etwa 18–23 cm unterhalb der Taille (oben). Wählen Sie Schnittmuster für Hosen und Röcke eher nach der Hüftweite als nach der Taillenweite aus.

TAILLE

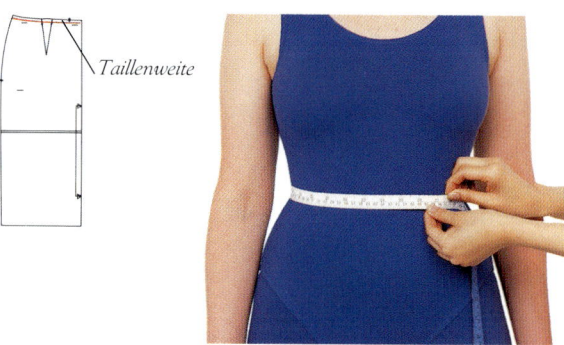

Taillenweite

Legen Sie ein Band glatt und nicht zu stramm um die Taille und bewegen Sie sich ein bisschen, damit sich das Band an die Stelle der natürlichen Taille schiebt. Messen Sie nun die Taillenweite in Höhe des Bandes (oben). Nehmen Sie dann weitere Maße.

BRUST

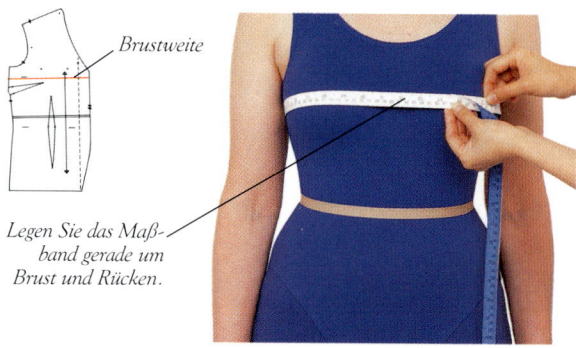

Brustweite

Legen Sie das Maßband gerade um Brust und Rücken.

Messen Sie an der stärksten Stelle der Brust, legen Sie dabei das Maßband gerade um den Körper (oben). Wenn Sie ein Schnittmuster für ein Oberteil aussuchen, richten Sie sich nach der Brustweite.

SO ARBEITEN SIE MIT SCHNITTMUSTERN

OBERBRUSTWEITE

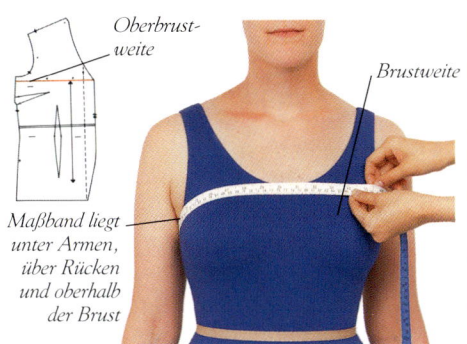

Wenn die Oberbrustweite mehr als 5 cm größer ist als die Brustweite, orientieren Sie sich bei der Auswahl Ihres Schnittes nach diesem Maß.

BRUSTHÖHE

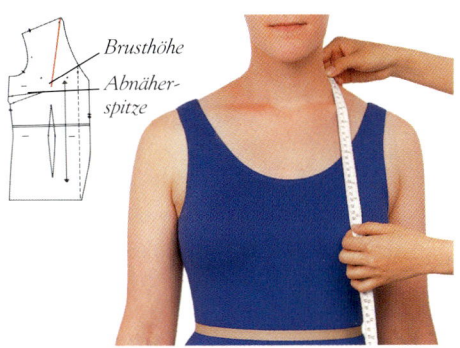

Messen Sie von einer gedachten Schulternaht am Halsansatz senkrecht bis zur stärksten Stelle der Brust (oben). Im Schnittmuster bis 2,5 cm von der Brustabnäherspitze messen.

RÜCKENLÄNGE

Messen Sie vom untersten Halswirbel bis zum Taillenband (oben). Dieses Maß ist für den richtigen Sitz von Oberteilen besonders wichtig.

SCHULTERBREITE

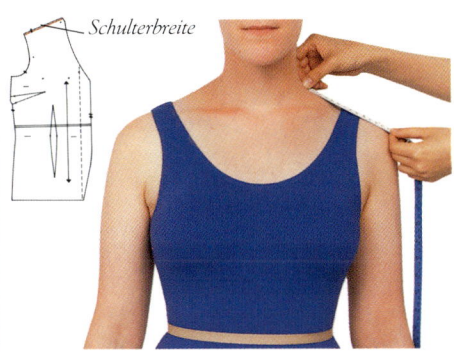

Maß für Schulternaht: Heben Sie die Schultern, um den Halsansatz zu finden. Messen Sie von dieser Stelle bis zur äußeren Schulterrundung (oben).

ÄRMELLÄNGE

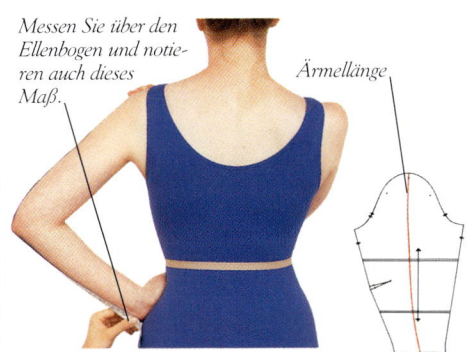

Stützen Sie die Hand auf die Hüfte und messen Sie von der Schulter über den Ellenbogen zum Handgelenk (oben). Mit Schnitt und evtl. Abnähern vergleichen.

ROCKLÄNGE

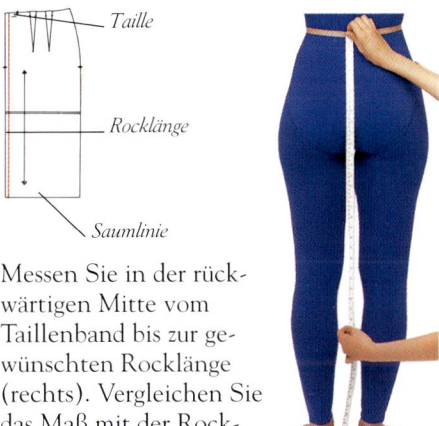

Messen Sie in der rückwärtigen Mitte vom Taillenband bis zur gewünschten Rocklänge (rechts). Vergleichen Sie das Maß mit der Rocklänge Ihres Schnittes.

HOSENLÄNGE

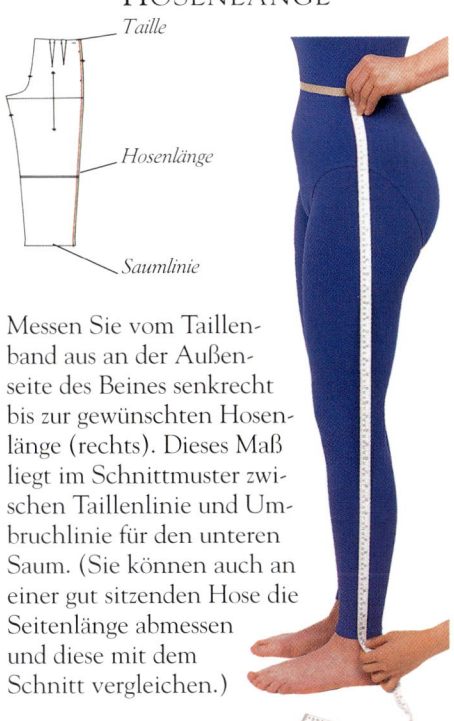

Messen Sie vom Taillenband aus an der Außenseite des Beines senkrecht bis zur gewünschten Hosenlänge (rechts). Dieses Maß liegt im Schnittmuster zwischen Taillenlinie und Umbruchlinie für den unteren Saum. (Sie können auch an einer gut sitzenden Hose die Seitenlänge abmessen und diese mit dem Schnitt vergleichen.)

SCHRITTLÄNGE

Damit das Modell gut sitzt, berechnen Sie die Bequemlichkeitszugaben von je 1,5 cm für vordere und hintere Schrittlänge.

Messen Sie von der hinteren Mitte des Taillenbandes zwischen den Beinen hindurch bis zur vorderen Mitte des Taillenbandes (rechts). Jeweils vom Mittelpunkt zwischen den Beinen aus ermitteln Sie die vordere und hintere Schrittlänge. Maße mit Schnittmuster vergleichen.

SCHRITTHÖHE

Am Schnittpunkt von Schrittnaht und innerer Seitennaht finden Sie im Schnittmuster eine Querlinie, die im rechten Winkel zum Fadenlauf verläuft.

Messen Sie von der Taille bis zum Schnittpunkt der Querlinie mit der äußeren Seitennaht.

Messen Sie im Sitzen von der Taillenmarkierung bis zur Sitzfläche des Stuhles (oben). Das entsprechende Maß finden Sie im Schnitt an der äußeren Seitennaht.

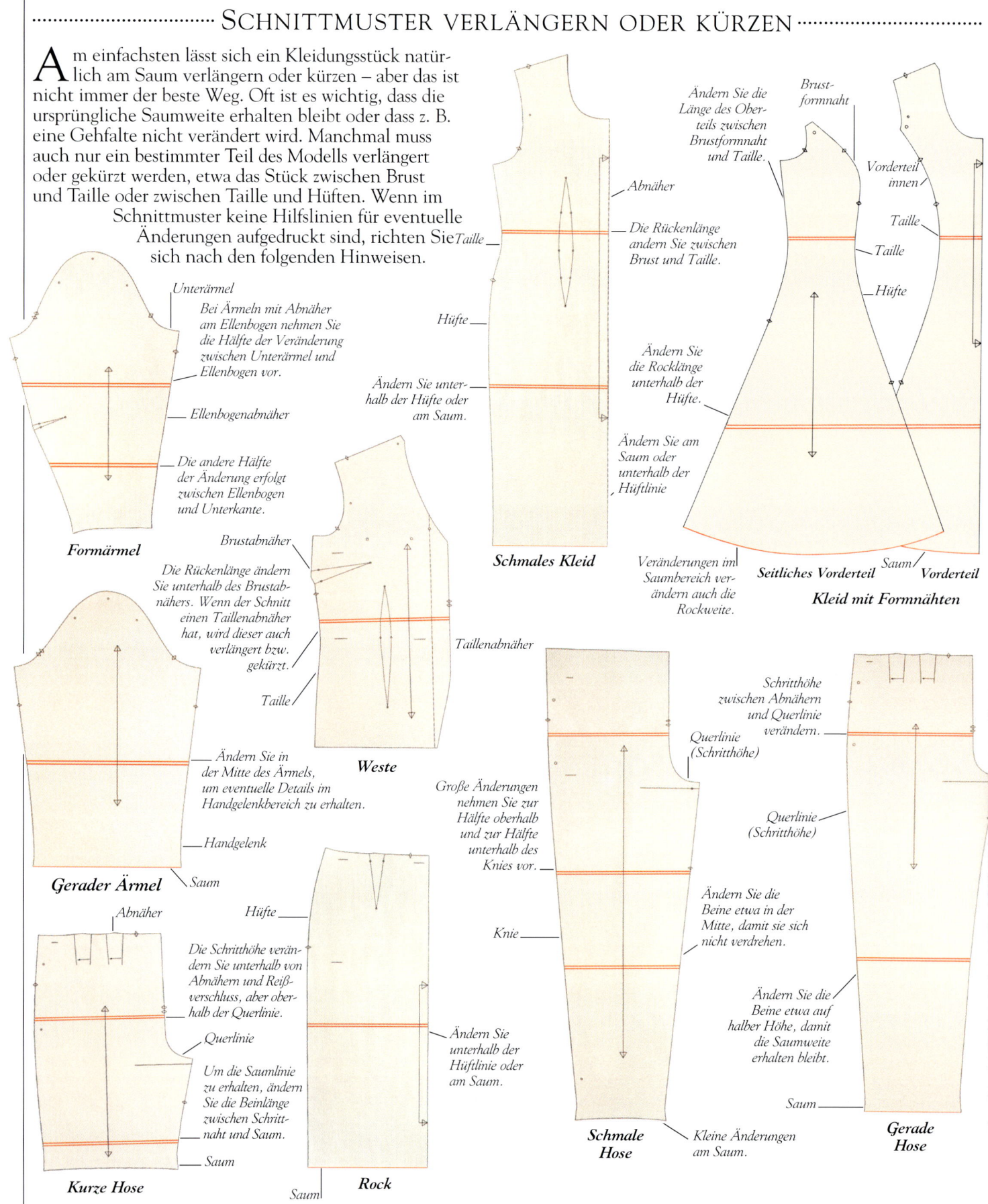

SO ARBEITEN SIE MIT SCHNITTMUSTERN

EINEN PAPIERSCHNITT VERLÄNGERN

1 Wenn Sie festgestellt haben, um wie viel Sie Ihren Schnitt verlängern müssen, schneiden Sie den Papierschnitt an der Hilfslinie, im Stoffbruch oder auf der Fadenlauflinie durch (links). Verlängern Sie die Linie für den Fadenlauf über die Hilfslinie hinaus.

2 Zeichnen Sie auf ein Stück Papier zwei Linien im Abstand der erforderlichen Verlängerung. Legen Sie die beiden Teile des Papierschnittes auf das Hilfspapier. Kontrollieren Sie mit einem Lineal, ob die Schnittteile gerade liegen und ob der Fadenlauf gerade verläuft. Kleben Sie den Papierschnitt auf dem Streifen fest. Kanten nachschneiden.

EINEN PAPIERSCHNITT KÜRZEN

1 Linie für Stoffbruch oder Fadenlauf über Hilfslinie hinaus verlängern. Quer über den Papierschnitt eine Linie ziehen. Die Entfernung von der Hilfslinie entspricht dem zu kürzenden Stück (oben).

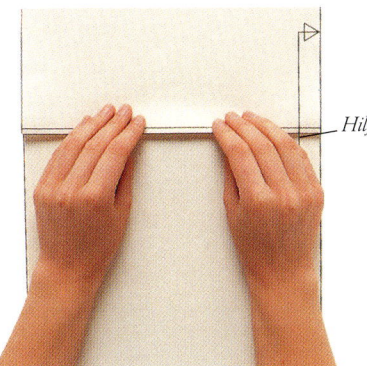

2 Falten Sie das Papier so, dass die Hilfslinie auf der neu gezogenen Linie liegt (oben). Kontrollieren Sie, ob die Linie für Stoffbruch oder Fadenlauf gerade verläuft.

3 Fixieren Sie die Falte im Papier mit Klebestreifen (oben). Wenn sich durch das Kürzen Absätze in den Außenkanten ergeben, schneiden Sie die Konturen vor dem Zuschneiden vorsichtig nach.

VERLÄNGERN ÜBER ABNÄHER

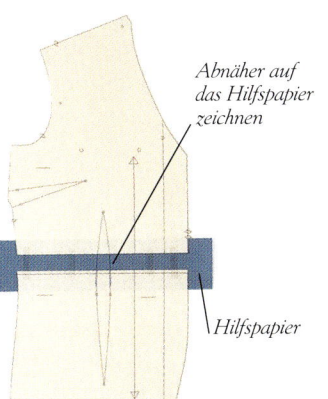

Papierschnitt quer durchschneiden und mit Hilfspapier unterlegen. Nahtlinie für den Abnäher auf Hilfspapier so verlängern, dass Enden wieder aufeinandertreffen. Seitenkanten begradigen.

KÜRZEN ÜBER ABNÄHER

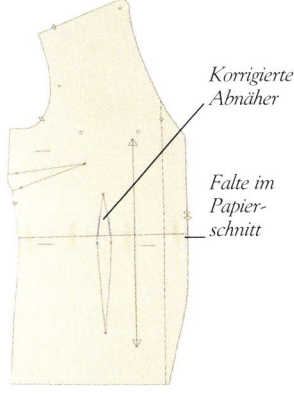

Ziehen Sie eine Linie über den Papierschnitt und falten Sie die Hilfslinie hinab (siehe oben, Einen Papierschnitt kürzen). Begradigen Sie anschließend die Außenkanten und die Nahtlinien des Abnähers.

VERLÄNGERN AM SAUM

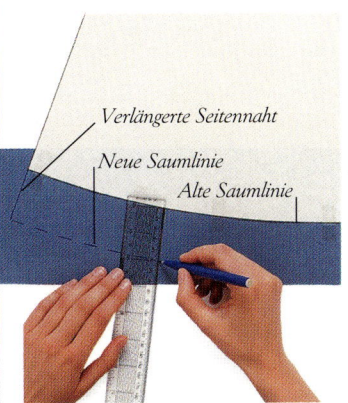

Hilfspapier unter die Saumlinie des Papierschnittes kleben. In gleichmäßigen Abständen Verlängerung markieren. Bei Rundungen kurze Abstände wählen (oben)! Markierungen verbinden, Papier entlang den Linien ausschneiden.

KÜRZEN AM SAUM

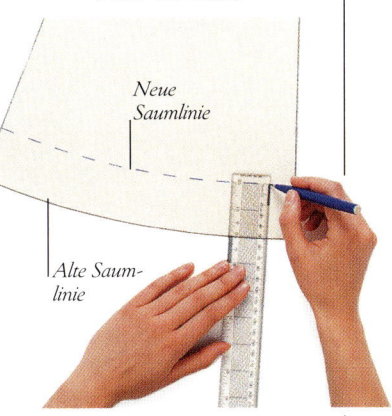

In gleichmäßigen Abständen Schnittkürzung markieren. Je stärker ein Saum gerundet ist, umso enger sollten die Markierungen stehen. Verbinden Sie die Markierungen und schneiden Sie das Papier neu zu.

SCHNITTÄNDERUNGEN IM BRUSTBEREICH

Veränderungen im Brustbereich sind häufig nötig, damit ein Kleidungsstück wirklich gut sitzt. Wenn nur der höchste Punkt der Brust ein Stück verlegt werden muss, kann der Abnäher meist an seiner Stelle bleiben. Nur die Spitze des Abnähers wird dann etwas verschoben. Wenn größere Änderungen nötig sind, wird der ganze Abnäher verlegt.

BRUSTABNÄHER ANHEBEN

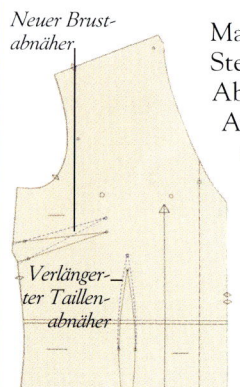

Neuer Brustabnäher
Verlängerter Taillenabnäher

Markieren Sie die Stelle für die neue Abnäherspitze. Vom Anfang des Abnähers an der Seitennaht aus Nahtlinien zur neuen Spitze ziehen. Taillenabnäher entsprechend neuem Brustabnäher verlängern.

BRUSTABNÄHER NACH OBEN VERLEGEN

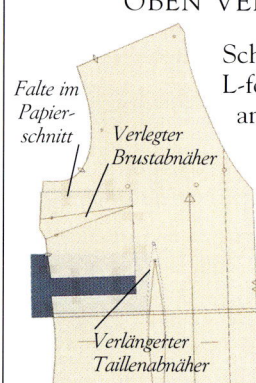

Falte im Papierschnitt
Verlegter Brustabnäher
Verlängerter Taillenabnäher

Schnitt unter Abnäher L-förmig und senkrecht am Abnäher vorbei einschneiden. Abnäher durch Schnittfaltung auf richtige Höhe bringen. Schlitz mit Papier unterkleben. Taillenabnäher verlängern.

ABNÄHER VERGRÖSSERN

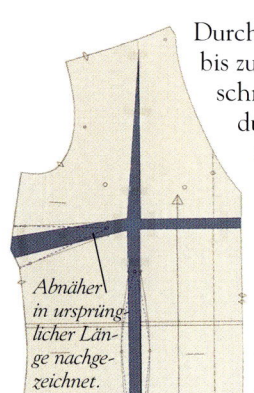

Abnäher in ursprünglicher Länge nachgezeichnet.

Durch den Abnäher bis zur vorderen Mitte schneiden, dann durch den Taillenabnäher bis fast zur Schulter. Papierstreifen unterlegen, Schnitt so weit als nötig auseinanderziehen. Papier festkleben, Abnäher nachzeichnen.

BRUSTABNÄHER SENKEN

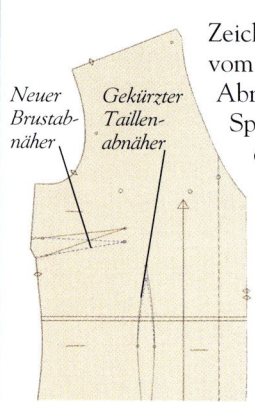

Neuer Brustabnäher
Gekürzter Taillenabnäher

Zeichnen Sie unterhalb vom ursprünglichen Abnäher die neue Spitze ein. Ziehen Sie die Nahtlinien vom Ansatz des Abnähers in der Seitennaht aus zur neuen Spitze nach. Der Taillenabnäher muss entsprechend gekürzt werden.

BRUSTABNÄHER NACH UNTEN VERLEGEN

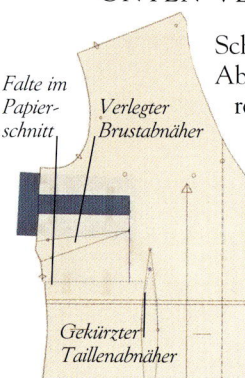

Falte im Papierschnitt
Verlegter Brustabnäher
Gekürzter Taillenabnäher

Schnitt oberhalb des Abnähers gerade und rechtwinklig am Abnäher vorbei nach unten einschneiden. Abnäher durch Schnittfaltung auf richtige Höhe bringen. Schlitz mit Papier unterkleben. Taillenabnäher kürzen.

DIAGONALE BRUSTABNÄHER VERGRÖSSERN

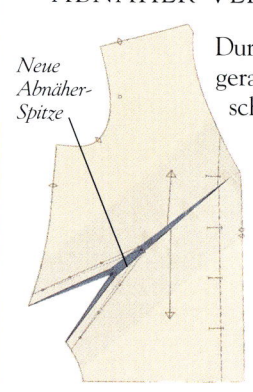

Neue Abnäherspitze

Durch Abnähermitte gerade durch Schnitt schneiden. Abnäher wie gewünscht auseinanderschieben. Papier unterkleben. In Papierstreifenmitte neue Abnäherspitze einzeichnen. Nahtlinien nachziehen.

BRUST ANHEBEN BEI FORMNAHT

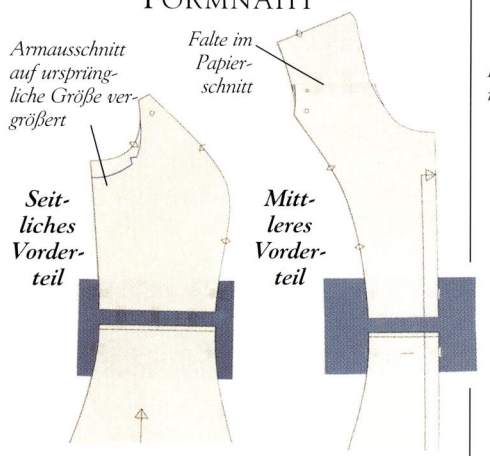

Armausschnitt auf ursprüngliche Größe vergrößert
Falte im Papierschnitt
Seitliches Vorderteil
Mittleres Vorderteil

Ins mittlere Vorderteil unterhalb der Schulter in gewünschter Tiefe Falte kniffen. Mittleres und seitliches Vorderteil verlängern. Armausschnitt auf Ursprungsgröße zurückschneiden.

BRUST ABSENKEN BEI FORMNAHT

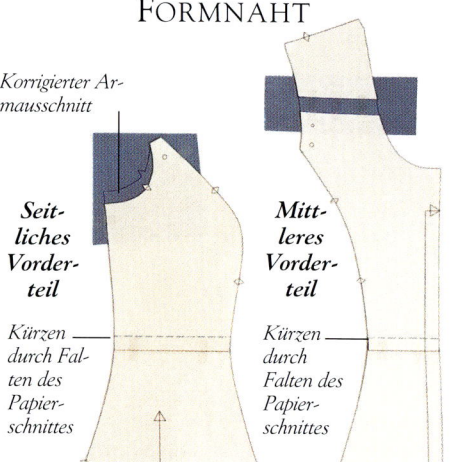

Korrigierter Armausschnitt
Seitliches Vorderteil
Mittleres Vorderteil
Kürzen durch Falten des Papierschnittes
Kürzen durch Falten des Papierschnittes

Mittleres Vorderteil unterhalb Schulter durchschneiden, Papier unterkleben. Mittleres und seitliches Vorderteil durch Schnittfaltung kürzen. Armausschnitt des seitlichen Vorderteils unterkleben. Ausschnittlinie korrigieren.

FORMNÄHTE ÄNDERN

Neue Nahtlinie schließt oberhalb und unterhalb der Änderungen an die ursprünglichen Konturen an.
Seitliches Vorderteil
Mittleres Vorderteil

Brustbereich vergrößern: Erforderliche Mehrweite durch vier teilen. Papier unter Papierschnitte kleben, Konturen aller vier Vorderteile um jeweils ein Viertel der Mehrweite verbreitern. Begradigen.

SO ARBEITEN SIE MIT SCHNITTMUSTERN

SCHNITTÄNDERUNGEN IM SCHULTERBEREICH

Diese einfachen Änderungen korrigieren den Verlauf der Schulterlinie, je nachdem, ob Sie besonders hohe oder abfallende Schultern haben. Zeichnen Sie die genaue Kontur des Armausschnittes auf, ehe Sie den Schnitt ändern. Sonst passt der Ärmel später nicht sauber. Ändern Sie immer Vorder- und Rückenteil eines Schnittes.

SCHULTER ANHEBEN

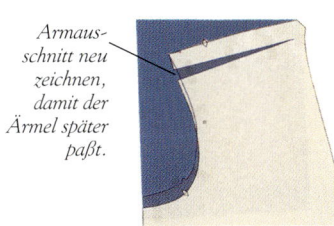

Armausschnitt neu zeichnen, damit der Ärmel später paßt.

Schneiden Sie den Papierschnitt 3 cm unterhalb der Schulternaht vom Armausschnitt zum Halsausschnitt gerade durch. Legen Sie ein Hilfspapier unter den Schnitt und korrigieren Sie die Schulter. Nun wird der Armausschnitt neu aufgezeichnet.

SCHULTER ABSENKEN

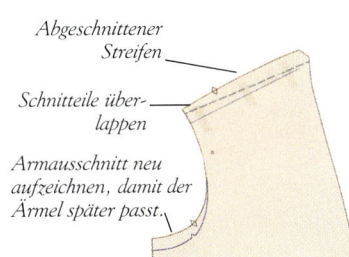

Abgeschnittener Streifen
Schnitteile überlappen
Armausschnitt neu aufzeichnen, damit der Ärmel später passt.

Papierschnitt 3 cm unterhalb der Schulternaht vom Armausschnitt zum Halsausschnitt gerade durchschneiden. Oberen Papierstreifen zurechtschieben, bis die Schulterschrägung stimmt. Armausschnitt neu aufzeichnen.

SCHULTERBREITE ÄNDERN

Zeichnen Sie eine 20 cm lange Linie rechtwinklig von der Schulternaht nach unten auf den Schnitt. Eine zweite Linie wird vom Armausschnitt zur Vorderkante des Schnittes gezogen (links).

SCHULTERN VERBREITERN

Nachgezogene Schulterlinie

Entlang der Linie von Schulter aus nach unten und von Armausschnitt zur Mitte schneiden. Papier unter Schnitt kleben. Gewünschte Schulterbreite einrichten. Schulterlinie nachziehen.

SCHULTERN SCHMALER MACHEN

Nachgezogene Schulterlinie

Entlang der Linie von Schulter aus nach unten, vom Armausschnitt zur Mitte schneiden. Ausgeschnittenes Stück auf Schulterbreite zurechtschieben. Schulterlinie nachziehen.

ÄNDERUNG DER SCHRITTLÄNGE

Wenn Sie ein bisschen mehr Bauch oder einen besonders flachen oder ausgeprägten Po haben, kann es nötig sein, die Schrittlänge einer Hose Ihren Maßen anzupassen. Nehmen Sie die Änderung am Kreuzungspunkt der Schrittnaht vor, wirkt sich das auf die obere Beinweite aus. Deshalb Änderung in die Mitte der Schrittnaht legen.

VERBREITERN AM KREUZPUNKT

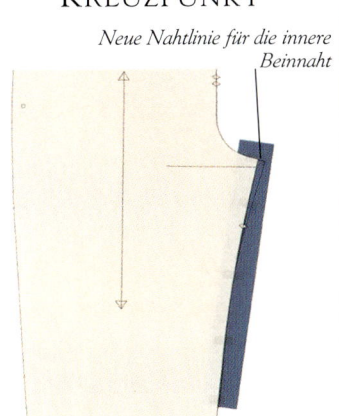

Neue Nahtlinie für die innere Beinnaht

Legen Sie einen Streifen Papier unter das Schnittmuster. Markieren Sie den neuen Kreuzpunkt auf dem Hilfspapier. Verlängern Sie die ursprünglichen Nahtlinien so, dass sie an den neuen Kreuzpunkt stoßen.

ENGER MACHEN AM KREUZPUNKT

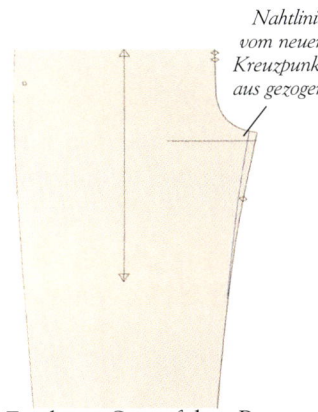

Nahtlinie vom neuen Kreuzpunkt aus gezogen

Zeichnen Sie auf dem Papierschnitt den neuen Kreuzpunkt ein. Ziehen Sie von dort ausgehend eine neue Linie für die innere Beinnaht und schneiden dann den Papierschnitt entsprechend aus.

VERBREITERN AN DER SCHRITTNAHT

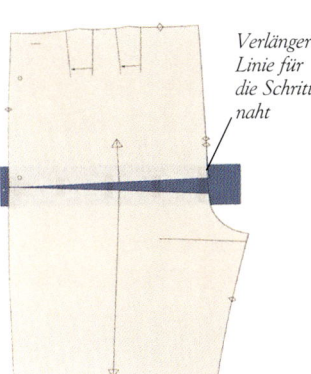

Verlängerte Linie für die Schrittnaht

Schnitt entlang der Hilfslinie von Schritt- zur äußeren Seitennaht durchschneiden. Papier unterkleben, Schnittmuster auf gewünschtes Maß auseinanderschieben. Nahtlinie nachzeichnen.

ENGER MACHEN AN DER SCHRITTNAHT

Überlappende Schnittkanten

Schnitt entlang der Hilfslinie von Schritt- zur äußeren Seitennaht durchschneiden. Teile auf gewünschtes Maß übereinanderschieben. Teile aneinanderkleben.

VERGRÖSSERN DER TAILLENWEITE

Änderungen der Taillenweite bis zu 2 cm können einfach an den Seitennähten vorgenommen werden. Dabei geben Sie an jeder Naht ein Viertel der gewünschten Mehrweite zu. Wenn größere Änderungen nötig sind, müssen diese auf die Seitennähte und die Abnäher verteilt werden.

VERBREITERN AN DER NAHT

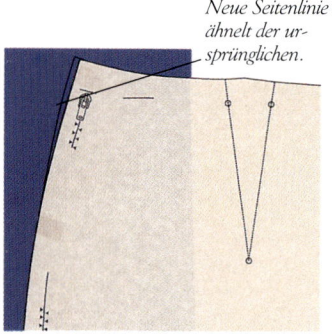

Neue Seitenlinie ähnelt der ursprünglichen.

Kleben Sie Papier unter die Kante des Schnittes. Messen Sie die gewünschte Entfernung vom ursprünglichen Schnitt aus und zeichnen Sie den Eckpunkt ein. Ziehen Sie neue Linien für die Taillenlinie und die Seitennaht bis zu diesem Punkt. Achten Sie darauf, dass Vorder- und Rückenteil immer gleichmäßig geändert werden müssen.

VERBREITERN AM ABNÄHER

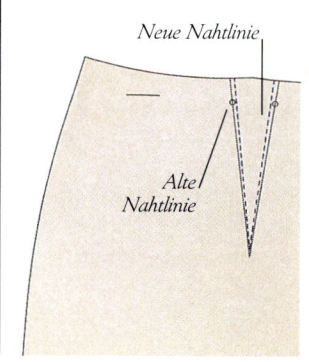

Neue Nahtlinie
Alte Nahtlinie

Um die Taillenweite am Abnäher zu vergrößern, müssen Sie die Tiefe der Abnäher reduzieren. Zeichnen Sie am oberen Rand ein, um wie viel die Abnäher schmaler werden müssen und ziehen Sie neue Nahtlinien zur Abnäherspitze. Der Abstand zwischen der alten und der neuen Nahtlinie entspricht dem Zugewinn an Weite. Ändern Sie alle Abnäher gleichmäßig.

ENGER ROCK

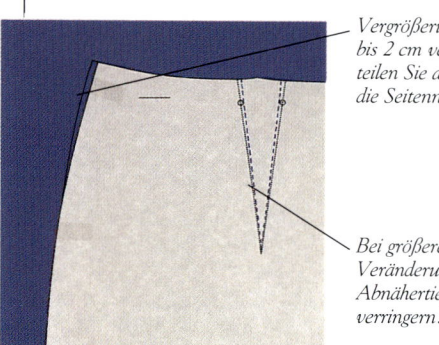

Vergrößerungen bis 2 cm verteilen Sie auf die Seitennähte.

Bei größeren Veränderungen Abnähertiefe verringern.

Wenn Ihr enger Rock nur 2 cm weiter werden soll, geben Sie an jeder Seitennaht 1/2 cm zu. Soll noch mehr Weite gewonnen werden, müssen Sie zusätzlich ringsum die Tiefe der Abnäher reduzieren.

MEHRBAHNEN-ROCK

Große Zugaben auf alle Nähte außer der vorderen und hinteren Mittelnaht verteilen.

Vorderes Seitenteil   **Vorderteil**

Wie beim engen Rock werden Zugaben bis zu 2 cm an den Seitennähten vorgenommen. Soll mehr Weite gewonnen werden, verteilen Sie die Zugaben gleichmäßig auf alle Nähte außer der vorderen und hinteren Mittelnaht.

TELLERROCK

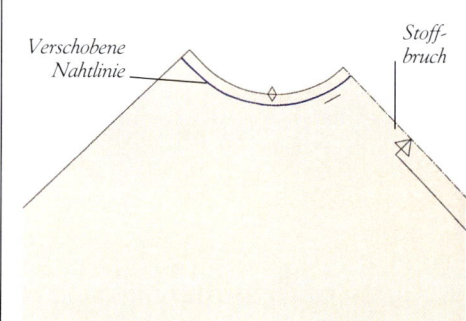

Verschobene Nahtlinie   *Stoffbruch*

Wenn Sie die Taillenweite eines Tellerrockes vergrößern wollen, verschieben Sie einfach die Nahtlinie für das Taillenbündchen um 1/4 der erforderlichen Mehrweite nach unten. Verlängern Sie den Rock am Saum entsprechend.

HOSEN

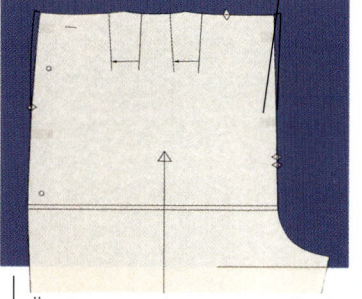

Verbreiterung an der Schrittnaht beginnt direkt oberhalb der Krümmung.

Änderungen bis zu 2 cm gleichmäßig auf Seitennähte der Hose verteilen. Größere Änderungen zwischen Seitennähten, Schrittnaht und Abnähern bzw. Bundfalten aufteilen. Überall gleiche Weite zugeben.

SCHMALES KLEID

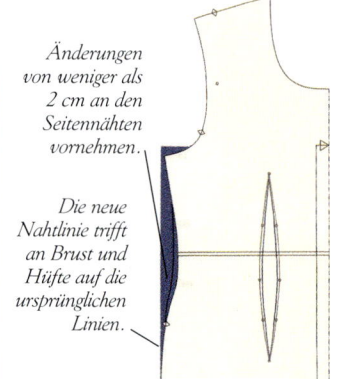

Änderungen von weniger als 2 cm an den Seitennähten vornehmen.

Die neue Nahtlinie trifft an Brust und Hüfte auf die ursprünglichen Linien.

Änderungen um mehr als 2 cm: Zunächst die Tiefe der Taillenabnäher verringern, restliche Weite an den Seiten zugeben. Vorder- und Rückenteil gleichmäßig ändern.

KLEID MIT FORMNAHT

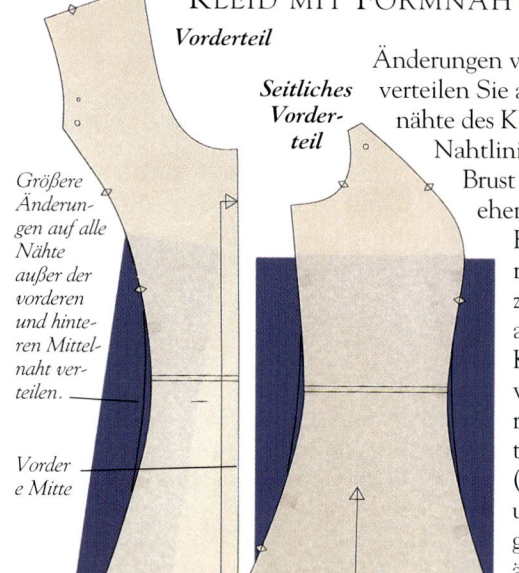

Vorderteil
Seitliches Vorderteil

Größere Änderungen auf alle Nähte außer der vorderen und hinteren Mittelnaht verteilen.

Vordere Mitte

Änderungen von maximal 2 cm verteilen Sie auf die Seitennähte des Kleides. Die neuen Nahtlinien laufen an Brust und Hüfte in die ehemaligen Linien. Für größere Änderungen müssen Sie zu Zugaben auf alle Nähte des Kleides außer der vorderen und rückwärtigen Mittelnaht verteilen (links). Vorder- und Rückenteil gleichmäßig ändern!

VERKLEINERN DER TAILLENWEITE

Änderungen der Taillenweite bis zu 2 cm können einfach an den Seitennähten vorgenommen werden. Dabei nehmen Sie an jeder Naht ein Viertel der erforderlichen Minderweite ab. Wenn größere Änderungen nötig sind, müssen diese auf die Seitennähte und die Abnäher verteilt werden.

ENGER MACHEN AN DER NAHT

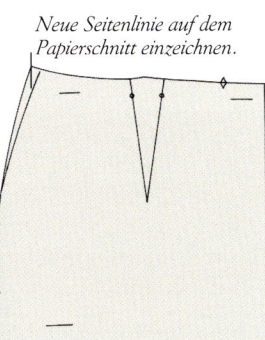

Neue Seitenlinie auf dem Papierschnitt einzeichnen.

Messen Sie die gewünschte Entfernung vom ursprünglichen Eckpunkt des Schnittes aus und zeichnen Sie den Eckpunkt ein. Ziehen Sie neue Linien für die Taillenlinie und die Seitennaht bis zu diesem Punkt. Achten Sie darauf, dass Vorder- und Rückenteil immer gleichmäßig geändert werden müssen.

ENGER MACHEN AM ABNÄHER

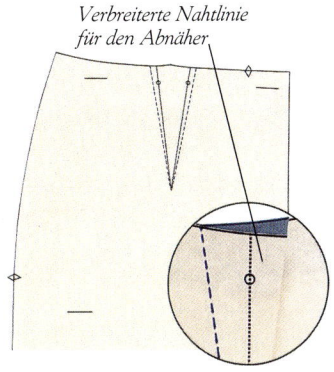

Verbreiterte Nahtlinie für den Abnäher

Taillenweite verringern durch Vergrößern der Abnähertiefe: Am oberen Rand einzeichnen, um wie viel die Abnäher breiter werden müssen; neue Nahtlinien zur Abnäherspitze ziehen. Der Abstand zwischen den beiden Nahtlinien entspricht dem Verlust an Weite. Alle Abnäher ändern.

ENGER ROCK

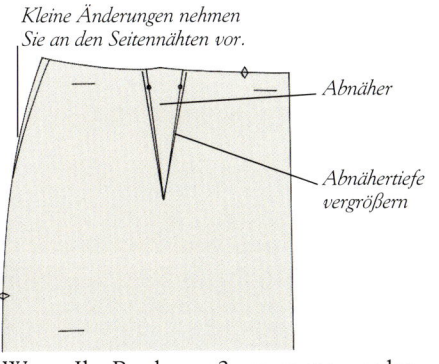

Kleine Änderungen nehmen Sie an den Seitennähten vor.

Abnäher

Abnähertiefe vergrößern

Wenn Ihr Rock nur 2 cm enger werden soll, nehmen Sie an jeder Seitennaht 1/2 cm weg (oben). Soll die Weite noch mehr reduziert werden, müssen Sie zusätzlich ringsum die Tiefe der Abnäher vergrößern.

MEHRBAHNEN-ROCK

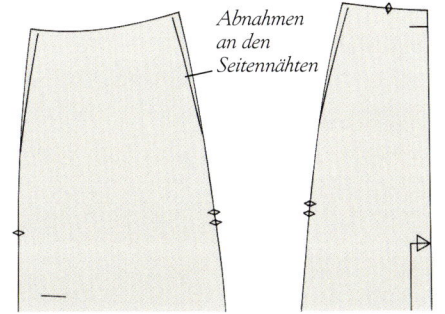

Abnahmen an den Seitennähten

Vorderes Seitenteil   **Vorderteil**

Wie beim engen Rock werden Abnahmen bis zu 2 cm auf an den Seitennähten vorgenommen. Soll die Weite noch mehr reduziert werden, verteilen Sie die Abnahmen gleichmäßig auf alle Nähte außer der vorderen und hinteren Mittelnaht.

TELLERROCK

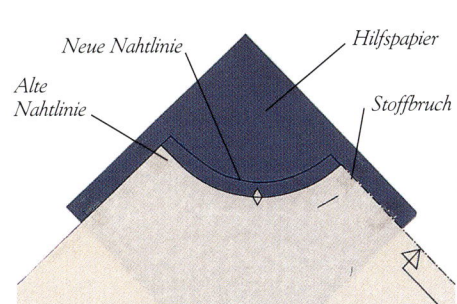

Neue Nahtlinie   *Hilfspapier*
Alte Nahtlinie   *Stoffbruch*

Taillenweite eines Tellerrockes verringern: Nahtlinie für das Taillenbündchen um 1/4 der erforderlichen Mehrweite nach oben verlängern. Dazu Papier unter ursprüngliche Schnittkante kleben. Rocksaum kürzen.

HOSEN

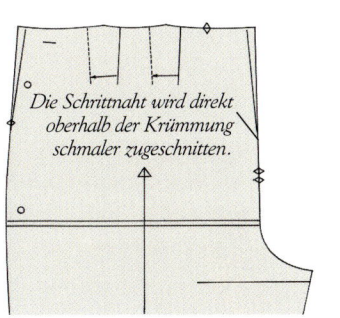

Die Schrittnaht wird direkt oberhalb der Krümmung schmaler zugeschnitten.

Änderungen bis zu 2 cm gleichmäßig auf Seitennähte der Hose verteilen. Größere Änderungen zwischen Seitennähten, Schrittnaht und Abnähern bzw. Bundfalten aufteilen. Überall gleichviel Weite wegnehmen.

SCHMALES KLEID

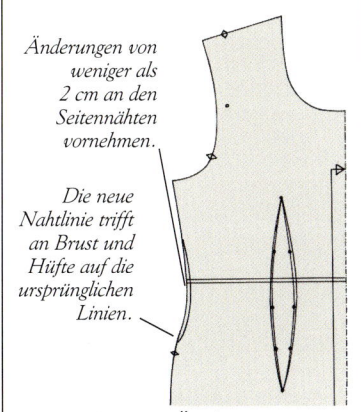

Änderungen von weniger als 2 cm an den Seitennähten vornehmen.

Die neue Nahtlinie trifft an Brust und Hüfte auf die ursprünglichen Linien.

Mehr als 2 cm Änderung: Tiefe der Taillenabnäher vergrößern, restliche Weite seitlich abnehmen. Vorder- und Rückenteil gleichmäßig ändern.

KLEID MIT FORMNAHT

Vorderteil

Seitliches Vorderteil

Größere Änderungen auf alle Nähte außer der vorderen und hinteren Mittelnaht verteilen.

Kleine Änderungen an den Seitennähten

Vordere Mitte

Änderungen von maximal 2 cm verteilen Sie auf die Seitennähte des Kleides. Die neuen Nahtlinien laufen an Brust und Hüfte in die ehemaligen Linien. Für größere Änderungen müssen Sie Abnahmen auf alle Nähte des Kleides außer der vorderen und rückwärtigen Mittelnaht verteilen (links). Vorder- und Rückenteil gleichmäßig ändern!

VERGRÖSSERN DER HÜFTWEITE

Wenn Sie die Hüftweite um maximal 5 cm vergrößern wollen, können Sie dies einfach an den Seitennähten tun. Muss die Hüftweite um mehr als 5 cm vergrößert werden, schneiden Sie zusätzlich den Papierschnitt durch und schieben die Teile entsprechend auseinander. Die neue Hüftlinie trifft in der Taille auf die ursprüngliche Linie.

SCHMALER ROCK

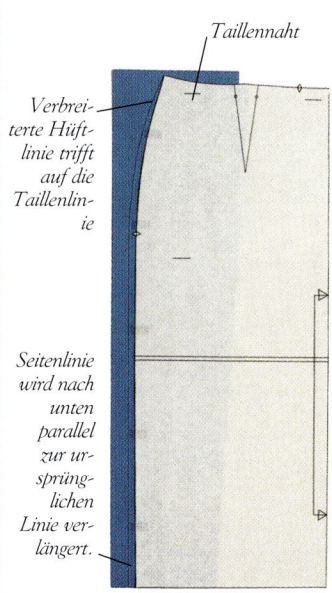

Taillennaht

Verbreiterte Hüftlinie trifft auf die Taillenlinie

Seitenlinie wird nach unten parallel zur ursprünglichen Linie verlängert.

Weniger als 5 cm Zugabe: Schnitt an allen Seitennähten um ¼ der gewünschten Breite verbreitern. Neue Seitenlinien von breitester Stelle aus bis zum Saum verlängern.

SCHMALER ROCK FÜR BREITE HÜFTEN

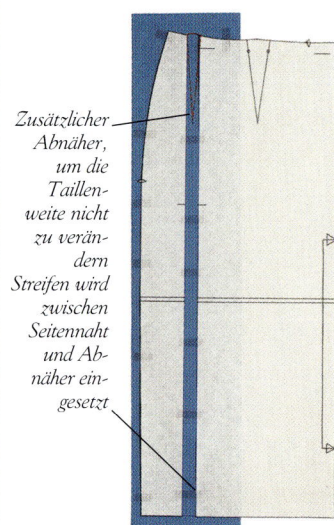

Zusätzlicher Abnäher, um die Taillenweite nicht zu verändern Streifen wird zwischen Seitennaht und Abnäher eingesetzt

Über 5 cm Zugabe: Schnitt zwischen Seitennaht und Abnäher senkrecht durchschneiden. Papier unterkleben, neuen Abnäher einzeichnen, so dass ursprüngliche Taillenweite bleibt.

SCHMALER ROCK FÜR BREITES BECKEN

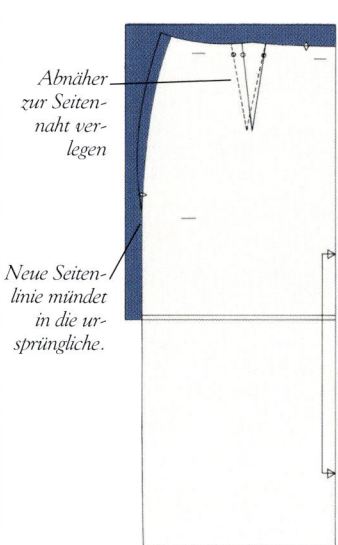

Abnäher zur Seitennaht verlegen

Neue Seitenlinie mündet in die ursprüngliche.

Schnittseitennähte um gewünschte Breite nach außen verlegen. Abnäher bis auf ursprünglichen Abstand von Seitennaht verschieben. Abnäher verbreitern, um Taillenweite zu erhalten.

SCHMALER ROCK FÜR DEN ÜPPIGEN PO

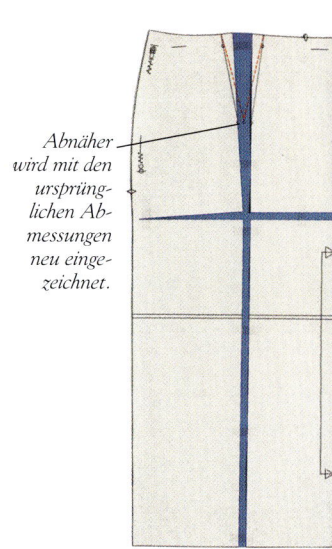

Abnäher wird mit den ursprünglichen Abmessungen neu eingezeichnet.

Schnitt senkrecht durch Abnäher zerschneiden und auf Höhe Hüftlinie quer durch Schnitt bis vor Seitennaht schneiden. Papier unter Teile kleben. Abnäher neu einzeichnen.

ROCK / KLEID MIT FORMNÄHTEN

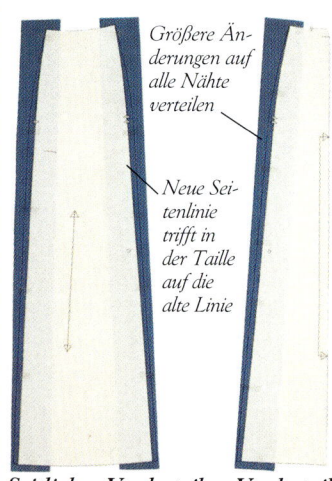

Größere Änderungen auf alle Nähte verteilen

Neue Seitenlinie trifft in der Taille auf die alte Linie

Seitliches Vorderteil   **Vorderteil**

Änderungen unter 5 cm an Seitennähten, größere Änderungen auf alle Nähte außer der vorderen und rückwärtigen Mittelnaht verteilen.

HOSEN

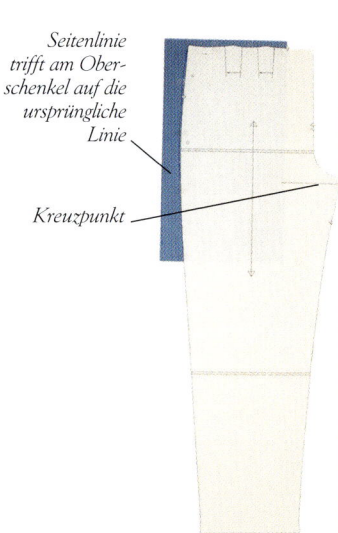

Seitenlinie trifft am Oberschenkel auf die ursprüngliche Linie

Kreuzpunkt

Je ¼ der gewünschten Mehrweite in Hüfthöhe an Seitenlinien zugeben. Nach oben ursprüngliche Linie auslaufen lassen. Gerade Hosen: neue Seitenlinie bis Saum fortsetzen.

HOSEN FÜR DEN ÜPPIGEN PO

Nachgezeichnete Schrittnaht

Einschnitt von der hinteren Schrittnaht bis kurz vor die Seitennaht

Schnitt in Hüfthöhe quer bis vor Seitennaht einschneiden. Teile bis zur gewünschten Weite auseinanderschieben, Papier unterkleben. Schrittnaht nachziehen.

EIN SCHMALES KLEID VERBREITERN

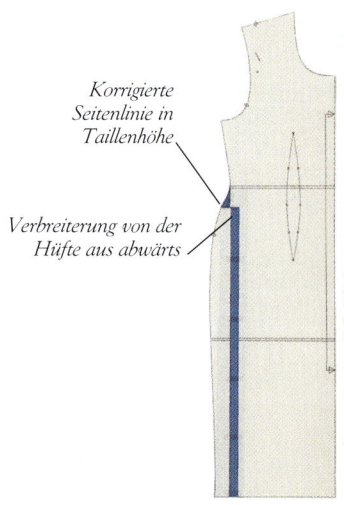

Korrigierte Seitenlinie in Taillenhöhe

Verbreiterung von der Hüfte aus abwärts

Zunahme über 5 cm: Kurz unterhalb Taille und bis Saum geraden Streifen vom Schnitt abschneiden. Streifen um ¼ der neuen Weite verschieben. Schlitz unterkleben, Seitenlinien anpassen.

VERKLEINERN DER HÜFTWEITE

Direkt in Hüfthöhe können Sie die Hüftweite reduzieren, wenn das Modell nur wenig enger werden muss. Größere Änderungen sitzen besser, wenn Sie die veränderte Linie sanft nach oben hin in die ehemalige Nahtlinie hineinlaufen lassen. Nach unten hin wird die schmalere Kontur zum Saum hin fortgeführt.

SCHMALER ROCK

Oberhalb der Hüfte läuft die neue Seitenlinie in die ursprüngliche.

Unterhalb der Hüfte wird die Linie parallel zur alten fortgeführt.

Änderungen bis 5 cm: An jeder Seitennaht ¼ der überschüssigen Weite wegnehmen. Neue Linie mündet oben in ehemalige Seitenlinie, unten gerade zum Saum hin.

SCHMALE HOSE

Bei geraden Hosen die Linie parallel bis zum Saum führen.

Nehmen Sie je ein Viertel der überschüssigen Weite an den Seitennähten weg. Nach oben und unten läuft die Linie sanft in die ursprünglichen Linien.

ROCK / KLEID MIT FORMNÄHTEN

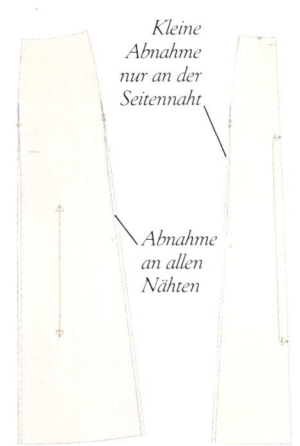

Kleine Abnahme nur an der Seitennaht

Abnahme an allen Nähten

Seitliches Vorderteil   Vorderteil

Änderungen bis 5 cm wie beim schmalen Rock. Weitere Abnahmen auf alle Nähte außer vorderen und hinteren Mitte verteilen. Linien zur Taille hin auslaufen lassen.

SCHMALER ROCK FÜR DEN FLACHEN PO

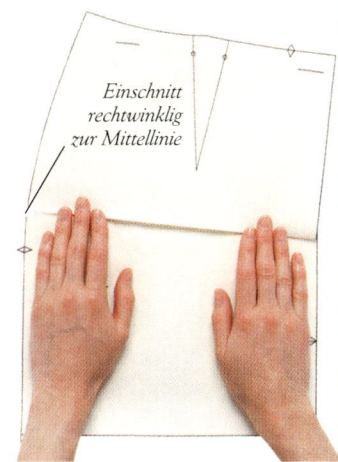

Einschnitt rechtwinklig zur Mittellinie

Schnitt in Hüfthöhe rechtwinklig zum Fadenlauf bis vor vordere bzw. hintere Mitte einschneiden. Papier bis auf erforderliche Weite übereinanderschieben, festkleben.

ÄNDERUNGEN AN FORMÄRMELN

Wird bei der Änderung die Armkugel größer, können Sie den Ärmel leicht einkräuseln, den überschüssigen Stoff an der Unterkante wegschneiden oder den Armausschnitt vergrößern. Wird die Armkugel verkleinert, muss auch der Armausschnitt verkleinert werden. Änderungen der Länge lassen sich leicht am Ärmelsaum regulieren.

EINEN ÄRMEL VERBREITERN

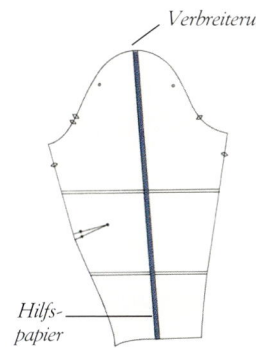

Verbreiterung

Hilfspapier

Schnitt im Fadenlauf senkrecht durchschneiden. Papierstreifen unterlegen, Teile auseinanderschieben. Gut festkleben.

ARMKUGEL VERBREITERN

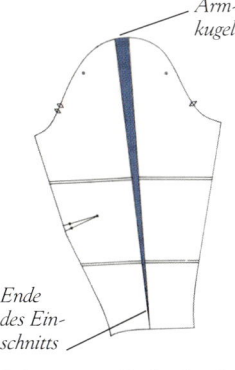

Armkugel

Ende des Einschnitts

Schnitt im Fadenlauf bis kurz vor Unterkante einschneiden. Armkugel auseinanderschieben, Schlitz mit Papier unterkleben.

ELLENBOGEN VERBREITERN

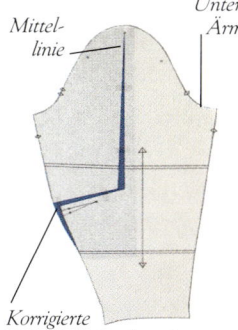

Mittellinie

Unterer Ärmel

Korrigierte Seitenlinie des Ärmels

L-förmige Linie vom Abnäher zur Armkugel zeichnen und bis vor Armkugel einschneiden. Schnitt zurechtschieben, Schlitz mit Papier unterlegen.

FÜR KRÄFTIGE OBERARME

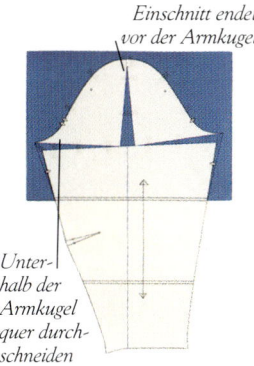

Einschnitt endet vor der Armkugel

Unterhalb der Armkugel quer durchschneiden

Schnitt einschneiden (siehe Foto). Teile auf gewünschte Weite auseinanderschieben. Schlitze unterlegen, Schnittkonturen nachzeichnen.

ÄRMEL FÜR DÜNNE ARME

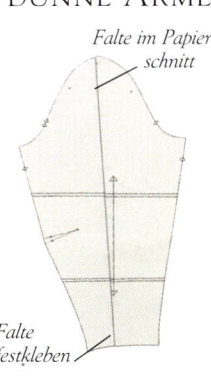

Falte im Papierschnitt

Falte festkleben

Ärmel insgesamt enger machen: Senkrechte Falte in Schnitt kniffen, festkleben. Armausschnitte an Vorder- und Rückenteil verkleinern.

So schneiden Sie richtig zu

Bevor Sie mit dem Zuschneiden beginnen, sehen Sie sich den Stoff genau an. Ein gewebter Stoff besteht aus Längsfäden (Kette) und Querfäden (Schuss). Die Webkante ist der feste, nicht ausfransende Rand des Stoffes. Sie verläuft parallel zum Fadenlauf. In der genauen Diagonale zwischen beiden Webrichtungen ist der Stoff am elastischsten. Achten Sie darauf, ob der Stoff eine Strichrichtung hat und in welche Richtung das Muster verläuft. Sieht der Stoff aus verschiedenen Blickrichtungen unterschiedlich aus, wählen Sie eine Seite als »Oben«. Beachten Sie dann die Zuschneidehinweise für Stoffe mit Strich. Achten Sie darauf, ob der Stoff Fehler hat, denen Sie beim Zuschneiden aus dem Weg gehen können. Legen Sie den Stoff auf einer sauberen, geraden Fläche aus und holen sich alle Utensilien, die Sie benötigen.

Fadenlauf und Strich

Stoffe mit Strich und solche mit einem Muster, das nur in eine Richtung verläuft, werden nach den gleichen Regeln zugeschnitten. »Strich« bedeutet, dass der Stoff einen Flor oder eine aufgeraute Oberfläche hat, die nur in eine Richtung glattgestrichen werden kann. Bei Stoffen ohne Strich ist die Zuschneiderichtung unwichtig.

Gewebte Stoffe

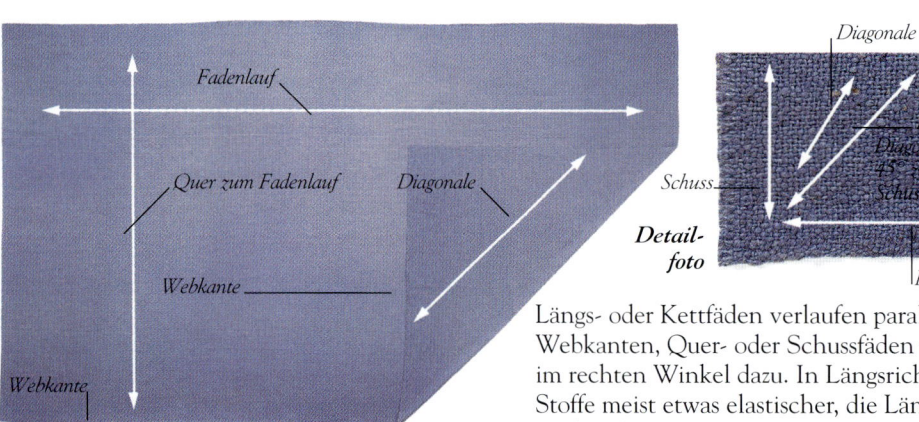

Stoff mit Fadenlauf und Webkante

Detailfoto

Längs- oder Kettfäden verlaufen parallel zu den Webkanten, Quer- oder Schussfäden verlaufen im rechten Winkel dazu. In Längsrichtung sind Stoffe meist etwas elastischer, die Längsrichtung wird auch als Fadenlaufrichtung benutzt.

Gestrickte Stoffe

Gestrickte Stoffe haben in Längsrichtung Reihen von Maschen, in Querrichtung Rippen. Darum sind sie meist querelastisch. Strickschlauchware muss aufgeschnitten werden.

Achten Sie auf das Muster

Stoff mit Strich
Samt, Cord und Veloursstoffe sehen verschieden aus, je nachdem, von wo Sie sie ansehen.

Stoff wirkt auf einer Seite dunkler

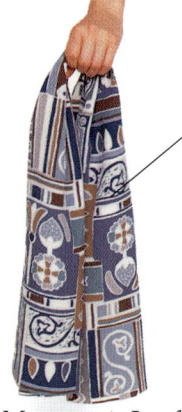

Muster mit Laufrichtung
Oft sind es Blumenmuster, die ein »Oben« und ein »Unten« haben. Beachten Sie dies beim Zuschneiden.

Muster sieht auf beiden Seiten verschieden aus

Streifen und Karos
Greifen Sie den Stoff und heben ihn in der Mitte an (oben). So sehen Sie, ob das Muster eine Laufrichtung hat.

Die Streifen laufen quer zum Fadenlauf.

Die Strichrichtung eines Stoffes

Sie können selbst entscheiden, ob Sie einen Stoff mit dem Strich oder gegen den Strich verarbeiten wollen. Das kommt darauf an, welchen Effekt Sie wünschen. Üblich ist jedoch, vor allem bei langflorigen Stoffen wie Webpelz, die Verarbeitung mit dem Strich.

SO SCHNEIDEN SIE RICHTIG ZU

GERADE SCHNITTE

Wenn der Stoff nicht gerade vom Ballen abgeschnitten wurde, d. h. rechtwinklig zur Webkante, müssen Sie ihn zunächst begradigen. Finden Sie den Stoffbruch, indem Sie die Webkanten genau aufeinanderlegen. Streichen Sie die Schnittkanten glatt. Wenn der Stoff verzogen ist, strecken Sie ihn leicht in diagonaler Richtung.

FÄDEN ZIEHEN

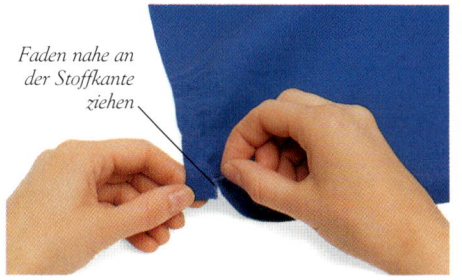

Faden nahe an der Stoffkante ziehen

Bei glatten, locker gewebten Stoffen machen Sie einen Schnitt in die Webkante, einen Schussfaden fassen. Faden herausziehen, auf Linie entlangschneiden.

AUF DER LINIE SCHNEIDEN

Markanter Streifen

Bei gewebten Karos/Streifen auf einer markanten Linie entlangschneiden (oben). Meiden Sie zu Anfang Stoffe mit Mustern schräg zum Fadenlauf.

STRICKSTOFFE SCHNEIDEN

Bei Strickstoffen schneiden Sie am besten entlang einer Maschenreihe (oben). Bei feineren Maschen vorher Heftfaden durch Stoff ziehen.

DER PAPIERSCHNITT

Wenn Sie mit dem Zuschneiden anfangen wollen, müssen Sie auch den Papierschnitt vorbereiten. Suchen Sie die einzelnen Teile aus der Schnittübersicht heraus, schneiden Sie sie aus und glätten sie vorsichtig mit einem warmen Bügeleisen, wenn zu viele Knicke im Papier sind.

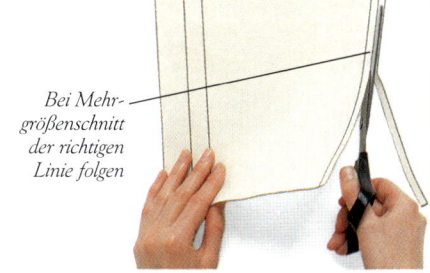

Bei Mehrgrößenschnitt der richtigen Linie folgen

1 Suchen Sie in der Schnittübersicht alle Teile, die Sie benötigen und markieren Sie sie deutlich.

2 Suchen Sie den Schnittauflageplan (achten Sie auf Muster oder Strichrichtung!). Markieren Sie den Plan.

3 Schneiden Sie die Teile des Papierschnittes aus dem Musterbogen aus (oben). Bei Mehrgrößenschnitt auf richtige Größe achten.

EINGRÖSSENSCHNITTE

Eingrößenschnitte müssen Sie nicht so exakt ausschneiden. Stecken Sie die Stücke auf den Stoff und schneiden Sie das Papier zusammen mit dem Stoff.

MEHRGRÖSSENSCHNITTE SCHNELL ÄNDERN

Zwischen Linien schneiden

Zwischen den Größen
Maße zwischen zwei Größen: Genau zwischen den Markierungslinien für die beiden Größen entlangschneiden.

Schnitt abschrägen

Individuelle Änderungen
Z. B. breite Hüften, schmale Taille: Im Hüftbereich auf Linie für nächstgrößere Größe, zur Taille hin auf Ihrer Größenlinie schneiden.

SCHNITTMUSTER

DER SCHNITTAUFLAGEPLAN

Schnittmusterteile bilden normalerweise die rechte Hälfte eines Modells ab. Wenn Sie sie auf ein doppelt gelegtes Stück Stoff stecken, schneiden sie automatisch ein rechtes und ein linkes Teil zu. Wenn der Stoff nicht im Stoffbruch liegend zugeschnitten werden kann, achten Sie darauf, den Papierschnitt umzudrehen!

GRUNDREGELN ZUM AUFLEGEN DES SCHNITTES

Wenn Sie die Papierteile auf den Stoff legen, achten Sie darauf, daß die Markierungen für den Fadenlauf genau parallel zur Webkante verlaufen. Haben die Papierschnitte eine Markierung für den Stoffbruch, legen Sie diese Kante genau an den Knick des Stoffes. Wenn Sie Ihr Modell aus zwei Stücken Stoff zuschneiden, achten Sie darauf, dass der Strich oder das Muster bei beiden Stoffen in die gleiche Richtung verläuft.

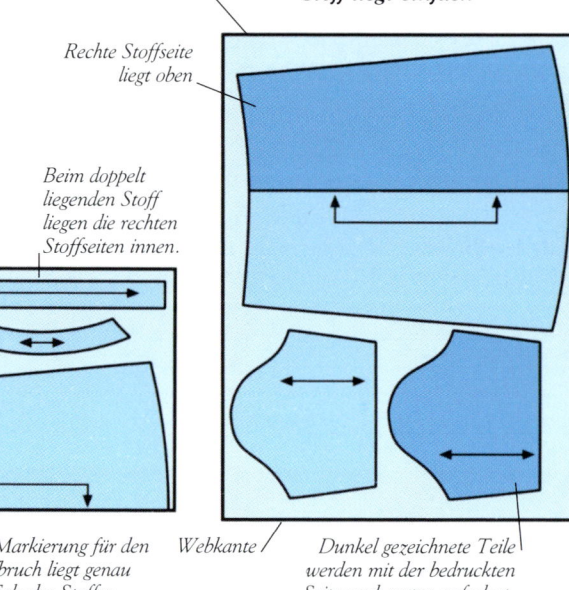

Stoff liegt einfach

Webkante

Rechte Stoffseite liegt oben

Stoff liegt doppelt

Webkanten

Zweifarbig eingezeichnete Teile werden zum Schluss aus doppelt gelegten Stoffstücken zugeschnitten

Beim doppelt liegenden Stoff liegen die rechten Stoffseiten innen.

Teile, die über den Stoffbruch hinausreichen, werden zum Schluss aus einfach liegendem Stoff zugeschnitten.

Legen Sie die Papierteile mit der bedruckten Seite nach oben auf den Stoff.

Stoffbruch

Die Markierung für den Stoffbruch liegt genau am Falz des Stoffes.

Webkante

Dunkel gezeichnete Teile werden mit der bedruckten Seite nach unten aufgelegt.

SCHNITTAUFLAGEPLAN FÜR STOFFE MIT STRICH

Bei Stoffen mit Strich oder einem Muster mit Laufrichtung müssen Sie zunächst entscheiden, wo »oben« sein soll. Legen Sie nun alle Papierteile in der gleichen Richtung auf den Stoff, damit bei allen der Strich oder das Muster gleichmäßig verläuft.

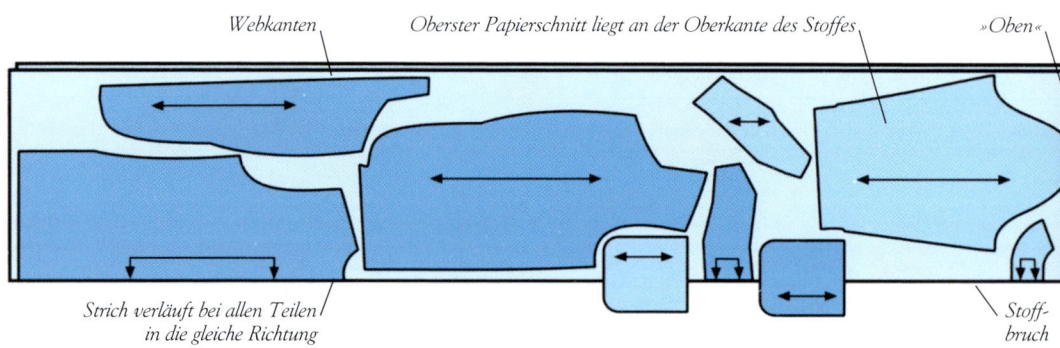

Webkanten

Oberster Papierschnitt liegt an der Oberkante des Stoffes

»Oben«

Strich verläuft bei allen Teilen in die gleiche Richtung

Stoffbruch

QUERLIEGENDER STOFFBRUCH

Manchmal ist es sinnvoll, den Stoff quer zum Fadenlauf doppelt zu legen. Besonders große Schnittteile lassen sich so oft am besten zuschneiden. Auch Teile mit besonders komplizierten Formen können Sie so leichter auf dem Stoff unterbringen.

STOFFE MIT STRICH

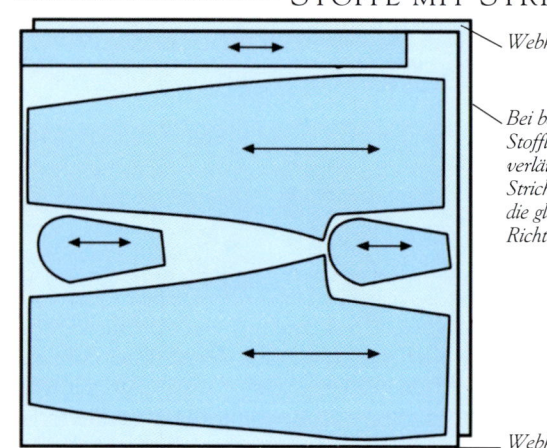

Webkanten

Stoffbruch

Quer zusammengelegt

Webkante

Bei beiden Stofflagen verläuft der Strich in die gleiche Richtung

Webkante

Wenn Sie ein Modell quer zum Stoffbruch zuschneiden wollen, aber einen Stoff mit Strich gewählt haben, verfahren Sie folgendermaßen: Legen Sie den Stoff zusammen und schneiden ihn in zwei Hälften. Drehen Sie das obere Stück so um, dass der Strich bei beiden Stofflagen in die gleiche Richtung verläuft.

Asymmetrischer Stoffbruch

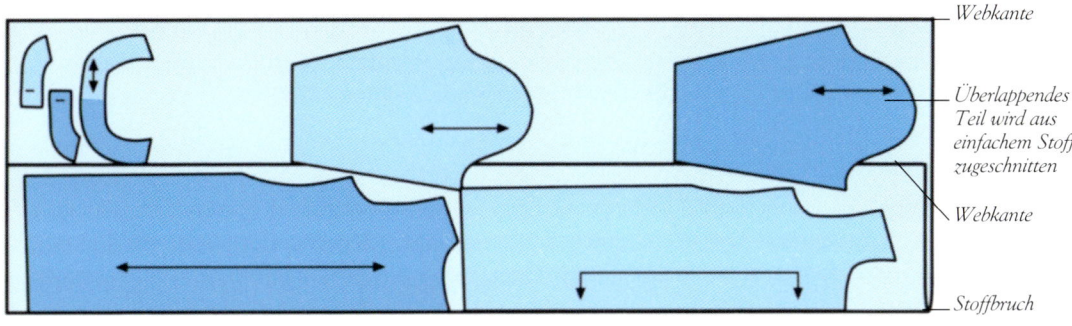

Bei diesem Schnittauflageplan wird der Stoff nicht in der Mitte in den Stoffbruch gelegt. Dadurch liegt ein Teil des Stoffes doppelt, der andere Teil einfach. Ein Musterteil, das auf dem einfachen Teil liegt, aber in den doppelten Bereich hineinragt, wird einfach zugeschnitten.

Das Aufstecken des Papierschnittes

Bevor Sie die Papierteile auf den Stoff stecken, legen Sie den Stoff der Länge nach in den Stoffbruch – es sei denn, der Schnittauflageplan Ihres Modells schreibt etwas anderes vor. Jedes Teil des Papierschnittes hat eine Markierung für den Fadenlauf oder den Stoffbruch. Diese Linien müssen immer parallel zu den Webkanten verlaufen.

Wenn Sie wenig Platz haben

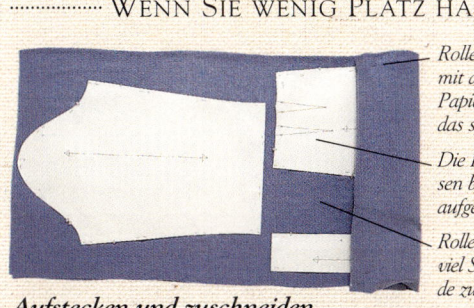

- Rollen Sie den Stoff mit den aufgesteckten Papierteilen locker auf, das spart Platz.
- Die Papierschnitte müssen besonders sorgfältig aufgesteckt werden
- Rollen Sie immer nur so viel Stoff ab, wie Sie gerade zuschneiden möchten.

Aufstecken und zuschneiden
Nachdem Sie die Papierschnitte sorgfältig auf den Stoff gesteckt haben, rollen Sie beides zusammen locker auf. Danach rollen Sie den Stoff stückweise wieder ab und schneiden Teil für Teil zu.

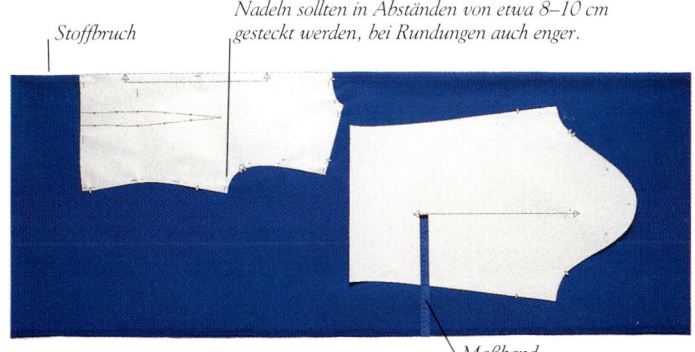

Messen Sie nach, ob die Fadenlauflinien eines Teiles überall gleich weit von Stoffbruch oder Webkante entfernt liegen. Achten Sie darauf, dass die als Stoffbruch markierten Kanten genau auf der Bruchkante des Stoffes liegen. Befestigen Sie die Schnittteile zuerst am Stoffbruch, damit sie nicht verrutschen.

Das Zuschneiden

Beim Zuschneiden sollte die Schere durch den Stoff gleiten. Machen Sie an geraden Kanten lange Schnitte, an den Rundungen eher kurze. Achten Sie darauf, glatte Schnitte zu machen, sonst werden die Schnittkanten zackig. Benutzen Sie unbedingt eine scharfe Schere (siehe S. 11). Stumpfe Scheren fransen die Stoffränder aus.

Richtig schneiden

Legen Sie die Hand neben die Schnittlinie

Legen Sie eine Hand locker auf den Papierschnitt, mit der anderen halten Sie die Schere. Führen Sie die Schere auf der Arbeitsfläche entlang, damit der Stoff so wenig wie möglich angehoben wird.

Klipse

Doppelter Klips

Schneiden Sie die Klipse mit aus. Bei doppelten oder dreifachen Klipsen sollten Sie gerade von Spitze zu Spitze schneiden, statt um einzelne Eckchen.

Armkugeln

Machen Sie einen kleinen Einschnitt in der Mitte der Armkugel

Um an einem Ärmel die Mitte der Armkugel zu markieren, schneiden Sie die Nahtzugabe an dieser Stelle leicht ein (oben).

Einschnitte

Schneiden Sie die Nahtzugabe an der Linie leicht ein.

Markierungen für Umbrüche, vordere Mitte etc. werden durch kleine Einschnitte in die Nahtzugaben gekennzeichnet (oben).

SCHNITTMUSTER

KAROS UND STREIFEN

Laufen die Streifen auf Ihrem Stoff rechtwinklig zu den Webkanten, dann wird das fertige Kleidungsstück quergestreift sein. Laufen sie dagegen parallel zu den Webkanten, dann ist das fertige Modell längsgestreift. Karos entstehen durch quer- und längs verlaufende Streifen. Auch sie können eine Laufrichtung haben.

STREIFENTEST AUF DEM BALLEN

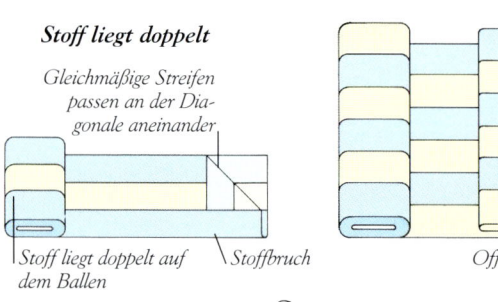

Stoff liegt doppelt
Gleichmäßige Streifen passen an der Diagonale aneinander
Stoff liegt doppelt auf dem Ballen *Stoffbruch*

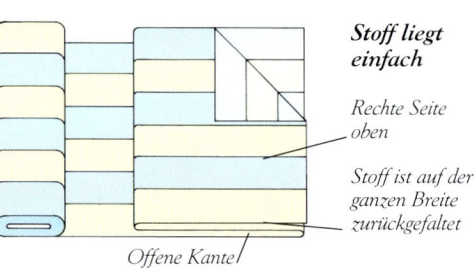

Stoff liegt einfach
Rechte Seite oben
Stoff ist auf der ganzen Breite zurückgefaltet
Offene Kante

Wenn Sie einen Stoff kaufen, prüfen Sie zuerst, ob die Streifen gleichmäßig oder ungleichmäßig sind. Liegt der Stoff auf dem Ballen doppelt, schlagen Sie eine Ecke diagonal zurück und betrachten die beiden nun sichtbaren rechten Stoffseiten. Liegt der Stoff einfach, rollen Sie ein Stück ab und doppeln es quer. Wenn Sie nun eine Ecke umschlagen, sehen Sie ebenfalls beide rechten Seiten.

STREIFEN

Schlagen Sie eine Ecke des Stoffes diagonal um und prüfen Sie, ob die Streifen symmetrisch sind. Symmetrische Streifen ergeben bei dieser Probe ein sauberes Fischgrätmuster.

Symmetrische Streifen   **Asymmetrische Streifen**

KAROS

Falten Sie eine Ecke des Stoffes diagonal zurück und prüfen Sie das Muster. Regelmäßige Karos ergeben wieder ein symmetrisches Bild, unregelmäßige Karos nicht.

Gleichmäßige Karos   **Ungleichmäßige Karos**

VORBEREITUNG

Regelmäßige Karos/Streifen: Stoff in Stoffbruch legen, Falz durch Mitte eines markanten Streifens. Feststecken.

TASCHEN ANPASSEN

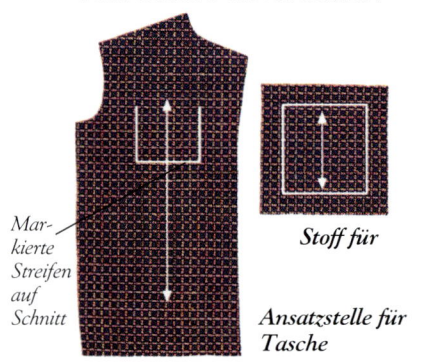

Markierte Streifen auf Schnitt   *Stoff für Ansatzstelle für Tasche*

Muster an der für Tasche vorgesehenen Stelle des Hauptteils prüfen. Taschenschnitt auf Stoff passend zurechtschieben.

SEITENNÄHTE ANPASSEN

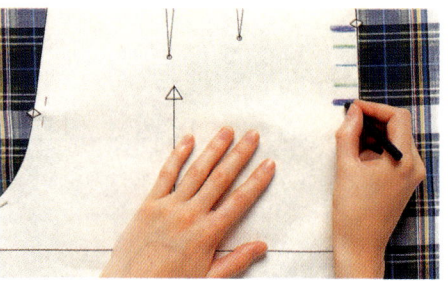

1 Legen Sie den Papierschnitt so auf karierten Stoff, dass ein markanter Streifen an oder nahe der Papierkante liegt. Feststecken. Zeichnen Sie die Abfolge der Streifen in der Nähe eines Klipses auf das Papier (oben).

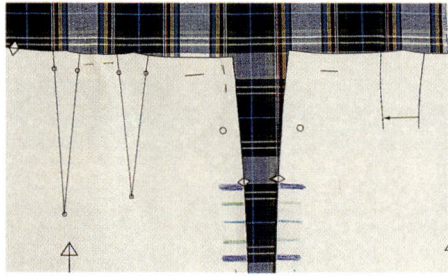

2 Gegenstück zum ersten Schnitt auflegen. Die Klipse liegen dabei auf gleicher Höhe. Zeichnen Sie auch hier die Abfolge der Streifen auf den Schnitt. Nun schieben Sie den Schnitt zurecht, bis gezeichnete und Stoffstreifen übereinstimmen.

3 Wenn Sie ein Vorderteil zuschneiden, markieren Sie etwa in Höhe des Klipses einen markanten Streifen, der rechtwinklig zur Kante des Papierschnittes verläuft (oben).

4 Legen Sie den Papierschnitt für den Ärmel so, dass die Klipse gegenüber liegen. Achten Sie darauf, dass beim Ärmel der gleiche Streifen an der Stelle des Klipses quer verläuft wie beim Vorderteil.

SO SCHNEIDEN SIE RICHTIG ZU

ZUSCHNEIDEN VON KARIERTEN ODER GESTREIFTEN STOFFEN

Bei symmetrischen Streifen und Karos legen Sie den Stoff so in den Stoffbruch, dass der Falz in der Mitte eines Streifens verläuft. Beim Streifenverlauf an fertiges Kleidungsstück denken. Bei unregelmäßigen Karos oder Streifen Stoff offen auslegen (also nicht im Stoffbruch). Jedes Teil des Schnittes wird einzeln aufgelegt und eventuell umgedreht.

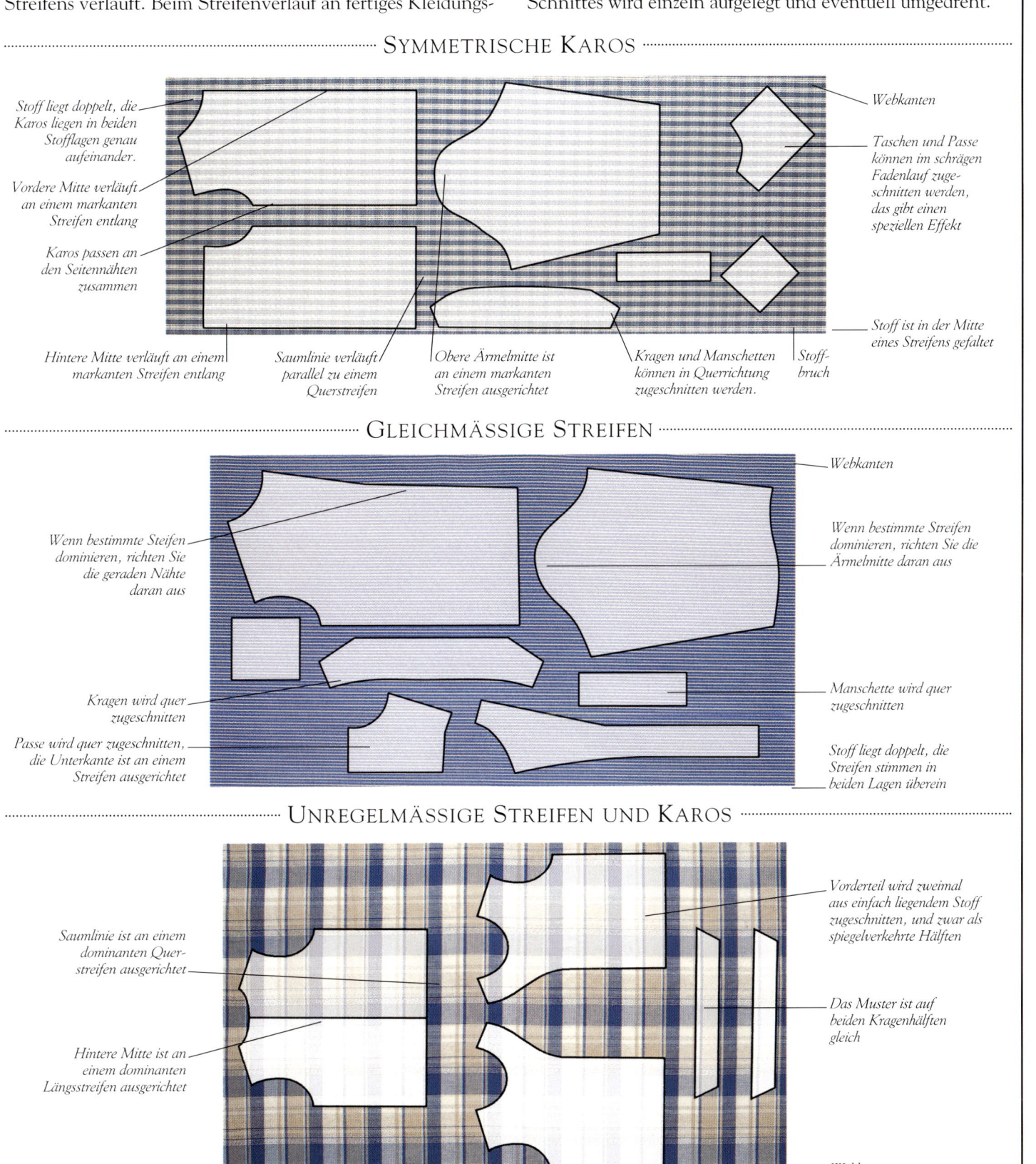

SYMMETRISCHE KAROS

- *Stoff liegt doppelt, die Karos liegen in beiden Stofflagen genau aufeinander.*
- *Vordere Mitte verläuft an einem markanten Streifen entlang*
- *Karos passen an den Seitennähten zusammen*
- *Hintere Mitte verläuft an einem markanten Streifen entlang*
- *Saumlinie verläuft parallel zu einem Querstreifen*
- *Obere Ärmelmitte ist an einem markanten Streifen ausgerichtet*
- *Kragen und Manschetten können in Querrichtung zugeschnitten werden.*
- *Webkanten*
- *Taschen und Passe können im schrägen Fadenlauf zugeschnitten werden, das gibt einen speziellen Effekt*
- *Stoff ist in der Mitte eines Streifens gefaltet*
- *Stoffbruch*

GLEICHMÄSSIGE STREIFEN

- *Wenn bestimmte Steifen dominieren, richten Sie die geraden Nähte daran aus*
- *Kragen wird quer zugeschnitten*
- *Passe wird quer zugeschnitten, die Unterkante ist an einem Streifen ausgerichtet*
- *Webkanten*
- *Wenn bestimmte Streifen dominieren, richten Sie die Ärmelmitte daran aus*
- *Manschette wird quer zugeschnitten*
- *Stoff liegt doppelt, die Streifen stimmen in beiden Lagen überein*

UNREGELMÄSSIGE STREIFEN UND KAROS

- *Saumlinie ist an einem dominanten Querstreifen ausgerichtet*
- *Hintere Mitte ist an einem dominanten Längsstreifen ausgerichtet*
- *Vorderteil wird zweimal aus einfach liegendem Stoff zugeschnitten, und zwar als spiegelverkehrte Hälften*
- *Das Muster ist auf beiden Kragenhälften gleich*
- *Webkante*

39

STOFFE, GARNE, KURZWAREN

BAUMWOLLSTOFFE

Jersey, Vichykaro 42 ▪ Madraskaro, Chambray, Chintz, Popelin, Seersucker 43
Linon, Musselin, Baumwollkrepp, Netzstoff, Voile 44 ▪ Spitze, Batist, Käseleinen, Lochstickerei, Kattun 45
Damast, Denim, Schwesternstreifen, Moleskin, Biber 46
Drell, Frottee, Cord, Velvet, Baumwollsamt 47

WOLLSTOFFE

Kammgarn, Flanell 48 ▪ Kaschmir, Schottentuch, Wollkrepp, Wolltuch, Gabardine 49
Mustertweed, Tweed, Double-Face, Chaly, Mungo 50
Knitterfreie Wolle, Single-Jersey, Wolljersey, Mohair, Alpaca 51

LEINEN UND SEIDE

Crash-Leinen, Taschentuchleinen 52
Wildseide, Seide mit Wolle, Seide mit Baumwolle, Seide mit Leinen, Seidensatin 53
Taft, Organza, Waschseide, Crêpe-de-Chine, Dévoré 54
Chiffon, Habutai, Dupion-Seide, Georgette, Shantung-Seide 55

SYNTHETIKS UND BESONDERE STOFFE

Acryl, Synthetik-Crêpe 56 ▪ Faille, Viscose, Rips, Polyester-Crêpe, Mikrofaser 57
Bouclé, Polyester-Leinen, Charmeuse, Polar-Fleece, Polyester-Satin 58
Flock, Nylon, Jacquard, Tüll, Acetat 59
Vinyl, Crinkle, PVC, Latex, Paillettenstoff 60 ▪ Stretch, Lurex, Webpelz, Goldlamé, Leder 61

PFLEGEHINWEISE 62 ▪ GARNE 63

KURZWAREN

Einlagen und Versteifungen 64 ▪ Einfassungen und Bänder 65 ▪ Verschlüsse 65 ▪ Elastische Bänder 66
Borten und Spitzen 67 ▪ Dekorationen 68 ▪ Fertige Accessoires 68 ▪ Zubehör für Möbelbezüge
und Vorhänge 69

Baumwoll-stoffe

Baumwolle wird schon seit Jahrhunderten als Stoff zur Herstellung von Kleidung benutzt. Das liegt daran, dass dieses Material gut zu verarbeiten und angenehm zu tragen ist. Baumwolle ist ein pflanzliches Naturmaterial. Die unterschiedlich langen Fasern, die wie Wattebäusche die Samenstände der Baumwollpflanze umhüllen, werden zu Fäden versponnen. Diese Fasern sind weich und sehr saugfähig – einer der besonderen Vorzüge der Baumwolle. Je länger, feiner und flauschiger die einzelnen Fasern sind, umso hochwertiger ist der fertige Stoff. Es gibt zahllose Varianten von Baumwollstoffen, von leichten, lockeren Geweben bis zu schweren aufgerauten Stoffen wie Samt. Gern wird Baumwolle auch mit Seide oder anderen Fasern gemischt, damit man besonders langlebige Stoffe erhält. Viele pflegeleichte Stoffe bestehen aus einer Mischung von Baumwolle mit synthetischen Fasern. Nicht nur für Kleidung ist Baumwolle beliebt, sondern auch für Bettwäsche, Dekorationen und Polstermöbel.

Knittertest

Um zu prüfen, wie leicht ein Stoff knittert, knüllen Sie ein Stück davon fest in der Hand. Lassen Sie den Stoff wieder los und beobachten Sie, wie sehr er zerknittert ist und sich wieder glattzieht.

Umbrüche einbügeln

Wenn Sie einen Baumwollstoff verarbeiten, brauchen Sie weniger Stecknadeln. Gerade Linien wie Saum-Umbrüche einfach nach den Anweisungen des Schnittmusters umknicken und einbügeln.

Jersey
Es gibt unterschiedliche Jersey-Qualitäten. Einen guten Jersey erkennen Sie am gleichmäßig feinen Maschenbild. Jersey fällt gut und knittert nicht.

Vichy-Karo
Ein leichter, dicht gewebter, strapazierfähiger Stoff mit gleichmäßigen Karos. Wird gern für Blusen oder Küchentextilien verwendet.

Madras-Karo
Dieser leichte, dicht gewebte Stoff knittert sehr leicht. Die Karomuster werden oft in lebhaften Farben angeboten und gern für lässige Freizeitkleidung verarbeitet.

Chambray
Chambray ist ein leichter bis mittelschwerer, dicht gewebter Stoff. Er ist leicht zu verarbeiten und findet Verwendung für Hemden und Kinderkleidung.

Chintz (Glanzbaumwolle)
Chintz ist eine dichte, feste Baumwollqualität, die durch eine spezielle Oberflächenbehandlung Glanz erhält. Oft als Möbelstoff benutzt.

Popeline
Dieser feine, mittelschwere Stoff hat eine leichte Rippenstruktur. Er ist geschmeidig und saugfähig. Er wird hauptsächlich zu Blusen, Hemden und Kleidern verarbeitet.

Seersucker
Dies ist ein leichter Stoff, bei dem glatte und krause Gewebestreifen miteinander abwechseln. Für Hemden, Kinderkleidung, Bettwäsche (da bügelfrei).

Linon
Linon ist leicht, saugfähig und geschmeidig, aber dennoch formstabil. Geeignet für Blusen, Kragen, Manschetten, Kinderkleidung, Unterwäsche.

Musselin
Musselin wird in reiner Baumwolle oder als Mischgewebe angeboten. Oft als Lage zwischen Oberstoff und Futter verwendet oder auch für leichte Gardinen.

Baumwollkrepp
Dieser Stoff wird auch Crinkle genannt und kommt gelegentlich als Mischgewebe in den Handel. Er ist weich, saugfähig und angenehm zu tragen.

Netzstoff
Dieses Maschengewebe mit großen Löchern wird für modische Überziehhemden oder Westen verwendet. Es bietet sich aber auch für Wäschesäcke an.

Voile
Ein feiner, glatter Stoff, der uni oder bedruckt in den Handel kommt. Für Kinderkleidung, Blusen, Hemden ebenso geeignet wie für Raffrollos oder Gardinen.

SPITZE
Dieses dekorative Material wird aus geknoteten, geschlungenen oder gedrehten Fäden hergestellt. Er kann flächig oder für Kanten verarbeitet werden.

BATIST
Batist ist sehr fein, mittelfest gewebt, glatt und formstabil. Er wird traditionell für Taschentücher verwendet, aber auch für Blusen oder Kinderkleidung.

KÄSELEINEN
Dieser locker gewebte, weiche Stoff sieht leicht knitterig aus und hat eine raue Oberfläche. Gern für leichte Sommerkleidung und für Nachtwäsche verarbeitet.

LOCHSTICKEREI
Dicht gewebte Baumwolle oder Mischgewebe ist mit Mustern aus Lochstickerei bedeckt. Dieser Stoff ist für Kleidung, Nachtwäsche und Tischdecken gut geeignet.

KATTUN
Ein leichter, fester Stoff mit rauer Oberfläche, der z. B. für Matratzenbezüge verwendet wird. Auch geeignet, um Probestücke daraus zu schneidern.

Damast
Ein zweilagig gewebter Stoff, bei dem satinartige Muster auf mattem Untergrund erscheinen. Damast wird hauptsächlich für Tischwäsche und Gardinen verwendet.

Denim
Der klassische Jeans-Stoff. In fester Köperbindung gewebt, strapazierfähig und waschbar, eignet er sich besonders für Kinder-, Freizeit- und Arbeitskleidung.

Schwesternstreifen
Dieser mittelschwere Baumwollköper, der traditionell für Krankenschwesterntrachten verarbeitet wurde, wird heute häufig als Bezugsstoff eingesetzt.

Moleskin
Ein mittelschwerer, stabiler Stoff, der einseitig leicht aufgeraut ist (Strichrichtung beachten!). Eignet sich gut für Kinderhosen, Freizeit- und Arbeitskleidung.

Biber
Dieser sehr weiche, warme Baumwollstoff ist stark angeraut. Er lässt sich leicht verarbeiten und wird gern für Bettwäsche genommen. Sehr leicht brennbar!

Drell
Ein sehr stabiler Baumwollköper, der traditionell olivgrün eingefärbt und für Uniformen verwendet wird (Khaki), aber auch für Freizeit- und Arbeitskleidung.

Frottee
Die Oberfläche dieses saugfähigen Stoffes besteht aus zahllosen nicht aufgeschnittenen Schlingen. Hochwertige Stoffe haben Schlingen auf beiden Seiten.

Cord
Cord hat in Längsrichtung eingewebte Rippen aus weichem Flor mit ausgeprägter Strichrichtung. Er ist sehr stabil und wird für Hemden, Kinderkleidung, Hosen verwendet.

Velvet
Velvet ist ein warmer Baumwollstoff, der einseitig aufgebürstet ist (Strichrichtung beachten!). Für Freizeit- und Kinderkleidung und zum Füttern benutzt.

Baumwollsamt
Dies ist ein Gewebe das einen einseitigen Flor mit deutlicher Strichrichtung hat. Er wird für festliche Kleidung ebenso verwendet wie für Möbelbezüge.

STOFFE, GARNE, KURZWAREN

WOLL-STOFFE

Wolle ist ein Naturmaterial – sie wird aus dem Fell von Schafen oder Ziegen gewonnen. Die hochwertigsten Stoffe werden aus den feinsten Fasern hergestellt. Je gröber die Fasern sind, desto gröber wird auch der Faden und das Gewebe. Mohair und Kaschmir werden aus Ziegenhaaren gesponnen, Alpaca aus Lamahaar. Diese speziellen Materialien sind sehr weich und oft auch sehr teuer, weil sie nur in kleinen Mengen hergestellt werden. Oft werden sie mit Schafwolle gemischt, um sie stabiler und gefälliger zu machen. Wolle ist ein vielseitiges Material, das in verschiedenen Stärken, Strukturen und Webarten angeboten wird. Am häufigsten werden Sie Leinen- oder Köperbindungen antreffen. Wolle ist saugfähig und angenehm zu tragen. Zudem ist Wolle schwer entflammbar, wasserabweisend und elastisch. Zwar lassen sich Wollstoffe gut reinigen, aber durch Sonnenlicht, Motten und unsachgemäßes Bügeln werden sie auch leicht beschädigt.

######## WOLLE BÜGELN ########

Bügeln Sie Wolle immer mit einem feuchten Tuch von der linken Seite. Nur so vermeiden Sie, dass die gebügelten Stellen glänzen. Schieben Sie das Bügeleisen nicht, sonst verzieht sich ein Wollstoff leicht.

######## ABNÄHER BÜGELN ########

Besonders bei dickeren Stoffen müssen Sie sehr vorsichtig bügeln, damit sich die innere Stofflage nicht nach außen durchdrückt. Bügeleisen vorsichtig unter den Abnäher schieben, Naht glattdrücken.

KAMMGARN
Dieser hochwertige Stoff wird aus dicht gewebten Wollgarnen hergestellt. Er ist strapazierfähig und wird darum gern für Anzüge, Mäntel und Möbelbezüge verwendet.

FLANELL
Ein fester Stoff, der in Leinen- oder Köperbindung angeboten wird. Oft ist die Oberfläche angeraut. Für Anzüge, Kostüme, Jacken, Mäntel, Hosen.

KASCHMIR
Dieser sehr feine Wollstoff wird aus Ziegenhaar hergestellt. Er ist sehr weich, leicht und angenehm zu tragen. Ein schöner Stoff für Schals und Mäntel.

SCHOTTENTUCH
Bei diesem klassischen karierten Wollstoff in Köperbindung müssen Sie sehr sorgfältig zuschneiden. Traditionell für Röcke, Hosen und Hemden verarbeitet.

WOLLKREPP
Ein feiner, locker gewebter Wollstoff mit leicht strukturierter Oberfläche. Krepp ist schwierig zu verarbeiten, fällt aber sehr schön.

WOLLTUCH
Ein schwerer Wollstoff, der auf der rechten Seite oft einen leichten Flor hat. Er wird für weite, bequeme Oberbekleidung verwendet, z. B. Mäntel und Capes.

GABARDINE
Gabardine ist ein Woll-Mischgewebe in Köperbindung. Er ist sehr fest und wasserabweisend, daher eignet er sich gut für Jacken, Hosen und Mäntel.

MUSTERTWEED
Ein dicker, fest gewebter Stoff, der in vielfältigeren Farben und Mustern angeboten wird als der klassische Tweed. Für Jacken und Hosen verwendet.

TWEED
Der klassische Tweed wird aus leicht meliertem Garn gewebt, daher rühren die kleinen farbigen Pünktchen im Gewebe. Meist zu Jacken und Anzügen verarbeitet.

DOUBLE-FACE
Dieser schwere Stoff besteht aus zwei miteinander verwobenen Lagen, er ist beidseitig verwendbar. Double-Face eignet sich am besten für einfache Schnitte.

CHALY
Der leichte, dicht gewebte Stoff lässt sich leicht verarbeiten. Er ist oft mit Blumen- oder Paisleymustern bedruckt. Schöner Fall bei Röcken und Kleidern.

MUNGO
Wollstoffe mit glänzender, dichter Oberfläche nennt man Mungo. Ursprünglich wurde dieser Stoff in Venedig aus Seide hergestellt, heute ist er aus Restwolle.

Knitterfreie Wolle
Dieser leichte Wollstoff wurde speziell behandelt, damit er nicht knittert. Er lässt sich leicht kräuseln und gut verarbeiten. Ideal für Röcke, Kleider und Blusen.

Single-Jersey
Glatt gestrickter Jersey hat auf einer Seite horizontale, auf der anderen Seite vertikale Rippen. Für Kinder-, Sport- und Freizeitkleidung verwendet.

Wolljersey
Diese Qualität hat auf beiden Seiten vertikale Rippen. Der Stoff ist fester und wärmt besser als Single-Jersey. Schwer kräuselbar, aber sehr saugfähig.

Mohair
Mohair wird aus Ziegenwolle hergestellt. Der Stoff ist sehr weich und flauschig. Um ihn stabiler zu machen, wird er meist mit Wolle gemischt.

Alpaca
Ein sehr weicher, geschmeidiger Stoff mit seidigem Griff, der aus Lamahaar hergestellt wird. Alpaca wird oft mit anderen Fasern gemischt.

STOFFE, GARNE, KURZWAREN

LEINEN UND SEIDE

Leinen und Seide sind zwei weitere Naturmaterialien, denen immer ein Hauch von Luxus anhängt. Heute werden diese Stoffe aber recht preiswert angeboten. Leinen wird aus den Fasern der Flachspflanze hergestellt, Seide wird aus den Fäden der Seidenraupe gesponnen. Beide Stoffe gibt es in unterschiedlichen Stärken und Qualitäten, es werden auch Leinen-Seide-Mischgewebe angeboten. Leinen ist kühl und sehr saugfähig, darum ist es der ideale Stoff für heißes Klima. Es läßt sich gut färben, aber es knittert leicht. Um das Knittern zu vermeiden, wird Leinen häufig mit anderen Fasern gemischt. Seide können Sie als Mischgewebe oder als reine Seide kaufen, es kommen viele unterschiedliche Stärken und Qualitäten in den Handel.

NADELPROBE

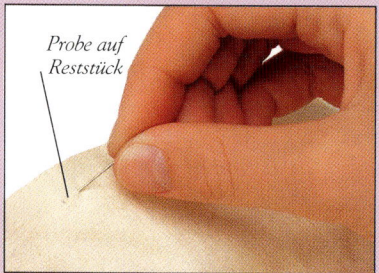

Probe auf Reststück

Nadeln hinterlassen leicht bleibende Spuren in Seidenstoffen. Prüfen Sie erst auf einem Reststück, wie Ihr Stoff reagiert. Verwenden Sie spezielle Stecknadeln und stecken Sie immer in der Nahtzugabe.

GLATTE SEIDE ZUSCHNEIDEN

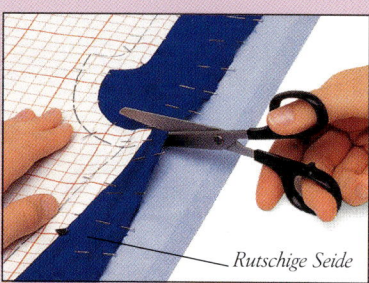

Rutschige Seide

Legen Sie Baumwollstoff oder ein altes Bettlaken unter die Seide. Dann rutscht sie beim Zuschneiden nicht so leicht weg. Sie können den Stoff auch mit der Seide zusammen zuschneiden.

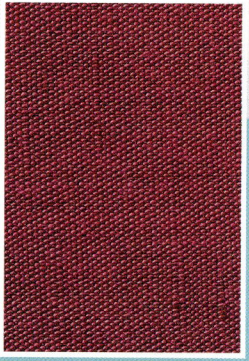

CRASH-LEINEN
Diese Leinenqualität ist relativ grob und knittert leicht. Der Stoff trägt sich angenehm, wird aber leicht kraus. Geeignet für Hemden, Jacken, Röcke.

TASCHENTUCHLEINEN
Eine sehr glatte, leichte Leinenqualität, die schön fällt. Der Stoff lässt sich gut in Falten legen, aber schwer kräuseln. Er wird hauptsächlich für Weißwäsche verwendet.

WILDSEIDE
Dieser Stoff wird aus den Abfällen hergestellt, die beim Spinnen von Seide anfallen. Die Unregelmäßigkeiten in der Oberfläche stammen von den Cocons.

SEIDE MIT WOLLE
Bei dieser Qualität sorgt die Wolle für Weichheit und Fülle, die Seide gibt dem Stoff den Glanz. Dieses Material eignet sich gut für Kostüme oder Jacken.

SEIDE MIT BAUMWOLLE
Ein leichtes, lockeres Gewebe, das den Glanz von Seide und die Struktur von Baumwolle vereinigt. Ein schöner Stoff für Blusen und Kleider.

SEIDE MIT LEINEN
Die spröde Struktur des Leinens wird von der Seide gebrochen, das Ergebnis ist ein fester, glänzender Stoff. Für Kostüme, Kleider, Hosen geeignet.

SEIDENSATIN
Diese reine Seide, die in unterschiedlich schweren Qualitäten angeboten wird, hat eine besonders schön glänzende Oberfläche. Für Kleider und Abendgarderobe.

TAFT
Dieser feine, dicht gewebte Stoff hat einen besonders schönen Glanz und eine leicht gerippte Oberflächenstruktur, er knittert aber leicht.

ORGANZA
Organza ist besonders fein, transparent und recht steif. Säume, Kragen, Einfassungen und Stoffblumen lassen sich sehr gut daraus arbeiten, auch Abendkleider.

WASCHSEIDE
Reine Seide wird in einem speziellen Verfahren gewaschen. So wird sie besonders weich und bekommt einen leicht »verwaschenen« Effekt.

CRÊPE DE CHINE
Dies ist eine mittelschwere, glatt fließende Seide. Für Abendkleider mit dramatischem Faltenwurf oft im schrägen Fadenlauf zugeschnitten.

DÉVORÉ
Dieser Stoff wird mit einer Säure behandelt, die den Flor wegätzt. So bleiben Muster stehen, dazwischen transparente Flächen. Ein luxuriöser Stoff für Festkleidung.

CHIFFON
Chiffon wird aus fest gezwirnten Fäden reiner Seide gewebt. Er hat eine lockere Bindung, was ihn leicht transparent erscheinen lässt. Er hat einen schönen Fall.

HABUTAI
Diese weiche Seide kommt ursprünglich aus Japan. Sie wird in verschieden schweren Qualitäten angeboten. Meist wird sie zu Jacken oder Blusen verarbeitet.

DUPION-SEIDE
Dupion wird aus zweifädiger Seide gewebt und hat eine leicht unregelmäßige Oberfläche. Sie franst leicht aus. Für Kleider, Jacken, Abend- und Brautkleider.

GEORGETTE
Aus sehr fest gezwirnten Fäden wird dieser lockere, transparente Stoff gewebt. (Polyester-) Georgette wird zu Blusen, Kleidern und Abendmode verarbeitet.

SHANTUNG-SEIDE
Diese mittelschwere Seide wird aus unregelmäßigen Fäden gewebt und hat darum eine raue Oberfläche. Klassische Seidenhemden sind aus Shantung-Seide.

STOFFE, GARNE, KURZWAREN

SYNTHETIKS UND BESONDERE STOFFE

Stoffe, die aus künstlich hergestellten Fasern erzeugt werden, nennen wir synthetische Stoffe. Fasern wie Polyester, Nylon, Acryl und Elasthan werden auf chemischem Wege aus Gas, Öl, Alkohol, Wasser und Sauerstoff hergestellt, Materialien wie Viscose und Acetat dagegen aus aufbereiteter pflanzlicher Zellulose. Die letzeren sind, ebenso wie die Naturfaserstoffe, saugfähig und angenehm zu tragen, aber sie neigen zum Knittern, Verziehen und Einlaufen. Synthetische Stoffe sind haltbar, strapazierfähig und knitterbeständig, jedoch nicht saugfähig. Zu den speziellen Stoffen zählen wir ungewöhnliche oder experimentelle Materialien wie PVC und Latex, aber auch Leder. Solche Stoffe erfordern spezielle Nähtechniken.

RUTSCHIGE STOFFE

Verwenden Sie sehr feine Stecknadeln, um Einstichspuren zu vermeiden.

Glatte Stoffe wie Crêpe oder Satin sollten Sie nicht nur stecken, sondern auch mit kleinen Stichen heften. So können die einzelnen Stofflagen beim Nähen nicht aufeinander verrutschen.

BÜGELPROBE

Bügelprobe auf dem Rand oder einem Reststück

Viele Synthetiks sind hitzeempfindlich. Wenn das Bügeleisen zu heiß ist, können sie leicht verschrumpeln oder sogar schmelzen. Probieren Sie immer auf einem Reststück die Bügeltemperatur aus.

ACRYL
Acryl ist ein leichtes, gewebtes oder gestricktes Material, das als Ersatz für Wolle entwickelt wurde. Es lädt sich sehr leicht statisch auf und ist nicht saugfähig.

SYNTHETIK-CRÊPE
Dieser leichte Stoff wird aus Fäden hergestellt, die vor dem Weben mit einem chemischen Verfahren gewellt wurden. Er ist weich und geschmeidig.

FAILLE
Ein feiner Stoff mit leichter Querrippenstruktur. Er wird aus Polyester, Acetat oder Viscose hergestellt und knittert sehr leicht. Beliebter Kleiderstoff.

VISCOSE
Dieser Stoff wird aus Zellulosefasern oder Baumwollabfällen gewebt. Er ist weich und saugfähig, mottenfest und hat einen schönen Fall. Ideal für Kleider.

RIPS
Deutliche Querrippen kennzeichnen diesen schweren, dicht gewebten, steifen Stoff aus. Er findet hauptsächlich für formelle Kleidung Verwendung.

POLYESTER-CRÊPE
Polyester-Crêpe zeichnet sich dadurch aus, dass er leicht, knitterfrei und strapazierfähig ist. Er fällt sehr schön und eignet sich darum für Kleider und Blusen.

MIKROFASER
Aus besonders feinen Fasern, meist Polyester, wird dieser dicht gewebte, haltbare und vielseitige Stoff gewebt. Einige Qualitäten sind wasserabweisend.

BOUCLÉ
Aus melierten, unregelmäßigen Fäden wird Bouclé gewebt oder auch gestrickt. Polyester, Viscose oder auch Wollmischungen sind die häufigsten Materialien.

POLYESTERLEINEN
Dieser Stoff wirkt optisch wie Leinen und lässt sich auch ebenso verarbeiten. Knitterfrei und pflegeleicht macht ihn das Polyester. Für Kleider und Anzüge.

CHARMEUSE
Ein sehr weicher, fließender Stoff mit satinartiger Oberseite und matter Rückseite. Er wird aus Viscose, Polyester oder Mischungen hergestellt. Für Blusen und Wäsche.

POLAR-FLEECE
Dieser sehr leichte Stoff mit flauschig aufgebürsteter Oberfläche wird meist aus Acrylfasern hergestellt. Er trocknet besonders schnell. Gut für Kinderkleidung.

POLYESTERSATIN
Hochwertige Qualitäten sind wendbar, sie haben eine satinartige Oberseite und eine Rückseite mit Crêpe-Struktur. Meist aus Rayon, Polyester oder auch Seide.

Flock
Ein Synthetik- oder Mischgewebe, bei dem auf einzelne Musterbereiche ein weicher Flor aufgebracht ist. Geeignet für Jacken, Kleider, Abendgarderobe.

Nylon
Dieser stabile, leichte Stoff lässt sich sehr gut einfärben. Aber er ist nicht saugfähig und lädt sich leicht statisch auf. Für Regen- und Skikleidung verwendet.

Jacquard
Jacquard hat eingewebte Muster, die auf der Rückseite als Negativ erscheinen. Der Stoff ist etwas steif. Er wird zu Blusen, Röcken und Kostümen verarbeitet.

Tüll
Ein netzartiger Stoff aus Nylon. Er ist sehr rau und sollte darum nicht auf der Haut getragen werden. Er eignet sich gut für Petticoats und Faschingskostüme.

Acetat
Acetat ähnelt der Viscose, hat aber eine andere chemische Zusammensetzung. Der Stoff fällt schön und hat einen feinen Glanz. Für Kleider, Wäsche, Sportkleidung.

Vinyl
Ein schweres synthetisches Material, das nicht gewebt ist. Vinyl ähnelt Leder, atmet aber nicht so gut. Für Möbelbezüge und Wetterkleidung.

Crincle
Ein transparenter, steifer Stoff, in den feine, unregelmäßige Knitterfältchen gepresst sind. Er eignet sich gut für Abendkleider. Vorsichtig verarbeiten!

PVC
Ein gewebter oder gestrickter Unterstoff wird mit PVC beschichtet. Der Stoff ist fest und undurchlässig. Er wird für Regenkleidung und Schürzen benutzt.

Latex
Dieser Stoff ist eigentlich eine Gummifolie, er wird aus dem Saft des Gummibaumes hergestellt. Das Material ist flexibel und wasserdicht. V. a. für Regenkleidung.

Paillettenstoff
Ein einfacher Stoff, der bei der Herstellung dicht an dicht mit Pailletten besetzt wird. Er ist sehr hitzeempfindlich, die Pailletten werden leicht matt.

STRETCH
Ein leichter Stoff, aus elastischen Fasern gewebt oder gestrickt. Er wird überall dort verwendet, wo es auf Dehnbarkeit ankommt, z. B. bei Freizeitkleidung.

LUREX
Lurex bekommt seinen Glanz durch feinste Metallfäden, die eingewebt oder eingestrickt werden. Gestricktes Material fällt meist schöner. Für Festkleidung.

WEBPELZ
Webpelz besteht aus langen, synthetischen Fasern, die auf einem gewebten Untergrund befestigt sind. Er eignet sich für Jacken, Mäntel, Hüte und Taschen.

GOLDLAMÉ
Ein sehr weicher, synthetischer Stoff mit einer metallisch glänzenden Oberfläche. Er ist leicht zu verarbeiten und fällt schön. V. a. für Abendkleider.

LEDER
Gegerbte und eventuell gefärbte Tierhäute, normalerweise von Rindern oder Schafen, werden stückweise verkauft. Für Oberbekleidung und Taschen.

STOFFE, GARNE, KURZWAREN

PFLEGEHINWEISE

Material	Waschen	Bügeln	Besondere Hinweise
Acetat (Sp)	Ⓟ	mittel	feucht von links bügeln
Acryl (Sp)	🖐 oder 40°	mittel	—
Alpaca (W)	Ⓟ	niedrig	—
Batist (B)	60°	hoch	feucht bügeln
Baumwolljersey (B)	40°	mittel	feuchtes Tuch verwenden
Baumwollkrepp (B)	60°	mittel	von links mit einem Tuch bügeln
Baumwollsamt (B)	Ⓟ	mittel	von links auf einem Samtbrett bügeln, mit Dampf lässt sich der Flor aufrichten
Biber (C)	60°–95°	hoch	feucht bügeln
Bouclé (Sp)	40° oder Ⓟ	niedrig	von links mit feuchtem Tuch bügeln
Chaly (W)	🖐	niedrig	mit feuchtem Tuch bügeln
Chambray (B)	60°	hoch	—
Charmeuse (Sp)	🖐 oder 40°	niedrig	von links bügeln
Chiffon (S)	40° oder Ⓟ	niedrig	ohne Dampf bügeln
Chintz (B)	Ⓟ	mittel	von links bügeln
Cord (B)	🖐 oder 40°	mittel	auf einem Handtuch bügeln, mit Dampf lässt sich der Flor aufrichten
Crash-Leinen (L)	🖐 oder 40°	hoch	feucht von links bügeln
Crêpe-de-Chine (S)	Ⓟ	niedrig	Bügeltuch verwenden
Crinkle (Sp)	Ⓟ	niedrig	von links bügeln
Damast (B)	🖐 oder Ⓟ	hoch	Bügeltuch verwenden
Denim (B)	40°	hoch	feucht bügeln
Dévoré (S)	Ⓟ	niedrig	ohne Dampf von links bügeln
Double-Face (W)	Ⓟ	mittel	von links mit einem feuchten Tuch dämpfen
Drell (B)	95°	hoch	—
Dupion-Seide (S)	Ⓟ	niedrig	ohne Dampf bügeln
Faille (Sp)	40° oder Ⓟ	mittel	von links mit einem feuchten Tuch dämpfen
Flanell (W)	🖐 oder Ⓟ	mittel	—
Flock (Sp)	🖐 oder Ⓟ	niedrig	—
Frottee (B)	60°–95°	hoch	—
Gabardine (W)	Ⓟ	mittel	von links mit einem feuchten Tuch bügeln
Georgette (S)	Ⓟ	niedrig	ohne Dampf bügeln
Goldlamé (S)	Ⓟ	niedrig	von links bügeln
Habutai (S)	🖐 oder Ⓟ	niedrig	—
Jacquard (Sp)	Ⓟ	mittel	von links mit einem feuchten Tuch dämpfen
Kammgarn (W)	Ⓟ	mittel	feuchtes Tuch verwenden
Kaschmir (W)	🖐 oder Ⓟ	nicht bügeln	—
Käseleinen (B)	🖐	hoch	—
Kattun (B)	60°–95°	hoch	—
Knitterfreie Wolle (W)	Ⓟ	mittel	—
Latex (Sp)	feucht abwischen	nicht bügeln	nicht waschen oder chem. reinigen, nur feucht abwischen
Leder (Sp)	Ⓟ	niedrig	ohne Dampf von links mit einem Tuch bügeln
Linon (B)	40°	hoch	—
Lochstickerei (B)	60°–95°	mittel	von links bügeln
Lurex (Sp)	Ⓟ	niedrig	von links mit einem Tuch bügeln
Madras-Karo (B)	🖐	hoch	—
Mikrofaser (Sp)	40°	mittel	von links bügeln
Mohair (W)	🖐 oder Ⓟ	niedrig	ein trockenes Tuch unterlegen, ein feuchtes Tuch für sanfte Dampfentwicklung neben dem Bügeleisen
Moleskin (B)	40°	mittel	von links bügeln
Mungo (W)	Ⓟ	mittel	—
Musselin (B)	40°	mittel	—
Mustertweed (W)	🖐 oder Ⓟ	mittel	von links mit feuchtem Tuch bügeln
Netzstoff (C)	60°	niedrig	nicht mit der Bügeleisenspitze die Maschen verziehen!
Noil (S)	Ⓟ	niedrig	ohne Dampf von links bügeln
Nylon (Sp)	🖐 oder 40°	niedrig	—
Organza (S)	🖐 oder Ⓟ	niedrig	—
Paillettenstoff (Sp)	Ⓟ	nicht bügeln	—
Polar-Fleece (Sp)	40°	niedrig	—
Polyester-Crêpe (Sp)	🖐 oder 40°	niedrig	—
Polyesterleinen (Sp)	🖐 oder 40°	niedrig	—
Polyestersatin (Sp)	🖐 oder Ⓟ	niedrig	—
Popeline (B)	60° oder Ⓟ	hoch	Bügeltuch verwenden
PVC (Sp)	Ⓟ / feucht abwischen	niedrig	von links bügeln
Rips (Sp)	Ⓟ	mittel	von links mit einem Tuch bügeln
Schottentuch (W)	Ⓟ	mittel	von links bügeln
Schwesternstreifen (B)	95°	hoch	feucht mit einem Tuch von links bügeln
Seersucker (B)	60° oder 95°	bügelfrei	—
Seide mit Wolle (S)	Ⓟ	niedrig	von links mit einem Tuch bügeln
Seide mit Leinen (S)	Ⓟ	mittel	von links bügeln
Seide mit Baumwolle (S)	40° oder Ⓟ	mittel	von links bügeln
Seidensatin (S)	40° oder Ⓟ	niedrig	ohne Dampf von links mit einem Tuch bügeln
Shantung-Seide (S)	Ⓟ	niedrig	ohne Dampf von links bügeln
Single-Jersey (W)	🖐 oder Ⓟ	nicht bügeln	—
Spitze (Sp)	Ⓟ	niedrig	ohne Dampf mit Bügeltuch bügeln
Stretch (Sp)	40°	niedrig	—
Synthetik-Crêpe (Sp)	Ⓟ	niedrig	von links mit einem Tuch bügeln
Taft (S)	Ⓟ	niedrig	ohne Dampf von links bügeln
Taschentuchleinen (L)	40° oder Ⓟ	hoch	feucht von links bügeln
Tüll (Sp)	🖐	niedrig	—
Tweed (W)	Ⓟ	mittel	mit feuchtem Tuch bügeln
Velvet (B)	60°–95°	mittel	von links bügeln
Vichy-Karo (B)	60°	hoch	—
Vinyl (Sp)	feucht abwischen	nicht bügeln	nicht waschen oder chem. reinigen
Viscose (Sp)	🖐 oder 40° oder Ⓟ	niedrig	feucht von links dämpfen
Voile (C)	40°	niedrig	—
Waschseide (S)	Ⓟ	niedrig	ohne Dampf von links bügeln
Webpelz (Sp)	40° oder Ⓟ	niedrig	von links bügeln, Flor auf ein Handtuch legen
Wolljersey (W)	🖐 oder Ⓟ	niedrig	feucht oder mit einem Tuch bügeln
Wollkrepp (W)	🖐 oder Ⓟ	mittel	von links bügeln
Wolltuch (W)	Ⓟ	mittel	von links mit feuchtem Tuch bügeln

HINWEIS: Alle Pflegeanweisungen, die wir Ihnen hier geben, sind nur grundsätzlicher Natur. Beachten Sie bei Konfektion immer auch die Herstellerhinweise im Modell. Bei Meterware finden Sie Pflegehinweise in der Regel auf dem Ballenetikett oder auf dem Ballenkern.

LEGENDE:
- (B) Baumwolle
- (L) Leinen
- (S) Seide
- (W) Wolle
- (Sp) Synthetik/Spezialität

- 95° Kochwäsche
- 60° heiße Buntwäsche
- 40° warme Buntwäsche
- 40° Buntwäsche mit geringer Schleuderdrehzahl

- hohe Bügeltemperatur
- mittlere Bügeltemperatur
- niedrige Bügeltemperatur
- 🖐 Handwäsche
- Ⓟ chemische Reinigung

PFLEGEHINWEISE

GARNE

Ob Sie mit der Hand oder mit der Maschine nähen, ob Sie dauerhaft steppen oder nur provisorisch heften: Garn brauchen Sie immer. Heftgarn ist preiswert und nicht sehr haltbar. Baumwollgarn eignet sich am besten für Baumwollstoffe, Seidengarn für Seidenstoffe. Polyestergarn können Sie für Naturfasern ebenso wie für Kunstfasern verwenden.

Heftgarn
Das locker gedrehte Baumwollgarn lässt sich leicht durchreißen und aus dem Stoff entfernen, wenn es nicht mehr benötigt wird. Für dauerhafte Nähte ist es nicht stabil genug, also nur provisorisch verwenden.

Polyestergarn
Das beliebteste Allzweckgarn, das sich besonders für Synthetiks und Jersey, aber auch für alle anderen Stoffarten eignet. Es ist elastischer und stabiler als andere Garne.

Nähseide
Seidengarn ist sehr fein, aber dennoch stabil. Für Wollstoffe und Seide ist es besonders geeignet.

Spule passt auf die Halterung einer Overlock-Maschine

Knopflochgarn
Dieses besonders dicke, stabile Seiden- oder Polyestergarn ist für Handstiche gedacht, etwa an Knopflöchern oder zum Annähen von Knöpfen. Es ist sehr glatt und eignet sich gut für dickere Stoffe.

Metallicfaden
Dieses Garn wird in Silber, Gold und vielen Farben angeboten. Sie können es für dekorative Ziernähte mit der Hand oder mit der Maschine vernähen. Es ist hitzeempfindlich.

Polstergarn
Dieses extrastarke Garn wird hauptsächlich zum Vernähen von Polstermöbeln verwendet. Es ist besonders reißfest und hält starker Belastung stand.

Baumwollgarn
Baumwollgarn wird mercerisiert und bekommt dadurch zusätzlich Glanz und Stabilität. Es eignet sich für Handnähte ebenso wie für Maschinennähte.

Transparentes Garn
Dieser sehr feine, stabile Faden aus Nylon wird zum Nähen von leichten und mittelschweren Synthetiks verwendet. Vorsicht beim Bügeln: der Faden schmilzt leicht!

Gespulte Garne
Gängige Garnsorten kommen auch auf Spulen in den Handel, die auf die Spulenhalter von Overlock-Maschinen passen.

Weiche, nicht mercerisierte Baumwolle

Mattstickgarn
Dies dicke, weiche Garn wird hauptsächlich für Stickereien auf grobfädigem Handarbeitsleinen verwendet.

Stopfgarn
Kleinere Mengen von Baumwoll- oder Polyestergarn werden auf Pappkarten angeboten, weil zum Stopfen meist nur wenig Garn einer speziellen Farbe benötigt wird. Einige Hersteller bieten auch Karten mit sortierten Garnfarben an (links).

Mercerisierte, gedrehte Baumwolle

Perlgarn
Das gedrehte, glänzende Stickgarn wird in zwei verschiedenen Stärken angeboten.

Dicke Teppichwolle für Stickereien auf grobem Leinen

Teppichwolle
Teppichwolle wird in vielen Farben angeboten. Sie eignet sich sehr gut für dekorative Kantenstiche an Wolldecken oder Jacken.

Stopfwolle
Dicke, stabile Wollfäden werden zum Stopfen verwendet. Sie werden in kleinen Mengen auf Pappkarten verkauft. Gelegentlich sind zwei Farben auf einer Karte.

Sechsfädiges Stickgarn. Kann für feine Arbeiten auch zwei- oder dreifädig verarbeitet werden.

Sticktwist
Das sechsfädige Stickgarn ist nicht gedreht. Fäden sind trennbar!

63

STOFFE, GARNE, KURZWAREN

KURZWAREN

Kurzwaren sind die Dinge, die Sie außer Stoff und Garn noch benötigen, um ein Kleidungsstück fertigzustellen. Auf fertigen Schnittmustern finden Sie in der Regel eine Liste des erforderlichen Zubehörs. Reißverschlüsse (S. 250), Knöpfe (S. 234) und Verstärkungsmaterialien (S. 95) gehören ebenfalls zu den Kurzwaren. Versteifungen und Einlagen dienen dazu, Säume oder Bündchen stabiler zu machen. Schrägstreifen und Bänder sind ebenso praktisch wie dekorativ. Elastische Bänder (S. 66) werden in zahllosen Varianten angeboten. Borten und Spitzen (S. 67) gibt es in vielen Formen, von der filigranen Tüllspitze bis zur rustikalen Zackenlitze. Auch Schulterpolster und Lederflicken (S. 68) gehören zu den Kurzwaren. Für die Herstellung von Vorhängen und Möbelbezügen werden ganz spezielle Hilfsmittel angeboten, die wir Ihnen auf S. 69 vorstellen.

EINLAGEN UND VERSTEIFUNGEN

Diese Hilfsmittel werden unsichtbar auf der Innenseite des fertigen Modells eingenäht oder eingebügelt. Baumwoll- und Köperbänder stabilisieren Nähte, aufbügelbare, schmelzende Bänder machen es möglich, Säume mit dem Bügeleisen zu fixieren, Gurtbänder können Taillenbündchen ersetzen.

Gerundetes Gurtband
Gurtband wird dazu verwendet, Taillenkanten mehr Stabilität zu geben. Sind v. a. für Röcke gedacht.

Gerades Gurtband
Auch dieses Band fixiert Taillenkanten. Es hat eingewebte Gummifäden, die Verrutschen verhindern.

Reparaturband
Dieses Band ist mit einem schmelzenden Material beschichtet. Es wird aufgebügelt, um kleine Schäden zu reparieren oder Stoffe zu verstärken.

Stanzband
Mit diesem Band arbeiten Sie saubere Bündchen und Manschetten. Es hat vorgestanzte Umbruchlinien.

Gürteleinlage
Ein sehr festes, stabiles Band, das auf die Innenseite von Stoffgürteln aufgebügelt wird.

Bundeinlage
Diese Einlage gibt es zum Aufbügeln und zum Einnähen. Sie verleiht Bündchen zusätzlichen Stand.

Gerundetes Gurtband

Gerades Gurtband

Reparaturband

Stanzband

Gürteleinlage

Bundeinlage

Baumwollband

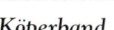
Köperband

Saumfix

Haftband

Kantenband

Formstäbchen

Nylonstäbchen

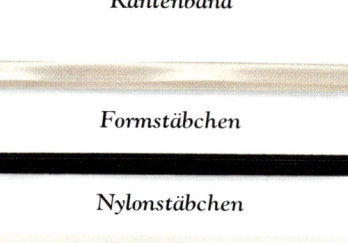
Korsagenstäbchen

Baumwollband
Dieses gewebte Band wird aufgenäht, um Säume und Nähte fester zu machen.

Köperband
Auch Köperband wird verwendet, um Säume und Nähte zu stabilisieren.

Saumfix
Dieses Band wird unter den Saumumbruch gelegt und schmilzt beim Bügeln.

Haftband
Durch Aufbügeln können Sie damit zwei Stofflagen miteinander verbinden.

Kantenband
Ein fester Streifen ist auf einem breiteren Streifen aufbügelbarer Unterlage befestigt.

Formstäbchen
Geben Korsagen sicheren, stabilen Sitz.

Nylonstäbchen
Sie werden in eingenähte Tunnel geschoben, damit sie den Oberstoff nicht verletzen.

Korsagenstäbchen
Sie werden auch mit fertiger Stoffhülle angeboten.

KURZWAREN

EINFASSUNGEN UND BÄNDER

Einfassungen haben meist einen mehr praktischen Nutzen: man verwendet sie, um das Ausfransen oder Überdehnen von Stoffkanten zu verhindern. Bänder sind dekoratives Zubehör. Sie können sie aufnähen, aber – z. B. für festliche Kleider – auch Blüten oder Schleifen daraus formen.

Satinschrägband
Dieses Band ist im schrägen Fadenlauf zugeschnitten. Es dient zur Einfassung von Säumen und Kanten.

Satinschrägband

Saumband
Es gibt schlichte gewebte, aber auch dekorative Spitzenbänder, die Säume und Kanten befestigen.

Saumband

Nahtband
Die deutliche diagonale Rippenstruktur ist charakteristisch für dieses stabile Band.

Nahtband

Breites Schrägband
Zum Einfassen von Kanten, in unterschiedlichen Qualitäten angeboten.

Breites Schrägband

Leinenband
Ein leichtes, aber fest gewebtes Band, das in vielen Farben angeboten wird.

Leinenband

Lurexband
Solche gewebten Bänder mit eingearbeiteten Metallfäden sind sehr hitzeempfindlich.

Lurexband

Dekorationsband
In eine Kante dieses Bandes ist ein Draht eingezogen. Für Schleifen und Blüten.

Dekorationsband

Mausezähnchenborte
Niedliche Borte mit Zacken zur Verzierung von Kinderkleidung.

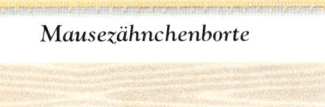
Mausezähnchenborte

Satinband
Satinbänder werden in vielen Farben und unterschiedlichen Breiten angeboten.

Satinband

Moiré-Band
Die Maserung dieses Dekobandes entsteht durch Hitze bei der Herstellung.

Moiré-Band

Jacquard-Band
Solche gewebten, gemusterten Bänder zieren Kanten und Säume. Sie werden in großer Vielfalt angeboten.

Jacquard-Band

Samtband
Selbst wenn Sie ganz schmales Samtband verarbeiten: beachten Sie die Strichrichtung!

Samtband

VERSCHLÜSSE

Schnallen sind die klassischen Verschlüsse für steife Gürtel. Sie werden als Fertigprodukte angeboten, aber auch als Sets zum Selbstbeziehen. Manche Schnallen haben einen Dorn, andere nicht. Zu den spezielleren Hilfsmitteln gehören z. B. Bikiniclips oder Latzhosenverschlüsse.

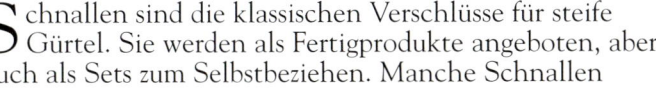

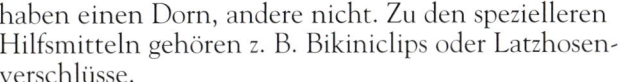

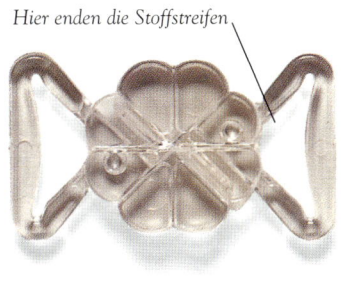

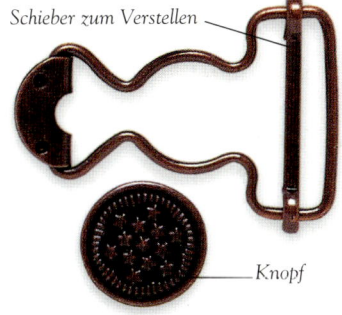

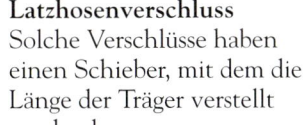

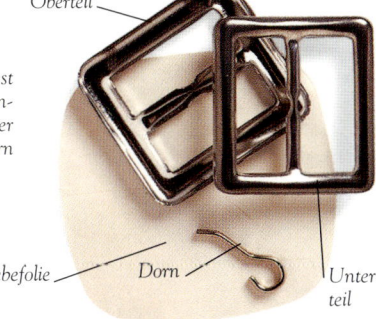

Bikiniclip
Diese Verschlüsse haben an beiden Seiten Öffnungen, durch die der Stoff geschoben wird. Festnähen.

Latzhosenverschluss
Solche Verschlüsse haben einen Schieber, mit dem die Länge der Träger verstellt werden kann.

Fertige Schnalle
Gibt es in vielen Varianten, z. B. aus lederbezogenem Kunststoff. Der Dorn wird durch ein kleines »Knopfloch« geschoben.

Schnalle zum Selbst-Beziehen
Das mitgelieferte doppelseitig klebende Material ermöglicht es, die Schnalle mit jedem Stoff zu beziehen.

Elastische Bänder

Das bekannteste Gummiband wird in genähte Tunnel eingezogen. Es besteht aus mehreren elastischen Strängen in Längsrichtung. Andere Arten elastischer Bänder werden sichtbar auf den Stoff aufgenäht. Wäschegummi ist auf einer Seite besonders weich, weil es direkt mit der Haut in Berührung kommt.

Gurtgummi
Dieses Band wird auf die Innenseite der Taillenkante von Röcken oder Hosen genäht.

Bündchenware
Daraus lassen sich schnell und einfach dekorative Ärmel- oder Taillenbündchen arbeiten.

Gummilitze
Dieses Gummiband wird in verschiedenen Breiten angeboten. Es ist hochelastisch und sehr belastbar.

Elastisches Gurtband
Wird für Rock- und Hosenbündchen verwendet. Es ist formstabil wie Gurtband.

Hosengummi
Gern als Kante für Unterhosen verwendet, deshalb besonders verstärkt.

Kräuselgummi
Aufgenäht kräuselt dieses locker gewebte Band den Stoff.

Extraweiches Gummiband
Schmiegt sich gut an und wird für Kinder- und Babykleidung verarbeitet.

Wäschegummi
Eine Seite dieses Bandes ist sehr weich und hautverträglich.

Elastische Spitze
Dieses Material ist sehr weich, anschmiegsam und dekorativ.

Sportgummi
Besonders robustes Gummiband, dem häufiges Waschen nichts ausmacht.

Gurtgummi

Bündchenware

Gummilitze

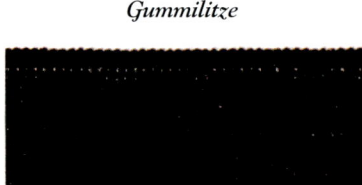
Elastisches Gurtband

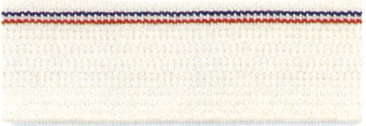
Hosengummi

Kräuselgummi

Extraweiches Gummiband

Wäschegummi

Elastische Spitze

Sportgummi

Formstabile Elastikbänder
Diese Qualitäten eignen sich besonders zum Einziehen in Bündchen. Ihr Vorteil ist, dass sie sich nicht aufrollen.

Gummikordel
Auch Hutgummi genannt. Halten Sie das Gummi mit Zickzackstichen auf seinem Platz.

Strukturgummi
Dieses Gummiband ist dekorativ und bietet sich an, direkt auf den Stoff genäht zu werden.

Lastexband
Aus diesem festen, formstabilen, gerippten Band lassen sich Stretchgürtel, Taillen- und Ärmelbündchen arbeiten.

Bundgummi mit Zugschnur
Hier ist in die Mitte eine Zugschnur eingearbeitet, so dass Weite regulierbar ist.

Knopflochgummi
Diese breite Gummilitze hat in Abständen von ca. 2,5 cm eingearbeitete Knopflöcher. Für Kinderkleidung genau richtig.

Elastikgewebeband
Dieses Band ist sehr weich und leicht, meist wird es in 4,5 cm Breite angeboten. Es kann direkt auf der Haut getragen werden.

Breites Kräuselband
In das Gewebeband sind elastische Fäden eingearbeitet. Durch Anziehen der Fäden wird der Stoff gleichmäßig gekräuselt.

Formstabile Elastikbänder

Gummikordel

Strukturgummi

Lastexband

Bundgummi mit Zugschnur

Knopflochgummi

Elastikgewebeband

Breites Kräuselband

Borten und Spitzen

Es gibt ein breites Angebot an Spitzen, Borten und anderem dekorativen Zubehör, das für Kleidung ebenso wie für Möbel und Vorhänge geeignet ist. Einfache Borten wie die Zackenlitze oder den Glanzpaspel können Sie mit der Maschine aufnähen, andere befestigen Sie besser mit feinen Handstichen.

Lochstickereispitze
Solche feinen Baumwollspitzen mit der feinen Lochstickerei werden gern für Kinderkleidung, Tisch- und Bettwäsche verwendet.

Perlenspitze
Diese feine zweiseitige Spitze ist mit winzigen Perlen besetzt. Sie wird mit der Hand aufgenäht und ist sehr beliebt für Brautkleider.

Tüllspitze
Diese netzartige Nylonspitze wird v. a. in Schwarz und Weiß angeboten. Meist ist sie nur einseitig verwendbar (rohe Seite unter Stoffkante).

Federborte
Diese Borten, die auch als »Marabufedern« bekannt sind, bestehen aus einer festen Kordel, an der die Federn befestigt sind. Sie muss mit der Hand aufgenäht werden. Faden darf Federn nicht einschnüren.

Baumwollkordel
Solche Kordeln werden gern für füllige Kordelpaspelierungen verwendet.

Synthetikkordel
Diese glänzende Kordel wird nach Länge verkauft. Für Verzierungen oder Kordelpaspelierungen.

Dicke Kordel
Dicke Kordeln können Sie in unterschiedlichen Farben und Stärken kaufen (3–12 mm).

Lochstickereispitze

Perlenspitze

Tüllspitze

Häkelspitze
Solche rustikalen Spitzen werden meist aus Baumwollgarn hergestellt. Mit Baumwollfaden annähen.

Seidenborte
Diese schmalen, glänzenden Borten können von Hand oder mit der Maschine aufgenäht werden.

Zackenlitze
Diese einfache Borte wird in vielen Breiten und Farbvarianten, aus Baumwolle oder Polyester angeboten.

Seidenpaspel
Solche schmalen Borten werden meist für edle Polstermöbel verwendet. Von Hand festnähen.

Kordelpaspel
Die Kante dieser Borte sitzt an einem Stoffstreifen, der unter die Stoffkante genäht wird.

Perlenschnur
Solche Dekorationen werden meist von Hand festgenäht: ein Stich greift über einen Zwischenraum zwischen zwei Perlen.

Paillettenband
Pailletten bilden ein dekoratives Band, das Sie mit der Hand oder Maschine befestigen können.

Häkelspitze

Seidenborte

Zackenlitze

Seidenpaspel

Kordelpaspel

Perlenschnur

Paillettenband

Federborte

Baumwollkordel   *Synthetikkordel*

Dicke Kordel

STOFFE, GARNE, KURZWAREN

DEKORATIONEN

Es gibt zahllose verschiedene Typen von Perlen. Die gängigsten sind die kleinen runden Rocailles und die länglichen Stäbchenperlen. Beide werden von Hand aufgenäht.

Kleine Schleifen aus schmalen Bändern können Sie ebenso fertig kaufen wie Stoffblüten. Sie werden von der Rückseite her so befestigt, dass die Stiche unsichtbar bleiben.

Kleine Perlen sind als Dekoration für Abendtaschen sehr beliebt.

Von hinten unsichtbar festnähen.

Dicht gerollte Stoffschichten

Rocaille-Perlen
Sie werden von Hand aufgestickt. Dabei sind die einzelnen Stiche kleiner als die Perlen selbst.

Stäbchenperlen
können Sie einzeln aufnähen, Sie können sie aber auch zuerst fädeln und dann längere Perlenschnüre aufnähen.

Schleife
Kleine Schleifen werden gern zur Verzierung von Kinderkleidung und Brautkleidern verwendet.

Stoffrose
Solche dekorativen Blüten können Sie unsichtbar festnähen oder auch mit Textilklebstoff befestigen.

FERTIGE ACCESSOIRES

Zu den Kurzwaren gehören auch fertige Produkte, die zur Dekoration oder zur Reparatur Ihrer Kleidung dienen. Fertige Kragen sind oft mit einem Schrägstreifen eingefasst, den Sie nur noch am Halsausschnitt Ihres Modells befestigen müssen. Flicken können Sie aufnähen oder aufbügeln. Schulterpolster werden immer mit Handstichen befestigt.

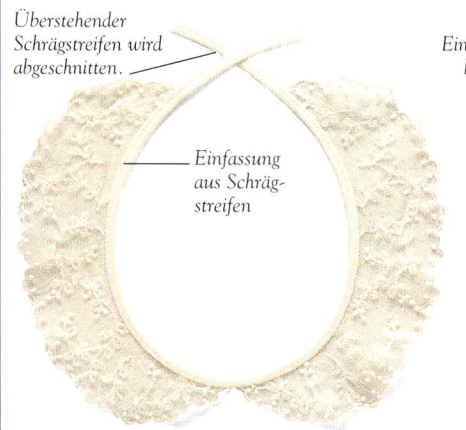

Überstehender Schrägstreifen wird abgeschnitten.

Einfassung aus Schrägstreifen

Einstichlöcher

Oberseite aus festem Stoff

Spitzes Ende sitzt fest in der Kragenecke

Kragenecken
Schmale Plastikstreifen, die zum Versteifen und Formen der Kragenecken bei Blusen und Hemden dienen.

Ärmelkanten
Schmale Lederstreifen mit vorgestanzten Löchern schützen und reparieren die Ärmelkanten an Jacken und Mänteln.

Spitzenkragen
Dieser fertige Kragen aus maschinell gearbeiteter Spitze ist mit einem Schrägstreifen eingefasst. Nähen Sie den Streifen von links in den Halsausschnitt oder fassen Sie ihn zwischen Oberstoff und Beleg mit.

Wildlederflicken
Zum Schutz oder zur Reparatur von Ellenbogen an Jacken und Pullovern.

Knieflicken
mit einer beschichteten Rückseite, die sich beim Bügeln mit darunterliegendem Stoff verbindet.

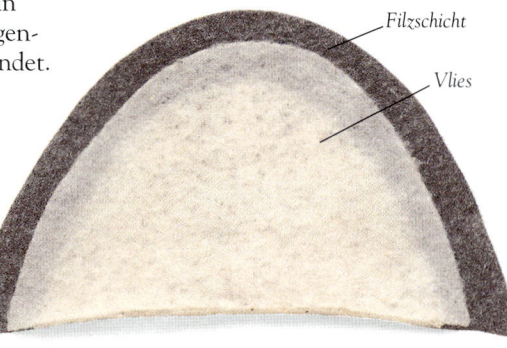

Filzschicht

Vlies

Bezogene Schulterpolster
Leichte Schaumstoffpolster, die mit Nylon bezogen sind, können Sie direkt in ungefütterte Kleidungsstücke einnähen.

Polsterrohlinge
Diese leichten Polster müssen Sie selbst beziehen oder zwischen Oberstoff und Futter verstecken.

Schneiderpolster
Diese Art Polster besteht aus einer dicken Filzschicht, die zwischen zwei Lagen Vlies liegt. Sie werden hauptsächlich für Jacken und Mäntel aus schwerem Stoff verwendet.

KURZWAREN

ZUBEHÖR FÜR MÖBELBEZÜGE UND VORHÄNGE

Die Falten von Gardinen und Vorhängen können Sie von Hand einlegen, Sie können aber auch fertiges Kräusel- oder Faltenband aufsteppen. Mit Haken oder Ringen wird der Vorhang an einer Schiene oder Stange aufgehängt. Fransen und Borten eignen sich zur Dekoration von Raffhaltern ebenso wie für Möbel und Lampenschirme.

VORHANGZUBEHÖR

Stahlhaken
Diese Haken verwenden Sie für Vorhänge mit handgelegten Falten. Die spitze Seite des Hakens wird in die Rückseite der Falte geschoben.

Dieses Ende schieben Sie unter das Saumband.
Stahlhaken

Kunststoffhalter
Solche Halter gibt es in verschiedenen Formen. Sie werden in Kräusel- oder Faltenband eingehakt.

Kunststoffhalter

Messinghaken
Diese dekorativen Haken werden oft bei handgelegten Falten verwendet. Der Schaft des Hakens wird dabei fest mit dem Saumband vernäht.

Messinghaken

Das Gewicht wird wie ein Knopf auf die Rückseite des Vorhangs genäht
Bleigewicht

Gewichte
Damit Vorhänge glatt und gleichmäßig fallen, werden Gewichte an den Ecken des Saumes und an den senkrechten Nähten aufgesetzt. Bleibänder eignen sich zum Einziehen in Umschlagsäume bei leichteren Vorhangstoffen.

Kette aus Bleigewichten
Stoff-Ummantelung
Bleiband

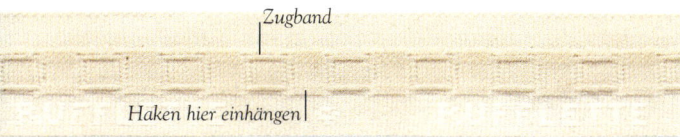
Zugband
Haken hier einhängen

Einfaches Kräuselband (oben)
Mit diesem 2,5 cm breiten Band weiche Stoffe in leichte Kräuselfalten legen. Zugbänder auf gewünschte Kräuselung anziehen, Haken einhängen.

Faltenband (rechts)
Für dieses Band brauchen Sie mehr Stoffbreite. Beim Anziehen der Zugbänder legt sich der Stoff in größere Falten. Haken gleichmäßig verteilen!

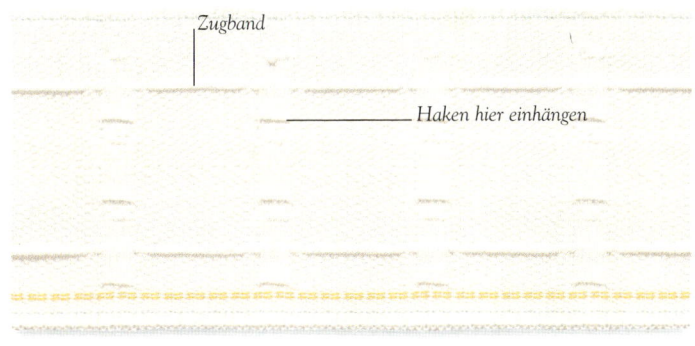
Zugband
Haken hier einhängen

FRANSEN UND BORTEN

Für die Verzierung von Polsterkanten werden viele verschiedene Borten angeboten. Fransen können manchmal besonders dekorativ aussehen. Schmalere Borten zieren Kissen, betonen die Konturen von Möbeln oder verstecken Nähte.

Chenille-Fransenborte
Diese lange, weiche Borte mit den gedrehten Fransen passt gut an die Unterkante von größeren Polstermöbeln.

Metallicborte
Eine glitzernde Borte passt gut zu Polsterstoffen, die selbst einen feinen Metalliceffekt haben.

Chenille-Fransenborte

Metallicborte

Quastenborte

Schlingenborte

Schmale Borte

Quastenborte
Die seidige Kante mit den kontrastfarbigen Schlingen und den lustigen kleinen Quasten kann auch einem schlichten Möbelstück Pfiff geben.

Schlingenborte
Lange und kurze Schlingen bilden diese breite Borte, die besonders schön an die Unterkante von Polstermöbeln passt.

Schmale Borte
Solche schmalen Borten werden gern genommen, um Nähte zu verstecken oder Konturen zu betonen.

Stiche, Stiche...

Handstiche

Nahtanfänge sichern 72
Geschlungener Knoten • Gerollter Knoten • Knoten und Rückstich • Doppelter Rückstich

Heftstiche 73
Einfacher Heftstich • Wechselstich • Langer Schrägstich
Kurzer Schrägstich • Hohler Heftstich

Markierungsfäden 73
Einfache Markierungsfäden

Stiche für Nähte und Kanten 74
Vorstich • Steppstich • Feiner Überwendlingsstich • Halber Steppstich
Hohlstich • Überwendlingsstich • Punktstich • Festonstich
Stabiler Saumstich • Knopflochstich • Kreuzstich • Languettenstich

Saumstiche 76
Senkrechter Saumstich • Schräger Saumstich • Hexenstich
Blinder Saumstich • Saumstich • Blinder Hexenstich

Maschinenstiche

Die wichtigsten Grundstiche 77
Steppstich • Zickzackstich • Elastikzickzackstich • Elastiksteppstich
Federstich • Blindsaum • Elastischer Blindsaum

Der letzte Schliff

Stege 78
Steg aus Languettenstichen • Gehäkelter Steg • Gesteppter Steg

Riegel 79
Handgestickter Riegel • Maschinengestickter Riegel

Pfeilspitzen 79
Handgestickte Pfeilspitzen • Maschinengestickte Pfeilspitzen

HANDSTICHE

Moderne Nähmaschinen und neue Stichtechniken haben das Nähen mit der Hand beinahe überflüssig gemacht. Trotzdem gibt es viele Situationen, in denen Sie mit sauberen Handstichen ein Stück schöner und professioneller fertigstellen können als mit der Maschine. Grundsätzlich unterscheiden wir zwischen provisorischen und dauerhaften Stichen. Provisorisch sind alle Heftstiche, die zwar bei der Arbeit an einem Modell nötig sind, aber wieder entfernt werden, wenn die fertige Naht genäht ist. Dauerhafte Stiche bleiben – wie der Name sagt – im Stoff. In jeder Arbeitsphase brauchen Sie Handstiche. Ob Sie nun Schnittmustermarkierungen mit Heftstichen übertragen, die Enden eines Gummibandes zusammennähen oder den Saum befestigen. Welchen Saumstich Sie wählen hängt von Saum und Stoffqualität ab.

NAHTANFÄNGE SICHERN

Besonders wenn Sie eine dauerhafte Naht mit der Hand arbeiten, ist es wichtig, den Anfang des Fadens gut zu sichern. Auch Heftstiche müssen gut befestigt sein, vor allen Dingen, wenn das geheftete Stück anprobiert werden soll. Bei dauerhaften Nähten sollte die Befestigung des Fadens so klein wie möglich auf der Stoffrückseite sein.

GESCHLUNGENER KNOTEN

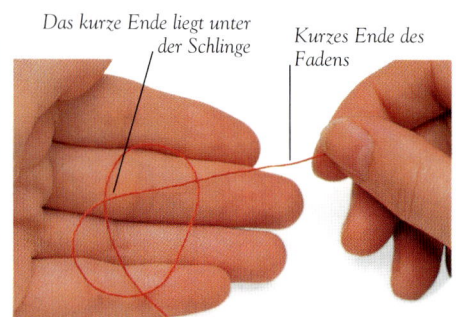

Das kurze Ende liegt unter der Schlinge — *Kurzes Ende des Fadens*

1 Praktischer Knoten für Heftnähte, da leicht lösbar. Faden kurz hinter Ende zur Schlinge legen. Kurzes Ende kreuzt langes und wird unter Schlinge entlanggeführt.

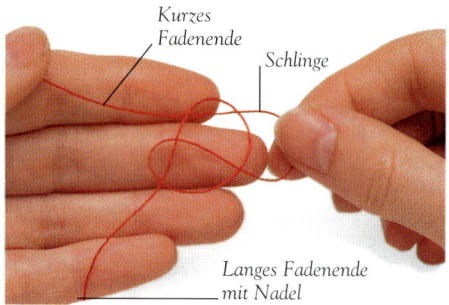

Kurzes Fadenende — *Schlinge* — *Langes Fadenende mit Nadel*

2 Faden durch Schlinge ziehen, sodass zweite Schlinge entsteht. Am langen Fadenende Schlinge zuziehen. Zu festes Ziehen löst den Knoten!

GEROLLTER KNOTEN

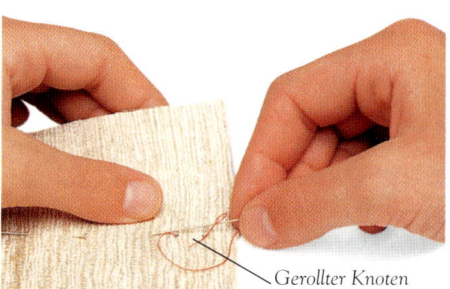

Gerollter Knoten

Faden um Zeigefinger wickeln. Überkreuzte Fäden zwischen Daumen und Zeigefinger rollen, Schlinge vom Finger schieben, zwischen Fingerspitzen halten, am langen Ende ziehen.

KNOTEN UND RÜCKSTICH

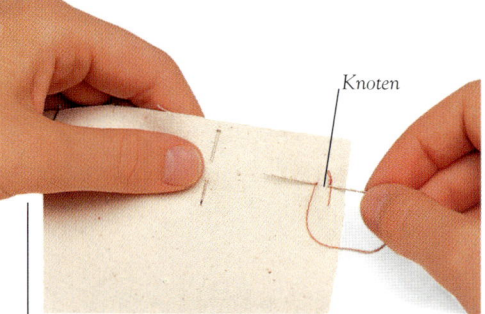

Knoten

Anfang einer Heftnaht oder dauerhafte Naht sichern: Knoten machen, die Nadel ein- und 3 mm weiter wieder aus dem Stoff stechen. Nadel noch einmal beim Knoten einstechen, sodass ein Rückstich entsteht (oben).

DOPPELTER RÜCKSTICH

Erster Rückstich — *Loses Fadenende*

Machen Sie zunächst einen 3 mm langen Stich und lassen Sie dabei ein kurzes Stück Faden hängen. Machen Sie nacheinander zwei Rückstiche, indem Sie die Nadel an den gleichen Stellen ein- und ausstechen wie beim ersten Stich (oben).

DER LETZTE STICH

Schlinge

Um das Nahtende zu sichern, machen Sie einen kleinen Rückstich, lassen dabei den Faden locker, sodass eine kleine Schlinge entsteht. Ein zweiter Rückstich folgt an der gleichen Stelle. Nadel durch Schlinge des ersten Stiches ziehen, Faden gut festziehen.

HANDSTICHE

HEFTSTICHE

Mit Heftstichen werden Stoffteile zusammengehalten, ehe Sie sie endgültig nähen. Verwenden Sie zum Heften einen kontrastfarbigen Faden, dann ist es später einfacher, den Heftfaden wieder zu entfernen. Allzu preiswertes Heftgarn kann abfärben, nehmen Sie lieber eine Markenware.

EINFACHER HEFTSTICH

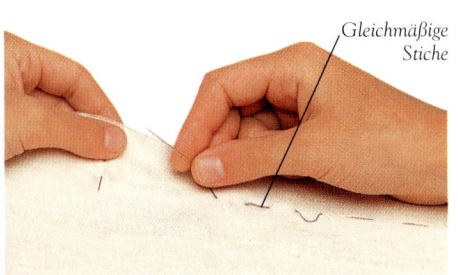

Gleichmäßige Stiche

Mit diesem Stich halten Sie zwei oder mehr Stofflagen zusammen, ehe Sie die Naht mit der Maschine steppen. Stechen Sie die Nadel in gleichmäßigen Abständen durch die Stofflagen auf und ab (oben).

WECHSELSTICH

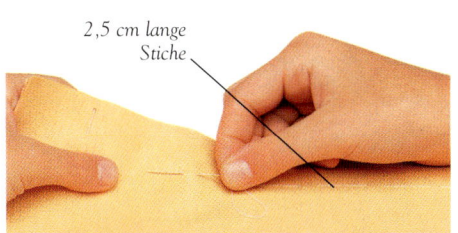

2,5 cm lange Stiche

Dieser Stich arbeitet sich noch schneller als der einfache Heftstich. Machen Sie einen Stich von 2,5 cm Länge, lassen Sie dann einen Zwischenraum von 6 cm. Danach folgt wieder ein Stich.

LANGER SCHRÄGSTICH

Lange schräge Stiche

Diesen Stich verwenden Sie, wenn Sie zwei Stofflagen flächig aufeinander befestigen wollen. Machen Sie einen Stich von ca. 2,5 cm Länge und stechen Sie schräg oberhalb des ersten Stiches wieder ein.

KURZER SCHRÄGSTICH

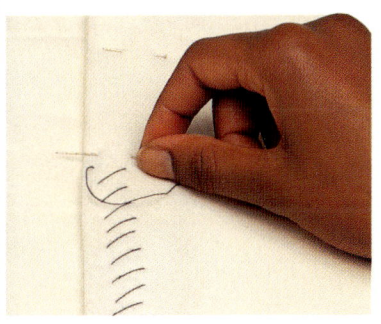

Mit diesem Stich halten Sie mehrere Stofflagen aufeinander fest, z. B. wenn Sie Falten vor dem Einbügeln fixieren wollen. Arbeiten Sie wie beim langen Schrägstich, jedoch sind die Stiche kürzer und enger (oben).

HOHLER HEFTSTICH

Dieser Stich ist wichtig, wenn Sie eine umgebrochene Stoffkante an eine glatte heften wollen, etwa um Muster genau anzupassen. Stechen Sie mit kurzen, geraden Stichen abwechselnd durch den glatten und den umgelegten Stoff (links).

MARKIERUNGSFÄDEN

Mit solchen Markierungsfäden übertragen Sie Kreise, Punkte, Knopflochenden und andere Details auf einfach oder doppelt liegenden Stoff. Mit fortlaufenden Markierungsfäden können Sie Linien, z. B. für Falten, übertragen. Benutzen Sie immer einen Faden in Kontrastfarbe.

EINFACHE MARKIERUNGSFÄDEN

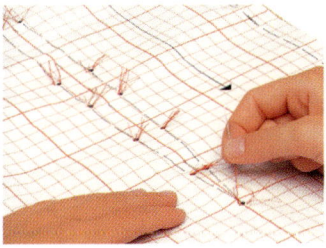

1 Stechen Sie durch das Schnittmuster und beide Stofflagen. Dabei bleibt ein ca. 1,5 cm langes Fadenende hängen. Zweiter Stich an der gleichen Stelle, eine Schlaufe von 3 cm stehen lassen.

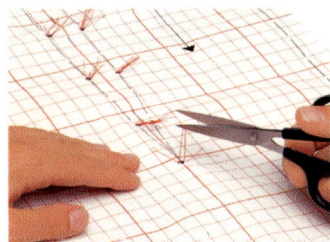

2 Prüfen Sie, ob überall auch die unterste Stofflage durchstochen wurde. Schneiden Sie das Fadenende nicht zu kurz ab. Fadenschlingen aufschneiden, sodass 1,5 cm lange Fadenenden hängen bleiben.

3 Papierschnitt abnehmen, Stofflagen vorsichtig auseinanderziehen, sodass Heftfäden sichtbar werden. Heftfäden durchschneiden. In jeder Stofflage bleiben Fadenbüschel stehen.

FORTLAUFENDE MARKIERUNGSFÄDEN

Stecken Sie das Schnittmuster auf den Stoff und nähen Sie mit langen Heftstichen durch Papier und alle Stofflagen. Lassen Sie dabei zwischen den Stichen lange Fadenschlaufen hängen. Schlaufen aufschneiden und Papierschnitt abnehmen. Dann die einzelnen Stofflagen trennen und Heftfäden so durchschneiden, dass in jeder Lage Markierungsfäden bleiben.

STICHE FÜR NÄHTE UND KANTEN

Nun zeigen wir Ihnen eine Auswahl von dauerhaften Stichen, die Sie zur Fertigstellung eines Modells benötigen. Manche können in unzugänglichen Bereichen Maschinenstiche ersetzen, z. B. der Vorstich und der Rückstich für gerade Nähte, der Überwendlingsstich und der Languettenstich zum Versäubern von Stoffkanten.

VORSTICH

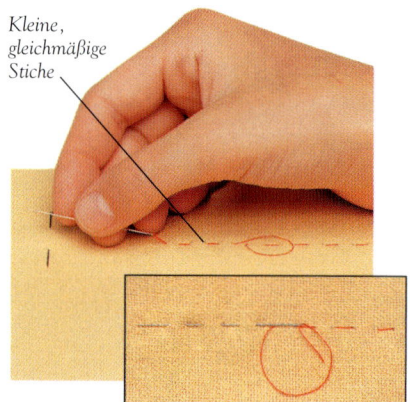

Kleine, gleichmäßige Stiche

Diesen Stich brauchen Sie zum Zusammennähen oder Kräuseln eines Stoffes. Er lässt sich sehr schnell arbeiten, ist aber nicht so stabil wie der Rückstich (siehe rechts). Arbeiten Sie von rechts nach links und nehmen Sie immer mehrere kleine Stiche auf die Nadel, ehe Sie den Faden durchziehen (links). Stichlänge: ca. 3 mm.

STEPPSTICH

Gleichmäßig wie eine Maschinennaht

Zum Zusammennähen von Stofflagen. Arbeiten Sie von rechts nach links. Zunächst kleiner Vorstich, dann die Nadel am Anfang des Stiches wieder ein- und ein Stück hinter dem ersten Ausstich wieder aus dem Stoff stechen. Für jeden weiteren Stich stechen Sie die Nadel am Anfang des vorhergehenden Stiches ein (links).

ÜBERWENDLINGSSTICH

Schräge Stiche

Mit diesem stabilen Stich verbinden Sie zwei Stofflagen miteinander, ohne viel Nahtzugabe zu benötigen.

HALBER STEPPSTICH

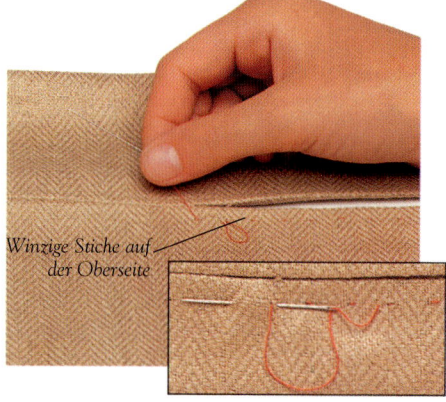

Winzige Stiche auf der Oberseite

Vor allem zum Einnähen von Reißverschlüssen. Arbeiten Sie von rechts nach links. Der Vorstich bei dieser Technik ist etwa 6–10 mm lang, der Rückstich führt jedoch nicht zum Anfang des Stiches zurück, sondern ist nur 1–2 mm lang.

HOHLSTICH

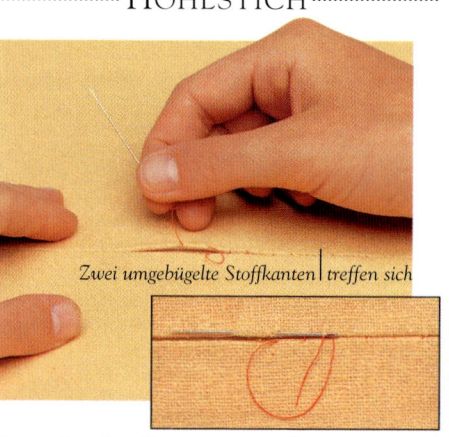

Zwei umgebügelte Stoffkanten treffen sich

So verbinden Sie zwei umgebügelte Stofflagen (von rechts nach links): Faden 6 mm im Bruch der einen Stoffseite entlangführen, zur anderen Seite durchstechen und dort entlangführen.

ÜBERWENDLINGSSTICH

Schräge, gleichmäßige Stiche

Mit diesem Stich versäubern Sie Stoffkanten. Arbeiten Sie von rechts nach links und stechen die Nadel jeweils von unten durch die Stoffkante. Der Abstand von der Kante beträgt ca. 2–3 mm. Fahren Sie mit gleichmäßigen Stichen fort (oben).

PUNKTSTICH

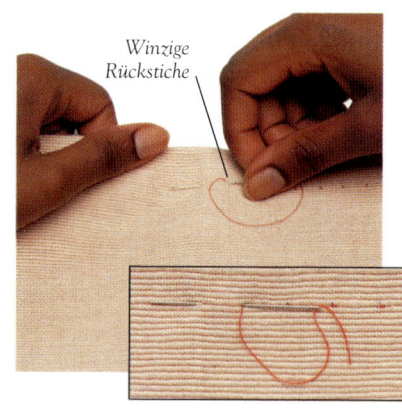

Winzige Rückstiche

Ein dekorativer Stich, mit dem man z. B. Kragenkanten verzieren kann. Die Technik ähnelt dem Reißverschlussstich, jedoch stechen Sie die Nadel nur durch die oberste Stofflage, sodass die Unterseite des Stiches unsichtbar zwischen den Stofflagen bleibt.

HANDSTICHE

FESTONSTICH

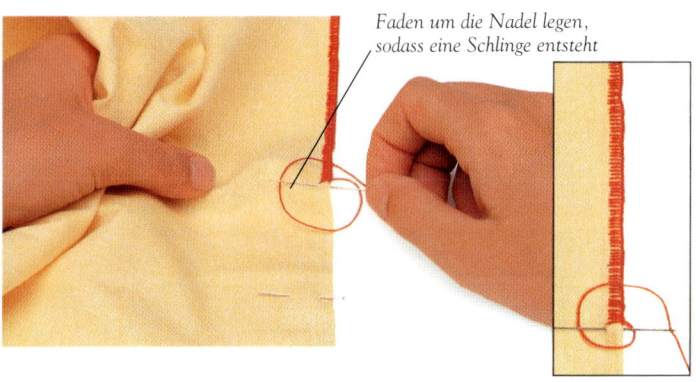

Mit diesem Stich verbinden Sie zwei Stofflagen locker miteinander. Obere Stofflage ein Stück zurückklappen. Von oben nach unten winzigen Stich durch beide Stofflagen nähen. Der nächste Stich folgt 2,5 cm unterhalb, wieder durch beide Stofflagen, Nadel wird oberhalb des Arbeitsfadens durchgezogen, sodass eine Schlinge entsteht. Faden nicht zu fest anziehen.

STABILER SAUMSTICH

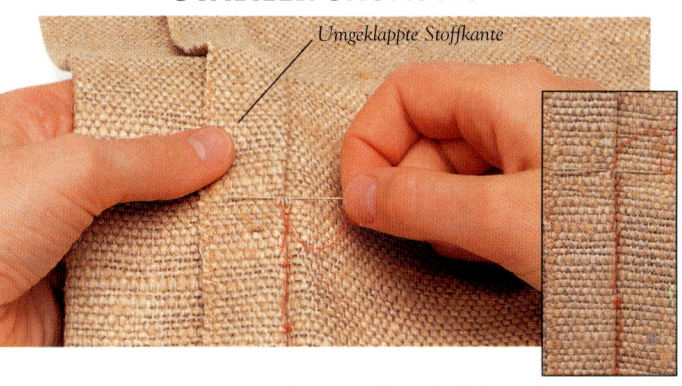

Dieser Stich wird wie der Schlingstich, jedoch bei schwereren Stoffen angewendet. Obere Stofflage etwas zurückklappen, von unten nach oben dicht nebeneinander zwei oder mehr kleine Stiche durch beide Stofflagen nähen. Nach 2,5 cm folgen zwei oder mehr feine Stiche, Nadel läuft oberhalb des Arbeitsfadens. Faden nicht zu stramm ziehen.

KNOPFLOCHSTICH

Dieser Kantenstich eignet sich besonders für handgearbeitete Knopflöcher. Befestigen Sie den Faden auf der linken Stoffseite. Stechen Sie nun mit der Nadel von unten nach oben ca. 3 mm von der Stoffkante entfernt durch den Stoff. Die rechte Stoffseite liegt dabei oben. Legen Sie den Faden um die Nadel, sodass eine Schlinge entsteht (oben). Knopflochstiche müssen sehr eng stehen.

KREUZSTICH

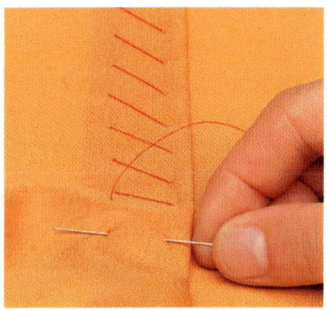
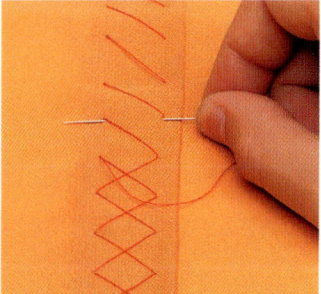

1 Der Kreuzstich ist dekorativ und zugleich praktisch. Arbeiten Sie von oben nach unten und von rechts nach links. Jeder Stich führt gerade von rechts nach links, dadurch entstehen auf der Oberseite gleichmäßig schräge Stiche (oben).

2 Arbeiten Sie mit dem gleichen Faden den Weg wieder zurück. Verwenden Sie die Einstichlöcher der Hinreihe. Dadurch entstehen wieder schräge Fäden, die nun aber in die andere Richtung verlaufen und so Kreuze bilden.

LANGUETTENSTICH

1 Dieser Stich greift über eine Stoffkante, die dadurch in einem Arbeitsgang versäubert und verziert wird. Befestigen Sie den Faden unsichtbar auf der Rückseite. Stechen Sie etwa 5 mm von der Kante entfernt durch den Stoff und führen dabei die Nadel oberhalb der entstehenden Schlaufe. Der nächste Einstich liegt etwa 5 mm neben dem ersten Stich (links).

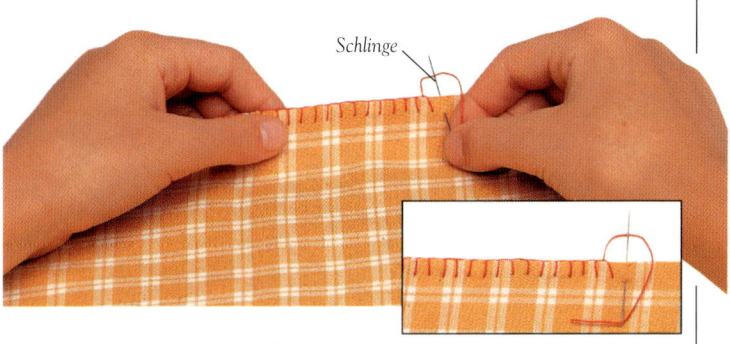

2 Setzen Sie einen Stich neben den nächsten. Achten Sie immer darauf, dass die Nadel oberhalb der Schlinge durchgezogen wird. Die Abstände zwischen den Stichen und zum Rand sollten gleichmäßig gehalten werden (oben).

75

STICHE, STICHE

SAUMSTICHE

Saumstiche benötigen Sie nicht nur für Säume. Mit Überwendlingsstichen oder Saumstichen befestigen Sie auch die Innenkanten von Kragen oder Manschetten, mit Hexenstichen verbinden Sie Stoffkanten miteinander und Blindstiche eignen sich, um zwei Stofflagen aneinanderzubefestigen.

SENKRECHTER SAUMSTICH

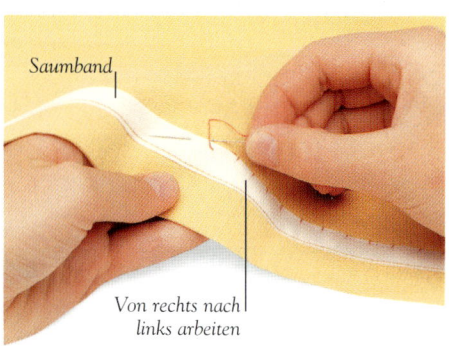

Die Nadel sticht von innen nach außen durch die Umbruchkante. Genau über dem Ausstich liegenden einzelnen Faden des oberen Stoffes aufnehmen, schräg durch den Saumumbruch stechen. Wieder gerade nach oben stechen.

SCHRÄGER SAUMSTICH

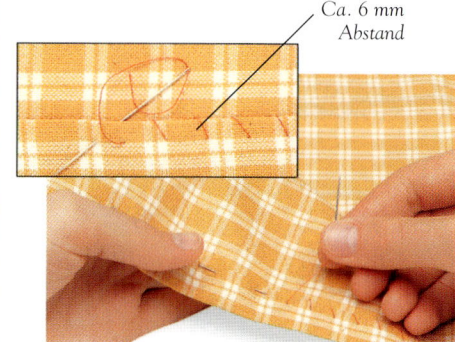

Dieser Stich ist nicht so haltbar wie der senkrechte Saumstich, er lässt sich aber weitaus schneller nähen. Das Grundprinzip ist das gleiche wie beim senkrechten Saumstich, nur verlaufen hier beide Stiche schräg.

HEXENSTICH

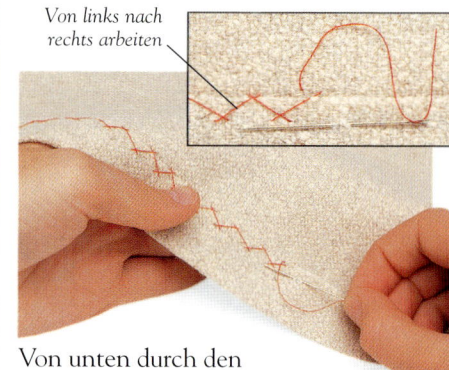

Von unten durch den Saumumbruch stechen. Machen Sie rechts vom Ausstich einen Stich von rechts nach links durch den Oberstoff, dann, nach rechts versetzt, einen Stich durch den Saum.

BLINDER SAUMSTICH

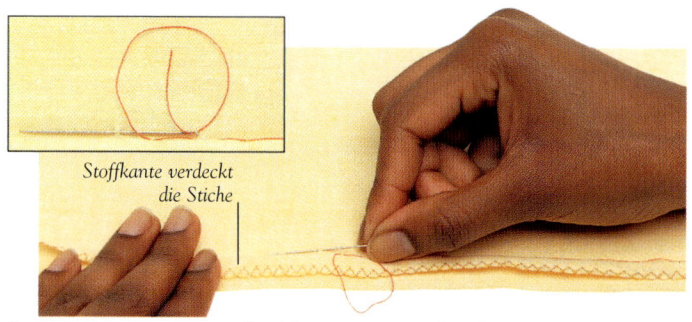

Saumkante etwas zurückschlagen. Von rechts beginnend winzigen Stich durch den Umbruch, dann schräg nach links versetzt durch den Oberstoff machen. Die Stichabstände: ca. 1 cm. Ziehen Sie den Faden nicht zu fest an (oben).

SAUMSTICH

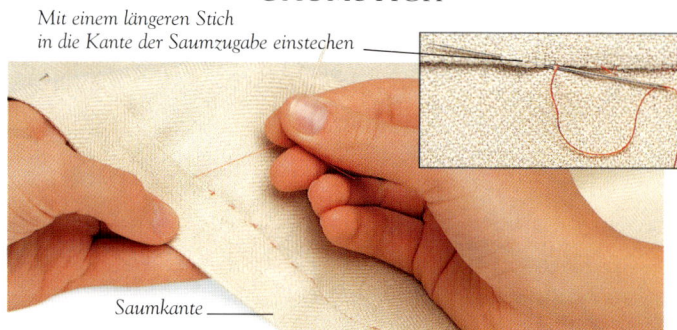

Damit befestigen Sie einen doppelt eingeschlagenen Saum. Sie arbeiten von rechts nach links. Die Nadel sticht aus der Saumzugabe nach oben, greift einen Faden des Oberstoffes und sticht im Abstand von 6 mm wieder in die Saumzugabe ein.

BLINDER HEXENSTICH

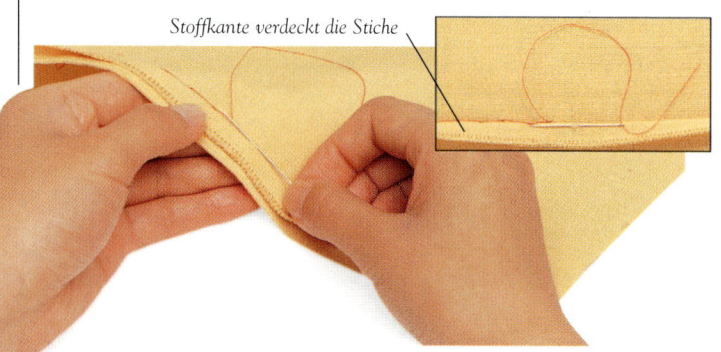

Wie beim einfachen Hexenstich arbeiten Sie auch hier von links nach rechts (siehe oben rechts). Schlagen Sie zuerst die Saumkante 1 cm zurück und arbeiten Sie die Hexenstiche zwischen Oberstoff und Innenseite des Umbruches (oben).

VERSTÄRKTER BLINDSAUM

Säumen Sie mit dem blinden Saumstich (siehe oben), aber setzen Sie über jeden Saumstich, der im Umbruch liegt, einen winzigen Rückstich. So ein sichernder Rückstich auf jedem Stich oder in kurzen Abständen verhindert, dass der ganze Saum aufreißt, wenn Sie einmal hängen bleiben.

MASCHINENSTICHE

Maschinenstiche lassen sich in zwei Kategorien aufteilen: die Nutzstiche und die Zierstiche. Nutzstiche benötigen Sie immer, wenn Sie ein Kleidungsstück schneidern, die Zierstiche dienen nur zur Verschönerung. Die Anzahl der möglichen Stiche variiert von Maschine zu Maschine stark. Wenn Sie eine neue Nähmaschine kaufen, überlegen Sie genau, welche der Funktionen Sie tatsächlich regelmäßig benutzen werden. In diesem Abschnitt zeigen wir Ihnen die grundlegenden Maschinenstiche, über die jede moderne Nähmaschine verfügt. Einige Nutzstiche dienen auch dekorativen Zwecken. Der Blindsaumstich ist eigentlich für unsichtbare Säume gedacht. Sie können aber auch reizende Bogenkanten damit nähen. Der Federstich verbindet zwei aneinanderstoßende Stoffkanten, er eignet sich aber auch als Ziernaht.

DIE WICHTIGSTEN GRUNDSTICHE

Diese Stiche brauchen Sie zum Herstellen von Kleidungsstücken. Der Steppstich dient zum Zusammennähen, Säumen, Absteppen und Sichern, der Zickzackstich in seinen Varianten hauptsächlich zum Versäubern von Kanten und für Knopflöcher. Der Blindsaumstich eignet sich besonders für lange, gerade Säume.

STEPPSTICH

Rückstiche

1,5 cm von der Stoffkante entfernt mit einigen Rückwärtsstichen beginnen. Über die Rückstiche vorwärts bis ans Ende der Naht nähen, Ende mit Rückstichen verriegeln.

ZICKZACKSTICH

Stiche greifen über die Stoffkante

Zum Versäubern von Stoffkanten stellen Sie den Zickzackstich auf mittlere Länge und mittlere Breite ein. Nähen Sie so an der Kante entlang, dass der äußere Einstich gerade außerhalb des Stoffes liegt (oben).

ELASTIKZICKZACKSTICH

Anders als der normale Zickzackstich gibt er glattere Kanten. Zum Versäubern nähen Sie knapp an der Kante entlang, aber nicht darüber hinaus. Dieser Stich eignet sich auch zum Flicken von Rissen.

ELASTIKSTEPPSTICH

Dreifach übersteppte Stiche

Dieser Stich besteht aus insgesamt drei Stichen, davon zwei vorwärts und einer rückwärts (links). Probieren Sie diesen Stich unbedingt aus, denn er lässt sich sehr schwer auftrennen.

FEDERSTICH

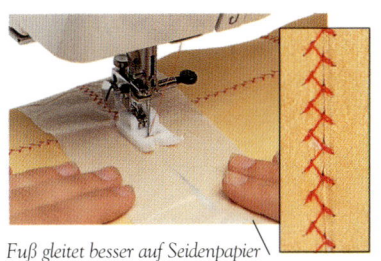

Fuß gleitet besser auf Seidenpapier

Für das Verbinden von zwei gegeneinanderstoßenden Kanten eines nicht fransenden Stoffes: Der Stoß liegt in der Mitte, die Stiche greifen rechts und links auf die beiden Stoffteile (links).

BLINDSAUM

Klappen Sie den umgebügelten Saum unter den Oberstoff, sodass nur die äußerste Kante der Saumzugabe unter dem Stoff hervorsieht. Dann knapp an der Kante entlangnähen (rechts).

Rückseite der fertigen Naht

ELASTISCHER BLINDSAUM

Dieser Stich ähnelt dem einfachen Blindsaum, er besteht jedoch aus drei kleinen und einem großen Zickzackstich (rechts). Der Stoff wird wie für den einfachen Blindsaum zurechtgelegt (siehe links).

Rückseite der fertigen Naht

Der letzte Schliff

In diesem Abschnitt zeigen wir Ihnen einige spezielle Techniken, die nicht ganz alltäglich sind. Besondere Feinheiten, die Sie z. B. brauchen, wenn Sie zwei Stoffe nur locker aneinander befestigen wollen. Solche Verbindungen, Stege genannt, bestehen aus feinen Bändern oder Kordeln, die normalerweise ein loses Futter punktuell am Oberstoff fixieren. Stege müssen unsichtbar bleiben, aber haltbar sein. Riegel dienen dagegen dazu, besonders strapazierte Stoffstellen zu verstärken. Ein typischer Platz für Riegel sind die oberen Ecken von Taschen. Besonders dekorativ sieht es aus, wenn Sie Riegel in Form kleiner Pfeilspitzen arbeiten.

Stege

Solche Verbindungen halten zwei Stofflagen locker zusammen, etwa ein loses Innenfutter und den Oberstoff. Es gibt verschiedene Techniken, die Verbindungsstege zu arbeiten: mit Languettenstichen, aus feinsten Luftmaschen oder auch mit dem Steppstich der Nähmaschine.

Steg aus Languettenstichen

1 Befestigen Sie den Faden mit einem Stich an der Innenseite des Saumes nahe der Oberkante. Stechen Sie in die Saumzugabe des Futters, lassen dazwischen ca. 2,5–5 cm Faden locker hängen. Machen Sie noch einige Stiche.

2 Auf einer Seite des Steges beginnend Languettenstich um die Fäden und durch den Stoff nähen. Danach Fäden mit Languettenstichen umschließen, Stiche zusammenschieben, zuletzt durch Stoff nähen.

Gehäkelter Steg

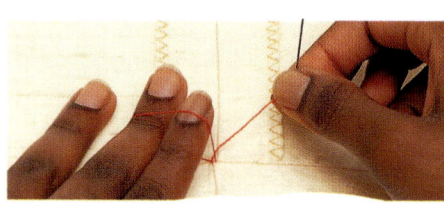

1 Befestigen Sie einen langen Faden am Saum des Oberstoffes. Machen Sie einen kleinen Vorstich und lassen eine Schlaufe stehen. Schieben Sie zwei Finger durch die Schlaufe (oben).

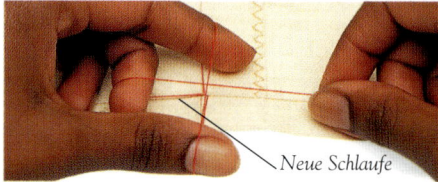

Neue Schlaufe

2 Greifen Sie durch die Schlaufe und ziehen den Faden so durch, dass eine neue Schlaufe entsteht (oben). Ziehen Sie nun die erste Schlaufe dicht am Stoff fest.

Gesteppter Steg

Seidenpapier

1 Mittellangen Steppstich einstellen, Faden mit einigen Rückstichen am Innensaum des Futters befestigen. Seidenpapier unter das Füßchen legen, darübernähen. Es darf kein Stoff unter dem Papier liegen.

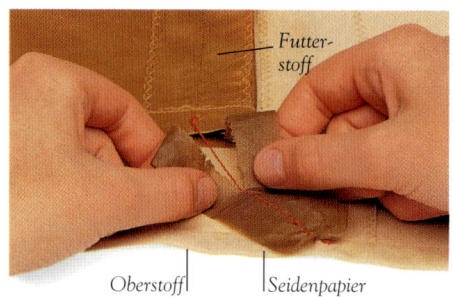

Futterstoff *Oberstoff* *Seidenpapier*

2 Befestigen Sie die Fadenenden der Seidenpapiernaht sicher am Oberstoff. Dann reißen Sie das Seidenpapier vorsichtig ab und ein sauberer Steg bleibt stehen (oben). Solche Stege können Sie auch mit einer Overlock-Maschine herstellen.

Futterstoff *Kette aus »Luftmaschen«*

3 Immer neue Schlaufen bilden, bis der Riegel die gewünschte Länge erreicht hat. Nun wird der Faden durch die letzte Schlaufe gezogen und das Ende am Innensaum des Futters festgenäht (oben).

RIEGEL

Diese kleinen Blöcke dicht nebeneinandersitzender Stiche dienen dazu, besonders beanspruchte Bereiche eines Kleidungsstücks zu festigen. Am Ende von Reißverschlüssen, an den Ecken von Taschen, am Ende von Gürtelschlaufen und an anderen strapazierten Stellen sind Riegel sehr sinnvoll.

HANDGESTICKTE RIEGEL

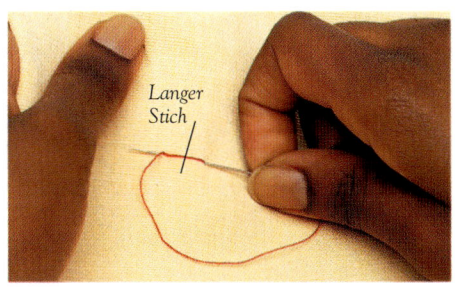
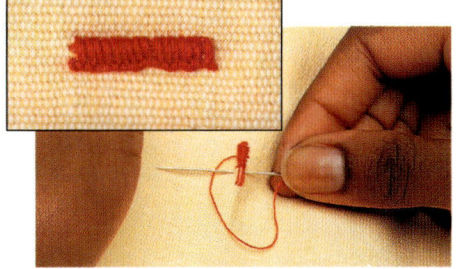

1 Befestigen Sie den Faden auf der linken Stoffseite und ziehen Sie ihn zur Oberseite. Machen Sie zwei oder drei nebeneinanderliegende Stiche in der Länge des gewünschten Riegels (oben). Stechen Sie wieder zur Rückseite des Stoffes durch.

2 Beginnen Sie nun an einem Ende des Riegels und sticken so viele eng liegende Languettenstiche durch den Stoff, bis die Markierungsfäden ganz bedeckt sind (oben). Die Stiche sollten gleich lang sein, damit der Riegel sauber aussieht.

MIT DER MASCHINE

Riegelposition einzeichnen. Stellen Sie an der Nähmaschine einen engen, breiten Zickzackstich ein, nähen Sie über die Markierung. Der Riegel sollte mindestens 6 mm lang werden. Ziehen Sie die Fadenenden auf die Stoffrückseite, verknoten und vernähen Sie sie (siehe S. 304).

PFEILSPITZEN

Pfeilspitzen sind eine spezielle Art von Riegeln, die zugleich recht dekorativ aussehen. Sehr hübsch wirken sie z. B. am Ansatz von Falten bei schmalen Röcken. Arbeiten Sie mit einem farblich passenden Nähgarn. Bei handgestickten Pfeilspitzen können Sie auch Knopflochgarn verwenden.

HANDGESTICKTE PFEILSPITZEN

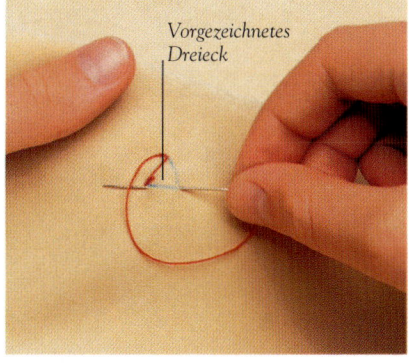

1 Faden in unterer linker Ecke mit Stich sichern. Von oberer Ecke zurück zur unteren linken Ecke stechen, danach von oben zur rechten unteren, dann zur unteren linken. Neben erstem Faden ausstechen.

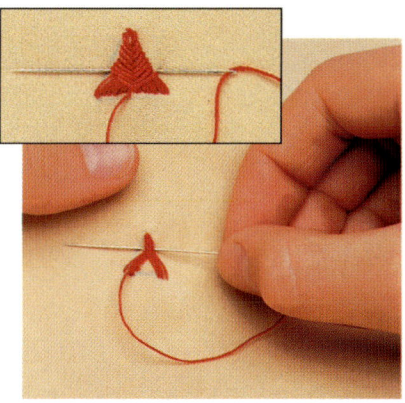

2 Machen Sie nun an der Spitze des Dreiecks einen kurzen Stich von rechts nach links. Es folgen abwechselnd rechts und links Stiche von der Kante des Dreiecks zur Grundlinie (links), bis sich die Stiche in der unteren Mitte treffen. Befestigen Sie das Fadenende gut.

MASCHINENGESTICKTE PFEILSPITZEN

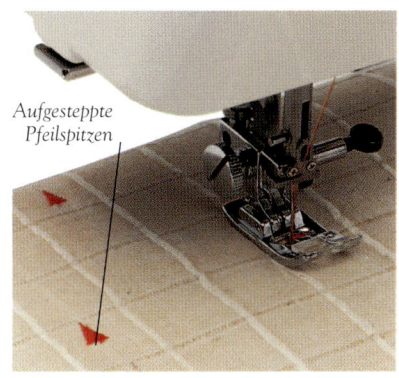

1 Stellen Sie an Ihrer Nähmaschine einen engen, schmalen Zickzackstich ein. Beginnen Sie an der Spitze zu nähen und stellen Sie während des Nähens den Stich langsam immer breiter ein, bis Sie die Grundlinie des Dreiecks erreicht haben (links).

2 Ziehen Sie die Fadenenden zur linken Stoffseite, verknoten Sie und vernähen Sie fest (links). Wenn Ihre Maschine über einen passenden Zierstich verfügt, können Sie als Riegel auch einen einzelnen Musterrapport nähen.

NÄHTE

Nähen, steppen, versäubern
Die einfache Steppnaht 82
Saubere Ecken 83
Ecken nähen ▪ Eine Innenecke an eine Außenecke nähen

Nahtzugaben verkleinern 84
Beschneiden ▪ Abgestuft beschneiden ▪ Einschnitte ▪ Ausschnitte
Einschnitte und Ausschnitte kombinieren ▪ Sich kreuzende Nähte ▪ Besatzkanten fixieren
Besatzkanten von Hand fixieren ▪ Spitzen nachschneiden ▪ Ecken nachschneiden

Nähte versäubern 85
Zickzackstich ▪ Zickzack zweilagig ▪ Kanten einschlagen ▪ Kanten einfassen
Versäubern von Hand ▪ Zackenschnitt ▪ Zacken und Stiche

Selbstversäubernde Nähte 86
Rechtslinks-Naht ▪ Falsche französische Naht ▪ Kappnaht ▪ Eingefasste Naht

Abgesteppte Nähte 87
Einfach abgesteppt ▪ Doppelt abgesteppt ▪ Schmalkantig abgesteppt ▪ Flache Steppnaht
Geschwungene Nähte absteppen ▪ Überlappende Steppnaht ▪ Unterfütterte Steppnaht

Formnähte 88

Bänder mitfassen 89
Köperband mitfassen ▪ Schrägstreifen mitfassen ▪ Kanten versäubern

Ungleiche Kanten 89
Leicht einhalten ▪ Stark einhalten ▪ Unterschiedlicher Fadenlauf

Gestrickte Stoffe nähen 89
Dehnen ▪ Fischgrätstich

Nähte in transparenten Stoffen 90
Kantenstich ▪ Feine Zickzackkante

Nähte in synthetischen Stoffen 90
Gerade Naht in synthetischem Wildleder ▪ Steppnaht in Wildleder
Gerade Naht in Webpelz ▪ Flache Naht in Webpelz

Paspel 91
Flache Paspel ▪ Plastische Paspel ▪ Eine Rundung paspeln
Eine Ecke paspeln ▪ Ansatzstellen bei plastischen Paspeln

NÄHEN, STEPPEN UND VERSÄUBERN

Am häufigsten wird Ihnen die einfache Steppnaht begegnen, die sich für nahezu alle Stoffe und Schnitte eignet. Es gibt eine Reihe von anderen Nähten, die sich jeweils für bestimmte Stoffe eignen oder einen speziellen optischen Reiz haben. Rechts-links-Nähte und andere Techniken, bei denen die Nahtzugabe sauber verdeckt wird, eignen sich besonders für Stoffe, die leicht ausfransen. Echte Kappnähte mit ihrer charakteristischen Doppelsteppung auf der Oberseite sind häufig bei Jeans zu sehen. Abgesteppte Nähte sind stabiler und markanter.

VERWANDTE TECHNIKEN

Grundstiche, S. 74
Nähte in Einlagestoffen, S. 98
Aneinanderstoßende Kanten im Futter, S. 103
Gekräuselte Nähte versäubern, S. 121
Falscher Tunnel, S. 163
Schrägstreifen schneiden und zusammennähen, S. 214
Nähte reparieren, S. 305

DIE EINFACHE STEPPNAHT

Von allen Nähten wird die einfache Steppnaht am häufigsten gebraucht. Die Nahtzugaben werden nach dem Nähen auseinandergebügelt. Bei leichten Stoffen können Sie auch beide Kanten gemeinsam versäubern. Damit die Naht gerade verläuft, empfiehlt es sich, sich an einer Hilfslinie auf der Stichplatte der Nähmaschine zu orientieren.

Linke Stoffseite oben

1 Legen Sie die Stoffteile rechts auf rechts zusammen, sodass die Schnittkanten genau aufeinanderliegen. Fixieren Sie die Kanten mit quer eingesteckten Nadeln (oben). Markierungen und Klipse müssen korrekt übereinstimmen.

Über die Stecknadeln heften

2 Heften Sie die zusammengesteckten Teile dicht neben der Nahtlinie zusammen. Etwas weniger als 1,5 cm Abstand von der Stoffkante wählen. Entfernen Sie nach dem Heften die Stecknadeln.

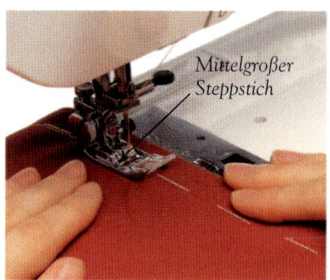
Mittelgroßer Steppstich

3 Füßchen 1,5 cm von der Stoffkante entfernt aufsetzen, Nadel liegt genau über Nahtlinie. Erst Rückstiche, dann Naht auf der Linie entlangsteppen. Stoff führen. Nahtende mit Rückstichen sichern.

Nahtzugabe

4 Entfernen Sie nun die Heftfäden. Bügeln Sie die Nahtzugaben auseinander. Falls nötig, werden die Stoffkanten der Nahtzugaben versäubert, damit sie nicht ausfransen. Die Technik richtet sich nach Stoffqualität (siehe S. 85).

HILFSLINIEN

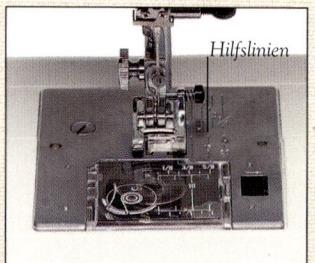
Hilfslinien

Die Hilfslinien der Nähmaschine
1 In der Stichplatte Ihrer Maschine sind in der Mitte das Einstichloch für die Nadel, an den Seiten gerade Hilfslinien.

Stoffkante anlegen

2 Legen Sie die Stoffkanten an die gewünschte Hilfslinie an. Stoff muss immer an dieser Linie entlanglaufen.

Klebeband

Hilfslinie aus Klebeband
Besonders breite Nahtzugabe: einen Streifen Klebeband als Orientierungshilfe auf die Stichplatte kleben.

Klebeband

Hilfslinie für Ecken
Für saubere Ecken: Klebeband quer zur Nahtrichtung und 1,5 cm von der Nadel entfernt auf die Stichplatte kleben.

NÄHEN, STEPPEN UND VERSÄUBERN

SAUBERE ECKEN

Akkurat genähte Ecken sind wichtig, um saubere Spitzen an Kragen und Manschetten zu erhalten. Auch beim dekorativen Absteppen müssen Ecken wirklich eckig ausfallen. Die Grundtechnik besteht darin, den Stoff bei eingestochener Nadel zu drehen. Zur Verstärkung von Ecken wählen Sie im Bereich der Ecke eine geringere Stichlänge.

ECKEN NÄHEN

Nadel sticht am Eckpunkt ein

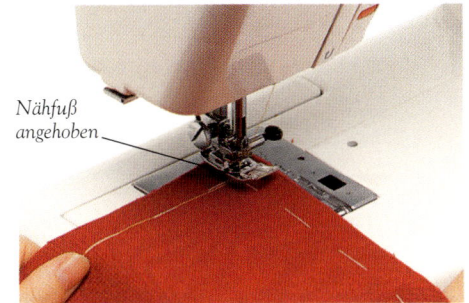
Nähfuß angehoben

Nach der Ecke gerade weiternähen

1 Nähen Sie gerade auf die Ecke zu, benutzen Sie dazu die Hilfslinien auf der Stichplatte. Halten Sie 1,5 cm vor der Ecke an und achten Sie darauf, dass die Nadel ganz in den Stoff eingestochen ist.

2 Heben Sie das Nähfüßchen an und drehen Sie den Stoff um die eingestochene Nadel, bis die zweite Stoffkante parallel zur Hilfslinie liegt (oben).

3 Senken Sie den Fuß wieder ab und nähen Sie langsam weiter. Führen Sie auch jetzt die Nahtzugabe parallel zur gewählten Hilfslinie. Nähen Sie nun bis zum Ende der Naht (oben).

EINE INNENECKE AN EINE AUSSENECKE NÄHEN

Stiche zur Sicherung

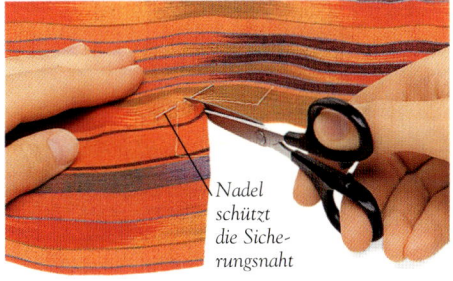
Nadel schützt die Sicherungsnaht

Zusammengeschobenen Stoff nicht mit festnähen!

1 Wählen Sie einen kleinen oder mittellangen Steppstich und sichern Sie die Stoffkante mit einigen Stichen knapp außerhalb der Nahtlinie. Die Ecke selbst bilden Sie, indem Sie den Stoff um die Nadel drehen (siehe Schritt 1–3 oben).

2 Ecke bis kurz vor Sicherungsnaht einschneiden. Oder: Nadel quer über Ecke stecken, bis zur Nadel einschneiden. Falls Sie die Sicherungsstiche durchschneiden: neue Sicherungsnaht über den Schnitt hinweg anlegen.

3 Innenecke an die Außenecke stecken, sodass Stoffkanten aufeinanderliegen. Innenecke am Einschnitt aufbiegen. Stofflagen zusammensteppen, Innenecke liegt oben. Am Eckpunkt Stoff um die Nadel drehen (oben).

SAUBERE SPITZEN

Spitze Ecke mit einem Diagonalstich

Ecke mit zwei Diagonalstichen

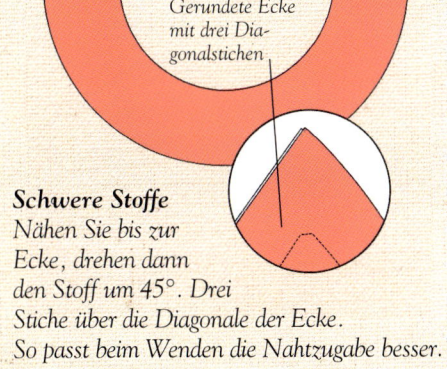
Gerundete Ecke mit drei Diagonalstichen

Leichte Stoffe
Bis zur Ecke nähen, Stoff um 45° drehen. Ein Stich über die Diagonale der Ecke, Stoff um 45° drehen. Gerade weiternähen.

Mittelschwere Stoffe
Nähen Sie bis zur Ecke, drehen Sie dann den Stoff um 45°. Zwei Stiche über die Diagonale der Ecke, Stoff um 45° drehen. Gerade weiternähen.

Schwere Stoffe
Nähen Sie bis zur Ecke, drehen dann den Stoff um 45°. Drei Stiche über die Diagonale der Ecke. So passt beim Wenden die Nahtzugabe besser.

NAHTZUGABEN VERKLEINERN

Nahtzugaben, die an Kanten des fertigen Kleidungsstücks liegen, sollten Sie verkleinern, damit sich keine Wülste bilden. Bei mittelschweren und schweren Stoffen werden die Nahtzugaben unterschiedlich weit zurückgeschnitten. In Rundungen werden die Nahtzugaben zusätzlich eingeschnitten, damit die Kanten glatt liegen.

BESCHNEIDEN

Nahtzugabe

Bei leichten und mittelschweren Stoffen reicht es meist aus, die Nahtzugaben beider Stoffkanten auf die halbe Breite zurückzuschneiden (oben), ehe Sie sie auseinanderbügeln.

ABGESTUFT BESCHNEIDEN

Abschnitt 1.Stofflage   Abschnitt 2.Stofflage

Bei dickeren Stoffen beschneiden Sie die Nahtkanten so, dass beide verbleibenden Nahtzugaben unterschiedlich breit ausfallen. So vermeiden Sie dicke Wülste.

EINSCHNITTE

Bis zur Naht einschneiden

Rundungen müssen eingeschnitten werden. In gleichmäßigen Abständen die Nahtzugabe bis kurz vor die Naht einschneiden: Die Nahtzugabe passt sich der Rundung an.

AUSSCHNITTE

Der Stoff kann sich beim Wenden zusammenschieben

Hier werden V-förmige Kerben in die Nahtzugabe auswärts gebogener Rundungen geschnitten. Erst von der einen, dann von der anderen Seite bis vor die Naht einschneiden.

EINSCHNITTE UND AUSSCHNITTE

Außenrundung und Innenrundung aneinandergenäht: Erst die Einschnitte in die Innenrundung machen, dann Naht flach auslegen, Ausschnitte in die Außenrundung schneiden.

NAHTKREUZ

Nahtzugabe schräg wegschneiden

Führt Naht über bereits vorhandene Naht, entsteht ein Kreuzungspunkt. Bei mittelschweren/schweren Stoffen Nahtzugabe an Kreuzungsstelle schräg wegschneiden.

KANTEN FIXIEREN

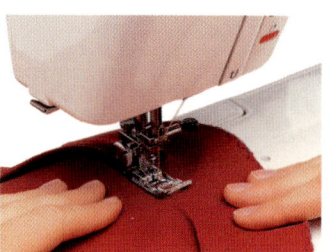

Angenähte Besätze sollen sich zur Innenseite des Kleidungsstückes legen: Bügeln Sie alle Nahtzugaben und Besatz vom Kleidungsstück weg. Steppen Sie dicht neben der Naht durch Besatzoberseite und Nahtzugaben (oben).

BESATZKANTEN VON HAND FIXIEREN

Fixieren mit Handstichen bei feinen Stoffen oder an unzugänglichen Stellen: Bügeln Sie den Stoff wie links beschrieben. Dann nähen Sie mit kleinen, unterbrochenen Rückstichen durch Besatz und Nahtzugaben.

SPITZEN NACHSCHNEIDEN

Spitze der Naht

1 An Spitzen, die beidseitig genäht sind, ist es wichtig, die Nahtzugaben sauber zu beschneiden, damit nach dem Wenden scharfe Spitzen entstehen. Schneiden Sie zunächst die Nahtzugabe diagonal über die Ecke ab, knapp an der Spitze der Naht vorbei (oben).

Nahtzugaben im Winkel von 90° zugeschnitten

2 Schneiden Sie die Nahtzugaben beidseitig schräg zur Spitze zulaufend ab (oben). Je schärfer die Spitze werden soll, umso knapper müssen Sie die Nahtzugaben wegschneiden. Nach dem Wenden liegen die Nahtzugaben im Innern des Stückes nebeneinander, ohne Überlappung.

ECKEN NACHSCHNEIDEN

Nahtzugabe schräg wegschneiden

Ecken bestehen oft auf einer Seite aus einem Falz im Stoff, auf der anderen Seite aus einer Naht. An solchen Stellen schneiden Sie die Nahtzugaben schräg ab (oben). Damit sich die Ecke sauber wenden lässt, müssen Sie bis knapp an die Naht heran schneiden.

NÄHTE VERSÄUBERN

Versäuberte Nähte sind glatter und haltbarer, außerdem fransen sie nicht so leicht aus. Welche Technik Sie anwenden, richtet sich nach unterschiedlichen Aspekten: Stil des Kleidungsstückes, Stoffqualität und -dicke, voraussichtliche Beanspruchung durch Tragen, Waschen etc. Die vielseitigste Art, Nähte zu versäubern, ist der Zickzackstich.

ZICKZACKSTICH

Nähen Sie mit einem mittelgroßen Zickzackstich knapp an der Kante der Nahtzugabe entlang. Bei feinen Stoffen verwenden Sie einen kleineren, bei dicken Stoffen einen größeren Stich (oben).

ZICKZACK ZWEILAGIG

Beschnittene Nahtzugaben gemeinsam bekanteln

Praktische Methode für leichte Stoffe. Kanten der Nahtzugaben auf etwa die Hälfte zurückschneiden. Dann bekanteln Sie beide Stoffkanten gemeinsam mit einer Zickzacknaht (oben).

KANTEN EINSCHLAGEN

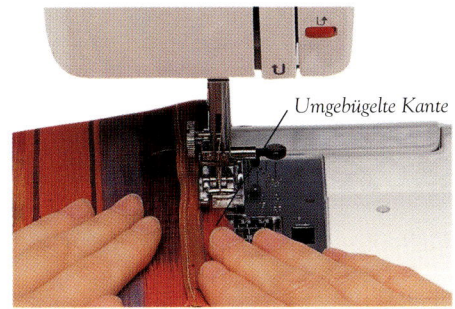

Umgebügelte Kante

Bei leichteren Baumwollstoffen oder wenn Nähmaschine keinen Zickzackstich hat: Bügeln Sie die Kanten der Nahtzugaben 3 mm breit um und steppen Sie mit einfachen Steppstichen ab.

KANTEN EINFASSEN

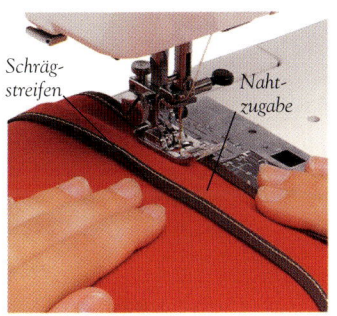

Schrägstreifen *Nahtzugabe*

Bügeln Sie einen 1,5 cm breiten Schrägstreifen knapp neben der Mitte. Legen Sie den Stoff so zwischen die beiden Seiten des Schrägstreifens, dass der breitere Teil unten liegt. Durch alle Lagen absteppen.

HANDVERSÄUBERN

Sie können Stoffkanten auch von Hand mit Überwendlingsstichen versäubern. Diese Methode bietet sich für kurze Nähte und unzugängliche Stellen an, aber auch, wenn kein Zickzack zur Verfügung steht.

ZACKENSCHNITT

Nachschneiden mit der Zackenschere

Bei nicht fransenden Stoffen können Sie die Kanten der Nahtzugabe einfach mit einer Zackenschere beschneiden. Nachteil: Stoffkanten werden nicht zusätzlich stabilisiert.

ZACKEN UND STICHE

Steppen Sie zuerst die Nahtzugaben etwa auf der Mitte ab. Danach schneiden Sie den Überstand mit der Zackenschere ab. So sehen die Kanten sauber aus.

DIE HONG-KONG-METHODE

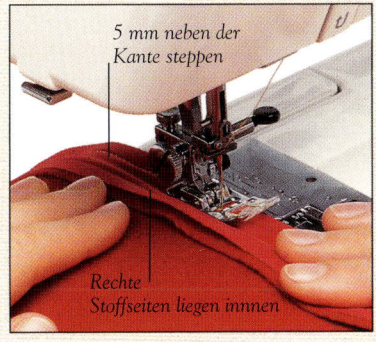

5 mm neben der Kante steppen
Rechte Stoffseiten liegen innen

1 Dies ist eine Alternative zum Einfassen mit Schrägstreifen. Schneiden Sie selbst Schrägstreifen aus einem sehr leichten Stoff. Legen Sie Stoffkante und Schrägstreifenkante rechts auf rechts zusammen und steppen die Kante 5 mm breit ab (links).

Oberseite des Schrägstreifens

2 Bügeln Sie den Schrägstreifen um die Kante der Nahtzugabe. Nun steppen Sie den Schrägstreifen knappkantig ab. Alle Lagen mitfassen (links)! Die versäuberten Nahtzugaben auseinanderbügeln. Sehr edel wirkt es, wenn Sie Schrägstreifen aus farblich passender Seide verwenden.

Nähte

Selbst versäubernde Nähte

Es gibt eine Reihe von Nähten, z. B. die Rechtslinks-Naht, die Sie nicht zu versäubern brauchen, weil bei diesen Techniken keine offenen Schnittkanten sichtbar bleiben. Für gerade Nähte eignen sich diese Methoden sehr gut, gerundete Nähte lassen sich nur mit der falschen französischen Naht arbeiten. Kappnähte sind besonders stabil.

Rechtslinks-Naht

Rechte Stoffseite oben

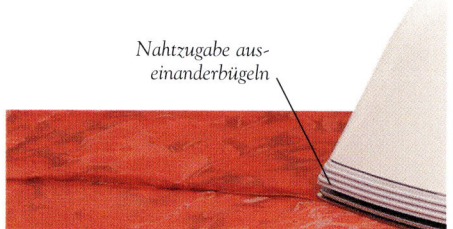
Nahtzugabe auseinanderbügeln

Linke Stoffseite oben

1 Legen Sie beide Stoffteile mit den linken Seiten aufeinander und stecken Sie die Kanten. Steppen Sie die Teile mit 1 cm Kantenabstand zusammen. Danach schneiden Sie die Nahtzugaben auf 3 mm zurück.

2 Bügeln Sie die Nahtzugabe auseinander (oben). Nun Stoff wenden, sodass die rechten Seiten innen liegen. Noch einmal die Kante bügeln. Knapp an der Kante entlangheften, um innenliegende Nahtzugaben einzuschließen.

3 5 mm neben gebügelter Kante ein zweites Mal steppen. Nahtzugabe zu einer Seite bügeln. Ist schmalere Naht notwendig: Nahtzugabe der ersten Naht noch knapper zurückschneiden und entsprechend näher an der Kante entlangsteppen.

Falsche französische Naht

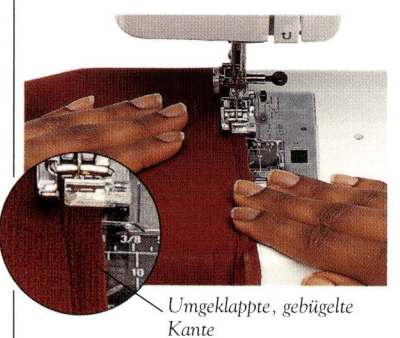
Umgeklappte, gebügelte Kante

Nähen Sie eine einfache, gerade Naht (S. 82) und schneiden Sie die Nahtzugaben auf 1 cm zurück. Schlagen Sie beide Nahtzugaben 6 mm breit ein, bügeln Sie die Kanten und steppen Sie knappkantig ab (links).

Eingefasste Kräuselnaht

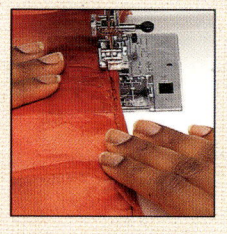

Diese Technik eignet sich, um eine gekräuselte und eine glatte Stofflage miteinander zu versäubern. Legen Sie die Stoffe rechts auf rechts und nähen sie zusammen. Schneiden Sie die Nahtzugabe der gekräuselten Naht auf 5 mm zurück. Fahren Sie dann wie bei der eingefassten Naht (unten) fort.

Kappnaht

Rechte Stoffseite oben

Nahtzugabe feststeppen

1 Diese stabile, flache Naht finden Sie hauptsächlich bei sportlicher Kleidung. Legen Sie die Teile links auf links und steppen Sie die Naht. Schneiden Sie eine Nahtzugabe auf 6 mm zurück (links). Bügeln Sie dann die Nahtzugaben zu einer Seite (Zugabe oben).

2 Schieben Sie die Kante der breiteren Nahtzugabe unter die schmälere und bügeln Sie noch einmal. Steppen Sie die umgebügelte Nahtzugabe knappkantig fest (links). Der Abstand zwischen den beiden Nähten kann je nach Stoffqualität variieren. Achten Sie aber darauf, dass beide Linien immer parallel verlaufen.

Eingefasste Naht

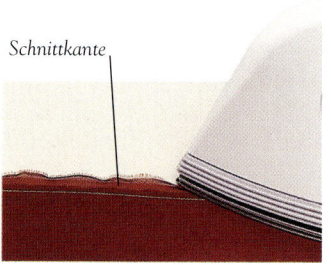
Schnittkante

Eingeschlagene Schnittkanten

1 Diese Technik eignet sich am besten für leichte, nicht fransende Stoffe. Nähen Sie die Stoffteile rechts auf rechts zusammen. Schneiden Sie eine Nahtzugabe auf 5 mm zurück. Bügeln Sie die breitere Nahtzugabe 3 mm breit um (links).

2 Legen Sie die umgebügelte Zugabe über die beschnittene, sodass die Kante an die Nahtlinie stößt. Achten Sie darauf, dass keine Schnittkanten sichtbar sind und steppen Sie knapp neben der ersten Naht die Zugaben ab (links).

NÄHEN, STEPPEN UND VERSÄUBERN

ABGESTEPPTE NÄHTE

Bei abgesteppten Nähten sehen Sie auf der rechten Seite des Modells eine oder mehrere feine Stichreihen neben der Naht. Wenn die Nahtzugaben beidseitig mit Zickzackstichen versäubert sind, hat solche Stepperei nur einen dekorativen Effekt. Bei anderen Versäuberungstechniken dient die Stepperei auch zur Nahtverstärkung/-fixierung.

EINFACH ABGESTEPPT

Rechte Stoffseite

Einfache Naht versäubern und zu einer Seite bügeln. Steppen Sie dann von rechts durch den Oberstoff und die Nahtzugabe. Der Nähfuß wird dabei an der Nahtlinie entlanggeführt (oben).

DOPPELT ABGESTEPPT

Bügeln Sie die versäuberte Nahtzugabe auseinander. Steppen Sie nun zu beiden Seiten der Naht von rechts durch Oberstoff und Nahtzugabe. Beide Stepplinien sollen gleich weit von der Naht entfernt verlaufen.

SCHMALKANTIG ABGESTEPPT

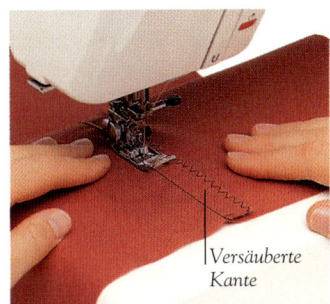
Versäuberte Kante

Versäubern Sie beide Nahtzugaben mit einer Zickzacknaht und bügeln sie zu einer Seite. Dann steppen Sie von der linken Stoffseite direkt neben der Naht durch Nahtzugabe und Oberstoff (oben).

FLACHE STEPPNAHT

Durch Oberstoff und breite Nahtzugabe steppen

Schneiden Sie eine Seite der Nahtzugabe um die Hälfte ihrer Breite zurück. Beide Nahtzugaben zu einer Seite bügeln (beschnittene Kante von breiterer verdeckt). Von rechts durch Oberstoff und Nahtzugabe steppen.

GESCHWUNGENE NÄHTE

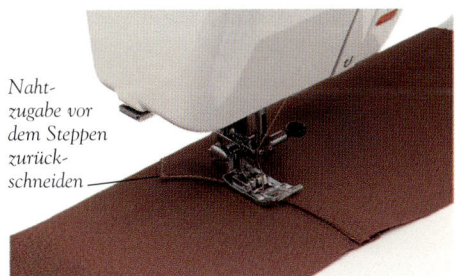
Nahtzugabe vor dem Steppen zurückschneiden

Steppen Sie zunächst direkt neben der ersten Naht eine Linie auf die obere Nahtzugabe. Dadurch rollt sich die Kante automatisch nach innen. Schneiden Sie nun die Nahtzugabe knappkantig weg. Bügeln und steppen Sie nun wie bei der überlappenden Steppnaht (siehe rechts).

ÜBERLAPPENDE STEPPNAHT

Bügeln Sie die Nahtzugabe eines Teils zur linken Seite um. Legen Sie dann das Teil so auf das Gegenstück, dass sie sich um die Breite der Nahtzugabe überlappen. Stecken und heften Sie die Naht und steppen Sie dann von rechts am Falz entlang (oben).

UNTERFÜTTERTE STEPPNAHT

Passenden Stoffstreifen zuschneiden

1 Schnittteile rechts auf rechts legen, Naht mit 1,5 cm Zugabe heften. Nahtzugaben scharf auseinanderbügeln. 3 cm breiten Streifen in der Länge der Naht aus passendem oder kontrastfarbigem Stoff schneiden, mittig über die Nahtzugaben legen.

Heftfaden mit dem Pfeiltrenner entfernen

2 Stecken und heften Sie den Streifen bei Bedarf fest. Steppen Sie nun von rechts auf beiden Seiten der gehefteten Naht durch alle Stofflagen. Anschließend entfernen Sie den Heftfaden (oben).

DEKORATIVE STEPPEREI

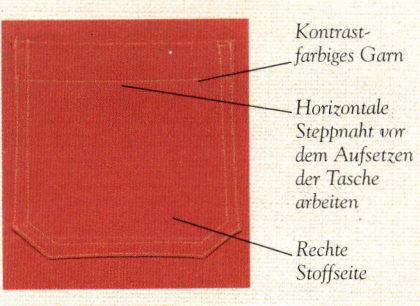
Kontrastfarbiges Garn
Horizontale Steppnaht vor dem Aufsetzen der Tasche arbeiten
Rechte Stoffseite

Wenn Ihre Stepperei ins Auge fallen soll, verwenden Sie kontrastfarbiges oder etwas stärkeres Garn als Oberfaden. Der Unterfaden besteht aus einfachem Nähgarn. Steppen Sie nun von der rechten Stoffseite beliebig viele Linien.

FORMNÄHTE

Formnähte entstehen, indem eine Innenrundung an eine Außenrundung gesteppt wird. Dadurch passt sich das Kleidungsstück den Rundungen von Brust, Taille und Hüften an. Modelle mit Formnähten bestehen normalerweise aus einem oder zwei mittleren und zwei seitlichen Vorderteilen. In einigen Fällen finden Sie auch im Rücken Formnähte.

Rundung des mittleren Vorderteils
Sicherungsstiche

1 Modell zuschneiden. Rundungen der mittleren Vorderteile durch einfache Stepplinien dicht neben der Nahtlinie sichern. In gleichmäßigen Abständen Nahtzugabe bis vor die Stepplinie einschneiden.

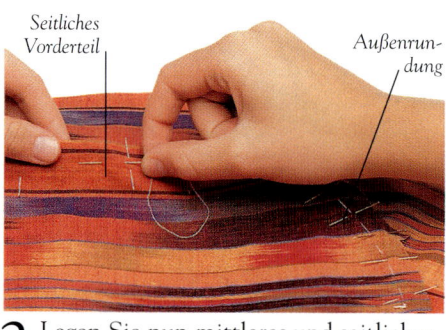

Seitliches Vorderteil
Außenrundung

2 Legen Sie nun mittleres und seitliches Vorderteil aufeinander – seitliches Teil oben, die Stoffkanten genau aufeinander. Stecken und heften Sie die Kante. Dabei werden die Einschnitte an der Innenrundung des mittleren Vorderteils gedehnt.

KURVEN NÄHEN

Nähfuß angehoben

Weite Kurven können Sie langsam nähen und den Stoff dabei mitdrehen. Bei engeren Kurven sollten Sie immer wieder anhalten, den Nähfuß bei eingestochener Nadel anheben und den Stoff ein Stückchen drehen (oben).

Langsam nähen und untere Stofflage glätten

3 Entfernen Sie die Nadeln und steppen Sie die Naht (oben). Dabei liegt das mittlere Vorderteil oben. Halten Sie bei der Brustrundung öfter an und kontrollieren Sie, ob der untenliegende Stoff keine Falten wirft.

Ausschnitte in der Außenrundung

4 Heftfäden herausziehen, Nahtzugaben auseinanderklappen. Kleine Ecken aus der Nahtzugabe des seitlichen Teils schneiden, damit sie glatt liegt. Die Ausschnitte sollten den Einschnitten auf der inneren Nahtzugabe gegenüberliegen.

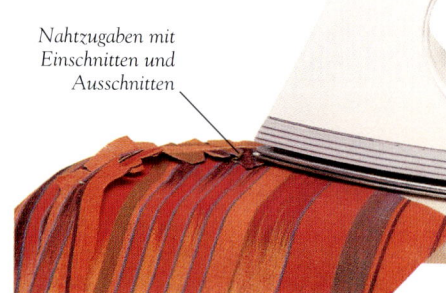

Nahtzugaben mit Einschnitten und Ausschnitten

5 Bügeln Sie die Nahtzugaben auf dem gerundeten Teil eines Ärmelbretts oder auf der Kante eines normalen Bügelbretts auseinander (oben). Bügeln Sie die Naht in kleinen Abschnitten, damit keine Falten entstehen.

DIE SCHRITTNAHT

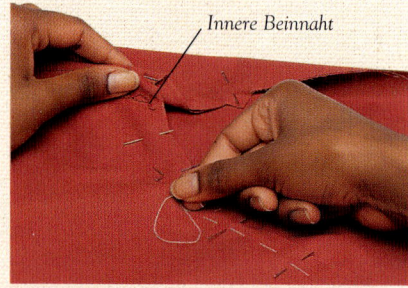

Innere Beinnaht

1 Seitennähte schließen, sodass Sie zwei separate Hosenbeine erhalten. Drehen Sie ein Bein auf rechts und schieben Sie es in das andere Hosenbein. Stecken und heften Sie die Naht von der vorderen Mitte über den Kreuzpunkt zur hinteren Mitte.

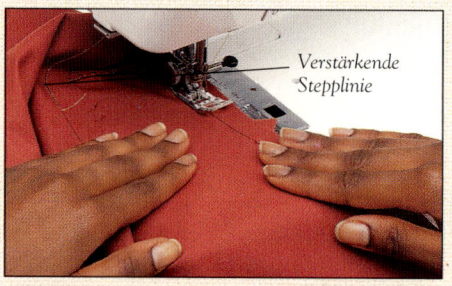

Verstärkende Stepplinie

2 Entfernen Sie die Stecknadeln. Nähen Sie nun die Naht, aber lassen Sie eventuell ein Stück Naht für einen Reißverschluss offen. Verstärken Sie den unteren Teil der Naht mit einer zweiten Stepplinie, die dicht neben der ersten liegt (oben).

3 Versäubern Sie die Kanten einzeln mit Zickzackstichen. Bügeln Sie die Nahtzugaben in den geraden Teilen der Naht auseinander. Im Bereich des Reißverschlusses werden die Nahtzugaben zur linken Stoffseite hin umgebügelt (oben).

NÄHEN, STEPPEN UND VERSÄUBERN

BÄNDER MITFASSEN

Besonders bei weichen Strickstoffen ist es sinnvoll, die Nähte mit unelastischem Material zu unterlegen. Schulternähte und andere Nähte, die quer zum Fadenlauf geschnitten werden, neigen besonders zum Überdehnen. In solchen Fällen ist es sinnvoll, ein unelastisches Band beim Nähen mitzufassen.

KÖRPERBAND MITFASSEN

Wenn Sie verhindern wollen, dass sich die Kante einer Tasche ausdehnt, stecken Sie das Köperband mittig auf die Nahtzugabe der linken Stoffseite. Heften Sie es fest und steppen dann mittig auf dem Band entlang.

SCHRÄGSTREIFEN MITFASSEN

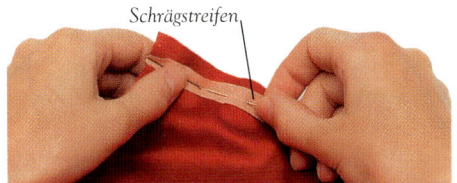
Schrägstreifen

Halbieren Sie den Schrägstreifen der Länge nach und klappen Sie ihn auseinander. Stecken Sie ihn auf die Nahtzugabe und fassen Sie ihn beim Nähen mit (oben).

KANTEN VERSÄUBERN

Nahtzugabe und mitgefasstes Band zu einer Seite bügeln. Zickzacklinie neben der Naht durch alle Lagen der Zugabe nähen. Kante zurückschneiden.

UNGLEICHE KANTEN

Wenn Sie zwei Stoffkanten ungleicher Länge zusammennähen wollen, muss die längere Kante eingehalten werden. An Schulternähten ist dieser Längenunterschied nur gering, an Armkugeln deutlich größer. Stoff verschiedener Fadenlaufrichtung trifft z. B. zusammen, wenn Einsätze gearbeitet werden.

LEICHT EINHALTEN

Stecken Sie die Schnittkanten so zusammen, dass die Klipse oder anderen Markierungen aufeinandertreffen. Verteilen Sie die überschüssige Weite gleichmäßig.

STARK EINHALTEN

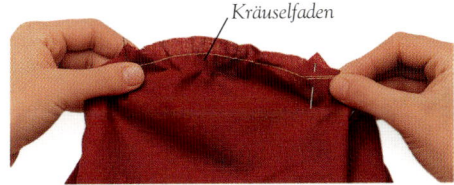
Kräuselfaden

Zwischen Armkugelmarkierungen Linie großer Stiche steppen. Kanten zusammenstecken (Markierungen aufeinander). Einkräuseln. Heften, zusammennähen.

FADENLAUF

Wenn Sie eine Kante im schrägen Fadenlauf an eine gerade Kante nähen wollen, stecken Sie die Stecknadeln in sehr kurzen Abständen ein (oben).

GESTRICKTE STOFFE NÄHEN

Es gibt verschiedene Methoden, elastische gestrickte Stoffe zu verarbeiten. Dehnen Sie die Kante während des Nähens, um der Naht mehr Elastizität zu geben. Solche Nähte sind recht stabil. Schneiden Sie die Nahtzugaben zurück und versäubern Sie gemeinsam. Bei Strickstoffen lassen sich die Nahtzugaben nicht auseinanderbügeln.

DEHNEN WÄHREND DES NÄHENS

Eine Naht wird elastischer, wenn Sie sie während des Nähens dehnen. Legen Sie beim Nähen eine Hand vor und die andere hinter das Füßchen.

FISCHGRÄTSTICH

Einige Nähmaschinen verfügen über einen speziellen, sehr stabilen Nutzstich, der in einem Arbeitsgang elastische Nähte näht und versäubert.

ELASTIK-STICH

Der gängige Elastikstich bei Nähmaschinen besteht aus zwei Stichen vorwärts und einem rückwärts. Wenn Sie diesen Stich verwenden, sollten Sie den Füßchendruck reduzieren, damit sich der Stoff beim Nähen nicht dehnt (links).

NÄHTE IN TRANSPARENTEN STOFFEN

Bei sehr leichten und transparenten Stoffen ist es sinnvoll, möglichst unauffällige Nähte zu arbeiten. Neben den hier vorgestellten Techniken gibt es die Möglichkeit, die Nahtzugaben knappkantig mit Zickzackstichen zusammenzufassen, Rechts-links-Nähte oder Kappnähte zu arbeiten (S. 86).

KANTENSTICH

Kantenstich

Einige Nähmaschinen verfügen über einen speziellen Kantenstich, der in einem Arbeitsgang eine Naht näht und versäubert. Bevor Sie die Naht knappkantig nähen, schneiden Sie die Nahtzugabe auf Breite des Stiches zurück.

FEINE ZICKZACK-KANTE

Zickzacknaht

Glatte Stoffe brauchen eine besonders saubere Kante. Naht steppen, dann eine Reihe aus Zickzackstichen dicht neben der Naht entlang nähen. Schneiden Sie die Nahtzugabe direkt neben dem Zickzack ab.

NÄHTE IN SYNTHETISCHEN STOFFEN

Wildleder, Vinyl und Kunststoffe haften leicht am Nähfüßchen. Mit einem Rollfuß oder einem teflonbeschichteten Fuß können Sie Abhilfe schaffen. Sie können das Material auch zwischen zwei Streifen Seidenpapier nähen, das dann abgerissen wird. Zum »Heften« eignen sich Tackerklammern oder doppelseitiges Klebeband.

GERADE NAHT IN SYNTHETISCHEM WILDLEDER

Hölzerner Block

Naht steppen, Sitz überprüfen. Nahtzugaben mit dem Finger auseinanderdrücken, mit einem hölzernen Block flach drücken. Zugaben mit Klebstoff fixieren.

ÜBERLAPPENDE NAHT IN WILDLEDER

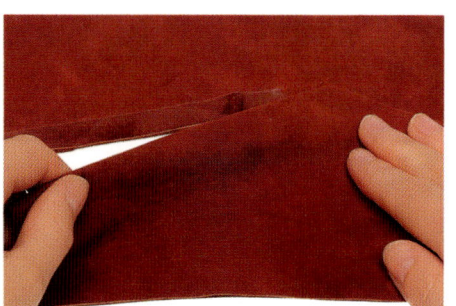

1. An einem Teil Zugabe wegschneiden. Nahtlinie auf Gegenstück markieren, doppelseitiges Klebeband auf Zugabe und zugeschnittenes Teil auf Klebeband befestigen.

Erste Stepplinie

2. Steppen Sie von der Oberseite aus durch beide zusammengeklebten Lederlagen. Bei Bedarf kann eine zweite Stepplinie gearbeitet werden. Nähfüßchen parallel zur ersten Stepplinie führen.

GERADE NAHT IN WEBPELZ

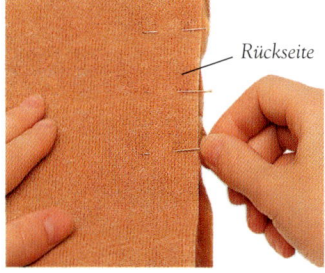
Rückseite

1. Schieben Sie den Flor von der Schnittkante weg, damit er nicht eingenäht wird. Nun stecken Sie die Kanten sauber aufeinander. Am besten Nadeln quer stecken.

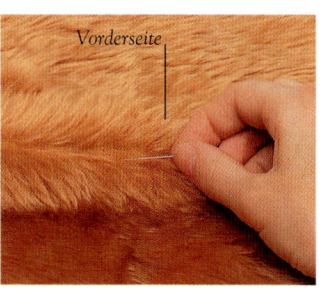
Vorderseite

2. Nähen Sie die Naht und schlagen Sie die Nahtzugabe auseinander. Mit Stecknadelspitze auf der rechten Seite eingenähte Fasern aus der Naht zupfen.

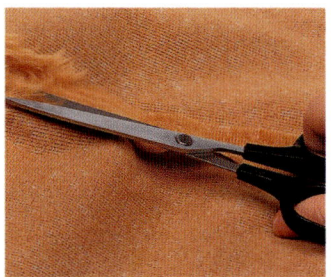

3. Schneiden Sie nun auf der Rückseite den Flor von den Nahtzugaben ab (oben). Das bewirkt, dass die Nähte flacher werden und sich glatter auseinanderbügeln lassen.

FLACHE NAHT

Stecken Sie die Kanten zusammen. Nähen Sie mit breiten, engen Zickzackstichen knapp über die Schnittkante. Naht im Webpelz vorsichtig auseinanderziehen.

NÄHEN, STEPPEN UND VERSÄUBERN

PASPEL

Es gibt zwei Arten von Paspeln: flache und plastische. Beide werden aus Schrägstreifen hergestellt. Für flache Paspeln wird der Schrägstreifen der Länge nach mittig umgebügelt und in einer Naht mitgefasst. Für plastische Paspeln wird eine Kordel in den Schrägstreifen eingelegt. Kordel und Kordelpaspel gibt es fertig zu kaufen.

FLACHE PASPEL

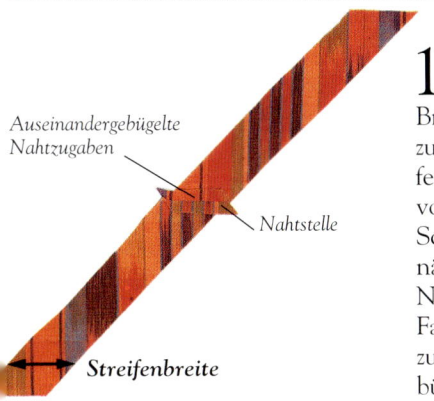

1 Schrägstreifen in der zweifachen sichtbaren Breite plus 3 cm Zugabe zuschneiden. Schrägstreifen in ausreichender Länge vorbereiten. Wenn Sie Schrägstreifen aneinandernähen wollen, müssen die Nahtstellen im geraden Fadenlauf verlaufen. Nahtzugaben auseinanderbügeln.

2 Bügeln Sie den Schrägstreifen längs in der Mitte, die rechten Stoffseiten liegen außen. Steppen Sie den Streifen nun 12 mm neben der Schnittkante ab (links). Jetzt kann der vorbereitete Paspel in einer Naht Ihrer Wahl mitgefasst werden.

PLASTISCHE PASPEL

1 Um die Breite des Schrägstreifens zu bestimmen, legen Sie eine Ecke Stoff oder Seidenpapier fest um die Kordel. Stecken Sie dicht neben der Kordel Stecknadeln ein (oben). Nun ziehen Sie 1,5 cm unterhalb der Nadeln eine gerade Linie und schneiden den Stoff oder das Seidenpapier ab. Stecknadeln entfernen.

2 Schneiden Sie eine Pappschablone in der Größe des zugeschnittenen Stoffstückes. Mit dieser Schablone und einem Lineal zeichnen Sie nun die Schrägstreifen auf dem Stoff vor (oben) und schneiden Sie zu. Nähen Sie mehrere Stücke zusammen, um die benötigte Länge zu erhalten. Nahtzugaben auseinanderbügeln.

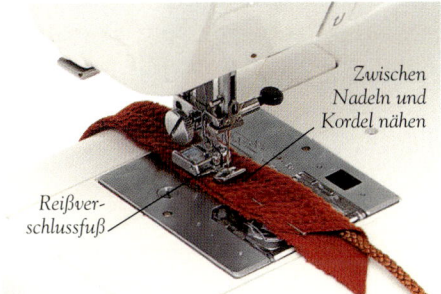

3 Schrägstreifen mit der rechten Stoffseite nach außen um die Kordel legen, die Schnittkanten liegen genau aufeinander. Dicht neben der Kordel stecken. Mit dem Reißverschlussfuß ganz knapp an der Kordel entlangnähen. Es muss ausreichend Breite stehen bleiben, um den Paspel in einer Naht mitzufassen.

EINE RUNDUNG PASPELN

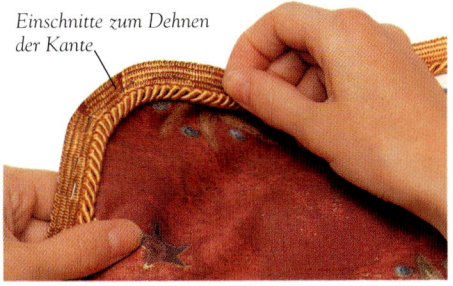

Stecken Sie die Paspel auf die rechte Seite des Stoffes, die Kordel zeigt nach innen. Schneiden Sie in der Rundung die Nahtzugabe der Paspel ein (oben). Je enger die Kurve, umso dichter müssen die Einschnitte sitzen.

EINE ECKE PASPELN

Stecken Sie die Paspel an einer Kante auf die Nahtzugabe. Schneiden Sie 1,5 cm von der Ecke entfernt die Kante der Paspel bis knapp vor die Steppnaht ein. Biegen Sie den Einschnitt auseinander, um die Paspel um die Ecke zu legen. Stecken Sie sie dann weiter fest.

ANSATZSTELLEN BEI PLASTISCHEN PASPELN

Etwa 2 cm von der Ansatzstelle werden die Paspelenden nicht abgesteppt. Stecken Sie die Paspelenden überlappend an die Stoffkante. Öffnen Sie nun den Schrägstreifen und schneiden Sie die Kordel bis zur Ansatzstelle zurück. Nun steppen Sie über den Ansatz.

Einlage und Futter

Materialien für Einlagen und Futter
Übersicht 94 • Futter und Unterlage 94
Einlage und Zwischenfutter 95

Unterlagen
Zwei Lagen gleichzeitig vorbereiten 96 • Zwei Lagen separat vorbereiten 97

Einlagen
Gewebte Baumwolleinlagen 98 • Nähte in der Einlage 98
Leichte und mittelschwere Einlage einnähen 99
Schwere Einlage einnähen 99
Einlage aufbügeln 99 • Abnäher in der Einlage 100
Einlagen an Bruchkanten 100 • Die Streifentechnik 101

Futter
Das lose Futter 102 • Ein Futter einsteppen 103
Ein Futter verstürzen 103 • Futter für Hosen und Röcke 104

Zwischenfutter
Zwischenfutter am Oberstoff befestigen 105
Zwischenfutter am Futterstoff befestigen 105

Einlage und Futter

Die Stoffe, die im Inneren eines Kleidungsstückes liegen, nennen wir Futter, Zwischenfutter, Einlage oder Unterlage. Das Futter verdeckt alle Nahtkanten, Abnäher und sonstigen Konstruktionsdetails des Oberstoffes. Normalerweise verwendet man einen glatten Stoff, der auf der darunterliegenden Kleidung gut gleitet. Zwischen dem Oberstoff und dem Futter sorgen Einlagen für zusätzliche Stabilität und Versteifung, z. B. an Kragen, Manschette und Knopfleiste. Unterlagen und Zwischenfutter werden eher in der professionellen Schneiderei benötigt.

VERWANDTE TECHNIKEN

Zwei Lagen gleichzeitig verarbeiten, S. 96
Nähte in der Einlage, S. 98
Ein Futter einsetzen, S. 103
Zwischenfutter am Oberstoff befestigen, S. 105

ÜBERSICHT

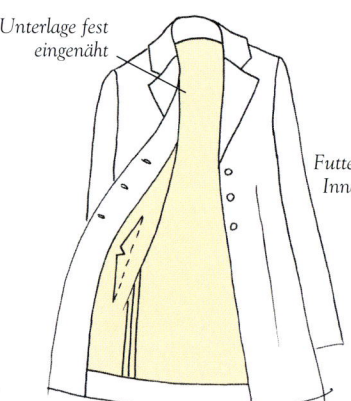

Unterlage fest eingenäht

Futter verdeckt Innenseite der Nähte

Zwischenfutter unter dem Futterstoff

Einlage
Einlage wird auf die linke Seite von Besatzkanten und auf den Oberkragen aufgebügelt (S. 98). Sie dient dazu, an bestimmten Stellen den Oberstoff zu versteifen.

Unterlage
Eine Unterlage wird in das Kleidungsstück eingenäht (S. 96). Besonders bei leichten und transparenten Stoffen sorgt sie dafür, dass Nähte und Abnäher nicht auf die Außenseite durchscheinen.

Futter
Das Futter ist eine separate Lage seidigen Stoffes, der in ein Kleidungsstück eingenäht wird. Es verdeckt alle Nähte und Abnäher im Oberstoff (S. 102). Zugleich macht es das Kleidungsstück gleitfähiger.

Zwischenfutter
Eine separate Stofflage, die unter dem Futterstoff liegt und für zusätzliche Wärme sorgt, nennt man Zwischenfutter. Häufig werden z. B. bei Jacken und Mänteln Wattierungen als Zwischenfutter verwendet (S. 105).

FUTTER UND UNTERLAGE

Futterstoffe gibt es in vielen Farben. Sie können das Futter Ton in Ton oder in einer Kontrastfarbe zum Oberstoff wählen. Wenn Sie keinen passenden Farbton finden, wählen Sie eher eine Nuance, die dunkler ist. Sichtbare Unterlagestoffe können Ton in Ton oder kontrastfarbig gewählt werden, unsichtbare sollten lieber neutral sein.

FUTTERSTOFFE

Futterstoffe haben normalerweise eine seidige Oberfläche. Reine Seide wird für besonders hochwertige Kleidung verwendet. Bei alltäglichen Modellen besteht das Futter meist aus Polyester, Acryl oder Rayon. Es gibt auch Futterstoffe mit spezieller antistatischer Ausrüstung. Wichtig ist, dass Futter und Oberstoff die gleichen Pflegeansprüche haben.

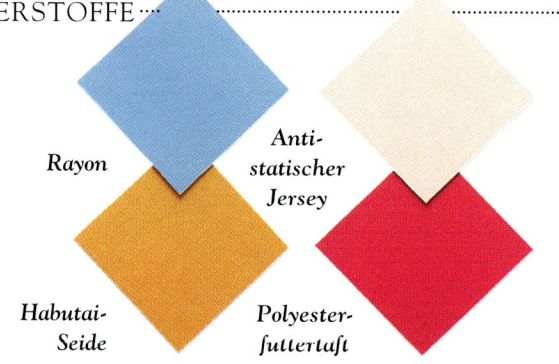

Rayon
Antistatischer Jersey
Habutai-Seide
Polyesterfuttertaft

UNTERLAGE

Was für eine Unterlage Sie wählen, kommt ganz auf den Zweck an. Grundsätzlich sollte der Unterstoff leicht sein und den natürlichen Fall des Oberstoffs nicht behindern. Zum Unterlegen von Spitzenstoffen eignen sich Satin, Crêpe-de-Chine und Polyesterfuttertaft gut. Transparente Stoffe unterlegen Sie am besten mit weichen, leichten Materialien.

EINLAGE UND ZWISCHENFUTTER

Einlagematerialien gibt es in vielen Qualitäten und Stärken, gewebte und nicht gewebte, solche zum Einbügeln und solche zum Einnähen. Meist haben sie neutrale Farben wie Weiß, Beige, Grau oder Schwarz. Einige gewebte Einlagestoffe sind auch in anderen Farben erhältlich. Zwischenfutterstoffe sind flauschig, damit sie wärmen.

GEWEBTE EINLAGEN

Schneiderleinen
Ein festes Leinen, das zur Versteifung von Kragen und Hüten verwendet wird.

Organdy
Ein leichter Baumwollstoff, der zu dünnen oder transparenten Oberstoffen passt.

Leinwand
Dieser mittelschwere Baumwoll- oder Leinenstoff dient v. a. als Einlage für Wollstoffe.

Haareinlage
Eine schwere Einlage, die vorwiegend für Jacken und Mäntel verarbeitet wird.

Linon
eignet sich gleichermaßen für Oberstoffe aus Baumwolle und leichterer Wolle.

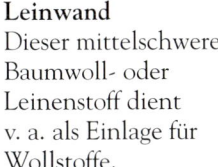

Organza
Dieser seidige Stoff eignet sich als Einlage für besonders feine Oberstoffe.

Mull
Eine leichte, sehr locker gewebte Baumwolle. Passt zu Seide oder Linon.

Batist
Batist passt zu Seide, Linon und Baumwolle. Das gewebte Material ist in vielen Farben erhältlich.

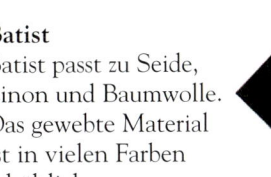

Aufbügelbare Baumwolle
In vielen Stärken und in Schwarz und Weiß erhältlich, für Baumwoll- und Wollstoffe.

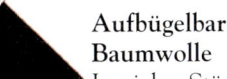

NICHT GEWEBTE EINLAGEN

Leichtes Bügelvlies
Eine weiche, aber feste Unterlage für Baumwolle, Wolle und Polyester.

Mittelfestes Bügelvlies
eignet sich für festere Baumwollstoffe und Mischgewebe.

Festes Bügelvlies
Ideal für Bündchen, aber auch für schwere Baumwollstoffe und Mischgewebe.

Leichtes Vlies
Diese Ware wird in Polyester, leichte Baumwolle, Samt oder Lurexstoffe eingenäht.

Mittelfestes Vlies
Zum Einnähen in mittelschwere Stoffe wie Cord, Samt und Lurexgewebe.

Festes Vlies
Dieses Vlies wird in schwere Stoffe eingenäht, z. B. Wollstoffe, Gabardine.

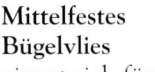

Weiches Bügelvlies
Eine besonders geschmeidige Qualität, die sich für leichte, feine Gewebe eignet.

Elastisches Bügelvlies
für elastische Stoffe: z. B. Baumwoll- oder Polyesterjersey.

Aufbügel-Jersey
Eine gestrickte Ware, die weichen Crêpes und Seidenstoffen mehr Fülle gibt.

ZWISCHENFUTTER

Wolle
Cremefarbene reine Wolle dient als Innenlage für wollene Mäntel und Jacken.

Polyestervlies
Diese leichte, füllige Wattierung eignet sich besonders zum Quilten sehr gut.

Domette-Vlies
Eine weiche Qualität, die leichte Stoffe wärmer macht. Auch gut zum Quilten geeignet.

Flanell
Eine leichte Ware, die für alle wärmenden Kleidungsstücke eingesetzt werden soll.

Jersey-Kattun
lässt sich mit Jersey verarbeiten, ohne die Qualitäten des Oberstoffes zu verändern.

Domette
Vlies aus Lammwolle, das mit Rosshaar als wärmende Schicht eingearbeitet wird.

EINLAGE UND FUTTER

UNTERLAGEN

Die Unterlage ist eine Stofflage, die die gleiche Form hat wie der Oberstoff. Sie wird direkt auf den Oberstoff aufgelegt, noch bevor die Nähte geschlossen werden. Sie dient dazu, transparente oder durchbrochene Stoffe weniger durchsichtig zu machen. Bei leichten Stoffen zeichnen sich Abnäher und andere Details nicht auf der Oberseite ab, wenn das Modell unterlegt ist. Wir stellen Ihnen hier zwei verschiedene Techniken der Unterlegung vor. Generell eignen sich leichte Futterstoffe als Unterlage am besten.

VERWANDTE TECHNIKEN

Markieren, S. 13
Heftstiche, S. 73
Markierungsfäden, S. 73
Futter und Unterlage, S. 94
Einfache Abnäher, S. 109

ZWEI LAGEN GLEICHZEITIG VORBEREITEN

Bei dieser Technik wird der Unterstoff auf dem Oberstoff befestigt, ehe Sie mit dem Nähen beginnen. Dadurch wird der Oberstoff verstärkt. Nähte, Nahtzugaben und Belege bleiben von außen unsichtbar. Für Spitze, sehr lockere oder sehr transparente Oberstoffe sollten Sie dieses Verfahren wählen.

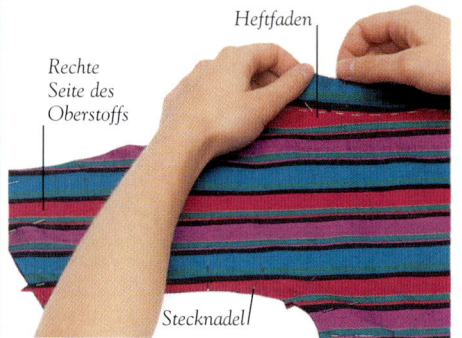

Rechte Seite des Oberstoffs — *Heftfaden* — *Stecknadel*

1 Schneiden Sie Ober- und Unterstoff zu. Legen Sie beide Lagen links auf links aufeinander. (Bei Spitze müssen die rechten Seiten beider Stofflagen nach oben zeigen.) Heften Sie entlang der Mitte oder, bei schmalen Schnittteilen, an einer Kante entlang. Stecken Sie die Außenkanten aufeinander (oben).

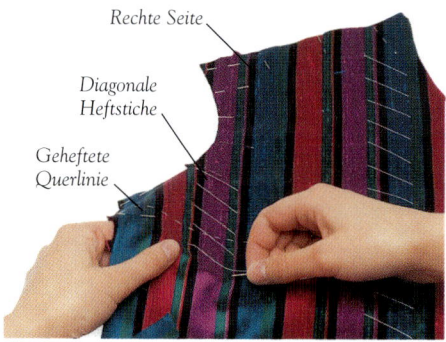

Rechte Seite — *Diagonale Heftstiche* — *Geheftete Querlinie*

2 Heften Sie eine Querlinie durch beide Stofflagen und verbinden Sie sie dann noch sicherer mit zwei oder vier Reihen großer diagonaler Heftstiche (oben). Entfernen Sie nun die Stecknadeln und schneiden Sie nötigenfalls die Kanten der Unterlage nach.

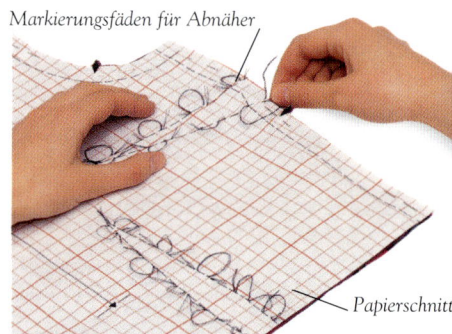

Markierungsfäden für Abnäher — *Papierschnitt*

3 Legen Sie den Papierschnitt noch einmal auf die Stoffteile, der Unterstoff liegt dabei oben. Übertragen Sie Markierungen für Abnäher (oben) und andere Markierungen auf den Unterstoff (siehe S. 13). Müssen Zeichen auf dem Oberstoff sichtbar werden, ziehen Sie Markierungsfäden durch beide Stofflagen.

Markierungsfäden für Abnäher — *Heftstiche am Armausschnitt* — *Unterstoff*

4 Damit die Stofflagen nicht verrutschen, heften Sie Arm- und Halsausschnittkanten und die Ränder von Armkugeln mit Vorstichen zusammen. Auch durch die Mitte der Abnäher wird längs ein Heftfaden bis kurz über die Abnäherspitze hinaus gezogen (oben). Alternativ können Sie diese Fixierungen auch mit großem Maschinensteppstich nähen.

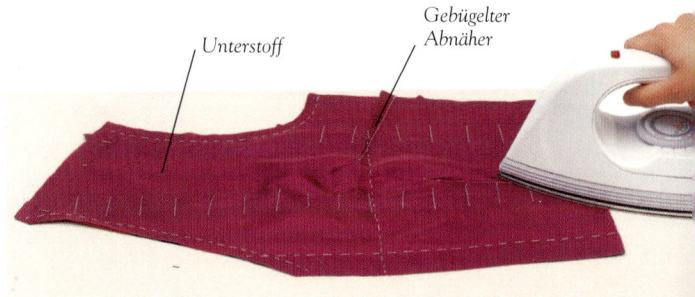

Unterstoff — *Gebügelter Abnäher*

5 Bügeln Sie die Abnäher, stecken und heften Sie sie. Danach entfernen Sie die Markierungsfäden. Prüfen Sie den Sitz der Abnäher auf der rechten Seite und steppen Sie sie anschließend mit der Maschine. Ziehen Sie nun alle Heftfäden aus dem Abnäher heraus. Bügeln Sie die Abnäher flach und legen Sie sie in die gewünschte Richtung (oben; siehe S. 97, Schritt 3).

Zwei Lagen separat vorbereiten

Wenn die Zugaben der Abnäher zwischen den Stofflagen verschwinden, sieht das Kleidungsstück von innen noch sauberer aus. Bei dieser Technik werden die Abnäher in beiden Stofflagen separat gearbeitet, erst danach verbinden Sie Ober- und Unterstoff. Leichten Stoffen gibt dies mehr Fülle. Für transparente Stoffe ungeeignet.

1 Schneiden Sie den Oberstoff zu und übertragen Sie alle Details mit Markierungsfäden (links). Schneiden Sie danach den Unterstoff zu und verfahren Sie genauso. Alternativ können Sie die Abnäher auf die linke Stoffseite zeichnen und mit Heftfäden nachstechen, damit sie auch auf der rechten Seite erscheinen.

2 Sichern Sie an jedem einzelnen Teil alle Schnittkanten, die sich dehnen könnten, knapp außerhalb der Nahtlinie mit langen Steppstichen (links). Bei engen Röcken wird die Taillenlinie gesteppt, bei Oberteilen der Halsausschnitt und die Armausschnitte.

3 Falten und stecken Sie im Oberstoff die Abnäher, rechte Stoffseiten innenliegend. Steppen Sie sie dann von außen zur Spitze hin (links). Bügeln Sie die Abnäher entsprechend den Vorgaben des Schnittes. (Brustabnäher werden gewöhnlich nach unten gebügelt, senkrechte Taillenabnäher zur vorderen bzw. hinteren Mitte.)

4 Falten Sie nun die Abnäher im Unterstoff. Auch hier liegt die rechte Stoffseite innen. Stecken und steppen Sie die Abnäher von außen zur Spitze hin. Dann bügeln Sie die Abnäher in die entgegengesetzte Richtung wie die Gegenstücke im Oberstoff (oben). So werden dicke Wülste zwischen den Stofflagen vermieden.

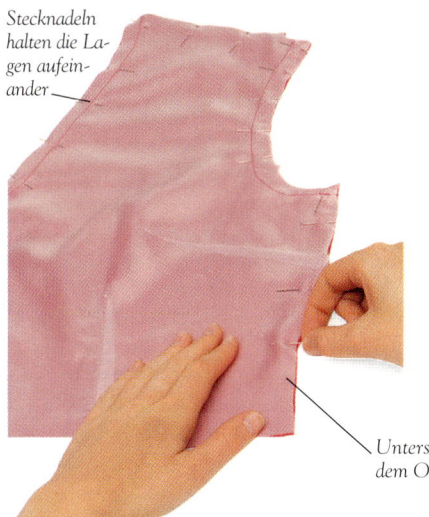

5 Legen Sie die zusammengehörigen Teile von Ober- und Unterstoff aufeinander, die linken Stoffseiten nach innen. Heften Sie die Teile in der vorderen und hinteren Mitte zusammen und stecken Sie die Kanten aufeinander (links).

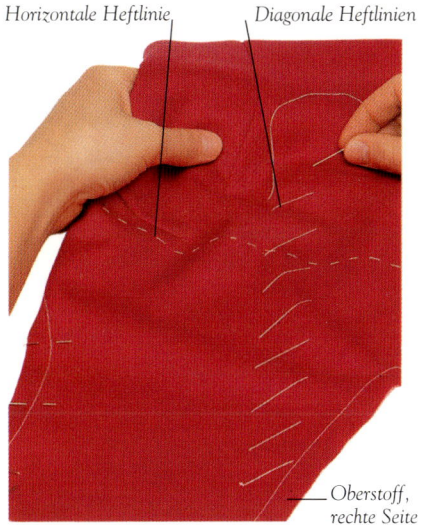

6 Heften Sie nun von der Oberseite aus die Stofflagen quer zusammen. Danach verbinden Sie sie zusätzlich mit einigen Reihen diagonaler Heftstiche (S. 73). Die Stiche fassen beide Stofflagen! Entfernen Sie die Stecknadeln an den Außenkanten und schneiden Sie nötigenfalls die Konturen nach.

EINLAGEN

Einlagen sind spezielle Stoffe, die zur Verstärkung oder Versteifung bestimmter Teile verwendet werden, z. B. Kragen, Manschetten, Knopfleisten oder Taschenkanten. Es gibt Qualitäten, die aufgebügelt und solche, die eingenäht werden – jeweils in unterschiedlichen Stärken. Einlage zum Einnähen eignet sich besser für sehr dünne und transparente Stoffe, wo aufgebügelte Ware sich auf der Außenseite abzeichnen würde. Für die meisten Arbeiten eignen sich Vlieseinlagen ausgezeichnet. Gewebte Einlagestoffe finden hauptsächlich in der professionellen Schneiderei Einsatz.

VERWANDTE TECHNIKEN

Markierungsfäden, S. 73
Grundstiche, S. 74
Saumstiche, S. 76
Nahtzugaben verkleinern, S. 84
Formblende ansetzen, S. 129
Einlage an Kragen, S. 143
Einlage für Taillenbündchen, S. 167
Der Krawattengürtel, S. 172

GEWEBTE BAUMWOLLEINLAGEN

In der professionellen Schneiderei werden Baumwolleinlage und Oberstoff meist durch diagonale Heftstiche oder Fischgrätstiche miteinander verbunden (siehe S. 290).

Werden kurze Stiche in kleinen Abständen geheftet, formen sie den Oberstoff dreidimensional. Lange, weite Stiche dienen nur dazu, die beiden Lagen aufeinander zu fixieren.

FISCHGRÄTSTICH

Kleine, gleichmäßige Stiche

Arbeiten Sie von oben nach unten und machen Sie kleine, waagerechte Stiche, die auf der Oberseite diagonal erscheinen. Schließen Sie eine Rückreihe von Stichen an, ohne den Stoff zu drehen. So bildet sich ein Fischgrätmuster. In mehreren Reihen jeweils ab- und aufwärts arbeiten.

PIKIERSTICH

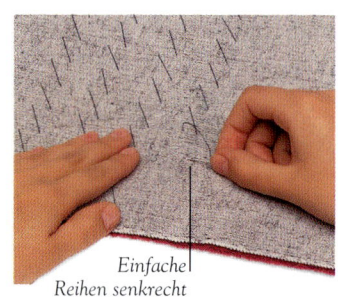

Einfache Reihen senkrecht

Wie beim Fischgrätstich arbeiten Sie auch hier waagerechte Stiche, die auf der Oberseite schräg erscheinen (links). Allerdings sind die Abstände größer und Sie heften nur in senkrechten Reihen abwärts. Dieser Stich dient dazu, die Stofflagen aufeinander zu fixieren.

NÄHTE IN DER EINLAGE

Manchmal müssen Teile der Einlage zusammengenäht werden, etwa wenn ein Schnittteil verlängert werden oder das Material platzsparend zugeschnitten werden soll.

Solche Nähte sollten so flach wie nur möglich ausfallen, damit sie sich auf der Oberseite nicht abzeichnen. Nähen Sie überlappende Nähte oder legen Sie die Einlage auf Stoß.

NAHT AUF STOSS

Zugaben der Einlageteile an den Kanten wegschneiden, die Sie zusammenfügen wollen. Einen Streifen Stoff oder Einlage unter den Stoß legen. Knappkantig rechts und links an der Nahtlinie entlangsteppen.

ZICKZACKNAHT AUF STOSS

Zugaben an den Kanten wegschneiden, die Sie zusammennähen wollen. Einen Streifen Stoff oder eine Einlage unter den Stoß legen, mit großem Zickzack so über Nahtlinie steppen, dass beide Kanten mitgefasst werden (oben).

ÜBERLAPPENDE NAHT

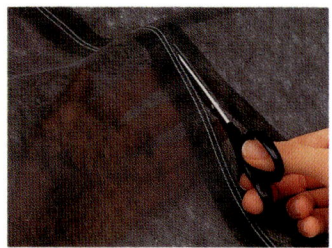

Kanten so übereinanderlegen, dass Nahtlinien aufeinanderliegen. Auf der Mitte der Überlappung zwei Linien im Abstand von 2 mm entlang steppen. Überstehende Nahtzugabe wegschneiden.

ÜBERLAPPENDE ZICKZACKNAHT

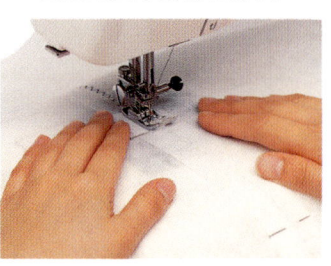

Legen Sie die Kanten so übereinander, dass die Nahtlinien aufeinanderliegen. Nähen Sie eine Zickzacklinie entlang der Mitte der Überlappung (oben). Schneiden Sie die überstehenden Nahtzugaben weg.

Unterlagen

Leichte und mittelschwere Einlage einnähen

Leichte und mittelschwere Einlage wird häufig zur Versteifung von Belegen verwendet. Bei einigen Teilen jedoch, z. B. Kragen, ist es sinnvoller, die Einlage direkt an den Nahtzugaben des Oberstoffs zu befestigen. Versteifen Sie dann den Ober- und nicht den Unterkragen.

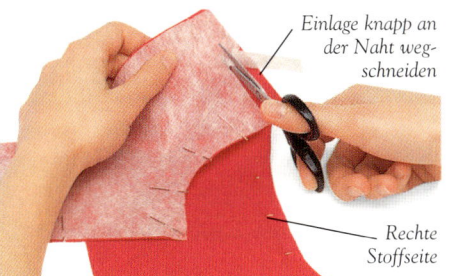

Einlage knapp an der Naht wegschneiden

Rechte Stoffseite

1 Stecken Sie die Einlage auf die linke Stoffseite. Nähen Sie knapp an der Kontur entlang Stoff und Einlage zusammen. Einlage nachschneiden.

2 Heften Sie das versteifte Teil rechts auf rechts an das unversteifte, Kanten liegen aufeinander. Entfernen Sie die Stecknadeln, Kanten steppen.

3 Heftfäden herausziehen, Einlage so knapp wie möglich an der Nahtlinie abschneiden. Nun Nahtzugaben nach Wunsch versäubern (siehe S. 85).

Schwere Einlage einnähen

Da schwere Einlagen sehr sperrig sind, werden sie nicht in der Naht mitgefasst, wie leichte und mittelschwere Materialien. Stattdessen schneiden Sie die Nahtzugaben der Einlageteile weg und nähen die Einlage von Hand an den Stoff. Je nach Modell wird die Einlage am Oberstoff oder am Beleg befestigt.

Schnittkanten der Einlage liegen auf den Nahtlinien

Heftstiche

1 Schneiden Sie die Einlage zu, dabei schneiden Sie alle Naht- und Saumzugaben weg. Stecken und heften Sie die Einlage nach den Vorgaben des Schnittes auf den Oberstoff oder den Beleg. Dabei verlaufen die Kanten der Einlage genau entlang der Nahtlinien (links). Befestigen Sie die Einlage mit Hexenstichen (S. 76).

2 Stecken Sie das versteifte an das unversteifte Teil und steppen Sie die Naht knapp neben der Kante der Einlage (oben). Anschließend versäubern Sie die Naht (S. 85).

Einlage aufbügeln

Aufbügelbare Einlagen sind auf einer Seite mit einem Material beschichtet, das bei Hitzeeinwirkung schmilzt. Es gibt gewebte und Vliesqualitäten in vielen unterschiedlichen Stärken, darunter auch Einlagen für elastische Stoffe. Richten Sie sich bei der Arbeit mit aufbügelbarer Einlage nach den Herstellerhinweisen.

Aufbügelbare Einlage

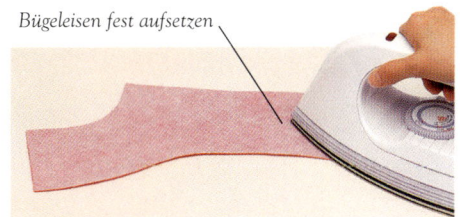

Bügeleisen fest aufsetzen

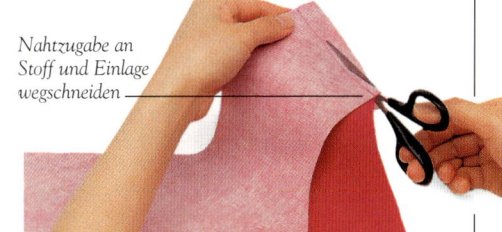

Nahtzugabe an Stoff und Einlage wegschneiden

1 Einlage zuschneiden. (Wenn Sie die Einlage doppellagig zuschneiden, liegen beschichtete Seiten innen). Legen Sie die beschichtete Seite auf die linke Seite Ihres Stoffes, Einlage aufbügeln.

2 Beim Aufbügeln der Einlage setzen Sie das Bügeleisen einige Sekunden lang fest auf eine Stelle, dann weiterrücken. Schieben Sie das Eisen nicht, sonst verzieht sich die Einlage leicht.

3 Stoff abkühlen lassen, Einlage muss überall gut haften. Bügeln Sie lose Stellen noch einmal. Versteifte und unversteifte Teile zusammennähen. Zugabe an Stoff und Einlage wegschneiden (oben).

Einlage und Futter

Abnäher in der Einlage

Bei Jacken und Mänteln wird häufig ein großer Bereich des Vorderteils mit Einlage unterlegt, oft müssen dabei Abnäher berücksichtigt werden. Um den guten Sitz des fertigen Modells zu gewährleisten, sollten die Abnäher so flach wie möglich gearbeitet werden. Es gibt unterschiedliche Techniken, die Nahtzugabe der Einlage zu reduzieren.

Abnäher auf Stoss

1 Mit dieser Technik, die sich besonders für nicht fransende Einlagestoffe eignet, liegt der Abnäher ganz flach. Markieren Sie den Abnäher auf der Einlage mit Heftfäden oder mit Schneiderkopierpapier und Kopierrädchen (S. 13). Dann schneiden Sie das eingezeichnete Dreieck aus.

2 Nahtband oder Stoff zurechtschneiden, unter den Einschnitt legen. Schieben Sie die Kanten des ausgeschnittenen Abnähers so zusammen, dass sie auf dem Nahtband aneinanderstoßen. Einlage auf das Band heften, knappkantig feststeppen. Heftfäden entfernen.

Abnäher festnähen

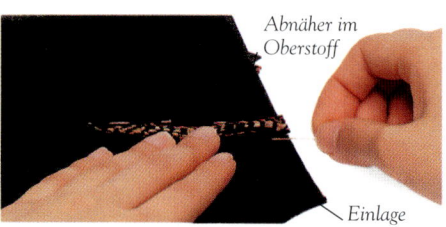

1 Abnäher auf Einlagestoff einzeichnen, ausschneiden. Legen Sie die Einlage auf die Rückseite des Oberstoffes und ziehen Sie die Abnäher des Oberstoffes in den Ausschnitten der Einlage hoch. Stecken Sie die Einlage an den Abnähern des Oberstoffes fest (oben).

2 Einlage mit Hexenstichen am Oberstoff befestigen. Knappkantig in den Überstand des Abnähers im Oberstoff einstechen. Beginnen Sie an einer Außenkante, arbeiten Sie zur Spitze und von dort zur anderen Außenkante. Stecknadeln während der Arbeit entfernen.

Überlappender Abnäher

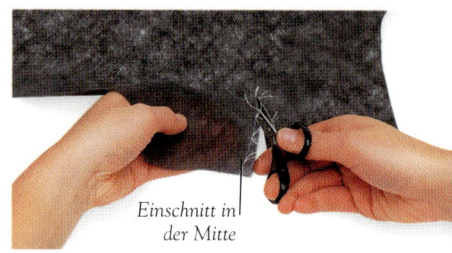

1 Der überlappende Abnäher ist nicht so flach wie der Abnäher auf Stoß (siehe ganz links), er ist aber stabiler. Zeichnen Sie den Abnäher auf den Einlagestoff. Machen Sie dann einen Einschnitt durch die Mitte des Abnähers, von der Außenkante zur Spitze (oben).

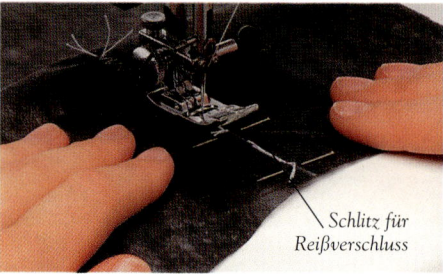

2 Schieben Sie die Einschnittkanten so übereinander, dass die Nahtlinien des Abnähers aufeinanderliegen. Mit quergesteckten Stecknadeln fixieren. Mit großem Zickzackstich oder Elastikzickzackstich auf dem überlappenden Teil entlangsteppen. Zugaben wegschneiden.

Einlagen an Bruchkanten

Die Kante von aufbügelbarer Einlage liegt oft an Linien, an denen das Schnittteil später gefaltet werden soll. In solchen Fällen muss die Bruchkante des Oberstoffes genau eingezeichnet sein. Kurze Linien, etwa an einteiligen Krägen oder Manschetten, können Sie einfach einbügeln. Längere Linien sollten Sie markieren.

Aufbügelbare Einlage an einem einteiligen Kragen

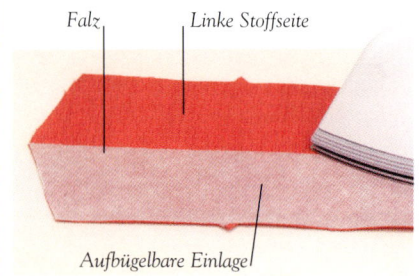

Falten Sie den Oberstoff genau in der Umbruchlinie zusammen und bügeln Sie den Falz ein. Legen Sie nun die Einlage auf die linke Stoffseite und richten Sie die Kante genau am Falz aus. Jetzt wird die Einlage festgebügelt.

Aufbügelbare Einlage am angeschnittenen Beleg

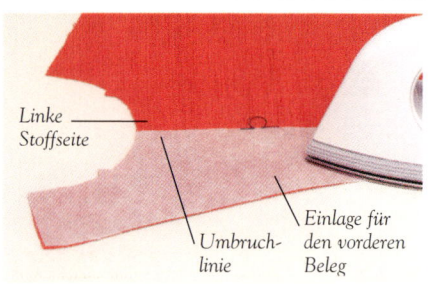

Umbruchlinie zwischen Vorderteil und angeschnittenem Beleg markieren, auf der Linie die Ober- und Unterkante einschneiden. Zugeschnittene Einlage an markierte Linie legen, festbügeln.

Einlage am einteiligen Kragen annähen

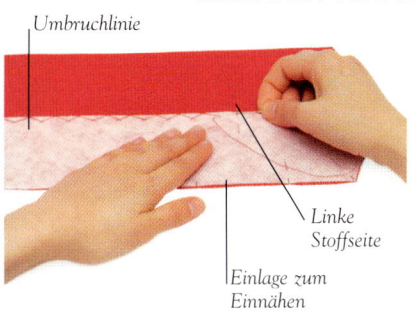

Bügeln Sie einen Falz in den zugeschnittenen Kragen, um die Umbruchlinie zu markieren. Stecken Sie die Einlage auf der linken Stoffseite genau an den Falz und nähen Sie sie mit lockeren Hexenstichen fest (links).

Einlage an angeschnittenen Beleg einnähen

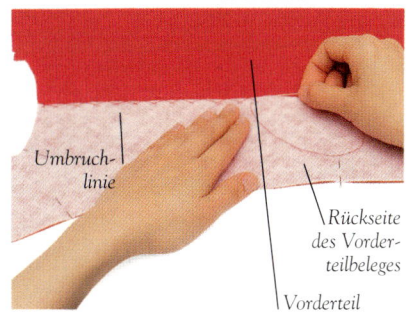

Markieren Sie die Linie zwischen Vorderteil und Beleg mit Heftstichen und Kanteneinschnitten. Stecken Sie die Einlage auf die linke Seite des Beleges und nähen Sie sie entlang der markierten Linie mit Hexenstichen fest.

Die Streifentechnik

Damit die Nahtkanten flach ausfallen, können Sie die Kanten der Einlage durch einen Streifen Organdy ersetzen. Damit ersparen Sie sich besonders bei schweren Einlagestoffen, die wegen ihrer Dicke nicht in der Naht mitgefasst werden können, das Einnähen von Hand. Für diese Technik eignen sich auch andere leichte Stoffe.

1 Schneiden Sie die Einlage nach dem Schnittmuster für den Beleg zu. Zeichnen Sie dann auf dem Papierschnitt eine Linie parallel zur Vorderkante im Abstand von 3 cm ein. Übertragen Sie die Linie auf die Einlage und schneiden Sie den eingezeichneten Streifen weg.

2 Benutzen Sie nun den abgeschnittenen Streifen als Muster, um nun den Organdy zuzuschneiden. Setzen Sie die Organdystreifen mit leichter Überlappung an den Schultern zusammen. Zeichnen Sie dann mit Schneiderkreide eine Linie 1,5 cm von der Kante des Organdystreifens entfernt.

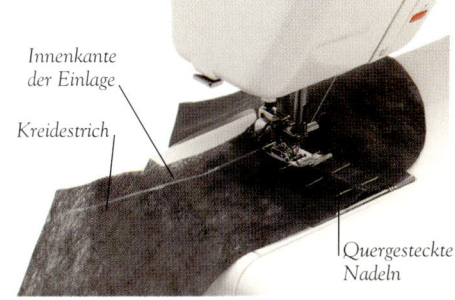

3 Zeichnen Sie mit Schneiderkreide eine Linie im Abstand von 1,5 cm von der Kante der Belegteile. Setzen Sie auch die Einlageteile mit einem Überstand von 3 cm zusammen. Dafür Nadeln quer zur Nahtrichtung einstecken, mit Zickzackstich steppen.

4 Schneiden Sie die Nahtzugaben der Quernaht knapp neben den Zickzackstichen weg. Schneiden Sie danach den 1,5 cm breiten, eingezeichneten Streifen ab (oben).

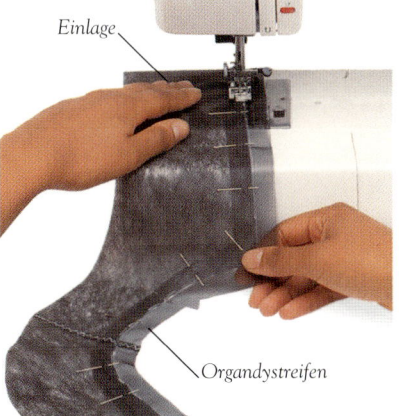

5 Legen Sie die Innenkante der Einlage auf die Außenkante des Organdystreifens, sodass die Einlage an den Kreidestrich auf dem Organdy stößt. Quer stecken. Nun nähen Sie mit Zickzackstichen die Einlage auf den Organdy (oben).

6 Legen Sie die Einlage auf die Rückseite des Oberstoffes und stecken Sie fest. Steppen Sie nun durch den Organdystreifen und den Oberstoff auf der Kreidelinie des Organdy entlang (oben). Nahtzugaben beschneiden und versäubern.

Einlage und Futter

FUTTER

Ein Futter lässt ein Kleidungsstück nicht nur edler und professioneller wirken, es hat auch einen praktischen Nutzen. Gefütterte Kleidung trägt sich angenehmer, sie lässt sich leichter an- und ausziehen und sie »klettert« nicht auf dem darunterliegenden Stoff. Das Futter unterstützt den Fall eines Stoffes und versteckt innenliegende Details des Oberstoffes, z. B. Abnäher oder Taschenbeutel. Leichte Stoffe werden durch ein Futter weniger transparent, bei locker gewebten Taschen verhindert das Futter, dass sich Knie und andere stark gedehnte Bereiche ausbeulen.

VERWANDTE TECHNIKEN

Grundstiche, S. 74
Saumstiche, S. 76
Nahtzugaben verkleinern, S. 84
Abnäher, S. 109
Taillenbündchen verstärken, S. 167
Verdeckter Reißverschluss, S. 252
Eine Jacke füttern, S. 295
Futter einsetzen, S. 296

DAS LOSE FUTTER

Bei dieser Technik wird das Futter nur oben und manchmal zusätzlich an den Vorderkanten am Oberstoff befestigt, am Saum hängt es frei. Futter und Oberstoff werden also getrennt gesäumt. Ein loses Futter ist typisch für Röcke, aber auch bei Jacken und Mänteln wird es verwendet.

Am Oberstoff ist Reißverschlussschlitz länger

1 Rock bis auf Taillenbündchen fertignähen. Futter zuschneiden, Abnäher im Futter nähen (Alternative unten rechts). Nähte im Futter nähen, Nahtzugaben auseinanderbügeln. Futterkanten am Schlitz für Reißverschluss nach links umbügeln.

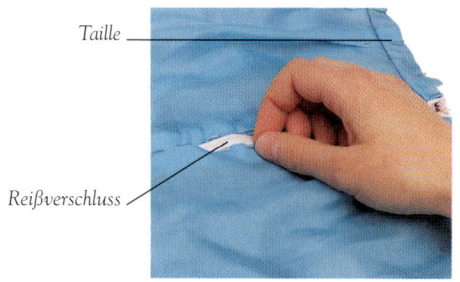

Taille
Reißverschluss

2 Legen Sie das Futter links auf links auf den Oberstoff. Abnäher und Seitennähte sauber aufeinanderlegen. Befestigen Sie das Futter mit quer eingesteckten Nadeln ringsum an der Taillenkante des Oberstoffes und steppen Sie die beiden Lagen knappkantig zusammen (oben).

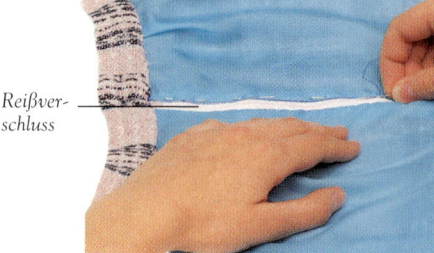

Reißverschluss

3 Überprüfen Sie, ob sich der Reißverschluss öffnen lässt, ohne das Futter einzuklemmen. Befestigen Sie das Bündchen (S. 166–171). Dabei verarbeiten Sie Futter und Oberstoff wie eine einzige Stofflage. Futter von Hand an den Trägerstoff des Reißverschlusses nähen.

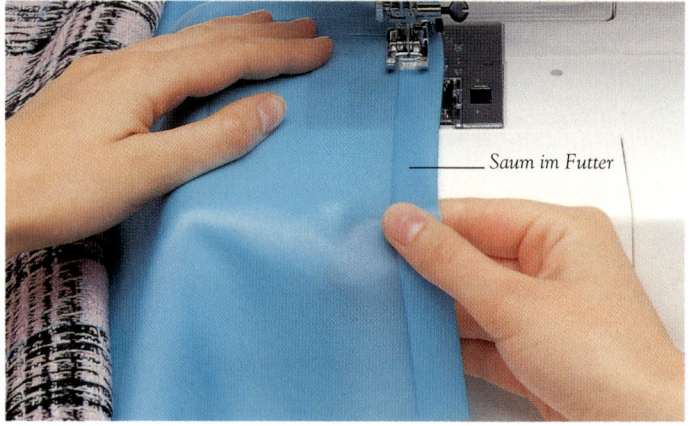

Saum im Futter

4 Steppen Sie den Saum im Oberstoff, dann den im Futter. Beide Säume sollten die gleiche Breite haben, das Futter jedoch ca. 1,5 cm kürzer als der Oberstoff sein. Eventuell müssen Sie die Kante nachschneiden. Bügeln Sie das Futter zweifach nach links um, stecken oder heften Sie die Saumkante bei Bedarf, ehe Sie steppen (oben).

ABNÄHER IM FUTTER

Damit das Futter genug Bewegungsfreiheit lässt, empfiehlt es sich, Abnäher nicht fest einzusteppen. Markieren Sie stattdessen die Breite des Abnähers mit kleinen Einschnitten und legen Sie dann eine Falte so in den Futterstoff, dass die Einschnitte zusammentreffen. Stecken Sie die Falte fest (oben) und fixieren Sie sie mit einer kurzen Quernaht nahe der Kante.

Futter

Ein Futter einsteppen

Diese Technik wendet man bei Jacken, Westen und Mänteln mit Belegen an der Vorderkante an. (Bei Westen lassen Sie die Ärmel einfach weg). Die Futterteile werden zusammengenäht und dann an die Belege des Oberstoffes gesetzt. Im Beispiel wird die untere Kante des Futters von Hand an den Oberstoff genäht.

Ärmelnaht im Futter

1 Nähen Sie den Oberstoff zusammen und probieren Sie ihn an. Nähen Sie beim Futter die Abnäher als Fältchen, die Seiten- und die Schulternähte. Setzen Sie auch die Ärmel des Futters ein (links) und nähen Sie sie zusammen.

2 Befestigen Sie das Futter mit quer eingesteckten Nadeln an den Belegen der Vorderkante und des Halsausschnittes. Futter mit Maschine entlang der Kanten einnähen. Zugaben zurückschneiden, einschneiden.

3 Bügeln Sie die Nähte. Wenden Sie das Kleidungsstück, sodass das Futter innen liegt. Stecken Sie das Futter an den Seitennähten an den Oberstoff und nähen Sie beide Lagen bis 15 cm oberhalb des Saumes von Hand zusammen (rechts).

4 Futter 1,5 cm breit umbügeln, sodass das Futter kürzer als der Oberstoff wird. Futterunterkante von Hand am eingeschlagenen Saum des Oberstoffes und an Besatzkanten festnähen. Ärmel säumen.

Nadel hält Stofflagen fest

Ein Futter verstürzen

Diese Technik eignet sich für Kleidungsstücke, die an den Vorderkanten keine Belege haben. Die gesamte Innenseite des Kleidungsstücks wird dabei vom Futter eingenommen, die Kanten müssen sauber verarbeitet werden. Die Seitennähte bleiben offen, bis das Futter am Oberstoff befestigt ist. Modell wenden, Seitennähte schließen.

Armausschnitt

1 Steppen Sie die Schulternähte an Oberstoff und Futter. Bügeln Sie die Nahtzugaben des Futters nach links um. Jetzt Futter und Oberstoff rechts auf rechts an allen Kanten außer den Seitennähten zusammennähen (links).

Nahtzugaben einschneiden

2 Nahtzugaben wegschneiden und einknipsen (links). Jetzt das Kleidungsstück wenden, indem Sie es durch den offenen Schulterbereich und dann durch die offene Seitennaht ziehen. Die Kanten glatt streichen und bügeln.

3 Legen Sie nun die Seitennähte des Oberstoffes sauber aufeinander. Durch quer eingesteckte Nadeln halten Sie das Futter weg, sodass es nicht versehentlich mit festgenäht wird. Steppen Sie die Seitennaht (rechts) und entfernen Sie die Nadeln.

Seitennaht im Oberstoff

Futter zur Seite gesteckt

4 Bügeln Sie die Seitennähte auseinander. Schieben Sie die gebügelten Nahtzugaben unter das Futter und schließen Sie die Seitennaht im Futter mit feinen Handstichen (rechts), sodass alle Schnittkanten und Nähte zwischen Futter und Oberstoff verschwinden.

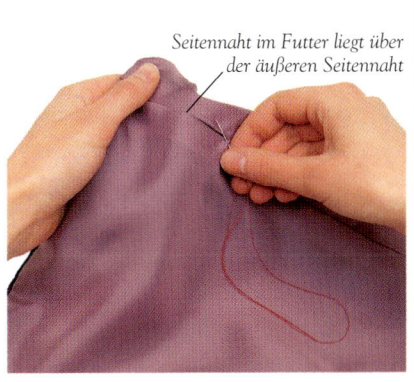

Seitennaht im Futter liegt über der äußeren Seitennaht

Futter für Hosen und Röcke

Einen Rock oder eine Hose zu füttern hat viele Vorteile. Ein kratziger Stoff wird »entschärft«, ein heller Farbton weniger transparent, Knie und Po beulen nicht so leicht aus. Wird das Futter direkt bei der Herstellung eines Kleidungsstücks eingesetzt, fassen Sie es wie beim losen Futter im Bündchen mit (siehe S. 102).

Futter für eine Hose

1 Schneiden Sie das Futter nach dem Schnitt des Oberstoffes zu, Nahtzugaben beachten. Markieren Sie die Abnäher durch kleine Einschnitte in der Stoffkante. Stecken Sie die Abnäher zu Fältchen zusammen, sodass die Einschnitte zusammentreffen. Stecken und steppen Sie die Fältchen knappkantig (links).

2 Nähen Sie die inneren und äußeren Beinnähte des Futters zusammen. Dann die Schrittnaht des Futters schließen. Der Schlitz für den Reißverschluss bleibt 1,5 cm weiter offen als im Oberstoff. Bügeln Sie die Nahtzugabe in der Taille nach innen um (links).

3 Schieben Sie das Futter links auf links in die Hose, sodass Abnäher und Seitennähte aufeinanderliegen. Stecken Sie die Oberkante des Futters am Bündchen fest und schlagen Sie die Futterkante am Reißverschluss besonders sauber ein. Nun die Kante mit kleinen Handstichen festnähen (rechts).

4 Schneiden Sie das Futter 1 cm länger als die fertig gesäumte Hose ab und bügeln Sie es dann 1,5 cm breit nach innen um. Drehen Sie die Hose auf links und stecken Sie das Futter 1,5 cm von der Saumkante entfernt an den Oberstoff. Mit Handstichen befestigen (rechts). Nadeln entfernen. Das Futter fällt nun in einem Fältchen über die Naht.

Futter ist 5 mm kürzer als der Oberstoff, wird aber 1,5 cm oberhalb der Kante festgenäht.

Ein halbes Rockfutter

Einen gekräuselten Rock füttern

Rechte Seite des Futters

Das Futter zusammennähen, einen Schlitz für den Reißverschluss offen lassen. Kräuseln Sie nun zuerst den Oberstoff und anschließend den Futterstoff auf. Linke Stoffseiten aufeinanderlegen und beide Lagen zusammenstecken (oben). Nun das Bündchen annähen und danach Oberstoff und Futter separat säumen.

Schlitz für Reißverschluss

1 Nähen Sie das hintere Teil des Rockes und setzen Sie den Reißverschluss in die rückwärtige Mittelnaht ein. Das Futter zuschneiden, Abnäher (als Fältchen) sowie die Mittelnaht arbeiten, Schlitz für den Reißverschluss offen lassen. Steppen Sie den Saum des Futters um (5 cm kürzer als der fertige Rock). Futter links auf links auf das Rockteil legen, Oberkante zusammenstecken.

Futter am Reißverschluss festnähen

2 Befestigen Sie das Futter mit kleinen Überwendlingstichen am Trägerband des Reißverschlusses und heften Sie die Oberkante. Steppen Sie nun die Seitennähte und fassen Sie das Futter dabei mit. Nahtzugaben zusammengefasst versäubern. Nun das Bündchen ansetzen (S. 169) und den Saum fertigstellen (S. 205).

ZWISCHENFUTTER

Das Zwischenfutter ist eine zusätzliche Stofflage, die zwischen Oberstoff und Futter befestigt wird und ein Kleidungsstück wärmer und dicker macht. Meist verwendet man leichte, flauschige Materialien als Zwischenfutter. So wird das Modell warm, aber nicht zu wuchtig. Wenn Sie eine sehr dicke Zwischenlage einarbeiten wollen, schneiden Sie das Modell besser etwas größer zu. Ärmel werden mit einem Zwischenfutter leicht sperrig. Am Oberstoff wird das Zwischenfutter meist mit der Hand befestigt, am Futter kann es auch festgesteppt werden.

VERWANDTE TECHNIKEN
Maße nehmen und vergleichen, S. 24
Heftstiche, S. 73
Saumstiche, S. 76
Nahtzugaben verkleinern, S. 84
Ein Futter einsteppen, S. 103
Eine Jacke füttern, S. 295

ZWISCHENFUTTER AM OBERSTOFF BEFESTIGEN

Das Zwischenfutter wird per Hand an der linken Seite des fertig genähten Oberstoffes eingenäht, bevor Sie das Futter einsetzen. Damit das Modell nicht zu wuchtig wird, bekommen nur Vorder- und Rückenteil ein Zwischenfutter. Die Zwischenfutterteile werden erst an Schulter- und Seitennähten zusammengenäht, danach in das Modell eingesetzt.

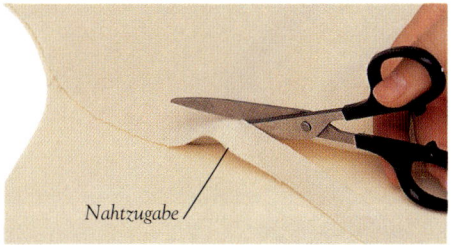

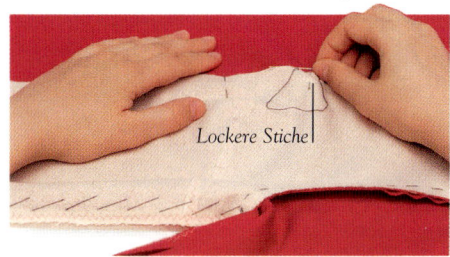

1 Nähen Sie die Zwischenfutterteile zusammen, Nähte und Abnäher werden überlappend gearbeitet. An der Vorderkante und der Halslinie schneiden Sie nun die Nahtzugabe ab (oben). Die Unterkante so abschneiden, dass sie an den umgeschlagenen Saum des Oberstoffes stößt.

2 Stecken Sie das Zwischenfutter auf die linke Seite des Kleidungsstückes und ziehen Sie die Ärmel durch die Ausschnitte. Nähte beider Lagen aufeinanderschieben und fixieren. Heften Sie das Zwischenfutter an den Seitennähten und Armausschnitten mit langen, diagonalen Heftstichen an die Zugaben des Oberstoffes (oben).

3 Zwischenfutter auf die Belegkanten stecken und mit lockerem Hexenstich oder Blindsaumstich (S. 76) festnähen (oben).
Achtung: Die Stiche sollen nicht auf der Außenseite des Oberstoffes sichtbar sein. Nun setzen Sie das Futter ein.

ZWISCHENFUTTER AM FUTTERSTOFF BEFESTIGEN

Das Zwischenfutter wird am zusammengenähten Futter festgesteppt, dann werden beide Lagen in einem Arbeitsgang in den Oberstoff eingesetzt. Rückenfalten bleiben beim Zuschneiden des Futters unberücksichtigt. Die Unterkante des Zwischenfutters in Höhe der Umbruchlinie des Futtersaumes abschneiden.

1 Überlappende Abnäher (S. 100) und Rückenfalte im Futter vorbereiten. Zwischenfutterteile auf die entsprechenden Schnittteile des Futters stecken. Saumumbruchlinie abschneiden.

2 Behandeln Sie Futter und aufgestecktes Zwischenfutter wie eine Stofflage und steppen Sie die Seitennähte (oben). Nahtzugaben des Zwischenfutters knappkantig abschneiden.

3 Steppen Sie mit der Maschine knapp innerhalb der Nahtlinie an den Vorderkanten und am Halsausschnitt entlang. Zugaben des Zwischenfutters abschneiden (oben). Nun das Modell fertigstellen.

ABNÄHER, BIESEN, FALTEN UND KRÄUSELN

ABNÄHER
Übersicht 108 . Einfache Abnäher 109
Französische Abnäher 110 . Taillenabnäher 110

FÄLTCHEN
Übersicht 111 . Einfache Fältchen 112
Abnäherfältchen 112 . Muschelsaum, Fältchen mit Kordel, Kreuzfältchen 113

FALTEN
Übersicht 114 . Von rechts eingelegte Falten 115
Von links eingelegte Falten 116 . Verstärkte Falten 116
Falten mit Faltenboden 117 . Verstärkte Kellerfalte 117
Falten ändern 118

KRÄUSELN
Kräuseln und gekräuselte Kanten anpassen 120 . Gekräuselte Nähte belegen 121
Zwei gekräuselte Kanten zusammenfügen 121 . Flächen kräuseln 122
Vorkräuseln zum Smoken 123

ABNÄHER, BIESEN, FALTEN UND KRÄUSELN

ABNÄHER

Durch Abnäher wird ein Stoff so geformt, dass er sich den Körperformen anpasst. An der Breitseite des Abnähers wird überschüssiger Stoff zusammengenommen und zur Spitze hin langsam freigegeben. Die Nahtlinien der Abnäher werden aufeinandergelegt und dann gesteppt. Abnäher können ganz gerade sein, für besonders körpernahen Sitz aber auch geschwungen. Besonders in der Damenmode, so Rundungen für Brust und Hüfte berücksichtigt werden müssen, spielen Abnäher eine wichtige Rolle.

VERWANDTE TECHNIKEN

Änderungen im Brustbereich, S. 28
Heftstiche, S. 73
Heftlinien durchschlagen, S. 73
Stiche für Nähte und Kanten, S. 74
Maschinenstiche, S. 77
Oberteil und Rock zusammennähen, S. 159
Taillenbündchen arbeiten, S. 168

ÜBERSICHT

Hüftabnäher

Brustabnäher

Französische Abnäher

Ellenbogenabnäher

Abnäherfältchen

Taillenabnäher

Hüftabnäher
Diese einfachen, geraden Abnäher (siehe rechts) reduzieren die Taillenweite, um den Umfangsunterschied zwischen Hüfte und Taille auszugleichen. Üblich sind zwei Hüftabnäher im Vorderteil und zwei im Rückteil.

Brustabnäher
Als gerade Abnäher (siehe rechts) sorgen sie für die nötige Brustweite. Bei manchen Kleidungsstücken arbeiten Sie mit einem Abnäher von der Seitennaht aus, bei anderen kommt ein zweiter Abnäher von der Taille aus nach oben dazu.

Französische Abnäher
sieht man oft im Vorderteil schmaler Kleider. Sie sind Brust- und Taillenabnäher und ziehen sich schräg von der Seitennaht nach oben (S. 110). Oft werden diese Abnäher aufgeschnitten, um die innenliegende Stoffmenge zu reduzieren.

Ellenbogenabnäher
Auch dies sind gerade Abnäher (siehe rechts). Sie laufen von der Unterarmnaht zum Ellenbogen und sorgen so bei schmalen Ärmeln für mehr Bewegungsfreiheit. Je nach Modell werden ein, zwei oder drei Abnäher pro Ärmel gearbeitet.

Abnäherfältchen
Solche Abnäher sieht man häufig an Rockbündchen oder Halsausschnitten. Wie gerade Abnäher werden sie ein Stück weit eingesteppt, der Rest der Nahtlinie bleibt aber offen, sodass die Abnäher wie Fältchen aufspringen (S. 112–113).

Taillenabnäher
Schmale, körpernahe Modelle ohne Taillennaht brauchen solche Abnäher mit zwei Spitzen. In der Taille wird viel Stoff weggenommen, zu den Hüften und zur Brust hin laufen die Abnäher in Spitzen aus und sorgen für Weite (S. 110).

Einfache Abnäher

Einfache Abnäher sind Fältchen, die mit einer schrägen, in einer Spitze zulaufenden Naht abgesteppt werden. Auf dem Schnittmuster ist der Abnäher als Dreieck dargestellt, eine Mittellinie als Falz und die beiden Nahtlinien sind eingezeichnet. Für geringe Änderungen reicht es meist, den Abnäher zu vergrößern oder zu verkleinern.

Einfache Abnäher nähen

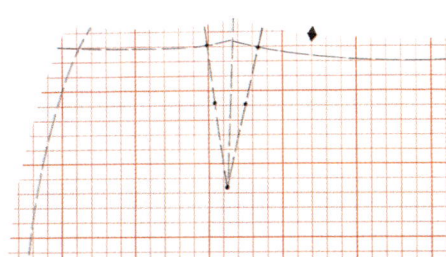

Mittellinie

1 Überprüfen Sie, ob alle Markierungslinien des Abnähers auf dem Papierschnitt sichtbar sind (oben). Übertragen Sie die Linien mit Heftfäden auf den Stoff und nehmen Sie den Papierschnitt ab.

2 Von der linken Seite her den Abnäher entlang der Mittellinie zusammenfalten. Die Markierungen müssen aufeinanderliegen. Stecken und heften (oben). Anprobieren, dann Markierungen entfernen.

3 An der breiten Seite des Abnähers beginnend steppen Sie nun zur Spitze hin (oben). Spitze auslaufen lassen. Abnäherende mit einigen Rückstichen auf der Nahtlinie oder mit einem Knoten sichern.

Abnäher zu einer Seite bügeln

4 Bügeln Sie den Abnäher zunächst flach, damit sich der Nähfaden in den Stoff schmiegt. Dann öffnen Sie den Stoff und bügeln den Abnäher in eine Richtung (links). Waagerechte Abnäher werden nach unten gebügelt, senkrechte Abnäher zur vorderen oder hinteren Mitte hin. Glätten Sie auch die Spitze des Abnähers.

Abnäher in dicken Stoffen

Spitze nicht aufgeschnitten *Schnittkanten versäubern*

Schneiden Sie den Abnäher auf der Mittellinie bis 1,5 cm vor der Spitze ein. Öffnen Sie den Einschnitt so weit wie möglich und bügeln Sie ihn flach (links). Der nicht aufgeschnittene Teil wird flach auf die Naht gebügelt.

Abnäher in feinen Stoffen

Eine Schlinge auf die linke Stoffseite ziehen

Schlaufe aus beiden Fäden

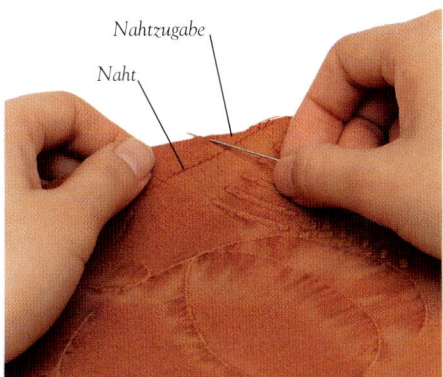
Nahtzugabe *Naht*

1 Bei sehr feinen oder rutschigen Stoffen: Am Abnäherende Fäden lang hängen lassen, Rest mit der Hand arbeiten. An Fadenende ziehen, um Schlinge zu erhalten. Schlinge mit Nadel öffnen, bis Fadenende sichtbar wird.

2 Bilden Sie aus beiden Fäden eine Schlaufe (oben). Schieben Sie die Schlaufe zum Stoff und ziehen Sie sie fest. So entsteht ein flacher Knoten, der direkt auf dem Stoff liegt. Legen Sie noch einen zweiten Knoten dieser Art darauf.

3 Beide Fäden in eine Nadel einfädeln und mit Handstichen in der Nahtzugabe (oben) oder in den Stichen der Steppnaht vernähen. Mit einem Schlingstich befestigen und abschneiden.

Abnäher, Biesen, Falten und Kräuseln

FRANZÖSISCHE ABNÄHER

Französische Abnäher werden nur im Vorderteil von schmalen Kleidern oder Oberteilen eingearbeitet. Sie reichen von der Seitennaht in Hüft- oder Taillenhöhe bis zur Brust. Da sie in der Regel tiefer sind als einfache, gerade Abnäher, werden sie aufgeschnitten. So lassen sich die Kanten sauberer aufeinanderlegen und nähen.

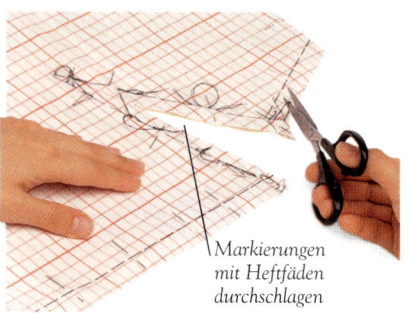
Markierungen mit Heftfäden durchschlagen

1 Übertragen Sie die Schnittmusterlinien für den Abnäher auf den Stoff. Linien für eventuelle Ausschnitte nicht vergessen (links). Bei dem hier gezeigten Abnäher ist der mittlere Bereich herausgeschnitten, dadurch entfallen die Ausschnittlinien.

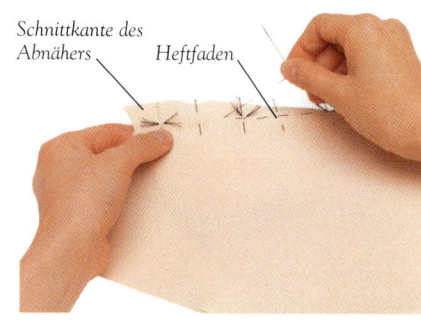
Schnittkante des Abnähers   *Heftfaden*

2 Legen Sie die Nahtlinien rechts auf rechts aufeinander. Eventuell eine Seite leicht dehnen oder einhalten, um sie anzupassen. Stecken und knapp innerhalb der Nahtlinie heften (links). Passform kontrollieren, Markierungen entfernen.

3 Den Abnäher vom breiten Ende zur Spitze hin steppen (links). Das Nahtende mit einigen Rückstichen sichern.

Versäuberte Schnittkanten

4 Markierungsfäden herausziehen und die Schnittkanten des Abnähers mit Zickzackstichen versäubern. Bügeln Sie den Abnäher erst flach, dann öffnen und auseinanderbügeln (links).

TAILLENABNÄHER

Dieser Abnäher hat an beiden Seiten eine Spitze, die breiteste Stelle liegt in der Mitte. Taillenabnäher sind oft recht lang. Sie dienen dazu, ein Kleidungsstück ohne Taillennaht um die Körpermitte herum zu formen. Die obere Spitze des Abnähers sorgt für die nötige Weite im Brustbereich, die untere für die Weite an der Hüfte.

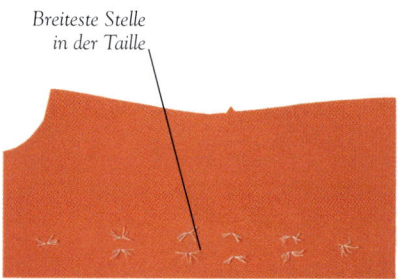
Breiteste Stelle in der Taille

1 Stecken Sie den Papierschnitt auf den Stoff und übertragen Sie alle Markierungen mit Heftfäden. Schneiden Sie die Heftfäden ein und heben Sie den Papierschnitt vorsichtig ab.

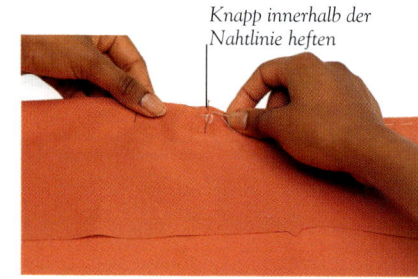
Knapp innerhalb der Nahtlinie heften

2 Stoff rechts auf rechts entlang der Mittellinie zusammenlegen, Abnäher stecken. Alle Markierungen müssen aufeinanderliegen. Heften Sie den Abnäher, überprüfen Sie den Sitz.

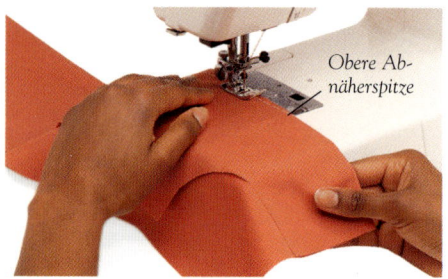
Obere Abnäherspitze

3 Der Taillenabnäher wird in zwei Arbeitsgängen gesteppt. Beginnen Sie kurz unterhalb der Taille und steppen Sie nach oben zur Brust hin (oben). Das Nahtende mit einigen Rückstichen sichern.

Untere Abnäherspitze

4 Drehen Sie das Werkstück nun um und beginnen Sie die Naht so, dass die zweite Naht die erste überlappt. Nähen Sie dann schräg auf die untere Abnäherspitze zu (oben). Auch dieses Nahtende mit Rückstichen sichern.

Abnäher flach bügeln

5 Schneiden Sie den Abnäher in der Taille bis 5 mm vor die Naht ein, damit er sich dehnen kann. Bügeln Sie den Abnäher zuerst flach und dann zur hinteren bzw. vorderen Mitte (oben).

FÄLTCHEN

Dekorative Fältchen, egal ob einfache oder raffiniertere, sind ganz einfach zu nähen. Sie können als schmückendes Detail für viele Arten von Kleidung verwendet werden, vom zarten Babykleidchen über leichte Sommerblusen bis zum Brautkleid. Fältchen sind abgenähte, schmale Falten in gerader Fadenlaufrichtung. Die Breite der einzelnen Fältchen und der Abstand zwischen zweien richtet sich nach der Stoffqualität und dem gewünschten Effekt. Die meisten Fältchen sind nur dekorativ, aber sie können auch zum Formen eines Modells eingesetzt werden.

VERWANDTE TECHNIKEN

Heftstiche, S. 73
Markierungsfäden, S. 73
Stiche für Nähte und Kanten, S. 74
Maschinenstiche, S. 77
Paspel, S. 91
Oberteil und Rock zusammennähen, S. 159
Taillenverbindungen, S. 166

ÜBERSICHT

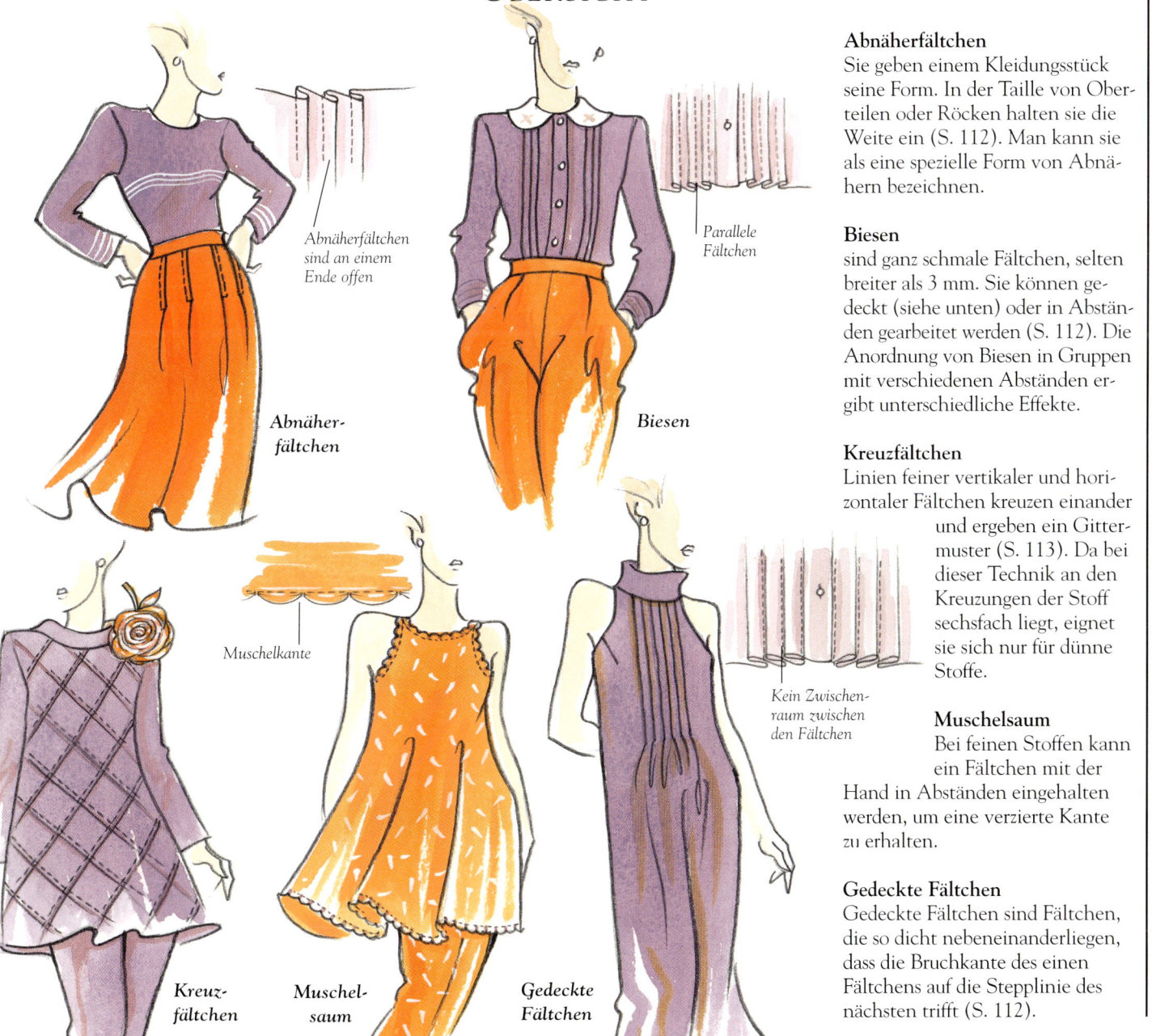

Abnäherfältchen sind an einem Ende offen

Abnäherfältchen

Parallele Fältchen

Biesen

Muschelkante

Kein Zwischenraum zwischen den Fältchen

Kreuzfältchen

Muschelsaum

Gedeckte Fältchen

Abnäherfältchen
Sie geben einem Kleidungsstück seine Form. In der Taille von Oberteilen oder Röcken halten sie die Weite ein (S. 112). Man kann sie als eine spezielle Form von Abnähern bezeichnen.

Biesen
sind ganz schmale Fältchen, selten breiter als 3 mm. Sie können gedeckt (siehe unten) oder in Abständen gearbeitet werden (S. 112). Die Anordnung von Biesen in Gruppen mit verschiedenen Abständen ergibt unterschiedliche Effekte.

Kreuzfältchen
Linien feiner vertikaler und horizontaler Fältchen kreuzen einander und ergeben ein Gittermuster (S. 113). Da bei dieser Technik an den Kreuzungen der Stoff sechsfach liegt, eignet sie sich nur für dünne Stoffe.

Muschelsaum
Bei feinen Stoffen kann ein Fältchen mit der Hand in Abständen eingehalten werden, um eine verzierte Kante zu erhalten.

Gedeckte Fältchen
Gedeckte Fältchen sind Fältchen, die so dicht nebeneinanderliegen, dass die Bruchkante des einen Fältchens auf die Stepplinie des nächsten trifft (S. 112).

ABNÄHER, BIESEN, FALTEN UND KRÄUSELN

EINFACHE FÄLTCHEN

Offene und gedeckte Fältchen und Biesen werden auf die gleiche Weise gearbeitet, unterschiedlich sind nur Fältchenbreite und -abstand. Jedes Fältchen hat zwei Nahtlinien, die aufeinandergelegt und gesteppt werden. Dekorative Fältchen werden von der rechten Seite aus gelegt. Fältchen, die nur der Formgebung dienen, arbeiten Sie von links.

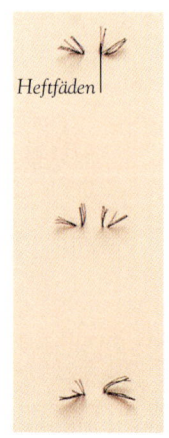
Heftfäden

1 Markieren Sie die Nahtlinie des ersten Fältchens mit Heftfäden – von rechts für dekorative und von links für formende Fältchen. Durchschneiden Sie die Heftfäden und heben Sie den Papierschnitt vorsichtig ab.

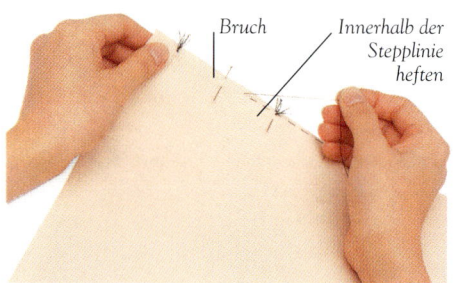
Bruch — *Innerhalb der Stepplinie heften*

2 Stoff auf der Mittellinie des Fältchens knicken, sodass die Stepplinien zur Deckung kommen. Stecken und heften (oben). Dann die Markierungen entfernen.

Knapp neben der Heftlinie steppen

3 Steppen Sie das Fältchen und entfernen Sie die Heftfäden. Gleichmäßige parallele Fältchen erhalten Sie, wenn Sie ein Fältchen zur Seite nähen und das nächste mit einer Pappschablone abstecken.

SCHABLONE

Einschnitt für Stepplinie

Ein Streifen Pappe in der Breite des Fältchenabstandes plus der Fältchentiefe ist eine gute Hilfe. Ein Einschnitt markiert die Stepplinie des Fältchens.

STEPPEN

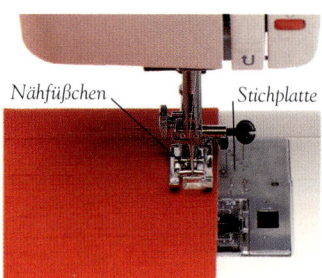
Nähfüßchen — *Stichplatte*

Für gleichmäßige, parallele Fältchen Führungslinien in der Stichplatte der Nähmaschine benutzen. Für breitere Fältchen Kantenlineal verwenden.

BÜGELN

Bügeltuch

Fältchen steppen, in Nährichtung bügeln, Stoff öffnen, Fältchen in gewünschte Richtung bügeln.

QUERNAHT

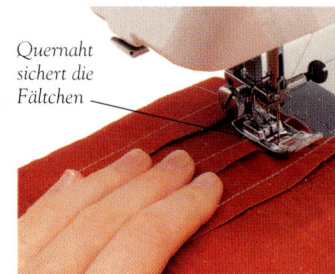
Quernaht sichert die Fältchen

Um die Fältchen beim weiteren Verarbeiten des Stoffes zu schützen, werden sie durch eine Quernaht gesichert (oben).

ABNÄHERFÄLTCHEN

Diese Fältchen, auch aufspringende Fältchen genannt, formen und sind zugleich dekorativ. Sie halten Weite ein und geben sie an der gewünschten Stelle wieder frei. Beim Bügeln solcher Abnäher müssen Sie darauf achten, nur den Abnäher zu bügeln und nicht die aufspringende Weite.

OFFENE ABNÄHERFÄLTCHEN

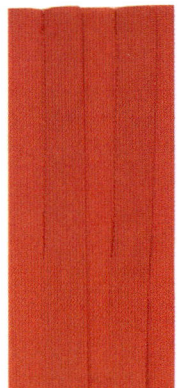

Markieren und steppen Sie die offenen Abnäherfältchen in der gleichen Weise wie einfache Fältchen (siehe oben). Auch das Ende der Steppnaht muss markiert werden. An beiden Enden der Steppnaht arbeiten Sie einige Rückstiche, um die Naht zu sichern.

GESCHLOSSENE VARIANTE

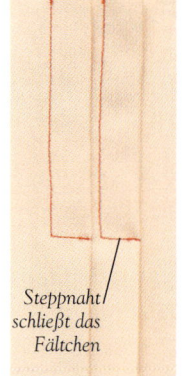
Steppnaht schließt das Fältchen

Diese Fältchen lassen den Stoff nicht so weich aufspringen wie die offenen Abnäherfältchen. Sie werden genauso gearbeitet, aber am Ende mit einer kurzen, rechtwinkligen Naht geschlossen. Abschließend mit Rückstichen verriegeln.

GESCHWUNGENE VARIANTE

Um einem Teil eine bestimmte Form zu geben, können Sie geschwungene oder schräge Abnäherfältchen arbeiten. Da diese nicht im Fadenlauf liegen, müssen Sie genau darauf achten, die Nahtlinien zur Deckung zu bringen. Die Arbeitstechnik ist die gleiche wie für einfache Fältchen.

MUSCHELSAUM, FÄLTCHEN MIT KORDEL, KREUZFÄLTCHEN

Schmale Biesen sehen noch reizvoller aus, wenn sie eine Muschelkante bekommen. Sowohl als einzelne Kante, etwa am Saum, als auch in einer Reihe von Biesen haben Muschelkanten einen besonderen Effekt. Auch mit Kordeln unterlegte oder kreuzweise gesteppte Biesen sehen interessant aus.

MUSCHELSAUM VORBEREITEN

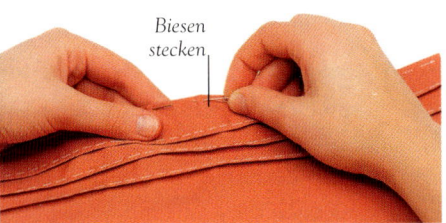
Biesen stecken

Ein Muschelsaum eignet sich besonders für feine, 3 mm breite Biesen. Die einzelnen Bögen sind dabei 6–10 mm lang. Markieren Sie die Biesen und heften Sie sie (oben).

HANDGESTICKTER MUSCHELSAUM

Geheftete Biesen

Die Biesen nun mit der Hand oder mit der Maschine steppen. Nähen Sie entlang der Stepplinie mit Vorstichen, in den gewünschten Abständen arbeiten Sie einige Überwendlingsstiche über die Kante, um das Fältchen einzuziehen.

MASCHINENGESTICKTER MUSCHELSAUM

Den Heftstichen folgen

Setzen Sie den Fuß für Blindsaum ein. Legen Sie die gehefteten Biesen so, dass die Kante links von der Nadel liegt. Steppen Sie an der gehefteten Stepplinie entlang (oben). Der Zickzackstich greift über die Kante und zieht den Saum ein.

FÄLTCHEN MIT KORDEL

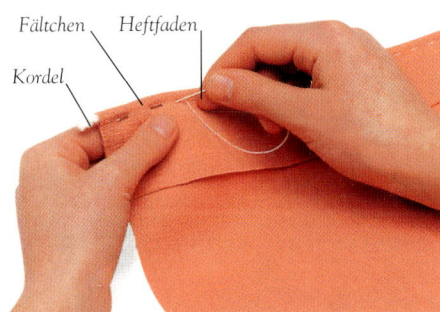
Fältchen   Heftfaden
Kordel

1 Für diese Fältchen wählen Sie zuerst die passende Kordel aus. Legen Sie die Kordel ins Fältchen ein und heften Sie dicht neben der Kordel auf der Stepplinie entlang durch beide Stofflagen (oben), sodass die Kordel fest umschlossen ist.

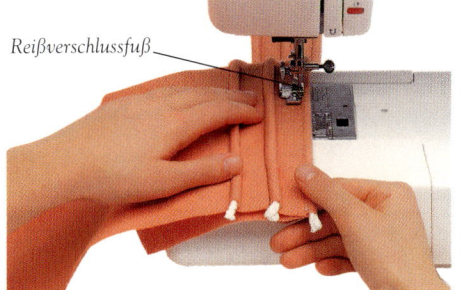
Reißverschlussfuß

2 Steppen Sie nun mit dem Reißverschlussfuß ganz nah an der Kordel entlang (oben), aber fassen Sie nicht die Kordel mit. Die Heftfäden herausziehen. Die Enden der Kordel werden erst abgeschnitten, wenn das Kleidungsstück fertiggestellt ist.

ÜBER FÄLTCHEN ZUSCHNEIDEN

Fältchen
Papierschnitt
Rechte Stoffseite

Papierschnitt so auflegen, dass die Fältchen an der gewünschten Stelle verlaufen

Um ein glattes Modell mit Fältchen zu versehen, steppen und bügeln Sie erst die Fältchen. Dann legen Sie den Papierschnitt auf den Stoff mit den Fältchen und schneiden zu.

ANSATZ UNTER FÄLTCHEN

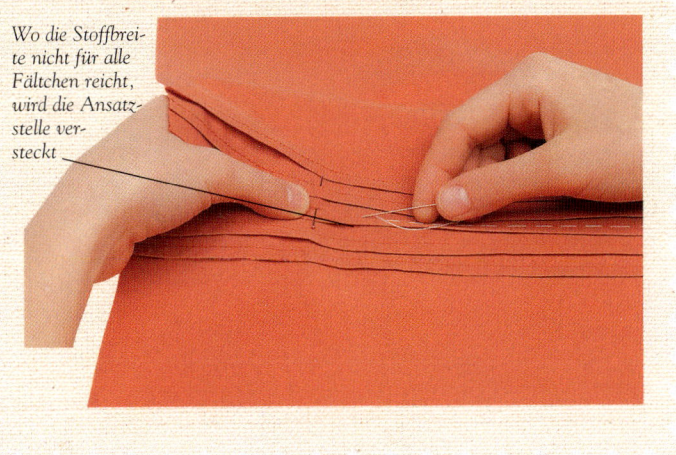
Wo die Stoffbreite nicht für alle Fältchen reicht, wird die Ansatzstelle versteckt

Fältchen verstecken Ansatzstellen. Die Stoffkante wird umgeschlagen und ein Fältchen so vorgeheftet, dass eine 1,5 cm breite Nahtzugabe stehen bleibt. Fältchen mit der Stepplinie 1,5 cm über Kante des anderen Stoffteils legen. Stecken, heften, feststeppen.

KREUZFÄLTCHEN

Vertikale Fältchen

Zuerst steppen Sie alle Längsfältchen und bügeln Sie in eine Richtung. Dann legen Sie im rechten Winkel zu den ersten Fältchen die Querfältchen an. Steppen Sie sie in der Richtung, in die die Längsfältchen gebügelt sind (oben).

ABNÄHER, BIESEN, FALTEN UND KRÄUSELN

FALTEN

Falten werden in den Stoff gelegt, um ihm zusätzliche Weite und Fülle zu geben. Meist wird bei Röcken die Weite eingehalten und in der Taille in Falten gelegt. Aber auch bei Blusen oder Ärmeln können Falten dekorativ sein. Es gibt unterschiedliche Faltentypen, die auf unterschiedliche Weise gearbeitet werden. Falten können scharf eingebügelt werden oder sich weich rollen. Für eingebügelte Falten eignen sich Stoffe, die leicht knittern, besonders gut. Die Kanten der Falten können abgesteppt sein, Falten können auch von der Taille bis zur Hüfte fest eingesteppt werden.

VERWANDTE TECHNIKEN

Heftstiche, S. 73
Markierungsfäden, S. 73
Saumstich, S. 76
Nahtzugaben verkleinern, S. 84
Abgesteppte Nähte, S. 87
Taillenbündchen, S. 166
Falten säumen, S. 212

ÜBERSICHT

Einfache Falten, zweiseitig

Alle Falten zeigen in die gleiche Richtung

Einfache Falten, einseitig

Anstoßlinie auf der rechten Seite

Vordere Falte *Hintere Falte*

Separater Faltenboden

Kellerfalten *Quetschfalten* *Gehfalte*

Einfache Falten, einseitig
Dies ist die üblichste Art, Falten zu legen. Jede Falte hat eine Faltlinie und eine Anstoßlinie. Wenn die Falten eingelegt sind, zeigen alle in die gleiche Richtung (siehe S. 115).

Einfache Falten, zweiseitig
Hier liegen sich zwei Faltengruppen gegenüber, die von der vorderen oder hinteren Mitte aus gesehen in entgegengesetzte Richtungen zeigen.

Quetschfalten
Die Faltlinien jeder Falte zeigen voneinander weg, die Innenkanten sind einander zugewandt. Sie können zusammenstoßen oder einen Abstand haben (siehe S. 115).

Kellerfalten
Jede Falte hat zwei Faltlinien, aber nur eine Anstoßlinie. Die Außenseiten der Falte stoßen auf der rechten Seite des Modells aufeinander.

Gehfalte
Diese spezielle Falte wird oft als dekoratives Detail bei schmalen Röcken gearbeitet, weil sie zugleich für Beinfreiheit sorgt. Der Faltenboden kann aus passendem oder kontrastierendem Stoff genäht werden.

Von rechts eingelegte Falten

Einfache Falten werden meist von rechts eingelegt. Besonders bei gemusterten Stoffen ist das sinnvoll, weil dann der Musterverlauf berücksichtigt werden kann. Die gehefteten Falten werden in der Taille mit einem Bündchen oder Gurtband fixiert. Für besseren Sitz können sie auch bis zur Hüfte ein- oder an den Kanten abgesteppt werden.

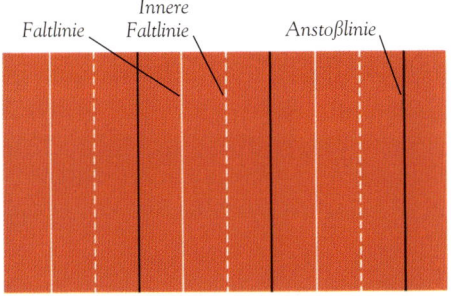

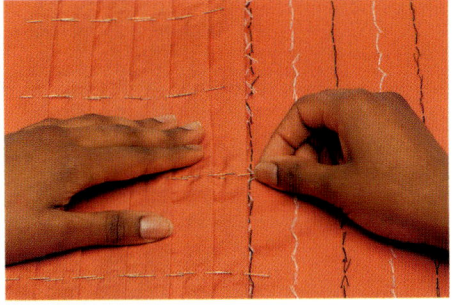

Diagonal heften

Bei sperrigen oder rutschigen Stoffen heften Sie mit diagonalen Stichen durch alle Stofflagen, um die Falten festzuhalten (oben). Die Fäden erst ziehen, wenn das Modell fertiggestellt ist.

1 Stecken Sie den Papierschnitt auf die rechte Stoffseite. Markieren Sie mit Heftstichen die Faltlinien, für die Markierung der Anstoßlinien verwenden Sie Heftgarn in einer anderen Farbe. Schneiden Sie die Heftfäden auf und nehmen das Papier ab.

2 Falten Sie nun den Stoff an der Faltlinie und legen Sie sie auf die Anstoßlinie. Fixieren Sie die Falte über die ganze Stoffbahn in gleichmäßigen Abständen mit Stecknadeln. Alle Stofflagen durchstechen! Sitz prüfen, Markierung

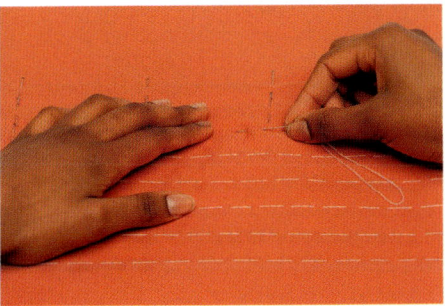

3 Heften Sie alle Falten. Achten Sie darauf, alle Stofflagen zu durchstechen (oben). Stecknadeln entfernen. Die Heftfäden bleiben im Stoff, bis das Modell fertig genäht ist.

4 Bügeln Sie die Falten vorsichtig von der rechten Seite. Wenn Sie sehr scharfe Falten wünschen, legen Sie ein feuchtes Bügeltuch unter (oben). Lassen Sie den Stoff auf dem Bügelbrett auskühlen.

5 Drehen Sie den Stoff auf links und bügeln Sie auch hier die Falten ein. Damit sich die Kanten nicht durchdrücken, schieben Sie in jede Falte einen dünnen Pappstreifen (oben).

Dekorative Details

Einfache Falten
Falten eingelegen, zwischen Taille und Hüfte 6 mm von der Kante entfernt absteppen. Am Steppnahtende mit einigen Stichen schräg zur Faltenkante steppen und verriegeln.

Kellerfalten
6 mm neben der Kante von der Taille bis zur Hüfte steppen, wenden Sie, einige Stiche quersteppen und noch einmal wenden. Dann 6 mm von der anderen Faltenkante entfernt zur Taille zurücksteppen.

Kanten absteppen
Hiermit werden die Bruchkanten der einzelnen Falten festgehalten. Bruchkante unter den Steppfuß legen und gesamte Kante knappkantig absteppen (oben). Auch Innenkante kann gesteppt werden.

Sattel und Kanten steppen
Steppen Sie die Kanten der Falten vom Saum bis in Hüfthöhe. Danach steppen Sie von rechts durch alle Stofflagen die Falten fest, bis Sie auf die ersten Stepplinien stoßen (oben).

Abnäher, Biesen, Falten und Kräuseln

Von links eingelegte Falten

Kellerfalten und andere Falten, die auf der linken Seite genäht werden, legt man von links ein. Auch wenn ein Innensattel eingepasst oder ein Faltenboden eingesetzt werden soll, legen Sie die Falten von links. Das Beispiel unten zeigt das Einlegen von Kellerfalten. Bei anderen Falten berücksichtigen Sie die Falt- und Anstoßlinien.

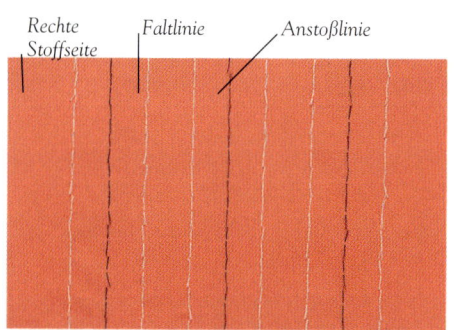

Rechte Stoffseite — Faltlinie — Anstoßlinie

1 Ehe Sie den Papierschnitt abnehmen, markieren Sie mit Heftfäden in unterschiedlichen Farben die Falt- und Anstoßlinien. Dann schneiden Sie die Heftfäden auf und entfernen das Papier vorsichtig.

Linke Stoffseite — Geheftete Faltlinie

2 Kellerfalten legen Sie einzeln von links zusammen, der Bruch verläuft zunächst in der Anstoßlinie, die Faltlinien treffen aufeinander. Zwischen Taille und Hüfte können die Falten eingesteppt werden (oben).

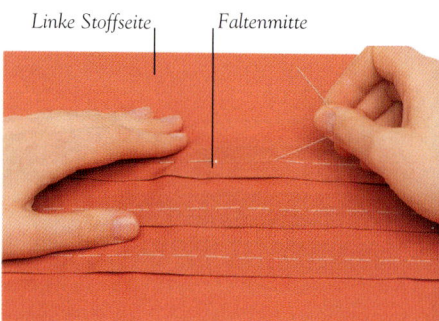

Linke Stoffseite — Faltenmitte

3 Breiten Sie nun den inneren Faltenteil auseinander und bringen Sie die Anstoßlinie mit den beiden Faltlinien in Deckung. Falten stecken und durch alle Stofflagen heften. Den Faltensitz von rechts regelmäßig kontrollieren.

Linke Stoffseite — Bügeltuch

4 Bügeln Sie die Falten von der linken Seite ein. Scharfe Falten mit einem feuchten Tuch bügeln und ganz auskühlen lassen, ehe Sie den Stoff weiterverarbeiten. Weiche Falten trocken bügeln.

Linke Stoffseite — Pappstreifen

5 Bei leichten Stoffen ist es sinnvoll, die Falten vor dem Bügeln mit einem Pappstreifen zu unterlegen. So vermeiden Sie, dass sich die Faltlinien nach rechts durchdrücken.

Rechte Stoffseite

6 Bügeln Sie nun die Falten auch von der rechten Seite. Kontrollieren Sie den Sitz der Falten und korrigieren Sie eventuell. Die Heftfäden bleiben im Stoff, bis das Modell fertiggestellt ist.

Verstärkte Falten

Besonders um die Hüften herum kann der innenliegende Stoff bei Falten in dickerem Stoff auftragen. In solchen Fällen kann der Untertritt der Falten weggeschnitten werden. Die Falten werden dann mit einem Sattel aus Futterstoff unterlegt. Diese Futtersattel können im Vorderteil und im Rückteil eingesetzt werden.

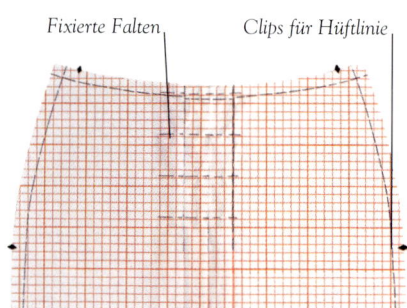

Fixierte Falten — Clips für Hüftlinie

1 Wenn im Schnittmuster kein Teil für den Innensattel vorgesehen ist, Falten einlegen und fixieren, dann schneiden Sie das Papierteil etwa 2,5 cm unterhalb der Hüftlinie quer ab (oben).

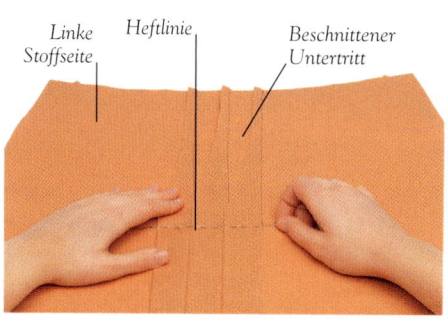

Linke Stoffseite — Heftlinie — Beschnittener Untertritt

2 Schneiden Sie auf der linken Seite die Untertritte der Falten schräg zur Taille zulaufend ab. Stecken Sie die Falten knapp unterhalb der Hüftlinie fest, heften Sie auf dieser Linie entlang. Nadeln entfernen.

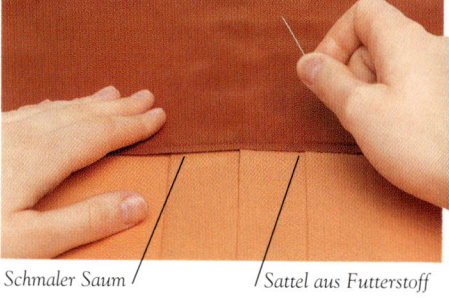

Schmaler Saum — Sattel aus Futterstoff

3 Steppen Sie die Saumkante des Sattels knapp um. Sattel knappkantig an Seiten- und Taillenkanten des Oberstoffes heften. Sattel mit Überwendlingsstichen am Untertritt der Falten befestigen.

FALTEN MIT FALTENBODEN

Bei gemusterten Stoffen ist es sinnvoll, einen separaten Faltenboden einzusetzen, weil oft die Motive besser zur Geltung kommen. Außerdem können Faltenröcke auch aus Stoffen geschneidert werden, die weniger breit liegen. Der Faltenboden kann aus dem gleichen Stoff wie das übrige Modell oder aus kontrastierendem Material gefertigt werden.

Linke Stoffseite — Faltentiefe

1 Stoff rechts auf rechts legen, dass die Faltlinien aufeinandertreffen. Falten auf den Linien einheften, eventuell zwischen Taille und Hüfte einsteppen. Falten auseinanderbügeln.

Heftfaden — Linke Stoffseite — Saumkante

2 Legen Sie den Faltenboden rechts auf rechts an den Faltenrand, sodass eventuelle Markierungen aufeinandertreffen. Heften und steppen Sie die Kante vom Taillenrand bis 15 cm vor der Saumkante (links). Heftfäden entfernen und Nähte in Nahtrichtung bügeln.

Rocksaum — Saum des Faltenbodens

3 Verfahren Sie mit den übrigen Falten genauso und entfernen Sie alle Heftfäden aus den Faltenkanten. Der Rock und die Faltenränder werden gesäumt, die Faltenböden säumen Sie separat. Auf gleiche Länge achten! Dann passen Sie die noch nicht festgesteppten Enden der Faltenböden an, heften und steppen Sie von unten nach oben.

Linke Stoffseite — Beschnittene Ecke — Saumkante

4 Die Nähte bügeln Sie in Nahtrichtung. Schneiden Sie die unteren Ecken der Nahtzugaben schräg weg, sodass sie nicht unter dem Rock hervorzipfeln können. Versäubern Sie sie mit Überwendlingsstichen (links).

VERSTÄRKTE KELLERFALTE

Bei zugestepptten Kellerfalten aus dickerem Stoff ist es nützlich, den oberen Faltenbereich zu unterlegen. So verhindern Sie, dass die Innenlagen der Falten zu sehr auftragen. Zudem werden die Falten dadurch haltbarer. Die Falten müssen dazu an den Bruchkanten zusammengeheftet und gut eingebügelt sein.

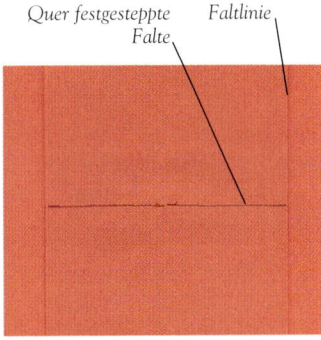

Quer festgesteppte Falte — Faltlinie

1 Heften Sie die beiden Seiten der Faltentiefe unterhalb der Hüftlinie und steppen Sie sie quer ab. Dann die Heftfäden wieder entfernen.

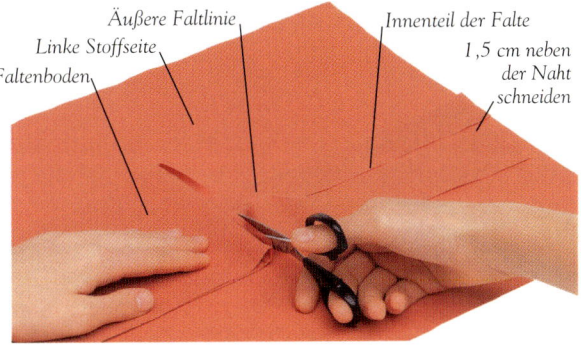

Äußere Faltlinie — Linke Stoffseite — Faltenboden — Innenteil der Falte 1,5 cm neben der Naht schneiden

2 Schneiden Sie nun in den Faltlinien entlang bis 1,5 cm vor die quergesteppte Linie. Schlagen Sie den Faltenboden zurück und schneiden Sie den innenliegenden Teil der Falte 1,5 cm neben der Naht weg (oben).

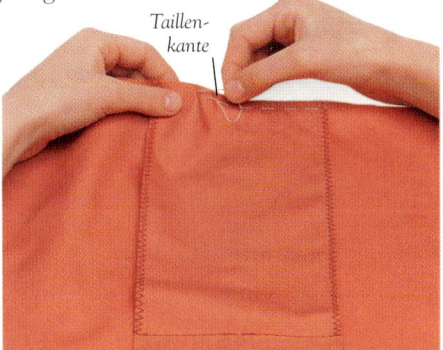

Taillenkante

3 Versäubern Sie die Kanten des Faltenbodens mit Zickzackstichen. Schlagen Sie den Stoffstreifen zur Taille hoch und heften Sie ihn fest (oben). Versäuberte Stoffstreifen verdecken Untertritte der Falte.

FALTEN ÄNDERN

Wird die Faltentiefe geringer, wird das Kleidungsstück weiter. Enger machen Sie ein Modell, indem Sie die Faltentiefe vergrößern. (Änderungen auf alle Falten verteilen!) In unserem Beispiel ist die Faltlinie durch eine durchgezogene Linie dargestellt, die Anstoßlinie ist gestrichelt. Die Faltlinie muss immer auf die Anstoßlinie treffen.

EINFACHE FALTEN VERGRÖSSERN

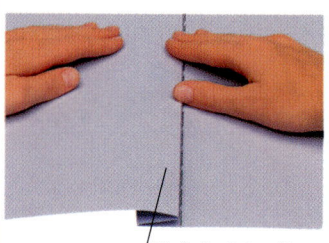
Einfache Falten liegen bei Damenkleidung von links nach rechts

1 Eine einfache Falte hat nur eine Falt- und eine Anstoßlinie, alle Falten liegen in einer Richtung. Legen Sie die Falten von links nach rechts ein (oben).

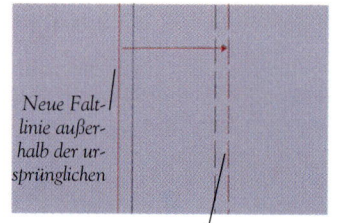
Neue Faltlinie außerhalb der ursprünglichen
Neue Anstoßlinie außerhalb der ursprünglichen

2 Halbieren Sie die zuzugebende Breite. Verschieben Sie die Faltlinie und die Anstoßlinie um je die Hälfte der Zugabe nach außen.

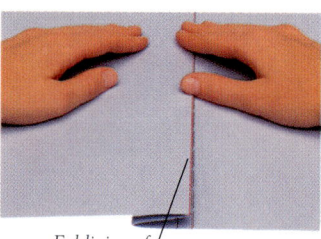
Faltlinie auf Anstoßlinie legen

3 Legen Sie die Falte entlang der neuen Faltlinie ein, bringen Sie diese dann mit der neuen Anstoßlinie in Deckung (oben). Auf diese Weise ist die Falte tiefer geworden.

EINFACHE FALTEN VERKLEINERN

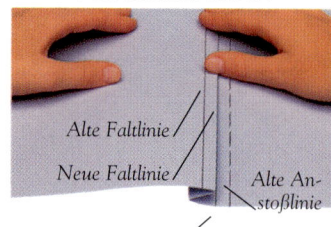
Alte Faltlinie / Neue Faltlinie / Alte Anstoßlinie / Neue Anstoßlinie

Halbieren Sie die zu reduzierende Breite. Falt- und Anstoßlinie jeweils um die Hälfte der zu reduzierenden Breite innerhalb der vorhandenen Linien ziehen. Falte neu hinlegen.

KELLERFALTEN VERGRÖSSERN

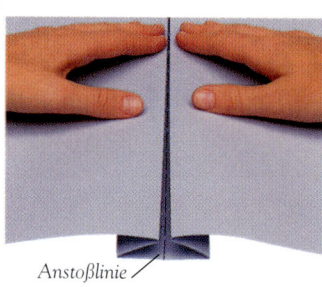
Anstoßlinie

1 Kellerfalten haben zwei Faltlinien und eine Anstoßlinie in der Mitte, auf der die beiden Faltlinien zusammenstoßen (oben).

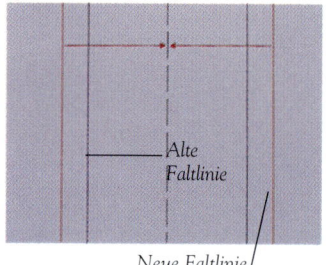
Alte Faltlinie / Neue Faltlinie

2 Um die Faltlinie zu vergrößern, halbieren Sie die zuzugebende Breite. Zeichnen Sie zu jeder Seite der Faltlinien neue Linien um den Abstand der halben Mehrbreite ein.

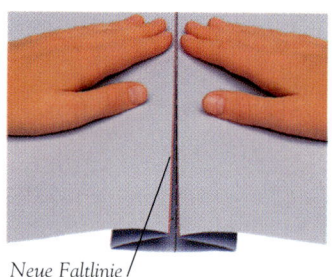
Neue Faltlinie

3 Legen Sie die Falte ein, sodass die neuen Faltlinien auf der ursprünglichen Anstoßlinie zusammentreffen (oben). Auf diese Weise ist die Falte vergrößert worden.

KELLERFALTEN VERKLEINERN

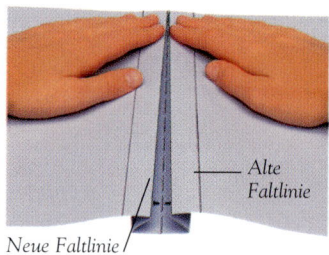
Neue Faltlinie / Alte Faltlinie

Halbieren Sie die zu reduzierende Breite. Neue Faltlinien jeweils um die Hälfte der zu reduzierenden Breite innerhalb der vorhandenen Linien ziehen. Falte neu einlegen.

QUETSCHFALTEN VERGRÖSSERN

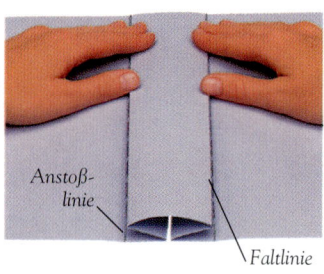
Anstoßlinie / Faltlinie

1 Quetschfalten haben zwei Faltlinien und zwei Anstoßlinien. Legen Sie zunächst die Falte in ihrer ursprünglichen Form ein (oben), sodass die Faltlinien nach außen zeigen.

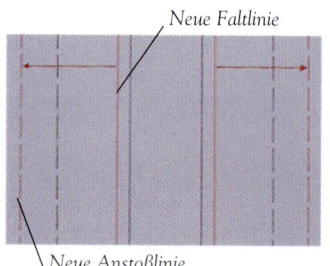
Neue Faltlinie / Neue Anstoßlinie

2 Um die Quetschfalte zu vergrößern, zeichnen Sie neue Faltlinien außerhalb der ursprünglichen Linien. Dann zeichnen Sie zu jeder Seite der Anstoßlinien entsprechend neue Anstoßlinien.

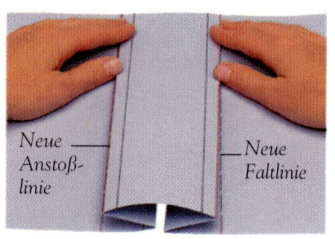
Neue Anstoßlinie / Neue Faltlinie

3 Legen Sie die Falte ein, sodass die neuen Faltlinien nach außen zeigend auf die neuen Anstoßlinien treffen (oben). Auf diese Weise ist die Falte vergrößert worden.

QUETSCHFALTEN VERKLEINERN

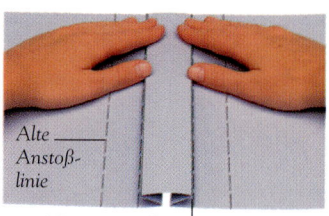
Alte Anstoßlinie / Neue Anstoßlinie

Zeichnen Sie neue Falt- und Anstoßlinien, die jeweils innerhalb der vorhandenen liegen. Neue, verkleinerte Falte an der Faltlinie neu einlegen, Faltlinien nach außen auf neue Anstoßlinien schlagen.

FALTEN

MEHRERE FALTEN EINHALTEN

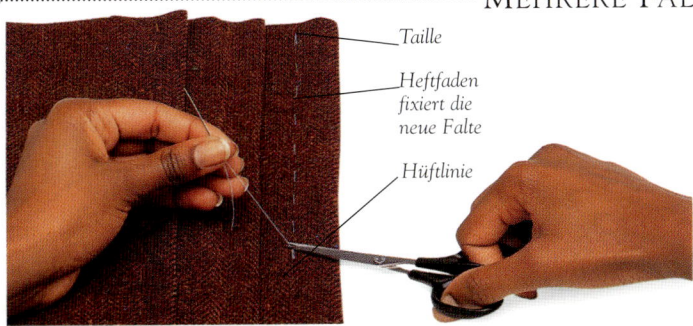

Taille
Heftfaden fixiert die neue Falte
Hüftlinie

1 Trennen Sie das Bündchen ab und wählen Sie eine Falte in der Mitte des zu ändernden Bereiches aus. Trennen Sie die Steppstiche auf, öffnen Sie die Falte und legen Sie sie neu ein, sodass sie vorsteht. Heften Sie die Falte von der Taille bis zur Hüfte neu (oben).

Neu abgesteckte Falte

2 Probieren Sie das Kleidungsstück an, um zu sehen, ob der Sitz jetzt korrekt ist. Lassen Sie die Falte vorstehen und passen Sie sie genau an. Markieren Sie die Nahtlinie mit einem Textilstift oder Schneiderkreide. Ziehen Sie das Kleidungsstück aus und stecken Sie die Falte neu ab (links).

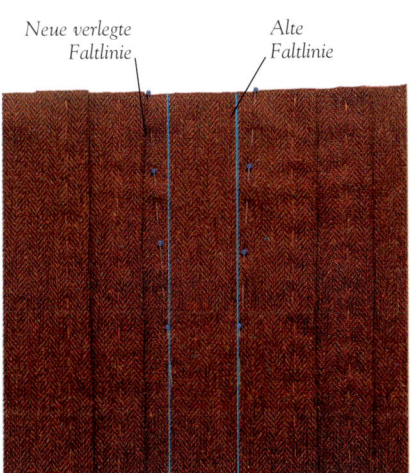

Neue verlegte Faltlinie
Alte Faltlinie

3 Ziehen Sie den Heftfaden heraus und legen Sie die Falte flach. Halbieren Sie die zu reduzierende Breite, ziehen Sie entsprechend neue Falt- und Anstoßlinien. Zur Hüfte hin laufen die neuen Linien schräg zu und münden wieder in die ursprünglichen Linien. Im Beispiel sind die Linien um 1,5 cm verlegt, sodass insgesamt 3 cm Weite eingehalten werden.

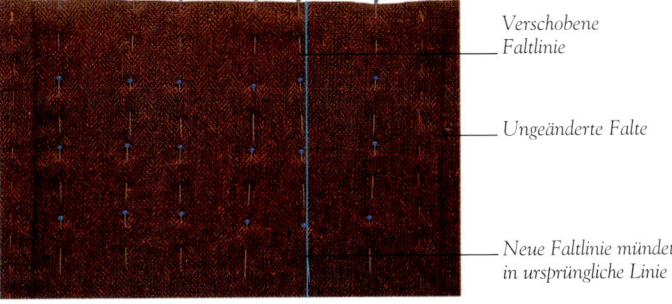

Verschobene Faltlinie
Ungeänderte Falte
Neue Faltlinie mündet in ursprüngliche Linie

4 Ermitteln Sie, wie viel Weite eingehalten werden soll, verteilen Sie diese auf die betroffenen Falten. Stecken Sie die neuen Faltlinien ab und lassen Sie sie zur Hüfte hin schräg in die ursprünglichen Linien münden (oben). Legen Sie nun die Falten neu ein, sodass die neuen Linien aufeinandertreffen. Im Beispiel ist Abnahme um 3 cm auf drei Falten verteilt, jede Linie um 5 mm verschoben.

GESTEPPTE FALTEN AUSLASSEN

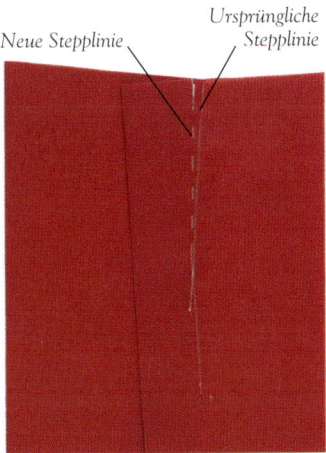

Neue Stepplinie
Ursprüngliche Stepplinie

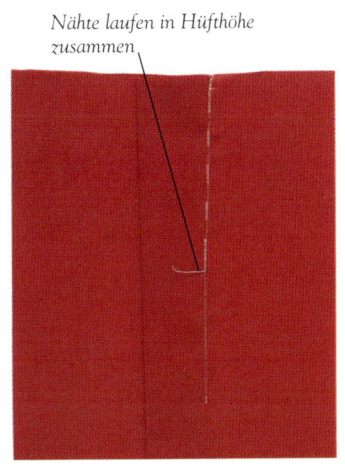

Nähte laufen in Hüfthöhe zusammen

1 Probieren Sie das Kleidungsstück an und stecken Sie ab, um wie viel die Falte ausgelassen werden soll. Auf der linken Stoffseite heften Sie die neue Naht innerhalb der alten. Stecknadeln entfernen, alte Naht auftrennen.

2 Steppen Sie auf der Heftlinie entlang. Die neue Naht läuft sanft in die ursprüngliche hinein, sodass kein Absatz entsteht (oben). Durch das Auslassen einer Falte wird ein Kleidungsstück weiter.

GESTEPPTE FALTEN EINHALTEN

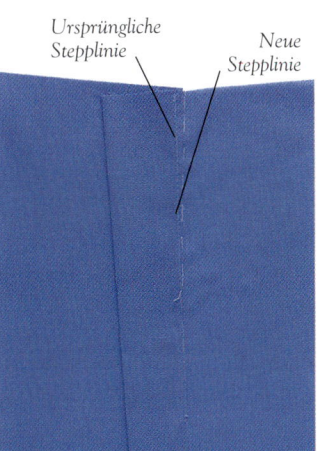

Ursprüngliche Stepplinie
Neue Stepplinie

Nähte laufen in Hüfthöhe zusammen

1 Probieren Sie das Kleidungsstück an und stecken Sie ab, um wie viel die Falte eingehalten werden soll. Auf der linken Stoffseite heften Sie nun die neue Naht außerhalb der alten. Jetzt entfernen Sie die Stecknadeln.

2 Steppen Sie auf der Heftlinie entlang und trennen Sie das alte Nahtstück auf. Die neue Naht läuft sanft in die ursprüngliche hinein, sodass kein Absatz entsteht. Durch das Einhalten einer Falte wird ein Kleidungsstück enger.

Abnäher, Biesen, Falten und Kräuseln

KRÄUSELN

Kräusel verwendet man, um die Weite eines Kleidungsstückes einzuhalten und für dekorative Rüschen und Volants. Für einen sanften Kräuseleffekt sollte der Stoff doppelt so breit wie die endgültig gewünschte Breite sein, für starke Kräuselung dreifach. Schwere und sperrige Stoffe lassen sich weniger gut kräuseln. Grundsätzlich wird der Stoff vor den Kräuseln zusammengenäht und gebügelt. Kräuselstiche sind größer als normale Steppstiche. Nähen Sie zwei Kräuselreihen nebeneinander, um den Stoff gleichmäßig einzuhalten. Am schönsten fallen Kräusel im Fadenlauf.

VERWANDTE TECHNIKEN

Nahtzugaben verkleinern, S. 84
Nähte versäubern, S. 85
Rock und Oberteil zusammensetzen, S. 159
Einfache Rüschen, S. 228
Gerade Rüschen mitfassen, S. 229

KRÄUSELN UND GEKRÄUSELTE KANTEN ANPASSEN

Stellen Sie zum Kräuseln mit der Nähmaschine die größte Stichlänge ein und lockern Sie die Fadenspannung. Beide Kräuselnähte werden auf der gleichen Stoffseite genäht, und zwar innerhalb der Nahtzugabe. Zum Kräuseln des Stoffes ziehen Sie an den Unterfäden der Kräuselnähte. Lange Stücke in kleineren Abschnitten arbeiten.

Parallele Linien
Unterbrechung an der Quernaht

1 Arbeiten Sie zwei 6 mm auseinanderliegende parallele Kräuselnähte. Die Fadenenden bleiben lang hängen. Kräuselnähte jeweils an den Quernähten unterbrechen, Zugaben nicht mit aufkräuseln.

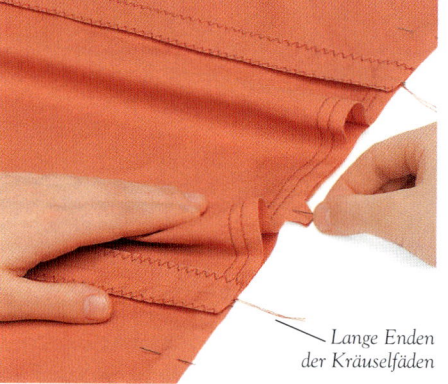

Lange Enden der Kräuselfäden

2 Legen Sie das aufzukräuselnde Stoffstück rechts auf rechts auf das glatte Gegenstück. Die Kanten liegen genau aufeinander, Nähte und Klipse werden deckungsgleich festgesteckt (oben).

Wenn die Kräuselung unregelmäßig wird, ziehen Sie an einem einzelnen Faden

3 Unterfäden an einem Ende achtförmig um eine quergesteckte Nadel schlingen. Am anderen Ende an beiden Kräuselfäden (Unterfäden) gleichzeitig ziehen, die entstehenden Kräusel zurechtschieben.

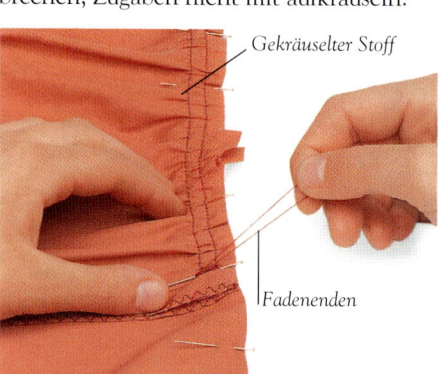

Gekräuselter Stoff
Fadenenden

4 Wenn das aufgekräuselte Teil auf das glatte Teil passt, schlingen Sie die Fadenenden um eine Stecknadel (oben). Bei langen Kräuselstrecken arbeiten Sie von beiden Enden aus zur Mitte hin, statt die ganze Weite von einer Seite her aufzukräuseln.

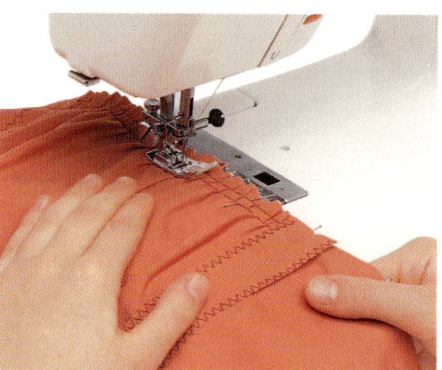

5 Verteilen Sie die Kräusel gleichmäßig. Stichlänge und Fadenspannung wieder auf normale Position stellen, vorsichtig auf Nahtlinie durch beide Stofflagen steppen. Gekräuselter Stoff sollte oben liegen (oben). Stecknadeln beim Nähen herausziehen.

Bei Kleidern werden die Nahtzugaben nach oben gebügelt

6 Schneiden Sie die Nahtzugaben glatt und versäubern Sie sie mit Zickzackstichen. Schlagen Sie die Kräuselnaht auseinander und bügeln Sie die Nahtzugabe in Richtung des glatten Stoffes (oben).

GEKRÄUSELTE NÄHTE BELEGEN

Es ist sinnvoll, Kräuselnähte zu belegen, um das Ausfransen und Überdehnen zu verhindern. Zudem sind die Kanten mit dem Belegstreifen in einem Arbeitsgang versäubert. Saumband, Köperband oder Ripsband eignen sich gut dafür. Es wird knapp oberhalb der Nahtlinie auf die Nahtzugabe gesteppt und mit dem Stoff bekantelt.

1 Bevor die Nahtzugabe der Kräuselnaht beschnitten wird, stecken Sie ein festes Band an der Nahtlinie entlang auf. Steppen Sie das Band knapp neben der Nahtlinie auf (oben).

2 Schneiden Sie die Nahtzugaben auf Breite des Bandes ab. Nähen Sie mit Zickzackstichen über die Kante des Bandes und fassen Sie alle darunterliegenden Stofflagen mit (oben). Naht flachbügeln.

KRÄUSEL BÜGELN

Beim Bügeln von Kräuseln schieben Sie immer die Spitze des Bügeleisens zur Naht hin. So vermeiden Sie, dass Sie hässliche Falten in den Stoff bügeln.

ZWEI GEKRÄUSELTE KANTEN ZUSAMMENFÜGEN

Wenn Sie zwei gekräuselte Kanten aneinandernähen wollen, muss die Kante mit einem Band belegt werden. Nur so können Sie vermeiden, dass sich die Kräusel während des Steppens verschieben und unregelmäßig aussehen. Weil eine Naht aus zwei gekräuselten Lagen sehr dick ist, empfiehlt sich ein dünnes, festes Band als Beleg.

KORDELKRÄUSELUNG

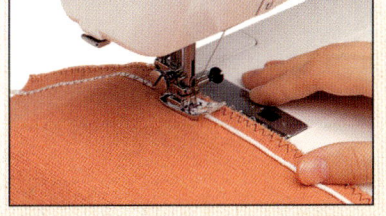

1 Wenn Sie schwere, sperrige Stoffe kräuseln wollen, empfiehlt sich folgende Technik: Steppen Sie mit großem Zickzackstich eine Kordel direkt oberhalb der Nahtlinie fest (oben). Beim Steppen nicht in die Kordel stechen!

2 Verknoten Sie ein Ende der Kordel, ziehen Sie am anderen und schieben Sie die Kräusel zurecht. Wenn die Naht gesteppt ist, kann die Kordel entfernt werden.

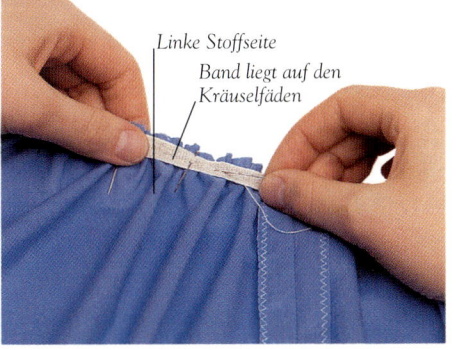

Linke Stoffseite
Band liegt auf den Kräuselfäden

1 Kräuseln Sie eine Stofflage auf, schneiden Sie ein Band zurecht und übertragen Sie alle Markierungen auf das Band. Stecken und heften Sie das Band an die linke Seite des gekräuselten Stoffes (oben).

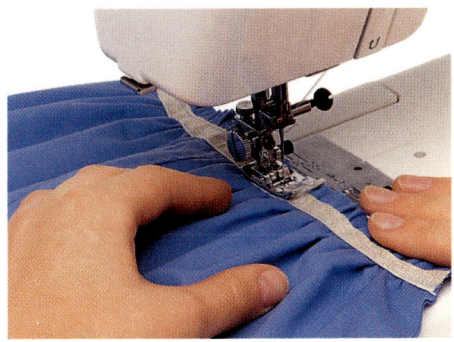

Linke Seite des zweiten Teils
Kräuselfäden

2 Stecken Sie jetzt das noch nicht gekräuselte Teil rechts auf rechts an das erste, sodass die Markierungen übereinstimmen. Dann wird das zweite Teil gekräuselt und angeheftet (oben).

3 Steppen Sie die beiden gekräuselten Lagen entlang der Nahtlinie aufeinander. Dabei muss der Stoff sehr genau geführt werden, weil sich die dicke Kräuselung leicht verschiebt. Eine zweite Naht zur Verstärkung wird im Abstand von 6 mm gesteppt (links). Nun die Nahtzugabe beschneiden und die Kanten gemeinsam versäubern und vorsichtig bügeln.

Abnäher, Biesen, Falten und Kräuseln

Flächen Kräuseln

Es gibt auch die Möglichkeit, größere Stoffpartien flächig aufzukräuseln. Wenn Sie mit der Maschine kräuseln, arbeiten Sie normalerweise mit einem festen Oberfaden und einem Unterfaden aus Gummi, damit die Partie elastisch wird. Auch mit unelastischem Unterfaden kann dekorativ gekräuselt werden.

Elastische Kräuselung

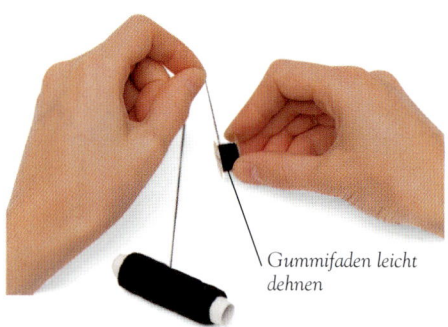

Gummifaden leicht dehnen

1 Wickeln Sie mit der Hand den Gummifaden auf die Spule, bis sie fast voll ist. Beim Wickeln den Faden leicht dehnen (oben). Der gedehnte Gummifaden zieht sich im Stoff zusammen und sorgt so für den Kräuseleffekt.

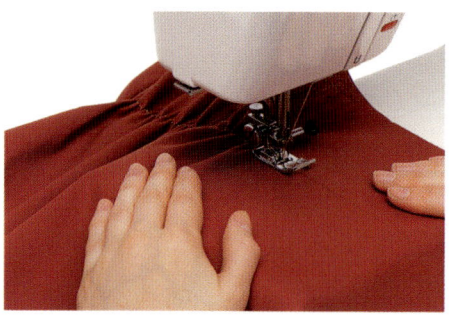

2 Mit normaler Fadenspannung lässt sich mittelfester Stoff gut kräuseln. Steppen Sie eine Reihe und lassen Sie die Fadenenden hängen. Je mehr Reihen Sie arbeiten, umso deutlicher wird der Effekt. Wird der Stoff nicht genug gekräuselt, drehen Sie an der Spulenkapsel die Schraube, mit der die Unterfadenspannung reguliert wird, fester an.

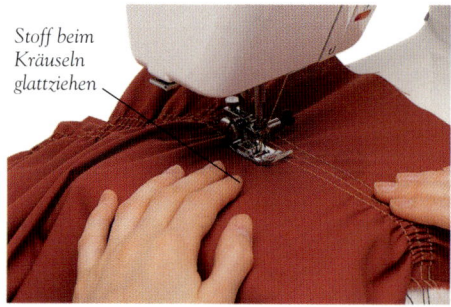

Stoff beim Kräuseln glattziehen

3 Wenn Sie die folgenden Kräuselreihen arbeiten, legen Sie den Stoff glatt unter die Nähmaschine. Benutzen Sie die Kante des Nähfußes oder ein Wattierlineal, um parallele Linien zu steppen. Der Abstand der Reihen kann 2,5 bis 5 mm betragen. Je größer die Zwischenräume sind, umso lockerer wird die Kräuselung.

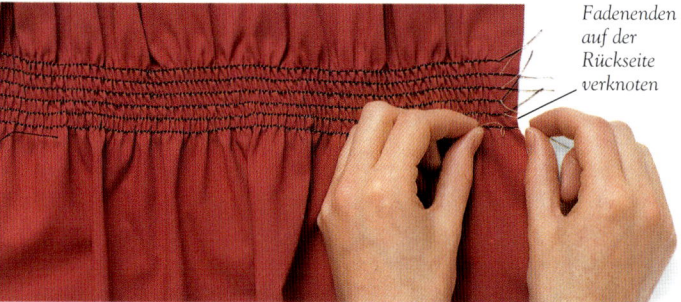

Fadenenden auf der Rückseite verknoten

4 Wenn die Kräuselung nicht fest genug ist, können Sie sie durch Zug an den Unterfäden regulieren. Ziehen Sie dann alle Fäden zur linken Stoffseite durch und verknoten Sie sie gut (oben). Nach Möglichkeit sollten Sie die Kräuselfäden auch in der Seitennaht mitfassen, um die Arbeit so noch zusätzlich zu sichern.

Waffelkräuselung

Gleichmäßige Abstände zwischen den Reihen

Bei dieser Technik überlagern sich senkrechte und waagerechte einfache Kräuselreihen (siehe oben). Wenn die Partie in einer Richtung gekräuselt ist, drehen Sie sie um 90° und arbeiten in der anderen Richtung. Ziehen Sie beim Kräuseln den Stoff unter der Maschine immer glatt.

Kordel-Kräuselung

Kordelkräuselung

Wo nur eine oder zwei Kräuselreihen nötig sind, etwa an einem Ärmelsaum, gibt die Technik mit elastischem Unterfaden oft nicht genug Halt. Verwenden Sie dann ein stärkeres Gummi, z. B. Hutgummi. Steppen Sie das Gummi mit Zickzackstichen auf die linke Stoffseite, ziehen Sie es bei Bedarf noch fester an und verknoten Sie es gut.

Kräuselkante

Kanten vor dem Annähen einschlagen

Zwei Kräuselreihen mit einfachem Nähgarn nebeneinander steppen. Unterfäden anziehen, bis die gewünschte Weite erreicht ist. Gut verknoten. Um die Kräuselung zu fixieren, nähen Sie von Hand einen passenden Stoffstreifen als Beleg dahinter.

KRÄUSELN

VORKRÄUSELN ZUM SMOKEN

Die Smoktechnik wird verwendet, um Weite einzuhalten und um rechteckige Stoffpartien zu formen. Grundsätzlich wird gesmokt, bevor das Modell zusammengesetzt wird.

Am besten lassen sich leichte, fließende oder weiche Stoffe smoken. Karierte/gestreifte Stoffe lassen sich sehr leicht verarbeiten, weil das Muster beim Einhalten der Abstände hilft.

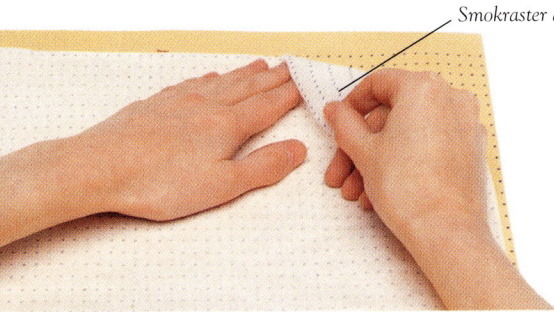
Smokraster aufbügeln

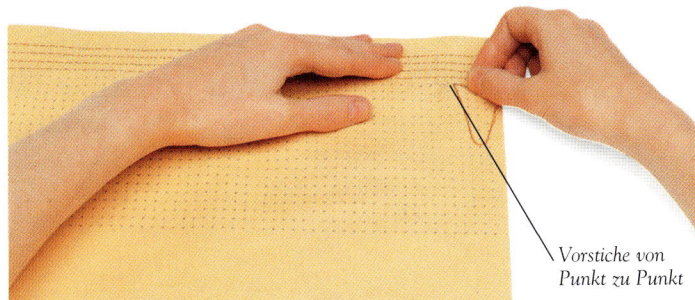
Vorstiche von Punkt zu Punkt

1 Wenn Sie den Stoffbedarf ermitteln wollen, müssen Sie etwa das Dreifache der fertigen Breite berechnen, bei leichten Stoffen etwas mehr, bei schwereren etwas weniger. Bügeln Sie ein Punktraster auf die linke Stoffseite und ziehen Sie das Trägerpapier ab (oben). Prüfen Sie auf einem Stoffrest, ob die Punkte zur rechten Stoffseite durchscheinen. Raster aufheften.

2 Verwenden Sie einen stabilen Faden, der für eine ganze Reihe ausreicht. Machen Sie in ein Ende einen festen Knoten. Arbeiten Sie dann mit kleinen Vorstichen (S. 74) von Punkt zu Punkt über die Stoffbreite (oben). Bei jedem Punkt werden nur wenige Gewebefäden aufgenommen. Am Ende bleiben die Fäden lang hängen. Nähen Sie alle Reihen nebeneinander.

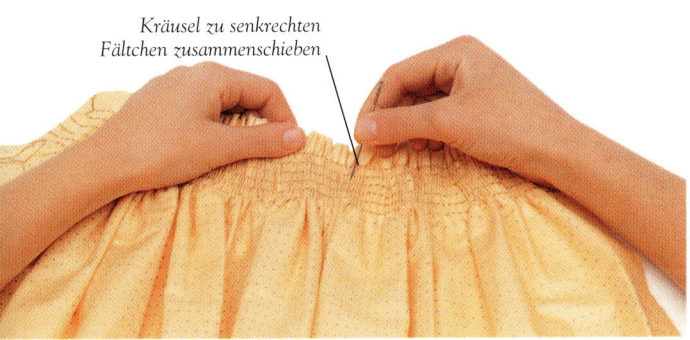
Kräusel zu senkrechten Fältchen zusammenschieben

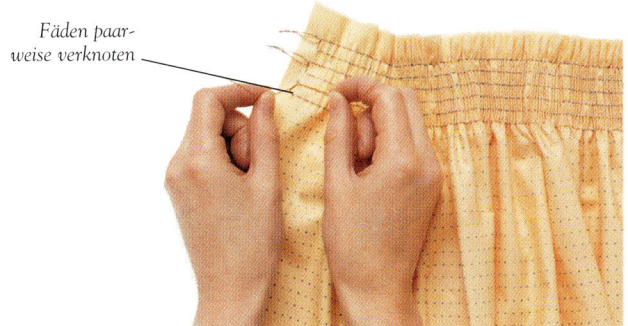
Fäden paarweise verknoten

3 Ziehen Sie vorsichtig an den herabhängenden Fadenenden und kräuseln Sie den Stoff flächig auf, bis er die gewünschte Breite hat. Kontrollieren Sie die Stoffbreite sehr genau! Schlingen Sie die langen Fadenenden um Stecknadeln, um sie zu befestigen. Mit dem stumpfen Ende einer Nähnadel verteilen Sie die Kräusel gleichmäßig, sodass senkrechte Fältchen entstehen (oben).

4 Verknoten Sie die überhängenden Fadenenden paarweise von oben nach unten (oben). Die Fadenenden werden erst abgeschnitten, wenn die Smokarbeit fertiggestellt ist. Oft lässt man die beiden obersten Fäden auch im Stoff, bis die Oberkante in einer Naht mitgefasst wurde.

DER SMOKER

Offene Seiten lassen die Verarbeitung jeder Stoffbreite zu

Stoff wird über Holzwalzen transportiert

Nadeln greifen in Kerben

Anzahl der Nadeln richtet sich nach der Breite des zu smokenden Stoffes

Stofftransport durch Drehen an den Handrädern

Fädeln Sie Näh- oder Elastikgarn in so viele Nadeln, wie Sie für die gewünschte Fläche benötigen. Nach dem Einfädeln der Nadeln drehen Sie an den Handrädern. Dadurch wird der Stoff zwischen die Messingwalzen gezogen. Wickeln Sie den restlichen Stoff um die Holzwalze, die Sie vorsichtig in die Führung des Smokers einlegen. So kann der Stoff glatt abrollen. Drehen Sie nun an den Handrädern, um den Stoff langsam zwischen den Walzen durchzuziehen. Dabei durchstechen die Nadeln den Stoff und ziehen die Kräuselfäden ein.

HALSABSCHLÜSSE

HALSABSCHLÜSSE
Übersicht 126
Der Beleg am Ausschnitt 127
Die Belegkanten versäubern 127
Der schräg geschnittene Beleg 128
Der Formbeleg 129
Der kombinierte Beleg für Halsausschnitt und Vorderkante 130
Der angeschnittene Beleg 130
Der kombinierte Hals- und Armausschnittbeleg 131
Der Beleg mit Paspel 132
Der kombinierte Beleg mit Paspel 133
Der eingefaßte Halsausschnitt 134
Einfassungen schließen: die gerade Methode 136
Die Formblende 137

DER HALSABSCHLUSS MIT SCHLITZ
Die zweiteilige Schlitzblende 138

HALSABSCHLÜSSE

Die Linie des Halsabschlusses formt Hals und Gesicht, die Ausschnittkontur gehört zu den wichtigsten Merkmalen eines Kleidungsstückes. Vom schlichten Ausschnitt mit unsichtbarem Beleg über die eingefasste Ausschnittkante bis zum anspruchsvollen Schlitz mit Knöpfchen reicht die Palette der Ausschnittvarianten. Am einfachsten lässt sich ein Halsabschluss arbeiten, wenn nur die Schulternähte geschlossen sind. So können Sie die Ausschnittöffnung flach auf die Arbeitsfläche legen. Die folgenden Hinweise gelten auch für eckige und V-Ausschnitte.

VERWANDTE TECHNIKEN

Stiche für Nähte und Kanten, S. 74
Maschinenstiche, S. 77
Nahtzugaben verkleinern, S. 84
Paspel, S. 91
Einlagen verarbeiten, S. 99
Kragen ansetzen, S. 142
Reißverschlüsse einsetzen, S. 250

ÜBERSICHT

Halsabschluss mit Schlitz

Gepaspelter Ausschnitt

Einfassung mit doppeltem Formstreifen

Einfassung mit einfachem Formstreifen

Halsabschluss mit Beleg

Halsabschluss mit Formblende

Halsabschluss mit Schlitz
Bei dieser Ausschnittform müssen Sie sehr genau arbeiten, damit die beiden unteren Kanten der Schlitzblende exakt aufeinanderliegen (S. 138–139). Häufig sieht man Halsabschlüsse mit Schlitz bei T-Shirts, sie sind in festerem Stoff wie Popeline oder Linon jedoch einfacher zu arbeiten.

Gepaspelter Ausschnitt
Bei einem gepaspelten Ausschnitt (S. 132 - 133) wird der Paspel zwischen Ausschnittkante und Beleg mitgefasst. Dann wird der Beleg umgeschlagen und verschwindet im Inneren des Oberteils. Dekorativ sehen schräg geschnittene oder kontrastfarbige Paspel aus.

Einfassung mit doppeltem Formstreifen
Dies ist die ideale Technik für sehr dünne oder glatte Stoffe. Im doppelt gelegten Formstreifen liegen alle Schnittkanten innen, darum sieht diese Einfassung sehr sauber aus (S. 135). Bei schwereren Stoffen wie Chaly oder Wollkrepp bildet der doppelte Formstreifen einen leichten Wulst.

Einfassung mit einfachem Formstreifen
Diese Technik ist einfach zu arbeiten (S. 134), ganz gleich ob Sie einen runden, einen eckigen oder einen V-Ausschnitt einfassen wollen. Sie eignet sich für fast alle leichten und mittelschweren Stoffe, auch für solche, bei denen ein Beleg durchschimmern würde.

Halsabschluss mit Beleg
Die schlichteste Variante eines Halsabschlusses. Auf der rechten Seite des Modells sind weder der Beleg noch Nähte zu sehen. Ein in Form geschnittener Beleg wird auf die rechte Seite gesteppt, dann nach innen umgeschlagen. So verschwinden alle Schnitt- und Nahtkanten.

Halsabschluss mit Formblende
Eine in Form geschnittene Blende (rund oder eckig) sitzt außen am Modell, innen liegt ein Beleg in der gleichen Form. Kontrastfarbiger Stoff oder schräg zugeschnittene Karos oder Streifen können der Formblende einen besonderen optischen Reiz geben.

HALSABSCHLÜSSE

DER BELEG AM AUSSCHNITT

Belege werden verwendet, um die Schnittkanten von Kleidungsstücken zu versäubern. Wenn eine Kante gerade ist, kann der Beleg in einem Stück mit dem entsprechenden Teil zugeschnitten werden. Man spricht dann von einem angeschnittenen Beleg. Hat die zu belegende Kante eine spezielle Form, muss der Beleg die gleiche Form haben.

VERSCHIEDENE AUSSCHNITTBELEGE

Belege haben die gleichen Konturen wie die Schnittteile, die belegt werden. Im Vorderteilbeleg gehen Vorderkante und Ausschnittkante ineinander über. Ein Formstreifen ist ein im schrägen Fadenlauf zugeschnittener Streifen, der den Ausschnitt einfasst.

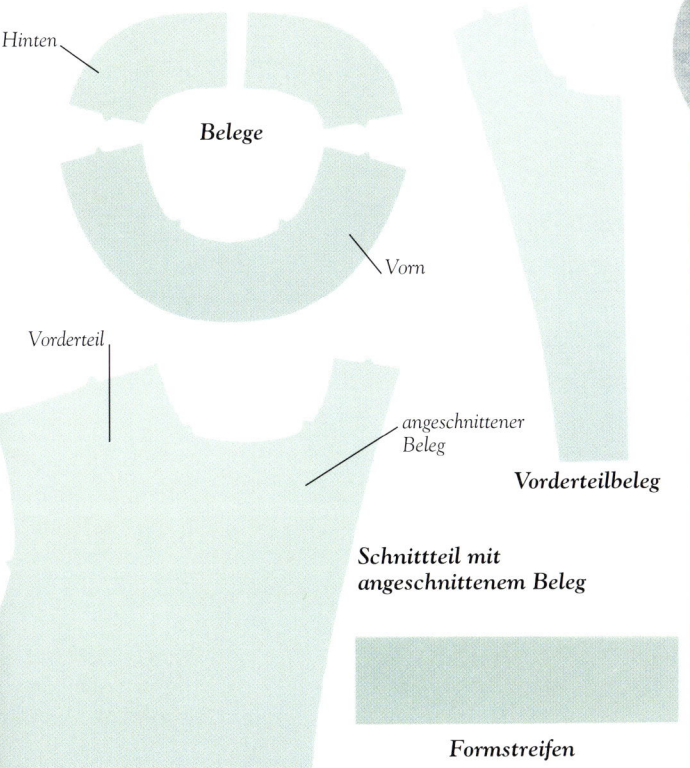

EINEN BELEG VERSTEIFEN

1 Auf vordere und hintere Belege Einlage aufbügeln. Schulternähte der Belegteile schließen, Zugaben zurückschneiden, auseinanderbügeln. Wenn ein Reißverschluss eingesetzt wird, bleibt der Beleg hinten offen.

2 Wenn sich der Stoff leicht dehnt, steppen Sie ihn zur Stabilisierung mit langen Stichen knappkantig an der Innenkante ab. Legen Sie noch einmal den Papierschnitt auf und korrigieren Sie die Weite, indem Sie die Fäden leicht anziehen oder lockern.

DIE BELEGKANTEN VERSÄUBERN

Damit die Außenkanten eines Beleges nicht ausfransen, müssen sie versäubert werden. Die schnellste und flachste Methode ist das Bekanteln mit einfachen oder dreifachen Zickzackstichen. Leichte oder mittelschwere Stoffe können an den Kanten umgesteppt werden, schwerere Stoffe werden abgesteppt und mit der Zackenschere beschnitten.

BEKANTELN

Das Bekanteln mit dem Zickzackstich der Nähmaschine ist die schnellste und einfachste Art, einen Beleg zu versäubern. Wählen Sie einen mittleren bis großen Stich.

KANTEN UMSTEPPEN

Leichte und mittelschwere Stoffe können Sie an der Außenkante 3 mm breit nach links einschlagen und mit Geradstichen absteppen.

STEPPEN UND ZACKEN

Schwere, nicht fransende Stoffe versäubern Sie am einfachsten, indem Sie 6 mm von der Kante entfernt eine Steppnaht entlangführen. Nahtüberstand mit der Zackenschere abschneiden.

HALSABSCHLÜSSE

DER SCHRÄG GESCHNITTENE BELEG

Mit dieser Technik erhalten Sie saubere, schmale Einfassungen für Ausschnittkanten jeder Form. Besonders für feine Stoffe, wo ein Beleg zur Außenseite durchschimmern würde, eignet sich die Einfassung mit Schrägstreifen gut. Die fertige Einfassung kann von Hand unsichtbar von innen festgenäht oder aber von außen sichtbar abgesteppt werden.

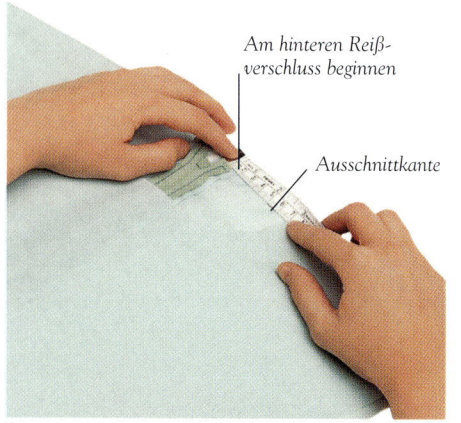

Am hinteren Reißverschluss beginnen

Ausschnittkante

1 Länge des Ausschnitts messen. Schneiden Sie einen Schrägstreifen zu, der 5 cm länger ist. Die Breite des Streifens entspricht der doppelten fertigen Breite der Einfassung plus zweifacher Zugabe.

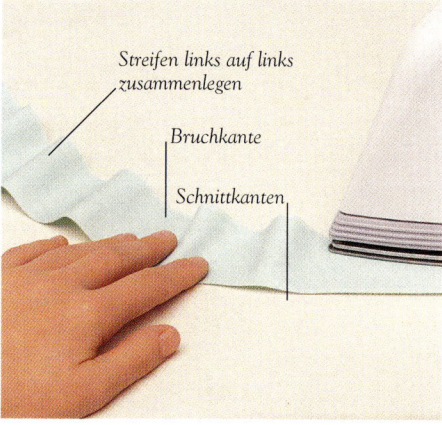

Streifen links auf links zusammenlegen

Bruchkante

Schnittkanten

2 Falten und bügeln Sie den Streifen der Länge nach zur Hälfte, linke Stoffseiten innen. Schrägstreifen beim Bügeln gerundete Form geben: Bruchkante dehnen, Schnittkanten einhalten.

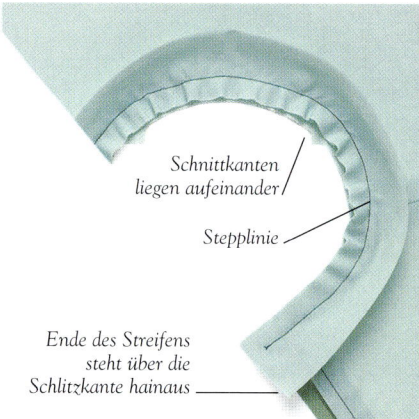

Schnittkanten liegen aufeinander

Stepplinie

Ende des Streifens steht über die Schlitzkante hainaus

3 Streifen ist nun wie eine einzige Stofflage. Stecken Sie die Kanten bündig an die Ausschnittkante, die Enden reichen über die rückwärtigen Schlitzkanten hinaus. Nun den Streifen anstempen.

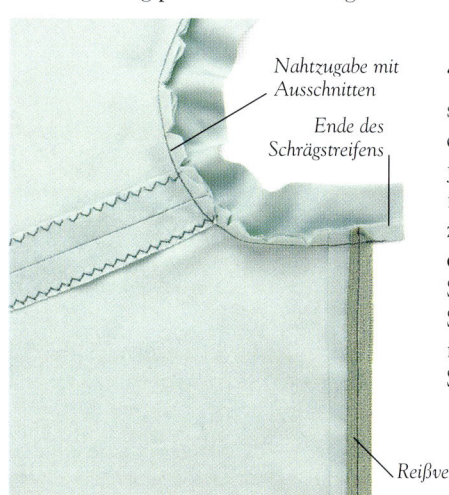

Nahtzugabe mit Ausschnitten

Ende des Schrägstreifens

Reißverschluß

4 Die Nahtzugaben werden abgestuft so zurückgeschnitten, dass die breiteste diejenige des Oberstoffes ist. Dann die Nahtzugabe keilförmig einschneiden (links). Schlagen Sie den Schrägstreifen nach innen ein und stecken Sie ihn fest.

EINEN AUSSCHNITT VERSTEIFEN

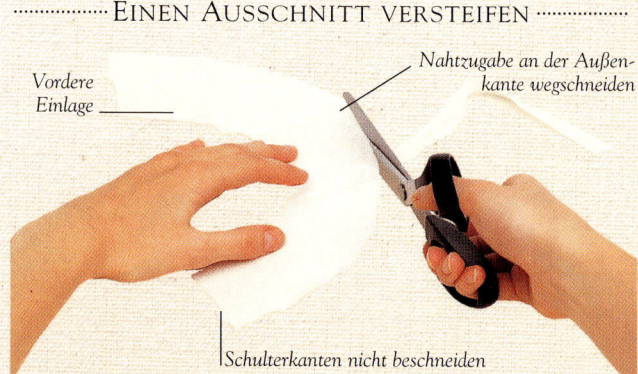

Vordere Einlage

Nahtzugabe an der Außenkante wegschneiden

Schulterkanten nicht beschneiden

1 Damit beim Einfassen die Zugaben unsichtbar bleiben, verstärken Sie bei feinen Stoffen den Ausschnitt mit Einlage. Schneiden Sie einen Einlagestreifen nach dem Schnittmuster des Beleges zu. Nahtzugabe an der Außenkante wegschneiden.

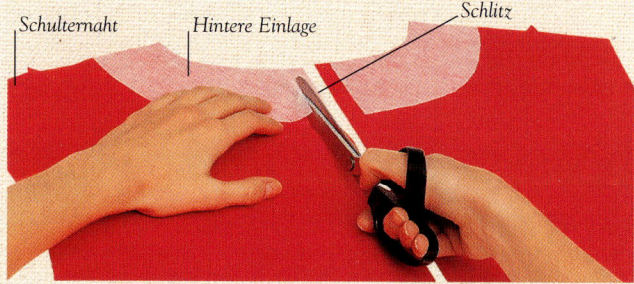

Schulternaht   *Hintere Einlage*   *Schlitz*

2 Hat das gewünschte Modell einen rückwärtigen Schlitz, schneiden Sie die seitlichen Nahtzugaben der Einlage weg (oben). Heften Sie die Einlage an, ehe Sie die Schulternähte steppen.

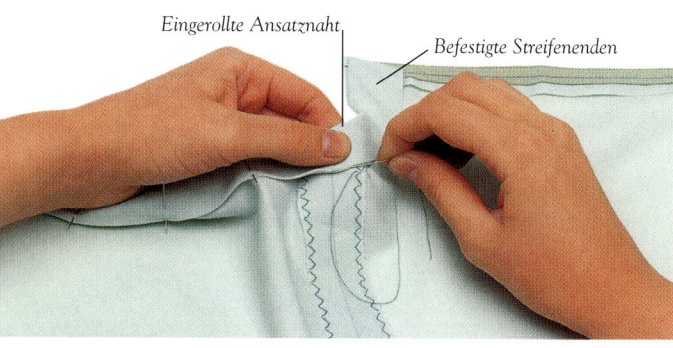

Eingerollte Ansatznaht   *Befestigte Streifenenden*

5 Rollen Sie die Ansatznaht des Schrägstreifens leicht nach innen, sodass sie von der Außenseite nicht zu sehen ist. Erneut feststecken. Jetzt von Hand mit kleinen Saumstichen die Längskante des Schrägstreifens annähen (loben). Die eingeschlagenen Enden des Streifens am Trägerband des Verschlusses befestigen.

HALSABSCHLÜSSE

DER FORMBELEG

Diese einfache und sehr gebräuchliche Technik eignet sich für die meisten Stoffe. Der Beleg wird in der gleichen Form wie der Ausschnitt zugeschnitten. Zuerst wird Einlage auf den Beleg gebügelt, dann werden die Schulternähte gesteppt, und schließlich werden die Belegaußenkanten versäubert (siehe S. 127).

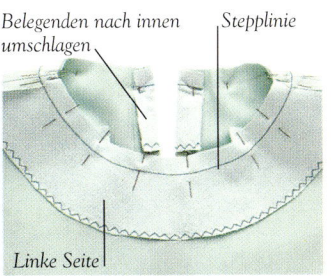

1 Einlage auf Beleg bügeln, Schulternähte steppen, Kanten versäubern, Beleg rechts auf rechts an Ausschnittkante stecken.

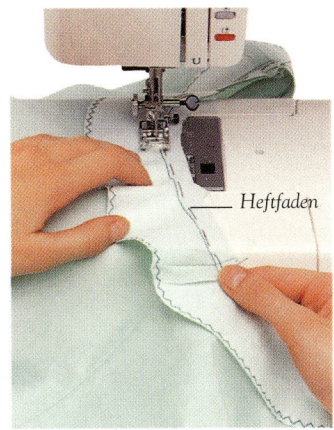

2 Nun den Beleg an die Ausschnittkante heften und die Stecknadeln entfernen. Mit dem Beleg nach oben steppen Sie nun entlang der Kante (links). Achten Sie darauf, dass die Schulternähte am Beleg und am Kleidungsstück flach liegen.

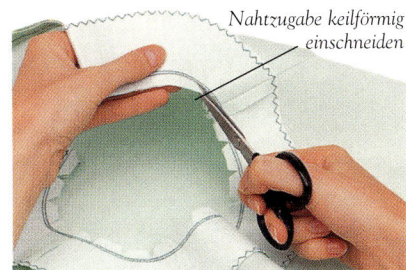

3 Kappen Sie die Nahtzugabe und schneiden sie rundherum keilförmig ein (oben). Nahtzugaben an Schulternähten und am hinteren Schlitz werden schräg abgeschnitten.

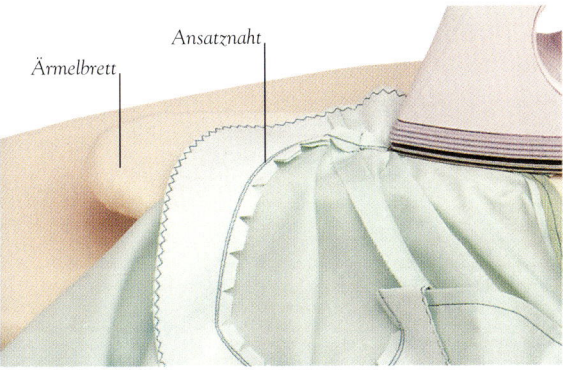

4 Die Naht wird jetzt mit der linken Seiten nach oben auf das Ende eines Bügelbretts oder auf ein Ärmelbrett gelegt. Bügeln Sie die Nahtzugaben sorgfältig mit der Spitze des Bügeleisens auseinander (oben). Dann alle Nahtzugaben in den Beleg bügeln.

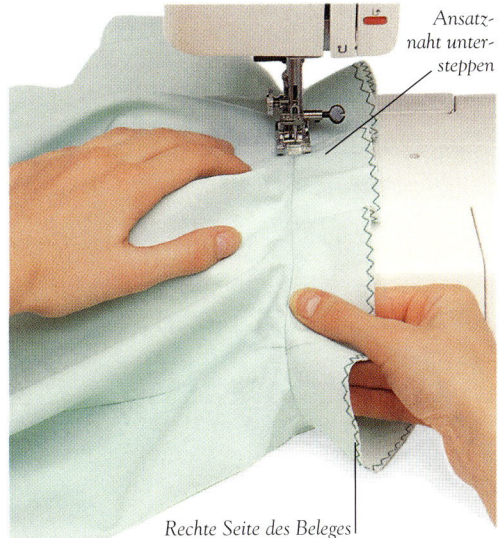

5 Beleg und Nahtzugaben von Kleidungsstück weg bügeln. Dann wird die Ansatznaht untersteppt (S. 84), also nahe der Ansatzlinie auf dem Beleg entlang abgesteppt. Diese Steppnaht sorgt dafür, dass sich alle Nähte leicht nach innen rollen. So ist der fertige Beleg von außen nicht zu sehen.

LETZTE STICHE

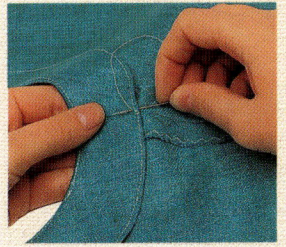

Überwendlingsstiche
Die Nahtlinien von Beleg und Oberstoff sollen an der Schulter aufeinanderliegen. Beleg an der Zugabe der Schulternaht mit einigen kleinen Überwendlingsstichen fixieren.

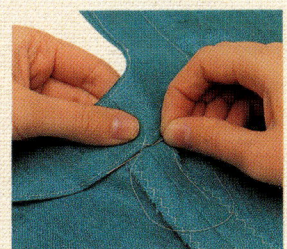

Kreuzstich
Eine zweite Möglichkeit, den Beleg zu befestigen, besteht darin, ihn mit je einem kleinen Kreuzstich an der Nahtzugabe der Schulternaht anzunähen (oben).

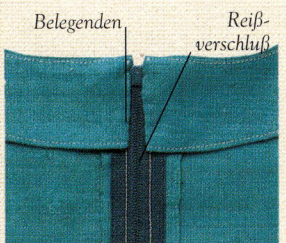

Am Reißverschluss
Befestigen Sie die eingeschlagenen Enden des Beleges mit Saumstichen am Trägerband des Reißverschlusses. Über Verschluss kann ein Haken mit Öse angenäht werden.

6 Schlagen Sie den Beleg in den Ausschnitt. Dabei rollt sich auch die Ansatzlinie leicht nach innen. Bringen Sie die Schulternähte von Beleg und Oberstoff in Deckung und bügeln Sie die Kante sorgfältig. Zum Schluss die Belegenden an den Schlitzkanten einschlagen und bügeln.

HALSABSCHLÜSSE

····· DER KOMBINIERTE BELEG FÜR HALSAUSSCHNITT UND VORDERKANTE ·····

Bei dieser Technik werden der Beleg für die Vorderkante und der Beleg für den Halsausschnitt in einem Stück zugeschnitten. Diese beiden zusammenhängenden Teile werden dann an den hinteren Halsbeleg genäht. So wird die gesamte Halskante und die Vorderkante in einem Arbeitsgang belegt.

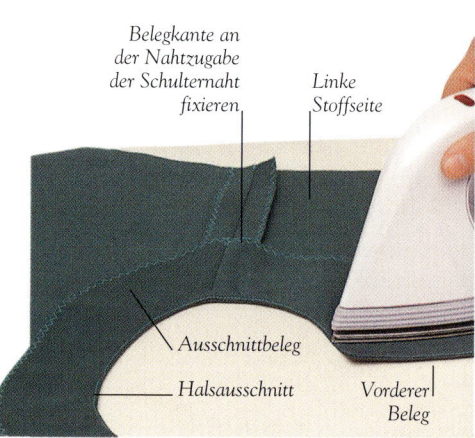

1 Steppen Sie die versteiften Belegteile zusammen. Stecken Sie dann den kompletten Beleg rechts auf rechts an die Vorder- und Ausschnittkanten des Kleidungsstückes. Die Schulternähte liegen aufeinander. Heften Sie die Kanten und entfernen Sie die Stecknadeln (oben).

2 Steppen Sie den Beleg an Hals- und Vorderkante fest (oben) und entfernen Sie danach die Heftfäden. Schneiden Sie die Nahtzugaben zurück. In den Rundungen werden keilförmige Ausschnitte gemacht, an Ecken und Schulternähten wird die Nahtzugabe schräg abgeschnitten.

3 Bügeln Sie den Beleg und die Nahtzugaben vom Kleidungsstück weg. Steppen Sie knapp neben der Ansatznaht durch Beleg und Nahtzugaben. Dann den Beleg einschlagen und bügeln (oben).

····· DER ANGESCHNITTENE BELEG ·····

Wenn Vorderteil und vorderer Beleg aus einem Stück zugeschnitten werden, spricht man von einem angeschnittenen Beleg. Hier wird nur der separate hintere Ausschnittbeleg an den Schulternähten an den angeschnittenen vorderen Beleg gesetzt. Anschließend wird der Beleg an den Oberstoff gesteppt.

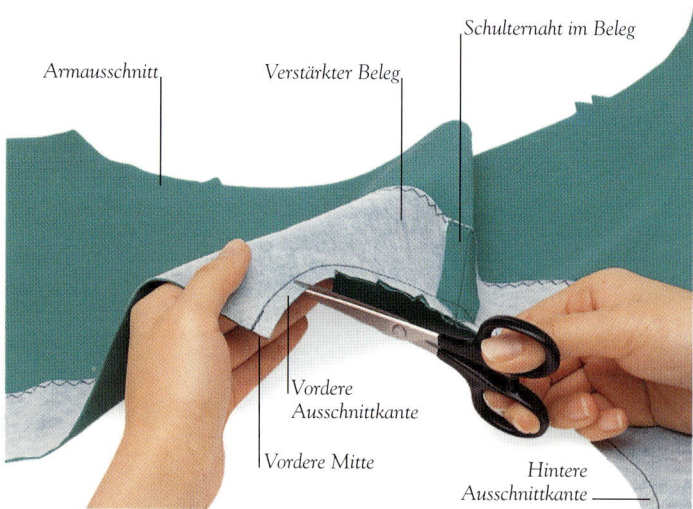

1 Bügeln Sie Einlagematerial auf den hinteren Beleg und auf den angeschnittenen vorderen Beleg. Steppen Sie die Schulternähte des Beleges und des Kleidungsstückes. Nahtzugaben gut auseinanderbügeln. Schlagen Sie den angeschnittenen Beleg am Vorderteil entlang der Umbruchlinie nach rechts um. Stecken Sie die Schnittkanten der Ausschnittbelege aufeinander (links). Schulternähte und eventuelle Markierungen werden in Deckung gebracht. Heften und Stecknadeln entfernen.

2 Steppen Sie den Beleg an die Ausschnittkante des Oberstoffes. Schneiden Sie die Nahtzugaben abgestuft zurück, diejenige am Kleidungsstück bleibt am längsten. In den Rundungen keilförmige Ausschnitte machen, Ecken und Nahtzugaben der Schulternähte schräg abschneiden. Dann die Kante untersteppen (siehe Schritt 3, oben). Nun den Beleg nach innen schlagen und bügeln.

HALSABSCHLÜSSE

Der kombinierte Hals- und Armausschnittbeleg

Einteilige Belege für Hals- und Armausschnitte werden vor allem da verwendet, wo die Schulternähte so schmal sind, dass getrennte Belege sich überlappen würden.

In unserem Beispiel arbeiten wir mit einem vorderen und zwei hinteren Belegen. Die Schulternähte von Oberstoff und Beleg bleiben offen, bis der Beleg angesetzt ist.

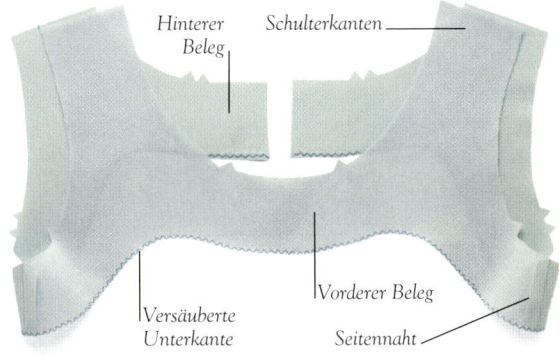

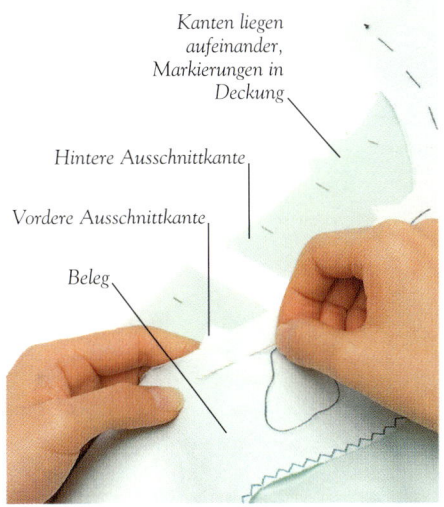

1 Versteifen Sie die Belege mit Einlagematerial. Die Seitennähte der Belege werden zusammengesteckt und gesteppt. Dann die Nahtzugaben auseinanderbügeln. Die Schulternähte der Belege bleiben offen. Versäubern Sie die Unterkante des Beleges mit Zickzackstichen.

2 Legen Sie in die Schulternähte des Oberstoffes ein kleines Fältchen und stecken Sie es fest (siehe unten, Ganz exakt). Nun stecken Sie den Beleg rechts auf rechts an die Hals- und Armausschnittkanten des Oberstoffes. Heften Sie die Kanten (links), aber lassen Sie die Schulternähte weiterhin offen. Alle Nadeln außer denen in den Fältchen herausziehen.

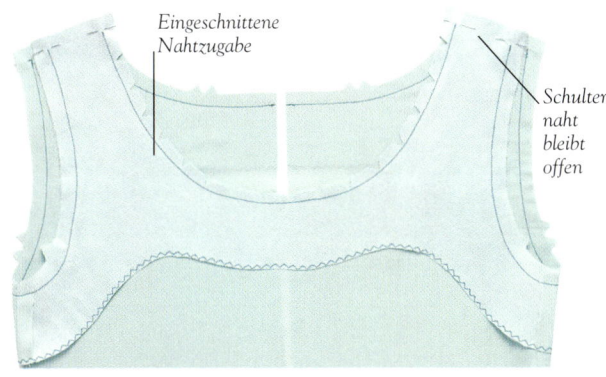

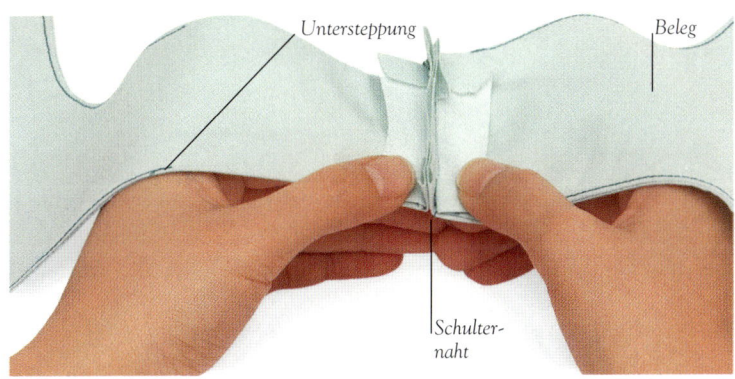

3 Steppen Sie die Kanten des Halsausschnittes und der Armausschnitte. 1,5 cm vor den Schulternähten halten Sie an und verriegeln die Naht sorgfältig mit Rückstichen. Heftfäden entfernen und zurückschneiden, in den Rundungen keilförmig einschneiden. Wenn Sie die Nahtzugabe abgestuft beschneiden, bleibt diejenige am Kleidungsstück am längsten.

4 Ziehen Sie die Nadeln aus den Schulterfältchen. Bügeln Sie die Ansatznähte des Beleges und untersteppen Sie sie so weit wie möglich. Nun den Beleg zur linken Seite des Kleidungsstückes wenden und bügeln. Schlagen Sie am Beleg die Nahtzugaben der Schulternähte zurück (oben) und steppen Sie die Schulternaht im Oberstoff. Anschließend die Nahtzugabe kurz zurückschneiden.

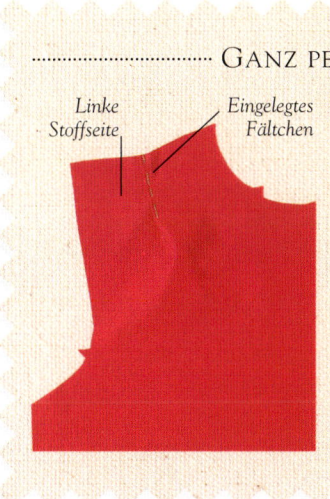

Ganz perfekt

Legen Sie ein kleines Fältchen in die Schulternaht des Oberstoffes, ehe Sie den Beleg ansetzen (links). Ziehen Sie die Nadel heraus, nachdem die Schulternaht im Beleg gesteppt ist. Erst jetzt die Schulternaht im Oberstoff steppen. Auf diese Weise wird der Oberstoff an der Schulter etwas weiter, der Beleg verschwindet.

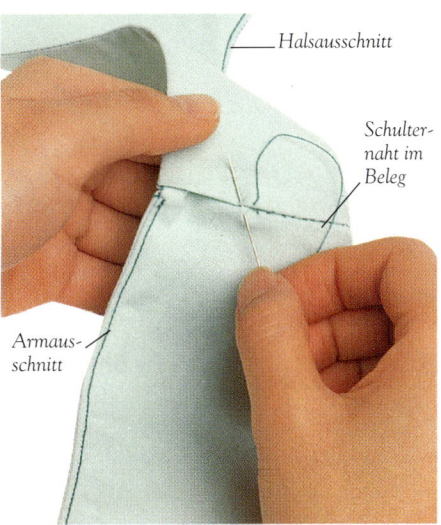

5 Die Nahtzugaben des Belegs werden an der Schulter auf 6 mm zurückgeschnitten. Dann schlagen Sie die Belegkanten ein und schließen die kurze Naht mit feinen Saumstichen (links).

HALSABSCHLÜSSE

DER BELAG MIT PASPEL

Paspel gibt es fertig zu kaufen, Sie können sie aber auch nach der Methode auf S. 91 selbst herstellen. Fertige Paspeln sind im Durchmesser meist eher fein. Wenn Sie eine dickere Paspel wünschen, nähen Sie ein Stück Kordel in Stoff ein (siehe gegenüber). Der Paspelstreifen wird zwischen Halsausschnittkante und Beleg mitgefasst.

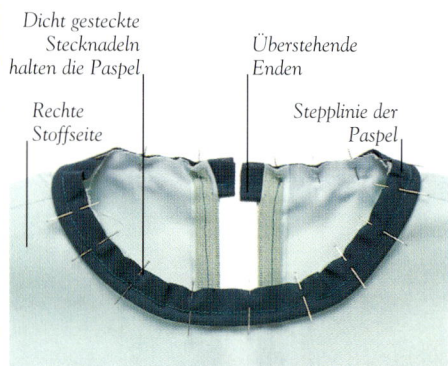
Dicht gesteckte Stecknadeln halten die Paspel
Rechte Stoffseite
Überstehende Enden
Stepplinie der Paspel

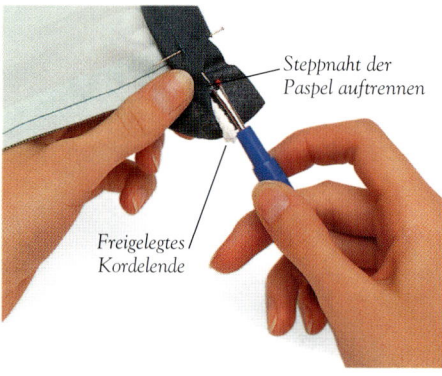
Steppnaht der Paspel auftrennen
Freigelegtes Kordelende

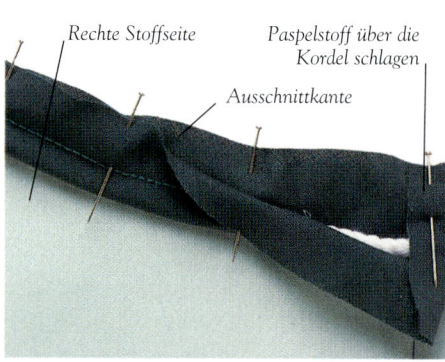
Rechte Stoffseite
Paspelstoff über die Kordel schlagen
Ausschnittkante

1 Paspel an rechte Ausschnittseite stecken, Kordel liegt knapp außerhalb der Nahtlinie (bei selbst gefertigten Paspeln Stepplinie innerhalb der Ausschnitt-Nahtlinie). Am rückwärtigen Verschluss stehen Paspelenden über.

2 Ohne die Stecknadeln zu entfernen schneiden Sie die Steppnaht der Kordelpaspel bis zur Kante des Reißverschlusses auf, sodass ein Stück der eingeschlossenen Kordel sichtbar wird (oben).

3 Schneiden Sie die Kordelenden auf Höhe des Reißverschlusses ab. Der Paspelstreifen wird 6 cm neben den Kordelenden ebenfalls abgeschnitten und eingeschlagen (oben). Legen Sie den Streifen wieder zusammen und stecken Sie ihn fest.

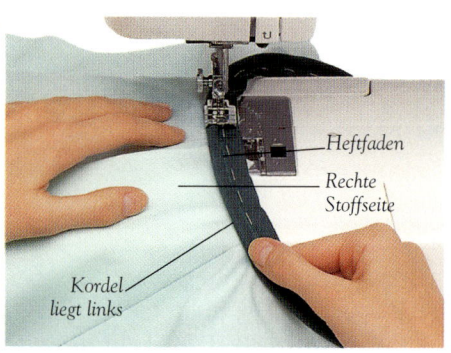
Heftfaden
Rechte Stoffseite
Kordel liegt links

Beleg

4 Heften Sie die Paspel an den Ausschnitt und ziehen Sie die Nadeln heraus. Paspel dicht neben der Kordel feststeppen mit einem speziellen Paspelfuß (oben) oder einem Reissverschlußfuß. Heftfäden herausziehen.

5 Stecken Sie nun den Beleg rechts auf rechts auf dem Oberstoff mit der darauf befestigten Paspel fest. Am hinteren Verschluss sollten auf jeder Seite 1,5 cm überstehen, die Sie nach innen einschlagen. Heften (oben).

6 Mit der linken Seite des Beleges nach oben steppen Sie nun den Beleg an (oben). Die Stiche sollten zwischen der Kordel und der Naht liegen, mit der die Kordel befestigt wurde (Schritt 3). Anschließend die Heftfäden entfernen.

Nahtzugabe an der Schulternaht schräg abgeschnitten

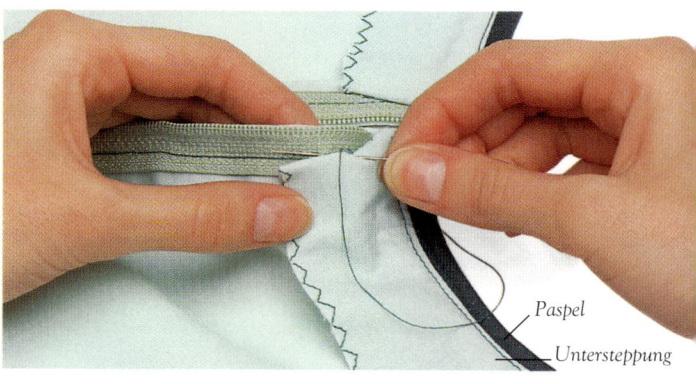
Paspel
Untersteppung

7 Schneiden Sie die Nahtzugaben so zurück, dass die am Oberstoff am längsten bleibt. Ecken und Nahtzugaben der Schulternähte schräg abschneiden, die Nahtzugabe ringsum einkerben (oben). Jetzt den Beleg hochschlagen und die Nahtzugaben nach oben bügeln.

8 Untersteppen Sie mit dem Reißverschlussfuß den Beleg und die Nahtzugaben dicht an der Paspel. Nun den Beleg einschlagen und die Kante bügeln. Die Überstände am hinteren Verschluss werden eingeschlagen und von Hand am Reißverschluss befestigt (oben).

HALSABSCHLÜSSE

DER KOMBINIERTE BELEG MIT PASPEL

Bei dieser Technik wird die Einziehkordel mit einem Streifen Stoff ummantelt, der zugleich als Beleg dient. Bei Strickstoffen schneiden Sie diesen Streifen quer zu, bei gewebten Stoffen im schrägen Fadenlauf. Er muss 3 cm länger als die Halsausschnittweite sein, seine Breite beträgt 4 cm über den Bedarf zum Ummanteln der Kordel hinaus.

Eingenähte Kordel

Rechte Stoffseite
Steppnaht der Paspel
Stoffkanten über die Kordel klappen

1 Legen Sie den Stoffstreifen so um die Kordel, dass eine Seite 1,5 cm weit übersteht, die andere 2,5 cm. Steppen Sie mit dem Reissverschlussfuß dicht an der Kordel entlang und versäubern Sie die breitere Stoffkante mit Zickzackstichen.

2 Den schmalen Rand des Paspelstreifens stecken Sie nun bündig an der Kleiderkante fest, am hinteren Verschluss stehen die Enden über. Paspelenden auftrennen und Kordel zurückschneiden, wie gegenüber in Schritt 2 und 3 beschrieben.

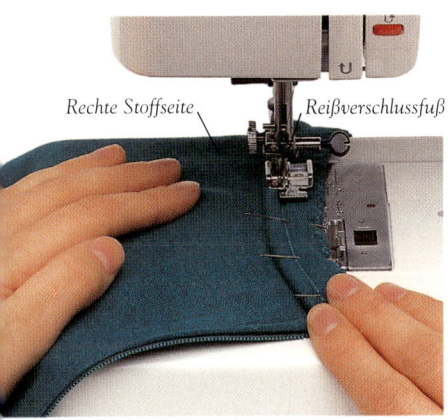

Rechte Stoffseite *Reißverschlussfuß*

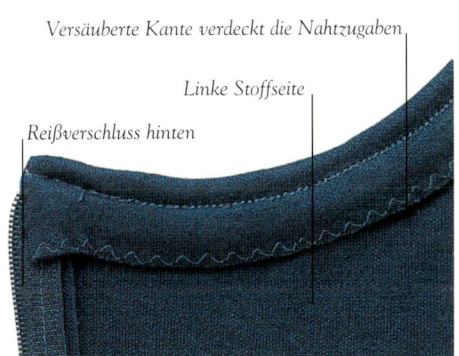

Versäuberte Kante verdeckt die Nahtzugaben
Linke Stoffseite
Reißverschluss hinten

3 Nun wird von der rechten Seite des Kleidungsstückes aus mit dem Reißverschlußfuss dicht an der Kordel entlanggesteppt (oben). Ziehen Sie die Stecknadeln heraus und schneiden Sie die Nahtzugabe am Ausschnitt und die unversäuberte Paspelkante auf 6 mm zurück.

4 Der Paspelstreifen wird nach innen gewendet und gebügelt. Die Stoffstreifen an den Paspelenden schlagen Sie ein und befestigen sie am Reißverschluss, außerdem wird die Paspel an den Schulternähten fixiert. Zum Schluss nähen Sie Haken und Öse an.

GEPASPELTER HALSAUSSCHNITT OHNE VERSCHLUSS

Überlappende Paspelenden

1 Lassen Sie die Enden der Paspel an einer Schulternaht etwa 3 cm überlappen. Steppen Sie die Paspel an der Ausschnittkante fest, lassen aber 2 cm an der Ansatzstelle frei.

Enden liegen übereinander

2 Trennen Sie die Paspelnaht an den Enden etwas auf und schneiden Sie die Kordel ein wenig zurück. Legen Sie nun die schnurlosen Schläuche übereinander und schließen Sie die Naht. Jetzt die Paspel nach innen legen und an der Schulternaht sauber fixieren.

DRUCKKNOPF AN DER PASPEL

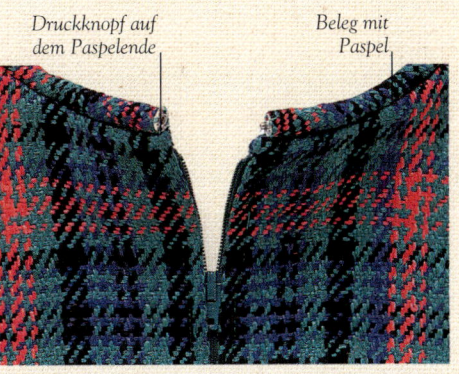

Druckknopf auf dem Paspelende *Beleg mit Paspel*

Wenn Sie eine sehr dicke Einlegeschnur verwendet haben, empfiehlt es sich, am Abschluss einen Druckknopf anzubringen. Diese Lösung ist noch haltbarer als ein Haken mit Öse. Wählen Sie einen Druckknopf, der im Durchmesser zur Kordel passt. Nähen Sie die Druckknopfhälften mit farblich passendem Nähgarn auf die stumpfen Paspelenden.

133

HALSABSCHLÜSSE

DER EINGEFASSTE HALSAUSSCHNITT

Der eingefasste Halsausschnitt hat eine schmale, saubere Kante. Diese Technik eignet sich besonders für leichtere Gewebe, bei denen ein Beleg durchscheinen würde.

Wenn Sie ein Schnittmuster verwenden, dessen Halsausschnitt eigentlich nicht eingefasst werden soll, schneiden Sie die Nahtzugabe an der Ausschnittkante weg.

EINFASSEN MIT EINFACHEM FORMSTREIFEN

Beim Einfassen mit einem einfachen Formstreifen kommen vier Stofflagen zusammen: vier vom Formstreifen und die Ausschnittkante des Oberteils. Die Nahtzugabe entspricht der fertigen Einfassungsbreite. Diese Methode eignet sich für leichte bis mittelschwere Stoffe. Zum Einfassen schwererer Jersey-Qualitäten finden Sie eine Anleitung auf S. 135 unten.

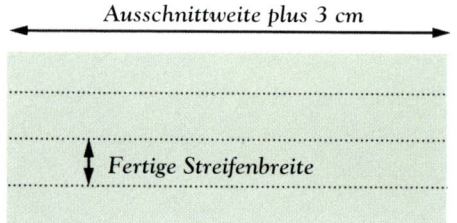

Ausschnittweite plus 3 cm

Fertige Streifenbreite

1 Zeichnen Sie ein Rechteck im schrägen Fadenlauf auf Ihren Stoff und schneiden Sie es aus. Bei Jerseys wird der Streifen im Querfadenlauf geschnitten. Die Breite entspricht der vierfachen Breite des fertigen Formstreifens. Zum Ermitteln der Länge des Streifens messen Sie die Halsausschnittweite und geben 3 cm zu.

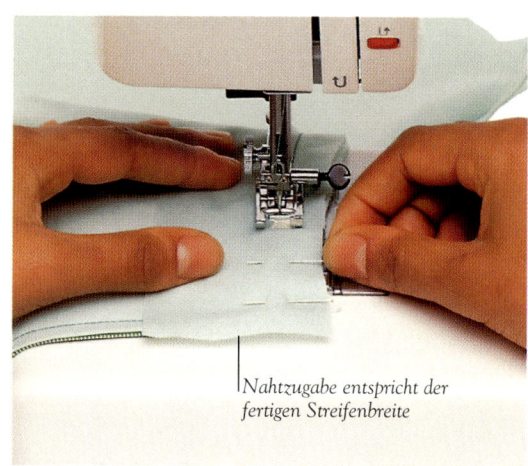

Nahtzugabe entspricht der fertigen Streifenbreite

2 Stecken Sie den Streifen kantengenau rechts auf rechts an den Oberstoff. Dabei wird der Formstreifen leicht gedehnt, damit er sich der Rundung anpasst. Zu jeder Seite der Reißverschlussöffnung bleiben 1,5 cm Überstand. Steppen Sie den Streifen auf der Nahtlinie an den Oberstoff (links).

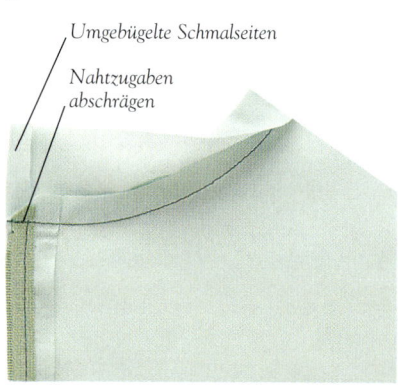

Umgebügelte Schmalseiten
Nahtzugaben abschrägen

3 Schrägen Sie beidseitig des Halsausschnittes die Zugaben ab. Einfassungen und Zugabe vom Kleidungsstück wegbügeln. Schmalseiten des Streifens nach links umbügeln. Zuletzt die Einfassung über die Ausschnittkante nach innen schlagen.

Mittlerer Bruch des Formstreifens
Eingeschlagene Kante
Linke Stoffseite

4 Schlagen Sie die Nahtzugabe des Formstreifens ein, sodass sie an die Schnittkante des Oberstoffes stößt. Jetzt den Streifen flach an die linke Seite des Ausschnittes stecken. Die Umbruchkante des Streifens liegt nun auf der Ansatznaht (links).

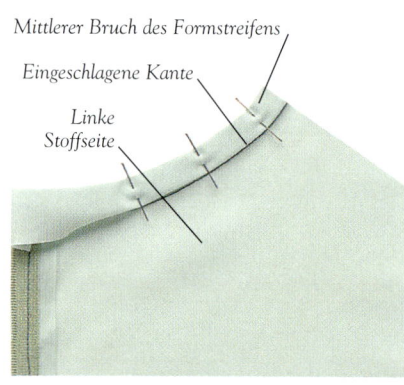

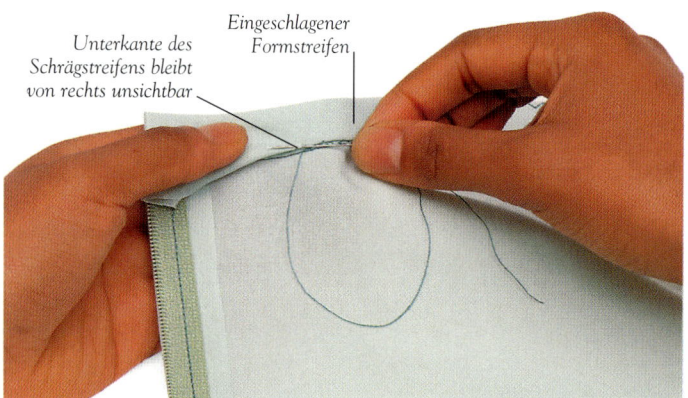

Unterkante des Schrägstreifens bleibt von rechts unsichtbar
Eingeschlagener Formstreifen

5 Nähen Sie mit kleinen Überwendlingsstichen die eingeschlagene Kante des Formstreifens an den Oberstoff (oben). Als Orientierung dient die Ansatzlinie des Streifens. Achten Sie darauf, dass die Stiche auf der Vorderseite nicht zu sehen sind. Mit feinen Stichen werden auch die senkrechten Öffnungen an den Enden des Formstreifens geschlossen.

Linke Seite des einfachen Formstreifens
Haken und Öse

6 Bügeln Sie den Formstreifen flach und nähen Sie Haken und Öse oberhalb des Reißverschlusses an die Enden (S. 261). So entsteht ein unsichtbarer Verschluss, der verhindert, dass der Formstreifen klafft und der Reißverschluss sich unbeabsichtigt öffnet. (Anstelle der Metallöse können Sie auch eine Öse aus einem Faden schürzen.)

HALSABSCHLÜSSE

EINFASSEN MIT DOPPELTEM FORMSTREIFEN

Beim Einfassen mit einem doppelten Formstreifen wird der Streifen zuerst halbiert und dann doppellagig verarbeitet. Auf diese Weise treffen am Hals sechs Stofflagen des Formstreifens auf eine Stofflage des Oberteils. Diese Technik eignet sich besonders für sehr feine Stoffe, wo bei einfacher Einfassung die Schnittkanten des Formstreifens durchschimmern würden.

1 Zeichnen Sie ein Rechteck im schrägen Fadenlauf auf Ihren Stoff und schneiden Sie es aus. Bei Jerseys wird der Streifen im Querfadenlauf geschnitten. Die Breite entspricht der sechsfachen Breite des fertigen Formstreifens. Länge des Streifens entspricht Halsausschnittweite plus 3 cm.

2 Falten Sie den Streifen links auf links der Länge nach zur Hälfte und bügeln Sie ihn. Der doppelt liegende Streifen wird nun rechts auf rechts kantengenau an den Ausschnitt gesteckt und angesteppt. Dabei die Schnittkante des Streifens leicht dehnen, damit er sich der Rundung anpasst (links).

3 Schneiden Sie die Nahtzugaben an beiden Enden schräg ab. Die Überstände des Formstreifens werden nach links umgebügelt. Nun den Formstreifen umschlagen und die Bruchkante an die Ansatznaht des Streifens stecken (links).

4 Nähen Sie den eingebügelten Falz des Formstreifens mit kleinen Überwendlingsstichen an die Innenseite des Ausschnittes (siehe S. 134, Schritt 5). Nun den Formstreifen flach bügeln und als Verschluss einen Haken mit Öse anbringen.

JERSEY EINFASSEN

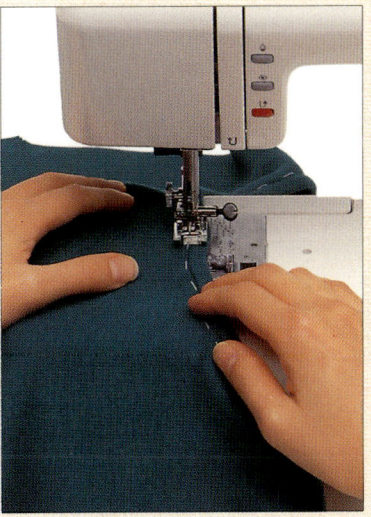

1 Im Querfadenlauf Streifen zuschneiden, der 2 cm länger ist als die Ausschnittweite. Breite entspricht der dreifachen fertigen Breite plus 1 cm. Längskante des Streifens mit Zickzackstichen versäubern, die andere Kante rechts auf rechts an den Ausschnitt stecken. An Schulternaht überlappen Streifenenden. Formstreifen ansteppen. Abstand zwischen Kante und Ansatznaht = fertige Streifenbreite.

2 Bügeln Sie den Streifen vom Oberteil weg und schlagen die versäuberte Kante so ein, dass sie die Ansatznaht verdeckt. Stecken oder heften Sie den Streifen durch alle Stofflagen hindurch fest. Dann steppen Sie ihn von der rechten Seite her genau im Schatten der Ansatznaht fest (links). Stecknadeln und Heftfäden entfernen.

Einfassungen schliessen: die gerade Methode

Bei Halsausschnitten ohne zusätzliche Öffnung müssen die Enden des Formstreifens miteinander verbunden werden. Die gerade Methode ist der einfachste Weg, die schräge Methode gibt jedoch ein flacheres, weniger auftragendes Resultat. Die Nahtstelle sollte auf der Schulter liegen, dort fällt sie am wenigsten auf.

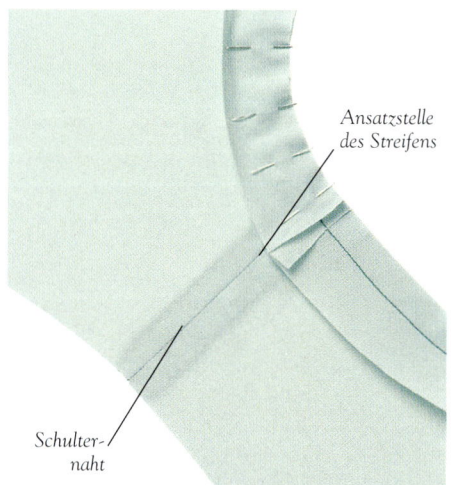

Ansatzstelle des Streifens

Schulternaht

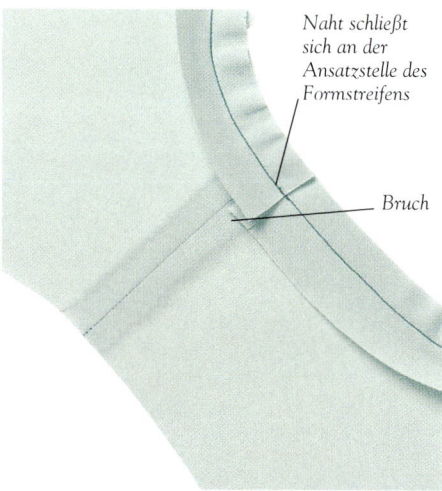

Naht schließt sich an der Ansatzstelle des Formstreifens

Bruch

Bruchkante des Streifens liegt oben

1 Bei einfachen oder doppelten Formstreifen (S. 134–135) bügeln Sie eine Schmalseite 1 cm breit um. Stecken und steppen Sie den Steifen rechts auf rechts so an den Ausschnitt, dass die Ansatzstelle auf der Schulternaht liegt. 5 cm vor der Ansatzstelle anhalten.

2 Prüfen Sie, ob das Ende des Formstreifens den umgeschlagenen Anfang so weit überlappt, dass die Kanten der Schmalseiten aufeinanderliegen. Gegebenenfalls zurechtschneiden. Fixieren Sie nun die Überlappung, indem Sie die letzten 5 cm der Ansatznaht steppen.

3 Bügeln Sie den Formstreifen vom Kleidungsstück weg. Arbeiten Sie nur mit der Spitze des Bügeleisens, um keine unerwünschten Fältchen einzubügeln. Schließen Sie von der rechten Seite aus die Öffnung im Formstreifen mit feinen, unsichtbaren Stichen (oben). Jetzt wird die Einfassung fertiggestellt.

Fertiges Einfassband

Enden des Einfaßbandes stehen je 1 cm weit über

Ansatznaht

Ansatzstelle des Bandes auf der Schulternaht

Die Sandwichmethode
Fertige Einfassbänder sind so vorgefalzt, dass die Nahtzugaben nach links eingeschlagen sind. Falzen und bügeln Sie das Band längs. Eine Seite ist geringfügig breiter als die andere. Schieben Sie die Ausschnittkante so in das vorbereitete Einfassband, dass die schmalere Seite des Bandes innen liegt. Feststeppen (oben).

Von Hand
Öffnen Sie eine der eingeschlagenen Nahtzugaben am Einfassband. Stecken Sie die Schnittkante des Bandes an den Ausschnitt und lassen Sie die Enden am Reißverschluss überstehen. Steppen Sie das Band im Falz an den Oberstoff und schlagen Sie dann die Enden nach links um. Band nach innen umlegen, an der Ansatznaht befestigen (oben).

Einen geschlossenen Ausschnitt einfassen
Wenn kein Schlitz für einen Reißverschluss vorgesehen ist, liegt der Anfang des Einfassbandes 1 cm vor der Schulternaht. Steppen Sie das Band nach der Sandwichmethode fest. 5 cm vor dem Bandanfang anhalten, Bandende 1 cm weit umschlagen, feststecken, Naht schließen.

HALSABSCHLÜSSE

DIE FORMBLENDE

Ein separat zugeschnittenes Stück Stoff, das in den Halsausschnitt eingefügt wird, nennt man Formblende. Sie kann aus passendem oder auch aus kontrastfarbigem Stoff bestehen, bei gestreiften Stoffen auch eine andere Laufrichtung haben als am restlichen Modell. Formblenden eignen sich für runde, eckige und V-Ausschnitte gleichermaßen.

Hintere Blendenteile
Stütznaht
Vorderes Blendenteil

1 Die Formblende besteht aus einem Vorderteil und einem oder zwei Rückenteilen, je nachdem, ob im Rücken eine Öffnung für einen Reißverschluss vorgesehen ist. Ebensoviele Teile benötigen Sie als Beleg für die Blende. Um die Form zu halten, werden die Innenkanten der Blende mit einer Stütznaht aus großen Steppstichen fixiert.

Stütznaht an der Ausschnittkante

2 Steppen Sie die Schulternähte des Oberteils, setzen Sie den Reißverschluss aber noch nicht ein. Jetzt auch die Ausschnittrundung am Oberteil mit einer Stütznaht sichern (links). (Bei eckigen oder V-Ausschnitten werden die Ecken mit einer Stütznaht gesichert und bis kurz vor die Stiche

3 Befestigen Sie die passende Einlage auf der linken Seite der Blendenteile. Bei aufbügelbarem Vlies schneiden Sie die Zugaben der Einlage vor dem Aufbügeln weg. Bei Einlage zum Einnähen werden die Nahtzugaben nach dem Zusammenfügen der Teile weggeschnitten. Steppen Sie Vorder- und Rückenteile der Formblende zusammen, schneiden Sie die Nahtzugaben zurück (rechts) und bügeln Sie sie auseinander.

Rückenteil der Blende
Vorderteil der Blende
Einlage
Rückenteil der Blende

4 Nun stecken Sie die Blende rechts auf rechts so an das Oberteil, dass Markierungen und Schulternähte genau in Deckung liegen. Anheften und die Stecknadeln entfernen. Um die Rundungen besser aneinander anpassen zu können, schneiden Sie die Nahtzugaben ein. Dann wird die Blende angesteppt (rechts).

Versteifte Blende
Schulternaht der Blende

Eingeschnittene Nahtzugabe

Beleg

Formblende
Beleg

5 Heftfäden entfernen, Zugaben abgestuft so zurückschneiden, dass diejenige am Kleidungsstück am längsten bleibt. Alle Nahtzugaben in die Blende bügeln. Nun werden Zugaben in den Rundungen keilförmig eingeschnitten (oben), damit die Ansatznaht flach liegt.

6 Reißverschluss einsetzen, Ansatzstellen der Blende liegen zu beiden Seiten des Reißverschlusses gegenüber. Belegteile zusammenstecken, Schmalseiten umbügeln, Teile zusammensteppen. Beleg links auf links an die Oberkante der Blende stecken, feststeppen.

7 Zugaben abgestuft zurückschneiden, die an der äußeren Formblende bleiben am breitesten. Rundungen V-förmig einschneiden, Zugaben auseinanderbügeln. Beleg und Zugaben von der Formblende weg bügeln. Beleg nach innen wenden und von Hand festnähen.

HALSABSCHLÜSSE

DER HALSABSCHLUSS MIT SCHLITZ

Bei Halsabschlüssen mit vorderem Schlitz müssen beide Seiten des Einschnittes eingefasst werden. Anders als bei Vorderteilbelegen, die sich über die ganze vordere Kante erstrecken, enden Schlitzblenden in der Mitte des Vorderteils. Normalerweise werden sie aus zwei Stoffstreifen gearbeitet, es ist aber auch möglich, einen Streifen zu schneiden, der in der unteren Mitte der Blende umgebrochen wird. Die beiden Schlitzbelege überlappen einander. Am unteren Ende wird oft zur Verstärkung eine Ziersteppung angebracht.

VERWANDTE TECHNIKEN

Saumstiche, S. 76
Maschinenstiche, S. 77
Nahtzugaben verkleinern, S. 84
Nähte absteppen, S. 87
Einlage an Bruchkanten, S. 100
Der Umlegekragen, S. 144
Knopflöcher anzeichnen, S. 239

DIE ZWEITEILIGE SCHLITZBLENDE

Zweiteilige Schlitzblenden eignen sich für Kleidungsstücke mit einem Kragen ebenso wie für solche mit einem schlichten Ausschnitt. Wenn Sie einen Kragen ansetzen wollen, arbeiten Sie die Schlitzblende zuerst und setzen danach Vorder- und Rückenteil des Kleidungsstückes zusammen.

1 Fixieren Sie die unteren Ecken des Schlitzes mit einer Stütznaht (oben). Die Ecken werden diagonal bis kurz vor die Stiche eingeschnitten.

2 Jeder Streifen ist in zwei Seiten aufgeteilt: die äußere Blende, die von der rechten Seite aus sichtbar ist, und der Beleg, der auf der Innenseite des fertigen Modells liegt. Die Streifen müssen etwas länger sein als der eingeschnittene Schlitz. Bügeln Sie die Einlage auf die Rückseiten der nach außen zeigenden Blenden

3 Falten Sie die Blendenstreifen rechts auf rechts zur Hälfte und steppen Sie eine Schmalseite zu. An der Schnittkante der Längsseiten bleiben 1,5 cm offen. (Wenn später ein Kragen angesetzt werden soll, bleiben beide Enden der Blende offen.)

Bruch einbügeln

4 Schneiden Sie die Nahtzugaben am oberen Ende der Blende zurück, die Ecke wird schräg abgeschnitten. Nahtzugabe auseinanderbügeln und den Streifen wenden. Bügeln Sie nun die mittige Bruchlinie rechts auf rechts ein (links).

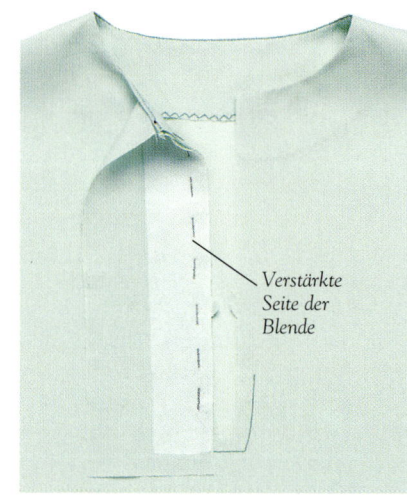

Verstärkte Seite der Blende

5 Jetzt wird die vorbereitete Blende mit der verstärkten Seite rechts auf rechts an eine Schlitzkante des Oberteils gesteckt und geheftet. Markierungen beachten! Die zweite Blende stecken Sie gegengleich an die gegenüberliegende Kante.

HALSABSCHLÜSSE

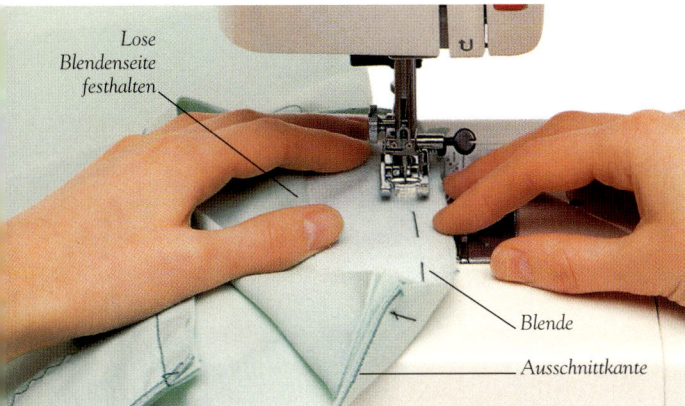

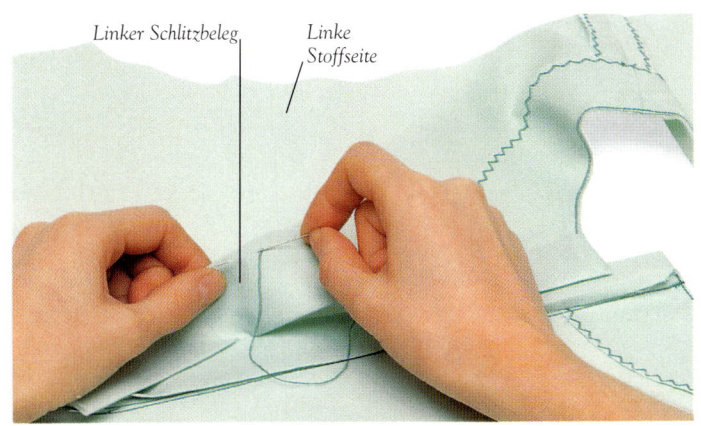

6 Steppen Sie nun die Blendenteile an das Oberteil (oben). Die verstärkten Hälften der Blende liegen dabei jeweils oben. Beachten Sie dabei die Markierungen am Schlitzende und nähen Sie nicht über den Schlitz hinaus. Heftfäden und Nahtzugaben zurückschneiden.

7 Nahtzugaben auseinanderbügeln, um eine scharfe Kante zu erhalten. Nahtzugaben vom Kleidungsstück weg bügeln. An der offenen Kante des linken Schlitzbeleges Zugabe nach innen einschlagen. Eingeschlagene Kante an die Ansatznaht stecken, mit feinen Handstichen festnähen.

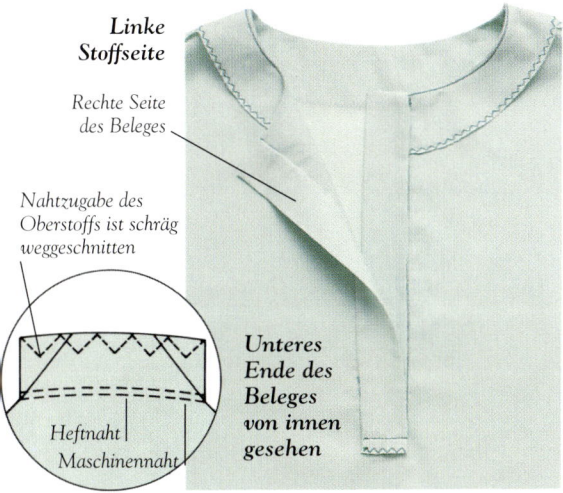

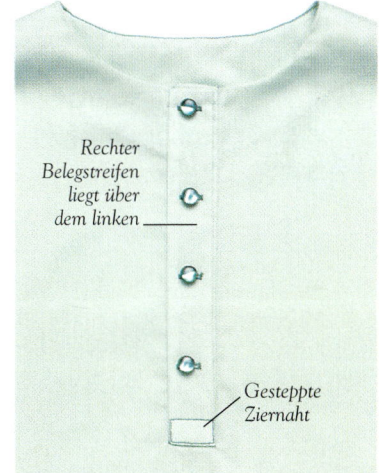

8 Stecken Sie die untere Kante der linken Blende am Schlitzende fest. Heften und die Stecknadeln entfernen. Kontrollieren Sie von rechts, ob die Naht sauber und gerade ausfällt. Nun steppen Sie die Naht, wobei der Oberstoff oben liegt. Die Kanten versäubern und nach unten bügeln.

9 Nun wird die Nahtzugabe der rechten Schlitzblende umgebügelt. Schneiden Sie die Nahtzugabe an der Unterkante der Blende zurück und bügeln Sie sie nach links um. Die offenen Kanten werden mit feinen Saumstichen festgenäht (oben).

10 Bei Bedarf können Sie nun Knopflöcher in den rechten Belegstreifen arbeiten (S. 238–247). Stecken Sie das untere Ende der Blende fest und steppen Sie es ab (S. 87). Achten Sie darauf, durch alle Lagen zu steppen.

ZIERSTEPPUNGEN FÜR SCHLITZBLENDEN

Rechteck
Sie beginnen in der rechten unteren Ecke, steppen zuerst die Unterkante und dann die anderen Seiten des Rechtecks. An den Ecken mit eingestochener Nadel wenden.

Dreieck
Markieren Sie die obere Spitze. Beginnen Sie in der unteren rechte Ecke, steppen Sie zuerst die Grundlinie und schließen Sie dann das Dreieck. An den Ecken mit eingestochener Nadel wenden.

Kreuz
Diese Stepperei ist besonders stabil. Steppen Sie, unten rechts beginnend, zuerst die Grundlinie. Dann wenden Sie, steppen weiter nach rechts oben, dann nach links oben und zurück zum Anfang.

KRAGEN

KRAGEN
Übersicht 142 ▪ Teile des Kragens 143
Arbeiten mit Einlage 143
Unterschiedliche Einlagen für Kragen 143
Der Flachkragen 144 ▪ Flachkragen ansetzen 145
Der Umlegekragen 146 ▪ Umlegekragen ansetzen 147
Kragen ohne hinteren Beleg ansetzen 148
Der einteilige Stehkragen 149
Der zweiteilige Stehkragen 149
Stehkragen ansetzen 150
Der Hemdkragen mit Steg 150
Hemdkragen mit Steg ansetzen 151
Der Schalkragen 152
Das Jabot 153

ELASTISCHE HALSABSCHLÜSSE
Übersicht 154
Liegendes Bündchen 154
Gerade Halsbündchen 155

KRAGEN

Kragen rahmen das Gesicht und den Hals ein. Weil sie in Augenhöhe liegen, sind sie ein besonderer Blickfang an jedem Kleidungsstück. All die vielen Varianten von Kragenformen lassen sich in drei Hauptgruppen unterteilen: Flachkragen, Umlegekragen und Stehkragen. Schlichte Stehkragen sind am einfachsten zu nähen, sie passen an Kleider und Blusen. Flachkragen, dazu gehören auch Matrosenkragen, eignen sich besonders für Blusen und Kinderkleidung. Umlegekragen und Schalkragen sind für Blusen, Jacken und Mäntel passend.

VERWANDTE TECHNIKEN

Nahtzugaben verkleinern, S. 84
Aufbügelbare Einlagen, S. 99
Einlage an Bruchkanten, S. 100
Zweiteilige Schlitzblende, S. 138
Mittelreißverschluss einsetzen, S. 253

ÜBERSICHT

Vordere Ecken können abgerundet sein

Mandarinkragen   *Hemdkragen*   *Umlegekragen*

Schalkragen   *Jabot*   *Stehkragen*   *Flach-kragen*

Mandarinkragen
Die Teile dieses Stehkragens (siehe unten) sind oft in Form geschnitten, sodass die Kragenecken eine leichte Rundung erhalten.

Hemdkragen
Ein Hemdkragen hat einen geraden Steg (S. 150–151) und ein Kragenteil, das umgeklappt wird. Der Steg kann separat zu- oder am Kragen angeschnitten werden.

Umlegekragen
Ein Teil des Kragens steht aufrecht, der Rest wird umgeschlagen (S. 146–147). Der aufrecht stehende Teil kann rundherum gleich hoch sein oder auch unterschiedlich.

Schalkragen
Der Schalkragen (S. 152) ist eine Variante des Umlegekragens. Der aufrechte Teil wird nach vorn hin immer schmaler und läuft spitz zu.

Jabot
Eigentlich ein im schrägen Fadenlauf zugeschnittenes Quadrat. Die Spitzen liegen in Wellen auf dem Oberteil.

Stehkragen
Dieser Kragen steht gerade auf der Ausschnittkante (S. 149–150). Die Breite kann variieren, Kragen kann auch umgeschlagen werden.

Flachkragen
Der Flachkragen (S. 144–145) sitzt ohne Steg am Ausschnitt und liegt flach auf dem Oberteil auf.

TEILE DES KRAGENS

Kragen, die aus einem Teil bestehen, werden so eingesetzt, dass die vordere bzw. hintere Kragenmitte auf der entsprechenden Mittelmarkierung des Halsausschnittes liegt. Bei zweiteiligen Kragen treffen die Teile an der vorderen und hinteren Mitte des Ausschnittes zusammen. Ober- und Unterkragen können in einem Stück zugeschnitten und verarbeitet oder zusammengenäht werden.

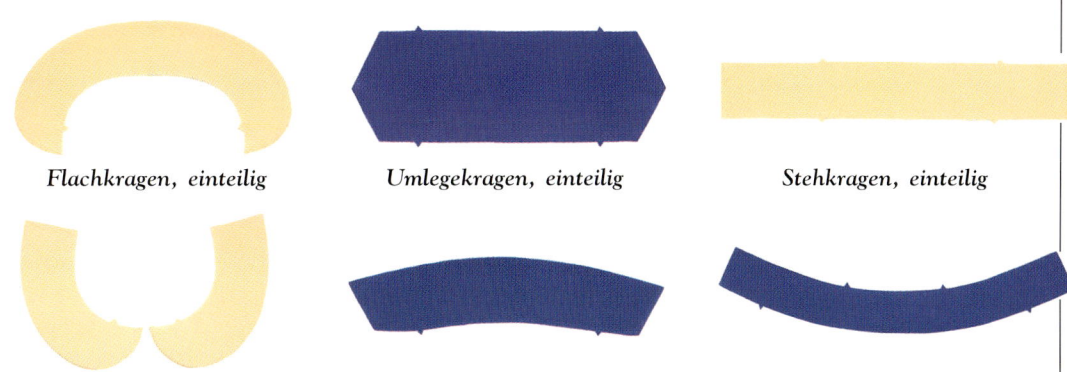

Flachkragen, einteilig
Umlegekragen, einteilig
Stehkragen, einteilig
Flachkragen, zweiteilig
Umlegekragen, zweiteilig
Stehkragen, zweiteilig

ARBEITEN MIT EINLAGE

Einlage wird normalerweise bei Umlege- und Flachkragen auf dem Oberkragen verarbeitet, bei Stehkragen auf der Außenseite. Sie gibt dem Kragen Halt und Form und verhindert, dass sich die Nähte auf dem Oberkragen abzeichnen. Für maßgeschneiderte Kragen gelten spezielle Regeln (S. 290).

SEHR LEICHTE FLACHKRAGEN

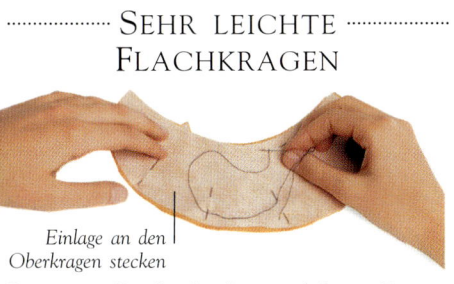

Einlage an den Oberkragen stecken

Benutzen Sie für leichte und feine Seidenstoffe eine Einlage zum Einnähen. Bei transparenten Stoffen arbeiten Sie mit einem farblich passenden Organdy. Einlage auf die linke Seite des Oberkragens stecken (S. 99) und anheften (oben).

EINTEILIGE STEHKRAGEN

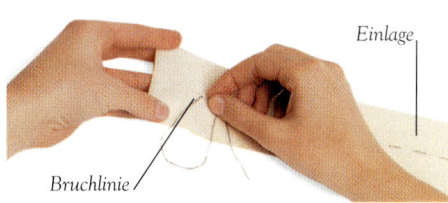

Einlage
Bruchlinie

Verstärken Sie den gesamten Kragen mit Einlage zum Einnähen. Die Einlage wird in der Bruchlinie leicht festgeheftet (oben). (Wenn Sie aufbügelbares Vlies bevorzugen, verstärken Sie nur die äußere Hälfte des Kragens.)

UMLEGEKRAGEN

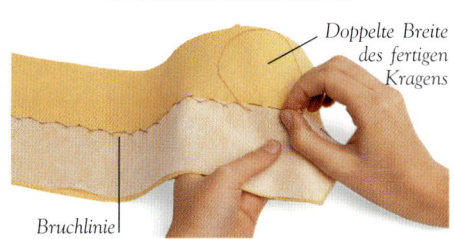

Doppelte Breite des fertigen Kragens
Bruchlinie

Der Kragen bekommt seine Form, indem die linke Seite der unteren Kragenhälfte mit loser Einlage versteift wird. Befestigen Sie die Einlage mit lockeren Hexenstichen (S. 76) an der Bruchlinie des Kragens (oben).

UNTERSCHIEDLICHE EINLAGEN FÜR KRAGEN

Leichte und mittelschwere Einlagen werden nach dem Schnittmuster des Kragens zugeschnitten, Nahtzugaben inbegriffen. Bei schweren Einlagen schneiden Sie die Nahtzugaben weg. Aufbügelbares Vlies wird immer ganzflächig, also auch auf den Nahtzugaben, aufgebügelt.

LEICHTE LOSE EINLAGE

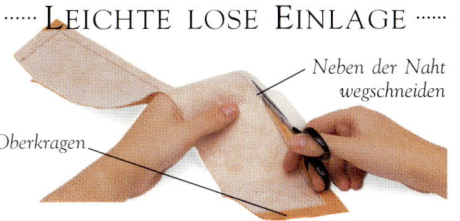

Neben der Naht wegschneiden
Oberkragen

Steppen Sie Einlage und Oberkragen knapp außerhalb der Nahtlinie zusammen. Dann die Nahtzugaben der Einlage knapp neben der Naht wegschneiden (oben).

SCHWERE LOSE EINLAGE

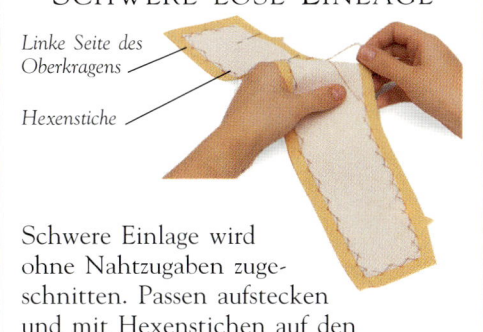

Linke Seite des Oberkragens
Hexenstiche

Schwere Einlage wird ohne Nahtzugaben zugeschnitten. Passen aufstecken und mit Hexenstichen auf den Nahtlinien des Kragens befestigen.

AUFBÜGELBARE EINLAGE

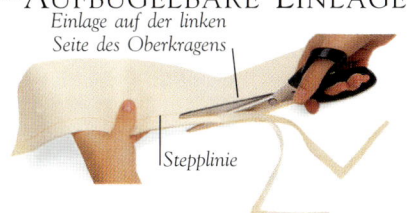

Einlage auf der linken Seite des Oberkragens
Stepplinie

Verstärken Sie den gesamten Oberkragen mit Einlage. Stecken Sie Ober- und Unterkragen an den Außenkanten zusammen und steppen Sie die Außennaht. Nun die Nahtzugaben zurückschneiden (oben).

Der Flachkragen

Ein Flachkragen ist einfach herzustellen und unkompliziert einzusetzen. Hat das Kleidungsstück eine Öffnung in der vorderen Mitte, schneiden Sie den Flachkragen einteilig zu. Ist im Rücken ein Schlitz für einen Reißverschluss vorgesehen, muss der Kragen wie in unserem Beispiel zweiteilig gearbeitet werden.

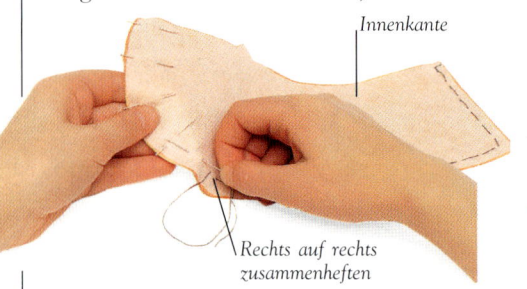

Innenkante / *Rechts auf rechts zusammenheften*

1 Versteifen Sie die linken Seiten der Oberkragenhälften. Stecken Sie die Teile kantengenau an die Unterkragen-Hälften. Die Innenkanten bleiben offen. Heften Sie die Außenkanten (oben) und entfernen Sie anschließend die Nadeln.

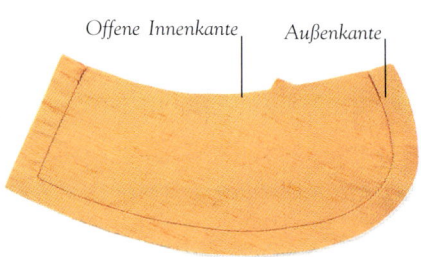

Offene Innenkante / *Außenkante*

2 Jetzt die Außenkanten der Kragenteile zusammensteppen, die Innenkanten bleiben offen. Bei leichten Stoffen wählen Sie für die Ecken einen kleineren Stich, um sie zu verstärken. Bei schweren Stoffen stumpfen Sie die Ecken leicht ab (siehe S. 83).

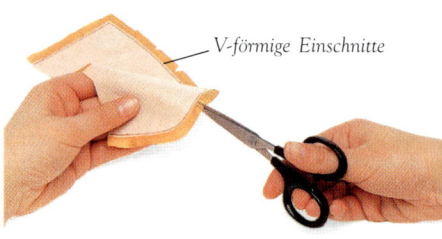

V-förmige Einschnitte

3 Nun die Nahtzugaben abgestuft zurückschneiden und die Ecken abschrägen. An den Rundungen wird die Nahtzugabe V-förmig eingeschnitten (oben).

Unverstärkter Oberkragen / *Mit der Spitze des Bügeleisens arbeiten* / *Ärmelbrett*

4 Bügeln Sie auf einem Ärmelbrett die Nahtzugabe auseinander (oben). Gehen Sie dabei Stück für Stück vor. Enge Rundungen lassen sich auf der Spitze des Brettes am besten bügeln. Anschließend alle Nahtzugaben Stück für Stück in den Unterkragen bügeln.

Rechte Stoffseite / *Linke Stoffseite* / *Unterkragen*

5 Untersteppen Sie nun die Naht, indem Sie auf dem Unterkragen dicht an der Nahtlinie entlangsteppen und die Nahtzugaben mitfassen (oben). Dabei liegt die rechte Stoffseite innen. Wenn die Kragenform eine vollständige Untersteppung erschwert, untersteppen Sie die Naht so weit wie möglich.

Vorsichtig mit dem Faden die Ecke herausziehen / *Zusammengesteppte Kragenhälfte*

6 Nun wenden Sie die Kragenteile. Die Kragenecken herausdrücken oder mit einem doppelten Faden, der von innen durch die Ecke gestochen wird, herausziehen (oben).

Untersteppung auf dem Unterkragen / *Verschobene Nahtlinie*

7 Schieben Sie mit den Fingerspitzen die äußeren Nahtlinien etwas zum Unterkragen hin. Bügeln Sie nun den Kragen sorgfältig Stück für Stück aus (oben). Auch von der rechten Seite bügeln. Legen Sie ein Bügeltuch zwischen Kragen und Eisen, damit der Stoff nicht glänzt.

Die Kante fixieren

Außenkante diagonal heften / *Innenkante*

Wenn sich die Nahtkante trotz Bügelns immer wieder verschiebt, stecken Sie zunächst die Innenkanten des Kragens sauber aufeinander. Dann heften Sie die Außenkante mit Schrägstichen. Die Heftfäden nach Fertigstellung entfernen.

Flachkragen ansetzen

Die einfachste Methode besteht darin, den Flachkragen zwischen der Ausschnittkante und einem Beleg mitzufassen. So werden Kragen und Beleg in einem Arbeitsgang an die Ausschnittkante genäht. Ein- und zweiteilige Kragen werden auf die gleiche Weise befestigt, nur bleibt der zweiteilige Kragen vorn offen.

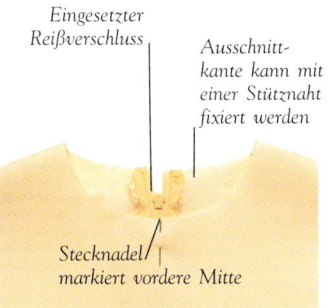

Eingesetzter Reißverschluss
Ausschnittkante kann mit einer Stütznaht fixiert werden
Stecknadel markiert vordere Mitte

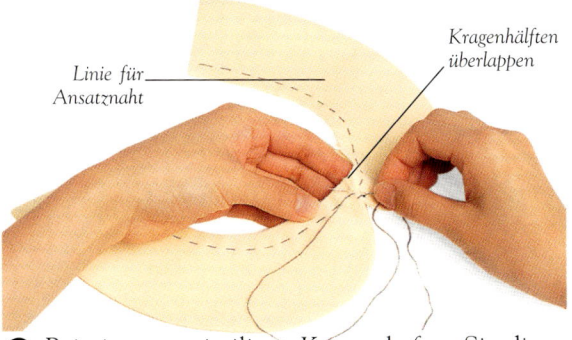

Linie für Ansatznaht
Kragenhälften überlappen

1 Ehe Sie den Kragen ansetzen, schließen Sie die Schulternähte, arbeiten eventuelle Abnäher, die in die Ausschnittlinie hineinlaufen und nähen den Reißverschluss ein. Vordere Mitte markieren.

2 Bei einem zweiteiligen Kragen heften Sie die Innenkanten entlang der Nahtlinie zusammen. In der vorderen Mitte überlappen die Kragenhälften um die Breite einer Nahtzugabe. So stoßen die Kragenhälften am fertigen Modell genau aneinander. Heften Sie die Kragenhälften an dieser Stelle zusammen (oben).

3 Stecken Sie den Kragen an die rechte Seite des Oberteils, genau an die Ausschnittkante, sodass die Markierungen aufeinandertreffen. Die Kragenhälften sollen genau in der vorderen Mitte zusammentreffen. Heften Sie den Kragen an (oben) und entfernen Sie die Stecknadeln.

Belegenden stehen über

4 Bereiten Sie den Beleg vor und legen Sie ihn kantengenau rechts auf rechts auf den angehefteten Kragen. Die Enden des Beleges stehen am Reißverschluss leicht über. Stecken Sie den Beleg an und heften Sie bei Bedarf. Dann durch alle Stofflagen steppen (links).

Rückwärtige Öffnung
Ecken schräg abschneiden

5 Ziehen Sie die Heftfäden heraus und schneiden Sie die Nahtzugaben abgestuft so zurück, dass diejenige am Oberteil die breiteste bleibt. Die Ecken werden abgeschrägt und die Nahtzugaben in den Rundungen V-förmig eingeschnitten (links). Je enger die Rundung, um so häufiger die Einschnitte.

Beleg
Linke Seite des Oberteils
Kragen

6 Die Ausschnittkante wird auf ein Ärmelbrett gelegt. Dann bügeln Sie die ganze Ansatznaht vorsichtig mit der Spitze des Bügeleisens auseinander (oben). Alle Nahtzugaben vom Kleidungsstück weg bügeln. Naht mit der Belegseite nach oben knapp neben der Ansatznaht untersteppen (S. 84).

Rückwärtiger Reißverschluss

7 Bügeln Sie jetzt den Beleg nach innen um. Die Belegenden am Reißverschluss werden so weit eingeschlagen, dass sich der Verschluss bequem öffnen und schließen lässt, und mit Handstichen festgenäht (links). Den Beleg an den Schulternähten fixieren und eventuell Haken und Öse annähen.

Der Umlegekragen

Der Umlegekragen besteht aus dem aufrecht stehenden Teil, Stand genannt, und dem umgeschlagenen Teil, der Umfallbreite. Die gedachte Linie, die diese beiden Teile voneinander trennt, heißt Bruchlinie. Der Stand kann rundum gleich hoch sein, aber auch nach vorn abflachen.

Zweiteiliger Umlegekragen

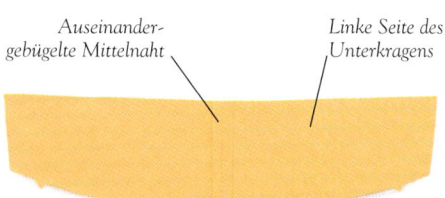

Auseinandergebügelte Mittelnaht — *Linke Seite des Unterkragens*

1 Wenn der Unterkragen aus zwei Teilen besteht, steppen Sie zuerst die Mittelnaht, schneiden die Nahtzugaben zurück und bügeln sie auseinander (oben). Dann wird der Unterkragen mit Einlage versteift.

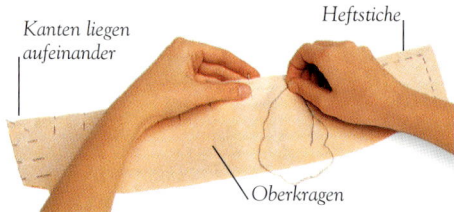

Kanten liegen aufeinander — *Heftstiche* — *Oberkragen*

2 Ober- und Unterkragen an den Außenkanten rechts auf rechts zusammenheften. (Sind Ober- und Unterkragen nach separaten Schnittmusterteilen zugeschnitten, kann Oberkragen größer sein. Unterkragen leicht dehnen.) Stecknadeln entfernen.

Nahtlinie — *Innenkante*

3 Steppen Sie die Außenkante, die Innenkante bleibt offen. Bei feinen Stoffen verstärken Sie die Ecken, indem Sie sie mit einem kleineren Steppstich nähen. Bei dicken Stoffen werden die Ecken leicht abgestumpft (S. 83).

Ausschnitte in der Nahtzugabe

4 Heftfäden ziehen, Zugaben abgestuft so zurückschneiden, dass die Zugabe des Oberkragens am breitesten bleibt. Ecken abschrägen, Zugaben an den Ecken spitz zulaufend wegschneiden. An der Rundung Zugabe V-förmig einschneiden. Auf Ärmelbrett die Nahtzugabe auseinanderbügeln.

Lose Kanten des Ober- und Unterkragens festhalten

5 Bügeln Sie alle Nahtzugaben in den Unterkragen und untersteppen Sie die Außennaht des Kragens, indem Sie knapp neben der Naht durch Unterkragen und alle Nahtzugaben steppen (oben). Steppen Sie so nahe wie möglich an die Ecken heran.

Naht zum Unterkragen hin rollen

6 Nun den Kragen wenden und die Ecken herausziehen (siehe S. 144). Die äußere Naht mit den Fingerspitzen etwas zum Unterkragen hin rollen (oben) und den Kragen bügeln. Bevor Sie den Kragen an das Kleidungsstück setzen, muss er gut auskühlen (siehe rechts).

Einteiliger Umlegekragen

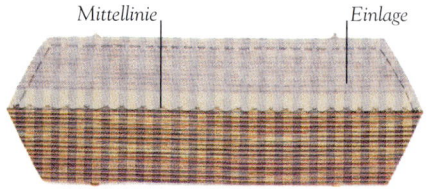

Mittellinie — *Einlage*

1 Versteifen Sie eine Hälfte des Kragens bis zur Mittellinie mit Einlage. Lose Einlage wird an den Außenkanten festgeheftet und an der Mittellinie mit Hexenstichen befestigt.

2 Kragen entlang Mittellinie zur Hälfte legen, die rechten Stoffseiten liegen innen. Stecken und steppen Sie die Schmalseiten. Zugaben zurückschneiden, Ecken abschrägen.

Ärmelbrett — *Naht*

3 Zugaben auf dem Ärmelbrett auseinander bügeln (oben). Wenden Sie den Kragen und drücken die Ecken ganz heraus. Kragen von Außen bügeln, Nähte leicht zum Unterkragen hin rollen.

Innenkante — *Bügelkissen*

4 Kragen entlang der Innenkante auf ein Bügelkissen stecken und heften. Dämpfen, abkühlen lassen. Kragen abnehmen, die Innenkanten zusammenheften.

Kragen

Umlegekragen ansetzen

Es gibt zwei Möglichkeiten, einen Umlegekragen anzubringen. Bei leichten und Mittelschweren Stoffen wird er zwischen Oberteil und Beleg gelegt und in einem Arbeitsgang in der Naht mitgefasst. Bei schweren Stoffen wird der Oberkragen an das Kleidungsstück genäht, der Unterkragen jedoch an den Beleg.

Leichte und mittelschwere Stoffe

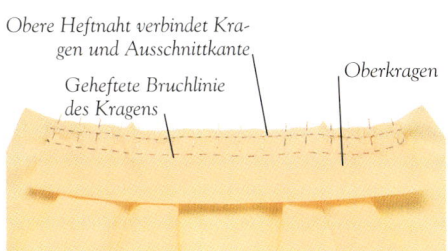

Obere Heftnaht verbindet Kragen und Ausschnittkante
Geheftete Bruchlinie des Kragens
Oberkragen

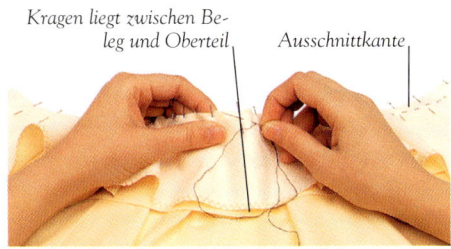

Kragen liegt zwischen Beleg und Oberteil
Ausschnittkante

Vorderer Beleg

1 Stecken Sie den vorbereiteten Kragen rechts auf rechts an die Ausschnittkante. Die Kanten müssen aufeinanderliegen, die Kragenenden treffen auf die entsprechenden Markierungen.

2 Teile des Beleges zusammennähen, Nähte auseinanderbügeln. Beleg rechts auf rechts an angehefteten Kragen stecken, Kante heften. Nun liegt der Kragen zwischen Oberteil und Beleg. Nadeln entfernen.

3 Mit dem Beleg nach oben wird nun die Naht gesteppt (oben). Bei leichten Stoffen steppen Sie zur Verstärkung etwa 2,5 cm um die Ecken mit einem kleineren Stich.

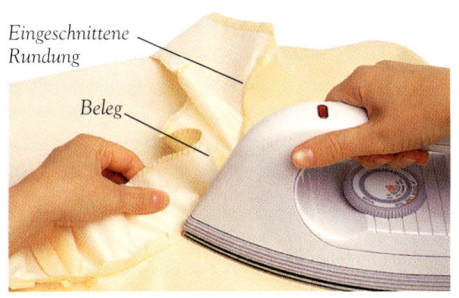

Eingeschnittene Rundung
Beleg

4 Heftfäden entfernen und Nahtzugaben abgestuft zurückschneiden. Die Rundungen V-förmig einschneiden. Zugaben zuerst auseinander- und dann zum Beleg hin bügeln.

5 Untersteppen Sie die Naht so weit wie möglich vom Beleg aus durch alle Nahtzugaben. Die Untersteppung liegt dicht neben der Ansatznaht (links). Soll der Kragen vorn offen getragen werden, untersteppen Sie nur den hinteren Bereich des Beleges.

Schwere oder sperrige Stoffe

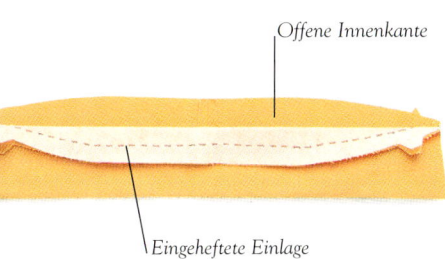

Offene Innenkante
Eingeheftete Einlage

Unterkragen

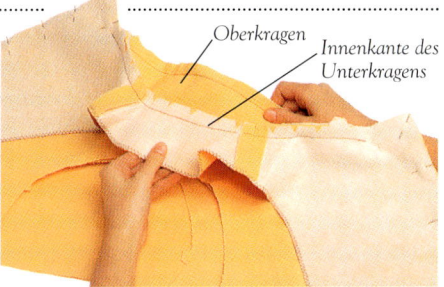

Oberkragen
Innenkante des Unterkragens

1 Kragen vorbereiten (siehe S. 146). Die Seitennähte an den Schmalkanten enden 1,5 cm vor der Innenkante, Innenkante bleibt offen.

2 Stecken Sie den Unterkragen rechts auf rechts an die Ausschnittkante. Steppen Sie die Naht und achten Sie darauf, den Oberkragen nicht mitzufassen.

3 Nun die Belege zusammensetzen. Stecken Sie dann den Oberkragen rechts auf rechts an den Beleg. Feststeppen. Nahtzugaben zurückschneiden.

Vorderer Beleg

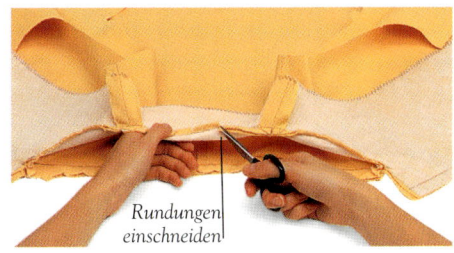

Rundungen einschneiden

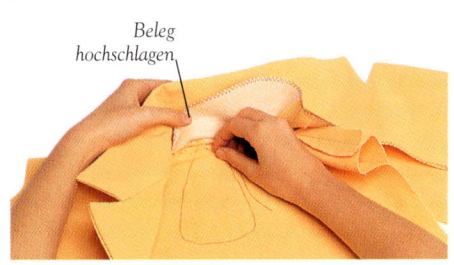

Beleg hochschlagen

4 Heften Sie den Beleg zwischen Vorderkante und Kragen an den Oberstoff und steppen Sie die Kante (oben). An den Ecken mit eingesteckter Nadel wenden.

5 Zugaben zurückschneiden, Ecken sowie die Zugaben der Schulternähte abschrägen. Rundungen V-förmig einschneiden (oben).

6 Zugaben der Ansatznähte auseinanderbügeln, Kragen und Beleg wenden. Nähte aufeinanderstecken, von innen Zugaben per Hand gegeneinander nähen.

Kragen ohne hinteren Beleg ansetzen

Diese Technik eignet sich für Hemden und Blusen, bei denen ein Beleg durch den Oberstoff durchschimmern würde. Die vorderen Belege werden angeschnitten oder an die Vorderkante angesteppt. Diese Methode eignet sich gut für Hemden und Blusen, jedoch nicht für dickere Stoffe.

1 Kragen vorbereiten, aber an den Innenkanten nicht zusammenheften. Wenn am Vorderteil die Belege nicht angeschnitten sind, werden sie angesteppt. Schulternähte schließen. Bügeln Sie alle Nähte auseinander.

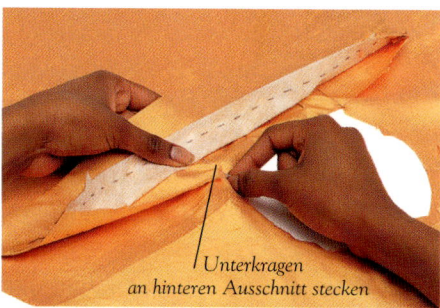

2 Nun stecken Sie den Unterkragen rechts auf rechts so an die hintere Ausschnittkante, dass die Markierungen des Kragens auf die Schulternähte treffen. Vorerst nur zwischen den Schulternähten feststecken (oben).

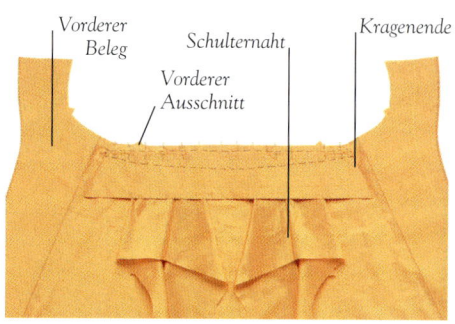

3 Kragenenden auf die entsprechenden Markierungen im vorderen Ausschnittbereich stecken. Ober- und Unterkragen auf den vorderen Ausschnittbereich stecken. Zugabe am Oberteil zum Anpassen einschneiden.

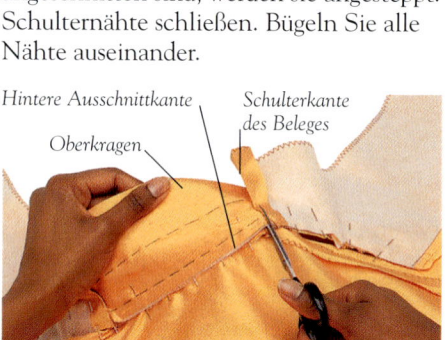

4 Nun die Belege rechts auf rechts an den vorderen Teil des Kragens und der Ausschnittkante stecken. Bügeln Sie die Schulterkante des Beleges passend zur Schulternaht um. An den Schulternähten wird die Nahtzugabe des Oberkragens bis zur Nahtlinie eingeschnitten (oben).

5 Bei Bedarf Kante heften. Oberkragen zwischen den Einschnitten zurückschlagen. Belege und Unterkragen an Ausschnittkante steppen, Oberkragen nicht versehentlich mitfassen. Am hinteren Halsausschnitt soll nur der Unterkragen angesteppt werden.

6 Nadeln und Heftfäden herausziehen. Nahtzugaben abgestuft zurückschneiden, Ecken und Nahtzugaben der Schulternähte abschrägen. Zugabe des Unterkragens und des Kleidungsstückes an Schulternähten einschneiden, Rundungen V-förmig einschneiden.

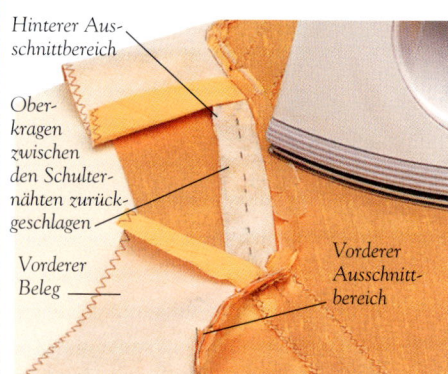

7 Bügeln Sie nun die Ansatznaht vorsichtig auseinander (oben). Dann bügeln Sie alle Nahtzugaben in die Belege, die Nahtzugabe zwischen den Schulternähten wird in den Kragen gebügelt.

8 Wenden Sie Kragen und Beleg und stecken Sie die Belegkante auf der Schulternaht. Kragen an Bruchlinie umlegen. Offene Kante des Oberkragens einschlagen, mit feinen Handstichen auf die

9 Nähen Sie zum Schluss mit Überwendlingsstichen die obere Belegkante an die Schulternaht. Nun können Sie alle Stecknadeln und Heftfäden entfernen und den fertigen Kragen bügeln.

Der einteilige Stehkragen

Dieser Stehkragen wird aus einem rechteckigen Stoffstreifen zugeschnitten, im geraden oder auch im schrägen Fadenlauf. Er steht von der Ausschnittkante aus gerade nach oben. Ein Stehkragen kann einlagig oder doppelt gearbeitet werden.

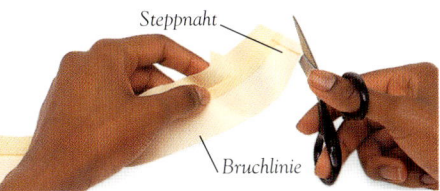

Außenkragen · Beleg Innenseite · Belegkante · Mittlere Bruchkante

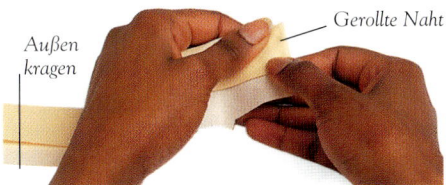

Nadel · Umgebügelte Nahtzugabe · Bruchlinie

1 Schneiden Sie Stehkragen und Einlage zu. Die Nahtzugabe der Einlage wird auf der Innenseite des Beleges weggeschnitten. Bei steifen Stoffen braucht nur die Außenseite des Stehkragens versteift zu werden. Einlage aufbügeln/-heften.

2 Bügeln Sie an der Innenseite des Kragens die Nahtzugabe nach links um und schneiden Sie sie auf 6 mm zurück. Die Enden werden festgesteckt (oben). Wenn Sie lose Einlage verwenden, fixieren Sie diese mit Hexenstichen in der

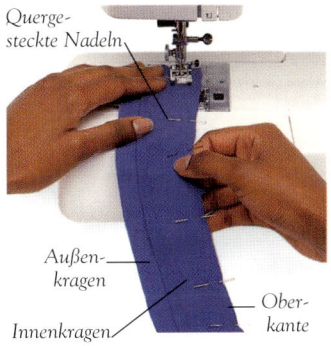

Steppnaht · Bruchlinie

Außenkragen · Gerollte Naht

3 Falten Sie den Kragen entlang der Bruchlinie, die rechten Seiten liegen innen. Stecken und steppen Sie die Schmalseiten. Die Nahtzugaben sorgfältig abschneiden, sodass die Zugabe des Außenkragens breiter bleibt. Die Ecken abschrägen (oben).

4 Bügeln Sie die Nahtzugabe auseinander, wenden Sie den Kragen und drücken die Ecken heraus. Die Nähte an den Schmalseiten leicht zur Innenseite rollen (oben). Bügeln Sie den Kragen aus. (Der Außenkragen wird später an die Ausschnittkante gesteppt.)

Der umgeschlagene Stehkragen

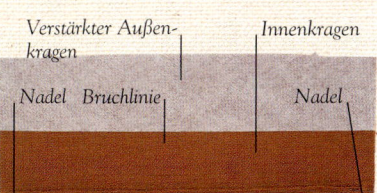

Verstärkter Außenkragen · Innenkragen · Nadel · Bruchlinie · Nadel

1 Dieser Kragen ist doppelt so breit wie ein einfacher Stehkragen. Schneiden Sie einen Einlagestreifen in der halben Breite des zugeschnittenen Kragens und befestigen Sie ihn auf dem Außenkragen. Zugabe der Innenseite umbügeln, beschneiden, feststecken.

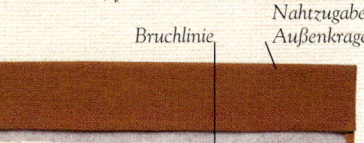

Bruchlinie · Nahtzugabe Außenkragen

2 Falten Sie den Kragen entlang der Bruchlinie, die rechten Seiten liegen innen. Steppen Sie die Schmalseiten (siehe rechts, Schritt 3). Bügeln Sie die Nähte und wenden Sie den Kragen (siehe rechts, Schritt 4).

Der zweiteilige Stehkragen

Dieser Kragen besteht aus zwei Schnittteilen, die entweder gerade oder rund geschnitten werden. Die Kragenenden können in der vorderen oder hinteren Mitte zusammentreffen, die Ecken können spitz oder abgerundet sein. Gewöhnlich wird nur der Außenkragen versteift. Für besseren Stand beide Hälften verstärken.

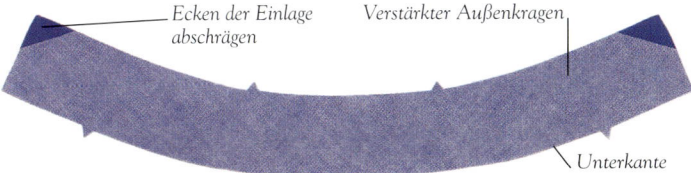

Ecken der Einlage abschrägen · Verstärkter Außenkragen · Unterkante

1 Schneiden Sie Einlage und Stoff nach dem gleichen Schnittmuster zu. Die oberen Ecken der Einlage werden abgeschrägt, um die Nähte flach zu halten. Die Einlage auf die linke Seite des Außenkragens bügeln oder heften.

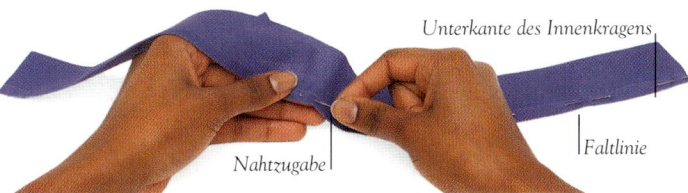

Unterkante des Innenkragens · Nahtzugabe · Faltlinie

2 Bügeln Sie die Nahtzugabe an der Unterseite des Innenkragens nach links um und schneiden Sie sie auf 6 mm zurück. Die umgebügelte Kante stecken (oben) und heften, anschließend die Nadeln entfernen.

Quergesteckte Nadeln · Außenkragen · Innenkragen · Oberkante

3 Oberkanten beider Kragenteile rechts auf rechts aufeinanderlegen, stecken und steppen Sie die Oberkante und die Schmalseiten (links). Nahtzugaben abgestuft zurückschneiden, sodass am Oberkragen die breitere Zugabe stehenbleibt. An der Rundung Zugabe V-förmig einschneiden, die Ecken abschrägen.

4 Bügeln Sie die Naht so weit wie möglich auseinander und dann in den Innenkragen. Untersteppen Sie die Naht und wenden Sie den Kragen. Rollen Sie die Naht mit den Fingern leicht zum Innenkragen hin. Dann wird der Kragen gebügelt (unten).

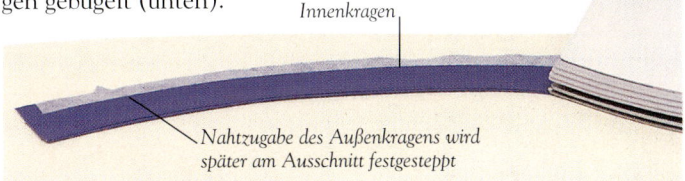

Innenkragen · Nahtzugabe des Außenkragens wird später am Ausschnitt festgesteppt

KRAGEN

STEHKRAGEN ANSETZEN

Mit dieser Methode befestigen Sie einen Stehkragen schnell und perfekt, ohne einen Beleg zu benötigen. Der Außenkragen wird an die Ausschnittkante gesteppt. Die Nahtzugaben werden in den Kragen geschoben, dann wird der Innenkragen mit Handstichen an der Ansatznaht festgenäht. Interessant: ein Stehkragen in Kontrastfarbe.

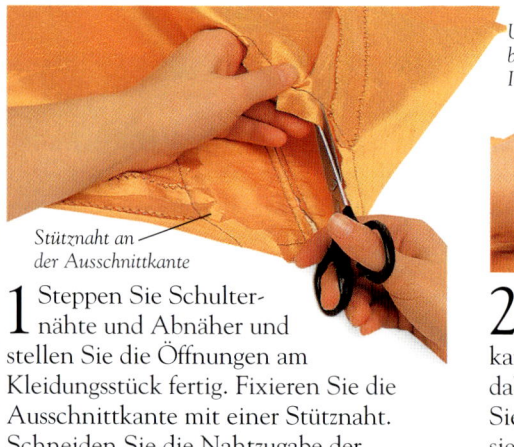

Stütznaht an der Ausschnittkante

1 Steppen Sie Schulternähte und Abnäher und stellen Sie die Öffnungen am Kleidungsstück fertig. Fixieren Sie die Ausschnittkante mit einer Stütznaht. Schneiden Sie die Nahtzugabe der Ausschnittkante in Abständen ein.

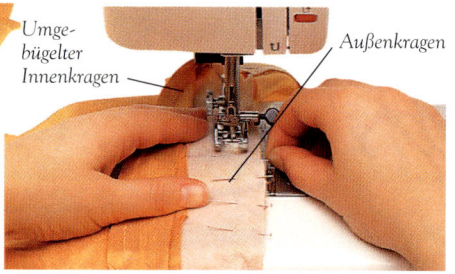

Umgebügelter Innenkragen — *Außenkragen*

2 Der Außenkragen wird kantenbündig rechts auf rechts an die Ausschnittkante gesteckt. Die Kragenenden sollten dabei auf die Vorderkanten treffen. Heften Sie die Kante bei Bedarf und steppen Sie sie (oben). Achtung: Innenkragen nicht versehentlich mitfassen.

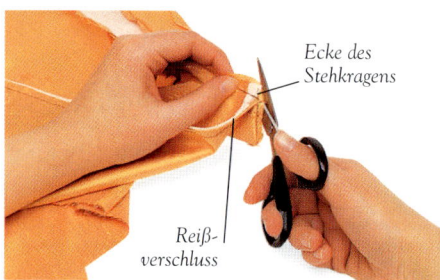

Ecke des Stehkragens — *Reißverschluss*

3 Schneiden Sie die Nahtzugaben abgestuft zurück, sodass die breiteste Nahtzugabe am Außenkragen bleibt. Ecken der Nahtzugaben am Kragen (oben) und an den Schulternähten werden abgeschrägt.

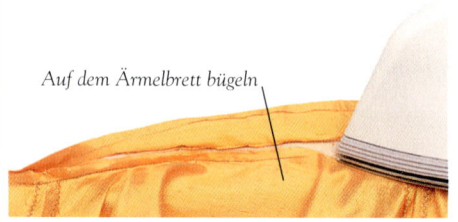

Auf dem Ärmelbrett bügeln

4 Auf der Rundung des Ärmelbretts bügeln Sie die Nahtzugaben erst auseinander (oben), dann zum Kragen hin. Die Nahtzugaben an den Schmalseiten des Kragens werden in den Kragen hineingeschoben.

Innenkragen

5 Stecken Sie nun die umgebügelte Kante des Innenkragens auf die Halslinie, sodass alle Schnittkanten verdeckt sind. Die Kante feststecken und mit feinen, rechts unsichtbaren Handstichen an der Ansatznaht festsäumen (oben).

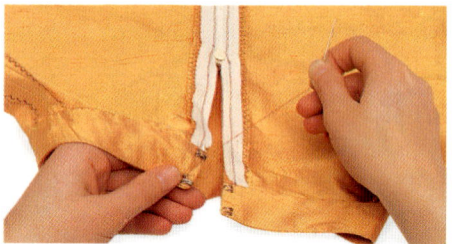

6 Befestigen Sie an den inneren Enden des Stehkragens Haken und Ösen (oben). Bei einfachen Stehkragen sollten Sie zwei Haken mit Ösen anbringen, bei umgeschlagenen Stehkragen einen weiteren Haken mit Öse am Umschlag.

DER HEMDKRAGEN MIT STEG

Der Hemdkragen besteht aus zwei Teilen: dem Steg, der senkrecht auf der Halslinie sitzt, und dem eigentlichen Kragen, der umgeschlagen wird. Nach der klassischen Methode, die wir Ihnen hier vorstellen, werden diese beiden Teile separat zugeschnitten. Es gibt aber auch die Möglichkeit, den Kragen mit angeschnittenem Steg zu arbeiten.

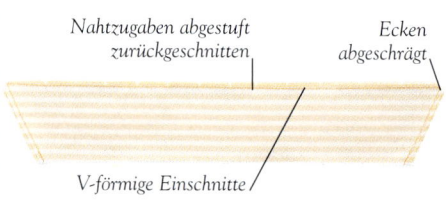

Nahtzugaben abgestuft zurückgeschnitten — *Ecken abgeschrägt* — *V-förmige Einschnitte*

1 Verstärken Sie die Rückseite des Oberkragens mit Einlage. Ober- und Unterkragen kantengenau rechts auf rechts aufeinanderstecken, die Unterkante bleibt offen. Die Ecken mit kürzeren Stichen steppen, abstumpfen (S. 83). Nahtzugaben beschneiden.

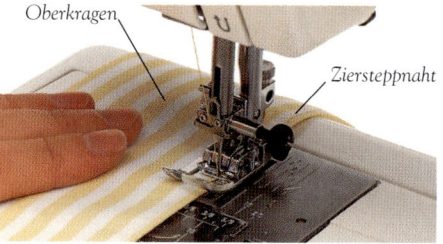

Oberkragen — *Ziersteppnaht*

2 Die Nahtzugaben werden auseinandergebügelt, der Kragen gewendet und die Ecken herausgedrückt. Dann bügeln Sie den Kragen aus und schieben mit den Fingerspitzen die Naht leicht zum Unterkragen hin. Dann kann, wenn gewünscht, die Kante abgesteppt werden (oben).

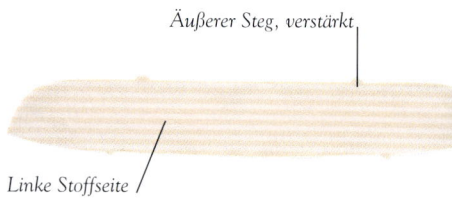

Äußerer Steg, verstärkt — *Linke Stoffseite*

3 Ein Teil des Steges wird von links mit Einlage verstärkt. Dies Teil wird später außen liegen. (Ist der Steg angeschnitten, verstärken Sie Oberkragen und Steg in einem Stück, siehe Schritt 1.)

Kragen

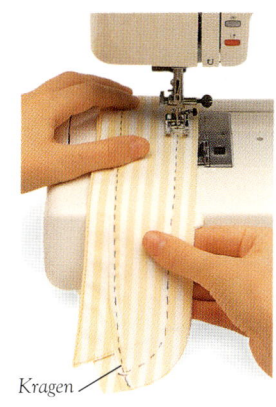

Unterkante des inneren Steges — *Kragen* — *Steg*

4 Bügeln Sie die Nahtzugabe an der Unterkante des anderen Stegteiles nach links um und heften Sie die Kante (oben). Schneiden Sie die Nahtzugabe auf 6 mm zurück. Dies wird die Innenseite des Steges.

5 Stecken Sie den Unterkragen kantenbündig rechts auf rechts an die Oberkante des verstärkten äußeren Steges. Die Schmalseiten des Kragens müssen auf die entsprechenden Markierungen treffen. So wird der Steg etwas breiter als der Kragen.

6 Stecken Sie das zweite Stegteil mit der rechten Seite nach unten so auf, dass der Kragen zwischen den beiden Steghälften liegt. Stofflagen zusammenstecken, heften, Nadeln entfernen. Naht von einer umgebügelten Unterkante des Steges zur anderen steppen.

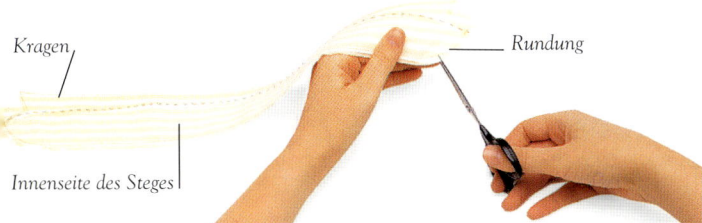

Kragen — *Rundung* — *Innenseite des Steges* — *Innerer Steg* — *Oberkragen zuerst bügeln*

7 Nahtzugaben abgestuft zurückschneiden, sodass die äußere Zugabe am breitesten bleibt. Die Rundungen V-förmig einschneiden (oben). Die Nahtzugabe zwischen Kragen und Steg wird auseinandergebügelt.

8 Wenden Sie nun den Steg und schieben Sie ihn vom Kragen weg, sodass er flach liegt. Bügeln Sie zuerst die Oberseite und danach die Unterseite des Kragens (oben). Lassen Sie den Kragen flach auf den Bügelbrett liegen, bis er ausgekühlt ist.

Hemdkragen mit Steg ansetzen

Der Hemdkragen wird mit der rechten Seite des verstärkten Außensteges an die Ausschnittkante gesteppt, der Innensteg versäubert die innere Ausschnittkante. Alle Schnittkanten werden in den Steg geschoben, dann wird der Steg von Hand auf die Ansatznaht genäht. Für stabile und flache Kragen alle Kanten absteppen.

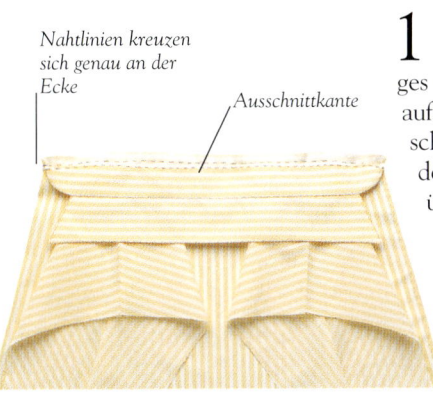

Nahtlinien kreuzen sich genau an der Ecke — *Ausschnittkante* — *Nahtzugabe an der Ausschnittkante*

1 Stecken Sie die verstärkte Seite des Steges kantenbündig rechts auf rechts an die Ausschnittkante. Die Ecken des Steges stehen etwas über die Vorderkanten hinaus, sodass die Nahtlinien sich an der Ecke kreuzen. Naht heften, steppen. Steg nicht mitfassen!

2 Schneiden Sie die Nahtzugaben abgestuft zurück (links), sodass diejenige am Steg breiter ist als die übrigen. Dann schneiden Sie die Nahtzugaben in den Rundungen V-förmig ein und schrägen die Ecken ab.

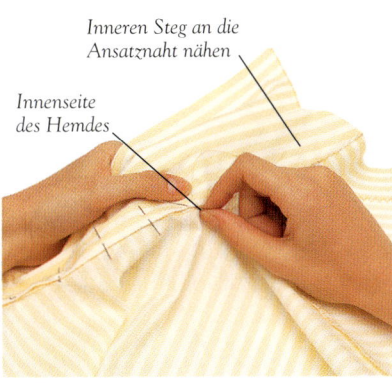

Inneren Steg an die Ansatznaht nähen — *Innenseite des Hemdes*

3 Bügeln Sie die Naht auseinander und dann in den Steg hinein. Stecken Sie nun die Unterkante des inneren Steges genau auf die Ansatznaht und nähen Sie die Kante von Hand mit feinen, rechts unsichtbaren Saumstichen an (links).

4 Wenn Sie möchten, können Sie den Steg noch rundherum absteppen. So bekommt er mehr Festigkeit und die Nähte liegen flacher. Beginnen Sie die Ziersteppereri in der hintern Mitte des Steges, damit der Ansatz von vorn nicht sichtbar ist.

Der Schalkragen

Beim Schalkragen werden der Oberkragen und das Revers in einem Stück zugeschnitten. Die Quernähte, die typisch für den klassischen Reverskragen sind, entfallen beim Schalkragen normalerweise. Die Außenkante eines Schalkragens verläuft meistens in einer weichen Kurve, gelegentlich ist sie auch V-förmig eingeschnitten.

1 Vorder- und Rückenteile an Schulternähten verbinden, Zugaben versäubern. Alle Nähte und Abnäher, die in Ausschnittlinie hineinlaufen, steppen. Ausschnittkante mit Stütznaht fixieren.

2 Seitennaht des Kleidungsstückes offenlassen. Sofern der Unterkragen aus zwei Teilen besteht, zuerst hintere Mittelnaht steppen (oben). Zugaben zurückschneiden, Naht auseinanderbügeln.

3 Unterkragen rechts auf rechts an den Markierungen der Ausschnittkante ausrichten, stecken, festheften. Schneiden Sie die Ausschnittkante ein, damit sich der Kragen leichter anpassen lässt. Kleidungsstück nach oben legen, steppen. Heftfaden entfernen (oben), Nahtzugabe flach in den Kragen bügeln.

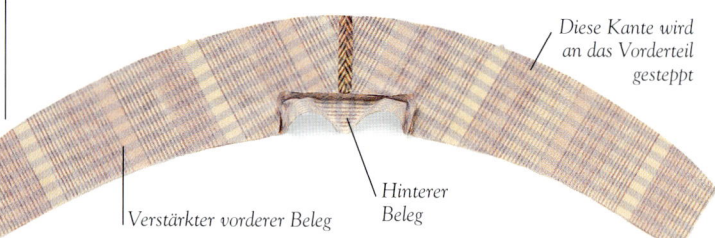

4 Schneiden Sie die Nahtzugaben und die Ecken der Schulternähte schräg ab. Die Nahtzugabe des Oberstoffs wird eingeschnitten, in die Nahtzugabe des Kragens machen Sie V-förmige Einschnitte. Bügeln Sie jetzt die Naht auseinander. Bei dicken oder sperrigen Stoffen steppen Sie die Naht zu beiden Seiten ab.

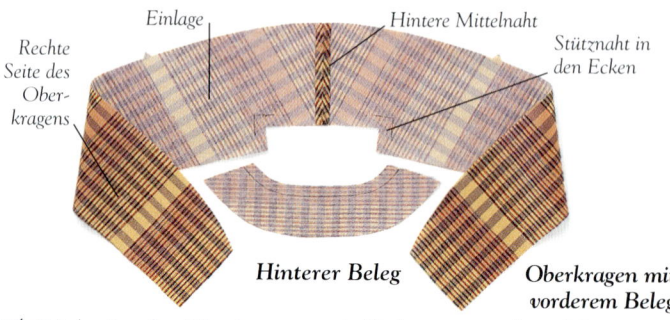

5 Rückseite des Oberkragens mit Einlage verstärken. Hintere Mittelnaht steppen, Zugaben zurückschneiden, auseinanderbügeln. Die Ecken der Ansatznaht jeweils mit einer 2,5 cm langen Stütznaht sichern. Verstärken Sie auch den hinteren Beleg und sichern Sie die innere Rundung mit einer Stütznaht.

6 Heften Sie den rückwärtigen Beleg an die Innenkante des Kragens. Ziehen Sie dazu die Ecken des Kragens auseinander. Eventuell Rundung des Beleges einschneiden, um sie besser anpassen zu können. Naht heften, steppen. Der Kragen liegt dabei oben. An den Ecken wenden Sie mit eingestochener Nadel.

7 Nahtzugaben zurückschneiden, Ecken abschrägen. Schneiden Sie die Nahtzugaben ein oder machen Sie V-förmige Ausschnitte, damit sich die Naht flachbügeln lässt (oben). Nahtzugaben auseinanderbügeln. Bei ungefüttertem Kleidungsstück beschneiden und versäubern Sie die Außenkante des Beleges.

KRAGEN

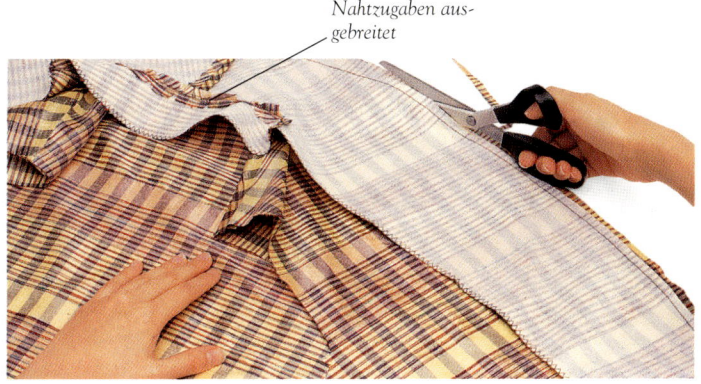

Nahtzugaben ausgebreitet

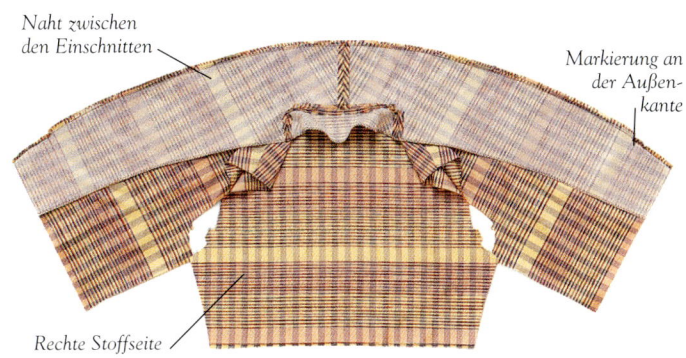

Naht zwischen den Einschnitten

Markierung an der Außenkante

Rechte Stoffseite

8 Kragen rechts auf rechts an Unterkragen stecken. Naht steppen, Zugaben der Mittelnähte liegen flach auseinander. Zugaben abgestuft zurückschneiden: Oberhalb der Markierung an der Außenkante ist Zugabe am Kragen breiter, unterhalb ist Zugabe am Kleidungsstück.

9 Kerben Sie die Nahtzugaben im Bereich der Rundung V-förmig ein. Die Nahtzugaben oberhalb der Markierung an der Außenkante werden in den Kragen gebügelt, die Nahtzugaben unterhalb der Markierung in das Kleidungsstück.

Beleg

Oberkragen

Beleg ist hochgeschlagen

10 Mit dem Unterkragen nach oben Kragennaht untersteppen. Vorderkanten untersteppen, Beleg liegt oben. An der Kragenmarkierung bleiben 4 cm ungesteppt. Beleg auf links wenden, bügeln.

11 Stecken Sie den Kragen durch alle Stofflagen dicht oberhalb der hinteren Halsnaht fest. Verbinden Sie die Nahtzugaben von Ober- und Unterkragen mit blinden Saumstichen (S. 76).

DAS JABOT

Ein Jabot besteht aus einem einzigen, im schrägen Fadenlauf zugeschnittenen Quadrat. An einem Kleidungsstück mit rundem Ausschnitt sieht es ebenso reizvoll aus wie an einem V-Ausschnitt. Am besten eignen sich glatte, sehr leichte Stoffe. Aber auch aus weich fallenden Baumwollstoffen oder Seide können Sie ein Jabot fertigen.

Von der hinteren Mitte aus messen

Vordere Mitte, Spitze

Diagonale bis zur Mitte geheftet

Versäuberte Kanten nach links einschlagen

1 Um ein Jabot für einen V-Ausschnitt zu arbeiten, messen Sie zunächst die halbe Weite des Halsausschnittes, von der hinteren Mitte aus beginnend bis zur Spitze des Ausschnittes (oben). Diagonale Länge = verdoppeltes Maß.

2 Legen Sie den Stoff diagonal zusammen und markieren Sie die benötigte Länge auf dem Bruch mit Heftstichen. Dann zeichnen Sie, von der markierten Linie ausgehend, ein Quadrat und schneiden es aus. Heften Sie die Diagonale bis zur Hälfte, um die Mitte des Quadrats zu markieren.

3 Von Hand einen feinen Rollsaum (S. 206) arbeiten oder Stoff mit Zickzackstichen bekanteln. Kante umschlagen, feststeppen.

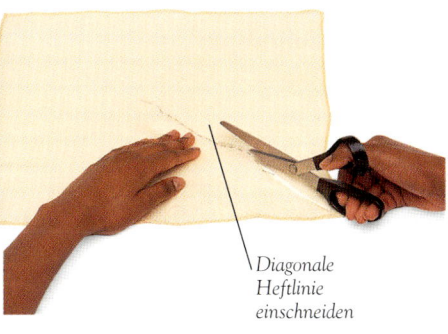

Diagonale Heftlinie einschneiden

4 Schneiden Sie den Stoff auf der diagonalen Heftlinie bis zur Mitte ein (links). Die Schnittkante passt später an die Ausschnittkanten, der tiefste Punkt des Einschnittes trifft auf die Spitze des V-Ausschnitts.

5 Stecken Sie den Kragen mit der rechten Seite nach oben so an die Ausschnittkante (tiefster Punkt des Einschnitts genau auf der Spitze des V-Ausschnittes). Jabot anheften. Beleg arbeiten (S. 127–131), Jabot in der Ansatznaht mitfassen.

153

Elastische Halsabschlüsse

Elastische Halsabschlüsse werden aus gestricktem Material hergestellt, z. B. aus Jersey. Sie können an gestrickte ebenso wie an gewebte Stoffe angesetzt werden. Bei gewebten Stoffen muss die Ausschnittöffnung groß genug sein, dass der Kopf leicht durchpasst. Ist sie kleiner, muss ein zusätzlicher Verschluss angebracht werden. Wie Sie das Halsbündchen einsetzen, richtet sich nach der Form des Ausschnittes und der Dehnbarkeit des Bündchens. Ein hohes, enges Halsbündchen lässt sich am besten aus sehr elastischem Material arbeiten.

VERWANDTE TECHNIKEN

Heftstiche, S. 73
Nahtzugaben verkleinern, S. 84
Nähte versäubern, S. 85
Gestrickte Stoffe nähen, S. 89
Halsausschnitte einfassen, S. 134

Übersicht

Liegendes Bündchen
Der elastische Abschluss liegt flach und schließt sich glatt an den Ausschnitt des Oberteils an. Liegende Bündchen wirken am besten in Breiten zwischen 3 und 5 cm.

Stehbündchen
Das Stehbündchen ähnelt in seiner Form dem Stehkragen, ist aber aus elastischem Material hergestellt und liegt eng am Hals an.

Schildkrötenkragen
Diese Kragenform folgt erst der Schulterlinie und schließt dann etwa auf halber Höhe am Hals ab. Je nach gewünschtem Effekt sollte ein Schildkrötenkragen etwa 3–5 cm breit sein.

Liegendes Bündchen   *Stehbündchen*   *Schildkrötenkragen*

Liegendes Bündchen

Diese Technik eignet sich besonders für weniger elastische Materialien, etwa Jersey oder Sweatshirt-Ware. Das Bündchen wird in den Ausschnitt gelegt und in Form gebügelt, ehe es angesetzt wird. Liegende Bündchen eignen sich für weitere, lässige Halsausschnitte (z. B. in der Freizeitmode).

Doppelte Breite plus zwei Nahtzugaben
Länge plus zwei Nahtzugaben
Bruchlinie
Rechte Seite
Schnittkanten

1 Schneiden Sie einen Streifen Bündchenware im Querfadenlauf zu. Länge = Halsausschnittweite plus doppelter Nahtzugabe, gewünschte Breite verdoppeln plus doppelte Nahtzugabe.

3 Legen Sie das Bündchen links auf links zur Hälfte und fixieren Sie die Schnittkanten mit quer eingesteckten Nadeln. Anschließend heften (links). Schließen Sie am Oberteil die Schulternähte. Die Seitennähte werden erst geschlossen, wenn das Bündchen eingesetzt ist.

Auseinandergebügelte Naht
Markierung für Schulternaht
Markierung für hintere Mitte
Markierung für vordere Mitte
Nahtlinie für Halsbündchen

2 Schmalseiten des Bündchens rechts auf rechts zusammen steppen, sodass ein Ring entsteht. Zugaben beschneiden und auseinanderbügeln. Leichte Stoffe mit Fischgrätstich nähen (S. 89).

4 Zeichnen Sie anhand des Papierschnittes die Kontur des fertigen Bündchens auf ein Reststück hellen Baumwollstoff. Stecken Sie den Baumwollstoff auf das Bügelbrett und benutzen Sie ihn als Schablone zum Ausbügeln des fertigen Ausschnittes.

ELASTISCHE HALSABSCHLÜSSE

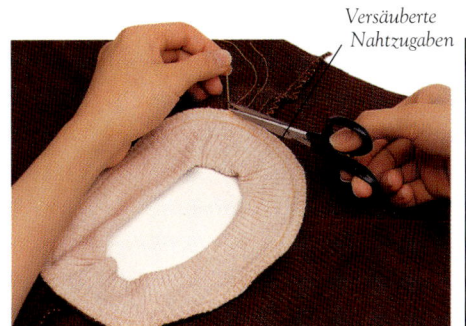

5 Legen Sie das vorbereitete Halsbündchen auf die Schablone und bringen die Markierungen in Deckung. Dann stecken Sie das Bündchen fest und dämpfen es in Form (oben). Die Innenkante wird dabei etwas zusammengeschoben.

6 Lassen Sie die Stecknadeln in der vorderen und hinteren Mitte und an den Schulternähten im Bündchen, die übrigen Nadeln werden entfernt. Anschließend stecken Sie das Bündchen rechts auf rechts an die Ausschnittkante (oben).

7 Steppen Sie das Bündchen nun von oben an. Wählen Sie entweder eine Stichart, die zugleich näht und versäubert, oder steppen Sie erst und versäubern dann die Nahtzugaben. Fadenenden abschneiden (oben).

······················· GERADE HALSBÜNDCHEN ·······················

Das Material für gerade Halsbündchen sollte sehr elastisch sein. Darum können mit dieser Technik auch hohe, eng anliegende Halsabschlüsse gearbeitet werden. Die Länge des Bündchens hängt davon ab, wie eng es anliegen soll und wie dehnbar das Material ist. Im Allgemeinen sind gerade Halsbündchen 5–10 cm enger als der Ausschnitt am Oberteil.

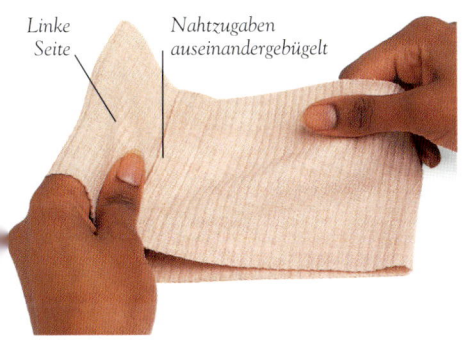

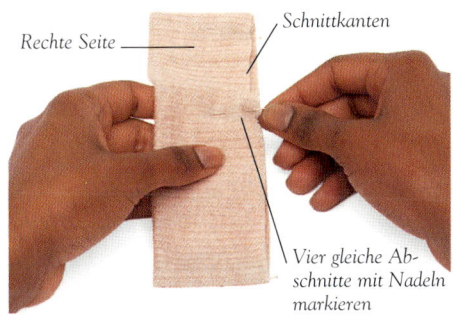

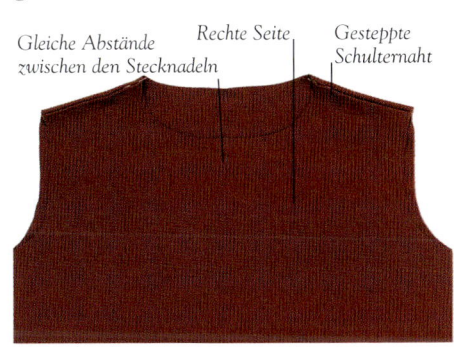

1 Schneiden Sie im Querfadenlauf einen Streifen in der gewünschten Länge zu. Die Breite entspricht der doppelten fertigen Breite plus zweifacher Nahtzugabe. Steppen Sie die Schmalseiten rechts auf rechts zusammen, sodass ein Ring entsteht. Zugaben beschneiden, bügeln.

2 Falten Sie das Bündchen links auf links längs zur Hälfte. Teilen Sie die Weite durch quer eingesteckte Nadeln in vier gleich große Abschnitte ein (oben). Eine Nadel steckt in der Mittelnaht und markiert so die rückwärtige Mitte.

3 Steppen Sie am Oberteil die Schulternähte und bügeln Sie auseinander. Wenden Sie das Oberteil, sodass die rechte Seite außen liegt. Teilen Sie die Ausschnittweite in vier gleich große Abschnitte ein, indem Sie Schulternähte, vordere und hintere Mitte mit Stecknadeln markieren.

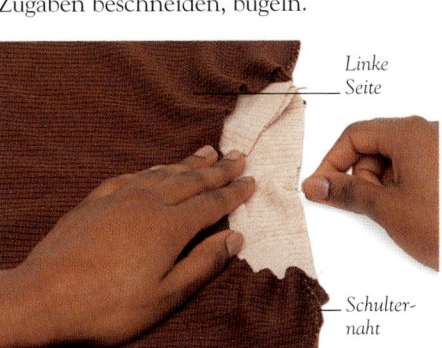

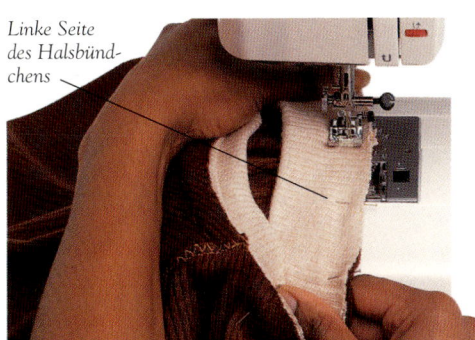

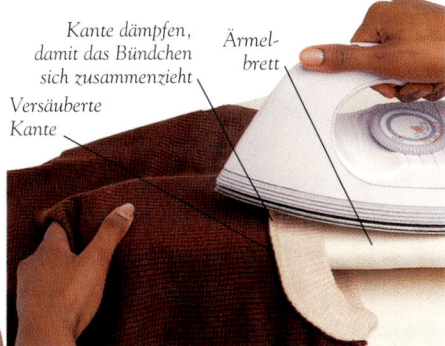

4 Wenden sie die Innenseite des Oberteils nach außen. Legen Sie das Bündchen in die Öffnung und bringen Sie die Markierungsnadeln in Deckung. Stecken Sie das Bündchen an die Ausschnittkante. Dabei wird der Rand des Bündchens gedehnt.

5 Das Bündchen wird nun von oben mit einer Elastiknaht oder Zickzacknaht an der Ausschnittkante festgesteppt (oben). Beim Steppen dehnen Sie das Bündchen leicht und halten es fest, sodass es zwischen den Stecknadeln flach liegt und sich glatt in den Ausschnitt einfügt.

6 Schneiden Sie die Nahtzugaben zurück und versäubern Sie die Kante. Legen Sie das Halsbündchen über das Ende des Ärmelbretts und halten Sie ein Dampfbügeleisen darüber, damit sich das elastische Material wieder zusammenzieht (oben). Die Ansatznaht vorsichtig nach unten bügeln.

Taillenabschlüsse und Taillenverbindungen

Taillenverbindungen
Übersicht der Taillenverbindungen und Taillenabschlüsse 158
Rock und Oberteil zusammensetzen 159 ▪ Ein Taillenband aufsetzen 159

Tunnelzüge
Der eingeschlagene Tunnelzug 160 ▪ Der aufgesetzte Tunnelzug 160
Der geschlossene Tunnel 161 ▪ Der Teiltunnel 162
Der falsche Tunnel 163 ▪ Ein Stretchbündchen ansetzen 164
Der Taillenabschluss mit Beleg 165

Taillenbündchen
Vorbereitungen 166 ▪ Ein Bündchen versteifen 167
Das einfache Bündchen 168 ▪ Das zweiteilige Bündchen 168
Das abgesteppte Bündchen 169 ▪ Das Bündchen mit Gurtband 169
Das Formbündchen 170 ▪ Das elastische Bündchen 170

Gürtel und Gürtelschlaufen
Übersicht 172 ▪ Der Bindegürtel 172 ▪ Der gesteppte gerade Gürtel 173
Der handgenähte gerade Gürtel 173 ▪ Gürtel mit separater Rückseite 174
Der geklebte Gürtel 174 ▪ Der Formgürtel 175 ▪ Ösen 175 ▪ Gürtelschlaufen 176
Gürtelschlaufen ansetzen 176 ▪ Schnallen ansetzen und beziehen 177

TAILLENVERBINDUNGEN

Für Röcke, Hosen und Kleider gibt es viele Möglichkeiten, die Taille zu gestalten. Gerade Bündchen sind am beliebtesten für Hosen und Röcke, weil sie sich für fast alle Stoffqualitäten eignen. Nur für schwere, auftragende Stoffe empfiehlt es sich, ein Stretchbündchen anzusetzen. Bei Röcken kann der Taillenabschluss auch mit einem Beleg gearbeitet werden, unabhängig davon, ob die Taillenlinie niedrig oder hochgezogen ist. Für schwere Stoffe verwenden Sie für den Beleg ein leichteres Material. Tunnelzüge für leichte und mittelschwere Stoffe sind einfach zu arbeiten.

VERWANDTE TECHNIKEN

Nahtzugaben verkleinern, S. 84
Nähte versäubern, S. 85
Ungleiche Kanten zusammensetzen, S. 89
Einfache Abnäher, S. 109
Falten, S. 120
Der verdeckte Reißverschluss, S. 252
Der Reißverschluss in der Naht, S. 253

ÜBERSICHT DER TAILLENVERBINDUNGEN UND TAILLENABSCHLÜSSE

Einfaches Bündchen
Einfache Bündchen (S. 168) werden meist in Breiten zwischen 2,5 und 4 cm gearbeitet. Sie eignen sich für die meisten Kleidungsstücke. Es gibt verschiedene Methoden, ein solches Bündchen zu arbeiten.

Formbündchen
Solche breiten Bündchen sind an den oberen und unteren Nahtlinien breiter als in der Mitte (S. 170). So passen sie sich der Rundung von Hüften und Brustkorb gut an.

Eingeschlagener Tunnelzug
Bei diesem Taillenabschluss wird auf der linken Stoffseite ein Tunnel gearbeitet, durch den ein Gummiband oder eine Zugkordel gezogen wird (S. 160). Eingeschlagene Tunnelzüge können auch mit Köpfchen gearbeitet werden.

Teiltunnel
Der vordere Teil des Taillenabschlusses besteht aus einem glatten Bündchen, der hintere Teil jedoch aus einem Tunnel mit elastischem Durchzug.

Taillenabschluss mit Beleg
Bei dieser Technik, die sehr schlicht aussieht, ist der Belegstoff auf der rechten Seite des Kleidungsstückes nicht sichtbar (S. 165). Taillenabschlüsse mit Beleg eignen sich besonders für Röcke und Hosen, die körpernah sitzen sollen.

Stretchbündchen
Für solche Bündchen wird fertiges elastisches Band an den Kleiderstoff gesteppt (S. 164). Stretchbänder werden in unterschiedlichen Breiten und vielen Farben angeboten.

Falscher Tunnel ohne Naht
Eine besonders unkomplizierte Art, leichte Stoffe »auf Taille« zu bringen: ein Gummiband wird mit Zickzackstichen auf die linke Seite des Oberstoffes gesteppt (S. 163).

Falscher Tunnel mit Naht
Bei dieser Methode werden die Nahtzugaben der Taillennaht abgesteppt und bilden Tunnel für Gummi- oder Kordeldurchzüge (S. 163).

Einfaches Bündchen — *Formbündchen* — *Stretchbündchen* — *Taillenabschluss mit Beleg*

Eingeschlagener Tunnelzug — *Teiltunnel* — *Falscher Tunnel ohne Naht* — *Falscher Tunnel mit Naht*

Rock und Oberteil zusammensetzen

Wenn Sie bei einem Kleid ein Rock und ein Oberteil zusammensetzen wollen, müssen Sie unterscheiden, ob ein enger oder ein gekräuselter Rock angesetzt werden soll. Enge Röcke sind, obwohl dies kaum sichtbar ist, in der Regel ca. 2,5 cm weiter als das Oberteil. Die Mehrweite ist wichtig, damit das Kleidungsstück gut sitzt.

Einen engen Rock ansetzen

Kräuselnaht

Taillenkante des Rockes

1 An Oberkante Kräuselfaden einziehen. An Seitennähten Kräuselnaht unterbrechen, Fäden lang hängen lassen. Rock und Oberteil in der Taille aneinanderstecken, Seitennähte decken sich.

2 Fassen Sie den Unterfaden der Kräuselnaht und ziehen Sie vorsichtig daran, bis die Mehrweite des Rockes eingehalten ist (oben). Kräuseln Sie die Weite von den Seiten zur Mitte hin ein.

Rock liegt rechts auf rechts auf dem Oberteil

3 Nun steppen Sie die beiden Teile aneinander, der Rock liegt dabei oben. Aus den Kräuseln dürfen keine sichtbaren Fältchen entstehen. Zugaben in einem Arbeitsgang mit Zickzackstichen versäubern, überstehenden Stoff abschneiden.

Einen gekräuselten Rock ansetzen

Lange Geradstiche

Lange Fadenenden

1 Entlang der Rockoberkante zwei Geradstichreihen steppen. An Seitennähten Kräuselnähte unterbrechen, Fadenenden lang hängen lassen. Rock rechts auf rechts an Oberteil stecken.

2 Rock durch Ziehen an Unterfäden wie gewünscht einhalten. Kräusel gleichmäßig verteilen, evtl. Rock neu anstecken. Enden der Fäden 8-förmig um Stecknadel wickeln.

Keine unerwünschten Fältchen einbügeln!

3 Jetzt steppen Sie von der Seite des Rockes aus neben der unteren Kräuselnaht beide Lagen zusammen (oben). Anschließend die Stecknadeln entfernen.

4 Versäubern Sie die Kanten in einem Arbeitsgang mit Zickzackstichen. (Bei feinen Stoffen: Nahtzugaben erst beschneiden). Zugabe flachbügeln, dann von den Kräuseln weg ins Oberteil (oben).

Ein Taillenband aufsetzen

Es hat viele Vorteile, ein Gurtband auf eine Taillennaht zu setzen. Bei leichten Stoffen verhindert es, dass sich die Taillennaht ausdehnt, bei schweren Stoffen, dass sie sich nach unten aushängt. Wird das Band mit der Maschine eingesetzt, können Sie Ripsband oder Nahtband verwenden, mit der Hand eher stabiles Gurtband.

Vor Einsetzen des Verschlusses

Rechts auf rechts gelegt

1 Rock an das Oberteil setzen. Band so auf die Nahtzugabe des Rockes heften, dass die Kante des Bandes knapp unterhalb der Nahtlinie liegt. Band an der Unterkante ansteppen.

2 Zugaben auf Bandbreite zurückschneiden, Kanten mit Zickzackstichen versäubern. Zugaben ins Oberteil bügeln, Reißverschluss einsetzen.

Nach Einsetzen des Verschlusses

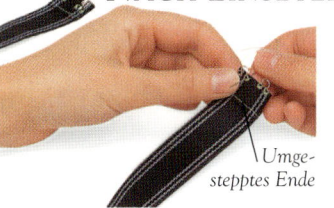
Umgestepptes Ende

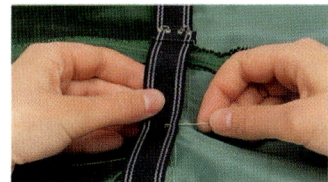

1 Gurtband zuschneiden, das 6 cm länger ist als die Taillenweite. Kanten beidseitig erst 5 mm und dann 2,5 breit umbügeln. Feststeppen. Haken und Ösen an Enden nähen.

2 Heften Sie das Gurtband so an, dass der Verschluss über dem Reißverschluss liegt. Nähen Sie das Band mit Handstichen an den Seitennähten und Abnähern fest (oben).

TUNNELZÜGE

Ein Tunnelzug ist ein Streifen doppelt verarbeiteten Stoffes, durch den ein Gummiband oder eine Kordel gezogen wird. Tunnelzüge sind an Hosen und Röcken ebenso einfach zu arbeiten wie in der Taille von Kleidern. Der Tunnel sollte 6 mm breiter sein als das eingezogene Gummiband. An den Enden bleibt ein Stück offen, damit das Gummi ausgewechselt werden kann. Bei einem Kordeldurchzug tritt die Kordel durch eine offengelassene Naht oder durch zwei Knopflöcher, die vor dem Aufsetzen des Tunnels gearbeitet werden, auf die rechte Seite aus.

> **VERWANDTE TECHNIKEN**
>
> Elastische Bänder, S. 66
> Grundstiche, S. 74
> Saumstiche, S. 76
> Säume mit Beleg, S. 214
> Automatische Knopflöcher, S. 240
> Reißverschluss in einer Naht einsetzen, S. 253

DER EINGESCHLAGENE TUNNELZUG

Für einen eingeschlagenen Tunnelzug geben Sie an der oberen Kante des Kleidungsstückes die gewünschte Tunnelbreite zu und schlagen sie nach links ein. Normalerweise ist ein Tunnelzug gerade. Er kann – schmal genug – aber auch an eine geschwungenen Kante gearbeitet werden. Beim Tunnelzug mit Köpfchen steht oberhalb des Tunnels eine Rüsche hoch.

EINFACHER, EINGESCHLAGENER TUNNELZUG

1. Bügeln Sie die Oberkante des Kleidungsstückes 6 mm breit um. Schlagen Sie dann den Stoff in der Breite des gewünschten Tunnels ein und stecken Sie ihn mit querliegenden Nadeln fest (oben).

2. Steppen Sie die Unterkante des Tunnels fest, lassen Sie aber ein Stück Naht zum Einziehen des Gummibandes offen. Auch die Oberkante des Kleidungsstückes wird knappkantig abgesteppt (oben).

EINGESCHLAGENER TUNNEL MIT KÖPFCHEN

Schlagen Sie die Oberkante um (siehe Schritt 1, links), geben Sie aber die Breite des gewünschten Köpfchens dazu. Steppen Sie dann die Ober- und Unterkante des Tunnels ab und ziehen Sie das Gummiband ein.

DER AUFGESETZTE TUNNEL

Ein aufgesetzter Tunnel kann an der Innen- oder an der Außenseite eines Kleidungsstückes angebracht werden. Bei dieser Technik verwenden Sie einen separaten Stoffstreifen. Ist die Abschlusskante gerundet, schneiden Sie den Tunnelstreifen im schrägen Fadenlauf zu. An der Oberkante eines Rockes oder einer Hose ersetzt der Streifen den Beleg.

AUFGESTEPPTER TUNNEL AN EINTEILIGEN KLEIDUNGSSTÜCKEN

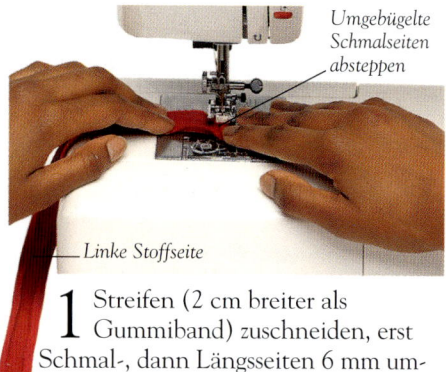

1. Streifen (2 cm breiter als Gummiband) zuschneiden, erst Schmal-, dann Längsseiten 6 mm umbügeln. Schmalseiten absteppen.

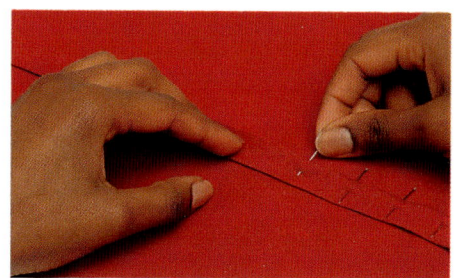

2. Längskanten des Streifens nach links umschlagen, mit querliegenden Nadeln auf rechte oder linke Seite des Modells stecken, rechte Streifenseite oben.

3. Steppen Sie beide Kanten des Tunnelstreifens knappkantig auf das Kleidungsstück (oben). Nadeln entfernen, bügeln und fertigstellen (siehe S. 161).

TUNNELZÜGE

AUFGESTEPPTER TUNNEL AN DER ABSCHLUSSKANTE

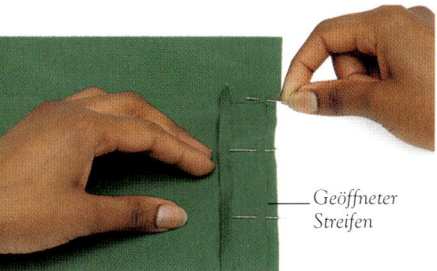
Geöffneter Streifen

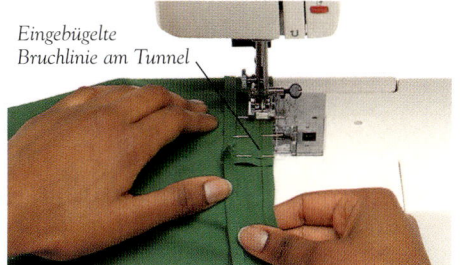
Eingebügelte Bruchlinie am Tunnel

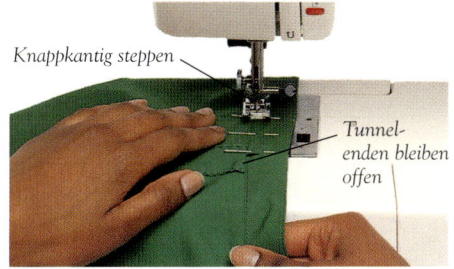
Knappkantig steppen — *Tunnelenden bleiben offen*

1 Schneiden Sie den Streifen zu, bügeln Sie ihn und steppen Sie die Schmalseiten (siehe Schritt 1, S. 160 unten). Öffnen Sie eine eingeschlagene Längskante und stecken Sie den Streifen rechts auf rechts an die Oberkante des Kleidungsstückes.

2 Achten Sie darauf, dass die Enden des Streifens auf einer Seitennaht liegen, damit die Nähte von Beleg und Kleidungsstück sich decken. Steppen Sie in der Bruchlinie des Tunnelstreifens entlang. Streifen nach links umbügeln.

3 Stecken Sie die eingeschlagene Unterkante des Tunnels an das Kleidungsstück. Knappkantig feststeppen. Eine zweite Steppnaht verläuft entlang der Oberkante des Tunnels. Die Enden des Tunnels bleiben für Gummi offen.

FERTIGSTELLUNG VON TUNNELZÜGEN

Ein Tunnel umfasst die ganze Taillenweite, sodass die Schmalseiten des Tunnels aufeinandertreffen. Zum Einhalten der Weite Gummiband oder Zugkordel durch den Tunnel ziehen. Wenn der Tunnel auf der linken Seite des Kleidungsstückes aufgesteppt ist, wird die Kordel durch eine Öffnung in der Naht oder durch Knopflöcher auf die Außenseite geführt.

GUMMIBAND IN EINEN TUNNEL EINZIEHEN

Gummiband nahe der Öffnung an den Stoff stecken

Gummibandenden überlappen

Öffnung

1 Gummibandende feststecken. Sicherheitsnadel am anderen Bandende befestigen. Nadel durch Tunnelöffnung zur anderen Öffnung schieben.

2 Beide Gummibandenden möglichst weit aus dem Tunnel ziehen, etwa 2,5 cm aufeinanderlegen, feststecken, zusammensteppen oder mit Überwendlingstichen von Hand nähen.

3 Ziehen Sie dann am Tunnel, damit das Gummiband in die Öffnung rutscht. Schieben Sie die Kräusel von der Öffnung weg und schließen Sie das offen gelassene Stück Naht (oben).

ÖFFNUNG FÜR GUMMIBAND

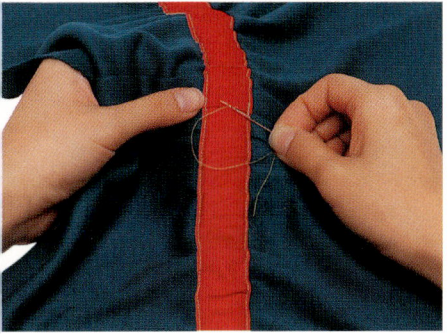

Bei einem aufgesetzten Tunnel ziehen Sie das Gummiband ein und vernähen die Enden miteinander (siehe oben). Die Öffnung im Tunnel wird von Hand mit kleinen Überwendlingstichen geschlossen.

ÖFFNUNG FÜR ZUGKORDEL

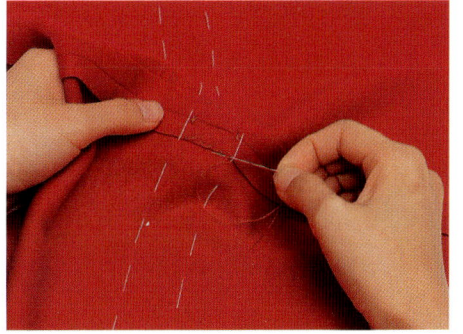

Vordernaht oder eine Seitennaht ein Stück weit offen lassen, Nahtzugaben von links mit Hexenstichen befestigen. Steppen Sie den Tunnel auf und ziehen Sie die Kordel durch die Nahtöffnung.

KNOPFLÖCHER FÜR KORDEL

Arbeiten Sie zwei senkrechte Knopflöcher in der Mitte des Streifens, auf den der Tunnel aufgesetzt werden soll. Steppen Sie erst danach den Tunnel auf und ziehen Sie die Kordel durch die Knopflöcher ein (oben).

DER TEILTUNNEL

Umfasst ein Tunnel nicht die gesamte Taillenweite, spricht man von einem Teiltunnel. Bei Röcken und Hosen wird oft der vordere Teil als festes Bündchen gearbeitet, der seitliche und hintere Teil besteht aus einem Tunnel mit elastischem Durchzug. Oft ist ein Tunnel auch wegen eines senkrecht verlaufenden Reißverschlusses geteilt.

BÜNDCHEN MIT ELASTISCHEM RÜCKENTEIL

Streifen für das Bündchen hat die doppelte fertige Breite

Einlage

Offene Kante des Bündchens

1 Einfaches Bündchen (siehe S. 168) in Breite des Vorderteils plus Zugabe zuschneiden. Bündchen mit Einlage verstärken, rechts auf rechts an Vorderteilkante steppen. Bügeln Sie die Zugabe an der offenen Seite des Bündchens 6 mm nach links um. Die Zugaben an der Nahtkante nach oben in das Bündchen bügeln.

Ende des Tunnels

Tunnelzug im Rückenteil

2 Im Rückenteil des Kleidungsstückes arbeiten Sie einen eingeschlagenen Tunnelzug (S. 160), der die gleiche Breite wie das vordere Bündchen hat. Steppen Sie den Tunnel an Ober- und Unterkante ab. Ziehen Sie ein passendes Gummiband ein. Stecken Sie das Gummiband am Ende des Tunnels fest und heften durch alle Lagen.

3 Stecken Sie nun Vorder- und Rückenteil so zusammen, dass die Unterkanten von Tunnel und Bündchen zusammentreffen. Steppen Sie die Seitennähte und die Enden des Bündchens. Nahtzugaben auseinanderbügeln und die Nahtzugabe am Tunnel knapp unter der Naht einschneiden (rechts).

Vorderteil

Nahtzugabe des Tunnels knapp unter der Naht einschneiden

Rückenteil

4 Bügeln Sie die Nahtzugabe des Tunnels nach vorn ins Bündchen. Dann wird die Kante des Bündchens nach innen umgebügelt. Sie soll auch innen die gleiche Breite wie der Tunnel haben. Befestigen Sie die Unterkanten und die Längskante des Bündchens mit Handstichen (rechts).

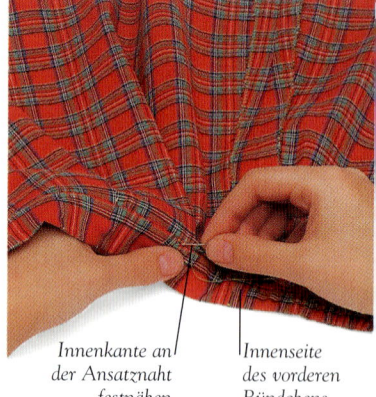

Innenkante an der Ansatznaht festnähen

Innenseite des vorderen Bündchens

UNTERBROCHENER TUNNELZUG

1 Arbeiten Sie einen aufgesetzten Tunnelzug, dessen Enden sich in Höhe des Reißverschlusses gegenüberliegen (S. 160). Ziehen Sie dann das Gummiband ein. Der Anfang des Gummibandes wird so weit eingezogen, dass er fast im Tunnel verschwindet. Gut durch alle Lagen festheften. Ziehen Sie das lose Ende des Gummibandes heraus, bis die gewünschte Weite erreicht ist (oben). Dann das Gummiband abschneiden und ebenfalls festheften.

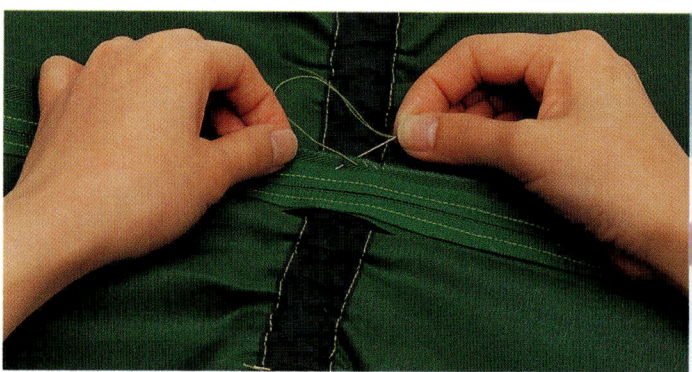

2 Bügeln Sie die Nahtzugaben an der Reissverschlussöffnung nach links um. Setzen Sie dann den Reissverschluss so in die Naht ein (siehe S. 253), daß die Stepplinie das Trägerband und die Enden des Gummibandes mitfaßt. Zum Schluß die Reissverschlusskanten von innen am Tunnel befestigen (oben).

DER FALSCHE TUNNEL

Beim »falschen Tunnel« wird kein separater Streifen für den Durchzug aufgesetzt. Stattdessen benutzen Sie die Nahtzugaben der Taillennaht für den Tunnel. So entstehen zwei Tunnel oder, wenn Sie beide Nahtzugaben zu einer Seite steppen, nur einer. Bei leichten Stoffen kann auch ein Gummiband direkt auf den Stoff gesteppt werden.

DER FALSCHE TUNNEL IN DER TAILLENNAHT

Nahtzugabe auf dem Oberstoff feststeppen

1 Steppen Sie die Seitennähte von Rock und Oberteil, rückwärtige Naht offen lassen. Nähen Sie Rock und Oberteil zusammen, Taillennaht mit Zickzackstichen versäubern. Nahtzugabe auseinanderbügeln, auf beiden Seiten der Naht am Oberstoff feststecken, je 1 cm neben der Naht feststeppen.

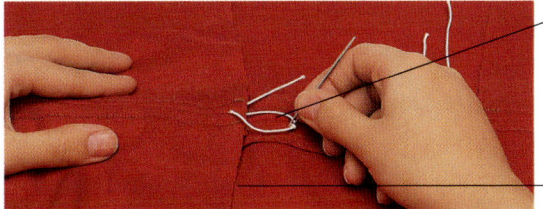

Gummi durch beide Tunnel ziehen

Hintere Mitte

2 Knoten Sie ein Stück dicke Gummikordel an eine stumpfe Sticknadel oder Sicherheitsnadel. Schieben Sie die Nadel durch die Öffnung in der hinteren Mitte in einen der entstandenen Tunnel und ziehen Sie das Gummi durch. Auf die gleiche Weise ein Gummi in den anderen Tunnel einziehen (oben).

3 Ziehen Sie beide Gummibänder heraus, bis die Taillenweite bequem passt. Dann knoten Sie die Enden auf jeder Seite des falschen Tunnels fest zusammen (rechts) und schneiden die Enden ab. Die Gummibänder auf der anderen Seite entsprechend verknoten.

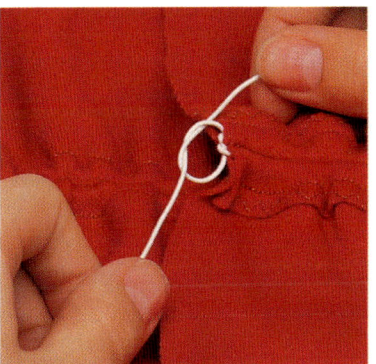

4 Steppen Sie jetzt die rückwärtige Mittelnaht und fassen Sie die Enden der Gummikordeln dabei mit. (Wenn das Kleid einen Reißverschluss in der hinteren Mitte hat, setzen Sie ihn ein [S. 250–251] und achten darauf, dass die Enden der Gummibänder mit festgesteppt werden.)

DER FALSCHE TUNNEL AUF MODELLEN OHNE TAILLENNAHT

Linke Stoffseite

Gummiband gleichmäßig verteilt an den Oberstoff stecken

1 Schneiden Sie ein Gummiband in Taillenweite plus 2 cm zu. Markieren Sie am Gummiband und an der Taillenlinie je acht gleich große Abschnitte. Band 1 cm weit in die Reißverschlussöffnung hineinragen lassen, gleichmäßig verteilt an die linke Seite des Oberstoffes stecken.

Gummiband mit Zickzackstichen feststeppen

2 Beginnen Sie am Reißverschluss, das Gummi mit Zickzackstichen festzusteppen. Nahtanfang mit Rückstichen sichern. Band dehnen, bis zur ersten Markierungsnadel nähen, Nadel entfernen, weiternähen. Naht mit Rückstichen sichern.

3 Schlagen Sie die Enden des Gummibands um und nähen Sie sie mit feinen Handstichen am Trägerband des Reißverschlusses fest (rechts). Achten Sie darauf, dass das Gummiband nicht zu nah an den Reißverschluss heranreicht, damit es sich nicht darin verklemmen kann.

Von Hand festnähen

4 Wenden Sie das Kleid nach rechts. Der Stoff in der Taille wird nun auf die Weite des ungedehnten Gummibandes zusammengezogen. Die entstandenen Kräusel verdecken die Zickzacknaht weitgehend.

TAILLENABSCHLÜSSE UND -VERBINDUNGEN

EIN STRETCHBÜNDCHEN ANSETZEN

Besonders beliebt sind solche Stretchbündchen als Saumabschluss lässiger Jacken. Aber auch für Röcke und Hosen eignen sich solche Bündchen gut. Das breite Elastikband gibt es in vielen Farben fertig zu kaufen. Meist ist eine Seite etwas aufgekräuselt. Diese Seite wird an die Kante des Kleidungsstückes gesteppt.

Kleidungsstück
Nadeln markieren vier gleiche Teile
Stretchband
Nicht zu eng bemessen, damit es nicht schnürt

1 Teilen Sie die Kante des Kleidungsstückes mit quer gesteckten Nadeln in vier gleiche Teile ein. Auch das Stretchband wird in vier gleiche Teile unterteilt, die jedoch kleiner ausfallen.

Kanten liegen aufeinander
Gekräuselte Kante wird angesteppt

2 Legen Sie das Stretchband rechts auf rechts auf den Oberstoff. Bringen Sie die Nadelmarkierungen in Deckung und stecken Sie das Band an diesen Punkten fest (links). Dehnen Sie das Band zwischen den Markierungen und stecken Sie es jeweils auf halber Strecke noch einmal fest. Fahren Sie so fort, bis die Weite eingehalten ist.

Rechte Stoffseite
Gedehntes Stretch-Bündchen

3 Steppen Sie nun auf dem Stretchband an der gekräuselten Kante entlang durch beide Stofflagen (links). Beim Steppen muss das Stretchbündchen so weit gedehnt werden, dass der Stoff darunter nicht zusammengezogen wird. Halten Sie das Band fest und steppen von Nadel zu Nadel.

Linke Seite des Bündchens
Zickzacknaht

4 Wenn der Oberstoff leicht ausfranst, versäubern Sie Stoffkante und Bündchen in einem Arbeitsgang mit Zickzackstichen. Dabei Bündchen leicht dehnen. Falls das Bündchen durch das Anstepppen verzogen ist, Dampfbügeleisen darüberhalten (oben).

Bündchen beim Bügeln nicht überdehnen

5 Bügeln Sie die Nahtzugaben vorsichtig vom Bündchen weg (oben). Dabei dürfen Sie nicht zu stark auf das Bündchen drücken, sonst verliert es durch Druck und Hitze seine Elastizität.

STRETCHBÜNDCHEN NACHSPANNEN

Gekräuselte Kante des Stretchbands
Hutgummi

Wenn ein Stretchbündchen im Laufe der Zeit an der Nahtkante ausleiert, ziehen Sie ein Hutgummi unter den Zickzackstichen an der Innenseite durch (oben). Regulieren Sie die Weite durch Zug an den Enden des Gummibandes. Die Enden gut verknoten.

Der Taillenabschluss mit Beleg

Taillenbelege sind von der rechten Stoffseite her nicht zu sehen. Bei dicken oder sperrigen Stoffen kann der Beleg durch ein Gurtband ersetzt werden. So fällt die Nahtzugabe flacher aus. Ein angeschnittener Beleg wird ohne Teilungsnaht direkt mit dem jeweiligen Schnittteil zugeschnitten. Ein Formbeleg ist ein separates Schnittteil, das angesteppt wird.

Der Beleg aus Gurtband

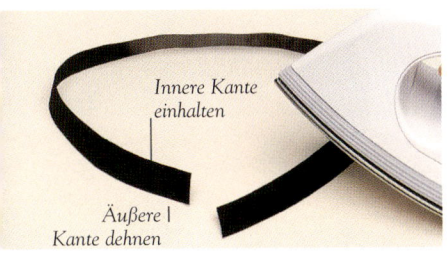

1 Schneiden Sie 2–4 cm breites Gurtband in der benötigten Weite plus 4 cm Nahtzugabe zu. Dämpfen Sie das Band in Form, sodass eine Seite gedehnt und die andere leicht eingehalten wird (oben). Das Band gut auskühlen lassen.

2 Stoffkante mit Stütznaht sichern. Legen Sie das Gurtband kantenbündig auf die rechte Seite des Kleidungsstückes und stecken Sie die eingehaltene Längsseite des Gurtbandes fest. Die Enden stehen zu beiden Seiten 2 cm über den Reißverschluss hinaus. Heften, steppen.

3 Gurtband zur linken Seite umschlagen, ausbügeln. Enden weit genug einschlagen, dass sie sich nicht im Reißverschluss verfangen. Mit Handstichen festnähen. Die untere Kante des Gurtbandes wird von Hand an Abnähern und Nahtzugaben der Seitennähte befestigt (oben).

Der angeschnittene Taillenbeleg

1 Steppen Sie alle Nähte und Abnäher, die in den Beleg hineinlaufen. Belegkante mit Zickzackstichen versäubern. Schmales Köperband so auf dem Beleg feststecken, dass die Unterkante entlang der Taillenlinie verläuft. Band feststeppen.

2 Reißverschluss einsetzen. Beleg nach links umschlagen, Kante bügeln. Schmalseiten des Belegs einschlagen, am Verschluss feststecken. Unterkante des Belegs an Seitennähten, Abnähern und Trägerband des Verschlusses befestigen.

Der Formbeleg

1 Verstärken Sie die Teile des Beleges mit Einlage. Dann den Beleg zusammensteppen, die Nahtzugaben zurückschneiden und auseinanderbügeln. Die Unterkante des Beleges wird mit Zickzackstichen versäubert (oben).

2 Legen Sie den Beleg rechts auf rechts kantenbündig auf den Oberstoff und stecken Sie ihn mit querliegenden Nadeln fest (oben). Steppen Sie die Kante und entfernen die Nadeln.

3 Schneiden Sie die Nahtzugabe des Belegs zurück. Dann werden alle Nahtzugaben in den Beleg gebügelt. Die Ansatznaht auf der Belegseite untersteppen, dabei werden der Beleg und alle Nahtzugaben mitgefasst.

4 Beleg nach links umbügeln. Schlagen Sie die Schmalseiten des Beleges ein, nähen Sie sie von Hand an den Reißverschluss. Die Unterkante des Beleges auf der Innenseite mit Handstichen an Seitennähten und Abnähern befestigen.

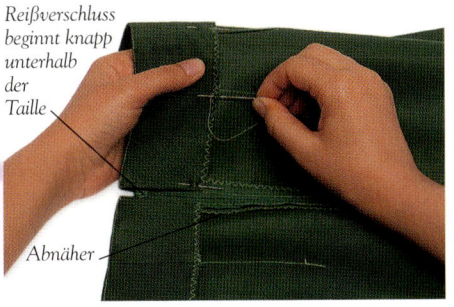

TAILLENABSCHLÜSSE UND -VERBINDUNGEN

TAILLENBÜNDCHEN

Taillenbündchen geben Form und Festigkeit. Gewöhnlich liegen Sie in der Taille fest an, können aber sehr unterschiedlich gestaltet werden. Schmale, gerade Bündchen sind am gebräuchlichsten. Ihre Breite schwankt zwischen 2,5 und 4 cm. Formbündchen sind in der Regel breiter, zusätzlich können ihre Ober- und Unterkante dekorativ geformt sein. Elastische Bündchen sind dehnbar, sie eignen sich besonders für Modelle aus gestrickten Stoffen, z. B. Jersey. Bündchen mit einer Abseite aus Gurtband liegen besonders flach.

VERWANDTE TECHNIKEN

Nahtzugaben verkleinern, S. 84
Nähte absteppen, S. 87
Schwere Einlage zum Einnähen, S. 99
Das lose Futter, S. 102
Der verdeckte Reißverschluss, S. 252
Der Reißverschluss in der Naht, S. 253

VORBEREITUNGEN

Die meisten Schnittmuster beinhalten ein Teil für das Bündchen, das nicht verändert oder angepasst werden muss. Sind jedoch Änderungen nötig, muss auch die Taillenweite des Kleidungsstückes entsprechend angepasst werden, nur dann ist ein zufriedenstellender Sitz des jeweiligen Modells garantiert.

LAGE DES TAILLENBÜNDCHENS FESTLEGEN

Nadeln markieren die Taillenlinie

1 Setzen Sie den Reissverschluss ein und probieren das Kleidungsstück an. Binden Sie eine Kordel um die Taille und lassen Sie sie zur natürlichen Taillenlinie rutschen. Taillenlinie direkt unterhalb der Hilfskordel abstecken oder eine Linie mit Schneiderkreide ziehen.

Maßband über der Kordel anlegen

2 Messen Sie die Taillenweite, indem Sie das Maßband genau oberhalb der Hilfskordel anlegen (links). Ziehen Sie das Maßband nicht zu stramm. Ziehen Sie das Kleidungsstück wieder aus und schneiden Sie die Oberkante, falls nötig, 1,5 cm oberhalb der Taillenmarkierung ab.

DIE BUNDWEITE FESTLEGEN

Nahtzugaben | *Markierungen zum korrekten Ansetzen*

Ermitteln Sie Ihre genaue Taillenweite (siehe Schritt 2, oben). Geben Sie zu dieser Länge 2,5 cm für die Bequemlichkeit, 3 cm für die Nähte und mindestens weitere 3 cm für den Über- bzw. Untertritt zu. Verdoppeln Sie die gewünschte Bundbreite und rechnen 3 cm Nahtzugaben dazu.

DER VERSCHLUSS AM BÜNDCHEN

Untertritt

Vorstehender Untertritt
Bei diesem Abschluss schließt die oben liegende Bündchenseite genau mit der Reißverschlusskante ab. Der vorstehende Untertritt bietet Platz für verdeckte Verschlüsse.

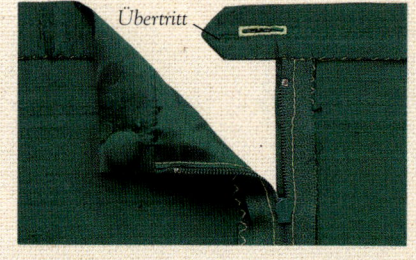

Übertritt

Vorstehender Übertritt
Das Ende dieses Abschlusses kann gerade oder auch zu einer Spitze geformt sein. In den Übertritt arbeiten Sie ein Knopfloch. Der Untertritt schließt bündig mit der Reißverschlusskante ab.

TAILLENBÜNDCHEN

EIN BÜNDCHEN VERSTEIFEN

Damit ein Bündchen eine Form behält, nicht ausdehnt oder sich zusammenschiebt, wird es mit mittelschwerer oder schwerer Einlage verstärkt. Speziell für Bündchen bietet der Fachhandel auch vorbereitete Einlagebänder mit ausgestanzten Bruch- und Nahtlinien an. Solche Stanzbänder sind in verschiedenen Breiten erhältlich.

MITTELSCHWERE EINLAGE

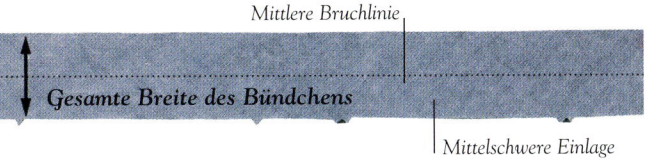

Wenn Sie mittelschwere Einlage verarbeiten, wird die gesamte Bundbreite einschließlich der Nahtzugaben verstärkt (links). Auf diese Weise erhält der Bund ausreichende Festigkeit und bleibt auch in der Bruchlinie stabil.

SCHWERE EINLAGE

Schwere Einlage könnte das Bündchen zu steif und sperrig machen. Darum wird sie nur auf eine Hälfte des zugeschnittenen Bündchens aufgebügelt. Sie endet an der mittleren Bruchlinie und wird auch an den Nahtzugaben zurückgeschnitten.

EIN BÜNDCHEN ANSTECKEN

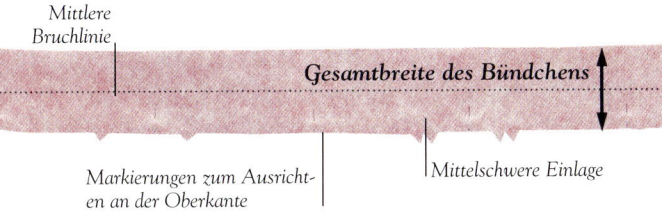

1 Schneiden Sie das Bündchen in der erforderlichen Größe zu (siehe S. 166, Die Bundweite festlegen). Wenn Sie ein Schnittmuster verwenden, wird die mit Markierungen versehene Längskante an das Kleidungsstück gesteckt (oben). Verstärken Sie die linke Bundseite mit Einlage.

2 Markierungen an Taillenkante und Bündchen in Deckung bringen und Bündchen feststecken (links). Die Enden des Bündchens stehen am Reißverschluss über. Eine Seite wird bündig eingeschlagen, die andere bildet den Unter- bzw. Übertritt.

VERSTÄRKEN MIT STANZBAND

1 Stanzband zum Aufbügeln gibt es in verschiedenen Breiten. Die beiden äußeren Stanzreihen dienen als Nahtlinien. An den kurzen Enden soll der Stoff 1,5 cm über die Versteifung hinausstehen. Wenn beim Stanzband Nahtzugaben von 1,5 cm vorgesehen sind, schneiden Sie den Stoff so zu, dass er an den Längsseiten je 5 mm über das Stanzband hinaussteht. Bügeln Sie das Band mittig auf den Stoff (unten).

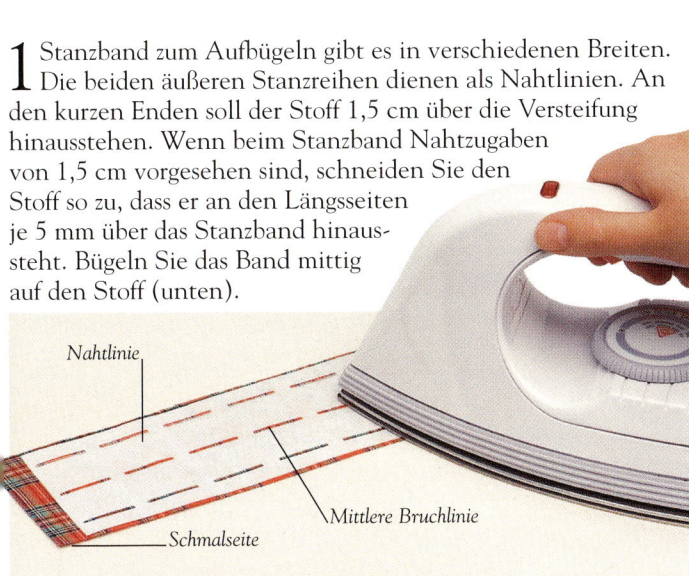

2 Stecken Sie das versteifte Bündchen mit querliegenden Nadeln an die Oberkante des Kleidungsstückes. Dann steppen Sie es in der oberen Stanzlinie fest (oben). Wegen der eingestanzten Schlitze lässt sich das Band leicht falten. Legen Sie es nach links um, schlagen Sie die Nahtzugabe ein und nähen Sie die Innenseite fest.

DAS EINFACHE BÜNDCHEN

Bei dieser Grundtechnik wird das Bündchen teilweise mit der Maschine und teilweise mit der Hand befestigt. Eine Längsseite des Bündchens wird an das Kleidungsstück gesteppt, die andere Seite wird umgebügelt. Dann wird das Bündchen in der Mitte gefalzt und gebügelt, danach wird die Innenkante von Hand befestigt.

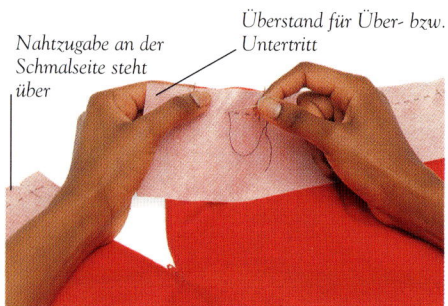

1 Verstärken Sie die linke Seite des Bündchens mit Einlage. Stecken Sie das Bündchen rechts auf rechts so an die Taillenkante, dass die Markierungen übereinstimmen. Heften Sie die Kante (oben), entfernen Sie die Nadeln und steppen Sie die Naht.

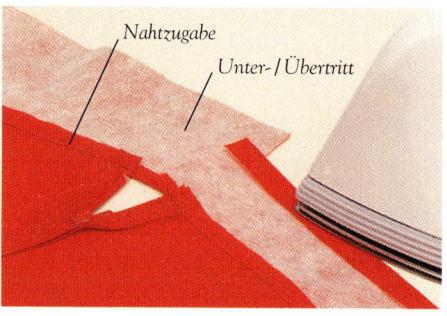

2 Schneiden Sie die Nahtzugaben abgestuft zurück (S. 84). Bügeln Sie alle Nahtzugaben in das Bündchen. Dann die Nahtzugabe der freien Kante nach links umbügeln (oben) und eventuell beschneiden.

EIN BÜNDCHEN ABSTEPPEN

1 Stecken Sie die rechte Seite des verstärkten Bündchens an die linke Seite der Taillenkante. Schmalseiten des Bündchens stehen über. Steppen und bügeln wie in Schritt 2, links.

3 Legen Sie das Bündchen rechts auf rechts der Länge nach zur Hälfte. Stecken Sie die Schmalseiten zusammen und schließen Sie die Nähte (oben). Nahtzugaben abschneiden und Ecken abschrägen.

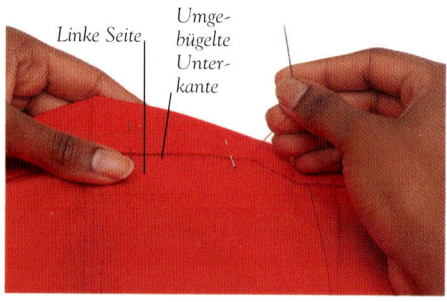

4 Bündchen wenden. Stecken Sie die umgebügelte Kante auf die Ansatznaht. Bündchen bügeln. Mit der Hand Unterkante des Bündchens an der Ansatznaht befestigen, Unterkante des Unter- bzw. Übertritts schließen.

2 Falten und steppen Sie die Enden wie in Schritt 3, links. Bündchen wenden, Unterkante so feststecken, dass sie die Ansatznaht gerade verdeckt. Heften. An dieser Kante entlangsteppen.

DAS ZWEITEILIGE BÜNDCHEN

Wenn die Oberkante des Bündchens geformt ist oder Gürtelschlaufen in der Bundnaht mitgefasst werden (S. 176–177), muss ein zweiteiliges Bündchen gearbeitet werden. Zweiteilige Bündchen bestehen aus zwei Stoffstreifen, die an der Oberkante mit einer Naht zusammengefügt werden. Außenseite des Bündchens mit Einlage verstärken.

1 Stecken Sie die beiden Bündchenteile rechts auf rechts zusammen, steppen Sie die Kante und schneiden Sie die Nahtzugabe zurück. Zugaben zur Innenseite des Bündchens hin bügeln. Naht untersteppen.

2 Schmalseiten rechts auf rechts legen, bis 1,5 cm vor der Unterkante aufeinander steppen. Zugaben und Ecken zurückschneiden. Bündchen rechts auf rechts auf Modellaußenseite steppen.

3 Zugaben zurückschneiden, Bündchen vom Modell weg bügeln. Schnittkante nach links einschlagen, auf Ansatznaht stecken, Bündchen bügeln. Innenkante wie in Schritt 4 von Hand festnähen.

TAILLENBÜNDCHEN

MASCHINENGEFERTIGTES BÜNDCHEN

Bei dieser schnellen Methode werden alle Nähte mit der Maschine gearbeitet. Die Außenkante des Bündchens wird am Oberstoff festgesteppt, wie beim einfachen Bündchen gegenüber erklärt. Dann wird die Innenkante des Bündchens so umgebügelt, dass sie länger ist als die Außenkante. Bündchen mit Steppnaht befestigen.

Rechte Seite des Bündchens
Linke Seite des Bündchens

1 Bügeln Sie Einlage auf die linke Seite des Bündchens. Stecken und steppen Sie es rechts auf rechts an die Oberkante des Kleidungsstückes. Nun bügeln sie das Bündchen vom Kleidungsstück weg. Versäubern Sie die lose Längskante mit Zickzackstichen (oben).

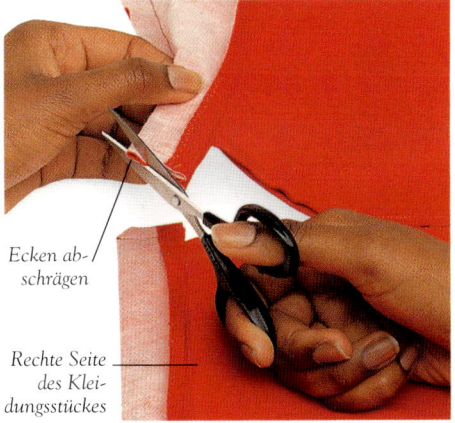

Ecken abschrägen
Rechte Seite des Kleidungsstückes

2 Bügeln Sie die versäuberte Kante 1 cm nach links um. Legen Sie die Schmalseiten aufeinander und steppen Sie ab (siehe Schritt 3, links oben). Jetzt die Nahtzugaben beschneiden und Ecken abschrägen. Dann wird das Bündchen gewendet.

3 Bündchen umbügeln, dass die versäuberte Kante die Ansatznaht überlappt. Von rechts Kanten des Übertritts in Deckung bringen, stecken. Eingeschlagene Innenkante von rechts feststecken. Übertritt knappkantig, Bundunterkante im Schatten der Ansatznaht feststeppen.

DAS BÜNDCHEN MIT GURTBAND

Bündchen aus dickem Stoff sitzen besser, wenn Sie die Innenseite durch Gurtband oder Ripsband ersetzen. Für diesen Zweck gibt es spezielle Bänder mit eingezogenen Gummifäden. Wenn Sie ein vorhandenes Schnittmuster verwenden wollen, schneiden Sie die Innenseite des Bündchens bis auf 1,5 cm ab.

Bruchlinie und Kante des Gurtbandes

1 Versteifen Sie die linke Seite des Bündchens mit Einlage. Legen Sie das Gurtband so auf die rechte Seite des Bündchens, dass es genau an der mittleren Umbruchlinie entlang verläuft. Gut feststecken (links).

Rechte Seite des Kleidungsstückes
Gurtband
Bündchen mit Einlage

2 Stecken Sie das Bündchen rechts auf rechts an die Taillenkante und steppen Sie es fest (siehe Schritt 1, gegenüber). Schneiden Sie die Nahtzugaben abgestuft zurück, die Zugabe der Einlage ist die schmalste.

Enden des Bündchens quer absteppen

3 Bügeln Sie das Bündchen vom Kleidungsstück weg. Die Nahtzugaben am Über- bzw. Untertritt bügeln Sie nach links um. Dann legen Sie die Schmalseiten aufeinander und steppen die Enden ab (links). Nahtzugaben beschneiden.

Innenseite

4 Wenden Sie das Bündchen nach rechts. So umbügeln, dass das Gurtband zur Innenseite hin liegt. Stecken Sie das Gurtband an der Innenseite fest. Mit Handstichen die Unterkante des Unter- bzw. Übertritts schließen, Unterkante des Gurtbandes annähen.

TAILLENABSCHLÜSSE UND -VERBINDUNGEN

DAS FORMBÜNDCHEN

Ein Formbündchen wird den Rundungen des Körpers angepasst und ist deshalb nicht gerade geschnitten. Oft hat die Oberkante zusätzlich eine dekorative Linienführung.

Bei besonders breiten Formbündchen muss die Einlage doppelt verarbeitet werden, damit das Bündchen seine Form behält und sich nicht der Breite nach zusammenschiebt.

Äußeres Bündchen, zusammengesetzt und verstärkt

Inneres Bündchen, zusammengesetzt

Verstärktes äußeres Bündchen

Rechte Stoffseite

1 Verstärken Sie die äußeren Bundteile mit Einlage und steppen Sie sie zusammen. Zugaben zurückschneiden, bügeln. Unverstärkte Teile der Bündchen-Rückseite zusammensetzen.

2 Stecken Sie die Unterkante der verstärkten Bündchenhälfte rechts auf rechts an die Taillenkante des Kleidungsstückes (links). Kante heften, steppen. Nahtzugaben ins Bündchen bügeln.

3 Bügeln Sie die Nahtzugabe an der Unterkante des inneren Bündchens nach links um. Dann die beiden Bündchenhälften an der Oberkante rechts auf rechts zusammenstecken und steppen. Zugaben ab-, an Rundungen und Ecken einschneiden.

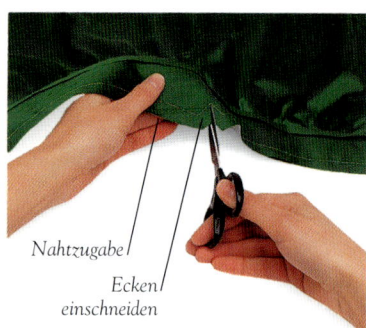

Nahtzugabe

Ecken einschneiden

4 Wenden Sie das Bündchen nach rechts und rollen Sie die Naht an der Oberkante leicht nach innen. Die umgebügelte Kante des inneren Bündchens wird auf die Ansatznaht gesteckt und von Hand mit Überwendlingsstichen befestigt (rechts).

Linke Stoffseite

Inneres Bündchen

DAS ELASTISCHE BÜNDCHEN

Es gibt zwei Möglichkeiten, ein separates elastisches Bündchen zu arbeiten. Beide Techniken eignen sich für gestrickte ebenso wie für gewebte Stoffe, unabhängig davon, ob das Modell Taillenabnäher hat oder nicht. Der Rock oder die Hose sollte bis auf den Saum fertiggestellt sein, ehe Sie das elastische Bündchen ansetzen.

DAS BÜNDCHEN MIT EINGELEGTEM GUMMIBAND

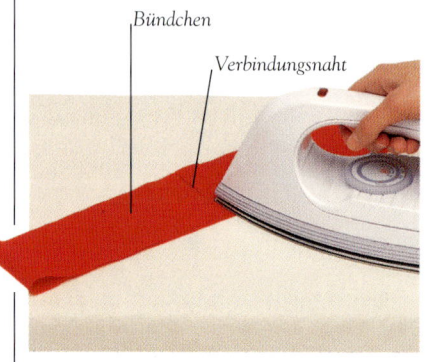

Bündchen

Verbindungsnaht

1 Bündchen im geraden Fadenlauf zuschneiden, Schmalseiten rechts auf rechts zum Ring zusammensteppen. Zugaben auseinanderbügeln. Gummiband in Taillenweite plus 2,5 cm zuschneiden, Bandenden aufeinandersteppen.

Mit dem Reissverschlussfuß heften

2 Taillenkante und Bündchen in vier gleiche Abschnitte einteilen, mit quer gesteckten Nadeln markieren. Bündchen der Länge nach zur Hälfte um das Gummiband herum legen. Schnittkanten mit großen Maschinenstichen heften, Kräusel dabei aus dem Weg schieben.

3 Bündchen an Markierungen an Taillenkante stecken, dazwischen einige Nadeln plazieren. Bündchen anstepppen und dabei dehnen. Zugaben beschneiden, versäubern.

Kanten von Modell und Bündchen

4 Aufgekräuselte Bündchenweite verteilen. Im Schatten der Naht Seitennähte, vordere und hintere Bündchenmitte quer absteppen, damit sich Gummiband nicht rollt oder verschiebt. Evtl. Bündchen absteppen (siehe gegenüber).

Taillenbündchen

Das Bündchen mit angestepptem Gummiband

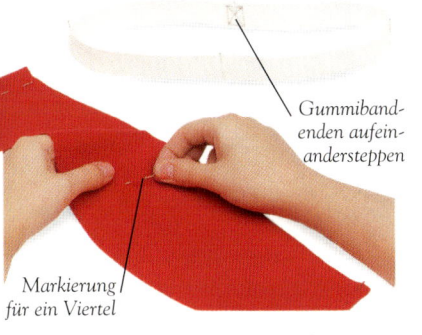

Gummibandenden aufeinandersteppen

Markierung für ein Viertel

1 Bündchen im Querfadenlauf zuschneiden, zum Ring schließen. Enden eines Gummibandes (Taillenweite plus 2,5 cm) aufeinandernähen. Band, Bündchen und Taillenkante vierteln und mit Nadeln markieren.

Bündchen

2 Bündchen rechts auf rechts an Taillenkante stecken, steppen, Zugaben ins Bündchen bügeln. Band auf Zugaben des Bündchens legen, an Markierungen feststecken. Gummi dehnen, an Zugabe steppen (Zickzackstich).

Rechte Stoffseite   *Ansatznaht*

3 Legen Sie das Bündchen nach links um, sodass es die Zickzacknaht des Gummibandes verdeckt. Schlagen Sie die Schnittkante nach links ein und stecken Sie das Bündchen mit querliegenden Nadeln fest. Von rechts im Schatten der Naht durch alle Lagen steppen, dabei Band dehnen.

Ein elastisches Bündchen fertigstellen

Linke Stoffseite

Zierstepperei
Wählen Sie einen großen Geradstich und steppen Sie mehrere parallele Linien über das Bündchen. Das Gummiband beim Steppen gedehnt halten (oben).

Linke Stoffseite   *Fertiges Bündchen*

Dämpfen
Wenn das Gummiband durch das Absteppen überdehnt wurde, halten Sie ein Dampfbügeleisen über das Bündchen (oben).

Der elastische, angeschnittene Bund

Schnittkante   *Gummiband unterhalb der Nahtzugabe auf die Innenseite des Modells stecken*

1 Gummiband wie in Schritt 1 oben zuschneiden. Vier Viertel an Stoffkante und Band markieren, an Markierungen am Oberstoff feststecken.

Unterkante Gummiband

2 Gummiband dehnen, Unterkante mit Zickzackstich an angeschnittenen Taillenbeleg des Oberstoffs steppen. Beleg mit Band nach innen wenden.

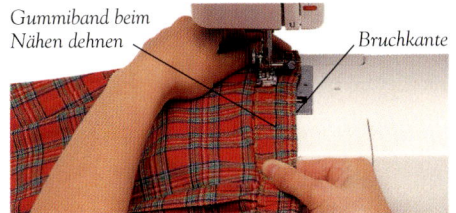

Gummiband beim Nähen dehnen   *Bruchkante*

3 Bei ausfransenden Stoffen Schnittkante einschlagen, feststecken. Unterkante des Taillenbeleges mit Band feststeppen.

Angeschnittenes Bündchen mit Tunnel

Linke Stoffseite

1 Belegkante mit Zickzackstichen versäubern, Kante nach innen einschlagen. Der Einschlag muss 1,5 cm breiter als Gummiband sein. Einschlag feststecken, an Bruchkante entlangsteppen.

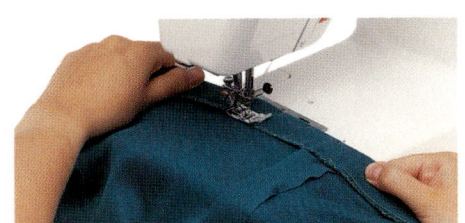

2 Gummiband zur Runde schließen, unter den Einschlag des Beleges schieben. Belegunterkante neben dem Band abstepppen. Am besten eignet sich dafür ein Reißverschlussfuß.

Seitennaht

3 Verteilen Sie die eingehaltene Bundweite gleichmäßig auf dem Gummiband. Steppen Sie das Bündchen an den Seitennähten sowie in der vorderen und hinteren Mitte quer ab (oben).

TAILLENABSCHLÜSSE UND -VERBINDUNGEN

GÜRTEL UND GÜRTELSCHLAUFEN

Sorgfältig geschneiderte Gürtel geben jedem Kleidungsstück einen professionellen Touch. Alle Arten von Gürteln müssen verstärkt werden. Bindegürtel sind am weichsten, für sie reicht eine mittelschwere Einlage. Geformte Gürtel brauchen mehr Stabilität, die durch schwere Schneidereinlage oder spezielle Gürteleinlage erreicht wird. Gerade Gürtel gelingen perfekt, wenn sie mit Gürteleinlage in Bandform versteift werden. Der Stoff sollte grundsätzlich stramm um die Einlage herum sitzen. Gürtelschlaufen an den Seitennähten halten einen Gürtel sicher an seinem Platz.

VERWANDTE TECHNIKEN

Nahtzugaben verkleinern, S. 84
Nähte absteppen, S. 87
Leichte und mittelschwere
Einlage einnähen, S. 99
Aufbügelbare Einlage, S. 99
Stoffschläuche herstellen, S. 248
Dekorative Schleifen, S. 303

ÜBERSICHT

GÜRTEL

Gerader Gürtel

Formgürtel

Bindegürtel

Gerader Gürtel
kann mit der Hand oder mit der Maschine genäht oder mit zweiseitiger Bügeleinlage zusammengeklebt werden.

Formgürtel
Solche Gürtel können gebunden oder mit einer Schnalle geschlossen werden. Charakteristisch an Ober- und / oder Unterkante geformt.

Bindegürtel
Bindegürtel sind oft gerade geschnitten. Sie können aber auch in der Mitte breiter ausfallen und zu den Enden spitz zulaufen.

GÜRTELSCHLAUFEN

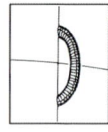

Aus Languettenstichen
Lange Fäden in Gürtelschlaufenlänge werden mit Languettenstichen umstochen.

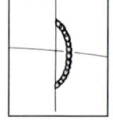

Aus Luftmaschen
Kette aus farblich passendem Garn arbeiten, durch die der Gürtel gezogen wird.

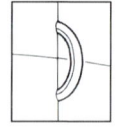

Aus Stoffschlauch
Separater Stoffschlauch in Stücke geschnitten und in Seitennaht mitgefasst (S. 177)

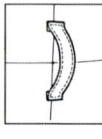

Aufgesteppt
Flache, abgesteppte Stoffstreifen auf Taillennaht oder Bündchen aufsteppen.

DER BINDEGÜRTEL

Ein Bindegürtel soll nicht steif sein, dennoch wird er mit leichter Einlage verstärkt, damit er seine Form hält. Gewöhnlich wird nur eine Hälfte des Gürtels von der Bruchlinie bis zur Kante verstärkt. Der an der Taille anliegende Teil kann für zusätzliche Festigkeit mit einer zweiten Einlageschicht versehen werden.

Zugeschnittener Gürtel — *Einlage*

1 Addieren Sie zur gewünschten Länge und Breite des Gürtels je 3 cm und schneiden Sie den Stoff zu. Belegen Sie in Längsrichtung eine Hälfte des Gürtels mit Einlage und bügeln Sie sie auf (oben).

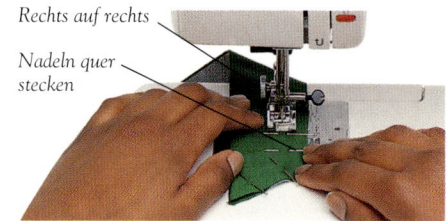

Rechts auf rechts — *Nadeln quer stecken*

2 Gürtel rechts auf rechts der Länge nach zusammenfalten, von den Enden her Schmalseiten und Längskante steppen. In der Mitte der Längskante bleiben 6 cm Naht offen.

Öffnung — *Rechte Seite*

3 Zugaben und Ecken beschneiden. Streifen durch Öffnung in der hinteren Mitte wenden. Bügeln. An der Öffnung die Nahtzugaben nach innen schieben, Lücke mit Handstichen schließen.

GÜRTEL UND GÜRTELSCHLAUFEN

DER GESTEPPTE GERADE GÜRTEL

Bei dieser Methode wird zuerst ein Stoffstreifen zu einem Schlauch zusammengenäht, anschließend wird Gürteleinlage hineingeschoben. Der Stoff muss 2 cm länger sein als die Einlage, in der Breite berechnen Sie die doppelte Einlagebreite plus 3 cm.

1 Legen Sie den Stoffstreifen rechts auf rechts zusammen. Steppen Sie die Längskante mit einem Abstand von 1,5 cm zur Schnittkante. Schieben Sie die Nahtzugabe in die Mitte einer Langseite und bügeln Sie sie auseinander (oben). Dann das Ende der Gürteleinlage zur Spitze zuschneiden.

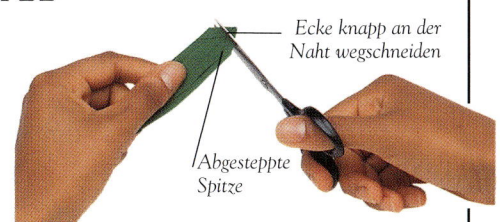

2 Legen Sie die Einlage auf den Stoffschlauch. An Ende soll 1 cm freibleiben. Zeichnen Sie die Spitze der Einlage auf dem Stoff nach. Dann die Spitze steppen und die Nahtzugabe abschneiden.

DIE LÄNGE DER EINLAGE FÜR EINEN GERADEN GÜRTEL BERECHNEN

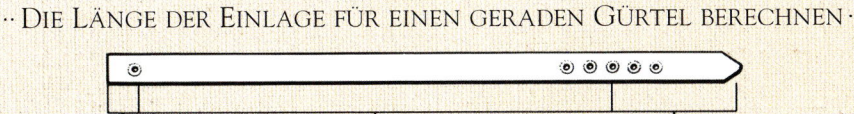

3–5 cm zur Befestigung der Schnalle | Erforderliche Länge | 18–20 cm für die Spitze

Ermitteln Sie die Länge, die der geschlossene Gürtel haben soll. Geben Sie 3–5 cm für die Befestigung der Schnalle und 18–20 cm für die Spitze zu. Schneiden Sie die Einlage entsprechend aus. Bringen Sie nun zuerst das mittlere Loch an, dann weitere zwei Löcher im Abstand von je 2,5 cm rechts und links davon.

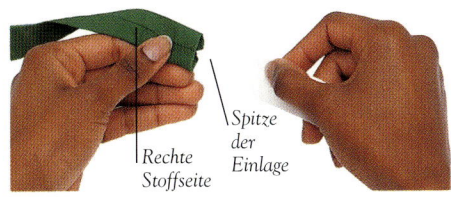

3 Gürtel wenden, bügeln. Längsnaht verläuft mittig. Einlage in den Gürtel schieben, bügeln. Am Ende des Gürtels bleibt 1 cm unverstärkt. Hier Schnalle ansetzen. Arbeiten Sie Ösen im vorderen Bereich des Gürtels (S. 175).

DER HANDGENÄHTE GERADE GÜRTEL

Bei dieser Methode schneiden Sie den Stoff entlang einer Webkante zu. Die Länge entspricht der Einlagelänge plus 2 cm, für die Breite verdoppeln Sie die Einlagebreite und geben 1 cm dazu. Da die Einlage schwer mit Stecknadeln zu durchstechen ist, halten Sie den Stoff auf der Einlage mit Büroklammern fest.

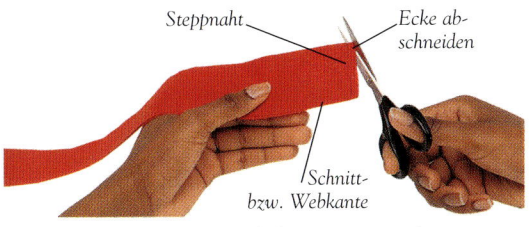

1 Legen Sie den Gürtel der Länge nach zur Hälfte und steppen eine Schmalseite zusammen. Naht endet 1 cm vor der Schnitt- bzw. Webkante. Schrägen Sie die Ecke ab und bügeln Sie die Naht auseinander. Streifen wenden, bügeln, dass am genähten Ende Spitze entsteht.

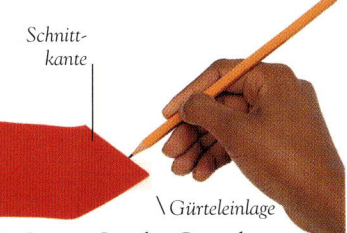

2 Legen Sie die Gürteleinlage mittig unter die Stoffspitze. Zeichnen Sie die Spitze nach (oben). Dann wird die Einlage zugeschnitten, damit sie genau in die Spitze passt.

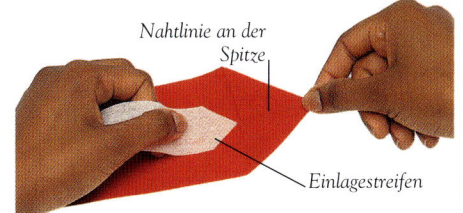

3 Schieben Sie die Einlage in die Spitze und legen Sie sie genau mittig auf den Stoffstreifen. Zur Orientierung dient die mittlere Naht an der gesteppten Spitze (oben). Die Einlage muss fest in den Stoff geschoben werden.

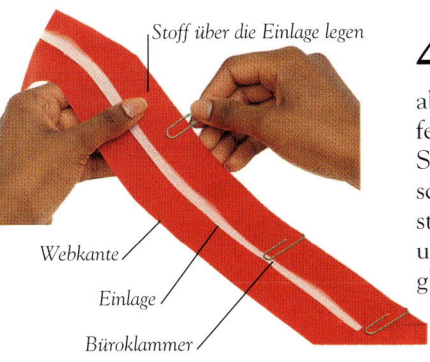

4 Schneiden Sie, falls nötig, die Einlage so ab, dass der Stoff am stumpfen Ende 1 cm übersteht. Schlagen Sie dann die geschnittene Seite des Stoffstreifens über die Einlage und klemmen Sie ihn in gleichmäßigen Abständen mit Büroklammern fest (oben).

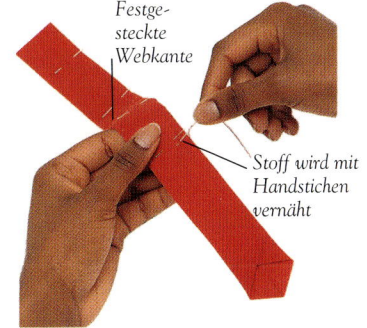

5 Schlagen Sie die andere Stoffseite über die Einlage, sodass die Webkante oben liegt. Stecken Sie die beiden Stofflagen fest. Sie sollen den Einlagestreifen dicht umschließen. Schließen Sie die Längsnaht mit Handstichen und entfernen Sie Klammern und Nadeln.

TAILLENABSCHLÜSSE UND -VERBINDUNGEN

GÜRTEL MIT SEPARATER RÜCKSEITE

Besonders bei dicken Stoffen sollten Sie diese Technik anwenden. Nehmen Sie einen leichten Futterstoff für die Rückseite, dann wird der Gürtel nicht so dick und sperrig. Die Rückseite kann mit der Maschine oder von Hand an der versteiften Vorderseite befestigt werden. Nach Fertigstellung des Gürtels werden Schnalle und Ösen angebracht.

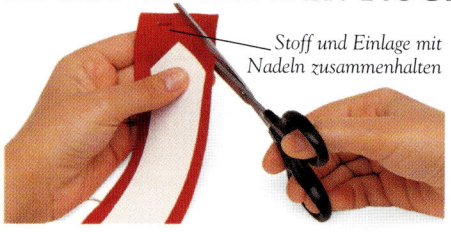
Stoff und Einlage mit Nadeln zusammenhalten

1 Schneiden Sie Gürteleinlage in der benötigten Länge zu, berücksichtigen Sie auch den Übertritt. Die Einlage dient als Schnittmuster für den Stoff. Berücksichtigen Sie an allen Seiten eine Zugabe von 1 cm (oben).

Spitze zusammenstecken
Bügeltuch

2 Legen Sie die Einlage mittig auf den Stoffstreifen und bügeln Sie sie fest. Schlagen Sie die Nahtzugaben des Stoffes um die Kanten der Einlage und bügeln Sie die Kanten um (oben). Bei Bedarf heften.

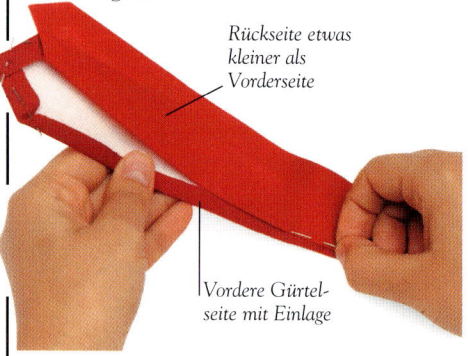
Rückseite etwas kleiner als Vorderseite
Vordere Gürtelseite mit Einlage

3 Bügeln Sie die Kanten der Gürtelrückseite nach links um. Die Rückseite soll etwas kleiner ausfallen als die Vorderseite. Stecken Sie nun Vorder- und Rückseite links auf links aufeinander (oben).

Knappkantig heften

4 Heften Sie Vorder- und Rückseite an den Längskanten und an der Spitze. Dabei werden die Nahtzugaben beider Stofflagen mitgefaßt (oben).

Steppnaht

5 Gürtel von der rechten Seite aus 6 mm neben der Kante absteppen oder Rückseite mit Handstichen am Gürtelstoff festnähen.

DER GEKLEBTE GÜRTEL

Bei dieser Technik können Sie auf Handarbeit verzichten. Die Vorderseite des Gürtels wird mit aufbügelbarer Einlage versteift, dann wird die Rückseite mit einem Klebevlies befestigt. Schneiden Sie die Gürteleinlage in den Maßen des fertigen Gürtels zu. Der Stoff muss in doppelter Breite zugeschnitten werden, in der Länge geben Sie 2 cm zu.

Einlage
1 cm breites Viereck
Stoff an der Spitze zurückschneiden

1 Legen Sie die Gürteleinlage mittig auf die linke Seite des Stoffstreifens und bügeln Sie sie fest. Schneiden Sie den Stoff an der Spitze so zurück, dass ein 1 cm breites Viereck stehen bleibt.

Klebevlies

2 Schneiden Sie ein kleines Stück Klebevlies für die Spitze zu und legen Sie es auf die Spitze der Einlage. Stoff sauber um die Spitze falten. Überstehendes Vlies wegschneiden, Spitze bügeln, um sie zu verkleben.

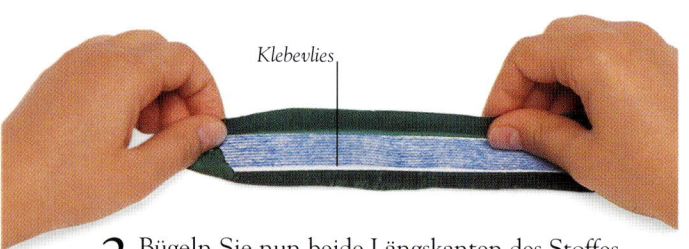
Klebevlies
Bügelflicken
Bügeltuch

3 Bügeln Sie nun beide Längskanten des Stoffes direkt an der Einlage entlang um. Klappen Sie die Kanten wieder auf und kleben Sie einen Streifen Klebevlies auf die gesamte Einlage. Schließen Sie die Gürtelrückseite wieder (oben) und bügeln Sie den Gürtel.

4 Schneiden Sie eine Gürtelrückseite aus Bügelflicken. Der Streifen soll schmaler sein als der fertige Gürtel. Bügeln Sie die Rückseite mithilfe eines feuchten Tuchs fest auf (links). Bei Bedarf Kanten des Gürtels absteppen.

DER FORMGÜRTEL

Gürtel, deren Außenkanten geformt sind, können nicht mit fertigen, geraden Einlagebändern versteift werden. Stattdessen wird die erforderliche Festigkeit durch zwei Lagen aufbügelbare Einlage erreicht. Alternativ einlagig starke Rosshaareinlage verarbeiten.

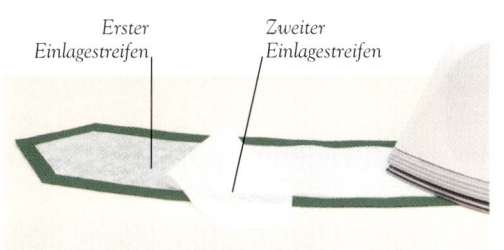

1 Schneiden Sie Gürtel und Gürtelrückseite in der gleichen Form zu, außerdem zwei Streifen Einlage in der Form des fertigen Gürtels. Bei der Einlage fällt ringsum die Nahtzugabe von 1 cm weg.

2 Legen Sie einen Einlagestreifen mittig auf den zugeschnittenen Gürtel und bügeln Sie ihn fest. Danach legen Sie den zweiten Einlagestreifen auf den ersten und befestigen ihn ebenfalls (oben).

3 Falten Sie die Kanten des äußeren Gürtels um die Einlage und stecken Sie sie fest. An den Rundungen wird die Nahtzugabe eingeschnitten. Dann heften Sie die umgeschlagenen Kanten.

4 Bügeln Sie die Nahtzugaben der Gürtelrückseite nach links um (unten). Dieses Teil soll etwas kleiner werden als die Vorderseite, damit es von vorn nicht zu sehen ist.

5 Stecken und heften Sie die Gürtelrückseite an die verstärkte Vorderseite. Mit feinen Handstichen nähen Sie die Kanten von Vorder- und Rückseite zusammen (oben). Alternativ können die Kanten auch abgesteppt werden (siehe S. 174, Schritt 5). Alle Nadeln und Heftfäden entfernen.

ÖSEN

Wenn Sie an Ihrem Gürtel eine Schnalle mit einem Dorn anbringen, müssen ins andere Ende Ösen gearbeitet werden. Die erste Öse arbeiten Sie an der Stelle, an der der Gürtel später geschlossen werden soll. Dann folgen je zwei weitere Ösen in gleichen Abständen nach rechts und links.

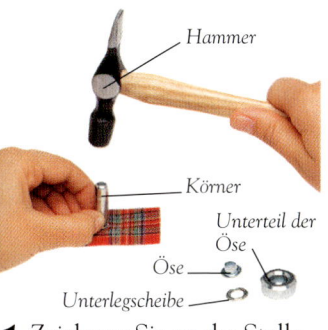

HANDGESTICKTE ÖSEN

1 Zeichnen Sie an der Stelle, an der die erste Öse liegen soll, ein kleines Kreuz auf die rechte Stoffseite. Lesen Sie die Verarbeitungshinweise für die fertigen Ösen genau durch. Schlagen Sie dann mit einem Hammer und dem Körner aus der Ösenpackung das Loch für die erste Öse in den Stoff.

2 Schieben Sie von der Oberseite des Gürtels aus das Ösenteil mit dem zylindrischen Schaft durch das Loch im Stoff (oben). Überprüfen Sie, ob sich das ringförmige Unterteil leicht und gerade auf das Oberteil der Öse schieben lässt.

3 Legen Sie den Stoff mit eingeschobenem Ösen-Oberteil nach unten auf die mitgelieferte Unterlegscheibe. Setzen Sie das Ösenunterteil darauf. Drücken Sie die Spitze des Körners in die Öffnung des Ringes und schlagen Sie mehrmals mit dem Hammer darauf, bis Ösenteile fest verbunden sind.

Stelle für Öse markieren. Durchstechen Sie den Stoff mit einer Ahle und sichern Sie den Rand des Loches mit winzigen Geradstichen. Kante des Loches mit Knopflochstichen umstechen.

GÜRTELSCHLAUFEN

Gürtelschlaufen werden aus einem langen Streifen geschnitten. Jede Schlaufe muss so lang werden wie der Gürtel breit ist, dazu kommen zwei Nahtzugaben und 1 cm für das leichte Gleiten des Gürtels. Die Gesamtlänge des Stoffstreifens ermitteln Sie, indem Sie den Bedarf für eine Schlaufe mit der Anzahl der Schlaufen multiplizieren.

EINFACHE GÜRTELSCHLAUFEN

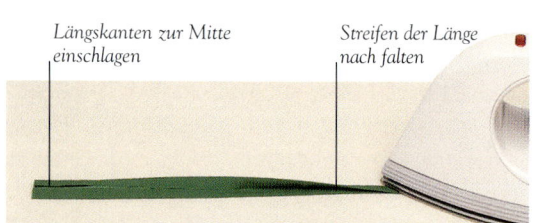
Längskanten zur Mitte einschlagen — *Streifen der Länge nach falten*

Ein Streifen für alle Schlaufen

Schlaufe

1 Schneiden Sie im geraden Fadenlauf einen Streifen in der vierfachen Breite der fertigen Gürtelschlaufen zu. Schlagen Sie beide Kanten zur Mitte um und bügeln Sie sie. Falten Sie dann den Streifen längs zur Hälfte und bügeln Sie noch einmal (oben). Heften Sie die Kante bei Bedarf.

2 Steppen Sie den Streifen knappkantig entlang der eingeschlagenen Kanten zusammen (oben). Dann wird auch die andere Seite des Streifens knappkantig abgesteppt. Alle Heftfäden entfernen.

3 Schneiden Sie vom fertigen Streifen Stücke für die Gürtelschlaufen ab. Die Länge jeder Schlaufe setzt sich zusammen aus der Gürtelbreite, der zweifachen Nahtzugabe und 1 cm Platz zum Schieben des Gürtels.

GÜRTELSCHLAUFE MIT WEBKANTE

Streifen für Gürtelschlaufen

Streifen entlang der Webkante zuschneiden (dreimal so breit wie fertige Gürtelschlaufen). Streifen längs in Drittel einteilen, umbügeln. Webkante liegt oben. Beide Streifenseiten knappkantig absteppen.

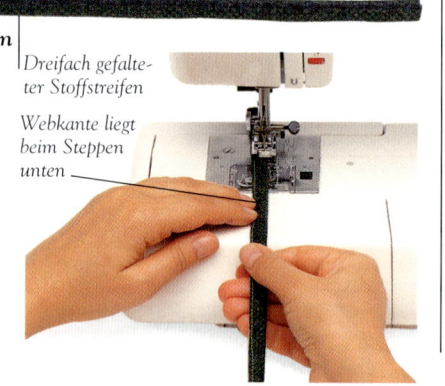
Dreifach gefalteter Stoffstreifen — *Webkante liegt beim Steppen unten*

SCHLAUFE AUF DEM GÜRTEL

Stoffstreifen um den doppelt liegenden Gürtel legen. Enden aufeinanderlegen, Gürtel muss sich leicht schieben lassen. Eventuell die Enden nachschneiden. Streifen wieder abnehmen, Kanten versäubern, Enden zusammennähen, wieder auf Gürtel schieben.

Gürtel liegt doppelt — *Streifen für Schlaufe*

GÜRTELSCHLAUFEN ANSETZEN

Wenn Sie die Gürtelschlaufen vor dem Ansetzen des Bündchens anbringen (unten links), bleiben die Stiche, die die Schlaufe halten, unsichtbar. Bei der zweiten Methode werden die Schlaufen erst beim Absteppen der Bündchenoberkante endgültig befestigt. So können Sie die Größe der Schlaufen gegebenenfalls noch verändern.

SCHLAUFEN AM BÜNDCHEN ANSETZEN

Rechte Seite des verstärkten Bündchens — *Gürtelschlaufe* — *Bruchkante*

Ansatznaht des Bündchens — *Bündchenkante*

1 Bügeln Sie das Bündchen längs zur Hälfte. Stecken Sie das Ende der Gürtelschlaufe auf der Bruchkante des Bündchens fest. Knapp neben der Bruchkante ansteppen.

2 Legen Sie die Schlaufe nach unten, sodass sie ihre eigene Ansatznaht verdeckt. Heften Sie das andere Ende der Schlaufe an der Unterkante des Bündchens fest (oben).

SCHLAUFEN AUFSTEPPEN

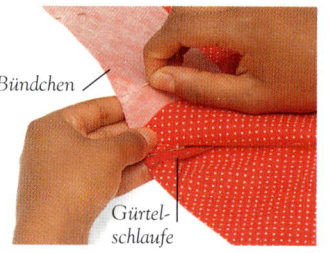
Bündchen — *Gürtelschlaufe*

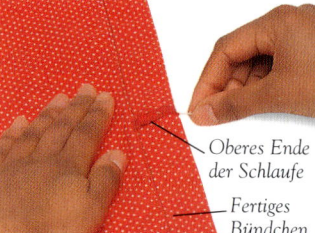
Oberes Ende der Schlaufe — *Fertiges Bündchen*

1 Stecken Sie ein Ende der Gürtelschlaufen rechts auf rechts so zwischen Oberstoff und Bündchen fest, dass es beim Ansteppen des Bündchens mitgefasst wird (oben).

2 Stellen Sie nun das Bündchen fertig. Schlagen Sie zum Schluss die losen Enden der Gürtelschlaufen um und stecken Sie sie an der Oberkante des Bündchens fest (oben).

GÜRTEL UND GÜRTELSCHLAUFEN

SCHLAUFEN AM ZWEITEILIGEN BÜNDCHEN

Schlaufe lässt dem Gürtel Platz zum Gleiten

Äußeres Bündchenteil

Legen Sie das äußere Bündchenteil mit der rechten Seite nach oben, platzieren die Schlaufen darauf und stecken Sie sie fest. Steppen Sie die Schlaufen knapp außerhalb der Nahtlinie fest. Sie werden beim Zusammensetzen des Bündchens mitgefasst.

EINE SCHLAUCH-SCHLAUFE IN DER SEITENNAHT MITFASSEN

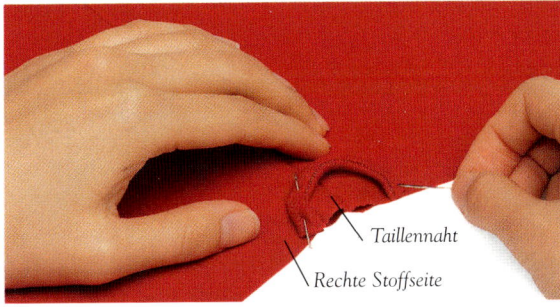

Taillennaht

Rechte Stoffseite

1 Schneiden Sie einen Streifen in ausreichender Länge für alle Gürtelschlaufen zu (siehe S. 176). Nähen Sie einen schmalen Schlauch (S. 250) und schneiden Sie daraus die Schlaufen. Stecken Sie die Schlaufen auf der rechten Stoffseite in Taillenhöhe so an die Naht, dass beide Enden auf der Nahtzugabe enden. Schlaufe – falls vorhanden – an Taillennaht ausrichten.

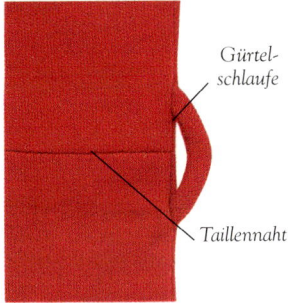

Gürtelschlaufe

Taillennaht

2 Stecken Sie Vorder- und Rückenteil rechts auf rechts zusammen und steppen Sie die Seitennaht. Dabei werden die Enden der Gürtelschlaufen mitgefasst. Anschließend die Nahtzugabe auseinanderbügeln.

SCHNALLEN ANBRINGEN UND BEZIEHEN

Schnallen können Sie von Hand oder mit der Maschine befestigen. Wenn Sie mit der Maschine arbeiten, muss der Stoff weit genug umgeschlagen werden, dass das Nähfüßchen Platz neben der Schnalle hat. Vor dem Befestigen wird das unversteifte Ende des Gürtels nach links eingeschlagen. Bei dicken Stoffen mit Zickzackstichen versäubern.

EINE ÖSE FÜR DIE SCHNALLE EINSCHLAGEN

Loch mit Körner vorstanzen

Öse für die Schnalle am Ende

Die Öse sollte ca. 3–5 cm vom Ende des Gürtels entfernt eingestanzt werden, je nach Größe der Schnalle. Die Versteifung im Innern des Gürtels sollte etwa 1 cm vor seinem Ende abgeschnitten werden.

EINE SCHNALLE VON HAND BEFESTIGEN

Rückseite des Gürtels

Dorn   *Schnalle*

Ziehen Sie den Dorn der Schnalle so durch den Gürtel, dass er auf der rechten Seite vom Stoff weg zeigt. Schlagen Sie auf der Unterseite das Gürtelende um. Feststecken. Mit feinen Handstichen annähen.

EINE SCHNALLE MIT DER MASCHINE BEFESTIGEN

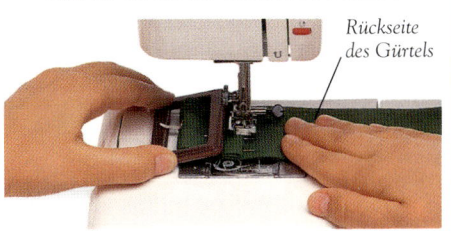

Rückseite des Gürtels

Schnalle auf den Gürtel schieben, Stoff auf der Rückseite schmalkantig einschlagen. Feststecken. Wenn Umschlag weit genug unter der Schnalle hervorsteht, mit der Nähmaschine feststeppen.

EINE SCHNALLE BEZIEHEN

Papier auf einer Seite abziehen

1 Ziehen Sie eine Seite des doppelseitigen Klebepapiers ab, das in der Materialpackung enthalten ist (oben). Kleben Sie das Papier auf die linke Seite des Stoffes und schneiden Sie ihn entsprechend aus.

Stoff mit Kleberückseite

Nut auf der Rückseite der Schnalle

2 Ziehen Sie vom Stoff das zweite Papier halb ab und legen Sie die Schnalle mittig auf die Klebefläche. Legen Sie die Kanten des Stoffes um die Schnalle und drücken Sie sie in die Nut auf der Rückseite. Papier abziehen, Stoff aufkleben.

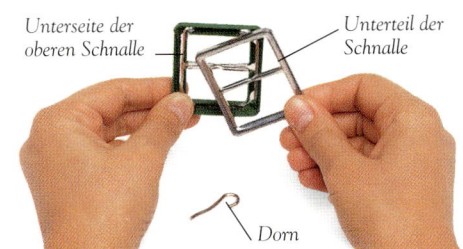

Unterseite der oberen Schnalle

Unterteil der Schnalle

Dorn

3 Bekleben Sie die ganze Vorderseite der Schnalle mit Stoff. Drücken Sie das Unterteil der Schnalle fest in die Nut, sodass der Stoff eingeklemmt ist. Dorn um die Achse legen, offene Enden mit einer Zange zusammendrücken.

ÄRMEL UND MANSCHETTEN

ÄRMEL
Übersicht 180 . Ärmellose Modelle verarbeiten 181
Der eingesetzte Ärmel 182 . Ellenbogen formen 183
Hemdenärmel einsetzen 183 . Der zweiteilige Ärmel 184
Der Kimono-Ärmel 184 . Der Raglan-Ärmel 185
Zwickel arbeiten 186 . Zwickel einsetzen 186

GERADE ÄRMELABSCHLÜSSE
Übersicht 188 . Eingeschlagener Saum 188 . Ärmelabschluss mit Beleg 189
Ärmelabschluss mit schrägem Beleg 189 . Einfassen mit doppeltem Schrägstreifen 190
Abschluss mit angesetztem Tunnel 190 . Abschluss mit angeschnittenem Tunnel 191
Abschluss mit angeschnittenem Tunnel und Rüsche 191

MANSCHETTEN MIT ÖFFNUNG
Übersicht 192 . Der gesäumte Ärmelschlitz 192
Der verstürzte Ärmelschlitz 193 . Der eingefasste Ärmelschlitz 193
Der Hemdenschlitz 194
Manschetten mit Öffnung ansetzen 196

MANSCHETTEN OHNE ÖFFNUNG
Übersicht 198 . Das Ärmelbündchen 198
Der angeschnittene Ärmelaufschlag 199 . Der angesetzte Ärmelaufschlag 200
Ärmelstulpen nähen 200 . Ärmelstulpen ansetzen 201

ÄRMEL UND MANSCHETTEN

ÄRMEL

Form und Stil eines Ärmels spielen beim Gesamteindruck eines Kleidungsstückes eine wichtige Rolle. Eingesetzte Ärmel sehen elegant und maßgeschneidert aus, Hemdenärmel eher lässig. Raglan-Ärmel haben typische, tiefe Armausschnitte, die sich besonders für Jacken und Mäntel eignen. Kimono-Ärmel lassen sich aus Jersey und anderen elastischen Stoffen sehr gut arbeiten, weil sie die Bewegungsfreiheit der Arme nicht einschränken. Gekräuselte Ärmel mit bauschigen Armkugeln passen zu Freizeitkleidern ebenso wie zu festlicher Abendgarderobe und Brautkleidern.

VERWANDTE TECHNIKEN

Maschinenstiche, S. 77
Nahtzugaben verkleinern, S. 84
Nähte einfassen, S. 89
Ungleiche Stoffkanten zusammensetzen, S. 89
Leichte und Mittelschwere Einlage einnähen, S. 99
Einfache Abnäher, S. 109

ÜBERSICHT

T-Shirtärmel

Zweiteiliger Raglan-Ärmel

Gekräuselter Ärmel

Zweiteiliger Ärmel

Kimono-Ärmel

Eingesetzter Ärmel

Ärmelloses Kleid

Einteiliger Raglan-Ärmel

Hemdenärmel

T-Shirt-Ärmel
hat eine flache Armkugel und einen tiefen Armausschnitt.

Zweiteiliger Raglan-Ärmel
Dieser Ärmel bekommt seine spezielle Form durch Nähte an Unter- und Oberseite des Armes (S. 185).

Gekräuselter Ärmel
Er erhält seine spezielle Form dadurch, daß die Weite der Armkugel im oberen Bereich aufgekräuselt wird.

Zweiteiliger Ärmel
hat Teilungsnähte im vorderen und hinteren Bereich.

Kimono-Ärmel
werden direkt an Vorder- und Rückenteil angeschnitten.

Eingesetzter Ärmel
Wegen seiner stark gerundeten Armkugel hängt dieser Ärmel fast senkrecht herunter (S. 182).

Ärmelloses Kleid
Der Armausschnitt muss mit einem Formbeleg verarbeitet werden (S. 181).

Einteiliger Raglan-Ärmel
Dieser Ärmel erhält seine Schulterrundung durch einen senkrechten Abnäher in der Mitte der Schulter.

Hemdenärmel
Dieser Ärmel hat eine flache Armkugel. Dadurch rutscht die Ärmelnaht etwas über die Schulter hinaus (S. 183).

ÄRMEL

ÄRMELLOSE MODELLE VERARBEITEN

Wenn Sie ein ärmelloses Modell arbeiten wollen, müssen die Armausschnitte mit Belegen besetzt werden. Solche Belege können einteilig zugeschnitten werden, üblicher ist aber, sie in zwei Teilen zu arbeiten. Die Belegteile werden an der Schulter- und der Seitennaht zusammengefügt. Leichte Einlage sorgt für Form.

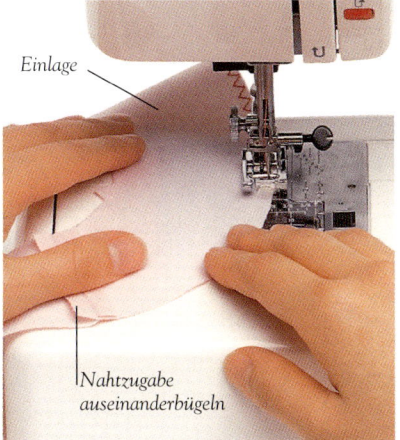

Einlage
Nahtzugabe auseinanderbügeln

1 Bügeln Sie leichte Einlage auf beide Belegteile. Stecken Sie die Belegteile aufeinander und steppen Sie die Schulter- und Seitennähte der Belege. Die Nahtzugaben werden beschnitten und auseinandergebügelt, dann werden die Außenkanten der Belege mit Zickzackstichen versäubert (links).

Beleg
Armausschnitt des Oberstoffes

2 Legen Sie den Beleg rechts auf rechts auf den Armausschnitt und befestigen Sie ihn mit quer eingesteckten Nadeln. An der Schulter beginnen, Markierungen beachten. Steppen Sie nun, an der Seitennaht beginnend, um den Armausschnitt herum (links). Das Ende der Naht läuft in den Anfang der Naht hinein.

Nahtzugaben beschneiden
Weitere Abstände zwischen den Einschnitten
Einschnitte in der Rundung eng anordnen

3 Schneiden Sie die Nahtzugaben abgestuft zurück. Die Zugabe am Oberstoff bleibt am breitesten (oben). Bei dicken Stoffen schrägen Sie die Nahtzugaben der Schulter- und Seitennähte ab.

4 Schneiden Sie die Nahtzugaben V-förmig ein. In den engen Rundungen liegen die Einschnitte etwa 1 cm auseinander, in den geraderen Bereichen 2 cm. So entsteht nach dem Einschlagen des Beleges eine glatte, runde Kante.

Linke Stoffseite
Beleg
Ärmelbrett

5 Bügeln Sie Beleg und Nahtzugaben vom Kleidungsstück weg. Arbeiten Sie mit der Spitze des Bügeleisens, um keine unerwünschten Falten einzubügeln (oben).

Beleg
Unterarmnaht

6 Steppen Sie knappkantig auf dem Beleg entlang und fassen Sie dabei alle Nahtzugaben mit (links). Bügeln Sie den Beleg dann nach innen um. Rollen Sie die Kante etwas nach innen, damit die Ansatznaht des Beleges von außen nicht zu sehen ist. Mit Handstichen befestigen Sie den Beleg an Schulter- und Seitennaht des Oberstoffs.

DEN BELEG ANSTEPPEN

Bringen Sie Schulter- und Seitennaht von Beleg und Oberstoff in Deckung und stecken Sie beide Stofflagen aufeinander fest. Steppen Sie nun direkt in der Nahtlinie die Nähte je 2,5 cm ab (links). Beim Nähen die Stecknadeln entfernen.

Ärmel und Manschetten

Der eingesetzte Ärmel

Bei eingesetzten Ärmeln ist die Nahtlinie der Armkugel meist etwas länger als die des Armausschnittes. Diese Weite muss eingehalten werden, damit der Ärmel sich über dem Schultergelenk wölbt. Viele Schnittmuster kennzeichnen den vorderen Ärmel mit einem einfachen und den rückwärtigen Ärmel mit einem doppelten Clips.

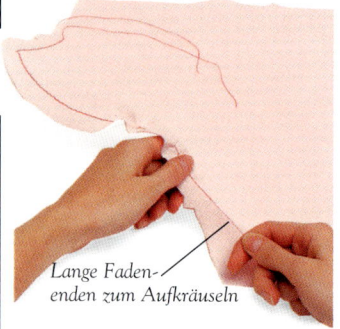
Lange Fadenenden zum Aufkräuseln

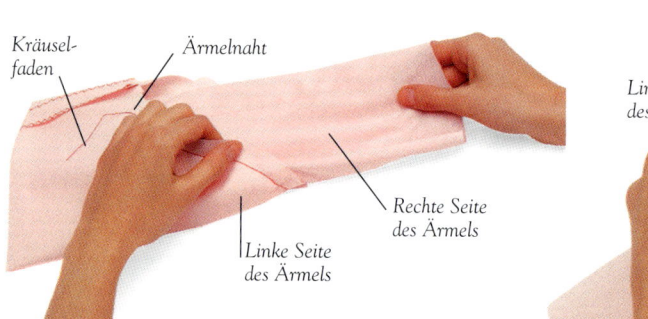
Kräuselfaden — *Ärmelnaht* — *Rechte Seite des Ärmels* — *Linke Seite des Ärmels*

Kräuselnaht — *Markierung* — *Linke Seite des Ärmels*

1 Steppen Sie mit einem sehr großen Geradstich knapp außerhalb der Nahtlinie von einer Ärmelmarkierung zur anderen. Die Fadenenden lang hängen lassen (oben).

2 Stecken Sie die untere Ärmelnaht kantenbündig mit querliegenden Nadeln. Steppen Sie die Naht. Achten Sie dabei darauf, dass die Enden des Kräuselfadens nicht mitgefasst werden. Die Nahtzugabe wird auseinandergebügelt und bei Bedarf versäubert. Dann wird der Ärmel vorsichtig gewendet (oben).

3 Schieben Sie den Ärmel rechts auf rechts in den Armausschnitt. Stecken Sie die Markierungen aufeinander und die Ärmelnaht auf die Seitennaht. Dann wird der Ärmel rundum festgesteckt. Verteilen Sie die Weite der Armkugel gleichmäßig. Ziehen Sie die Kräuselfäden vorsichtig an, bis die überschüssige Weite eingehalten ist. Falten oder sichtbare Kräusel vermeiden.

4 Heften Sie den Ärmel mit kleinen Stichen in den Armausschnitt. Steppen Sie dann, an der Ärmelnaht beginnend, den Ärmel ein. Steppen Sie dicht neben der Heftnaht entlang (links). Das Ende der umlaufenden Naht läuft in den Anfang hinein. Heftfäden entfernen.

Schulterpolster einsetzen

Schulternaht

1 Ziehen Sie das Kleidungsstück an und schieben Sie die Polster zwischen Beleg und Oberstoff. Schieben Sie die Polster zurecht. Sie sollen mittig unter der Schulternaht sitzen und etwa 12 mm über die Ärmelnaht hinausragen. Von der rechten Stoffseite aus stecken Sie die Polster nun fest (links).

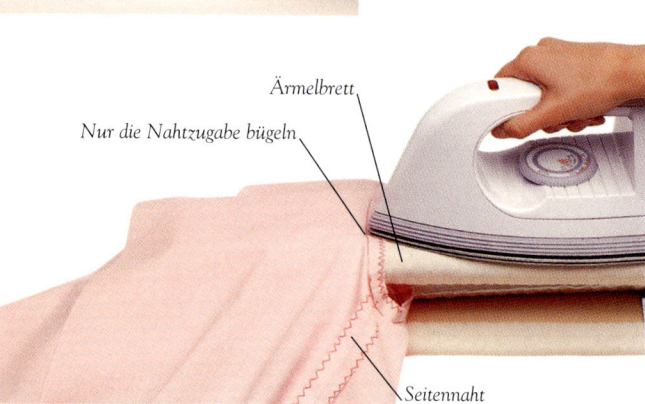
Ärmelbrett — *Nur die Nahtzugabe bügeln* — *Seitennaht*

Halsausschnittbeleg — *Außenkante mit Vorstichen an der Nahtzugabe festnähen*

2 Überprüfen Sie auch auf der Innenseite, ob die Polster gerade sitzen und unter dem Halsausschnittbeleg liegen. Nähen Sie die Außenkante der Polster von Hand an die Nahtzugabe der Ärmelnaht (links). Befestigen Sie die Mitte des Polsters am Beleg. Die Polster sollen nicht zu fest sitzen, sonst drücken sie sich ab.

5 Die Nahtzugaben werden nicht beschnitten. Versäubern Sie die Kanten gemeinsam mit Zickzackstichen. Auf dem Ärmelbrett wird nun die Nahtzugabe ausgebügelt (oben). Bei dicken Stoffen schrägen Sie die Nahtzugaben der Schulter- und Seitennähte ab. Bei besonders leichten Stoffen müssen Sie eventuell zwei Kräuselfäden einziehen. Schneiden Sie die Nahtzugabe knapp neben den Kräusellinien ab und versäubern Sie sie zusammengefasst.

ÄRMEL

ELLENBOGEN FORMEN

Schmal geschnittene Ärmel müssen im hinteren Bereich des Ellenbogens geformt werden. So vermeiden Sie, dass der Stoff beim Bewegen des Arms überdehnt oder sogar eingerissen wird. Damit der hintere Ärmel an den vorderen passt, muss die zusätzliche Weite durch Abnäher oder durch kleine Kräusel eingehalten werden.

ABNÄHER

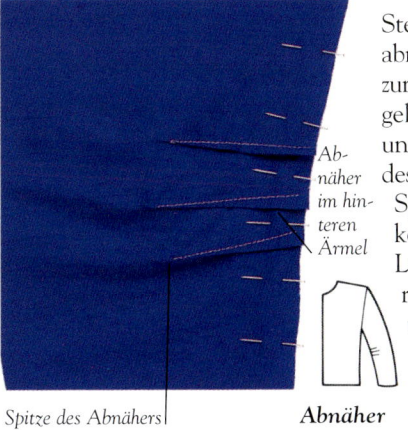

Steppen Sie die Ellenbogenabnäher von der Außenkante zur Spitze hin (S. 109). Bügeln Sie die Abnäher flach und dann zum unteren Ende des Ärmels hin. An den Spitzen der Abnäher sollen keine Fältchen entstehen. Legen Sie nun den Ärmel rechts auf rechts zusammen und stecken Sie die hintere Ärmelhälfte kantenbündig auf die vordere (links). Anschließend steppen.

KRÄUSELN

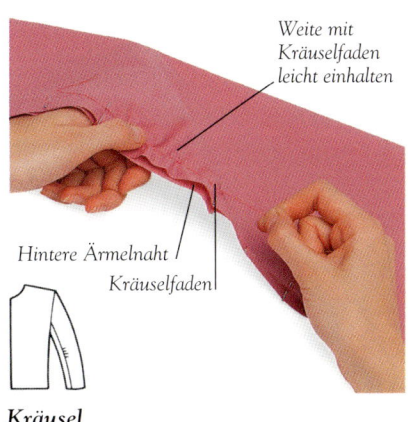

Steppen Sie mit großem Maschinengeradstich zwischen den Markierungen entlang (S. 89). Legen Sie die Schnittkanten aufeinander und stecken Sie sie an den Markierungen zusammen. Ziehen Sie den Kräuselfaden an, bis die Kanten gleich lang sind (links). Nun stecken und steppen.

HEMDENÄRMEL EINSETZEN

Beim Hemdenärmel ist die Armkugel, das ist der Bereich des Ärmels, der an die Schulternaht trifft, wesentlich flacher geschnitten als beim eingesetzten Ärmel. Daran liegt es, dass solche Modelle besonders locker und lässig sitzen. Hemdenärmel werden meist eingesetzt, bevor die untere Ärmelnaht und die Seitennaht geschlossen sind.

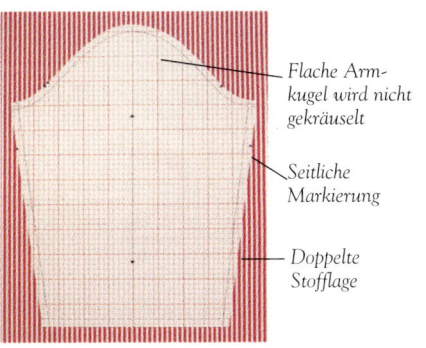

1 Legen Sie das Schnittmuster auf doppelt liegenden Stoff (links). Stecken Sie es fest und schneiden Sie den Ärmel zu. Achten Sie darauf, alle Markierungszeichen auf den Stoff zu übertragen.

2 Stecken Sie den Ärmel rechts auf rechts kantenbündig in den Armausschnitt. Vordere und hintere Markierungen zuerst, dann Mittelmarkierung an der Schulternaht befestigen. Zwischenräume zwischen den Markierungen stecken, Ärmelweite leicht einhalten. Ärmel einsteppen.

3 Bügeln Sie die Naht und schneiden Sie die Nahtzugabe auf die Hälfte zurück (oben). Anschließend die Nahtzugaben zusammengefasst bekanteln und in den Ärmel bügeln. Nun kann die Naht bei Bedarf von rechts ein- oder zweifach knappkantig abgesteppt werden.

4 Legen Sie die Unterarm- und die Seitennaht rechts auf rechts aufeinander. Stecken Sie die Kanten an den Enden, an der Ärmelnaht und an den Markierungen zusammen. Auch dazwischen Nadeln platzieren. Vom Saum des Kleidungsstücks bis zum Saum des Ärmels steppen.

5 Bügeln und beschneiden Sie die Nahtzugabe, dann versäubern Sie beide Nahtzugaben zusammengefasst und bügeln sie ins Rückenteil. Wenn an den Saumkanten Schlitze gearbeitet werden sollen, schneiden Sie die Nahtzugabe zu den Schlitzkanten schräg zulaufend ab.

ÄRMEL UND MANSCHETTEN

DER ZWEITEILIGE ÄRMEL

Zweiteilige Ärmel werden hauptsächlich für Jacken und Mäntel verwendet. Jeder Ärmel besteht aus zwei Teilen, deren Rundung der natürlichen Krümmung des Arms nachempfunden ist. Die beiden Nähte des Ärmels liegen an der Unterseite des Armes. Sie werden vor dem Einsetzen des Ärmels geschlossen.

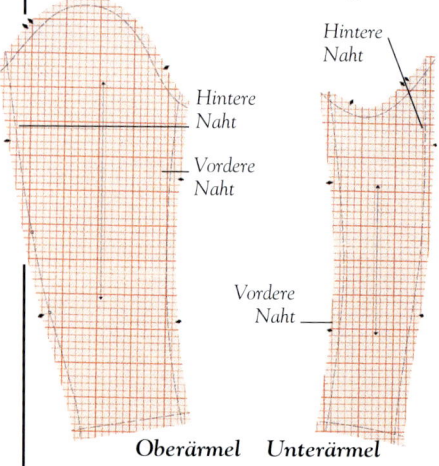

Oberärmel   Unterärmel

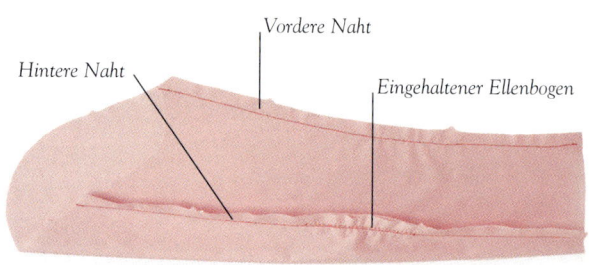

1 Schneiden Sie nach dem Schnittmuster einen Ober- und einen Unterärmel zu. Achten Sie darauf, alle Markierungen exakt auf den Stoff zu übertragen. An der Hinterkante des Oberärmels steppen Sie eine kurze Kräuselnaht (S. 89), um die Ellenbogenweite einzuhalten. Dann stecken und steppen Sie die Vorderkanten der Ärmelteile gemäß den Markierungen rechts auf rechts zusammen.

2 Nun stecken Sie auch die Hinterkanten der beiden Ärmelteile passend aufeinander. Der Kräuselfaden wird angezogen, um die Mehrweite des Ellenbogens einzuhalten. Anschließend die Naht steppen.

DER KIMONO-ÄRMEL

Vorder- und Rückenteil eines Kimono-Ärmels werden in einem Stück mit dem Vorder- und Rückenteil des Kleidungsstückes zugeschnitten. Schmal sitzende Kimono-Ärmel sollten mit einem Zwickel verarbeitet werden, damit sie mehr Bewegungsfreiheit geben (S. 186–187). Ohne Zwickel: Rundung unter dem Arm mit Schrägstreifen verstärken.

UNTERARMNAHT VERSTÄRKEN

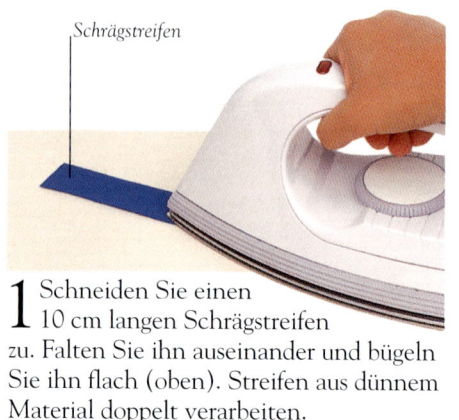

1 Schneiden Sie einen 10 cm langen Schrägstreifen zu. Falten Sie ihn auseinander und bügeln Sie ihn flach (oben). Streifen aus dünnem Material doppelt verarbeiten.

2 Stecken Sie Vorder- und Rückenteil an Schulter- und oberer Ärmelnaht, Seiten- und unterer Ärmelnaht zusammen. Schrägstreifen um engste Rundung unter dem Arm legen, festheften.

3 Nähte steppen. Schrägstreifen in Unterarmnaht mitfassen. Kurze Naht über Schrägstreifen steppen. Heftfaden entfernen, Zugabe in Rundung einschneiden, Naht bügeln.

KIMONO-ÄRMEL NACHTRÄGLICH VERSTÄRKEN

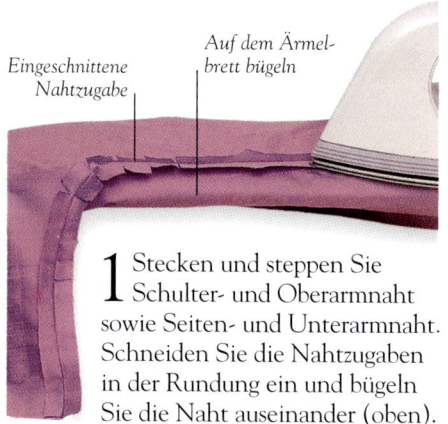

1 Stecken und steppen Sie Schulter- und Oberarmnaht sowie Seiten- und Unterarmnaht. Schneiden Sie die Nahtzugaben in der Rundung ein und bügeln Sie die Naht auseinander (oben).

2 10 cm langen Schrägstreifen zuschneiden, auseinanderfalten, flach bügeln. Leichte Schrägstreifen doppelt nehmen. Legen Sie den Streifen über die engste Stelle der Rundung unter dem Arm und heften Sie ihn fest.

3 Von der rechten Seite des Kleidungsstückes langes schmales Rechteck durch Oberstoff und Schrägstreifen steppen. Die Längsnähte des Rechtecks liegen je 3 mm rechts und links der Unterarmnaht. Heftfäden entfernen, Naht bügeln.

DER RAGLAN-ÄRMEL

Die Ansatznähte eines Raglan-Ärmels verlaufen vorn und hinten diagonal vom Unterarm zum Halsausschnitt. Ein einteiliger Raglan-Ärmel passt sich der Schulterrundung dadurch an, dass längs entlang der Schulter ein Abnäher verläuft. Beim zweiteiligen Raglan-Ärmel ersetzt eine durchgehende Formnaht diesen Abnäher.

EINTEILIGER RAGLAN-ÄRMEL

1 Stecken Sie die Kanten des Abnähers rechts auf rechts bündig aufeinander und steppen Sie ihn (oben). Anschließend wird die untere Ärmelnaht rechts auf rechts gesteckt und ebenfalls gesteppt. Naht und Abnäher auseinanderbügeln.

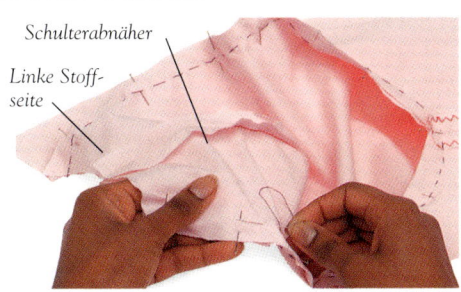

Schulterabnäher
Linke Stoffseite

2 Seitennähte des Kleidungsstücks steppen. Ärmel nach rechts wenden, in Armausschnitt stecken. Die rechten Stoffseiten liegen aufeinander, Unterarmnähte und Markierungen treffen aufeinander. Heften, Nadeln entfernen.

Nahtzugaben oberhalb der Markierungen auseinanderbügeln
Nahtzugaben unter dem Arm zurückschneiden

3 Naht von der Ärmelseite aus steppen. Zugaben an den vorderen und hinteren Markierungen ein- und im unteren Bereich zurückschneiden. Oberhalb der Markierungen Nahtzugaben auseinanderbügeln.

Einschnitte

4 Im oberen Ärmelbereich werden die Nahtzugaben nun einzeln versäubert, im unteren Bereich mit einer Zickzacknaht zusammengefasst (oben). Jetzt wird die Naht noch einmal gebügelt.

RAGLAN-POLSTER EINSETZEN

1 *Kleidungsstück anziehen, Polster mittig unter Schulternaht oder Schulterabnäher schieben. Sitz kontrollieren, Polster von der rechten Stoffseite aus mit Nadeln feststecken (oben).*

2 *Überprüfen Sie die Lage des Polsters auch auf der Innenseite. Mit lockeren Handstichen wird das Polster nun an der Nahtzugabe der Schulternaht oder des Abnähers befestigt (oben).*

DER ZWEITEILIGE RAGLAN-ÄRMEL

Legen Sie die Ärmelhälften rechts auf rechts zusammen und stecken Sie zuerst die Schulter- und Ärmelaußennaht. Steppen und die Nahtzugaben im Bereich der Rundung V-förmig einschneiden, damit die Schulter später glatt sitzt. Bügeln Sie die Nahtzugabe auseinander. Danach arbeiten Sie die Unterarmnaht. Wenn nötig, versäubern Sie die Nahtzugaben.

RAGLAN-ÄRMEL FLACH EINSETZEN

Eine zweite Möglichkeit, Raglan-Ärmel einzusetzen, besteht darin, zuerst die Ärmelnähte zu schließen und dann die Seiten- und Unterarmnähte in einem Stück zu steppen.

Linke Stoffseite
Unterarmnaht
Seitennaht

1 Lassen Sie die Unterarmnaht zunächst offen und setzen Sie den Raglan-Ärmel ein. Dazu werden die Ärmelkanten an die Armausschnittkanten gesteckt und anschließend gesteppt.

Linke Stoffseite

2 Steppen Sie Unterarmnaht und Seitennaht in einem Arbeitsgang. Die diagonalen Ansatznähte des Ärmels treffen aufeinander (oben). Bügeln Sie die Nahtzugaben auseinander.

DER ZWICKEL

Ein Zwickel ist ein kleines Stoffstück, das für mehr Bewegungsfreiheit in eine schlitzartige Öffnung an der Unterseite eines schmal geschnittenen Kimono-Ärmels eingesetzt wird. Da Kimono-Ärmel direkt an Vorder- und Rückenteil angeschnitten sind, haben sie durchlaufende Schulter- und Oberärmelnähte bzw. Seiten- und Unterärmelnähte.

EINTEILIGER ZWICKEL

Im schrägen Fadenlauf zuschneiden

Dieser Zwickel besteht aus einem rhombenförmigen Stück Stoff, das im schrägen Fadenlauf zugeschnitten wird. Die Seiten- und Unterarmnaht werden geschlossen, nur in der Rundung bleibt ein Stück zum Einsetzen des Zwickels offen.

ZWEITEILIGER ZWICKEL

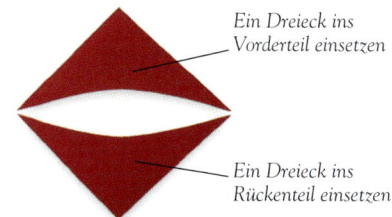

Ein Dreieck ins Vorderteil einsetzen

Ein Dreieck ins Rückenteil einsetzen

Der zweiteilige Zwickel besteht aus zwei dreieckigen Stoffstücken, die im schrägen Fadenlauf zugeschnitten werden. Ein Dreieck wird in das Vorderteil eingesetzt, das andere in das Rückenteil. Erst dann wird die durchgehende Naht geschlossen.

ZWICKEL ABSTEPPEN

Steppnaht

Eine von der rechten Stoffseite aus gearbeitete Ziersteppnaht knapp neben der Einsatznaht des Zwickels verstärkt die Naht und hält die Nahtzugaben flach.

ZWICKEL EINSETZEN

Bei leichten oder locker gewebten, ausfransenden Stoffen müssen die Einschnittenden vor dem Einsetzen des Zwickels verstärkt werden. Dazu wird ein kleines Stoffstück oder ein Nahtband aufgesetzt. Bei festen Stoffen reicht es aus, das Einschnittende mit einer Stütznaht zu sichern.

DAS EINSCHNITTENDE MIT EINEM FLICKEN VERSTÄRKEN

Einschnitt für Zwickel

1 Zeichnen Sie die Nahtlinien des Zwickeleinschnittes mit Schneiderkreide auf die rechte Stoffseite. Schneiden Sie im schrägen Fadenlauf ein Quadrat von ca. 5 cm Kantenlänge zu. Stecken und heften Sie das kleine Quadrat rechts auf rechts mittig auf das Ende des Einschnittes (oben).

2 Entfernen Sie die Nadeln und zeichnen Sie die Nahtlinien des Einschnitts auf dem Verstärkungsflicken nach. Mit kleinen Maschinenstichen steppen Sie nun eine Stütznaht um das Ende des Einschnittes herum (oben).

3 Jetzt werden Stoff und Verstärkungsflicken zwischen den Nahtlinien bis ganz knapp vor der Spitze eingeschnitten (oben). Die Heftfäden entfernen.

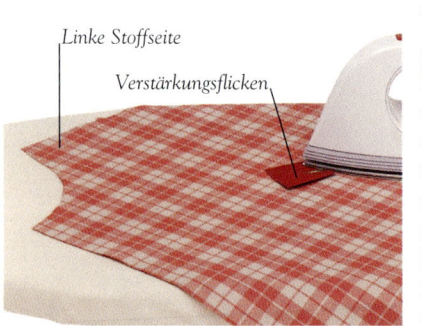

Linke Stoffseite

Verstärkungsflicken

4 Das Quadrat wird zur linken Stoffseite umgeschlagen, die Nahtzugabe rollt sich automatisch etwas mit. Für eine saubere Spitze den Stoff leicht ziehen. Das Quadrat flachbügeln (links). Anstelle des Stoffquadrates kann auch Naht- oder Saumband verwendet werden (siehe rechts).

VERSTÄRKEN MIT SAUMBAND

Falten Sie ein 10 cm langes Stück Naht- oder Saumband V-förmig. Stecken Sie die Spitze auf der rechten Stoffseite genau über das Einschnittende (links). Eine Stütznaht sichert die Spitze und hält das Band an seinem Platz. Weiterverarbeitung wie in Schritt 3 und 4, links.

ÄRMEL

EINEN EINTEILIGEN ZWICKEL EINSETZEN

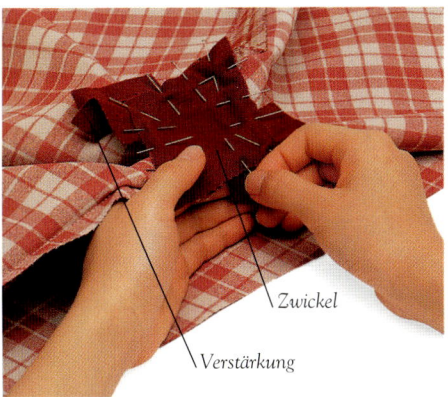
Zwickel
Verstärkung

1 Bringen Sie auf den Einschnittenden Verstärkungsflicken an (siehe links). Steppen Sie nun die Seitennaht und die Unterarmnaht. Die schrägen Einschnitte für den Zwickel bleiben offen. Legen Sie den Zwickel auf die Öffnung und richten Sie die Ecken an den Verstärkungen und Nähten aus. Nun wird der Zwickel festgesteckt (oben).

2 Heften Sie den Zwickel ein, entfernen die Nadeln an den Ecken jedoch nicht (oben). Von der linken Seite des Zwickels aus steppen Sie ihn nun ein. Beginnen Sie an der Seitennaht, arbeiten von dort zum Einschnittende, weiter zur Unterarmnaht, dann zum zweiten Einschnittende und zur Seitennaht zurück. Ecken sehr sorgfältig arbeiten!

3 Entfernen Sie Stecknadeln und Heftfäden und überprüfen Sie den Sitz des Zwickels von der rechten Seite aus. Dann wird der Zwickel von rechts gebügelt. Schneiden Sie die Kanten der Verstärkungsflicken zurück und versäubern Sie die Nahtzugaben mit Hand- oder Maschinenstichen (oben). Bei Bedarf den Zwickel von rechts absteppen (siehe S. 186).

EINEN ZWEITEILIGEN ZWICKEL EINSETZEN

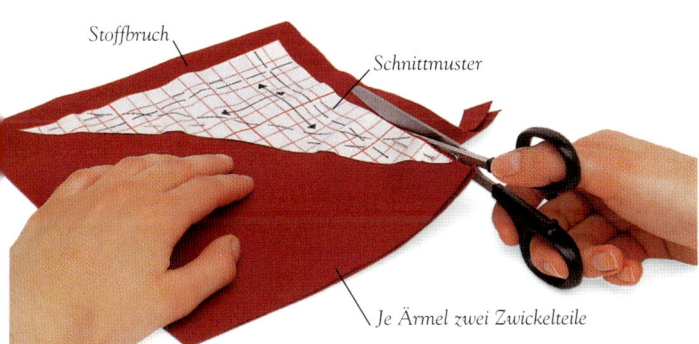
Stoffbruch *Schnittmuster*
Je Ärmel zwei Zwickelteile

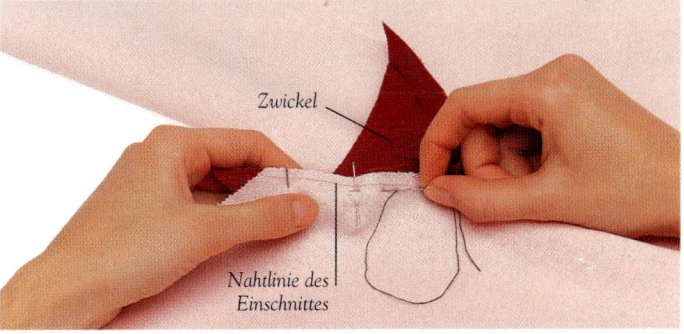
Zwickel
Nahtlinie des Einschnittes

1 Legen Sie ein Stück Stoff doppelt. Platzieren Sie das Schnittmuster für den Zwickel so darauf, dass die lange, gebogene Kante des Dreiecks im schrägen Fadenlauf liegt. Stecken Sie den Papierschnitt fest und schneiden Sie zwei Zwickelteile zu (oben). Das Schnittmuster abnehmen.

2 Zwickelkanten rechts auf rechts im Einschnitt unter dem Arm ausrichten, feststecken. Die Nahtlinien von Zwickel und Einschnitt müssen übereinstimmen. Zwickel heften, Nadeln an den Ecken nicht entfernen. Jetzt wird der Zwickel eingesteppt. An den Eckpunkten mit eingestochener Nadel wenden.

Linke Stoffseite

3 Steppen Sie entsprechend auch das zweite Zwickelteil ein. Versäubern Sie die Nahtzugaben und bügeln Sie die Zwickelhälften von der rechten Seite aus. Nun Vorder- und Rückenteil kantenbündig rechts auf rechts legen, so dass die Zwickelnähte aufeinandertreffen. Die Naht stecken und in einem Stück steppen (links).

4 Bügeln Sie die Nahtzugaben auseinander und versäubern Sie die Schnittkanten. Bei Bedarf können Sie den Zwickel von der rechten Stoffseite aus absteppen (siehe S. 186), dabei werden die Nahtzugaben aller Stofflagen mitgefasst.

187

GERADE ÄRMELABSCHLÜSSE

Die einfachste Art, einen Ärmelabschluss zu arbeiten, besteht darin, ihn zu säumen. Bei Jacken und Mänteln wird diese Technik gern angewandt. Tunnelzüge, durch die ein Gummiband gezogen wird, sind schnell und einfach zu nähen. Sie können mit oder ohne Rüsche gearbeitet werden und bilden einen guten Ärmelabschluss für Sommer- und Kinderkleider. Glatte Stoffe werden mit einem Schrägstreifen eingefasst. So kann kein Saumeinschlag durchschimmern. Und wenn ein Ärmel zu kurz ist, ist ein angesetzter Tunnelzug die Lösung.

VERWANDTE TECHNIKEN

Saumstiche, S. 76
Maschinenstiche, S. 77
Nahtzugaben verkleinern, S. 84
Einlage aufbügeln, S. 99
Manschetten mit Öffnung ansetzen, S. 196
Ärmelstulpen ansetzen, S. 201
Säume mit Beleg, S. 214

ÜBERSICHT

Einfassung mit Schrägstreifen
Saum
Angeschnittener Tunnel
Angeschnittener Tunnel mit Rüsche

Einfassung mit Schrägstreifen eignet sich besonders für feine und transparente Stoffe (S. 190).

Saum
Ein glatter Abschluss mit unsichtbarer Naht z. B. für Jacken, Mäntel und Kleider.

Angeschnittener Tunnel
Der Ärmel wird länger zugeschnitten, die überschüssige Weite wird eingeschlagen und festgesteppt.

Angeschnittener Tunnel mit Rüsche
Eine dekorative Rüsche schließt sich an den Tunnel an.

EINGESCHLAGENER SAUM

Die einfachste und beliebteste Form des Ärmelabschlusses ist der eingeschlagene Saum. Der Ärmel wird an der Saumlinie nach innen eingeschlagen und dann mit Handstichen an der Innenseite des Ärmels befestigt. Die Saumstiche liegen verdeckt hinter der versäuberten Kante des Einschlags.

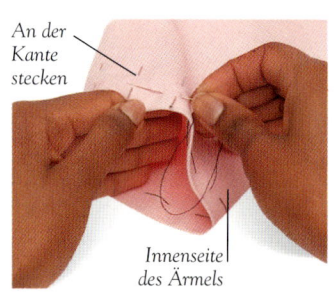
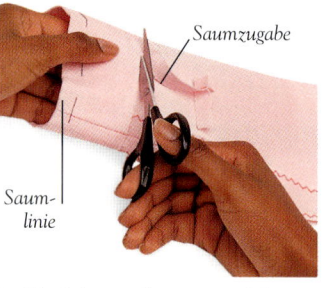
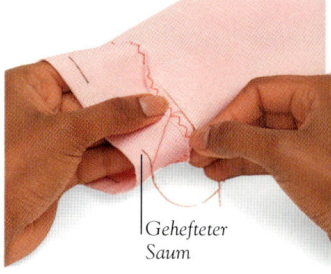

1 Zeichnen Sie die Saumlinie auf der rechten Stoffseite an. Die Nahtzugabe im Bereich des Einschlags wird zurückgeschnitten, damit die Naht flacher wird (oben).

2 Wenn Einlage verwendet wird, bringen Sie sie auf der Rückseite der Saumzugabe an. Schlagen Sie die Zugabe ein, stecken und heften Sie sie nahe an der Saumlinie fest.

3 Nadeln entfernen, auf der Saumzugabe eine umlaufende Linie in Höhe der gewünschten Einschlagtiefe anzeichnen. Zugabe beschneiden, dass sie rundum die gleiche Breite erhält.

4 Kante der Saumzugabe versäubern, 1,5 cm unterhalb der Einschlagoberkante rund um den Ärmel heften. Kante der Zugabe zurückschlagen, Ärmel von Hand säumen.

GERADE ÄRMELABSCHLÜSSE

ÄRMELABSCHLUSS MIT BELEG

Bei dieser Technik fertigen Sie zuerst einen separaten, ringförmigen Beleg. Der Beleg wird an die Unterkante des Ärmels gesteppt, eine Untersteppnaht sorgt dafür, dass die Ansatznaht sich zur Innenseite des Ärmels rollt. Dann wird der Beleg nach innen eingeschlagen und mit Handstichen angesäumt.

1 Einlage auf der linken Seite des Beleges anbringen. Legen Sie die Schmalseiten des Beleges rechts auf rechts aufeinander und steppen Sie sie zusammen. Zugabe versäubern, auseinanderbügeln.

2 Versäubern Sie die glatte Oberkante des Beleges mit Zickzackstichen. Stecken Sie den Beleg rechts auf rechts kantengenau auf die Unterkante des Ärmels, stecken und steppen Sie ihn fest (oben).

3 Schneiden Sie die Nahtzugaben abgestuft zurück, die Nahtzugabe am Ärmel ist die längere. Nahtzugaben und Beleg vom Ärmel weg bügeln. Beleg untersteppen, Zugaben mitfassen (oben).

4 Schlagen Sie den Beleg nach links und schieben Sie die Ansatznaht etwas nach innen. Kante bügeln und den Beleg 1,5 cm unterhalb der Kante feststecken. Von Hand säumen, Nadeln entfernen.

ÄRMELABSCHLUSS MIT SCHRÄGEM BELEG

Ein 4 cm breiter Streifen wird im schrägen Fadenlauf zugeschnitten und an den Ärmel gesteckt. So ermitteln Sie die erforderliche Länge des Beleges. Nun wird zuerst der Schrägstreifen zu einem Ring geschlossen und anschließend an die Ärmelkante gesteppt. Die Oberkante des Beleges befestigen Sie von Hand.

1 Schneiden Sie einen 4 cm breiten Schrägstreifen zu, der mindestens 5 cm länger als der Ärmel ist. Beide Längskanten des Schrägstreifens werden 6 mm breit eingeschlagen und umgebügelt (oben).

2 Schließen Sie die Ärmelnaht, versäubern Sie die Nahtzugaben und bügeln Sie sie auseinander. Die Saumzugabe wird bis auf 6 mm zurückgeschnitten.

3 Falten Sie den Schrägstreifen auseinander und stecken Sie ihn rechts auf rechts an den Ärmel. Schneiden Sie die Enden des Streifens diagonal zurück, dass sie sich 12 mm überlappen. Schmalseiten zusammensteppen.

4 Der Schrägstreifen wird entfernt, die Enden bleiben jedoch zusammengesteckt. Nun steppen Sie die Enden zusammen (oben).

5 Zugabe auseinanderbügeln. Schrägstreifen ist auseinandergefaltet. Schneiden Sie die vorstehenden Ecken der Zugaben ab.

6 Schrägstreifen an Unterkante des Ärmels stecken, im eingebügelten Kniff feststeppen. Zugabe an Streifenoberkante noch einmal umbügeln.

7 Schlagen Sie den Streifen nach links ein und bügeln Sie die Kante. Umgeschlagenen Schrägstreifen an Ärmelinnenseite feststecken, annähen.

Einfassen mit doppeltem Schrägstreifen

Die Einfassung mit doppeltem Schrägstreifen ist ein fester und doch elastischer Ärmelabschluss. Wegen des schrägen Fadenlaufs passt sich die Einfassung gut dem leicht konischen unteren Ende des Ärmels an. Der Schrägstreifen legt sich wie ein Band um die untere Ärmelkante und kann darum auch in einer Kontrastfarbe gearbeitet werden.

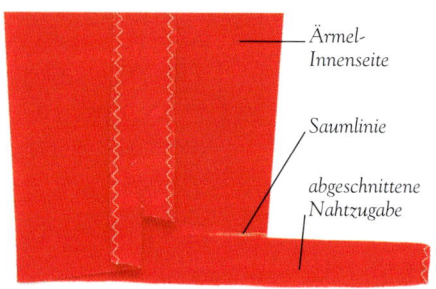

1 Markieren Sie die Saumlinie und schneiden Sie die Nahtzugabe ab (oben). Schneiden Sie einen Schrägstreifen in der Länge des Ärmelumfanges plus 5 cm und der sechsfachen gewünschten Breite zu.

2 Stecken Sie den Schrägstreifen rechts auf rechts an den Ärmel. Die überlappenden Schmalseiten werden aufeinanderfestgesteckt. Streifen vom Ärmel entfernen, Schmalseiten im geraden Fadenlauf zusammensteppen.

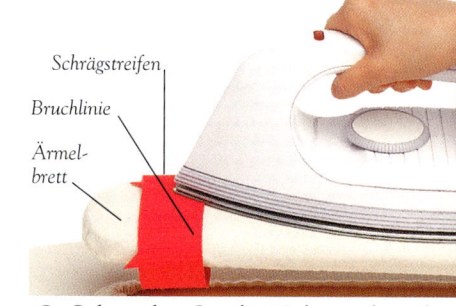

3 Schneiden Sie die Nahtzugaben des Schrägstreifens zurück und bügeln Sie sie auseinander. Legen Sie den Streifen der Länge nach links auf links zur Hälfte und bügeln die Bruchlinie ein (oben).

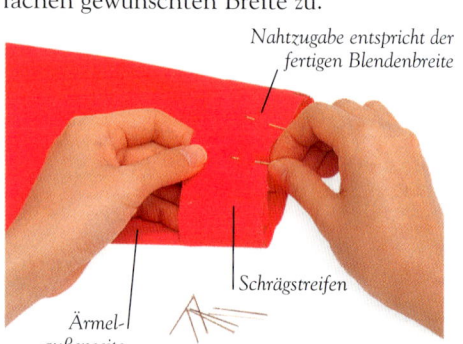

4 Der zusammengelegte Streifen wird mit den offenen Kanten auf die rechte Ärmelseite gesteckt. Feststeppen. Entfernung der Naht von der Schnittkante = fertige Blendenbreite. Streifen vom Ärmel weg bügeln.

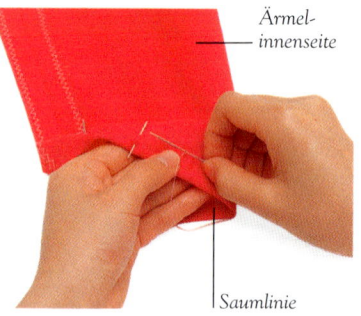

5 Wenden Sie den Ärmel nach links, stecken und heften Sie die Bruchkante des Schrägstreifens auf die Ansatznaht. Mit feinen Handstichen wird der Streifen von innen angenäht (links).

Abschluss mit angesetztem Tunnel

Ein angesetzter Tunnel ist ein separater Stoffstreifen, der an die Unterkante des Ärmels gesetzt und dann wie ein Saum nach innen eingeschlagen wird. Ein eingezogenes Gummiband hält die Ärmelweite zusammen. Dieser Ärmelabschluss ist praktisch, wenn Sie den Ärmel versehentlich zu kurz zugeschnitten haben.

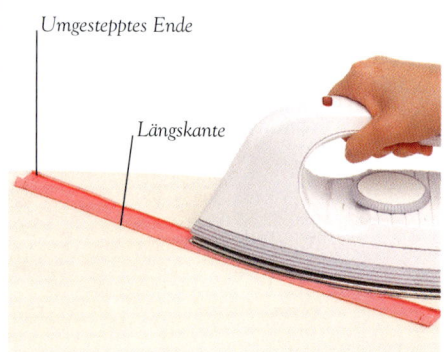

1 Schneiden Sie im geraden Fadenlauf einen Stoffstreifen in der Weite des Ärmels plus 2 cm zu. Die Breite entspricht der des Gummibandes plus 2 cm. Bügeln Sie die Schmalseiten je 1 cm breit um und steppen Sie sie fest. Dann bügeln Sie die Längskanten je 6 mm breit um.

2 Falten Sie die umgebügelte Nahtzugabe an einer Seite des Streifens auf. Der Streifen wird rechts auf rechts an die Unterkante des Ärmels gesteckt. Die Enden des Streifens treffen an der Ärmelnaht aufeinander. Im eingebügelten Kniff entlangsteppen (oben).

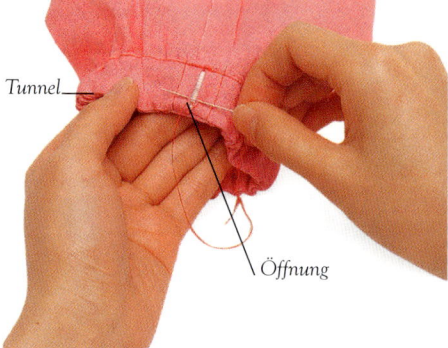

3 Tunnel einschlagen, Naht leicht nach innen rollen. Kante bügeln, Oberkante des Streifens am Ärmel feststecken. Oberkante feststeppen. Ziehen Sie Gummiband in den Tunnel (siehe S. 191 Schritt 5 und 6) und schließen Sie die Öffnung mit Überwendlingsstichen.

GERADE ÄRMELABSCHLÜSSE

ABSCHLUSS MIT ANGESCHNITTENEM TUNNEL

Beim angeschnittenen Tunnel wird die Unterkante des Ärmels nach innen eingeschlagen und beidseitig abgesteppt. Ein Stück der oberen Naht bleibt offen, bis das Gummiband eingezogen ist. Die Steppnaht an der Unterkante des Tunnels ist nicht unbedingt erforderlich, sie sorgt aber für besseren Sitz.

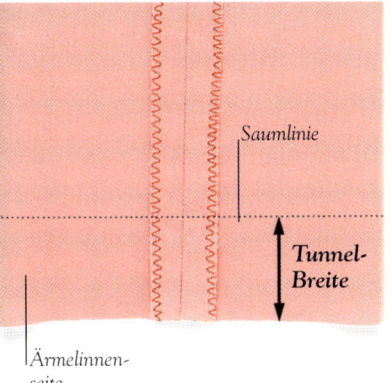

1 Um die Breite des Tunnels festzulegen, addieren Sie 1 cm zur Breite des Gummibandes dazu. Markieren Sie die Saumlinie mit Stecknadeln oder einer Heftnaht. Einfacher ist es, den Tunnel an der Saumlinie einzuschlagen und den Bruch einzubügeln.

2 Wenden Sie den Ärmel nach links, schieben Sie die Unterkante auf ein Ärmelbrett und bügeln Sie die Schnittkante 6 mm breit nach innen um (links). Die eingeschlagene Oberkante des Tunnels kann nun nicht ausfransen und sorgt so für mehr Haltbarkeit.

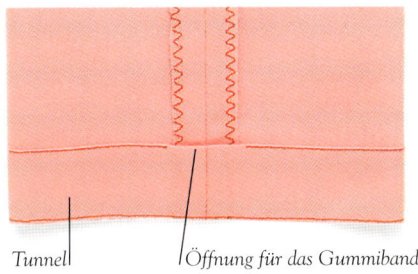

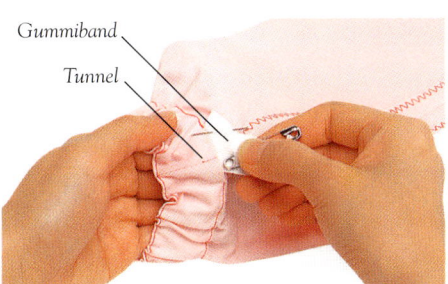

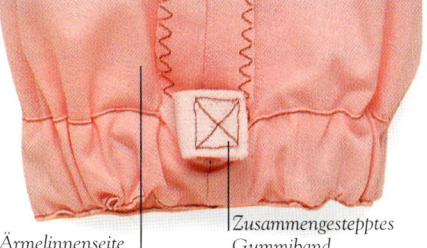

3 Schlagen Sie den Tunnel an der markierten Saumlinie nach innen und fixieren Sie ihn mit quer eingesteckten Nadeln. Steppen Sie die Oberkante des Tunnels ab, lassen aber eine Öffnung zum Einziehen des Gummibandes offen. Unterkante des Tunnels schmal absteppen, Nahtende läuft in Nahtanfang.

4 Schneiden Sie einen Streifen Gummiband zu, der bequem um das Handgelenk passt, und addieren Sie 1,5 cm Nahtzugabe. Stecken Sie ein Ende des Gummibandes an den Ärmel und befestigen Sie am anderen eine Sicherheitsnadel. Fädeln Sie nun das Gummiband durch den Tunnel und an Ende wieder heraus (oben).

5 Entfernen Sie die Nadeln und ziehen Sie die Enden des Gummibandes so weit wie möglich aus dem Tunnel. Die Enden mit der Maschine oder von Hand zusammennähen. Durch Zug am Tunnel wird das Gummi eingezogen. Jetzt schließen Sie die Öffnung mit Handstichen.

ABSCHLUSS MIT ANGESCHNITTENEM TUNNEL UND RÜSCHE

Wenn Sie einen angeschnittenen Tunnel mit Rüsche arbeiten wollen, müssen Sie den Ärmel entsprechend länger zuschneiden. Der Mehrbedarf setzt sich zusammen aus der Breite des Tunnels und der Rüsche sowie 1 cm Zugabe. Die gesamte zusätzliche Länge wird nach innen eingeschlagen und im oberen Bereich für den Tunnel zweimal abgesteppt.

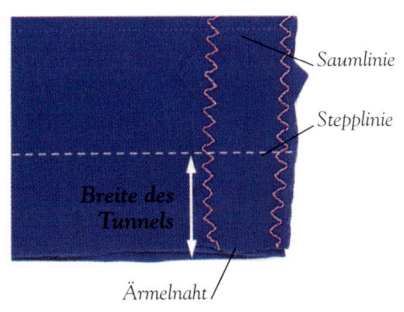

1 Zeichnen Sie die Saumlinie auf dem Stoff an. Darunter bringen Sie eine zweite Markierungslinie für die Breite der Rüsche an. Es muss noch die Gummibandbreite plus 1 cm freibleiben. Bügeln Sie die äußerste Kante des Ärmels 6 mm breit nach links um.

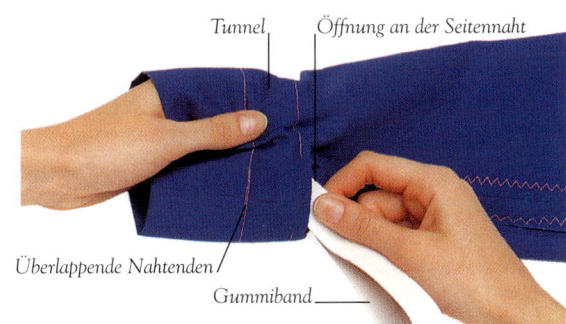

2 Schlagen Sie Zugaben für Rüsche und Tunnel an der Saumlinie nach innen um und bügeln Sie die Kante. Einschlag feststecken, Oberkante absteppen. An der Ärmelnaht bleibt eine Öffnung für das Gummiband. Zweite Steppnaht verläuft entlang der eingezeichneten Tunnelunterkante. Nahtende läuft in Nahtanfang hinein. Gummiband einziehen (siehe oben, Schritt 4 und 5).

MANSCHETTEN MIT ÖFFNUNG

Wenn Manschetten eng am Handgelenk anliegen sollen, muss im unteren Bereich des Ärmels ein Schlitz gearbeitet werden. Nur so passt die Hand durch die Öffnung. Gesäumte und verstürzte Ärmelschlitze sind am einfachsten zu arbeiten. Der durchgehend eingefasste Schlitz ist eine besonders saubere Lösung, denn hier ist bei geschlossener Manschette die Einfassung fast nicht zu sehen. Am aufwendigsten zu arbeiten ist der klassische Hemdenschlitz, der aber auch am professionellsten aussieht.

VERWANDTE TECHNIKEN

Saumstiche, S. 76
Einlage an Bruchkanten, S. 100
Falten von rechts einlegen, S. 115
Kräusel, S. 120
Hemdenärmel einsetzen, S. 183
Schrägstreifen verarbeiten, S. 221

ÜBERSICHT

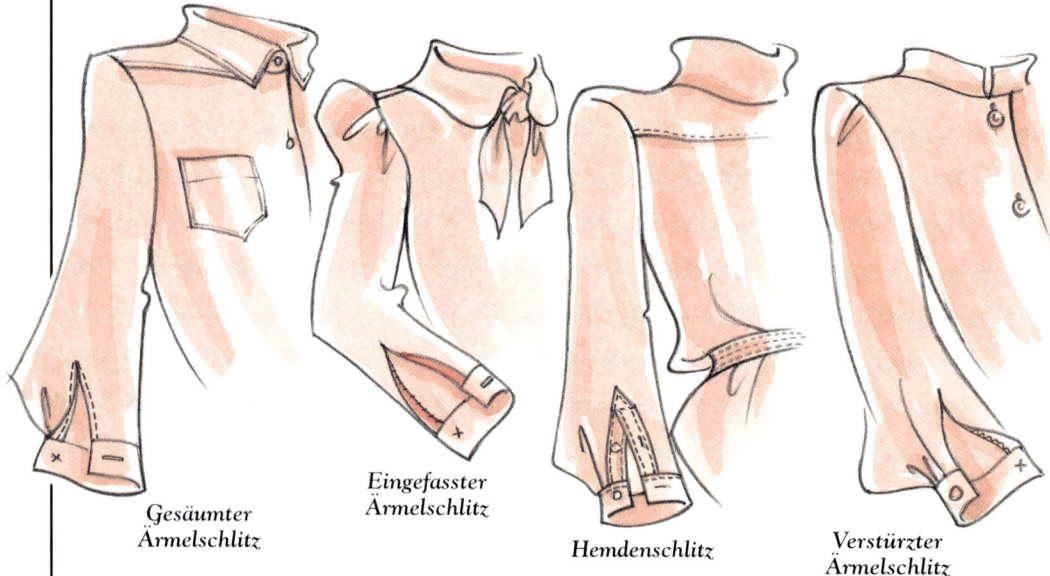

Gesäumter Ärmelschlitz
Eingefasster Ärmelschlitz
Hemdenschlitz
Verstürzter Ärmelschlitz

Gesäumter Ärmelschlitz
Diese Schlitzform (unten) eignet sich für überlappende Manschetten. Dabei spielt es keine Rolle, ob die Manschetten umgeschlagen werden sollen.

Eingefasster Ärmelschlitz
Hier wird die Schnittkante des Schlitzes mit einem Schrägstreifen eingefasst (S. 193). Für überlappende einfache oder aufgeschlagene Manschetten.

Hemdenschlitz
Jede Seite des Schlitzes wird mit separatem Streifen eingefasst. Klassische Technik für sportliche Hemden (S. 194–195).

Verstürzter Schlitz
Hier wird der Einschnitt im Ärmel mit rechteckigem Beleg verstürzt (S. 193). Für alle Manschettentypen.

DER GESÄUMTE ÄRMELSCHLITZ

Bei dieser Technik werden beide Seiten des Schlitzes mit der Maschine knappkantig gesäumt. Nach oben hin laufen die Säume spitz zusammen. Bevor überlappende Manschette angesetzt wird (S. 197), schlagen Sie die vordere gesäumte Schlitzkante nach links um. Ist die Manschette zugeknöpft, überdeckt die eingeschlagene Schlitzkante die andere.

Linke Stoffseite *Ende des Schlitzes*

1 Schneiden Sie den Ärmelschlitz nach der Vorgabe des Schnittmusters ein. Bügeln Sie eine Schnittkante zweimal 3 mm breit nach links um. Zum Ende des Schlitzes hin läuft der Einschlag aus. Stecken und steppen Sie die Kante (links). Die gegenüberliegende Schlitzkante genauso säumen.

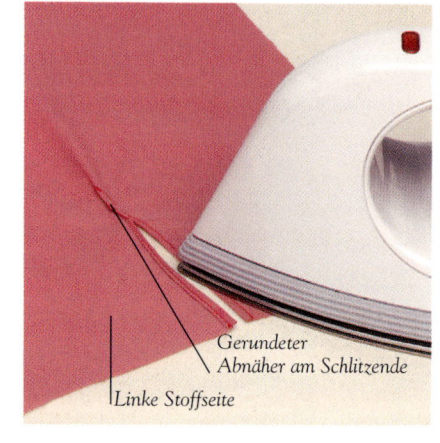

Gerundeter Abnäher am Schlitzende
Linke Stoffseite

2 Legen Sie den Ärmel rechts auf rechts zusammen, sodass die gesäumten Schlitzkanten aufeinanderliegen. Steppen Sie einen gebogenen Abnäher über den Saumenden zur Schlitzverstärkung. Bügeln Sie von links beide Säume zum Abnäher hin aus (links). Den Ärmel von rechts bügeln.

MANSCHETTEN MIT ÖFFNUNG

DER VERSTÜRZTE ÄRMELSCHLITZ

Dies ist die einfachste Methode, einen Ärmelschlitz zu arbeiten. Die Kanten des rechteckigen Beleges können auf zweierlei Art befestigt werden. Sie können sie einschlagen und auf dem Ärmel feststeppen. Wenn Sie jedoch nicht wollen, dass die Steppnaht auf dem Ärmelstoff sichtbar wird, säumen Sie die Belegkanten separat.

1 Bügeln Sie die Längskanten und eine Schmalkante des Belegstreifens 6 mm breit um und heften Sie die Kanten. Beleg rechts auf rechts auf den Ärmel stecken. Zeichnen Sie die Einschnittlinie des Schlitzes auf dem Beleg ein.

Beleg

Markierung für Einschnitt

2 Von Ärmelkante aus 3 mm neben eingezeichneter Einschnittlinie entlangsteppen. Letzten 2 cm laufen zur Spitze hin zu. Am Schlitzende wenden. Stich in Querrichtung, wenden, auf der anderen Schlitzseite zur Kante zurücknähen.

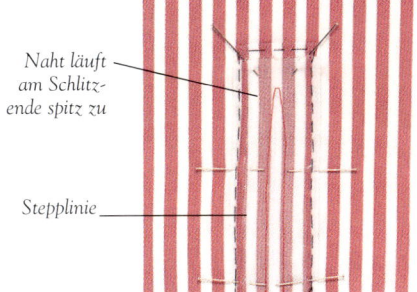

Naht läuft am Schlitzende spitz zu

Stepplinie

3 Schneiden Sie den Schlitz zwischen den Stepplinien ein. Schlagen Sie Beleg auf die linke Seite des Ärmels. Nahtlinie leicht nach innen rollen. Die Belegkanten mit quer eingesteckten Nadeln auf den Ärmel stecken.

4 Steppen Sie den Beleg knapp an der eingeschlagenen Kante entlang an den Ärmel. An den Ecken wenden Sie mit eingestochener Nadel. Die Nadeln entfernen Sie jeweils, wenn Sie sie beim Nähen erreichen.

DER EINGEFASSTE ÄRMELSCHLITZ

Hier werden die Schnittkanten des Ärmelschlitzes mit einem schmalen durchgehenden Schrägstreifen eingefaßt. Dies ist eine sehr saubere Technik, die sich auch für glatte und feine Stoffe eignet. Für sehr schwere Stoffe ist diese Methode jedoch ungeeignet, die Einfassung wird wulstig.

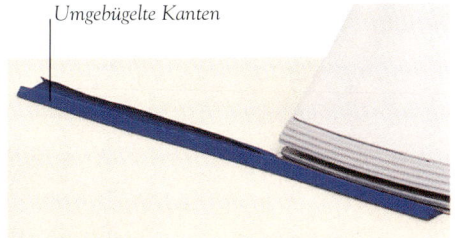

Umgebügelte Kanten

1 Schneiden Sie einen 3 cm breiten Schrägstreifen in der Länge des Schlitzes zu. Bügeln Sie die Längskanten je 6 mm breit um (oben).

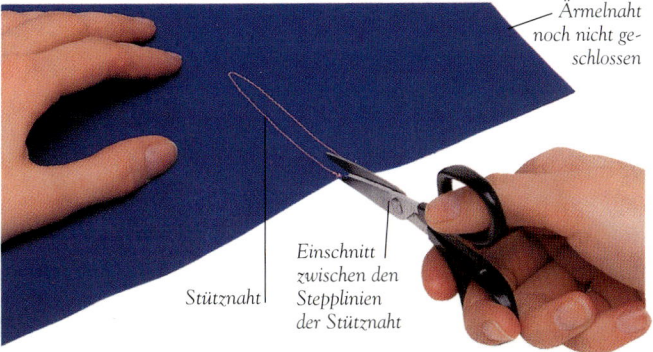

Ärmelnaht noch nicht geschlossen

Einschnitt zwischen den Stepplinien der Stütznaht

Stütznaht

2 Um die Schlitzkanten während der Verarbeitung zu sichern, steppen Sie knapp neben der Einschnittlinie eine Stütznaht. Um die Spitze herum sollten Sie kleinere Stiche wählen (links).

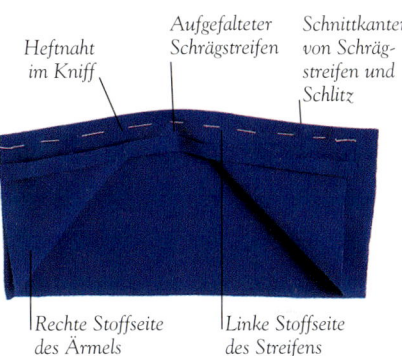

Heftnaht im Kniff *Aufgefalteter Schrägstreifen* *Schnittkanten von Schrägstreifen und Schlitz*

Rechte Stoffseite des Ärmels *Linke Stoffseite des Streifens*

3 Schlitz gerade auseinanderziehen. Falten Sie einen Einschlag des Schrägstreifens auf und stecken die Kante an den Ärmelschlitz. Der Kniff im Schrägstreifen liegt auf der Stütznaht. Streifen in der eingebügelten Falte an den Ärmel heften, steppen.

Schrägstreifen von Hand befestigen

4 Heftfäden herausziehen, Schrägstreifen nach links umschlagen. Kante liegt genau auf der Nahtlinie. Schrägstreifen feststecken. Mit Überwendlingsstichen Innenkante des Streifens an der Naht befestigen. Schlitz bügeln.

ÄRMEL UND MANSCHETTEN

DER HEMDENSCHLITZ

Der Hemdenschlitz besteht aus zwei separaten Stoffstücken, die einander überlappen. So lässt sich eine Manschette ansetzen, die das Handgelenk dicht umschließt. Der Übertritt hat eine abgesteppte Spitze, der Untertritt ist gerade. Die Schnittkante des Untertritts liegt verdeckt unter der abgesteppten Spitze.

EINEN HEMDENSCHLITZ VORBEREITEN

Stepplinie
Einschnitt
Bruchkante

1 Um den Übertritt zu fertigen, legen Sie das zugeschnittene Stück rechts auf rechts zur Hälfte. Steppen Sie von der Bruchkante aus schräg nach oben, wenden Sie an der Spitze und nähen Sie dann weiter bis zur seitlichen Markierung. Schneiden Sie die Nahtzugabe auf Höhe der Markierung bis an die Naht ein. Damit die Spitze nachher flach liegt, werden die Nahtzugaben an der Spitze zurückgeschnitten und die Ecken abgeschrägt.

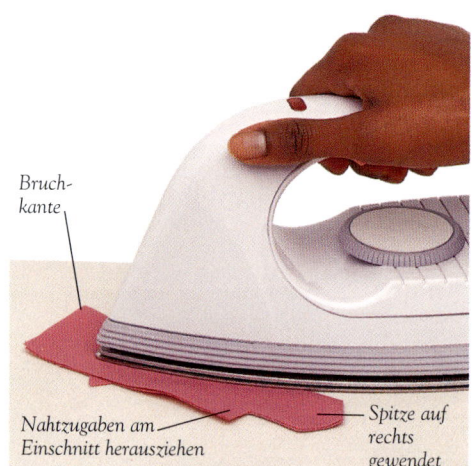

Bruchkante
Nahtzugaben am Einschnitt herausziehen
Spitze auf rechts gewendet

2 Wenden Sie nun den Übertritt und ziehen Sie die Ecken sorgfältig heraus. Die Nahtzugabe am seitlichen Einschnitt wird herausgeklappt. Bügeln Sie die Spitze und die Bruchkante des Übertritts (links). Wenn die Nahtzugaben sorgfältig abgeschnitten wurden, bilden die Ecken jetzt scharfe Winkel.

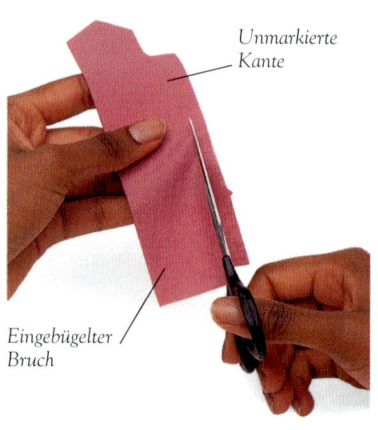

Unmarkierte Kante
Eingebügelter Bruch

3 Schlagen Sie an der Kante ohne Markierung die Nahtzugabe nach links um und bügeln Sie sie. Klappen Sie die Kante wieder auf und schneiden Sie die Nahtzugabe auf die halbe Breite zurück. Nahtzugabe am eingebügelten Kniff einschlagen. Die mit einer Markierung versehene Seite des Übertritts ragt unter der umgebügelten Kante hervor.

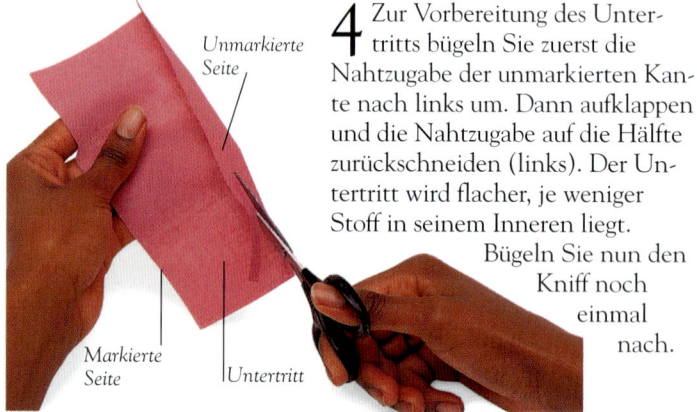

Unmarkierte Seite
Markierte Seite
Untertritt

4 Zur Vorbereitung des Untertritts bügeln Sie zuerst die Nahtzugabe der unmarkierten Kante nach links um. Dann aufklappen und die Nahtzugabe auf die Hälfte zurückschneiden (links). Der Untertritt wird flacher, je weniger Stoff in seinem Inneren liegt. Bügeln Sie nun den Kniff noch einmal nach.

DEN UNTERTRITT ANSETZEN

Dreieck aus Stoff
Stütznaht

1 Mit kleinen Stichen nähen Sie auf den Nahtlinien des Schlitzes entlang eine Stütznaht. Schneiden Sie den Schlitz bis 1 cm vor der Quernaht ein. Von dort aus schräg bis in beide Ecken schneiden. Die Stütznaht darf dabei nicht verletzt werden. Auf diese Weise entsteht unter der querlaufenden Stütznaht ein kleines Dreieck aus Stoff.

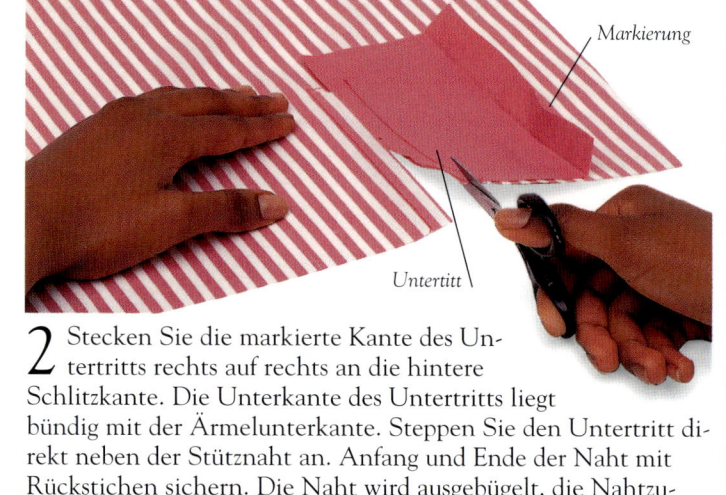

Markierung
Untertritt

2 Stecken Sie die markierte Kante des Untertritts rechts auf rechts an die hintere Schlitzkante. Die Unterkante des Untertritts liegt bündig mit der Ärmelunterkante. Steppen Sie den Untertritt direkt neben der Stütznaht an. Anfang und Ende der Naht mit Rückstichen sichern. Die Naht wird ausgebügelt, die Nahtzugabe zurückgeschnitten.

MANSCHETTEN MIT ÖFFNUNG

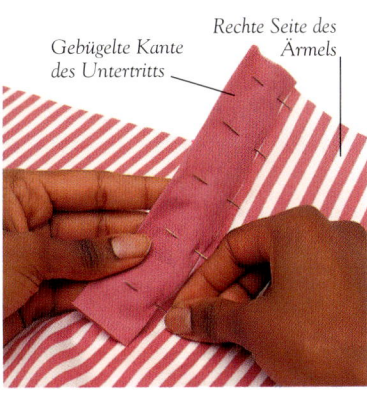

Gebügelte Kante des Untertritts — *Rechte Seite des Ärmels*

3 Bügeln Sie Nahtzugabe und Untertritt vom Ärmel weg. Jetzt den Untertritt zur rechten Ärmelseite umlegen. Stecken Sie nun die umgebügelte Kante an der Ansatznaht des Untertritts fest (links). Jetzt wird der Untertritt knappkantig festgesteckt. Die Nahtenden mit Rückstichen sichern.

Abgeschrägte Ecken — *Andere Seite des Untertritts steppen*

4 Das kleine Stoffdreieck am oberen Ende wird nach oben geschlagen und am Untertritt festgesteckt. Dann quer über die Grundlinie des Dreiecks steppen und die Fadenenden gut sichern. Die Ecken des Untertritts schräg abschneiden (links).

DEN ÜBERTRITT ANSETZEN

Übertritt

1 Stecken Sie die ungebügelte, markierte Kante seitlich und unten kantenbündig an die freie Seite des Schlitzes. Dabei liegt die rechte Seite des Übertritts auf der linken Seite des Ärmels. Steppen Sie nun den Übertritt knapp neben der Stütznaht fest (oben). Die Nahtenden mit einigen Rückstichen gut befestigen.

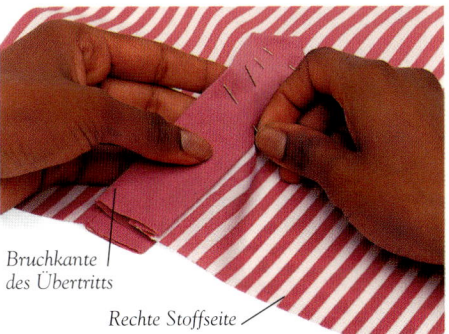

Bruchkante des Übertritts — *Rechte Stoffseite*

2 Schneiden Sie die Nahtzugaben auf etwa die Hälfte zurück und bügeln Sie Nahtzugabe und Übertritt vom Ärmel weg. Wenn Sie nun den Übertritt nach rechts umschlagen, liegen alle Schnittkanten im Inneren des Übertritts. Stecken Sie die umgebügelte Außenkante des Übertritts an die Ansatznaht (oben).

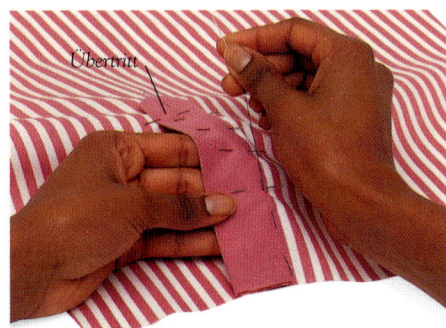

Übertritt

3 Legen Sie den Übertritt auf den Untertritt. Die Spitze muss besonders sorgfältig festgesteckt werden. Heften Sie Ansatzkante und Spitze des Übertritts fest, fassen Sie dabei den Untertritt aber nicht mit (oben).

EINEN HEMDENSCHLITZ ABSTEPPEN

Rechte Seite — *Übertritt* — *Steppnaht*

Geheftete Spitze

1 Steppen Sie beide Längskanten des Übertritts ab (S. 87). Dabei darf der Untertritt nicht mitgefasst werden. Die Steppnähte beginnen an der Ärmelunterkante und Enden vor der Spitze. Fadenenden nach links ziehen, verknoten und vernähen. Die Heftfäden an den Längskanten können jetzt entfernt werden, nicht jedoch an der Spitze.

Steppnaht beginnt und endet an der Seitenmarkierung

Abgesteppte Spitze

2 Steppen Sie nun durch alle Stofflagen die Spitze des Übertritts ab. Beginnen Sie an der Quermarkierung und steppen Sie zuerst quer (oben). Wenden und steppen Sie nun die Spitze. Zum Schluss steppen Sie eine zweite, verstärkende Quernaht. Die Fadenenden lang hängen lassen. Nach Beendigung der Stepperei werden alle Fäden nach links gezogen und vernäht.

195

Ärmel und Manschetten

Manschetten mit Öffnungen ansetzen

Die meisten Manschetten werden aus einem einzelnen Stück Stoff zugeschnitten, das längs zur Hälfte gefaltet wird. Zweiteilige Manschetten bestehen aus einem inneren und einem äußeren Teil. Meist wird nur die Außenseite der Manschette versteift, es sei denn, es ist eine besonders hohe Festigkeit erforderlich.

Die einteilige Manschette

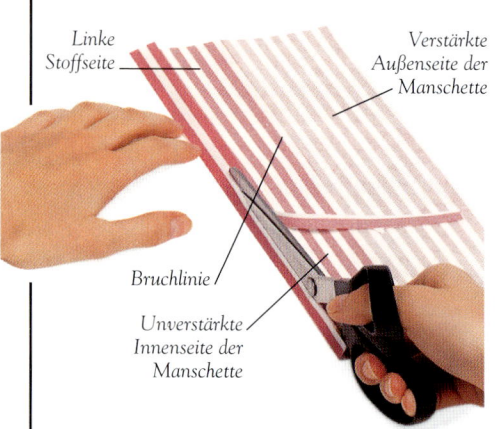
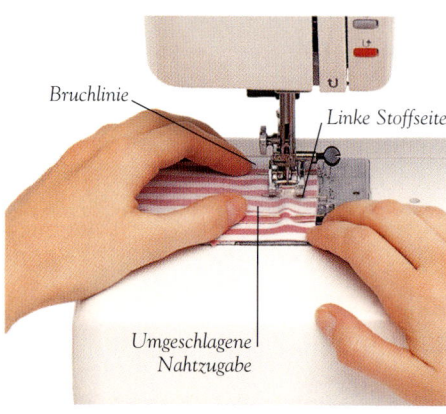

1 Versteifen Sie die Außenseite der Manschette bis zur Bruchkante mit Einlage. Bügeln Sie die Nahtzugabe an der unverstärkten Seite nach links um und beschneiden Sie sie (oben).

2 Falten Sie die Manschette entlang der Bruchlinie rechts auf rechts. Stecken und steppen Sie die Schmalseiten zusammen (oben). Nahtzugaben abgestuft zurückschneiden, versteifte Zugabe bleibt die breitere. Ecken abschrägen.

3 Bügeln Sie die Nahtzugaben auseinander und wenden Sie die Manschette. Dabei werden die Ecken sauber herausgedrückt, die Nähte werden leicht nach innen gerollt. Jetzt die Manschette gut bügeln (oben).

Die zweiteilige Manschette

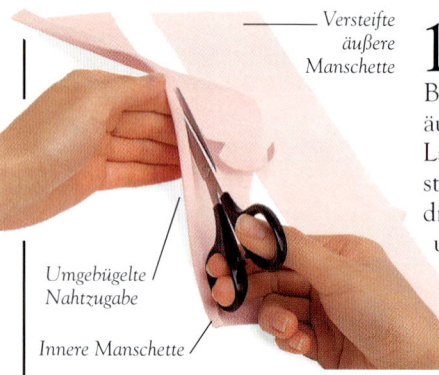

1 Schneiden Sie die Manschettenteile zu. Bügeln Sie Einlage auf die äußeren Teile. An einer Längskante des unverstärkten Innenteils wird die Nahtzugabe nach links umgebügelt und auf die Hälfte zurückgeschnitten (links).

2 Legen Sie die Manschettenteile rechts auf rechts zusammen. Zwei Schmalseiten und eine Längsseite werden zusammengesteppt, die Längskante mit der umgebügelten Nahtzugabe bleibt offen. Nahtzugaben beschneiden und Ecken abschrägen. Wenden, bügeln.

Variationen

Die Hemdenmanschette
Grundsätzlich arbeiten Sie wie bei der einteiligen Manschette (oben). Hier bügeln Sie jedoch die Nahtzugabe der versteiften Außenseite nach links um. Steppen Sie die Schmalseiten und bügeln Sie die Manschette (links). Dann wenden und von rechts noch einmal bügeln.

Die Umschlagmanschette
Schneiden Sie einen Streifen zu, der die doppelte Breite einer einteiligen Manschette hat (oben). Weil die Manschette aufgeschlagen wird, bügeln Sie die Einlage in diesem Fall auf die Innenseite.

Manschetten mit Öffnung

Eine überlappende Manschette ansetzen

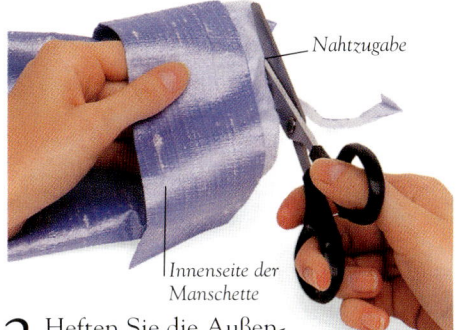

1 Ärmelschlitz mit einem durchgehenden Schrägstreifen einfassen (S. 193), vordere Schlitzkante nach innen umschlagen, feststecken. Außenseite der Manschette rechts auf rechts an Ärmelunterkante stecken. Manschettenende steht über Schlitzkante hinaus.

2 Heften Sie die Außenmanschette an den Ärmel, vordere Manschettenkante muss mit Schlitzkante abschließen. Nadeln entfernen, Manschette ansteppen. Nahtzugaben abgestuft zurückschneiden, die an der Manschette bleibt am längsten.

3 Bügeln Sie Manschette und Nahtzugaben vom Ärmel weg. Jetzt schlagen Sie die offene Kante nach innen um, stecken sie auf die Ansatznaht und nähen sie mit kleinen Handstichen auf der Ansatznaht fest (oben).

Eine Hemdenmanschette ansetzen

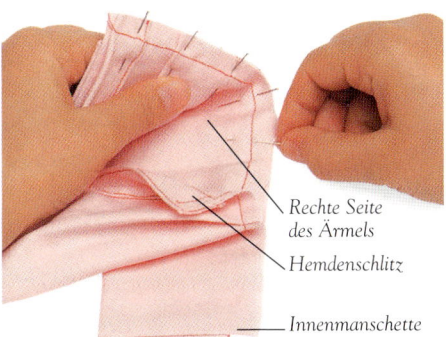
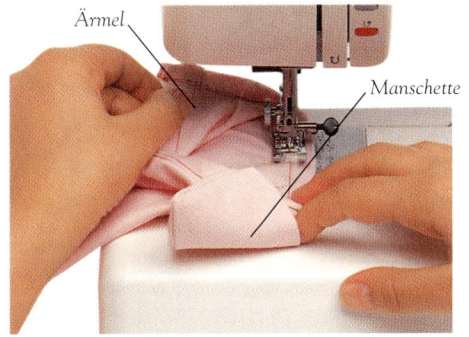

1 Kräuseln Sie die Unterkante des Ärmels auf oder legen Sie Fältchen ein. Stecken Sie dann die Außenseite der Manschette an die Innenseite des Ärmels (oben). Beide Manschettenenden sollen bündig mit den Kanten des Hemdenschlitzes (S. 194–195) abschließen.

2 Steppen Sie von der Ärmelseite her die Manschette an (oben). Nahtzugaben abgestuft zurückschneiden, die Zugabe der Manschette bleibt die breitere. Jetzt die Manschette und die Nahtzugaben vom Ärmel wegbügeln.

3 Stecken Sie die umgebügelte Außenkante der Manschette von rechts auf den Ärmel, sodass sie die Ansatznaht eben überdeckt. Heften Sie die Kante und entfernen die Stecknadeln. Nun wird die Manschette rundherum knappkantig abgesteppt (oben). Heftfäden entfernen.

Eine Umschlagmanschette ansetzen

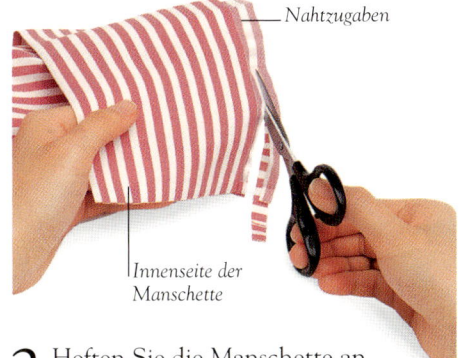

1 Die Weite des Ärmels mit Kräuseln oder Fältchen einhalten. Dann die unverstärkte Manschettenseite rechts auf rechts auf die Außenseite des Ärmels stecken. Die Enden der Manschette sollen bündig mit dem verstürzten Schlitz abschließen (S. 193).

2 Heften Sie die Manschette an den Ärmel, entfernen die Nadeln und steppen die Naht. Schneiden Sie die Zugaben abgestuft so zurück, dass diejenige an der Manschette am breitesten bleibt. Manschette vom Ärmel wegklappen.

3 Bügeln Sie Manschette und Nahtzugaben vom Ärmel weg. Manschette umschlagen, umgebügelte Kante auf der Ansatznaht feststecken. Von Hand oder mit der Maschine Kante festnähen. Manschette umschlagen, bügeln.

MANSCHETTEN OHNE ÖFFNUNG

Manschetten mit Öffnung sind einfacher zu arbeiten als solche mit Ärmelschlitz (S. 192–197). Sie müssen weit genug sein, dass Sie bequem mit der Hand hindurchschlüpfen können. Zu dieser Art von Manschetten gehören die Ärmelbündchen, die Ärmelaufschläge und die Ärmelstulpen. Ärmelbündchen sitzen unterhalb des Ärmelstoffes, dieser ist meist gekräuselt. Ärmelaufschläge werden, wie Hosenaufschläge, nach rechts umgeschlagen. Für geformte Ärmelstulpen müssen Sie zwei separate Stoffteile zuschneiden. So kann die Oberkante dekorativ geschwungen sein.

VERWANDTE TECHNIKEN

Markierungen durchschlagen, S. 73
Saumstiche, S. 76
Maschinenstiche, S. 77
Nahtzugaben verkleinern, S. 84
Einlage aufbügeln, S. 99
Kräuseln, S. 120
Einfacher Einschlagsaum, S. 205

ÜBERSICHT

Gerades Ärmelbündchen
Ein ringförmiges Band wird an die Unterkante eines gekräuselten Ärmels gesteppt (unten). Ärmelbündchen werden gern an kurze Ärmel gesetzt, speziell bei Kinderkleidern.

Gerader Ärmelaufschlag
Ärmelstulpen sind Aufschläge, die direkt dem Ärmel angeschnitten (S. 199) oder auch separat zugeschnitten und angesetzt werden können (S. 200). Man sieht sie häufig an Mänteln und Jacken aus mittelschweren Stoffen.

Gerades Ärmelbündchen *Gerader Ärmelaufschlag* *Geformte Ärmelstulpe*

Geformte Ärmelstulpe
Eine geformte Stulpe wird immer separat zugeschnitten (S. 200–201). Sie kann aus kontrastfarbenem Stoff oder, bei besonders dicken Stoffen, aus einer leichteren Qualität gearbeitet werden. Geformte Ärmelstulpen eignen sich besonders für elegante Damenkleidung.

DAS ÄRMELBÜNDCHEN

Ehe das Bündchen an den Ärmel gesetzt wird, nähen Sie das Bündchen an den Schmalseiten zu einer Röhre zusammen. Dann wird die Unterkante des Ärmels aufgekräuselt, damit sie an das Bündchen passt. Ärmelbündchen eignen sich besonders für kurzärmelige Modelle und relativ leichte Stoffe, z. B. Linon, Batist, Popeline oder Taft.

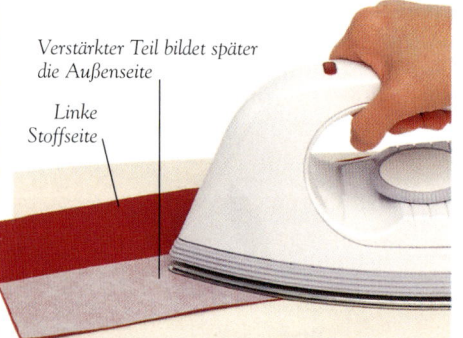

Verstärkter Teil bildet später die Außenseite
Linke Stoffseite

1 Markieren Sie die Bruchlinie des Bündchens durch Einschnitte an beiden Schmalseiten. Bündchen an Markierungen zur Hälfte falten, Bruchlinie einbügeln. Eine Seite des Bündchens bis zur Bruchlinie mit Einlage verstärken.

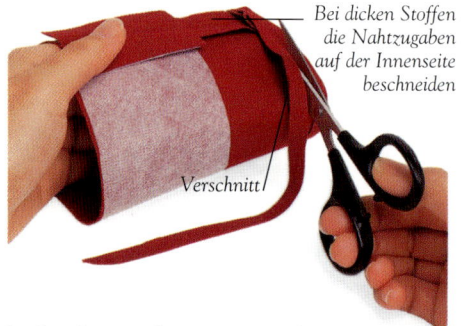

Bei dicken Stoffen die Nahtzugaben auf der Innenseite beschneiden
Verschnitt

2 Stecken und steppen Sie die Schmalseiten des Bündchens aufeinander, so dass sich eine Röhre ergibt. Zugaben beschneiden, Naht auseinanderbügeln. An der unverstärkten Seite des Bündchens Nahtzugabe nach innen umbügeln, beschneiden.

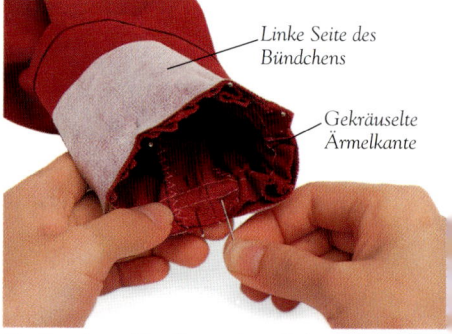

Linke Seite des Bündchens
Gekräuselte Ärmelkante

3 Stecken Sie die rechte Seite des verstärkten Bündchens an den gleichmäßig gekräuselten Ärmel (oben). Die Kanten und Markierungen liegen dabei genau aufeinander. Die Naht des Bündchens soll auf die Ärmelnaht treffen.

MANSCHETTEN OHNE ÖFFNUNG

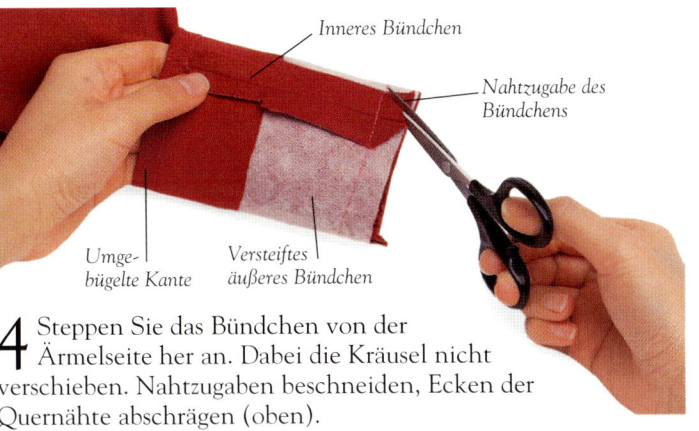
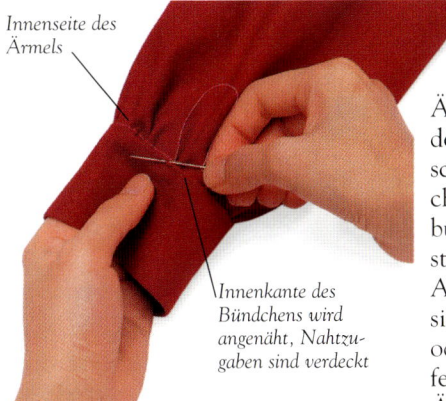

4 Steppen Sie das Bündchen von der Ärmelseite her an. Dabei die Kräusel nicht verschieben. Nahtzugaben beschneiden, Ecken der Quernähte abschrägen (oben).

5 Bügeln Sie Bündchen und Nahtzugaben vom Ärmel weg. Drehen Sie den Ärmel auf links und schlagen Sie das Bündchen um. Die umgebügelte Bündchenkante stecken Sie auf die Ansatznaht und nähen sie von Hand (links) oder mit der Maschine fest. Von links auf dem Ärmelbrett bügeln.

DER ANGESCHNITTENE ÄRMELAUFSCHLAG

Ein angeschnittener Ärmelaufschlag wird wie ein sehr breiter Saum gearbeitet. Der größere Teil dieses Saumes wird nach außen umgeschlagen, innen liegt nur ein schmaler Streifen. Für diesen Stil eignen sich nur mittelfeste und feste Stoffe. Sie müssen genug Standfestigkeit besitzen, dass der Aufschlag nicht wegrutscht.

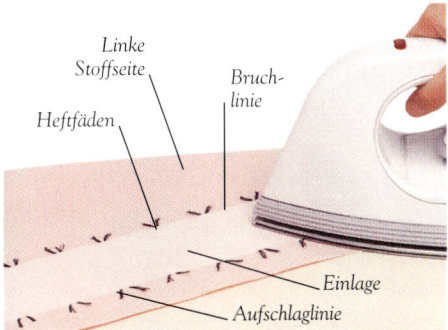
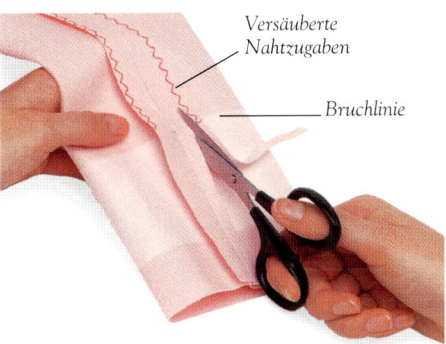
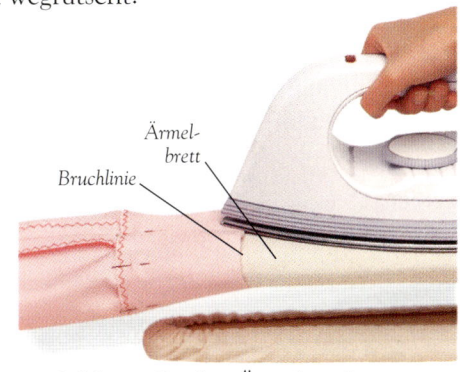

1 Zeichnen Sie die Bruchlinie und die Aufschlaglinie auf dem Ärmel an. Am besten schlagen Sie sie mit Heftfäden durch. Streifen zwischen Aufschlaglinie und Bruchlinie mit aufbügelbarer Einlage versteifen. Heftfäden entfernen.

2 Steppen Sie die senkrechte Ärmelnaht. Schnittkanten mit Zickzackstichen versäubern, auseinanderbügeln. Zugaben zwischen Unterkante und Bruchlinie zurückschneiden. Dann versäubern Sie die Unterkante des Ärmels.

3 Schlagen Sie den Ärmel nach innen um, als ob Sie ihn säumen wollten. Versäuberte Kante auf dem Ärmel feststecken, auf dem Ärmelbrett die Umbruchlinie einbügeln. Dicht an der gebügelten Kante entlangheften, Nadeln entfernen.

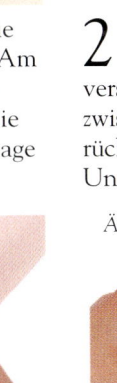
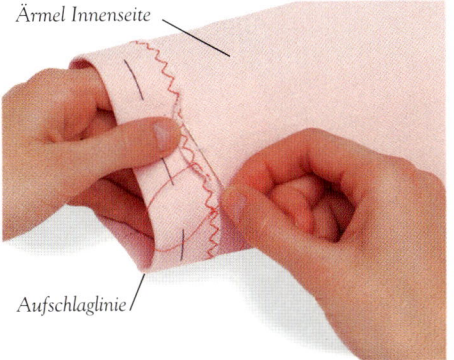

4 Wenden Sie den Ärmel nach rechts und klappen Sie den Aufschlag an der Aufschlaglinie nach außen hoch. Bügeln Sie die Bruchkante auf dem Ärmelbrett ein. Heften Sie durch alle Stofflagen dicht an der Unterkante und etwa 1,5 cm von der oberen Kante entfernt (oben).

5 Drehen Sie den Ärmel nun wieder auf links und säumen Sie die versäuberte Schnittkante an die Innenseite des Ärmels. Alternativ können Sie den Aufschlag herunterklappen und die Schnittkante absteppen. Die Steppnaht wird durch den Aufschlag verdeckt. Zum Schluss die Heftfäden entfernen.

FALTE IM BÜNDCHEN

Bei leichten Stoffen kann die Weite des Bündchens durch eine Falte eingehalten werden. Ziehen Sie den Ärmel über und stecken Sie am äußeren Arm eine kleine Falte ab. Bügeln Sie die Falte nach hinten und heften Sie am Bruch entlang. Arbeiten Sie in die beiden oberen Lagen ein Knopfloch, darunter wird ein Knopf angenäht.

DER ANGESETZTE ÄRMELAUFSCHLAG

Bei dieser Technik bildet ein scharf geknippter Aufschlag das untere Ende des Ärmels. Die Schmalseiten des Aufschlags werden zusammengenäht, sodass eine Röhre entsteht. Wenn der Ärmel konisch zuläuft, muss auch der Aufschlag konisch geschnitten werden. Separate Aufschläge aus passendem oder aus kontrastierendem Stoff arbeiten.

1 Zeichnen Sie auf der linken Seite des Aufschlages die Bruchlinie und die Aufschlaglinie ein. Versteifen Sie den Zwischenraum zwischen diesen beiden Linien mit Einlage.

2 Steppen Sie die Ärmelnaht, verbinden Sie die Schmalseiten des Aufschlages. Die Nahtzugaben müssen sauber beschnitten werden. Nahtzugaben auseinanderbügeln (oben).

3 Versteifte Kante des Aufschlages mit Zickzackstichen versäubern. Unversteifte Kante rechts auf rechts an den Ärmel stecken, Nähte liegen aufeinander. Feststeppen.

4 Drehen Sie den Ärmel auf links und bügeln die Nahtzugabe auseinander. Markieren Sie die Bruchlinie mit einem Heftfaden. Versäuberte Kante an den Ärmel heften.

5 Drehen Sie den Ärmel auf rechts. Klappen Sie den Aufschlag an der eingehefteten Linie nach außen um. Aufschlaglinie bügeln (oben). Um unerwünschte Spuren der Heftfäden zu vermeiden, die Heftnaht selbst nicht bügeln.

6 Heften Sie nun durch alle Stofflagen die Aufschlagkante fest. Die versäuberte Schnittkante nähen Sie von Hand mit Überwendlingsstichen (S. 76) innen im Ärmel fest. Entfernen Sie alle Heftfäden und bügeln Sie den Aufschlag noch einmal.

AUFSCHLÄGE FIXIEREN

Damit der Aufschlag nicht verrutscht, wird er von unten mit einem kleinen Kreuzstich an seinem Platz gehalten.

ÄRMELSTULPEN NÄHEN

Geformte Ärmelstulpen bestehen grundsätzlich aus zwei Stoffteilen. So kann die Oberkante der Stulpe dekorativ geformt werden. Die Seitenkanten der Stulpe können vor dem Ansetzen der Stulpe geschlossen werden (siehe oben), sie können aber auch offen bleiben, wie im folgenden Beispiel.

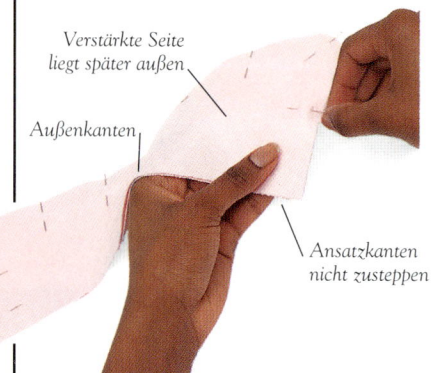

1 Verstärken Sie ein Stulpenteil mit Einlage. Dieses Teil wird später die Außenseite der Stulpe bilden. Dann stecken Sie beide Stulpenteile rechts auf rechts rundherum aneinander fest (oben).

2 Die Kante, die später an den Ärmel gesetzt wird, bleibt offen, die drei anderen Kanten werden jetzt gesteppt. Nahtzugaben zurückschneiden und an Rundungen einkerben, Ecken abschrägen (oben). Die Nahtzugaben auf dem Ärmelbrett auseinanderbügeln, dann von außen bügeln und die Naht leicht nach innen schieben.

MANSCHETTEN OHNE ÖFFNUNG

ÄRMELSTULPEN ANSETZEN

Diese Stulpen werden zwischen dem Ärmel und einem Beleg mitgefasst. Alle Lagen werden am unteren Ende in einem Arbeitsgang zusammengesteppt. Damit es nicht zu dick wird, schneiden Sie die Nahtzugaben abgestuft zurück. Zum Schluss wird der Beleg wie ein Saum im Ärmel festgenäht.

Naht leicht nach innen gerollt

1 Steppen Sie die Ärmelnaht und bügeln Sie sie auseinander. Drehen Sie den Ärmel auf rechts und legen Sie die Stulpe mit der verstärkten Seite zuoberst darauf. Schnittkanten und Markierungen liegen aufeinander. Stecken Sie die Stulpe fest, heften sie Sie (oben) und entfernen Sie die Nadeln.

Beleg

2 Steppen Sie die Schmalseiten des Beleges rechts auf rechts zusammen, sodass sich ein Ring bildet. Nahtzugaben zurückschneiden und auseinanderbügeln. Die unmarkierte Kante des Beleges versäubern Sie mit Zickzackstichen.

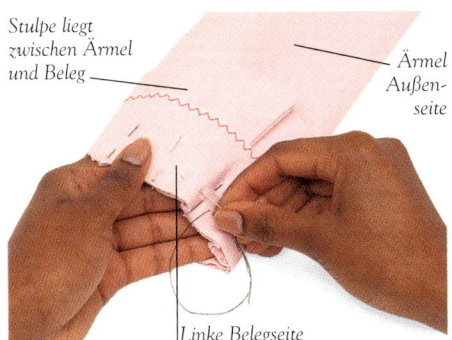
Stulpe liegt zwischen Ärmel und Beleg
Ärmel Außenseite
Linke Belegseite

3 Legen Sie den Beleg auf Ärmel und Stulpe. Die Nähte und Markierungen decken sich, die Kanten schließen bündig ab. Stecken Sie den Beleg nun fest. Heften (oben) und Stecknadeln entfernen. Dann mit der Maschine durch alle Stofflagen steppen.

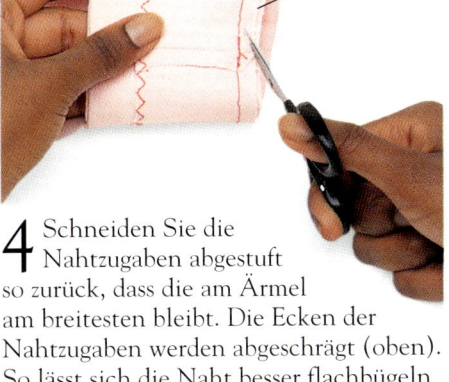
Steppnaht

4 Schneiden Sie die Nahtzugaben abgestuft so zurück, dass die am Ärmel am breitesten bleibt. Die Ecken der Nahtzugaben werden abgeschrägt (oben). So lässt sich die Naht besser flachbügeln wenn der Beleg nach innen geklappt wird.

5 Ziehen Sie den Beleg vom Ärmel weg. Dann bügeln Sie alle Nahtzugaben in den Beleg. Am besten geht das auf einem Ärmelbrett. Eine schmale Untersteppnaht durch Beleg und alle Nahtzugaben sorgt dafür, dass die Ansatznaht im Ärmel verschwindet (oben).

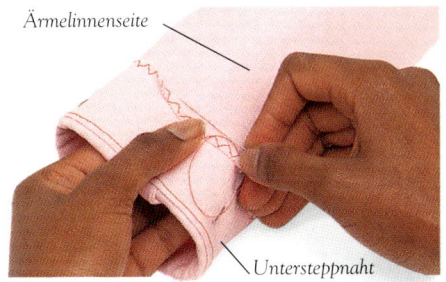
Ärmelinnenseite
Untersteppnaht

6 Klappen Sie den Beleg im Inneren des Ärmels hoch. Schieben Sie die Ansatznaht leicht nach innen und bügeln Sie die Kante. Stecken Sie den Beleg an den Ärmel, dann drehen Sie den Ärmel auf links. Mit feinen Saumstichen (S. 76) befestigen Sie nun den Beleg im Ärmel (oben).

ABGESETZTE STULPEN

Futterstoff

Auf dickem Stoff
Wenn Sie aus dickem oder sperrigem Stoff Stulpen arbeiten wollen, z. B. aus Webpelz oder schwerem Wolltuch, empfiehlt es sich, die Abseite der Stulpen aus leichtem Futterstoff zuzuschneiden. So wird der Aufschlag nicht zu dick und wulstig.

Oberstoff

Aus rutschigem Stoff
Wollen Sie Stulpen aus einem glatten oder rutschigen Material arbeiten, z. B. Satin oder Samt, sollte die Abseite der Stulpen aus dem gleichen Stoff bestehen wie der Ärmel. So bekommt die Stulpe mehr Festigkeit und kann nicht so leicht wegrutschen.

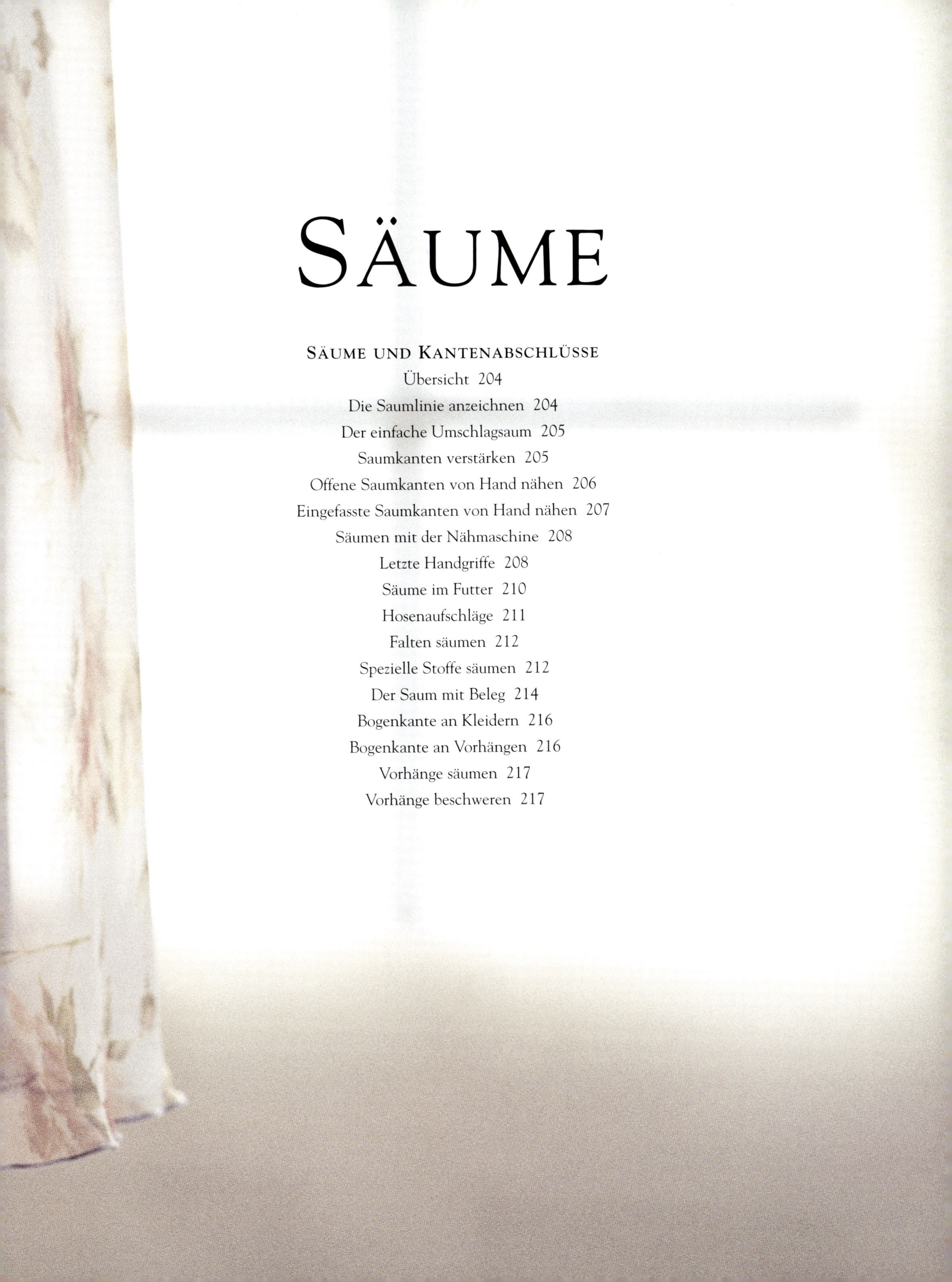

SÄUME

SÄUME UND KANTENABSCHLÜSSE
Übersicht 204
Die Saumlinie anzeichnen 204
Der einfache Umschlagsaum 205
Saumkanten verstärken 205
Offene Saumkanten von Hand nähen 206
Eingefasste Saumkanten von Hand nähen 207
Säumen mit der Nähmaschine 208
Letzte Handgriffe 208
Säume im Futter 210
Hosenaufschläge 211
Falten säumen 212
Spezielle Stoffe säumen 212
Der Saum mit Beleg 214
Bogenkante an Kleidern 216
Bogenkante an Vorhängen 216
Vorhänge säumen 217
Vorhänge beschweren 217

SÄUME UND KANTENABSCHLÜSSE

Der Saum ist in der Regel das letzte, was an einem Kleidungsstück gearbeitet wird. Der eingeschlagene Saum, mit Saumstichen am Oberstoff befestigt, ist die gebräuchlichste Technik. Es gibt aber viele andere Methoden, eine Kante zu verarbeiten. Ein Saum kann beispielsweise belegt oder mit einem Schrägstreifen eingefasst werden. Auch für die Verarbeitung der Saumkanten gibt es unterschiedliche Möglichkeiten, ebenso eine Reihe verschiedener Stichtechniken zur Befestigung. Stoffart und Stil des Kleidungsstückes bestimmen die Art des Saums.

VERWANDTE TECHNIKEN

Stiche für Nähte und Kanten, S. 74
Saumstiche, S. 76
Nähte in der Einlage, S. 98
Das lose Futter, S. 102
Eine Jacke säumen, S. 295
Der Rollsaum an feinen Stoffen, S. 301

ÜBERSICHT

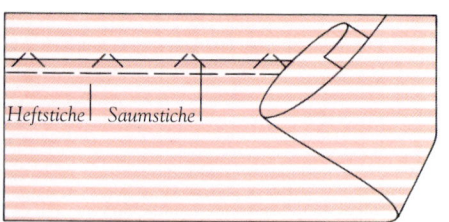

Einfacher Umschlagsaum
Dies ist die gebräuchlichste Art, einen Saum zu nähen (S. 205). Die versäuberte Stoffkante wird eingeschlagen und von Hand mit Saumstichen befestigt.

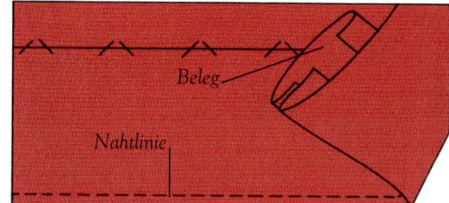

Saum mit Beleg
Besonders für gebogene Saumkanten geeignet oder wenn nicht genug Stofflänge für einen Umschlagsaum vorhanden ist.

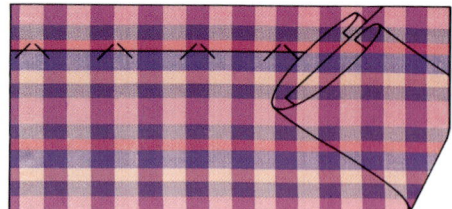

Eingefasster Saum
Für transparente Stoffe oder wendbare Kleidungsstücke eignet sich dieser Saum, der von beiden Seiten gleich sauber aussieht. Evtl. Kontrastfarbe verwenden.

DIE SAUMLINIE ANZEICHNEN

Der erste Arbeitsschritt beim Arbeiten eines Saumes ist das akkurate Anzeichnen der Saumlinie. Dazu kann der Stoff flach liegend oder hängend markiert werden. Am besten ziehen Sie das Kleidungsstück an, dazu auch Gürtel und Schuhe, die Sie später dazu tragen wollen. Vor dem Schneiden Saum umstecken und Länge kontrollieren!

FLACH LIEGEND

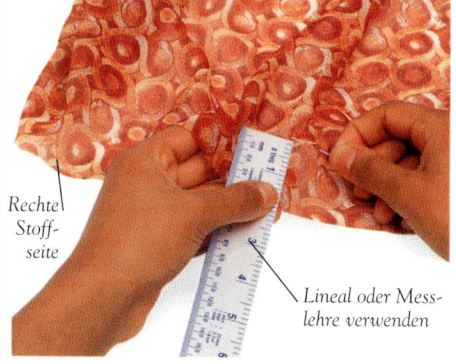

Bei gerade geschnittenen Röcken, Oberteilen und Hosen übertragen Sie die Saumzugabe des Schnittmusters mithilfe einer Reihe von Stecknadeln auf den Stoff (oben). Schlagen Sie den Saum dann nach innen und probieren Sie das Stück an. Jetzt werden eventuelle Änderungen abgesteckt, danach zur Kontrolle noch einmal anprobieren.

MIT EINEM HELFER

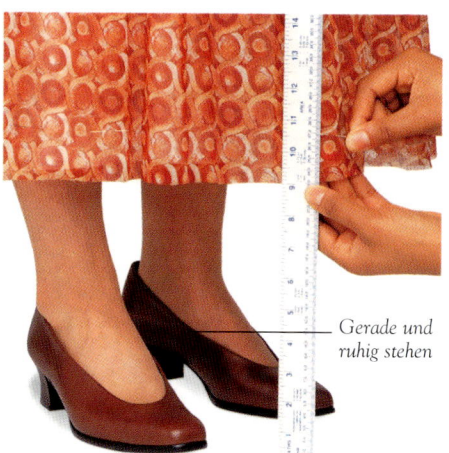

Ziehen Sie das Kleidungsstück an. Saumlinie in Abständen von 5 cm abstecken. Mit Lineal oder Zollstock vom Boden aus messen (oben). Schlagen Sie den Saum ein. Modell anprobieren.

MIT EINEM ROCKABRUNDER

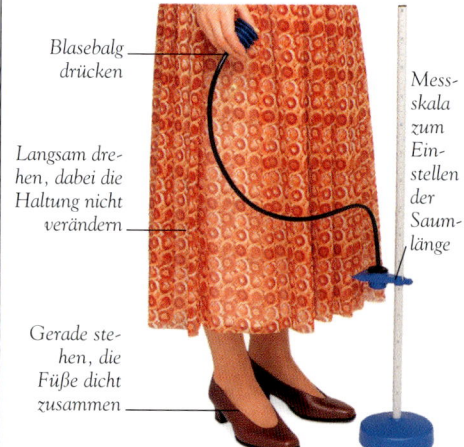

Falls sich die Kreide vom Stoff nicht wieder entfernen lässt, Modell links herum anziehen. Gerade stehen, drehen. Alle 5 cm eine Markierung anbringen. Saum abstecken und noch einmal anprobieren.

SÄUME UND KANTENABSCHLÜSSE

DER EINFACHE UMSCHLAGSAUM

Nachdem die Saumzugabe eingeschlagen und eventuell beschnitten wurde, versäubern Sie die Kante und befestigen sie am Oberstoff (S. 206–209). Damit der Saum glatt und gleichmäßig fällt, in der vorderen und hinteren Mitte Fadenlauf von Oberstoff und Einschlag aufeinanderabstimmen. Dann Saum-Einschlag feststecken.

DIE SAUMZUGABE EINSCHLAGEN UND BESCHNEIDEN

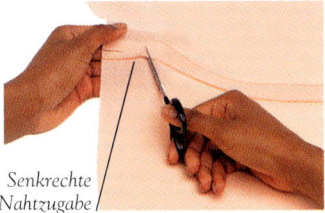

Senkrechte Nahtzugabe

1 Schneiden Sie im Bereich des Saumeinschlages die senkrechten Zugaben auf die Hälfte zurück, damit der Saum gleichmäßig flach anliegt.

2 Saum an der markierten Linie nach links umschlagen, in Abständen von 5 cm feststecken. Knapp neben der Bruchkante heften.

Mit Schneiderkreide gleichmäßige Saumzugabe anzeichnen

3 Gleichmäßig breite Saumzugabe anzeichnen, Stoffkante an dieser Linie abschneiden. Evtl. in Einschlagoberkante Kräuselfaden steppen.

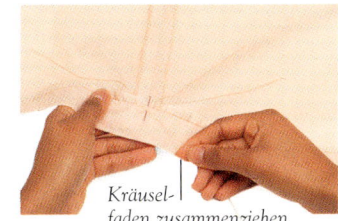

Kräuselfaden zusammenziehen

4 Ziehen Sie die Enden des Kräuselfadens an, bis Oberkante des Einschlags am Oberstoff anliegt. Stoffkante versäubern, Saum bügeln, festnähen.

DER KLEBE-SAUM

Nähte liegen aufeinander

Nicht über die Stecknadeln bügeln

1 Saumkante umschlagen, beschneiden, annähen oder -kleben. Bei Saumklebeband: Kante versäubern, Band zwischen Oberstoff und Saumeinschlag stecken.

2 Bügeln Sie den Saum (links). Nicht schieben oder drücken. Nadeln entfernen, Saum noch einmal mit einem feuchten Tuch bügeln. Jeden Abschnitt trocknen lassen, ehe Sie weiterarbeiten.

SCHWERE STOFFE KLEBEN

Versäuberte Saumkante *Heftstiche*
Saumklebeband

Bei schweren Stoffen wählen Sie ein Klebeband, das fast so breit ist wie die Saumzugabe. Es soll gerade zwischen der gehefteten Unterkante und der Oberkante des Einschlages Platz finden. Versäubern Sie die Kante (S. 206) und stecken Sie das Klebeband zwischen Saum und Oberstoff fest (links). Jetzt den Saum ausbügeln. Dabei das Bügeleisen zwischen den einzelnen Bügel-punkten anheben, nicht schieben oder ziehen.

SAUMKANTEN VERSTÄRKEN

Damit sich die Innenkante des Saumes nicht auf der rechten Seite abdrückt, kann der Saum mit Einlage verstärkt werden. So bekommt der Saum Festigkeit. Besonders bei maßgeschneiderten Modellen wird diese Technik gern verwandt. Aus Einlage wird im schrägen Fadenlauf ein Streifen zugeschnitten, der 5 cm breiter ist als die Saumzugabe.

Saumbruchkante

1 Bruchkante des Saumes markieren, Schnittkante beschneiden, versäubern. Einlagestreifen zuschneiden. Schmalkanten überlappen diagonal.

2 Stecken Sie die Einlage auf die linke Stoffseite. Unterkante der Einlage ragt 2,5 cm über die Bruchlinie hinaus. Mit Hexenstichen Einlage befestigen.

3 Saum an Bruchlinie nach links umschlagen, feststecken. Knapp neben Bruchlinie heften. Einlage ragt 2,5 cm über Oberkante des Einschlags hinaus.

Versäuberte Schnittkante

4 Nähen Sie jetzt die Saumkante mit Hexenstichen fest. Stiche dürfen nur die Einlage, nicht den Oberstoff durchstechen.

Offene Saumkanten von Hand nähen

Wenn der Saum eingeschlagen und angeheftet ist, haben Sie verschiedene Möglichkeiten, die Stoffkante endgültig zu fixieren. Die Stoffqualität spielt eine wichtige Rolle bei der Wahl der Saumtechnik. Fransende Stoffe werden doppelt eingeschlagen, breite Saumeinschläge werden doppelt genäht. Für sehr feine Stoffe eignet sich ein Rollsaum.

Doppelt eingeschlagen und gesteppt

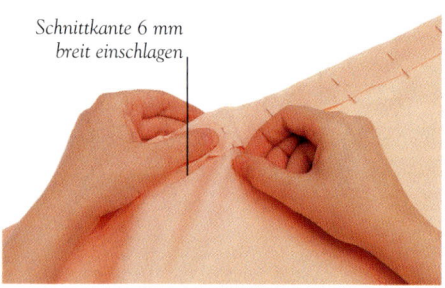
Schnittkante 6 mm breit einschlagen

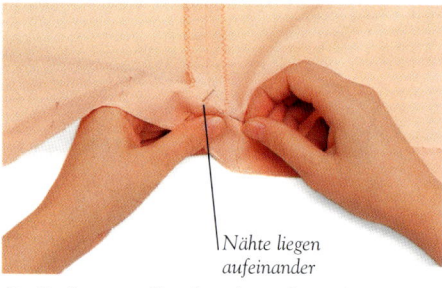
Nähte liegen aufeinander

1 Saumzugabe einschlagen, Kante heften. Schnittkante 6 mm breit nach innen umbügeln, feststecken oder -heften. Saum 3 mm neben der unteren Saumkante absteppen.

2 Befestigen Sie die obere Saumkante mit vertikalen Saumstichen (oben) oder einfachen Saumstichen (S. 76). Wenn die ganze Kante gesäumt ist, entfernen Sie die Stecknadeln und bügeln den Saum.

Gesteppt und umstochen

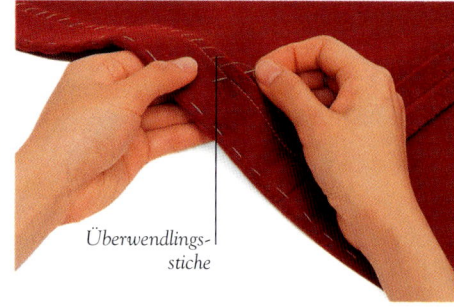
Überwendlingsstiche

Schwere Stoffe steppen Sie 6 mm unterhalb der Schnittkante ab, sofern nicht ein Kräuselfaden eingezogen ist. Kante mit Überwendlingsstichen umstechen. Saum mit hohlen Saumstichen befestigen.

Ausgezackt und gesteppt

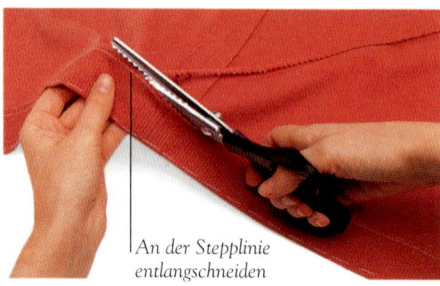
An der Stepplinie entlangschneiden

Blindsaumstich

1 Schlagen Sie die Saumzugabe um, stecken oder heften Sie sie. Steppen Sie 6 mm neben der Oberkante der Zugabe eine Linie aus Geradstichen. Mit der Zackenschere den Überstand wegschneiden. (Wenn ein Kräuselfaden in die Saumkante eingezogen ist, schneiden Sie an diesem entlang.)

2 Schlagen Sie die Saumkante zurück und befestigen Sie sie mit Blindsaumstich (S. 76) entlang der Stepplinie (oben). Entfernen Sie die Stecknadeln und Heftfäden und bügeln Sie von der linken Stoffseite her den Saum möglichst vorsichtig flach.

Bekantelt

Zickzackstiche nicht einschneiden

1 Für alle fransenden Stoffe sowie für gestrickte Qualitäten eignet sich diese Technik. Steppen Sie an der Kante entlang eine Reihe aus mittelgroßen Zickzackstichen. Überstehenden Stoff dicht neben den Zickzackstichen abschneiden.

Hexenstiche

2 Befestigen Sie die Saumkante mit Hexenstichen (S. 76). Wenn ein Kräuselfaden eingezogen wurde, wird dieser entfernt, nachdem die Zickzackstiche genäht sind. Probieren Sie den Zickzackstich unbedingt auf einem Stoffrest aus und justieren Sie eventuell Stichgröße und Fadenspannung.

Rollsaum für transparente Stoffe

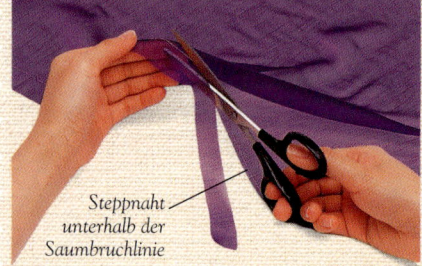
Steppnaht unterhalb der Saumbruchlinie

1 Steppen Sie 6 mm unterhalb der markierten Bruchlinie entlang. Saumzugabe 3 mm neben der Stepplinie abschneiden. Saum 3 mm breit nach links umlegen, dass Stepplinie gerade noch zu sehen ist.

2 Mit Hohlstichen (S. 74) arbeiten Sie nun abwechselnd einen Stich durch die Bruchkante und einen in Höhe der Stepplinie (oben). Durch leichten Zug am Nähfaden rollt sich der Saum ein.

SÄUME UND KANTENABSCHLÜSSE

DOPPELTER SAUM

Heftfaden

Saumzugabe

Stoffkante

1 Bei besonders breiten Saumeinschlägen oder schweren Stoffen arbeiten Sie einen doppelten Saum. Bereiten Sie die Stoffkante vor (S. 205) und heften Sie eine zweite Linie auf halber Höhe zwischen Saumkante und oberer Einschlagkante (oben).

2 Schlagen Sie die Saumzugabe bis zur oberen Heftlinie zurück und befestigen Sie sie mit blinden Hexenstichen (S. 76) am Oberstoff (oben). Die Stichlänge soll etwa 1 cm betragen.

3 Klappen Sie die Saumzugabe hoch und befestigen Sie nun die Oberkante ebenfalls mit blinden Hexenstichen am Oberstoff (oben). (Diese Technik kann auch bei belegten oder eingefassten Säumen angewandt werden.)

EINGEFASSTE SAUMKANTEN VON HAND NÄHEN

Bei ungefütterten Modellen kann es vorkommen, dass die Saumkante sichtbar wird. Mit Saumband oder Schrägstreifen eingefasste Saumkanten sehen sauber und professionell aus. Auch bei gerundeten Saumkanten und Säumen in fransenden Stoffen oder dehnbarer Maschenware ist es sinnvoll, die Kante einzufassen.

EINFASSEN MIT SAUMBAND

Saumbruchkante

Für gerade Säume Saumband mit beidseitiger Webkante verwenden. An Seitennaht beginnen, Saumband so auf die rechte Seite der Saumzugabe legen, dass es diese 6 mm überlappt. Band feststeppen. Am Ende Schnittkante über Bandanfang knapp umschlagen. Saum umschlagen, annähen.

EINFASSEN MIT SCHRÄGBAND

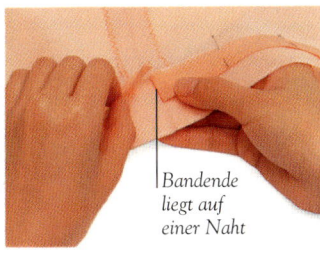
Bandende liegt auf einer Naht

1 Falten Sie eine Längskante des Bandes auf und stecken Sie den Falz knapp unterhalb der Stepplinie an der Schnittkante des Saumes fest. Das Band liegt auf der rechten Stoffseite. Die Enden werden an einer Naht übereinandergesteckt (links).

Schrägband im Falz feststeppen

2 Saumeinschlag flach unter die Maschine legen, Schrägband im Falz feststeppen. Bandenden so abschneiden, dass die Enden überlappen. Eingefassten Saum hochschlagen, bügeln. Obere Kante des Bandes nach links umgeschlagen. Säumen (S. 76).

MIT UNGESTEPPTEM SCHRÄGBAND

1 Kaufen Sie fertig gefalztes, 12 mm breites Schrägband oder schneiden Sie 2,5 cm breite Schrägstreifen in passender Länge zu. Klappen Sie das Band einseitig auf und stecken Sie es bündig rechts auf rechts an die Stoffkante. Dann 6 mm neben der Kante ansteppen. Bandenden überlappen an einer Naht.

2 Schrägstreifen nach oben schlagen, um die Schnittkante legen und bügeln. Fertiges Schrägband wird zuerst auseinandergefaltet. Stecken Sie den Streifen an. Nun steppen Sie den Streifen von der rechten Seite aus im Schatten der ersten Naht fest (links). Stecknadeln entfernen.

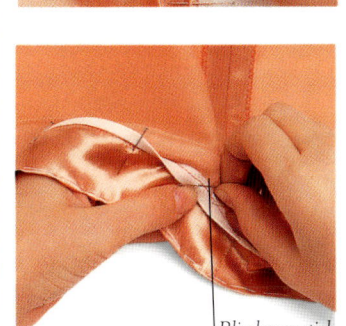
Blindsaumstich

3 Klappen Sie die eingefasste Saumzugabe hoch und stecken Sie sie fest. Mit Blindsaumstich (S. 76) befestigen Sie den Saum am Oberstoff. Stechen Sie dazu in die Ansatznaht des Schrägbandes. (Wenn Sie Satin oder Samt einfassen, eignen sich weiche gewebte Schrägstreifen oder solche aus Jersey.)

SÄUMEN MIT DER NÄHMASCHINE

Mit der Maschine arbeiten Sie in kurzer Zeit sehr stabile Säume. Die Stepplinie ist von außen her sichtbar, darum ist es wichtig, dass sie gerade ist und genau parallel zur unteren Saumbruchkante verläuft. Schmale Säume passen zu Blusen, Hemden und lässigen Röcken. Abgesteppte Säume eignen sich für Modelle mit dekorativen Steppereien.

DER SCHMALE SAUM

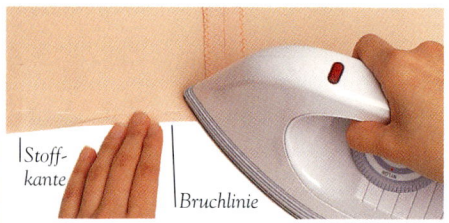

1 Zeichnen Sie die Bruchlinie ein und schneiden Sie die Saumzugabe auf 12 mm zurück. Schlagen Sie die Kante dann zweimal 6 mm breit nach links um. Bügeln.

2 Stecken Sie den Saum fest. Die Seitennähte liegen aufeinander, der Fadenlauf von Saumeinschlag und Oberstoff soll übereinstimmen. Steppen Sie den Saumeinschlag knappkantig fest (oben).

DER ABGESTEPPTE SAUM

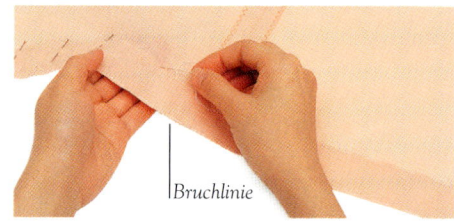

1 Saum anzeichnen, umschlagen, stecken. Bruchkante heften. Saumzugabe begradigen. Oberkante der Saumzugabe 1 cm einschlagen, festheften.

2 Steppen Sie von der rechten Seite des Modells aus den Saum ab (oben). Damit die Steppnaht parallel zur Saumkante verläuft, orientieren Sie sich an einer Hilfslinie auf der Stichplatte der Nähmaschine.

MASCHINENGENÄHTER BLINDSAUM

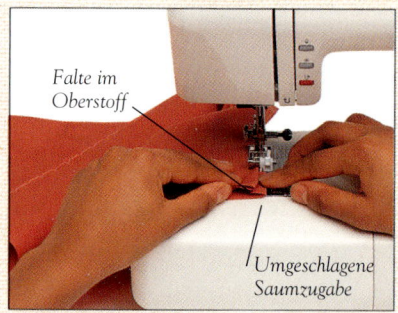

Mit dem Blindsaumfuß der Nähmaschine arbeiten. Markieren Sie die Saumlinie, schlagen Sie sie um und heften Sie sie. Begradigen Sie die Saumzugabe, schlagen Sie sie 1 cm breit nach innen ein und bügeln Sie die Kante. An der Maschine den Blindsaumstich einstellen. Legen Sie die Saumzugabe zuunterst auf die Maschine. Der Oberstoff wird zurückgeklappt, die Bruchkante des oberen Einschlags soll zu sehen sein, nicht aber die Schnittkante. Mit Blindsaumstich die Kante steppen. Dabei in Abständen den Oberstoff mitfassen.

LETZTE HANDGRIFFE

Wenn ein Schlitz mit einem Beleg in der Saumlinie liegt, können Sie den Beleg von Hand oder mit der Maschine säumen. Leichte und mittelschwere Stoffe verarbeiten Sie am besten mit der Hand. Schwere Stoffe, wie sie für Jacken und Mäntel verwendet werden, können mit der Maschine gesäumt werden.

EINEN BELEG VON HAND SÄUMEN

1 Beleg am Saum wegklappen, Zugabe auseinanderbügeln. Zugabe am Beleg in Saumverlängerung am Oberstoff nach oben umlegen. Kante einbügeln.

2 Saumzugabe am Beleg der übrigen Saumzugabe angleichen. Stoffkante mit Zickzackstichen versäubern. Saum umlegen, feststecken.

3 Arbeiten Sie den gesamten Saum, auch den Saum am Beleg, mit Handstichen. Klappen Sie den Beleg nach innen und bügeln Sie ihn.

4 Unterkante des Beleges mit Hohlstichen an der Unterkante des Kleidungsstückes festnähen, senkrechte Saumkante des Beleges mit Saumstichen.

Säume und Kantenabschlüsse

Einen Beleg mit der Maschine säumen

Saumzugabe · *Einlage* · *Beleg* · *Saumlinie*

1 Zeichnen Sie auf Oberstoff und Beleg die Saumlinie mit Heftstichen an. Mit einer Stecknadel markieren Sie auf der Saumzugabe des Oberstoffes die Anstoßlinie des Beleges (links). Dann die Einlage bis zur Saumlinie zurückschneiden.

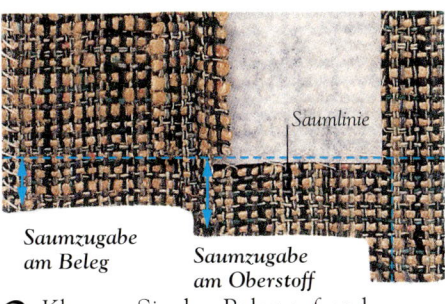
Saumlinie · *Saumzugabe am Beleg* · *Saumzugabe am Oberstoff*

2 Klappen Sie den Beleg auf und schneiden Sie die Saumzugabe am Beleg auf 1,5 cm zurück. Die Saumzugabe des Oberstoffes schneiden Sie bis 12 mm vor der Markierungsnadel auf 2,5 cm zurück.

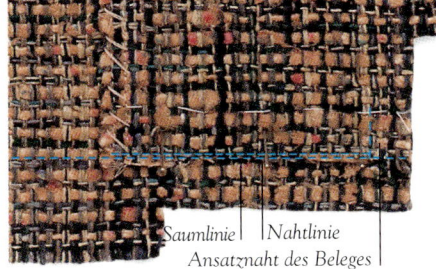
Saumlinie · *Nahtlinie* · *Ansatznaht des Beleges*

3 Beleg rechts auf rechts auf den Oberstoff legen. Saumlinien in Deckung bringen, Kante steppen. Auf der Saumlinie entlang von der Belegaußenkante zur Ansatznaht des Beleges steppen, dann neben der Naht 2,5 cm nach oben.

Linke Stoffseite

4 Schrägen Sie die Ecken der Saumzugabe dicht an der Einlage ab (oben). Bei Bedarf kann die Naht jetzt versäubert werden.

5 Wenden Sie den Beleg nach rechts. Die Belegkante wird von Hand an der Saumzugabe des Oberstoffes angenäht. Den Saum fertigstellen und bügeln (oben).

Einen gepaspelten Saum fertigstellen

Paspeln Sie den Saum (siehe rechts). Wo die Paspelenden in einer Naht mitgefasst werden, schneiden Sie die innenliegende Kordel bis zur Nahtlinie zurück. Endet die Paspel an einer Außenkante, schlagen Sie die Enden der äußeren Umhüllung über der Kordel ein und vernähen sie mit feinen Überwendlingsstichen (unten).

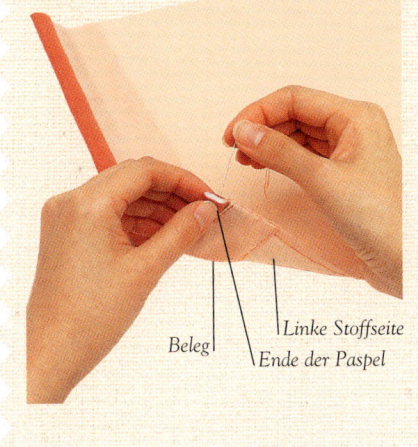
Beleg · *Linke Stoffseite* · *Ende der Paspel*

Einen Saum paspeln

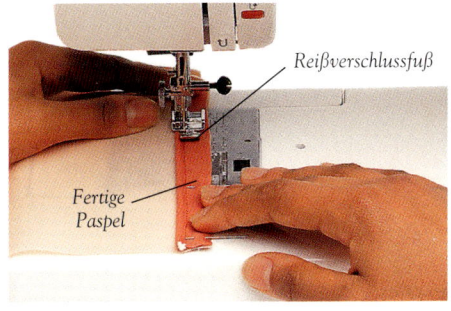
Reißverschlussfuß · *Fertige Paspel*

1 Paspel (S. 91) so auf die rechte Stoffseite stecken, dass Saumlinie und Naht der Paspel aufeinanderliegen. Paspel mit Reißverschlussfuß feststeppen.

Linke Stoffseite

2 Heften Sie den Beleg rechts auf rechts kantenbündig an den Stoff. Die Paspel liegt zwischen beiden Stofflagen. Noch näher an der Paspelkordel feststeppen (oben).

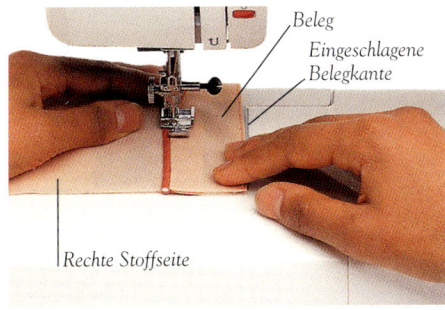
Beleg · *Eingeschlagene Belegkante* · *Rechte Stoffseite*

3 Schneiden Sie die Nahtzugaben abgestuft zurück und bügeln Sie sie zum Beleg hin. Untersteppen Sie die Naht (S. 84) nun mit dem Reißverschlussfuß (oben).

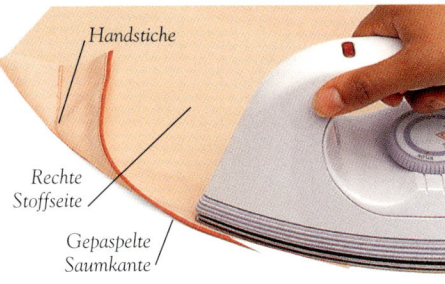
Handstiche · *Rechte Stoffseite* · *Gepaspelte Saumkante*

4 Bügeln Sie den Beleg nach links um. Der Paspel sitzt jetzt genau auf der Saumkante (oben). Die obere Belegkante mit Handstichen ansäumen.

SÄUME IM FUTTER

Bei Jacken, Ärmeln, Westen und auch bei den meisten unterfütterten Vorhängen wird der Futterstoff am Saum des Oberstoffes befestigt. Bei Mänteln und Röcken hängt das Futter meist lose. In beiden Fällen wird das Futter am Oberstoff (oder Vorhang) festgenäht. Die untersten 15 cm bleiben auf beiden Seiten offen. Dann Saum arbeiten.

EIN FUTTER ANSÄUMEN

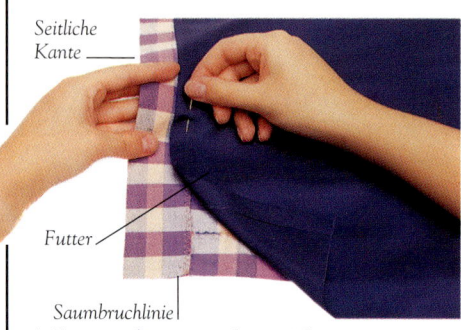

1 Futter glatt streichen. 15 cm oberhalb Saumkante am Stoff feststecken, Nadeln rechtwinklig zur Saumlinie. Falls gefüttert wird: Modell anziehen, Sitz überprüfen, abstecken.

2 Schneiden Sie das Futter 1,5 cm unter der Saumbruchkante des Oberstoffs ab (oben). Wenn der Saum eingehalten werden muss, steppen Sie mit großem Maschinenstich (S. 89) eine Kräuselnaht 1 cm oberhalb der Schnittkante.

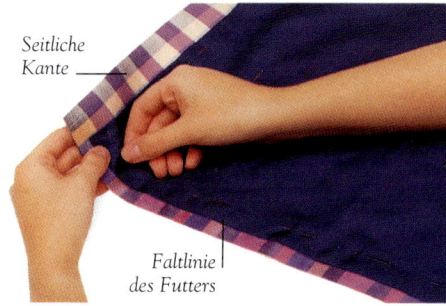

3 Schlagen Sie das Futter 2,5 cm breit ein. Die Faltlinie des Futters liegt 1 cm oberhalb der Saumbruchkante. Futter 1 cm über der Faltlinie am Oberstoff feststecken. Entfernen Sie die obere Reihe Nadeln (siehe Schritt 1).

4 Schlagen Sie das Futter entlang der gesteckten Linie hoch und säumen Sie es mit hohlem Saumstich an. Nur untere Lage des Futters und die Saumzugabe des Oberstoffs mitfassen. Stiche sind weder auf der Außenseite des Modells noch auf der Oberseite des Futters sichtbar.

5 Entfernen Sie alle Stecknadeln und bügeln Sie die Futterkante aus. Die Falte am Rand des Futters hängt leicht über den handgenähten Ansatz. Schließlich nähen Sie von Hand die noch offenen Seitenkanten des Futters an das Kleidungsstück oder den Vorhang (oben).

UNTERFÜTTERTE VORHÄNGE

Vorhänge mit fest angenähtem Futter sind wesentlich aufwendiger zu nähen als solche mit losem Futter. Dennoch sieht eine handgenähte Saumkante wesentlich sauberer und professioneller aus. Besonders bei breiten oder sehr langen Vorhängen aus mittleren oder schweren Stoffen lohnt sich die Mühe.

EIN LOSES FUTTER SÄUMEN

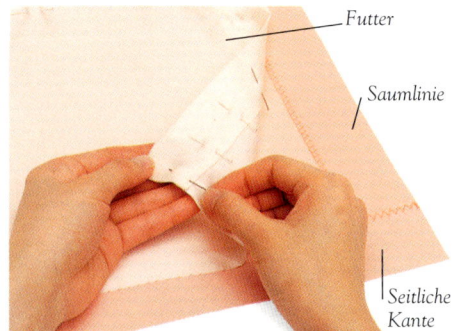

1 Setzen Sie das Futter ein (untere Seitenkanten 15 cm weit offen). Futter einschlagen, dass es 2,5 cm über Saumkante endet. Futtersaum bügeln, Schnittkante 6 mm breit einschlagen, Saum stecken.

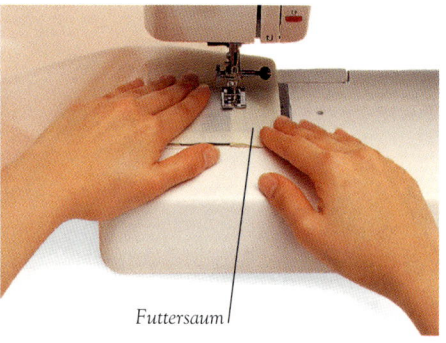

2 Heften Sie den Futtersaum knapp über der Bruchkante. Nadeln entfernen, Futter entlang der eingeschlagenen Oberkante feststeppen. Alle Heftfäden entfernen, Futter bügeln.

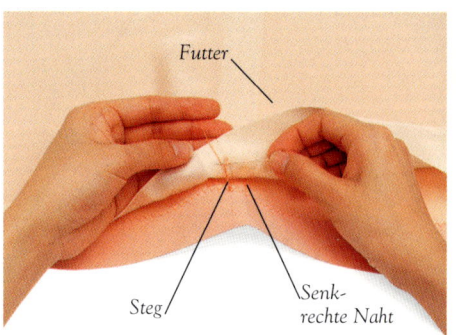

3 Fixieren Sie Futter und Oberstoff an allen senkrechten Nähten mit 2,5 cm langen Stegen (S. 78). Auf diese Weise wird verhindert, dass das Futter sich verschiebt oder hervorblitzt (oben).

SÄUME UND KANTENABSCHLÜSSE

HOSENAUFSCHLÄGE

Aufschläge können ganz einfach an lange oder kurze Hosen angeschnitten werden, auch wenn sie im Schnittmuster nicht vorgesehen sind. Bei geraden Hosenbeinen sind auch die Seitennähte der Aufschläge gerade. Bei konisch zulaufenden Hosenbeinen müssen die Aufschläge entsprechend geformt werden.

DER AUFSCHLAG AN GERADEN HOSENBEINEN

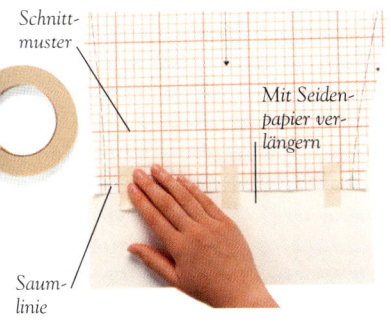

Schnittmuster · Mit Seidenpapier verlängern · Saumlinie

1 Gesamtlänge der Hose ermitteln. Breite des gewünschten Aufschlags verdoppeln, 3 cm zugeben. Schnitt mit Papier entsprechend verlängern (links).

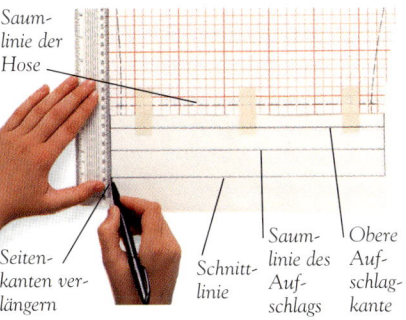

Saumlinie der Hose · Seitenkanten verlängern · Schnittlinie · Saumlinie des Aufschlags · Obere Aufschlagkante

2 Saumlinie der Hose, obere Aufschlagkante und Saumlinie auf Papier zeichnen. 3 cm unter der letzten Linie Schnittlinie zeichnen. Seitenkante des Hosenbeins verlängern.

DER AUFSCHLAG AN KONISCHEN HOSENBEINEN

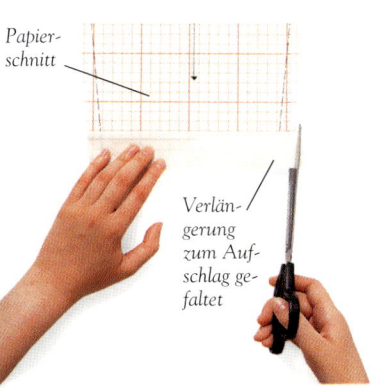

Papierschnitt · Verlängerung zum Aufschlag gefaltet

1 Verlängern Sie den Papierschnitt. Zeichnen Sie die Saumlinie der Hose, obere Aufschlagkante und Saumlinie des Aufschlags auf das Papier (siehe Schritt 2, oben). Falten Sie das Papier so, wie der Aufschlag sitzen soll. Seiten knapp neben der Hosenbeinkante abschneiden (links).

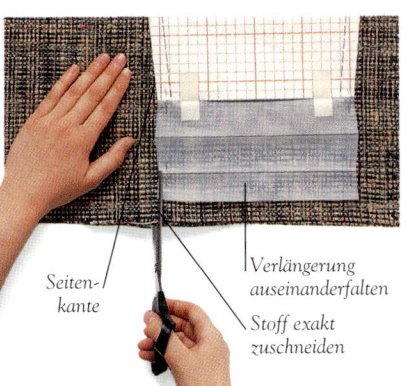

Seitenkante · Verlängerung auseinanderfalten · Stoff exakt zuschneiden

2 Falten Sie das Seidenpapier auseinander. Die Seiten des Aufschlages sind nun so geformt, dass sie sich der Linie des Hosenbeins anpassen. Halten Sie sich beim Zuschneiden des Aufschlages exakt an die Schnittkontur (links).

HOSENAUFSCHLÄGE SÄUMEN

Saumlinie des Aufschlags heften · Obere Aufschlagkante

1 Vor dem Nähen überprüfen Sie, ob alle Linien und Markierungen auf die Verlängerung für den Aufschlag übertragen wurden. Hose nähen, Seitennähte auseinanderbügeln, Kanten versäubern. Falten Sie den Stoff an der oberen Aufschlagkante nach links um. Stecken, mit Heftstichen Saumlinie des Aufschlags markieren.

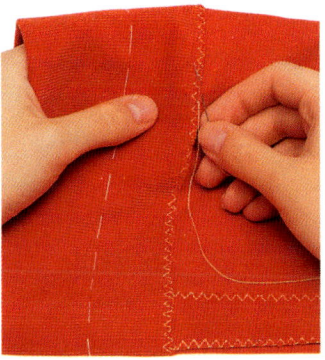

2 Die Schnittkante wird von Hand (links) oder mit der Maschine am Hosenbein befestigt. Dann die Nadeln entfernen. (Wenn Sie die Kante feststeppen, muss die Stepplinie so niedrig liegen, dass sie später vom Aufschlag verdeckt wird.) Bügeln Sie den Aufschlag von links.

Geheftete Bruchlinie · Aufschlag

3 Drehen Sie die Hose auf rechts. Klappen Sie den Aufschlag an der eingehefteten Linie nach außen um. Stecken Sie ihn fest (links) und heften Sie dicht an der Bruchlinie durch alle Stofflagen. Die Nadeln entfernen und den Aufschlag auf dem Ärmelbrett vorsichtig bügeln.

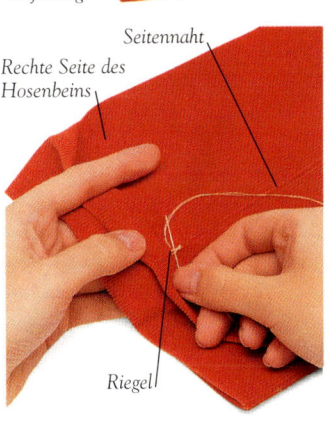

Seitennaht · Rechte Seite des Hosenbeins · Riegel

4 An den Seitennähten wird der Aufschlag mit kurzen Riegeln befestigt, damit er nicht verrutscht (links). Dann alle Heftfäden und Nadeln entfernen und noch einmal bügeln. (Statt mit Riegeln fixiert kann der Aufschlag auch festgesteppt werden. Nähen Sie genau im Schatten der Seitennähte durch Aufschlag und Hosenbein.)

SÄUME

FALTEN SÄUMEN

Kleider oder Möbelbezüge mit Falten werden normalerweise erst gesäumt, nachdem die Falten eingelegt sind. Nur wenn Veränderungen der Länge auch in der Taille vorgenommen werden können, ist es möglich, den Saum zuerst zu arbeiten. Im Saumbereich sollten die Heftfäden in den Bruchkanten der Falten etwa 20 cm weit entfernt werden.

NAHT IM GLATTEN TEIL

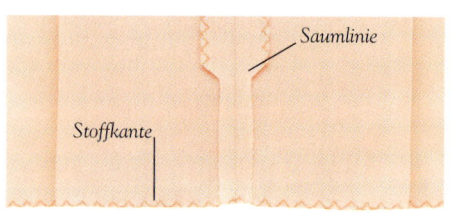

1 Wenn eine glatte, auseinandergebügelte Naht im flachen Teil der Falte liegt, schneiden Sie die Nahtzugaben im Saumbereich auf die Hälfte zurück.

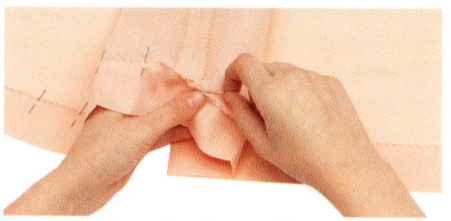

2 Versäubern Sie die Stoffkante und säumen Sie den Stoff (oben) mit einer für den Stoff geeigneten Technik (S. 206–209). Die Naht nicht verschieben.

NAHT IM BRUCH DER FALTE

1 Liegt die Naht im hinteren Bruch einer Falte, halbieren Sie die Nahtzugabe und schneiden Sie sie auf Höhe der Saumbreite quer ein (oben).

2 Bügeln Sie die Nahtzugabe auseinander und arbeiten Sie den Saum. Die Kanten der Nahtzugabe mit Überwendlingstichen zusammenfassen (oben).

FALTEN AN ECKEN

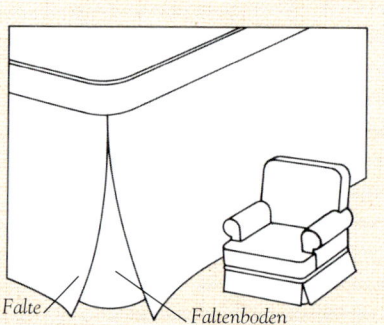

Bei Bettüberwürfen oder Möbelbezügen mit Volant arbeiten Sie den Saum, ehe Sie den Volant ansetzen. Die Ecken werden als Falten mit separatem Faltenboden gearbeitet. Zum Boden hin klaffen sie leicht auseinander. Bevor Sie den Volant ansetzen, kontrollieren Sie, ob er rundherum gleichmäßig weit herabhängt.

FLACHE NAHT NACH DEM SÄUMEN

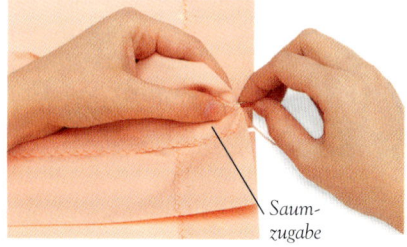

Ist nach dem Säumen eine Naht im flachen Faltenbereich gearbeitet, Nahtzugaben auseinanderbügeln, abschrägen und mit Überwendlingstichen an Saumzugabe befestigen.

INNENNAHT NACH DEM SÄUMEN

Wird eine Naht im Innenfalz der Falte angebracht, bügeln Sie die Nahtzugabe zu einer Seite. Schrägen Sie die Ecke der Zugabe ab und versäubern Sie die Schnittkanten mit Handstichen.

SPEZIELLE STOFFE SÄUMEN

Spezielle Materialien wie Leder oder Spitze erfordern eine spezielle Verarbeitung. Spitze kann mit einem Rollsaum oder einem Umschlagsaum versehen werden. Hat sie eine Bogenkante, muss diese möglicherweise einer gerundeten Saumlinie angeglichen werden. Eine andere Möglichkeit ist, Spitze am Saum zu applizieren.

SPITZE MIT BOGENKANTE

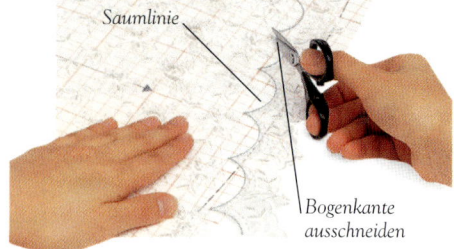

1 Spitze so auf Schnitt stecken, dass Bogenkante entlang der Saumlinie verläuft. Da Saumlinie sich nach oben krümmt, Bogen- an Oberkante einschneiden.

2 Bögen der Bogenkante verlaufen entlang Saumlinie. Stecken, heften. Oberstoff zuschneiden. Spitzeneinschnittkante auf dem Stoff befestigen.

SÄUME UND KANTENABSCHLÜSSE

SPITZE AM SAUM APPLIZIEREN

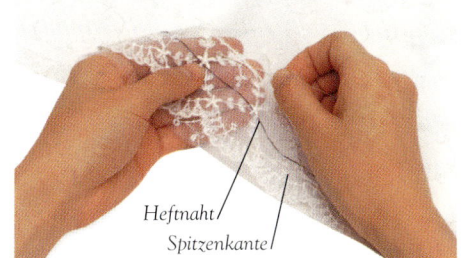

Spitze mittig aufheften

Heftnaht / Spitzenkante

1. Um an einen Spitzenstoff eine Spitzenkante anzusetzen, Saumlinie anzeichnen. Spitzenkante so auf die rechte Stoffseite legen, dass sie entlang der Saumlinie verläuft.

2. Oberkante der Spitze mit feinen Überwendlingstichen (oben) oder Maschinenzickzack auf den Oberstoff nähen. (Enger Zickzackstich eignet sich zum Ansetzen eines Bogensaumes [S. 216].)

3. Schneiden Sie den überschüssigen Stoff unter der Spitzenkante weg. (Bei schweren Stoffen arbeiten Sie einen Umschlagsaum oder belegen die Saumkante mit einem passenden Stoff.)

WEBPELZ SÄUMEN

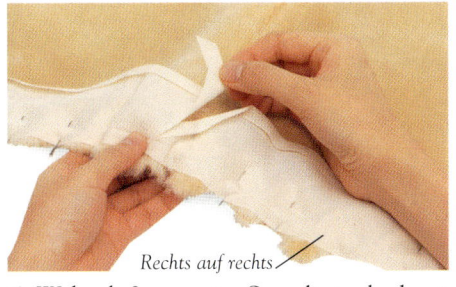
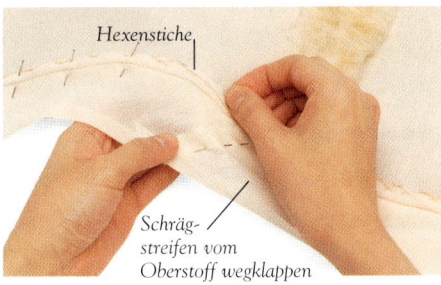
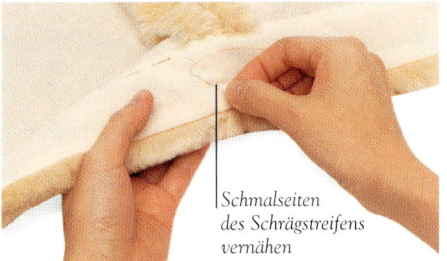

Rechts auf rechts

Hexenstiche

Schrägstreifen vom Oberstoff wegklappen

Schmalseiten des Schrägstreifens vernähen

1. Webpelz 3 cm unter Saumlinie abschneiden. Futterstoffschrägstreifen rechts auf rechts an Saumkante stecken. Schrägstreifenoberkante 6 mm breit umbügeln, Enden überlappen. Webpelz und Futter 6 mm neben Schnittkante zusammensteppen.

2. Stoff in Saumlinie nach links umfalten, am Bruch entlang heften. Schrägstreifen vom Webpelz weg halten, Saumeinschlag im Webpelz feststecken. Kante der Naht mit Hexenstichen fixieren.

3. Schrägstreifen hochschlagen, Schnittkanten und Stiche werden verdeckt. Schrägstreifen auf linke Stoffseite stecken, eingeschlagene Oberkante annähen, Anstoßstelle der Schmalseiten schließen, Heftfäden entfernen, Saum dämpfen.

GESTEPPTER SAUM IN LEDER

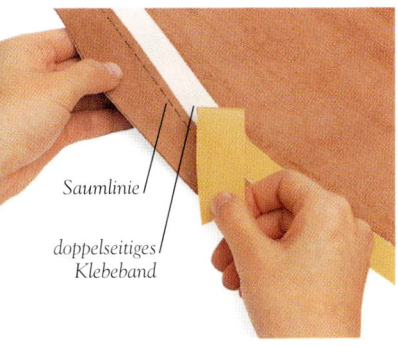

Saumlinie

doppelseitiges Klebeband

Rechte Seite

1. Saumlinie einzeichnen, Saumzugabe auf 1,5 cm zurückschneiden. Kleben Sie an der Bruchlinie einen Streifen doppelseitiges Klebeband auf die Rückseite des Oberleders. Saum einschlagen, auf dem Klebeband festdrücken.

2. Steppen Sie die Kante nun von rechts 12 mm neben dem Bruch ab. (Anstelle des Klebestreifens können Sie zum Fixieren des Saums auch Büroklammern verwenden. Für sehr schweres Leder empfiehlt sich Lederklebstoff [siehe rechts].)

GEKLEBTER SAUM IN LEDER

An gerundeten Kanten V-förmig einschneiden

Eingeschnittener, angeklebter Saum

1. Saumlinie einzeichnen, Zugabe auf 5 cm zurückschneiden. 10 cm über der Schnittkante links eine Linie zeichnen, Kante bis dahin hochklappen. Mit Büroklammern festhalten. Zugabe einschneiden, damit sie flach liegt.

2. Büroklammern entfernen. Saumkante bis zur Linie mit Lederklebstoff bestreichen. Saum hochschlagen, festdrücken, mit Holz festklopfen. Klebstoff völlig trocknen lassen.

SÄUME

DER SAUM MIT BELEG

Saumbelege können entweder in Form geschnitten oder aus Schrägstreifen gearbeitet werden. Formbelege benötigen Sie für asymmetrische Saumlinien, z. B. bei Wickelröcken. Für sehr weite Röcke oder geschwungene Kanten eignen sich Schrägstreifen, weil sie sich Rundungen leicht anpassen.

EINEN FORMBELEG ANSETZEN

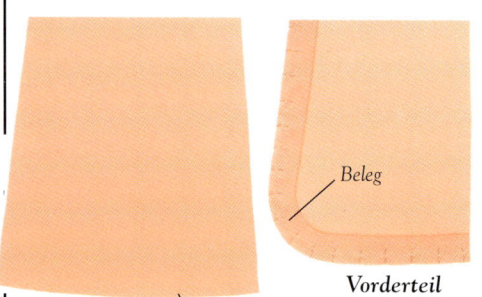
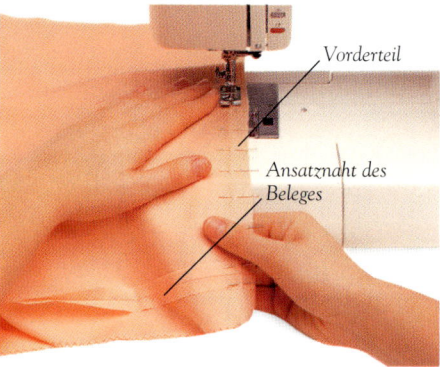
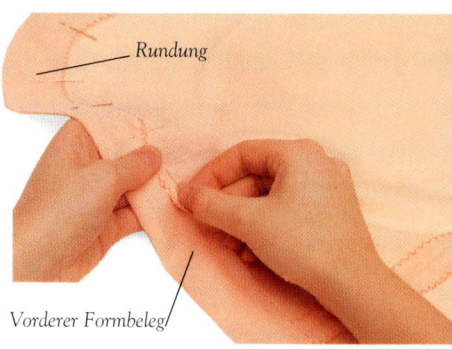

1 Schneiden Sie für das Vorderteil einen 4 cm breiten, L-förmigen Belegstreifen zu. Innenkanten versäubern. Beleg rechts auf rechts an Vorderteilkante stecken. Naht steppen, Zugabe zurückschneiden, in der Rundung einschneiden.

2 Bügeln Sie die Naht aus, falten Sie den Beleg nach innen und bügeln Sie die Naht dann zum Beleg hin. Schlagen Sie den Beleg an der Seitennaht herunter, stecken und schließen Sie nun die Seitennähte in einem Stück (oben).

3 Bügeln Sie den Beleg nach innen. Stecken Sie den Saum im Rückenteil und die Belegkante. Kanten mit feinen Stichen an den Oberstoff säumen. Saum reicht bis um die Rundung herum, die senkrechte Kante des Beleges nicht annähen.

SCHRÄGSTREIFEN SCHNEIDEN UND ZUSAMMENSETZEN

1 Nehmen Sie ein rechteckiges Stück Stoff und falten Sie eine Ecke diagonal um. Schnittkante und Webkante liegen aufeinander, Längs- und Querfadenlauf stimmen an den Kanten überein. Bügeln Sie die diagonale Faltlinie ein, ehe Sie den Stoff auseinanderfalten.

2 Benutzen Sie den eingebügelten Kniff als Orientierung und zeichnen Sie mit Lineal und Kreidestift parallele Linien in gleichen Abständen auf den Stoff (oben). Schneiden Sie die Streifen aus. Kontrollieren Sie, ob die Gesamtlänge der Saumlänge entspricht.

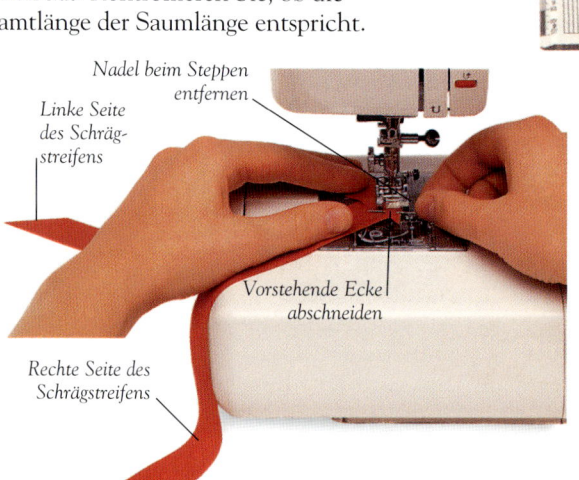

3 Schneiden Sie die Enden der Streifen so zu, daß dort der Fadenlauf gerade ist. Die Schnittkante am Ende muß in einem Winkel von 45° zur Längskante des Streifens verlaufen (oben). Zeichnen Sie an den Enden der Schrägstreifen 6 mm breite Nahtzugaben an.

4 Wenn Sie zwei Streifen zusammensetzen, legen Sie sie rechts auf rechts. Die Nahtlinien liegen aufeinander, die Streifen bilden ein V. Stecken und steppen Sie die Streifen zusammen (links), dann die Nahtzugaben auseinanderbügeln. Setzen Sie weitere Streifen an, bis die gewünschte Gesamtlänge erreicht ist.

Säume und Kantenabschlüsse

Endlose Schrägstreifen schneiden

Ecke abschneiden
Längsfadenlauf

Schrägstreifen formen

Mit der Spitze des Bügeleisens formen
Gerundeter Schrägstreifen

Wenn ein Schrägstreifen an einen gerundeten Saum angesetzt werden soll, bügeln Sie ihn zuerst in Form. Mit der Spitze des Dampfbügeleisens halten Sie eine Kante fest, die gegenüberliegende Kante wird behutsam gedehnt. Jeden Abschnitt dämpfen Sie nach dem Formen noch einmal, damit er die Rundung hält (oben).

1 Um einen sehr langen Schrägstreifen in einem Arbeitsgang anzufertigen, zeichnen Sie zuerst die Linien auf ein Rechteck aus Stoff (siehe gegenüber). Schneiden Sie die äußeren Ecken ab (oben). Zeichnen Sie im geraden Fadenlauf 6 mm breite Nahtzugaben an die Schmalseiten des gesamten Blocks aus Schrägstreifen.

2 Stoff an Schmalseiten rechts auf rechts um Streifenbreite versetzt zusammenstecken, steppen. Nadeln entfernen, Zugabe bügeln.

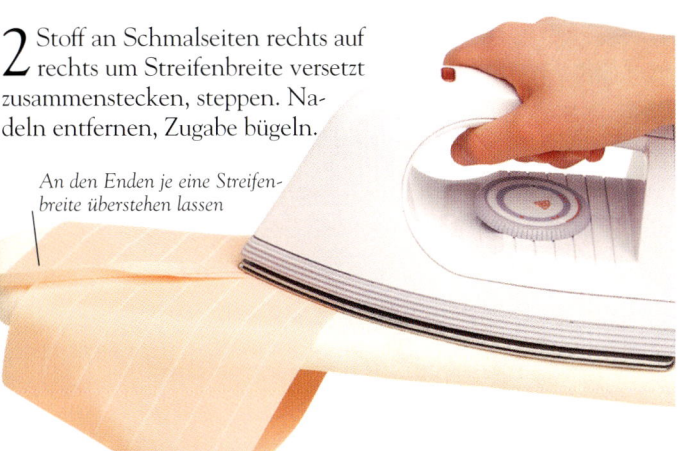

An den Enden je eine Streifenbreite überstehen lassen

Naht
Überstehendes Streifenende
Streifen in einem Stück schneiden

3 Beginnen Sie an einem überstehenden Streifen und schneiden Sie spiralförmig die Stoffröhre auf (links). Wenn Sie die Naht durchschneiden, achten Sie darauf, dass die Nahtzugabe flach ausgebreitet bleibt. Nach dem Aufschneiden die Naht-zugaben noch einmal auseinanderbügeln.

Schrägstreifen am Saum ansetzen

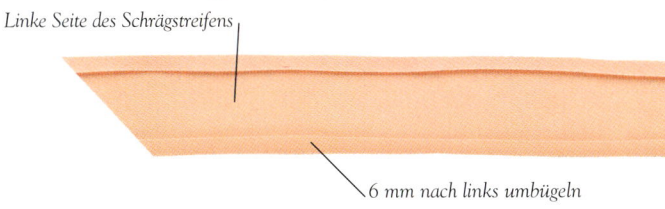

Linke Seite des Schrägstreifens
6 mm nach links umbügeln

1 Schneiden Sie einen 6 cm breiten Schrägstreifen in der Länge des Saumes plus 7,5 cm. Längskanten des Schrägstreifens je 6 mm breit nach links umbügeln. Saumzugabe auf 6 mm zurückschneiden. Kante des Schrägstreifens auffalten, rechts auf rechts an die Saumkante stecken.

2 Schlagen Sie eine Schmalseite ein und steppen Sie den Streifen im eingebügelten Bruch fest. Kurz vor dem Ende des Streifens anhalten. Schneiden Sie das Ende des Streifens so ab, dass es den Anfang um 6 mm überlappt. Nahtende in Nahtanfang laufen lassen.

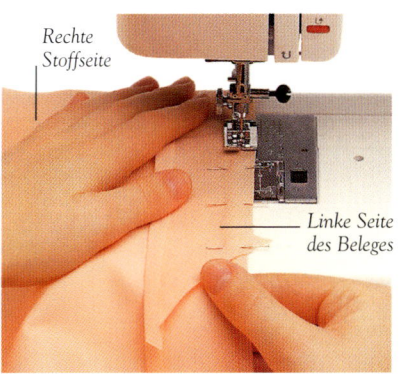

Rechte Stoffseite
Linke Seite des Beleges

3 Bügeln Sie die Nahtzugabe auseinander. Legen Sie den Beleg zur linken Seite des Kleidungsstückes um. Die Ansatznaht wird leicht nach innen gerollt, damit sie von außen unsichtbar ist. Dann den Schrägstreifen feststecken (links).

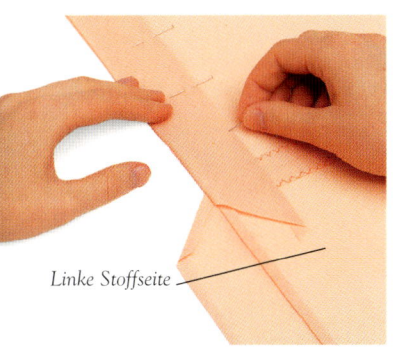

Linke Stoffseite

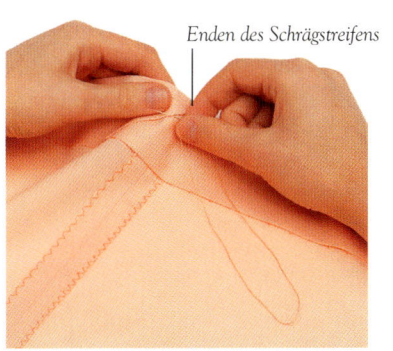

Enden des Schrägstreifens

4 Bügeln Sie den Schrägstreifen um und befestigen Sie ihn von Hand mit Saumstichen (S. 76). Auch die Schmalseiten des Schrägstreifens werden von Hand zusammengenäht (links).

Säume

Bogenkante an Kleidern

Der Umfang des Rocksaumes muss sich durch die Anzahl der Bögen genau teilen lassen. Wählen Sie Breite für den einzelnen Bogen also so, dass das Maß zur Saumweite passt. Eine Schablone für die Bögen stellen Sie mit dem Zirkel her. Eine Untertasse oder ein Teller sind ebenfalls geeignet. Die Bögen können halbkreisförmig oder flacher sein.

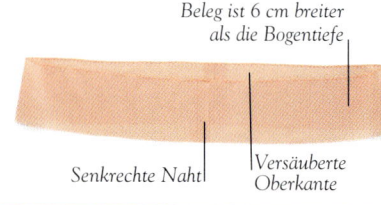

Beleg ist 6 cm breiter als die Bogentiefe — *Versäuberte Oberkante* — *Senkrechte Naht*

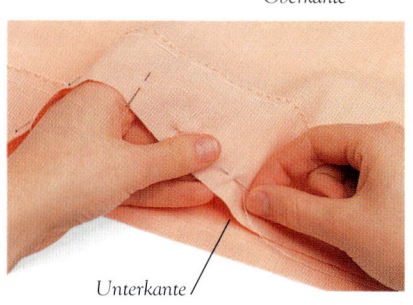

Unterkante

1 Saumbeleg zuschneiden: für ausgestellte Röcke im schrägen, für gerade Röcke im geraden Fadenlauf. Senkrechte Nähte im Beleg schließen.

2 Stecken Sie den Beleg rechts auf rechts bündig an die Saumkante. Heften Sie die versäuberte Oberkante und danach auch die Unterkante fest (links). Dann alle Stecknadeln entfernen.

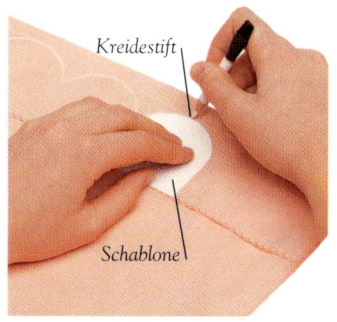

Kreidestift — *Schablone*

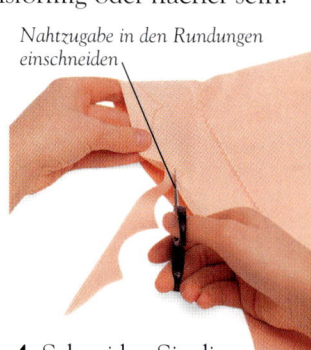

Nahtzugabe in den Rundungen einschneiden

3 Beginnen Sie an einer Naht und zeichnen Sie mit der Schablone die Bögen auf die linke Stoffseite. Beleg und Oberstoff nahe der eingezeichneten Linie zusammenheften, auf Linie entlangsteppen.

4 Schneiden Sie die Kontur aus (oben). Die Rundungen werden V-förmig eingeschnitten, die Heftfäden entfernt. Wenden Sie den Beleg nach links, säumen Sie ihn fest und bügeln Sie ihn.

Bogenkante an Vorhängen

Eine Bogenkante als oberer Abschluss passt zu Vorhängen mit Faltenwurf ebenso gut wie zu glatten Rollos. Für ein Rollo sollten Sie zwischen den einzelnen Bögen mindestens 1,5 cm Zwischenraum lassen. Bei gefältelten Vorhängen wählen Sie die Zwischenräume größer. Die Breite der Bögen muss zur Gesamtbreite des Saumes passen.

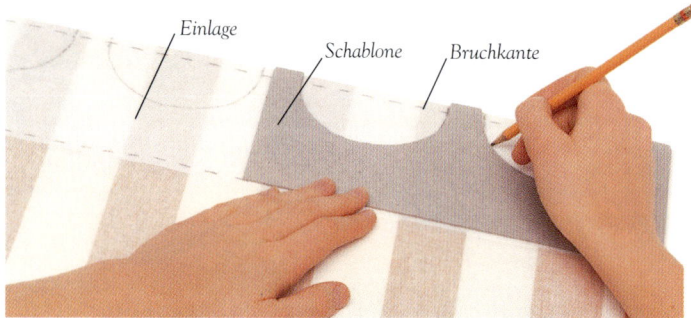

Einlage — *Schablone* — *Bruchkante*

1 Einschlagbreite 6 cm breiter als die Bogentiefe abmessen. Bügeln Sie die Schnittkante des Einschlags 1 cm breit um. Beleg nach rechts auf den Oberstoff klappen. Auf die linke Seite des Oberstoffes bügeln oder heften Sie feste Einlage in Bogenkantebreite auf. Mit der Schablone Bögen auf die Einlage zeichnen.

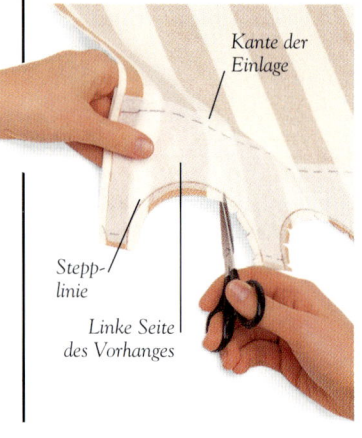

Kante der Einlage — *Stepplinie* — *Linke Seite des Vorhanges*

2 Heften Sie alle Stofflagen an der Bogenkante zusammen. Steppen Sie dann auf der Linie entlang. Nahtanfang und -ende mit einigen Rückstichen sichern. Ziehen Sie die Heftfäden heraus und schneiden Sie Stoff und Einlage dicht neben der Stepplinie weg. In den Rundungen werden die Nahtzugaben V-förmig eingeschnitten (links). Nun die Heftfäden aus der Einlage entfernen.

Einen Zackensaum arbeiten

Ein Zackensaum wird genau wie der Bogensaum an Kleidern gearbeitet (siehe oben). Damit die Zacken gleichmäßig ausfallen, muss sich die Saumweite durch die Anzahl der Zacken teilen lassen. Der Saum fällt schöner, wenn Oberstoff und Beleg im schrägen Fadenlauf zugeschnitten werden (rechts).

Beleg

3 Legen Sie den Beleg zur linken Seite um, die Einlage wird nun verdeckt. Stecken Sie den Einschlag fest und steppen Sie ihn an der umgebügelten Längskante auf (oben). Zum Schluss bügeln.

SÄUME UND KANTENABSCHLÜSSE

VORHÄNGE SÄUMEN

Wenn Sie Vorhänge nähen, sollten Sie die Säume nur stecken und die Vorhänge einige Tage lang aushängen lassen, ehe Sie den Saum endgültig befestigen. Ein Vorhangfutter wird separat gesäumt. Die Ecken der Säume sehen besonders sauber aus, wenn Sie sie abschrägen. Den Saum im Futter mit der Maschine umsteppen.

EINE SAUMECKE ABSCHRÄGEN

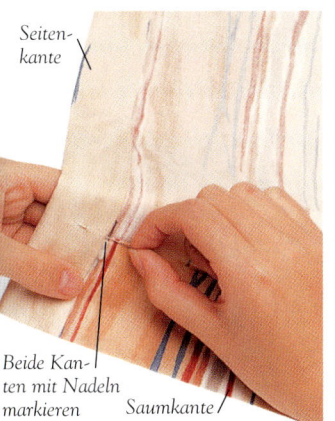
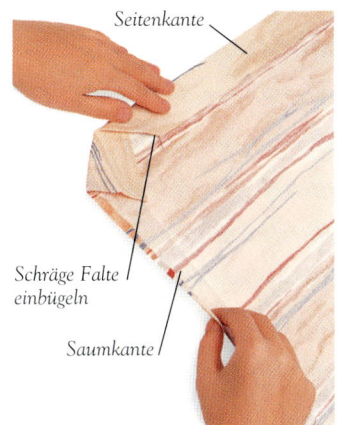
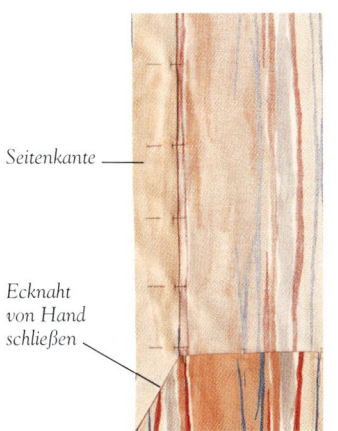

1 Bügeln Sie die Seitenkante und die Saumkante je 6 mm nach links um. Falten Sie beide Kanten zur linken Stoffseite. Mit Nadeln markieren Sie die Stelle, wo Seiten- und Saumkante aufeinandertreffen.

2 Kanten auffalten. Diagonale Linie einbügeln. Kanten wieder einschlagen, an Bügellinie so übereinanderschieben, dass schräge Ecklinie entsteht.

3 Stecken Sie beide Kanten und Ecke fest. Schließen Sie die Naht an der Ecke mit Handstichen. Befestigen Sie den unteren und seitlichen Saum mit einer geeigneten Technik. Nadeln entfernen.

DOPPELTER SAUM

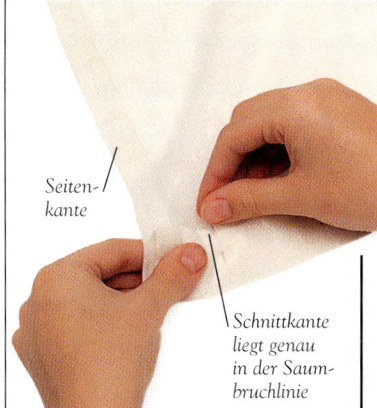

Um die Breite der Saumzugabe zu bestimmen, verdoppeln Sie die Saumbreite und klappen sie zur linken Seite um. Säumen Sie die Seitenkanten. Saum doppelt einschlagen, stecken, säumen.

VORHÄNGE BESCHWEREN

Vorhänge fallen schöner und hängen sich nicht so leicht aus, wenn die Saumkante beschwert wird. Einzelgewichte werden an den senkrechten Nähten befestigt. Bei Vorhängen, die an den Seiten zum Aushängen neigen, können die unteren Ecken an der Wand oder am Fensterrahmen befestigt werden.

GARDINEN

Bei transparenten Gardinen oder sehr feinen Vorhangstoffen stoffummanteltes Bleiband durch den Saumeinschlag ziehen. Band mit einigen Stichen an den Seitenkanten und senkrechten Nähten befestigen. Bandenden bündig abschneiden.

UNGEFÜTTERTE VORHÄNGE

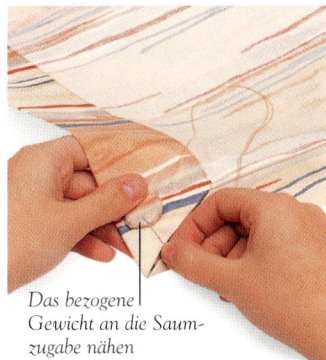

Kleine Stoffstücke in der Größe der Gewichte plus Nahtzugabe zuschneiden, an drei Seiten zusammensteppen, wenden. Gewichte einschieben, Öffnungen zu- und Gewichte an Saum nähen.

GEFÜTTERTE VORHÄNGE

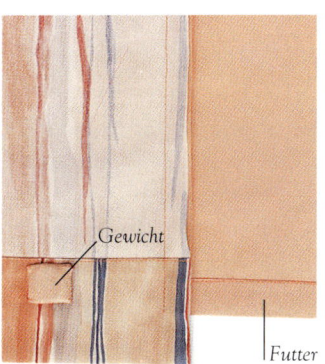

Nähen Sie die Gewichte an der Oberkante der Saumzugabe fest. So werden Sie vom darüberfallenden Futter verdeckt. Die Gewichte können mit Stoff bezogen oder unbezogen wie Knöpfe angenäht werden.

VORHÄNGE VERANKERN

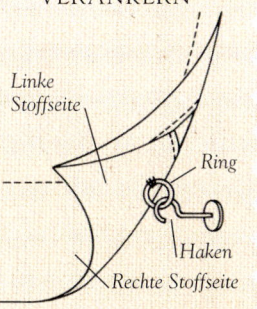

Ring auf die Saumzugabe an der Seite des Vorhanges nähen. Vorhang aufhängen. Haken in gleicher Höhe wie Ring mit Öffnung nach unten in Wand oder Fensterrahmen schrauben. Ring über Haken legen.

Ecken, Kanten und Rüschen

Kanten einfassen
Bandeinfassungen zuschneiden und ansetzen 220
Einfache Einfassungen zuschneiden und ansetzen 221
Ecken in schräg geschnittenen Zierbelegen 222
Ecken im Umschlagsaum 223
Ecken in aufgesteppter Borte 223
Ecken in gewebter Bandeinfassung 224
Ecken in Einfassungen aus Schrägstreifen 226

Rüschen
Übersicht 228
Eine einlagige Rüsche säumen 228
Eine einlagige Rüsche arbeiten 229
Eine zweilagige Rüsche arbeiten 229
Eine einfache Rüsche mitfassen 229
Eine Rüsche an eine gerade Kante ansetzen 230
Die Ansatznaht einer Rüsche mit
Schrägstreifen versäubern 230
Eine Rüsche mit Köpfchen ansetzen 230
Rund geschnittene Rüschen 231

KANTEN EINFASSEN

Eine Einfassung ist ein Stoffstreifen, der eine Stoffkante versäubert, indem er sie umschließt. Die Bandeinfassung ist eine spezielle Variante dieser Technik, bei der ein breiterer Streifen verwendet wird. Bandeinfassungen können, ebenso wie Schrägstreifen, auch aus kontrastfarbigem Material gearbeitet werden. Für wendbare Kleidungsstücke und für glatte, leicht fransende Stoffe eignen sich diese Techniken besonders gut. Bei der Bandeinfassung steht der Einfassstreifen über die Stoffkante hinaus. So lässt sich ein Kleidungsstück auch sehr gut verlängern.

VERWANDTE TECHNIKEN

Stiche für Nähte und Kanten, S. 74
Gerade Nähte, S. 82
Nähte absteppen, S. 87
Halsausschnitt mit Formbeleg, S. 137
Eingefasster Ärmelschlitz, S. 193
Saumlinie anzeichnen, S. 204

BANDEINFASSUNGEN ZUSCHNEIDEN UND ANSETZEN

Bandeinfassungen umschließen eine Stoffkante und stehen zugleich ein Stück weit über sie hinaus. Wenn ein Saum eingefasst wird, muss keine Saumzugabe angeschnitten werden. Für gerade Kanten schneiden Sie den Einfassstreifen im geraden Fadenlauf zu, für gebogene Kanten im schrägen Fadenlauf.

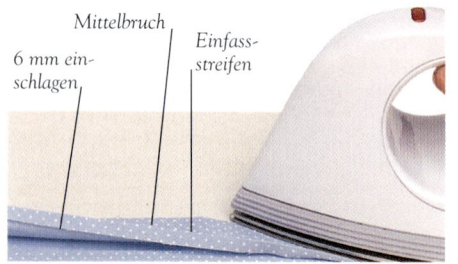

1 Schneiden Sie einen Streifen in der doppelten gewünschten Breite plus 12 mm. Bügeln Sie beide Längskanten 6 mm breit nach links um. Falten Sie den Streifen dann der Länge nach zur Hälfte und bügeln Sie den Mittelbruch ein (oben).

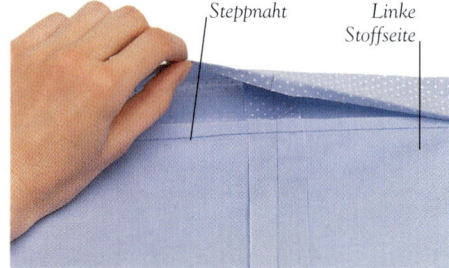

2 Bei mehreren Streifen bügeln Sie die Nahtzugaben auseinander. Streifen auseinanderfalten, rechts auf rechts kantenbündig an den Oberstoff steppen. Nahtzugabe in den Streifen und Mittelbruch einbügeln.

3 Legen Sie die zweite eingeschlagene Längskante des Streifens auf die Ansatznaht auf der linken Stoffseite. Stecken Sie ihn fest (oben) und säumen Sie die Kante an. Dabei sollen die Stiche nicht auf der Vorderseite sichtbar sein.

SCHNELLE JERSEY-EINFASSUNG

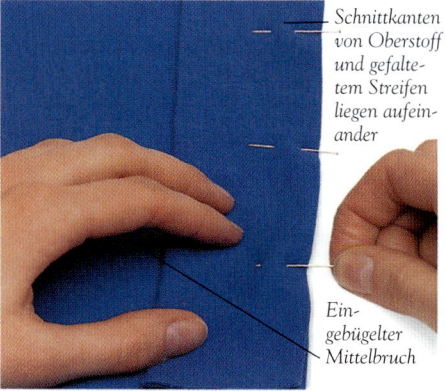

1 Schneiden Sie einen Streifen in der doppelten gewünschten Breite plus 12 mm. Nahtzugabe an einer Schmalseite umbügeln. Streifen zur Hälfte legen, Mittelbruch einbügeln. Schnittkante an rechte Oberstoffseite stecken.

2 Schieben Sie das Ende des Streifens unter die umgebügelte Kante der anderen Schmalseite, sodass die Schnittkante völlig verschwindet. Steppen Sie 6 mm neben der Schnittkante alle 3 Lagen zusammen.

3 Versäubern Sie die Nahtzugabe. Bügeln Sie den Einfassstreifen vom Oberstoff weg, die Zugabe zum Kleidungsstück hin. Schmalkante des Streifens mit Überwendlingsstichen (S. 74) an die untergeschobene Kante nähen.

Einfache Einfassungen zuschneiden und ansetzen

Eine einfache Einfassung umschließt eine Stoffkante, steht aber nicht darüber hinaus. Sie wird aus einem Stoffstreifen im geraden oder schrägen Fadenlauf hergestellt, je nach Art der einzufassenden Kante. Einfache Einfassungen eignen sich für alle Stoffarten. Für transparente oder sehr glatte Stoffe doppelte Einfassungen nähen.

Eine einfache Einfassung vorbereiten

Ungefalteter Streifen — *Fertige Einfassungsbreite*

Gefalteter Streifen — *Eingebügelter Mittelbruch*

1 Schneiden Sie einen Streifen in der vierfachen gewünschten Breite zu (ganz oben). Falten Sie den Streifen links auf links zur Hälfte und bügeln Sie den Mittelbruch ein (oben).

Mittelbruch

2 Falten Sie den Streifen auseinander. Bügeln Sie nun beide Längskanten so um, dass sie am Mittelbruch zusammentreffen. Legen Sie den Streifen im Mittelbruch wieder zusammen. Bügeln.

Einfache Einfassung

1 Heften/stecken Sie eine Kante des Streifens rechts auf rechts an den Oberstoff. Steppen Sie im eingebügelten Bruch entlang, Streifen nach links umlegen.

2 Der Mittelbruch des Streifens soll nun genau auf der umschlossenen Stoffkante liegen. Bringen Sie die lose, eingeschlagene Kante des Streifens mit der Ansatznaht in Deckung und stecken Sie sie fest.

3 Befestigen Sie den Streifen mit Saumstichen an der Stepplinie (oben). Achten Sie darauf, nicht zur rechten Stoffseite durchzustechen. Die fertige Einfassung bügeln.

Doppelte Einfassung für feine Stoffe

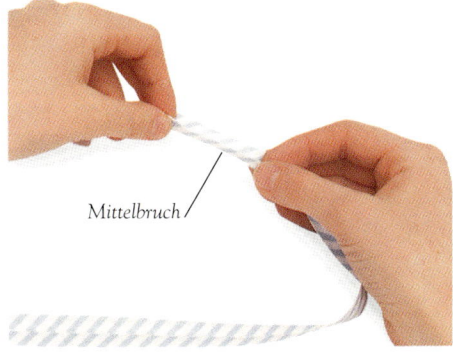
Rechte Stoffseite

1 Streifen in sechsfacher fertiger Breite zuschneiden, links auf links zur Hälfte bügeln, Streifenschnittkanten an Oberstoff feststeppen.

Linke Stoffseite

2 Legen Sie den Streifen zur linken Stoffseite um und stecken Sie den eingebügelten Mittelbruch auf die Ansatznaht (oben). Nun den Streifen von Hand an der Naht ansäumen (siehe Schritt 3, links).

Abgesteppte Einfassung

Zur Hälfte gefalteter Streifen — *Mittelbruch einbügeln*

Längskanten zur Mitte gefaltet

1 Schneiden Sie einen Streifen in vierfacher Breite zu. Streifen der Länge nach so schneiden, dass eine Seite 3 mm breiter als die andere ist. Bügeln Sie den Bruch ein, falten Längskanten zur Mitte und bügeln sie.

2 Falten Sie den Streifen im Mittelbruch. Legen Sie den Streifen so um die Schnittkante des Oberstoffes, dass die schmalere Streifenseite auf der rechten Stoffseite liegt. Streifen feststecken.

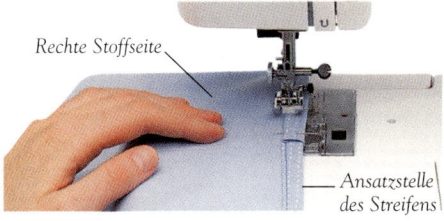
Rechte Stoffseite — *Ansatzstelle des Streifens*

3 An der Ansatzstelle eine Schmalkante des Streifens umschlagen, über die andere legen. Steppen Sie von der rechten Stoffseite aus den Streifen knappkantig fest. Die untenliegende Seite mitfassen.

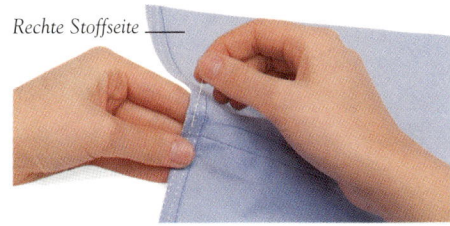
Rechte Stoffseite

4 Entfernen Sie die Stecknadeln und vernähen die Ansatzstelle des Streifens mit feinen Handstichen (oben). Zum Schluss wird die Einfassung gebügelt.

ECKEN, KANTEN UND RÜSCHEN

ECKEN IN SCHRÄG GESCHNITTENEN ZIERBELEGEN

Zierbelege werden aus kontrastfarbigem Stoff im schrägen Fadenlauf zugeschnitten. Sie werden so aufgesetzt, dass sich eine saubere, glatte Umrandung ergibt. Schrägbänder gibt es fertig zu kaufen, Sie können sie aber auch selbst herstellen. Dazu schneiden Sie Schrägstreifen (S. 214-215) in 6 cm Breite zu und bügeln die Schmalkanten um.

INNENECKE

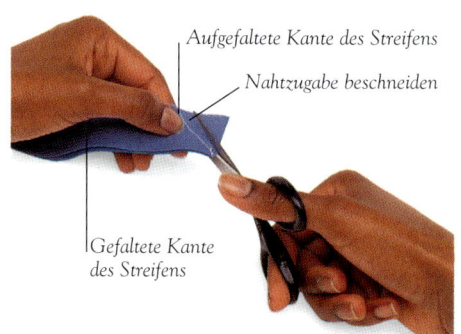
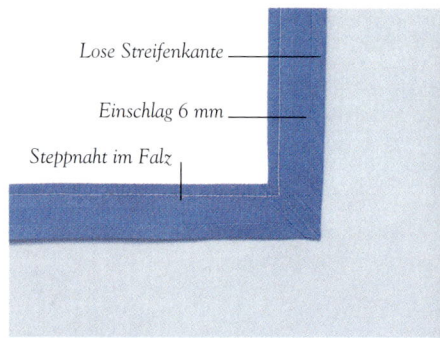

1 Kante des Schrägstreifens auffalten, mit der rechten Seite nach unten bündig auf die linke Seite der Stoffkante stecken. An der Ecke Streifen diagonal wegklappen, Falz einbügeln, losen Streifenteil gerade an der nächsten Kante weiterführen.

2 Lösen Sie den Streifen vom Stoff. In den Ecken lassen Sie ihn zusammengefaltet und steppen ihn auf der eingebügelten diagonalen Linie zusammen. Schneiden Sie die Nahtzugabe auf 6 mm zurück (oben) und bügeln Sie sie auseinander.

3 Streifen wieder an Stoff stecken, im Falz der Längskante anstecken. In der Ecke die Zugabe einschneiden, Streifen zur rechten Stoffseite umschlagen. Streifen bügeln, Längskante feststecken, steppen.

AUSSENECKE

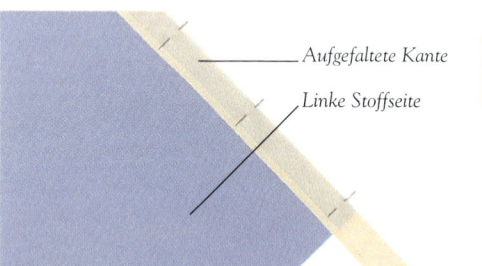
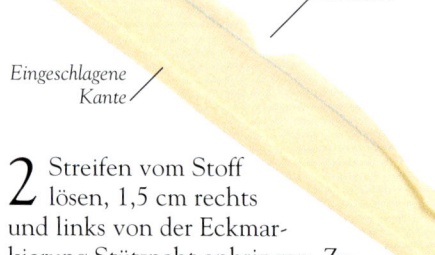
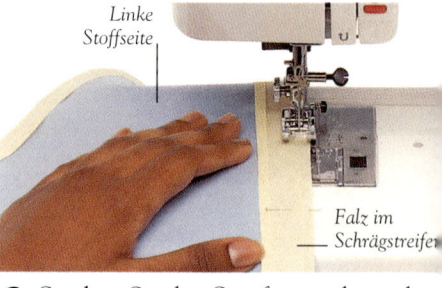

1 Eine Kante des vorbereiteten Schrägstreifens auffalten, rechte Streifenseite bis zur Ecke mit querliegenden Nadeln an die linke Stoffseite stecken. Eckpunkt der Nahtlinien auf Streifen mit Nadel markieren.

2 Streifen vom Stoff lösen, 1,5 cm rechts und links von der Eckmarkierung Stütznaht anbringen. Zugabe des Streifens in der Ecke V-förmig einschneiden.

3 Stecken Sie den Streifen wieder rechts auf links an den Stoff und steppen Sie ihn im Falz fest, bis Sie die erste Ecke erreichen. Wenden Sie mit eingestochener Nadel an der Ecke und nähen Sie die nächste gerade Kante entlang (oben).

4 In der Ecke wirft der Schrägstreifen nun eine Falte. Legen Sie die Falte so zurecht, dass sie genau im rechten Winkel liegt. Dadurch entsteht eine diagonale Faltlinie, die Sie jetzt einbügeln (oben).

5 Falten Sie den Streifen auseinander und steppen Sie ihn im eingebügelten diagonalen Falz zusammen. Achten Sie darauf, den Oberstoff nicht mitzufassen. Die überstehende Ecke 6 mm neben der Naht abschneiden (oben).

6 Bügeln Sie die schräge Naht auseinander. Legen Sie den Schrägstreifen nun auf die rechte Stoffseite (oben) und bügeln Sie ihn. Die Kanten werden von Hand flach an den Oberstoff gesäumt oder aufgesteppt.

KANTEN EINFASSEN

ECKEN IM UMSCHLAGSAUM

Ein einfacher Umschlagsaum sieht viel sauberer aus, wenn die Ecken sorgfältig verarbeitet werden. Bei ausfransenden Stoffen müssen die Stoffkanten versäubert werden, ehe Sie die Ecken arbeiten. Das kann mit Zickzackstichen ebenso geschehen wie durch Einschlagen der Saumkante.

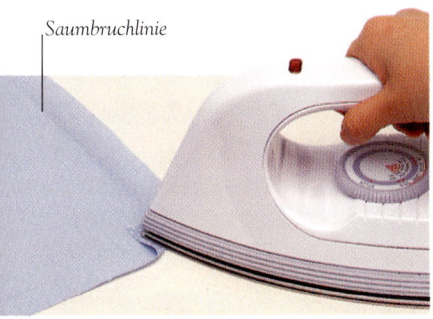

Saumbruchlinie

1 Bügeln Sie die Saumzugabe an beiden Seiten der Ecke um und falten Sie sie anschließend wieder auf. Schlagen Sie nun die Ecke diagonal genau über den Eckpunkt ein und Sie bügeln auch diesen Falz (oben).

Diagonale Ecknaht
Linke Stoffseite

2 Ecke auffalten. Stoff rechts auf rechts im schrägen Fadenlauf zusammenlegen, sodass Schnittkanten bündig sind. Diagonale Ecknaht steppen, Zugabe auf 6 mm zurückschneiden.

Fertige Ecke

3 Bügeln Sie die Ecknaht auseinander. Schlagen Sie den Saum um und drücken Sie die Ecke von innen heraus (oben). Nun wird der Saum gebügelt und von Hand befestigt.

ECKEN IN AUFGESTEPPTER BORTE

Ehe Sie eine Borte oder ein Band auf eine Stoffkante aufsetzen, sollten Sie die Stoffkante säumen und dabei die Ecke abgeschrägt verarbeiten (siehe oben). Eine zweite Möglichkeit besteht darin, die Stoffkante 6 mm breit nach rechts umzubügeln, sodass sie von der aufgesetzten Borte verdeckt wird.

Außenkanten von Stoff und Borte
Naht endet an der Ecke

1 Stecken Sie die Borte auf die Außenkante des Stoffes, die rechten Seiten zeigen jeweils nach oben. Steppen Sie die Borte fest, bis Sie eine Ecke erreichen.

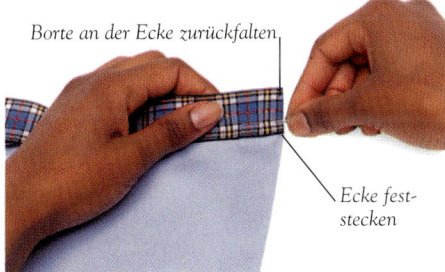

Borte an der Ecke zurückfalten
Ecke feststecken

2 Klappen Sie das lose Ende der Borte gerade auf den festgesteppten Teil zurück, der Bruch soll genau auf der Stoffkante liegen. Beide Lagen im Bruch zusammenstecken (oben).

Borte an der Ecke diagonal falten
Borte kantenbündig weiterführen
Ecke bleibt festgesteckt

3 Führen Sie nun die Borte so an der unverzierten Kante weiter, dass an der Ecke eine diagonale Falte entsteht (oben). Diese Falte wird eingebügelt.

Ecke beschneiden
Diagonale Naht

4 Schlagen Sie die Borte wieder auf sich selbst zurück. Wie in Schritt 2 liegen festgesteppes und loses Bortenende rechts auf rechts. Nun steppen Sie die Ecke in der eingebügelten diagonalen Falte zusammen. Die Stecknadel entfernen und die Nahtzugabe auf 6 mm zurückschneiden.

Fertige Ecke

5 Die Borte wieder auf den Stoff legen und die Ecknaht von rechts bügeln. In der Ecke beginnend stecken Sie nun die Borte fest und steppen Sie die Außenkante an. Zum Schluss steppen Sie auch die Innenkante der Borte fest (links). In den Ecken wenden Sie mit eingestochener Nadel.

ECKEN IN BANDEINFASSUNGEN

Da Bandeinfassungen über die Stoffkante hinausstehen, ist die Eckenverarbeitung etwas komplizierter als bei einfachen Einfassungen. Bei gewebten Bändern wird eine Kante angesteppt, die andere von Hand an die linke Stoffseite gesäumt. Bei Bandeinfassungen aus Jersey steppen Sie beide Schnittkanten des Bandes zusammen an. Schneiden Sie Einfassungen in der doppelten gewünschten Breite zuzüglich doppelter Nahtzugabe zu.

GEWEBTE BÄNDER – INNENECKEN

1 Bügeln Sie die Nahtzugaben an beiden Längskanten des Bandes nach innen um. Sichern Sie dann die Ecke des Stoffes in beiden Richtungen mit einer 2,5 cm langen Stütznaht. Die Nahtzugabe der Ecke wird eingeschnitten (links).

2 Falten Sie eine umgebügelte Längskante des Einfassbandes auf und stecken Sie sie kantenbündig rechts auf rechts an den Stoff. Am Einschnitt in der Ecke wird der Stoff auseinandergezogen. Steppen Sie das Band fest (links).

3 Bügeln Sie Band und Nahtzugaben vom Stoff weg. An der Innenecke legen Sie das Band so, dass auf der rechten Seite eine diagonale Falte entsteht. Bügeln Sie diese Falte ein (oben).

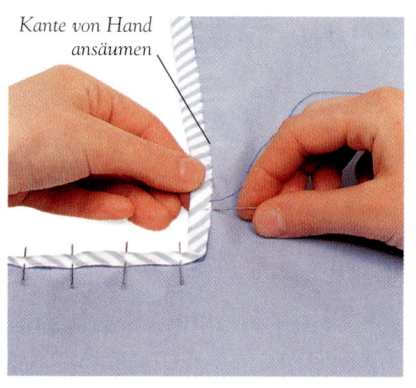

4 Band so zur linken Stoffseite umlegen, dass umgebügelte Längskante auf die Ansatznaht des Bandes trifft, feststecken. In der Ecke diagonale Falte mit einer Stecknadel fixieren. Kante an Stoff säumen, Nadeln entfernen. Bügeln.

GEWEBTE BÄNDER – AUSSENECKEN

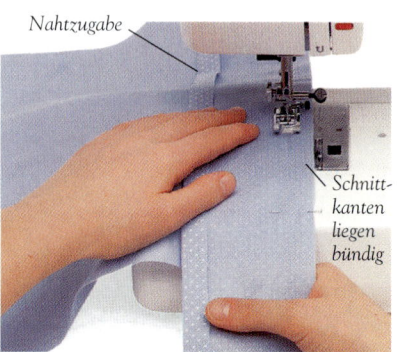

1 Nahtzugaben an beiden Längskanten des Bandes nach links umbügeln. Eine Kante auffalten, kantenbündig rechts auf rechts an den Stoff stecken. Naht steppen, bis Sie den Schnittpunkt der Quernaht erreichen.

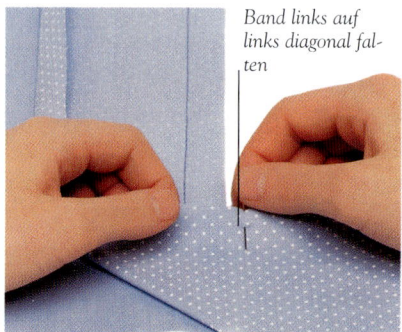

2 Bügeln Sie das Einfassband diagonal vom Kleidungsstück weg. Messen Sie dann von der mittleren Bruchlinie aus die doppelte fertige Einfassbreite ab und markieren Sie diesen Punkt mit einer Nadel.

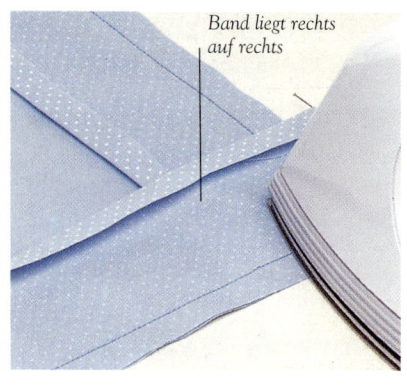

3 Band so an die folgende gerade Kante anlegen, dass an der Stelle der Markierungsnadel eine senkrechte Falte entsteht. Diese Falte (außerhalb der Ecke) einbügeln. An der Außenkante der Falte beginnend das Band an nächste gerade Stoffkante steppen.

4 Bügeln Sie das Band vom Stoff weg. Lose Kante nach links umschlagen, sodass sie auf die Ansatznaht trifft. Falte an der Ecke auf beiden Seiten zurechtschieben. Kante und Ecke feststecken, säumen, Einfassung bügeln.

KANTEN EINFASSEN

JERSEY-BÄNDER – INNENECKE

Band zur Hälfte gebügelt, linke Stoffseite innen

Falte

Nahtzugaben auf 6 mm zurückschneiden

Ecke einschneiden

1 Bügeln Sie den Einfassstreifen der Länge nach zur Hälfte. Ecken im Oberstoff mit Stütznähten sichern, Zugaben einschneiden. Band mit beiden Kanten an Stoffkante stecken. Falte einlegen.

2 Falten Sie das Band im rechten Winkel zurück, sodass die entstehende senkrechte Falte genau auf der Schnittkante des Stoffes liegt. Bügeln Sie beide Falten im Band leicht ein (oben).

3 Band vom Stoff lösen, rechts auf rechts zusammenfalten. Diagonale Bügellinie V-förmig absteppen, Dreieck ausschneiden.

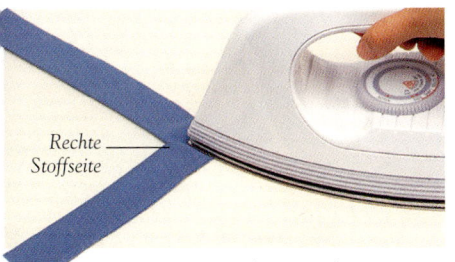

Rechte Stoffseite

Stoff am Einschnitt dehnen

Fertige Einfassung steht über die Stoffkante hinaus

4 Klappen Sie das Band auseinander und bügeln Sie die V-förmige Naht auseinander. Band mit der linken Stoffseite nach innen zur Hälfte falten, Mittelbruch einbügeln.

5 Den Stoff rechts auf rechts an das Einfassband stecken. Ecke am Einschnitt dehnen, damit sie sich der Kante des Bandes anpasst. Band feststeppen, an der Ecke wenden mit eingestochener Nadel.

6 Versäubern Sie alle Nahtzugaben in einem Arbeitsgang mit Zickzackstichen. Bügeln Sie die Nahtzugaben zum Stoff hin, dann bügeln Sie den Einfassstreifen vom Stoff weg (oben).

JERSEY-BÄNDER – AUSSENECKEN

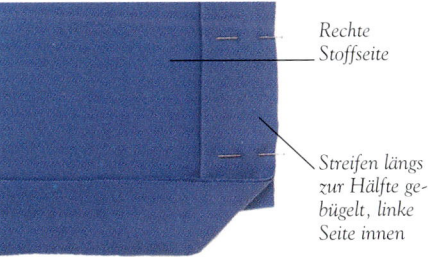

Rechte Stoffseite

Streifen längs zur Hälfte gebügelt, linke Seite innen

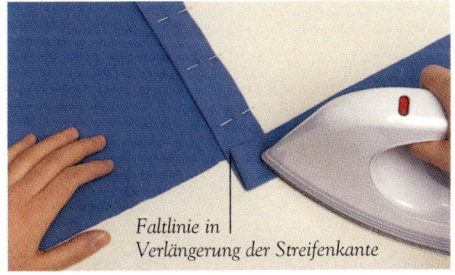

Faltlinie in Verlängerung der Streifenkante

In den diagonalen Falzen entlangsteppen

1 Bügeln Sie das Band längs zur Hälfte. Stecken Sie es rechts auf rechts bis zur Ecke an den Stoff. Dann den Streifen diagonal so umfalten, dass die Nahtlinie des Streifens auf der Nahtlinie des Stoffes liegt.

2 Jetzt falten Sie den Streifen im rechten Winkel zurück, die Faltlinie soll bündig mit der Kante des festgesteckten Streifens liegen. Bügeln Sie die beiden Falten vorsichtig ein (oben).

3 Nadeln entfernen, Einfassstreifen ausbreiten. Falten Sie ihn rechts auf rechts über die Ecke. Auf Falzen entlangsteppen, sodass eine V-förmige Naht entsteht. Zugaben auf 6 mm zurückschneiden.

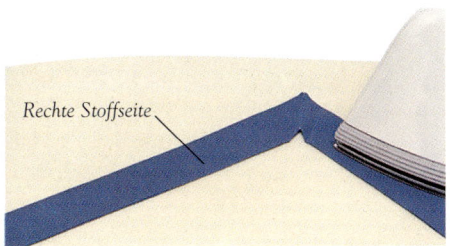

Rechte Stoffseite

Ecke abschrägen

Schnittkanten des Bandes ansteppen

Überwendlingsstich

4 Öffnen Sie das Band nun und bügeln Sie die Nahtzugabe auseinander. Anschließend legen Sie das Band wieder längs zur Hälfte und bügeln es möglichst flach (oben).

5 Stecken Sie das Einfassband rechts auf rechts an den Stoff. An der Ecke Band dehnen. Naht steppen, an der Ecke mit eingestochener Nadel wenden. Ecke schräg abschneiden.

6 Versäubern Sie alle Nahtzugaben in einem Arbeitsgang mit Zickzackstichen. Die Nahtzugabe der Ecke wird mit sauberen Handstichen (Überwendlingsstichen) befestigt (oben).

ECKEN IN EINFASSUNGEN AUS SCHRÄGSTREIFEN

Schrägstreifen für schmale Einfassungen können Sie selbst herstellen. Schneiden Sie Streifen, die viermal so breit sind wie die gewünschte Breite. Die Breite der Nahtzugabe am Stoff entspricht der fertigen Einfassungsbreite. Bei handgesäumten Einfassungen steppen Sie eine Kante mit der Maschine an und befestigen die andere von Hand.

HANDGESÄUMTE SCHRÄGSTREIFEN – INNENECKE

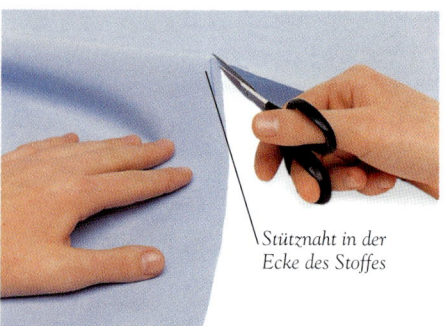

Stütznaht in der Ecke des Stoffes

1 Sichern Sie die Ecke in beide Richtungen mit einer 2,5 cm langen Stütznaht. Die Zugabe in der Ecke einschneiden. Zugaben des Schrägstreifens an Längskanten nach links umbügeln.

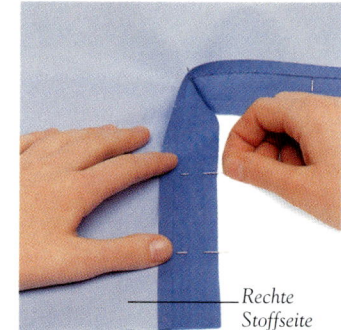

Rechte Stoffseite

2 Falten Sie eine Kante des Schrägstreifens auf. Stecken Sie diese rechts auf rechts bündig bis zur Ecke an die Stoffkante. Ziehen Sie die eingeschnittene Ecke auseinander und stecken Sie den Streifen mit querliegenden Nadeln fest (links). Dann in Falz der Nahtzugabe steppen.

3 Bügeln Sie den Schrägstreifen vom Stoff weg. Legen Sie dann von der linken Stoffseite den Streifen in der Ecke in eine rechtwinklige Falte. Auf der rechten Seite entsteht dadurch eine diagonale Falte. Die Ecke gut ausbügeln (rechts).

Rechtwinklige Falte auf der linken Seite

4 Der Schrägstreifen wird jetzt über die Nahtzugabe geschlagen und mit der Hand von links an die Ansatznaht gesäumt. In der Ecke schieben Sie eine diagonale Falte zurecht und fixieren sie mit Handstichen. Dann säumen Sie die anschließende gerade Kante (rechts).

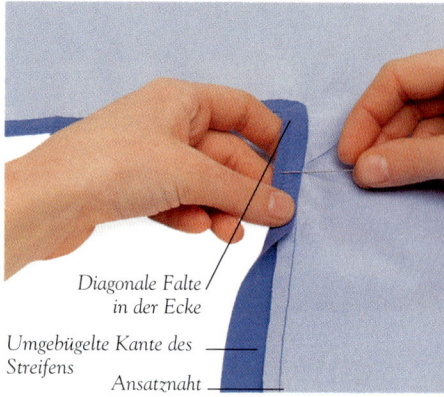

Diagonale Falte in der Ecke
Umgebügelte Kante des Streifens
Ansatznaht

HANDGESÄUMTE SCHRÄGSTREIFEN – AUSSENECKE

Obere Lage im rechten Winkel zurücklegen
Diagonale Falte in der unteren Lage

1 Nahtzugabe an einer Streifenlängsseite auffalten, rechts auf rechts kantenbündig bis eine Zugabenbreite vor der Ecke steppen. Streifen mit einer Falte um Ecke legen.

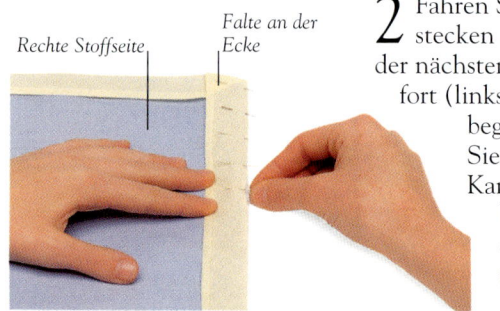

Rechte Stoffseite
Falte an der Ecke

2 Fahren Sie mit dem Feststecken des Streifens an der nächsten geraden Kante fort (links). An der Ecke beginnend steppen Sie nun auch diese Kante im eingebügelten Bruch der Nahtzugabe fest.

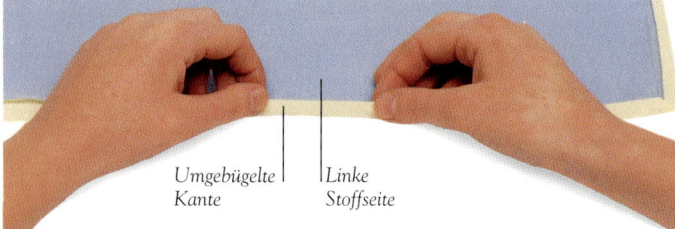

Umgebügelte Kante
Linke Stoffseite

3 Bügeln Sie den Schrägstreifen vom Stoff weg und schlagen Sie ihn über die Schnittkante des Stoffes nach links um. Schieben Sie in den Ecken saubere Falten zurecht und richten Sie die Kante des Streifens an der Ansatznaht aus (oben).

4 Stecken Sie die umgebügelte Kante des Schrägstreifens fest (rechts). Säumen Sie dann die Kante an den Stichen der Ansatznaht fest. Wenn Sie einen breiten Schrägstreifen verwendet haben, müssen auch die schrägen Ecken unsichtbar vernäht werden.

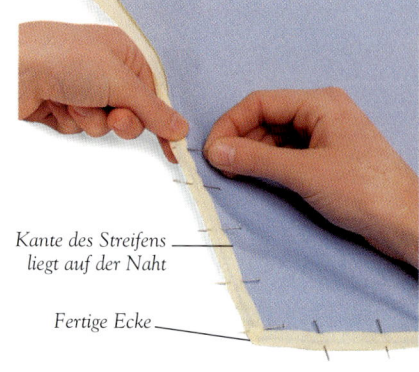

Kante des Streifens liegt auf der Naht
Fertige Ecke

ABGESTEPPTE SCHRÄGSTREIFEN – INNENECKE

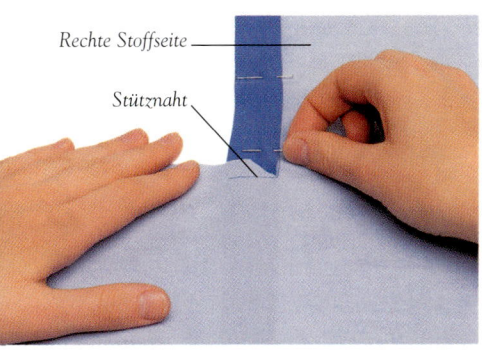
Rechte Stoffseite
Stütznaht

1 Zugaben des Schrägstreifens nach links umbügeln, Streifen mit der linken Stoffseite nach innen längs zur Hälfte bügeln. Sichern Sie die Ecke im Stoff mit einer Stütznaht von 2,5 cm Länge in jede Richtung. Ecke der Zugabe einschneiden. Eine Seite des Schrägstreifens mit der linken Seite so auf Stoff stecken, dass die Stoffkante bis in den Mittelbruch des Streifens reicht. Feststecken.

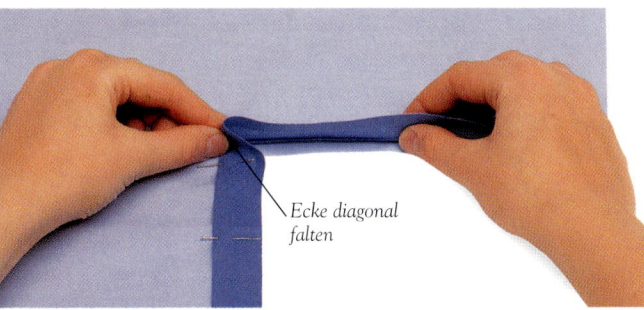
Ecke diagonal falten

2 Kniffen Sie den Streifen diagonal und legen Sie ihn um die Ecke. Fahren Sie dann mit dem Feststecken des Schrägstreifens an der anschließenden geraden Kante fort (links).

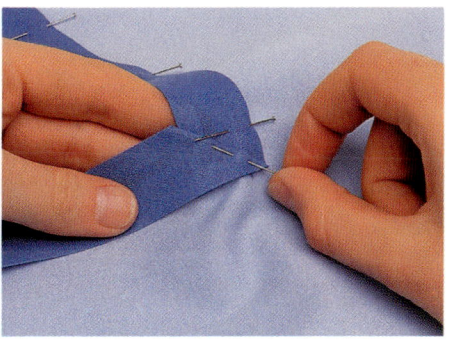

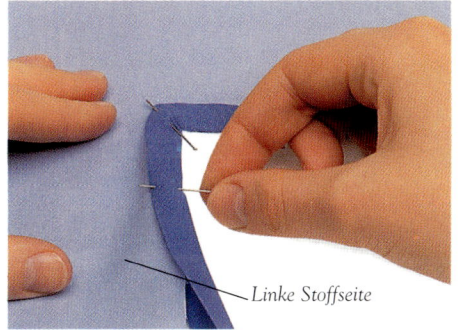
Linke Stoffseite

3 Stecken Sie die diagonale Ecke sauber zusammen (oben). Fahren Sie fort, bis der gesamte Schrägstreifen festgesteckt ist. Achten Sie darauf, dass die Stoffkante immer bis in den Mittelbruch des Schrägstreifens ragt.

4 Nun legen Sie den Streifen um die Stoffkante. Dabei verläuft die diagonale Falte genau in der Ecke. Stecken und heften Sie ihn fest. Achten Sie darauf, beim Heften alle Stofflagen mitzufassen. Die Stecknadeln werden entfernt.

Rechte Stoffseite

5 Von der rechten Stoffseite aus steppen Sie den Schrägstreifen nun fest. Nähen Sie knapp an der Kante des Streifens entlang, achten Sie aber darauf, dass beim Steppen alle Stofflagen mitgefasst werden – vor allem die untenliegende Kante des Schrägstreifens. An den Ecken wenden Sie mit eingestochener Nadel (links). Zum Schluss die Heftstiche aus dem Stoff entfernen.

ABGESTEPPTE SCHRÄGSTREIFEN – AUSSENECKE

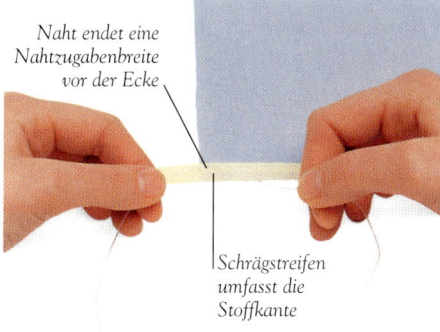
Naht endet eine Nahtzugabenbreite vor der Ecke
Schrägstreifen umfasst die Stoffkante

1 Bügeln Sie die Nahtzugaben des Schrägstreifens an beiden Längskanten um und falten Sie den Streifen der Länge nach zur Hälfte. Stecken Sie den Streifen dann über die Schnittkante des Stoffes. Steppen Sie nun eine gerade Kante bis zur Ecke. Die Fadenenden gut verknoten (oben).

Stoffkante wird vom Streifen umschlossen

2 Führen Sie den Schrägstreifen um die Ecke herum und legen Sie ihn dabei an der Ecke auf Ober- und Unterseite des Stoffes in saubere diagonale Falten (oben). Dann den Streifen an der folgenden geraden Stoffkante feststecken.

Rechte Stoffseite

3 Von der rechten Stoffseite aus steppen Sie nun den Streifen fest (oben). Achten Sie dabei darauf, dass auch die unten liegende Kante des Schrägstreifens mitgefasst wird. Die Stecknadeln während des Nähens herausziehen.

RÜSCHEN

Die Außenkanten einlagiger Rüschen werden zu einem schmalen Saum umgeschlagen. Bei zweilagigen Rüschen besteht die Außenkante aus einer Naht oder einem Stoffbruch. Für einlagige Rüschen eignen sich standfestere Stoffe am besten. Sie werden auch gearbeitet, wenn zweilagige Rüschen zu füllig wären. Für leicht fransende Stoffe empfehlen sich zweilagige Rüschen. Wird die Rüsche schwach aufgekräuselt, entspricht die Länge des Stoffstreifens der doppelten gewünschten Rüschenlänge. Füllige, stark gekräuselte Rüschen breiter zuschneiden.

VERWANDTE TECHNIKEN

Nahtzugaben verkleinern, S. 84
Nähte versäubern, S. 85
Falten von rechts einlegen, S. 115
Kräuseln und gekräuselte Kanten anpassen, S. 120
Kräuseln, S. 127
Mit der Hand säumen, S. 206

ÜBERSICHT

Rüsche mit Köpfchen   *Rund geschnittene Rüsche*   *Doppelseitige Rüsche*   *Einfache Rüsche*

Rüsche mit Köpfchen
Bei dieser Form wird die Kräuselnaht ein Stück unterhalb der Oberkante angelegt.

Rund geschnittene Rüsche
Eine rund geschnittene Rüsche fällt besonders weich. Sie wird gern als Verzierung von Halsausschnittkanten verwendet.

Doppelseitige Rüsche
Diese Rüsche wird in der Mitte des Stoffstreifens aufgekräuselt. So entstehen gleichmäßig breite Überstände.

Einfache Rüsche
Eine Kante der geraden Rüsche wird gesäumt, die andere wird aufgekräuselt, in einer Naht mitgefasst oder angesetzt.

EINE EINLAGIGE RÜSCHE SÄUMEN

Alle Kanten einer einlagigen Rüsche, die nicht in einer Naht mitgefasst werden, müssen mit einem schmalen Saum versehen werden. Wenn Sie den Saum mit der Hand arbeiten wollen, steppen Sie zunächst eine gerade Linie 6 mm neben der Saumbruchlinie entlang. Diese Linie dient beim Säumen als Orientierung.

MIT DER HAND

Dicht neben der Stepplinie abschneiden

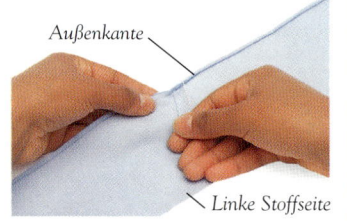
Außenkante
Linke Stoffseite

1 Steppen Sie eine Linie 6 mm neben der Saumbruchlinie. Schneiden Sie die Saumzugabe auf 3 mm zurück (oben). Schlagen Sie die Schnittkante an der Stepplinie nach links um.

2 Arbeiten Sie auf der linken Stoffseite mit kleinen Stichen einen Rollsaum (S. 206) entlang der gesteppten, umgefalteten Außenkante der Rüsche (oben).

MIT DER MASCHINE

Fuß faltet den Stoff zweimal
Schmaler Säumerfuß

Saubere Säume entstehen mit dem Säumerfuß. Es gibt verschiedene Nähfüße für verschiedene Saumbreiten. Setzen Sie den Fuß ein, legen Sie den Stoff unter die Maschine und führen Sie den Stoff in die Säumerschnecke am Fuß. Der Stoff wird automatisch zweimal eingeschlagen und angesteppt.

RÜSCHEN

EINE EINLAGIGE RÜSCHE ARBEITEN

Eine Rüsche aus einer einzelnen Stofflage wird verwendet, um Kleidungsstücke zu verzieren oder zu verlängern. Für den Zuschnitt addieren Sie zur gewünschten fertigen Breite 1,5 cm Nahtzugabe und 1 cm Zugabe für einen schmalen Saum. Die Rüsche wird gesäumt, ehe sie gekräuselt und angesetzt wird (siehe gegenüber).

EINFACHE RÜSCHE

Schnittkante — *Zwei Kräuselnähte* — *Gesäumte Kante*

Arbeiten Sie an Schmalseiten und einer Längskante der Rüsche einen schmalen Saum. An der ungesäumten Kante bringen Sie im Abstand von 6 mm zwei Kräuselnähte an. Rüsche aufkräuseln.

RÜSCHE MIT KÖPFCHEN

Breite des Köpfchens — *Unterkante*

Säumen Sie alle Kanten des Stoffstreifens. Ziehen Sie einen Kräuselfaden an der Unterkante des gewünschten Köpfchens ein. Eine zweite Kräuselnaht steppen Sie 6 mm tiefer. Dann wird die Rüsche eingekräuselt.

DOPPELSEITIGE RÜSCHE

Gesäumte Längskante der Rüsche

Säumen Sie alle Kanten des Stoffstreifens. Ziehen Sie zwei Kräuselfäden ein, einen davon 3 mm oberhalb der Mitte und den anderen 3 mm unterhalb der Mitte. Nun einkräuseln (oben).

EINE ZWEILAGIGE RÜSCHE ARBEITEN

Wo bei feinen Stoffen der Saum auf der rechten Stoffseite sichtbar wäre, arbeiten Sie zweilagige Rüschen. Das erfordert weniger Näharbeit als die einlagige Rüsche. Für eine einfache Rüsche berechnen Sie die doppelte Rüschenbreite plus zweifache Nahtzugabe, für Rüschen mit Köpfchen und doppelte Rüschen die doppelte Rüschenbreite.

EINFACHE RÜSCHE

Schmalkanten säumen oder zusammensetzen. Falten Sie den Stoff längs zur Hälfte und steppen Sie zwei Kräuselnähte im Abstand von 6 mm an der offenen Oberkante. Fäden zur Kräuselung anziehen.

RÜSCHE MIT KÖPFCHEN

Köpfchenrückseite — *Unterteilrückseite*

Bügeln Sie Köpfchen und Unterkante der Rüsche so um, dass die Schnittkanten auf der Rückseite zusammenstoßen. Steppen Sie an jeder Schnittkante entlang eine Kräuselnaht. Dann die Rüsche aufkräuseln.

DOPPELSEITIGE RÜSCHE

Stoff liegt doppelt

Stoff an beiden Längskanten so nach links umbügeln, dass die Schnittkanten in der Mitte der Rüsche zusammenstoßen. An jeder Schnittkante Kräuselnaht steppen, Rüsche aufkräuseln.

EINE EINFACHE RÜSCHE MITFASSEN

Eine einfache Rüsche kann an der Vorderkante eines Kleidungsstückes zwischen Oberstoff und Beleg angebracht werden oder auf halber Höhe in einen Rock eingesetzt werden. Rüsche säumen, kräuseln, zwischen Stofflagen stecken, in der Naht mitfassen. Rüschenoberkanten auf Innenseite versäubern.

Oberstoff — *Rüsche rechts auf rechts kantenbündig feststecken*

1 In Abständen von 15 cm Nadeln quer in den Oberstoff stecken. Rüsche in entsprechende Abschnitte einteilen, zwischen den Markierungsnadeln ausrichten, eventuell Kräuselung dem Oberstoff anpassen.

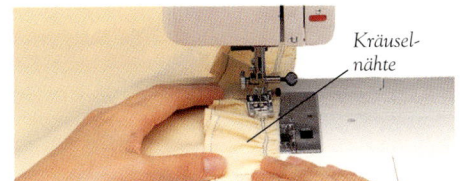
Kräuselnähte

2 Wickeln Sie die Enden der Kräuselfäden an den Enden der Rüsche acht-förmig um Stecknadeln. Stecken Sie die Rüsche an den Stoff und steppen Sie sie knapp neben der unteren Kräuselnaht fest (oben).

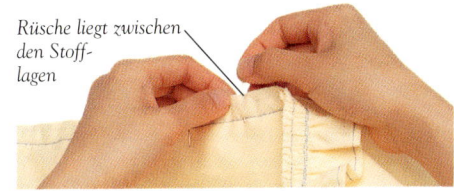
Rüsche liegt zwischen den Stofflagen

3 Stecken Sie Stoff und Rüsche kantenbündig rechts auf rechts an die zweite Stofflage (z. B. Beleg, oben). Steppen Sie die Naht. Dabei wird die Rüsche zwischen den beiden Stofflagen festgehalten.

Ecken, Kanten und Rüschen

Eine Rüsche an eine gerade Kante ansetzen

Stoffkanten werden gern zur Verzierung mit einfachen oder doppellagigen Rüschen besetzt. Die Rüsche kann in Fältchen gelegt sein, gekräuselte Rüschen sind allerdings gebräuchlicher. Die Nahtzugaben werden beschnitten und versäubert. Sie können mit Zickzackstichen zusammengefasst oder angesäumt werden.

1 Bereiten Sie die Rüsche vor und steppen Sie sie an die Stoffkante. Nur die Nahtzugabe der Rüsche auf 5 mm zurückschneiden. Die Nahtzugabe des Oberstoffs 3 mm breit zur Rüsche hin umbügeln.

Nahtzugabe über die Nahtzugabe der Rüsche klappen

2 Schlagen Sie die umgebügelte Nahtzugabe des Oberstoffes so ein, dass die 5 mm breite Nahtzugabe der Rüsche verdeckt ist. Die Kante soll auf die Ansatznaht der Rüsche treffen. Die Nahtzugabe wird festgesteckt und knappkantig gesteppt (links).

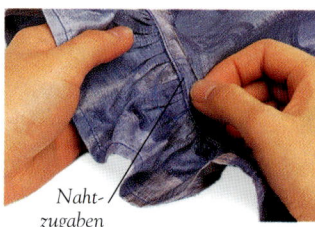

Nahtzugaben

3 Klappen Sie die Rüsche vom Oberstoff weg, bügeln Sie die Nahtzugaben zum Stoff hin und säumen Sie sie fest.

Die Ansatznaht einer Rüsche mit Schrägstreifen versäubern

Bei dieser Technik wird die Nahtzugabe der Rüsche mit einem Schrägstreifen versäubert. Sie können fertige Schrägstreifen in 2,5 cm Breite verwenden oder selbst Streifen aus dem Stoff des Modells schneiden (S. 214–215). Besonders bei rund geschnittenen Rüschen eignen sich Schrägstreifen zum Versäubern der Ansatznaht.

Rechte Stoffseiten aufeinander

1 Bereiten Sie die Rüsche vor und steppen Sie sie an den Oberstoff. Falten Sie eine Längskante des Schrägstreifens auf und stecken Sie sie kantenbündig an die Nahtzugabe. Steppen Sie den Streifen knapp neben der Ansatznaht fest (links).

Offene Kante des Schrägstreifens

Alle Lagen zurückschneiden

2 Schneiden Sie die Nahtzugabe an Rüsche, Oberstoff und Schrägstreifen auf 5 mm zurück. Klappen Sie die Rüsche vom Stoff weg, falten Sie den Schrägstreifen über die Zugaben und stecken Sie ihn fest.

3 Nähen Sie die Kante des Schrägstreifens fest (oben). Bei selbst geschnittenen Schrägstreifen Längskanten vor dem Verarbeiten umbügeln.

Eine Rüsche mit Köpfchen ansetzen

Eine Rüsche mit Köpfchen kann verwendet werden, um eine Nahtzugabe zu verdecken. Die Rüsche wird auf die linke Seite des Oberstoffes gesteppt und dann nach rechts umgeklappt. So verschwindet die Nahtzugabe hinter dem Köpfchen. Eine zweite Steppnaht, die von der rechten Stoffseite aus gearbeitet wird, verdeckt die Schnittkante.

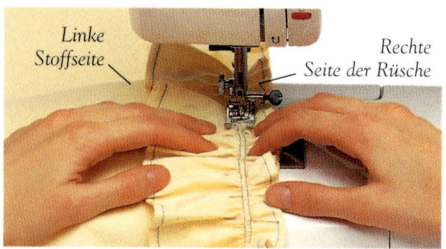

Linke Stoffseite ... *Rechte Seite der Rüsche*

1 Schmalen, oberen Teil der Rüsche links auf links auf die Stoffkante legen. Kräuselnähte liegen auf Höhe der Nahtlinie des Oberstoffs. Rüsche feststeppen, neben Kräuselfaden auf breiter Rüschenseite steppen.

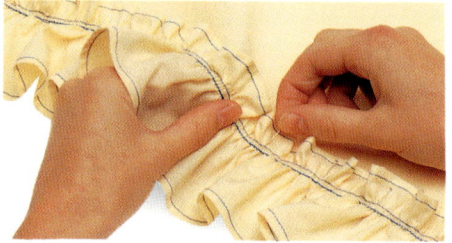

2 Zugabe des Oberstoffes auf 5 mm zurückschneiden. Wenn Sie die Rüsche umklappen, liegt Köpfchen über der beschnittenen Nahtzugabe. Stecken Sie es fest. Neben dem Kräuselfaden auf der Köpfchenseite der Rüsche steppen.

Eine doppelseitige Rüsche aufsetzen

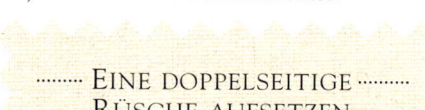

Wenn Sie eine Rüsche auf eine Stofffläche aufsetzen wollen, steppen Sie knapp neben den beiden Kräuselnähten entlang.

RÜSCHEN

RUND GESCHNITTENE RÜSCHEN

Die Außenkante einer rund geschnittenen Rüsche ist viel länger als die Innenkante. Wird die Innenkante ohne Kräuselung flach auf den Oberstoff gesteppt, wirft die Außenkante schon Wellen. Rund geschnittene Rüschen können auch in mehreren Lagen übereinander angebracht werden.

RUND GESCHNITTENE RÜSCHEN ZUSCHNEIDEN UND VORBEREITEN

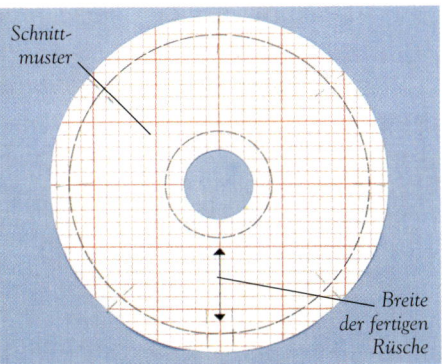
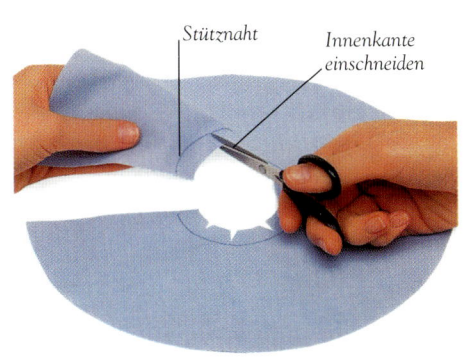

1 Stecken Sie das Muster auf den Stoff. Schneiden Sie je nach Bedarf eine oder zwei Lagen Stoff zu. Schneiden Sie den Ring ein oder lassen ihn geschlossen.

2 Bringen Sie an der Innenkante, knapp innerhalb der Nahtzugabe, eine Stütznaht an. Die Nahtzugabe wird rundum V-förmig eingeschnitten (oben).

3 Für zwei oder mehr Kreise: gerade Schmalkanten zusammensteppen. Innenkanten wie in Schritt 2 mit einer Stütznaht befestigen, einschneiden.

EINLAGIGE RUNDE RÜSCHE

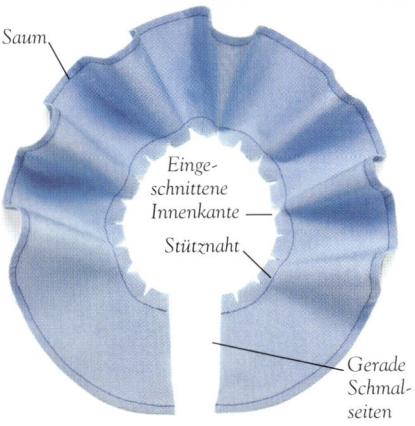

Arbeiten Sie einen schmalen Saum (S. 228) an der Außenkante der Rüsche (links). (Oder versäubern Sie die Kante mit Zickzackstichen, bügeln Sie die Kante schmal nach links um und steppen Sie sie in der Mitte der Zickzacklinie fest.) Säumen Sie die Schmalkanten und befestigen Sie die Rüsche am Kleidungsstück (siehe S. 229–230).

ZWEILAGIGE RÜSCHE

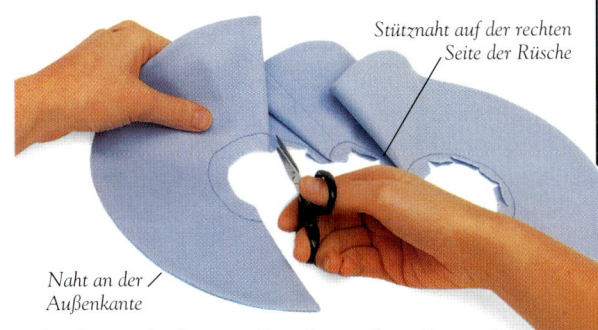

Außenkante der breiten Rüschenteile aufeinandersteppen. Zugaben beschneiden, bügeln. Rüsche wenden, Innenkante mit Stütznaht versehen, einschneiden.

SPEZIELLE BEFESTIGUNGS-TECHNIKEN

Rüsche am Kragen
Stecken Sie die einfache Rüsche (S. 229) an die Außenkante des Oberkragens. An den Ecken oder Rundungen des Kragens muss besonders viel Weite vorgesehen werden (links). Stecken Sie den Unterkragen rechts auf rechts auf Oberkragen mit Rüsche und steppen Sie alle drei Lagen zusammen. Nahtzugaben beschneiden und einknipsen, dann den Kragen wenden

Rüschen am Ende abrunden
Wenn zum Stil des Kleidungsstücks oder Möbels eine Rüsche mit geradem Abschluss nicht gut passt, lassen Sie die Rüsche am Ende auslaufen. Dabei lassen Sie zum Ende der Rüsche hin die Nahtzugabe langsam immer breiter werden. Fassen Sie die Rüsche zwischen Oberstoff und Beleg mit, steppen Sie sie, wenden Sie sie nach rechts und bügeln Sie sie.

VERSCHLÜSSE

KNÖPFE

Übersicht 234 ▪ Die richtige Position 234 ▪ Flache Knöpfe annähen 235
Knöpfe mit Schaft annähen 235 ▪ Knöpfe mit der Maschine annähen 236 ▪ Knöpfe beziehen 236

MASCHINEN-KNOPFLÖCHER

Übersicht 238 ▪ Die Knopflochgröße ausmessen 238 ▪ Knopflöcher anzeichnen 239
Einfache Maschinenknopflöcher 239 ▪ Automatische Knopflöcher 240
Eingefasste Knopflöcher 241 ▪ Belege an eingefassten und gepaspelten Knopflöchern 244
Knopflöcher in speziellen Stoffen 244

HANDGENÄHTE KNOPFLÖCHER

Übersicht 246 ▪ Knopflöcher von Hand arbeiten 246
Augenknopfloch mit Kordeleinlage 247

KNOPFSCHLINGEN

Übersicht 248 ▪ Einen Stoffschlauch herstellen 248
Knopfschlingenverschlüsse arbeiten 249 ▪ Der Posamentenverschluss 249

REISSVERSCHLÜSSE

Übersicht 250 ▪ Verschiedene Techniken, Reißverschlüsse einzusetzen 250 ▪ Der Reißverschlussfuß 251
Der verdeckte Reißverschluss 252 ▪ Der verdeckte Reißverschluss in einer fortlaufenden Naht 252
Der Reißverschluss in der Naht 253 ▪ Der Vorderverschluss 254 ▪ Der Vorderverschluss mit Untertritt 255
Der unsichtbare Reißverschluss 256 ▪ Letzte Handgriffe am unsichtbaren Reißverschluss 256
Muster am unsichtbaren Reißverschluss 257 ▪ Teilbare Reißverschlüsse einsetzen 257
Sichtbare Reißverschlüsse 258 ▪ Reißverschlüsse in einer Paspelnaht 259 ▪ Reißverschlüsse in Falten 259

ANDERE VERSCHLÜSSE

Übersicht 260 ▪ Haken und Ösen befestigen 261 ▪ Handgearbeitete Riegel, Ösen und Schlingen 262
Verschlussbänder anbringen 262 ▪ Druckknöpfe 263

VERSCHLÜSSE

KNÖPFE

Früher wurden Knöpfe aus Knochen oder Horn hergestellt, heutzutage sind die meisten Knöpfe aus Kunststoff, Metall oder Glas. Flache Knöpfe sind einfach gelocht, damit sie angenäht werden können. Bei Knöpfen mit Schaft liegt das Loch zum Festnähen in einer Ausbuchtung oder einer vorstehenden Metallöse auf der Rückseite. Flache Knöpfe müssen oft mit Schaft angenäht werden, damit sie auf mehrlagigen Stoffen gut sitzen. Bei sehr dicken Stoffen kann es sogar nötig sein, auch Schaftknöpfe zusätzlich zu verlängern.

VERWANDTE TECHNIKEN

Maschinenfüßchen, S. 18
Garne, S. 63
Stiche für Nähte und Kanten, S. 74
Stofflagen zusammenfügen, S. 287
Knopflöcher reparieren, S. 307

ÜBERSICHT

Zwei-Loch-Knopf
Ein flacher Knopf mit zwei Löchern zum Annähen (S. 236). Wenn der Knopf nur zur Zierde dient, wird er ohne Schaft angenäht.

Vier-Loch-Knopf
Die meisten flachen Knöpfe dieser Art werden mit einem kleinen Schaft angenäht.

Kugelknopf
Bei diesen kugelrunden Knöpfen ist das Stichloch auf der Unterseite angebracht.

Halbkugelknopf
Solche Knöpfe haben auf der Rückseite einen Schaft. Sie eignen sich besonders für dickere, schwere Stoffe.

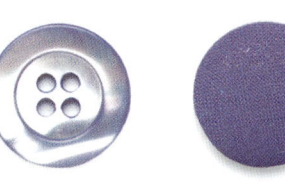

Zwei-Loch-Knopf   *Vier-Loch-Knopf*   *Bezogener Knopf*   *Knopf mit Schaft*

Kugelknopf   *Halbkugelkopf*   *Nietenknopf*   *Zierknopf*

Bezogener Knopf
Mit dem Stoff des Modells bezogene Knöpfe können Sie mit einem Fertigsatz selbst herstellen (S. 236–237). Mit Metallöse auf der Rückseite.

Knopf mit Schaft
Solche stabilen Knöpfe aus Kunststoff, Horn oder Metall haben einen festen Schaft auf der Rückseite (S. 235).

Nietenknopf
Eine kleine Niete mit einem Dorn wird mit dem Hammer durch den Stoff geschlagen und hält den Knopf fest.

Zierknopf
Solche Knöpfe gibt es in vielen Formen und Größen, mit und ohne Schaft.

DIE RICHTIGE POSITION

Bei waagerechten Knopflöchern muss der Knopf an der Seite des Knopfloches sitzen, die der Kante des Kleidungsstückes zugewandt ist. Damit genug Platz für den Schaft bleibt, wird der Knopf 3 mm vom Knopflochende entfernt angenäht. Bei senkrechten Knopflöchern sitzen die Knöpfe in der Mitte oder am oberen Ende.

WAAGERECHTE KNOPFLÖCHER

Legen Sie die Kanten des Kleidungsstückes so aufeinander, dass die Linien für die vordere Mitte sich decken. Stechen Sie eine Nadel 3 mm vom Knopfloch-Ende entfernt ein (links). Obere Stofflage anheben, Nadel durch den Stoff stechen.

SENKRECHTE KNOPFLÖCHER

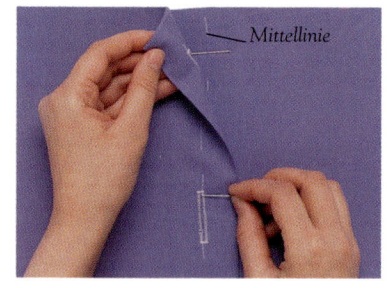

Legen Sie die Mittellinien aufeinander. Stechen Sie 3 mm unterhalb des Knopflochendes eine Nadel durch das Knopfloch. Heben Sie dann die obere Lage vorsichtig über die Stecknadel. Jetzt die Nadel fest einstechen.

KNÖPFE

FLACHE KNÖPFE ANNÄHEN

Auf sehr leichten Stoffen können flache Knöpfe direkt aufgenäht werden. Bei den meisten mittleren oder dicken Stoffen ist es jedoch sinnvoll, einen kleinen Schaft zu arbeiten, damit die Stoffdicke des Knopfloches unter dem geschlossenen Knopf nicht gedrückt wird. Je dicker der Stoff ist, umso länger muss der Schaft sein.

EINEN VIER-LOCH-KNOPF ANNÄHEN

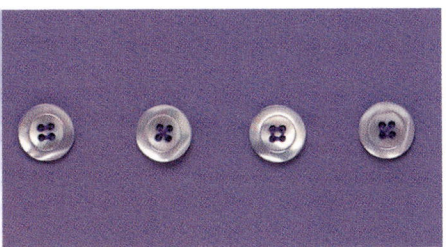

Zwei parallele Stiche (ganz links), ein Kreuz aus zwei Stichen (links), ein Quadrat aus vier Stichen (rechts) oder ein Pfeil aus drei Stichen, die von einem Loch zu den drei anderen führen (ganz rechts). Wiederholen.

EINEN ZWEI-LOCH-KNOPF ANNÄHEN

Fadenende auf Stoffrückseite befestigen. Durch die Knopflöcher stechen. Fünf- bis sechsmal wiederholen, Faden gut befestigen.

EINEN GARNSCHAFT ARBEITEN

Fäden unter dem Knopf fest umwickeln

Halten Sie den Knopf beim Annähen schräg, damit ein kleiner Abstand zum Stoff entsteht. Wickeln Sie den Arbeitsfaden um die Fäden unter dem Knopf, so bleibt Abstand erhalten. Faden befestigen.

EINEN GARNSCHAFT MIT ABSTANDHALTER ARBEITEN

1 Befestigen Sie das Fadenende. Bringen Sie den Knopf in die gewünschte Position und legen Sie einen Zahnstocher als Abstandhalter darauf. Je dicker der Abstandhalter, umso länger wird der Schaft. Stechen Sie beim Annähen des Knopfes über den Abstandhalter. Führen Sie den Faden zwischen Knopf und Stoff.

2 Entfernen Sie den Abstandhalter. Wickeln Sie den Arbeitsfaden fest um die Fäden unter dem Knopf, sodass ein Schaft entsteht. Vernähen Sie das Fadenende gut auf der Rückseite des Stoffes.

KNÖPFE MIT SCHAFT ANNÄHEN

Knöpfe mit festem Schaft werden so angenäht, dass der Schaft parallel zur Richtung des Knopfloches liegt. Der Faden wird mit einigen Rückstichen auf der Rückseite des Stoffes befestigt. Bei dicken Stoffen oder Knöpfen mit kurzem Schaft kann ein zusätzlicher Schaft aus Garn gewickelt werden.

EINEN KNOPF MIT SCHAFT ANNÄHEN

1 Befestigen Sie das Fadenende. Knopf so auflegen, dass der Schaft parallel zur Knopflochrichtung verläuft. Arbeiten Sie sechs bis acht Stiche abwechselnd durch den Stoff und den Schaft.

2 Schließen Sie den Knopf, um den Sitz zu kontrollieren. Der Schaft sollte glatt im Knopfloch liegen und nicht gegen die Kanten drücken. Aufknöpfen, Faden auf der Rückseite vernähen.

ZUSÄTZLICHER GARNSCHAFT

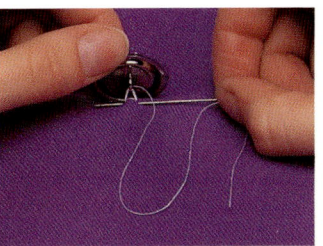

1 Befestigen Sie Fadenende auf der linken Stoffseite. Halten Sie den Knopf zwischen Daumen und Zeigefinger, damit zwischen Knopf und Stoff Abstand entsteht. Knopf locker annähen.

2 Wickeln Sie den Arbeitsfaden fest um die Stiche, mit denen der Knopf befestigt wurde. Stechen Sie dann zur linken Stoffseite durch und vernähen den Faden.

KNÖPFE MIT DER MASCHINE ANNÄHEN

Knöpfe mit der Maschine anzunähen kann viel Zeit sparen. Nicht alle Maschinen eignen sich zum Annähen von Knöpfen. In der Regel müssen die Fadenenden von Hand auf die linke Stoffseite durchgezogen werden. Wenn die Knöpfe auf einen mittleren oder dicken Stoff genäht werden, sollten Sie einen Schaft arbeiten.

ZWEI-LOCH-KNÖPFE

Legen Sie Stoff und Knopf unter den Knopffuß. Knopf annähen, zuvor Zickzackstich mit der Stichlänge null einstellen. Die Breite des Stiches richtet sich nach dem Abstand der Löcher im Knopf.

VIER-LOCH-KNOPF

Knopf befestigen, indem Sie die ersten beiden Löcher durchnähen. Nadel und Nähfuß leicht anheben. Anderen beiden Löcher unter die Nadel schieben, Fuß senken und Löcher befestigen.

EINEN SCHAFT ARBEITEN

Knopf unter Nähfuß legen, über ein Loch bringen. Zahnstocher in Kerbe auf Fußunterseite schieben. Knopf annähen, Hölzchen entfernen, Fadenenden unter Knopf um Stiche wickeln. Vernähen.

KNÖPFE BEZIEHEN

Selbst bezogene Knöpfe harmonieren oft besonders gut mit dem Modell. Sie können aber auch als kontrastierendes Detail eingesetzt werden. Der Fachhandel bietet fertige Sets mit Rohlingen an. Ausführliche Anleitungen machen die Arbeit leicht. Wenn Sie einen sehr feinen Stoff verwenden, verstärken Sie die Rückseite!

EINFACHE BEZOGENE KNÖPFE

Rohling liegt auf der Rückseite des Stoffes

1 Nach dem mitgelieferten Muster einen passenden Stoffkreis zuschneiden. Leicht fransende Stoffe etwas größer zuschneiden. Knopf glatt und gleichmäßig über den Rohling legen, auf den Zacken an der Unterseite festdrücken.

Rand des Unterteils hält den Stoff fest

2 Streichen Sie den Stoff glatt und drücken Sie alle Zacken durch. Legen Sie dann das Unterteil so ein, dass der Schaft durch die vorgesehene Öffnung ragt. Pressen Sie beide Teile fest zusammen, bis sie einrasten (links).

VERSTÄRKTE KNÖPFE

Verstärkung bei dünnen Stoffen
Wenn Sie Knöpfe an sehr feine oder einlagige Stoffe annähen, legen Sie ein doppelt gefaltetes Stück Stoff oder Saumband auf der linken Stoffseite hinter den Knopf. Stechen Sie beim Annähen durch Knopf, Oberstoff und Unterlage (oben). Den Faden gut vernähen.

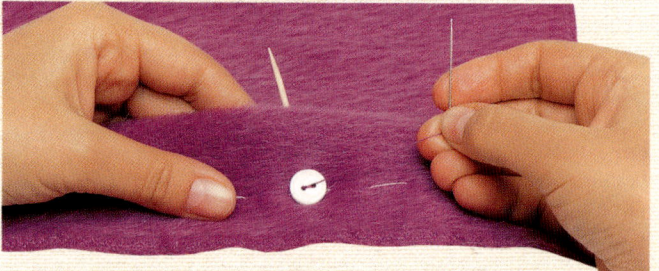

Verstärkung bei dickeren Stoffen
Bei dickeren Stoffen legen Sie einen kleinen flachen Knopf auf der Rückseite des Kleidungsstückes unter den Oberknopf. Stechen Sie beim Annähen durch beide Knöpfe gleichzeitig. Falls ein Schaft erforderlich ist, legen Sie einen Zahnstocher unter den Oberknopf (oben).

KNÖPFE

BEZOGENE KNÖPFE MIT METALLRAND

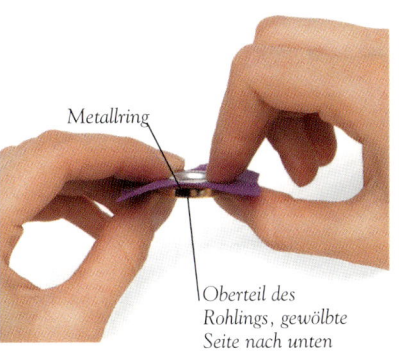

Metallring

Oberteil des Rohlings, gewölbte Seite nach unten

1 Schneiden Sie ein Stück Stoff zu, das einige Zentimeter größer als der Knopfrohling ist. Legen Sie den Stoff mit der rechten Seite nach unten auf die Innenseite des Metallringes. Legen Sie das gewölbte Oberteil des Knopfrohlinges auf den Stoff.

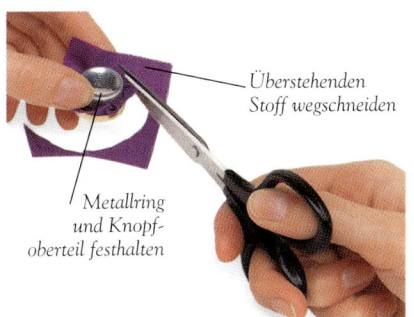

Überstehenden Stoff wegschneiden

Metallring und Knopfoberteil festhalten

2 Schieben Sie mit dem mitgelieferten Werkzeug den Stoff in den Ring. Überprüfen Sie, ob der Stoff auf der Oberseite glatt liegt. Schneiden Sie nun die Stoffkante 5 mm außerhalb des Ringes ab (links).

Dicken Stoff einschneiden, damit er in die Wölbung paßt

3 Drücken Sie die Stoffkanten zur Innenseite des Knopfrohlings, in die Rundung des Oberteiles hinein. Dicker Stoff muß eventuell eingeknipst werden, damit er sich hineindrücken läßt (oben).

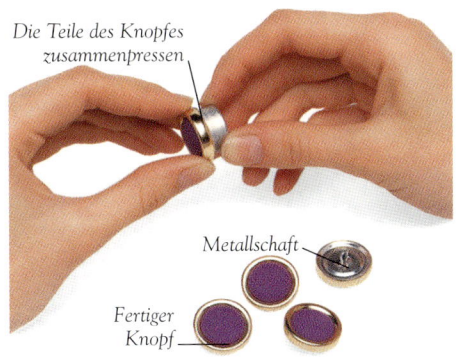

Die Teile des Knopfes zusammenpressen

Metallschaft

Fertiger Knopf

4 Setzen Sie das Unterteil des Knopfes mit dem Schaft nach oben auf den stoffbezogenen Ring und den Oberknopf. Mit der Rückseite des Werkzeuges pressen Sie die Teile des Knopfes zusammen (oben), bis sie einrasten.

KNÖPFE AUF KISSEN

Mit doppeltem Faden arbeiten

Legen Sie auf jede Seite des Kissens einen Knopf. Mit einer langen Polsternadel stechen Sie durch das Kissen und den oberen Knopf, dann zurück durch das Kissen und den unteren Knopf. Mehrmals wiederholen, danach den Faden gut vernähen.

CHINESISCHE KUGELKNÖPFE

1 Stecken Sie ein Ende einer Kordel oder eines Stoffschlauches auf der Arbeitsfläche fest. Legen Sie eine Schlinge (links). Wenn das Kordelende sich aufdreht, umwickeln Sie es fest mit Klebestreifen.

2 Legen Sie eine zweite gleich große Schlinge auf die erste. Führen Sie danach die Kordel unter dem festgesteckten Ende durch. (Bei Stoffschlauch muß die Naht immer nach unten zeigen.)

3 Dritte Schlaufe bilden, die die ersten beiden zusammenhält. Kordel über Oberteil der zweiten Schlaufe, unter ersten hindurch, über zweiten Teil der zweiten Schlaufe, unter ersten hindurchführen.

4 Ziehen Sie nun vorsichtig und gleichmäßig an beiden Kordelenden die Schlingen zusammen. Schieben Sie dabei die Rundung der mittleren Schlaufe leicht über die beiden anderen.

5 Ziehen Sie die Kordeln weiter an, bis sich eine feste Kugel gebildet hat (oben). Schneiden Sie die Enden der Kordel ab und vernähen Sie sie unsichtbar auf der Rückseite der Kugeln.

VERSCHLÜSSE

MASCHINENKNOPFLÖCHER

Die gängigsten Maschinenknopflöcher sind an den Kanten von feinen Zickzackstichen oder Satinstichen umstochen. Die Kanten von eingefassten Knopflöchern sind aus passenden oder kontrastfarbigen schmalen Stoffstreifen gearbeitet, bei Paspelknopflöchern sind die Kanten mit einer Kordel unterlegt. Die beiden letzteren Typen werden gern für Jacken und Mäntel verwendet. Knopflöcher in Webpelz und anderen dicken Stoffen werden mit Nahtband unterlegt. Spezielle Materialien wie Leder erfordern spezielle Techniken der Knopflochverarbeitung.

VERWANDTE TECHNIKEN

Maschinenstiche, S. 77
Riegel, S. 79
Nähte absteppen, S. 87
Paspeln, S. 91
Die zweiteilige Schlitzblende, S. 138
Knopflöcher reparieren, S. 307

ÜBERSICHT

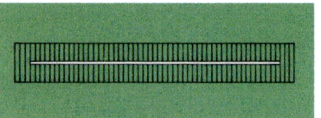

Maschinenknopfloch
Enden sind gerade verriegelt, die Längskanten mit Zickzackstichen versäubert (S. 240).

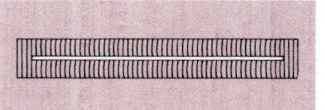

Kordeleinlage
Die Stiche sind mit einer feinen Kordel unterlegt. Das gibt eine plastischere Wirkung.

Eingefasst
Zwei Stoffstreifen sind an den Längskanten befestigt, treffen in Knopflochmitte zusammen.

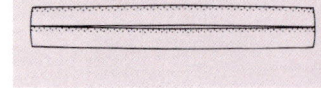

Gepaspelt
Die Längskanten sind mit Stoffstreifen mit eingelegter Kordel verarbeitet.

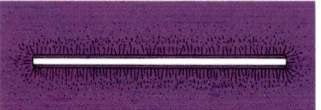

Unterlegt
Die Kanten sind mit Köperband unterlegt, damit sie flacher ausfallen (S. 244).

Leder – abgesteppt
Die Schnittkanten des Knopfloches in Leder sind mit einer festen Steppnaht gesichert.

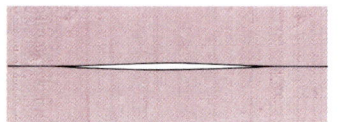

Leder – gepaspelt
Die Längskanten des Knopfloches sind mit schmalen, gefalteten Lederstreifen besetzt.

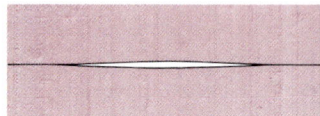

In der Naht
In einer Naht bleibt ein Schlitz in der Größe des Knopfes offen. Loch kann abgesteppt werden.

DIE KNOPFLOCHGRÖSSE AUSMESSEN

Bei flachen Knöpfen messen Sie den Durchmesser des Knopfes und geben, je nach Dicke des Knopfes, 3–6 mm dazu. Knopflöcher für runde, halbrunde und Zierknöpfe sind schwieriger auszumessen. Oft ist es am einfachsten, versuchsweise Schlitze in einen Stoffrest zu schneiden.

FLACHE KNÖPFE

Knopf
Messlehre

Messen Sie durch die Mitte des Knopfes den Durchmesser (oben) und geben Sie 3 mm für die Dicke des Knopfes dazu. (Bei sehr dicken Stoffen kann es erforderlich sein, bis zu 6 mm zuzugeben.)

KUGELKNÖPFE

Kugel-Knopf
Papierstreifen

Legen Sie einen Papierstreifen um den Knopf und markieren Sie die Stelle, wo die beiden Seiten des Streifens zusammentreffen. Die Länge des Knopfloches entspricht der halben Länge der Markierung.

PROBEKNOPFLOCH

Versteifen Sie ein Reststück Ihres Stoffes mit passender Einlage. Probeknopfloch arbeiten. Aufschneiden, prüfen, ob sich der Knopf leicht durchschieben lässt. Eventuell Länge verändern.

MASCHINENKNOPFLÖCHER

KNOPFLÖCHER ANZEICHNEN

Die vordere Mitte ist auf Schnittmustern eingezeichnet. Wenn die Vorderkanten eines Kleidungsstückes überlappen, sollten die beiden Mittellinien aufeinanderliegen. Waagerechte Knopflöcher ragen ein Stück über die Mittellinie hinaus, die Knöpfe werden genau auf die Mittellinie des gegenüberliegenden Vorderteils gesetzt.

WAAGERECHT

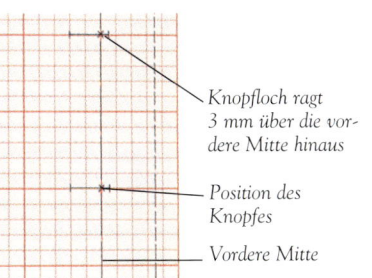

Knopfloch ragt 3 mm über die vordere Mitte hinaus
Position des Knopfes
Vordere Mitte

Der Knopf sitzt an dem Ende des Knopfloches, das der Vorderkante zugewandt ist. Dieses Ende des Knopfloches liegt etwa 3 mm außerhalb der vorderen Mitte. So liegt der Knopf, der auf der Mittellinie befestigt wird, richtig.

SENKRECHT

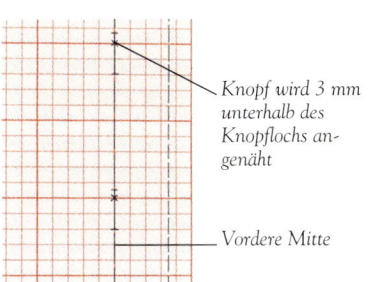

Knopf wird 3 mm unterhalb des Knopflochs angenäht
Vordere Mitte

Senkrechte Knopflöcher liegen genau in der vorderen Mitte. Die Knöpfe werden 3 mm unterhalb der Knopflochoberkante angesetzt, auch sie liegen auf der vorderen Mitte. Diese Knopflöcher gibt es v. a. bei Hemden und Blusen.

KNOPFLÖCHER ANZEICHNEN

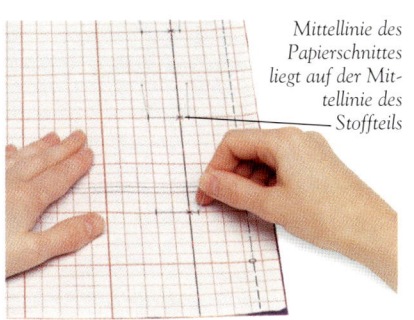

Mittellinie des Papierschnittes liegt auf der Mittellinie des Stoffteils

1 Legen Sie den Papierschnitt auf den Stoff. Die Mittellinien müssen genau in Deckung gebracht werden. Stecken Sie an den Endpunkten der Knopflöcher Stecknadeln senkrecht durch alle Stofflagen (links).

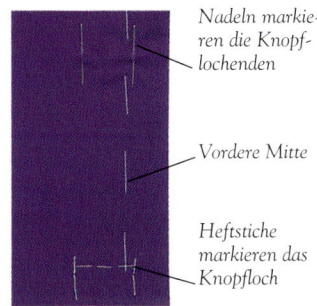

Nadeln markieren die Knopflochenden
Vordere Mitte
Heftstiche markieren das Knopfloch

2 Heben Sie den Schnitt ab, achten Sie aber darauf, dass die Nadeln im Stoff bleiben. Stecken Sie die Nadeln flach in den Stoff. Zeichnen Sie die Linie zwischen den Nadeln mit einem Kreidestift an. An die Enden der Knopflöcher je einen Querstrich oder -stich setzen.

EINFACHE MASCHINENKNOPFLÖCHER

Bei dieser Technik werden die Längskanten des Knopfloches mit Zickzackstichen gearbeitet, die etwas schmaler als die halbe Knopflochbreite sind. Zwischen den Zickzacklinien bleibt ein winziger Spalt, der später aufgeschnitten wird. An den Enden werden die Knopflöcher mit großer Stichbreite verriegelt.

1 Legen Sie das angezeichnete Knopfloch mittig unter den Fuß. Stellen Sie die Nadelposition auf »rechts« Schieben Sie die Mittellinie des Knopfloches unter die Nadel und stechen Sie links von der Linie ein.

2 Langsam und gleichmäßig bis zum anderen Ende des Knopfloches steppen, immer an der Mittellinie (links). Der letzte Stich endet mit eingestochener Nadel direkt neben der Linie. Fuß anheben.

3 Drehen Sie den Stoff und senken Sie den Fuß wieder. Machen Sie einen Stich, damit die Nadel rechts steht. Nadel wieder anheben. Oberen Riegel mit breitem Zickzackstich nähen. Nach dem letzten Stich ist Nadel links eingestochen.

4 Heben Sie die Nadel. Steppen Sie die zweite Längskante des Knopfloches mit schmalem Zickzackstich. Heben Sie die Nadel, stellen Sie den breiten Stich ein und nähen Sie den Riegel am Knopflochende. Fadenenden vernähen.

Automatische Maschinenknopflöcher

Je nach Nähmaschine variieren die Möglichkeiten zur Verarbeitung von Knopflöchern. Stichlänge und -breite sind bei Maschinen mit Knopflochautomatik normalerweise vorgegeben, können aber je nach Stoffqualität justiert werden. Es gibt eine Reihe unterschiedlicher Knopflochfüße, mit denen Sie Knopflöcher arbeiten können.

Vollautomatischer Knopflochfuss

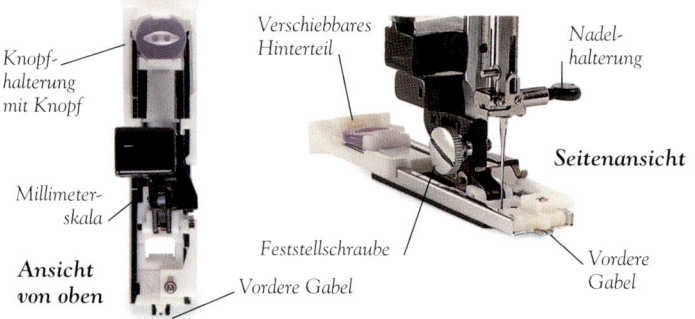

Knopfhalterung mit Knopf, *Verschiebbares Hinterteil*, *Nadelhalterung*, *Millimeterskala*, *Feststellschraube*, *Vordere Gabel*, **Ansicht von oben**, **Seitenansicht**

Bei diesem Fuß stellen Sie die Knopflochgröße ein, indem Sie den Knopf in die Ausnehmung am hinteren Ende des Fußes einlegen. So wird für den jeweiligen Knopf automatisch das passende Knopfloch genäht. Wenn der Knopf besonders dick ist, muss das Knopfloch eventuell etwas länger gearbeitet werden. Orientieren Sie sich an der Bedienungsanleitung Ihrer Nähmaschine.

Halbautomatischer Knopflochfuss

Kordelhalter, *Schlitten*, *Nadelhalterung*, *Millimeterskala*, *Feststellschraube*, *Vordere Gabel*, **Ansicht von oben**, **Seitenansicht**

Auf der linken Seite des halbautomatischen Knopflochfußes ist eine Skala angebracht, an der Sie die Größe des Knopfes abmessen können. Zeichnen Sie die Länge des Knopfloches auf dem Stoff an. Schieben Sie den Schlitten des Fußes so zurecht, dass die Markierung am Anfang des Schlittens auf dem Anfang des Knopfloches liegt. Die Fäden vor dem Nähen nach links legen.

Vollautomatisches Knopfloch

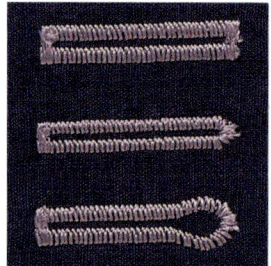

Gerade Riegel, *Abgerundetes Ende*, *Augenknopfloch*

1. Legen Sie den Stoff so unter das Knopfloch, dass Nadel genau am Anfang des Knopfloches einsticht. Senken Sie den Fuß und stechen Sie die Nadel ein. Die restlichen Schritte erledigt die Maschine automatisch in einem einzigen Arbeitsgang.

2. Bei senkrechten/waagerechten geraden Knopflöchern werden Enden mit einfachen Riegeln gesichert. Waagerechte Knopflöcher können auch mit einem abgerundeten Ende versehen werden. Für maßgeschneiderte Modelle eignen sich Augenknopflöcher.

Halbautomatisches Knopfloch

1. Setzen Sie den Fuß auf und beginnen Sie zu nähen. Die Maschine näht nun den unteren Riegel und die linke Längskante des Knopfloches (oben). Halten Sie am oberen Ende an und nähen den zweiten Riegel, dann die rechte Längskante. Enden Sie mit einigen Stichen über die volle Breite.

Knopfloch mit Kordeleinlage

1. Setzen Sie den Fuß für halbautomatische Knopflöcher ein und legen Knopflochgarn oder ein ähnliches, dickes Garn in die Nut auf der Unterseite. Senken Sie Fuß und Nadel ab und nähen Sie ein halbautomatisches Knopfloch. Stiche der Längskanten greifen über das untergelegte Garn.

2. Nach dem Nähen des Knopfloches ziehen Sie die Enden des untergelegten Garnes fest an und verknoten sie. Ziehen Sie die Garnenden zur Rückseite des Stoffes durch und vernähen Sie sie in den Querriegeln des Knopfloches. Die Enden abschneiden.

2. Halbautomatische Knopflöcher haben grundsätzlich gerade Riegel an beiden Enden (oben). Wenn die Längskanten nicht stabil genug sind, um z. B. an Jacken oder Mänteln dauerhaft zu halten, steppen Sie sie ein zweites Mal mit feinem Zickzackstich nach.

MASCHINENKNOPFLÖCHER

EINGEFASSTE KNOPFLÖCHER

Die Längskanten von eingefassten Knopflöchern bestehen aus schmalen Stoffstreifen, die in der Mitte zusammentreffen. Sie können aus einem einzigen rechteckigen Stück Stoff oder aus zwei separaten Streifen gearbeitet werden. Eingefasste Knopflöcher werden vor dem Befestigen des Beleges nur in den Oberstoff genäht.

STEPPEN

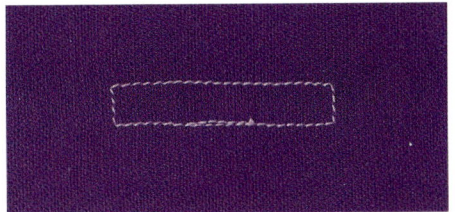

Zeichnen Sie das Knopfloch mit einem Kreidestift an und steppen Sie eine Linie für die Kontur auf den Stoff. Die beiden Streifen sollten nicht breiter als 3 mm sein (Ausnahme: sehr dicke Stoffe).

SCHNEIDEN

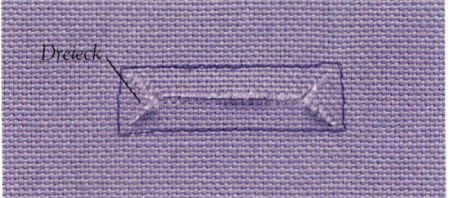

Von der Mitte nach außen schneiden Sie einen Schlitz in das gesteppte Rechteck, die Ecken werden schräg eingeschnitten. So entstehen Dreiecke an den Schmalseiten. Stepplinie nicht durchschneiden!

EINLAGEN

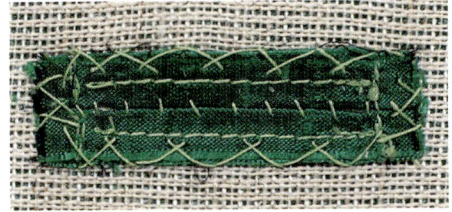

Wenn Ihr Stoff mit einer steifen Einlage versehen ist, schneiden Sie diese im Bereich des Knopfloches aus. Die Einfassstreifen werden mit Hexenstichen an der Einlage befestigt.

DIE FLICKENMETHODE

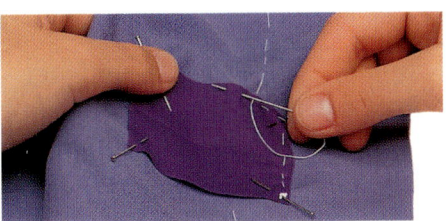

1 Stück Stoff zurechtschneiden, das 5 cm länger als das Knopfloch ist. In der Mitte einen Bruch einbügeln. Stoffstück rechts auf rechts so auf die Knopflochmarkierung stecken, dass die Bügellinie in der Mitte des Knopfloches liegt. Kanten festheften.

2 Zeichnen Sie auf der linken Stoffseite die genauen Konturen des Knopfloches und die Mittellinie, an der sich die beiden Einfassstreifen treffen, ein (oben). (Bei sehr dicken Stoffen können die Streifen bis zu je 6 mm breit sein.)

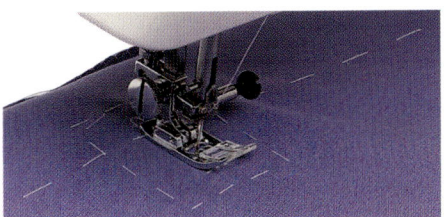

3 Steppen Sie mit kleinen Stichen durch Stoff und Flicken die Außenkante des Knopfloches nach. Anfang und Ende der Steppnaht laufen ineinander. Die Anzahl der Stiche an den beiden Schmalseiten sollte identisch sein.

4 Schneiden Sie die Mitte des gesteppten Rechtecks ein (siehe oben, Schneiden). Heftfäden entfernen, Stoffstück zur linken Seite durchschieben. Naht zurechtschieben, dass sie auf der Kante liegt.

5 Falten Sie nun die Längsseiten des Stoffstücks zur Öffnung hin (oben). Die Faltlinien sollen genau in der Mitte der Knopflochöffnung zusammentreffen.

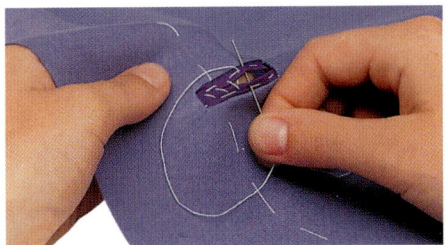

6 Kontrollieren Sie von der rechten Seite, ob die Streifen gleichmäßig breit sind. Heften Sie die Falten in der Mitte, um sie zu fixieren. Dann verbinden Sie beide Seiten mit schrägen Heftstichen.

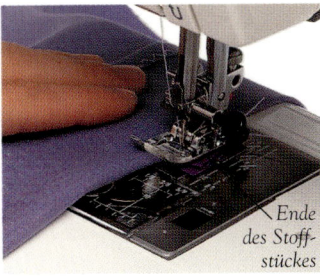

7 Mit der rechten Seite nach oben schlagen Sie die Stoffkante zurück, bis das kleine Dreieck an der Schmalseite des Knopfloches sichtbar wird (siehe oben). Nähen Sie über das Dreieck und das Stoffstück vor und zurück (links). An der anderen Schmalseite wiederholen.

8 Nun schlagen Sie mit der rechten Seite nach oben das Kleidungsstück so zurück, dass die Nahtzugabe an der Längskante sichtbar wird. Knapp innerhalb der Nahtlinie durch Nahtzugabe und Stoffstück nähen. Auf der anderen Seite wiederholen.

VERSCHLÜSSE

―――― DIE VEREINFACHTE FLICKENMETHODE ――――

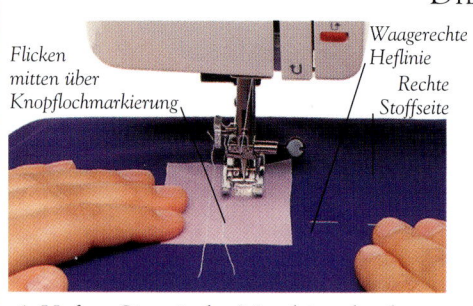

Flicken mitten über Knopflochmarkierung — *Waagerechte Heftlinie* — *Rechte Stoffseite*

1 Heften Sie mit der Maschine durch Stoff und Flicken (5 cm breit, 2,5 cm länger als Knopfloch) entlang der Mittellinie des Knopfloches sowie je 6 mm rechts und links davon (oben).

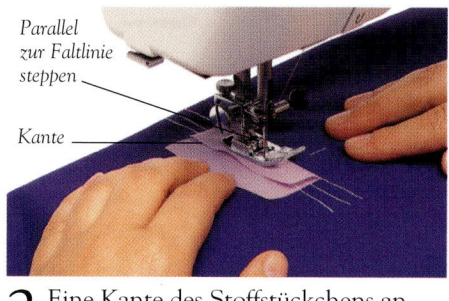

Parallel zur Faltlinie steppen — *Kante*

2 Eine Kante des Stoffstückchens an der seitlichen Heftlinie zur Mitte falten, bügeln. 3 mm neben der Faltlinie entlangsteppen. Die Kante zurückschlagen.

3 Wiederholen Sie Schritt 2 mit der zweiten Stoffkante. Damit sind die Einfassungen des Knopfloches gesteppt. Bügeln Sie die offenen Kanten des Stoffstückchens nach außen hin flach.

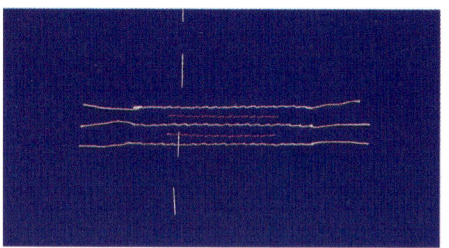

4 Auf der rechten Stoffseite sehen Sie jetzt 5 Stepplinien. Heftfäden entfernen, Knopflochmitte aufschneiden. Schnitt endet 6 mm vor den Enden. Ecken diagonal einschneiden.

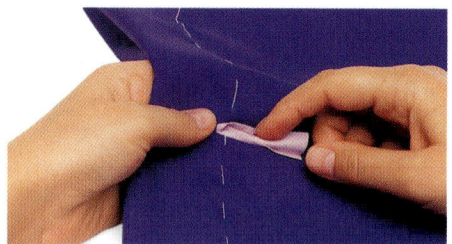

5 Stoffstück von rechter Seite aus längs durchschneiden. Stoffstückhälften durch die Öffnung nach links schieben. Einfassungen treffen sich in Knopflochmitte. Loch mit schrägen Stichen zuheften.

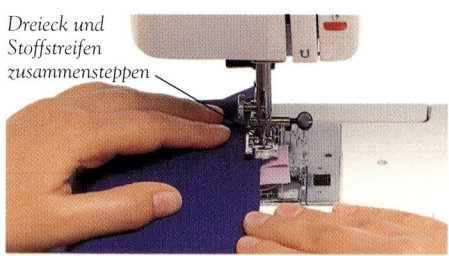

Dreieck und Stoffstreifen zusammensteppen

6 Falten Sie die Kante des Stoffes zurück, bis die Enden des Stoffstücks und Dreieck sichtbar werden. Steppen Sie Dreieck und Stoffstreifen zusammen. Auf der anderen Knopflochseite wiederholen.

―――― EINFASSUNG MIT GEFALTETEM STOFFSTREIFEN ――――

Rechte Stoffseite — *Ecken treffen genau in der Mitte zusammen*

1 Schneiden Sie einen 2,5 cm breiten Stoffstreifen zu, der 2,5 cm länger als die gewünschte Knopflochlänge ist. Bügeln Sie die beiden Längskanten so nach links um, dass sie in der Mitte zusammentreffen. 3 mm neben dem Falz die Kanten heften.

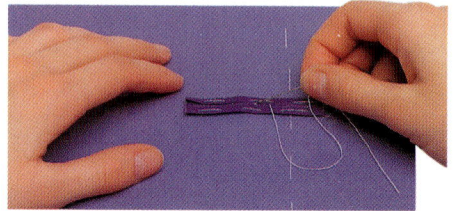

2 Legen Sie den Streifen mittig auf das angezeichnete Knopfloch auf der rechten Stoffseite. Die offenen Kanten zeigen nach oben. Heften Sie den Streifen nun auf der Mittellinie fest (oben).

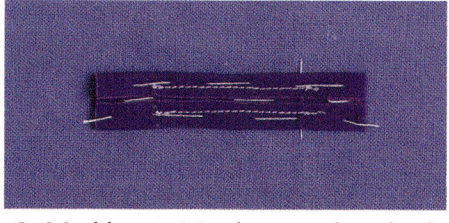

3 Mit kleinen Maschinenstichen durch die Mitte der eingeschlagenen Stoffkanten steppen. Nahtlänge entspricht Knopflochlänge. Fadenenden zur linken Seite ziehen und vernähen. Heftfäden entfernen.

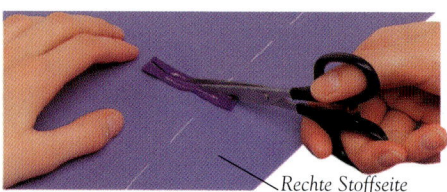

Rechte Stoffseite

4 Jetzt wird von der rechten Seite aus der Stoffstreifen in der Mitte halbiert, sodass zwei Streifen entstehen. Von der linken Seite aus schneiden Sie das Knopfloch in der Mitte auf und an den Ecken schräg ein. Die Nähte nicht durchschneiden.

5 Schieben Sie die Streifen durch die Öffnung. Faltkanten bilden die beiden zusammenstoßenden Einfassungen des Knopfloches. Durch leichten Zug an den Enden der Streifen richten Sie die Ecken des Knopfloches aus. Seiten mit schrägen Heftstichen verbinden.

Einfassstreifen

6 Mit der rechten Seite nach oben schlagen Sie das Kleidungsstück zurück, bis das kleine Dreieck sichtbar wird. Steppen Sie es vorwärts und rückwärts auf dem Einfassstreifen fest (oben). Auf der anderen Seite des Knopfloches wiederholen.

Einfassung mit umgestepptem Stoffstück

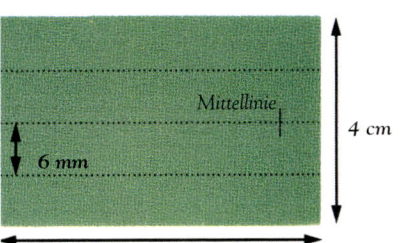

1 4 cm breiten Streifen zuschneiden (2,5 cm länger als Knopfloch). Auf linker Seite Mittellinie und zwei Linien rechts und links der Mittellinie im Abstand von je 6 mm einzeichnen.

2 Stoffstück an der oberen 6-mm-Linie umbügeln, 3 mm neben dem Bruch absteppen. An der unteren Linie wiederholen. Die weiteren Schritte entsprechen der Einfassung mit gefaltetem Stoffstück.

Kordel einziehen

Um die Einfassstreifen von Knopflöchern zu verstärken, können Sie dickes Garn oder feine Kordel einziehen. Fädeln Sie die Kordel mit einer Stopfnadel in die fertige Einfassung, ehe die kleinen Dreiecke an den Schmalkanten abgesteppt werden.

Paspelknopflöcher

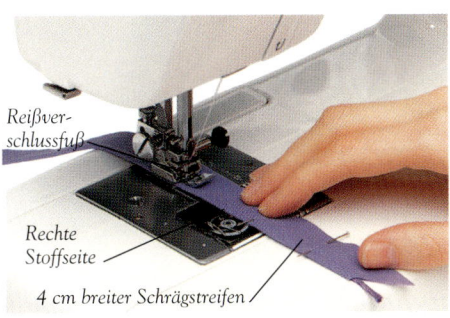

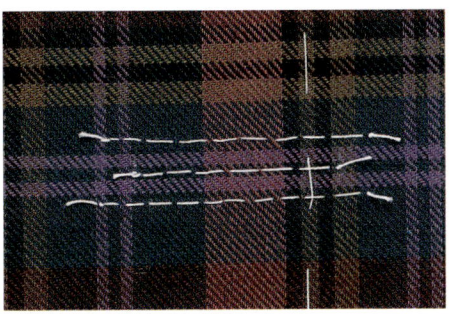

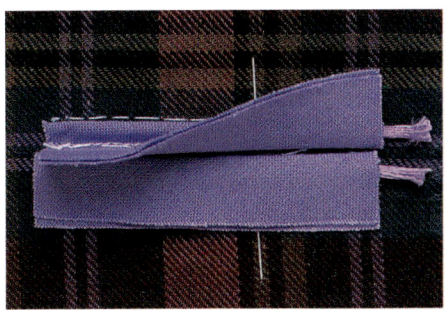

1 Legen Sie einen Schrägstreifen um eine dünne Paspelkordel und stecken Sie ihn fest. Absteppen. Paspel in Stücke schneiden. Für jedes Knopfloch brauchen Sie zwei Paspeln (2,5 cm länger als Knopfloch).

2 Zeichnen Sie die Mittellinie des Knopfloches mit Heftstichen auf der rechten Stoffseite an. Zwei weitere Heftlinien liegen je eine doppelte Paspelbreite oberhalb und unterhalb der Mitte.

3 Heften Sie die Streifen auf die rechte Stoffseite. Die Paspelseiten liegen an der oberen und unteren Heftlinie, Zugaben in der Mitte zusammenstecken. Markieren Sie die Länge des Knopfloches.

4 Steppen Sie beide Paspelstreifen direkt neben der Kordel fest (links). Die Länge der Nähte muss exakt der Knopflochlänge entsprechen. Alle Fadenenden gut vernähen.

5 Entfernen Sie die Heftfäden. Auf der linken Seite wird das Knopfloch jetzt in der Mitte gerade und an den Ecken schräg eingeschnitten, sodass an den Schmalseiten kleine Dreiecke entstehen. Die Naht nicht durchschneiden.

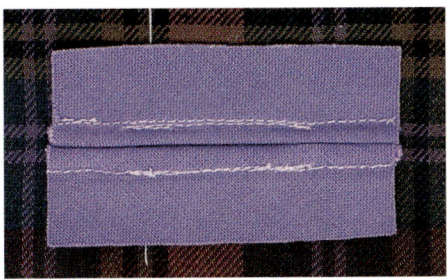

6 Schieben Sie die Paspelstreifen durch die Öffnung zur linken Seite. Paspeln bilden Einfassung des Knopfloches. Die Dreiecke auf der linken Stoffseite müssen zwischen Oberstoff und Paspelstreifen liegen.

7 Heften Sie die Paspelkanten zusammen. Klappen Sie den Stoff so zurück, dass das Dreieck sichtbar wird. Steppen Sie es am Paspelstreifen fest. Auf der anderen Knopflochseite wiederholen.

8 Vernähen Sie alle Fadenenden. Schneiden Sie die Enden der Paspelstreifen auf 6 mm Länge zurück und bügeln sie. Heftstiche erst entfernen, wenn das Kleidungsstück fertiggestellt ist.

Belege an eingefassten und gepaspelten Knopflöchern

Eingefasste und gepaspelte Knopflöcher werden zu einem sehr frühen Zeitpunkt gearbeitet. Der Beleg wird erst später angesetzt. Die Knopflöcher werden in den Beleg geschnitten, kurz bevor das Kleidungsstück fertiggestellt ist. Die ovale Methode eignet sich eher für elastische Stoffe. Wesentlich professioneller sieht die rechteckige Methode aus.

Die ovale Methode

1 Vordere Mitte von Beleg und Oberstoff in Deckung bringen, von rechts um das Knopfloch heften, um beide Stofflagen zu verbinden.

2 Stecken Sie von der rechten Seite aus Nadeln durch die Enden des Knopfloches, die leicht nach innen geneigt, aber fast senkrecht stecken.

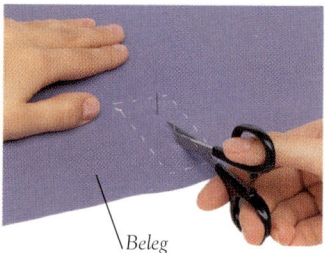

3 Drehen Sie das Modell um, Beleg liegt oben. Schneiden Sie die Mitte des Knopfloches zwischen den Nadeln im geraden Fadenlauf ein.

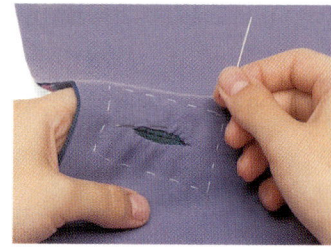

4 Schnittkante einschlagen, Knopflocheinfassung liegt oben. Kanten stecken, säumen.

Die rechteckige Methode

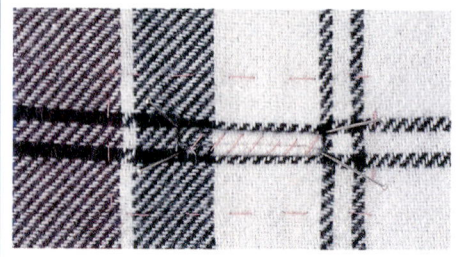

1 Heften Sie durch Beleg und Oberstoff um das Knopfloch herum. Stechen Sie an den Enden des Knopfloches senkrechte Nadeln durch beide Stofflagen.

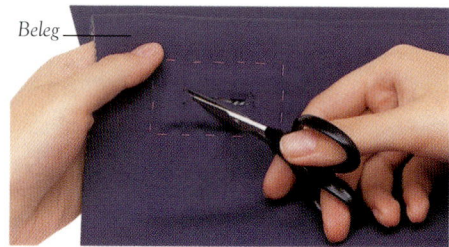

2 Von der Belegseite aus schneiden Sie das Knopfloch in der Mitte zwischen den Nadeln ein. 6 mm vor den Ecken endet der gerade Schnitt, die Ecken werden schräg eingeschnitten (oben).

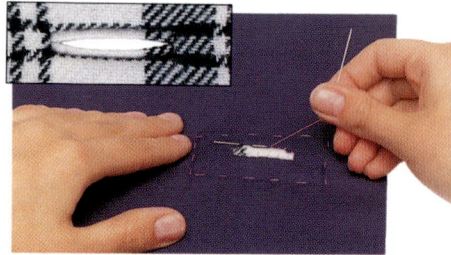

3 Entfernen Sie die Nadeln. Schlagen Sie die Kanten des Einschnittes rechteckig so ein, dass die Einfassung des Knopfloches sichtbar wird. Stecken Sie die Kanten und säumen sie von Hand fest (oben).

Knopflöcher in speziellen Stoffen

Spezielle Stoffe wie Leder oder Webpelz erfordern spezielle Verarbeitungstechniken für Knopflöcher. Bei Webpelz werden die Kanten mit Köperband eingefasst, damit sie nicht zu dick werden. Solche Bänder sind in vielen Farben und Breiten erhältlich. Die Verarbeitung von Leder ist deshalb so einfach, weil es nicht ausfransen kann.

Einfassung mit Köperband

1 Schneiden Sie das Knopfloch auf (oben). Schneiden Sie aus 12 mm breitem Köperband vier Streifen, die je 2,5 cm länger sind als das Knopfloch.

2 Zwei Bandstücke so auf die linke Stoffseite legen, dass sie an den Knopflochkanten liegen. Bandstücke mit Hexenstichen befestigen.

3 Die beiden anderen Bandstücke auf die rechte Knopflochseite legen. Mit feinen Überwendlingsstichen an die Knopflochkanten nähen.

4 Schieben Sie die Bandstücke zur linken Stoffseite. Die losen Kanten der Bandstücke werden von Hand an die befestigten Bänder genäht.

MASCHINENKNOPFLÖCHER

ABGESTEPPTE KNOPFLÖCHER IN LEDER ODER WILDLEDER

Rückseite

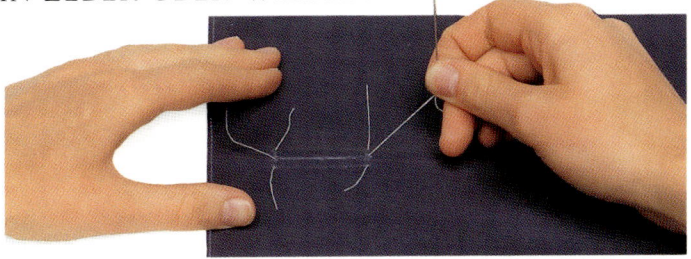

1 Zeichnen Sie auf der linken Seite des Leders die Position der Knopflöcher an. Die beiden Stepplinien liegen 6 mm bis 1 cm neben der Mittellinie (links). Probieren Sie die Knopflochgröße auf einem Reststück Leder aus, ehe Sie Nadeln durch das Leder stechen. So vermeiden Sie überflüssige Stichlöcher.

2 Ziehen Sie je einen Heftfaden quer über die Schmalkanten sowie einen langen Stich entlang der Mittellinie des Knopfloches. So sind die Konturen auch auf der Ledervorderseite zu erkennen. An diesen Fäden orientieren Sie sich, wenn Sie die Kanten des Knopfloches steppen. Fadenenden lang hängen lassen.

Fadenenden verknoten

Äußere Kontur nachsteppen

Zwischen den Stepplinien aufschneiden

3 Verknoten Sie die Enden der Markierungsfäden auf der Rückseite miteinander, damit die Stiche fest und gerade sitzen (oben). Kontrollieren Sie das Knopfloch auf der rechten Seite.

4 Steppen Sie auf der rechten Seite die Konturen des Knopfloches. Die eingezogenen Heftfäden dienen Ihnen dabei als Orientierungslinien (oben). Die Fadenenden gut verknoten.

5 Steppen Sie neben der Mittellinie entlang. An den Enden drehen Sie das Knopfloch um 90°, steppen 5 Stiche vor- und rückwärts und fahren dann fort. Knopfloch an Mittellinie aufschneiden.

EINGEFASSTES KNOPFLOCH IN LEDER ODER WILDLEDER

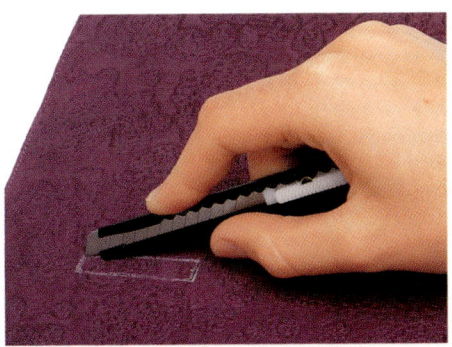

Einfassstreifen

Klebeband hält die Streifen nebeneinander

1 Zeichnen Sie das Knopfloch auf der rechten Seite an. Auch die Linien für die gewünschte Einfassungsbreite, 3–6 mm, werden oberhalb und unterhalb der Mittellinie eingezeichnet. Schneiden Sie das entstandene Rechteck sauber aus (links).

2 4 cm breite Lederstreifen in der Länge des Knopfloches plus 2,5 cm zuschneiden. Falten Sie die Streifen der Länge nach links auf links zur Hälfte. Längskanten verkleben, Lederstreifen mit Klebeband nebeneinander befestigen.

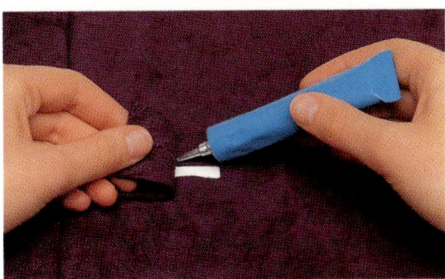

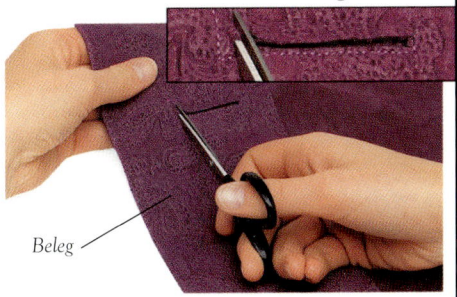

Beleg

3 Kante des Knopflochausschnitts mit Klebstoff bestreichen, Lederstreifen festkleben. Die zusammenstoßenden Kanten der Einfassungsstreifen liegen in der Mitte des Knopfloches.

4 Bringen Sie jetzt den Beleg an. Von der rechten Seite aus steppen Sie dann durch alle Lagen die Konturen des Knopfloches ab (oben). (Eventuell Seidenpapier unterlegen.)

5 Von der Innenseite aus schneiden Sie nun den Beleg an den Ecken des Knopfloches leicht ein (oben). Falls das Knopfloch gebügelt werden muss, legen Sie Packpapier zwischen Leder und Bügeleisen.

245

HANDGENÄHTE KNOPFLÖCHER

Handgearbeitete Knopflöcher werden vor dem Umstechen aufgeschnitten. Normalerweise werden sie in doppellagigem Stoff gearbeitet, Oberstoff und Beleg werden zusammen verarbeitet. Ein Rechteck aus Steppstichen dient als Hilfslinie. Stoffe, die leicht ausfransen, können mit aufbügelbarer Einlage versehen werden. Sie können die Knopflochkanten auch versäubern, ehe Sie den Knopflochstich arbeiten. Umstechen Sie die Knopflöcher mit einfachem Faden. Für dünne Stoffe verwenden Sie einfaches Nähgarn, für mittlere und dicke Stoffe Knopflochgarn.

VERWANDTE TECHNIKEN

Garne, S. 63
Stiche für Nähte und Kanten, S. 74
Riegel, S. 79
Einlage aufbügeln, S. 99
Maßschneiderei, S. 282
Knopflöcher reparieren, S. 307

ÜBERSICHT

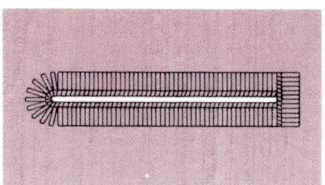

Einseitig abgerundet
Diese Knopflöcher werden grundsätzlich waagerecht angebracht. Wenn sie geschlossen sind, sitzt der Knopf in der Rundung. So wird verhindert, dass der Knopf im Knopfloch verrutscht und die Öffnung des Kleidungsstückes klafft.

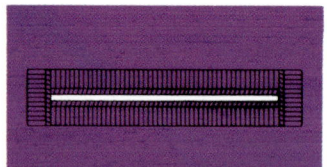

Rechteckig
Solche Knopflöcher werden senkrecht gearbeitet, der Knopf sitzt etwa in der Mitte. Knopflöcher mit Riegeln an beiden Enden sind nicht sehr stabil. Sie eignen sich am besten für Hemden und Blusen, aber auch zum Einziehen von Bändern.

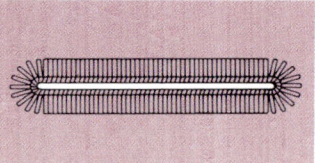

Beidseitig abgerundet
Eine sehr auffällige Variante senkrechter Knopflöcher. Sie eignet sich besonders für Einziehöffnungen für Bänder oder Kordeln. Die Länge des Knopfloches richtet sich nach der Breite des Bandes.

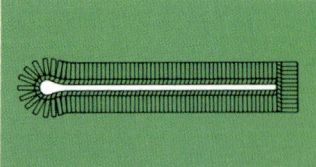

Augen-Knopfloch
Dieses Knopfloch wird waagerecht gearbeitet und ist oft mit einer Kordel unterlegt, damit es plastischer wirkt. An einem Ende hat es eine Rundung, an der die Stiche fächerförmig angeordnet sind (siehe gegenüber).

KNOPFLÖCHER VON HAND ARBEITEN

Bei Vorderverschlüssen ragen waagerechte Knopflöcher etwa 3 mm über die vordere Mitte hinaus. In der folgenden Anweisung zeigen wir Ihnen, wie Sie ein einseitig abgerundetes Knopfloch arbeiten. Der Knopf sitzt, wenn er geschlossen ist, am runden Ende. Senkrechte Knopflöcher werden – bis auf die Enden – genauso gearbeitet.

1 Knopflöcher einzeichnen, Stichlänge für die Knopflochstiche festlegen. Bei feinen Stichen sollten Sie 2 mm lange Stiche machen, bei dickeren Stoffen größere. Knopflochumrisse mit Vorstichen nachsticken. Dieses Rechteck verdecken später die Knopflochstiche.

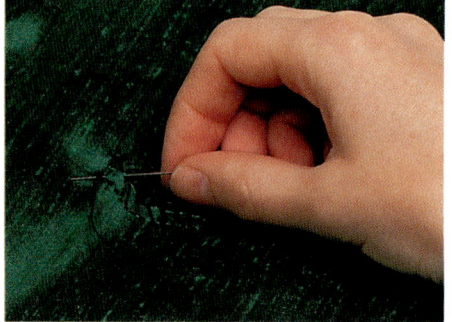

2 Knopfloch vorsichtig in der Mitte aufschneiden. Wenn der Stoff ausfranst, Kante mit Überwendlingsstichen umstechen. Arbeiten Sie von der rechten Seite aus, die runde Seite des Knopfloches zeigt nach links. Arbeitsfaden mit Rückstichen an unterer rechter Ecke befestigen.

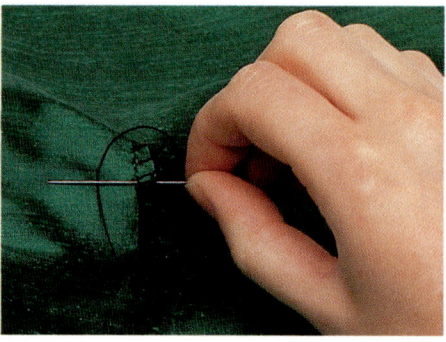

3 Umstechen Sie die Kante mit Knopflochstichen (S. 75). Die Nadel sticht dabei immer von hinten nach vorn durch den Stoff. Legen Sie den Faden bei jedem Stich in einer Schlaufe um die Nadel. Die entstehenden Schlingen sollen an der Kante des Knopfloches liegen.

HANDGENÄHTE KNOPFLÖCHER

4 Arbeiten Sie enge Stiche, damit die gesamte Kante des Knopfloches bedeckt wird. Mit der gleichen Stichtechnik umstechen Sie die Rundung. Hier dürfen die Stiche etwas länger werden. Der mittlere Stich ist Verlängerung des Knopfloches.

5 Andere Kante des Knopfloches umstechen. Stechen Sie zum Schluss durch die Schlinge des ersten Stiches, die Nadel sticht neben dem ersten Stich heraus. Gerades Knopflochende mit einem Riegel aus vier oder fünf längeren Stichen sichern.

6 Übernähen Sie nun auch die langen Stiche des Riegels mit engen Knopflochstichen. Die Nadelspitze zeigt dabei zum Knopfloch (oben), der Stoff unter dem Riegel wird mitgefasst. Zum Schluss den Faden gut auf der Rückseite vernähen.

AUGENKNOPFLOCH MIT KORDELEINLAGE

Diese spezielle Knopflochtechnik wird hauptsächlich für maßgeschneiderte Modelle aus dickeren Stoffen gewählt. Der Schaft des Knopfes liegt sauber in der etwas weiteren Rundung des Auges. Zum Sticken benutzen Sie Knopflochtwist, als Einlagekordel wird ein besonders dickes Nähgarn verwendet.

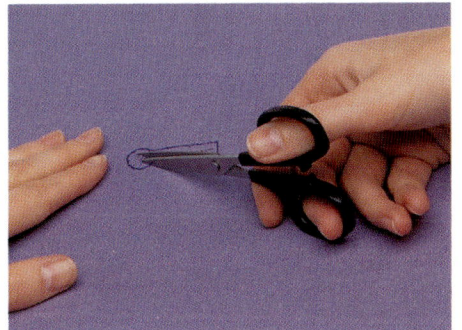
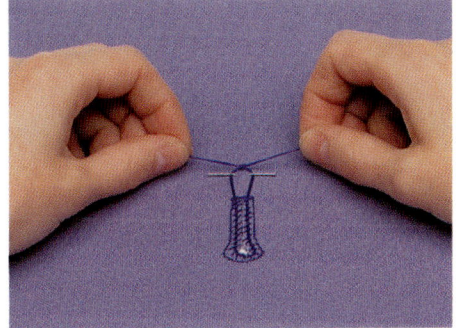

1 Zeichnen Sie das Knopfloch auf den Stoff, das Auge ist ein kleiner Kreis. Sticken Sie knapp innerhalb der Umrisslinie die Kontur mit Geradstichen nach. Knopfloch auf- und Inneres des Auges ausschneiden. Auge mit Ahle durchstechen.

2 Schneiden Sie ein Stück feine Kordel oder doppeltes Knopflochgarn zurecht und legen Sie es um die Knopflochkontur. Befestigen Sie es mit Überwendlingsstichen an der Schnittkante. Stechen Sie hinter dem Knopfloch eine Nadel in den Stoff. Einlegekordel dahinter verknoten.

3 Vom Ende des Knopfloches her die Kante mit Knopflochstichen umstechen. Die vorgestickte Kontur dabei überdecken. Die Stiche müssen eng nebeneinander sitzen, die entstehenden Schlaufen fest anziehen. Es sollen keine Lücken zwischen den Stichen sichtbar sein.

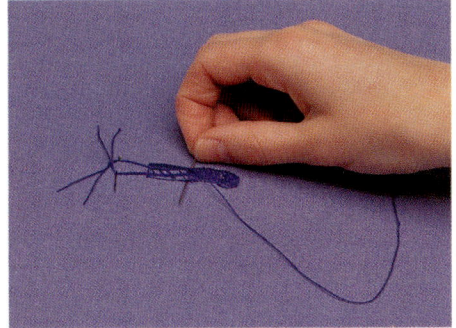
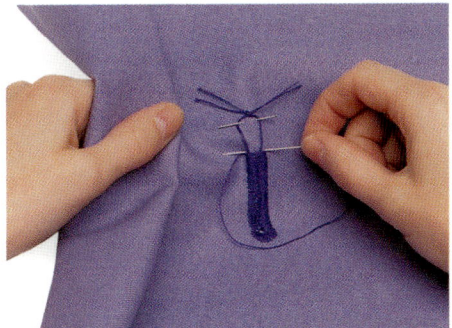

4 Im Bereich des Auges ordnen Sie die Stiche fächerförmig an. Drehen Sie den Stoff während der Arbeit langsam. Auch hier liegen die Stiche sehr eng, damit die Schnittkante vollständig verdeckt wird. Anschließend die zweite gerade Kante arbeiten (oben).

5 Der letzte Stich führt durch die Schlinge des ersten Stiches. Führen Sie die Nadel in der linken unteren Ecke des geraden Endes wieder aus dem Stoff. Arbeiten Sie einen Riegel aus drei oder vier langen geraden Stichen (oben).

6 Ziehen Sie die Einlegekordel stramm, bis das Knopfloch glatt liegt. Verknoten Sie die Enden, schneiden Sie sie ab und schieben Sie den Knoten unter den Riegel. Zum Schluss umstechen Sie den Riegel mit feinen Knopflochstichen. Dabei wird der darunterliegende Stoff mitgefasst.

Knopflochschlingen

Knopfschlingen sind eine besonders dekorative Art des Verschlusses. Es gibt verschiedene Möglichkeiten, sie zu arbeiten. In der Regel werden sie an einer Stoffkante befestigt. Feine Stoffschläuche eignen sich gut zum Anfertigen von Schlingen für runde oder halbkugelige Knöpfe. Besonders an Abend- und Brautkleidern werden solche Verschlüsse gern verwendet. Die Schlaufen können, je nach Stil des Kleidungsstückes, an verschiedenen Stellen befestigt werden. Posamentenverschlüsse eignen sich besonders für Jacken und Mäntel.

VERWANDTE TECHNIKEN

Maschinenstiche, S. 77
Riegel, S. 79
Nahtzugaben verkleinern, S. 84
Gürtelschlaufen befestigen, S. 176
Säume mit Beleg, S. 214
Chinesische Kugelknöpfe, S. 237

Übersicht

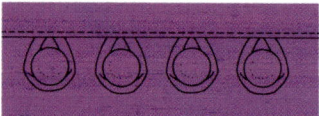

Einzelne Schlingen
Die gleich großen Schlingen sind in gleichmäßigen Abständen angebracht, je eine Schlinge gegenüber einem Knopf (siehe S. 249).

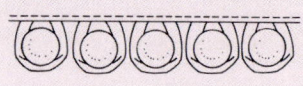

Fortlaufende Schlingen
Gleich große Schlingen liegen dicht nebeneinander (siehe gegenüber). Meist werden sie in Kombination mit sehr kleinen Kugelknöpfen angebracht.

Posamentenverschlüsse
Diese Verschlüsse werden immer paarweise angebracht (siehe gegenüber). An einer Verschlussseite wird ein chinesischer Kugelknopf befestigt, über den die Schlaufe der gegenüberliegenden Seite greift.

Einen Stoffschlauch herstellen

Weiche, geschmeidige Stoffe eignen sich am besten zur Herstellung schmaler Stoffschläuche. Die Stoffstreifen können im geraden Fadenlauf zugeschnitten werden. Im schrägen Fadenlauf zugeschnittene Schläuche lassen sich jedoch viel besser zu runden Schlingen legen. Schläuche können hohl gearbeitet werden oder mit Kordel verstärkt werden.

Stoffschlauch

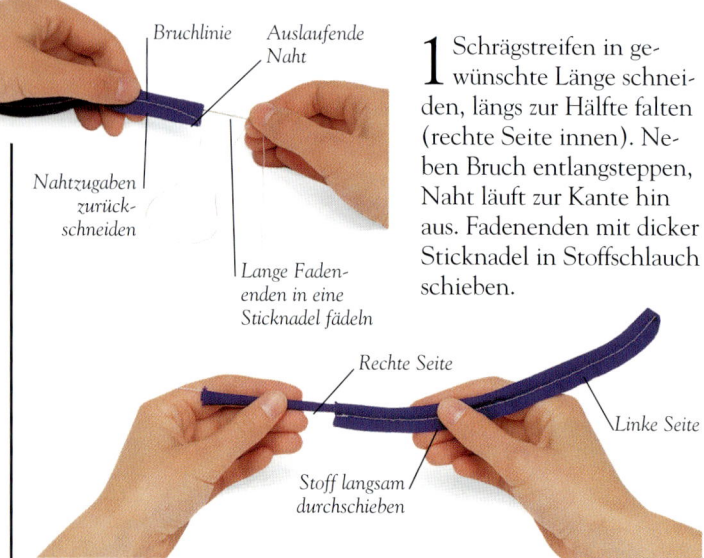

1 Schrägstreifen in gewünschte Länge schneiden, längs zur Hälfte falten (rechte Seite innen). Neben Bruch entlangsteppen, Naht läuft zur Kante hin aus. Fadenenden mit dicker Sticknadel in Stoffschlauch schieben.

2 Schieben Sie die Sticknadel durch den Schlauch und wenden Sie den Schlauch dabei. Arbeiten Sie sich durch den Schlauch, bis er vollständig gewendet ist (oben). Stoff nicht dehnen, damit die Naht nicht reißt. Die Enden gerade abschneiden.

Schlauch mit Kordeleinlage

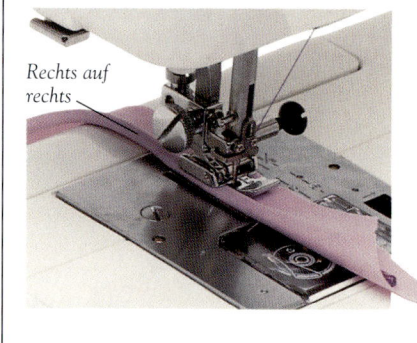

1 Um Kordel passenden Schrägstreifen schneiden. Kordel auf etwas mehr als doppelte Streifenlänge zuschneiden. Stoffstreifen um eine Kordelhälfte legen. Mit Reißverschlußfuß knappkantig an Kordel entlangsteppen. An einem Ende Schlauch und Kordel zusammennähen.

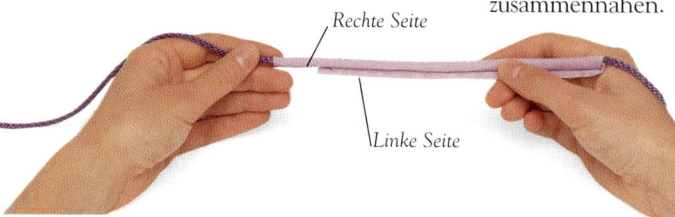

2 Schneiden Sie die Nahtzugaben auf 3 mm zurück. Schieben Sie den Stoff auf die Kordel, sodass er beim Wenden auf dem freien Stück der Kordel zu liegen kommt. Naht des Schlauches verläuft gerade. Kordelenden abschneiden.

KNOPFSCHLINGENVERSCHLÜSSE ARBEITEN

Knopfschlingen können direkt beim Annähen geformt werden. Bei rutschigen Stoffen ist es jedoch einfacher, die Schlingen auf einer Papierschablone zu formen. Hilfslinien auf dem Papier sorgen für gleichmäßige Schlingengrößen und -abstände. Schlingen und Papier werden gemeinsam festgesteppt, das Papier später abreißen.

SCHLINGEN FORMEN

1 Papierstreifen in Verschlusslänge zuschneiden (6,5 cm breit). Nahtlinie und zweite Linie in 5 mm Abstand aufzeichnen. Zweite Linie ist Orientierung zum Abschneiden der Schlingen. Knopfabstände und Schlingen einzeichnen.

2 Im gewünschten Abstand Knopf auf Nahtlinie legen, ein Schlauchende an 5-mm-Linie feststecken, Schlaufe um Knopf herum formen. Ende feststecken, abschneiden. So weiterarbeiten.

FORTLAUFENDE SCHLINGEN

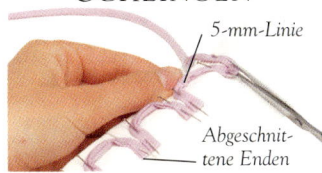

5-mm-Linie
Abgeschnittene Enden

Papierschablone anfertigen (ohne eingezeichnete Abstände). Schlingen nebeneinander aufstecken, Enden an 5-mm-Linie abschneiden, mit Klebstreifen auf Papier festkleben, mit Maschine anheften.

EINZELSCHLINGEN

Klebeband über den Enden

Spannweite und Abstände zwischen den Schlingen auf dem Papier einzeichnen. Schlingen auf dem Papier feststecken, Enden an der 5-mm-Linie abstecken. Enden mit Klebestreifen befestigen, mit der Maschine anheften.

SCHLINGENVERSCHLÜSSE ANSETZEN

Papier vorsichtig abreißen

1 Papierschablone mit aufgehefteten Schlingen auf rechte Stoffseite legen, feststecken. Neben der Nahtlinie feststeppen. Nadeln entfernen, Papier abreißen.

Rechte Seite
Erste Steppnaht
Linke Seite

2 Legen Sie Beleg und Kleidungsstück rechts auf rechts zusammen. Fixieren Sie die Kanten mit quer eingesteckten Nadeln (oben) und steppen Sie knapp außerhalb der ersten Naht beide Lagen zusammen.

Beleg
Fertige Schlingen zwischen Beleg und Stoff

3 Schneiden Sie die Nahtzugaben abgestuft zurück und bügeln Sie vom Kleidungsstück weg. Untersteppen Sie die Naht auf der rechten Seite und schlagen Sie den Beleg zur Innenseite. Jetzt stehen die Schlingen über die Außenkante hinaus (oben).

DER POSAMENTENVERSCHLUSS

Posamentenverschlüsse werden aus einem langen Stück Kordel oder Stoffschlauch hergestellt. Legen Sie aus der Kordel ein Muster aus vier Schlingen, die in der Mitte vernäht werden. Wenn die Kordel leicht ausfranst, umwickeln Sie die Enden mit Klebestreifen und nähen einige Stiche hindurch.

Kordelende an der Rückseite des anderen Kordelstückes festnähen

1 Umrisse des fertigen Verschlusses auf feste Pappe aufzeichnen, erste Schlaufe darauf feststecken. Kordelende überlappt in der Mitte ein Stück. Schlaufe stecken, Kreuzungspunkt vernähen, kurzes Ende abschneiden.

Jede Schlaufe in der Mitte festnähen

2 Legen Sie nun auch die anderen Schlingen aus, stecken Sie sie fest und vernähen Sie sie in der Mitte mit den darunterliegenden Lagen (oben). Umwickeln Sie das Kordelende und vernähen Sie es, ehe Sie es abschneiden. Verschluss umdrehen.

3 Gefertigte Verschlüsse auf Stoff stecken, von Unterseite festnähen. Chinesischen Kugelknopf in vorderer Schlinge befestigen. Verschluss an gegenüberliegende Seite so annähen, dass vordere Schlaufe über Stoffkante hinausragt und über Knopf greift.

REISSVERSCHLÜSSE

Reißverschlüsse gibt es in verschiedenen Typen, Stärken und Längen. Gezahnte Reißverschlüsse und Spiralverschlüsse sind die gängigsten Typen, die in einer Vielzahl von Farben und Längen erhältlich sind. Spiralverschlüsse sind in der Regel dünner und leichter als solche aus Metall, darum eignen sie sich eher für feine, leichte Stoffe. Verdeckte Reißverschlüsse werden nur in relativ wenigen Farben und den üblichen Längen für Röcke und Hosen angeboten. Teilbare Reißverschlüsse sind meist lang und sehr stabil, weil sie für den Einsatz in Jacken gedacht sind.

VERWANDTE TECHNIKEN

Maschinen-Füße, S. 18
Maschinenstiche, S. 77
Riegel, S. 79
Ecken absteppen, S. 83
Nähte versäubern, S. 85
Schrittnaht, S. 88
Reißverschlüsse reparieren, S. 306

ÜBERSICHT

Gezahnter Reißverschluss
Ein mittelschwerer Reißverschluß mit Zähnchen aus Metall oder Kunststoff.

Spiralverschluss
Bei diesem Typ ist eine Spirale aus Polyester oder Nylon an einem Gewebeband befestigt.

Verdeckter Verschluss
Hier liegen die Zähne verdeckt hinter dem Trägerband.

Teilbarer Reißverschluss
Diese Form lässt sich am unteren Ende auseinanderhaken.

Gezahnter Verschluss — Zähne aus Metall oder Kunststoff / Klammer am unteren Ende

Spiralverschluss — Spirale aus Polyester oder Nylon / Klammer am unteren Ende

Verdeckter Reißverschluss — Zähne liegen hinter dem Trägerband / Klammer am unteren Ende

Teilbarer Reißverschluss — Große Zähne aus Metall oder Kunststoff / Unteres Ende aushakbar

VERSCHIEDENE TECHNIKEN, REISSVERSCHLÜSSE EINZUSETZEN

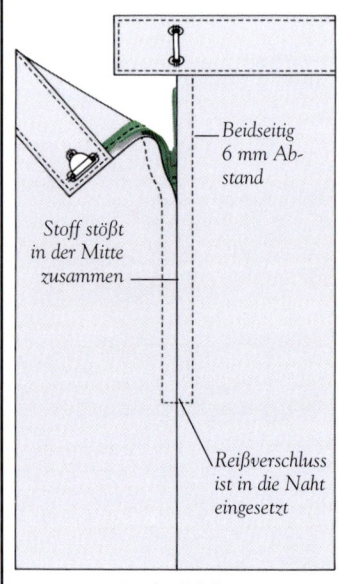

In der Naht — Beidseitig 6 mm Abstand; Stoff stößt in der Mitte zusammen; Reißverschluss ist in die Naht eingesetzt

Verdeckt — Stoff verdeckt den Reißverschluss an der Naht; Stepplinie 1 cm neben der Stoffkante; Reißverschluss ist in die Naht eingesetzt

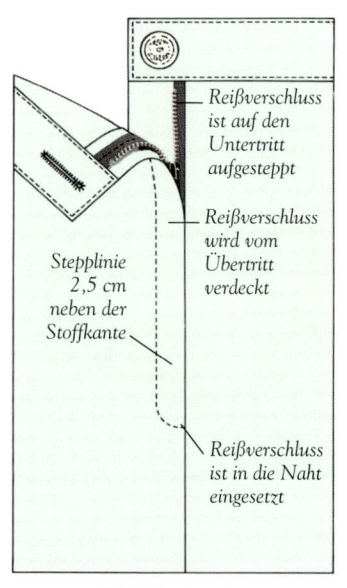

Mit Untertritt — Reißverschluss ist auf den Untertritt aufgesteppt; Reißverschluss wird vom Übertritt verdeckt; Stepplinie 2,5 cm neben der Stoffkante; Reißverschluss ist in die Naht eingesetzt

In der Naht
Der Reißverschluss wird auf beiden Seiten gleich breit abgesteppt (v. a. bei rückwärtigen Verschlüssen von Röcken und Kleidern).

Verdeckt
Eine Seite des Reißverschlusses wird knapp neben den Zähnen eingesteppt, die andere mit etwas größerem Abstand (v. a. in der vorderen oder hinteren Mitte von Kleidungsstücken oder in der Seitennaht).

Mit Untertritt
Hier wird der Verschluss auf einen verdeckt liegenden Untertritt gesteppt.

REISSVERSCHLÜSSE

Unsichtbar
Hier ist der Reißverschluss so eingesetzt, dass von außen keine Stepplinie zu sehen ist.

Eingesteppt
Der Reißverschluss liegt nicht in einer Naht. Die Zähne sind sichtbar, oft als dekoratives Detail (S. 258).

Teilbar
Solche Reißverschlüsse werden in Jacken eingesetzt, weil sie sich am unteren Ende aushaken lassen (S. 257). In der Regel werden sie so eingesteppt, dass die Zähne sichtbar sind. Sie können aber auch verdeckt eingesetzt werden.

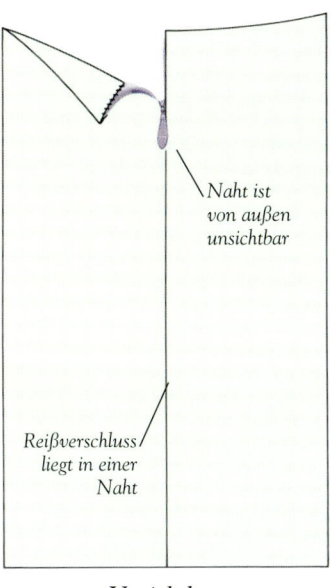

Naht ist von außen unsichtbar
Reißverschluss liegt in einer Naht

Unsichtbar

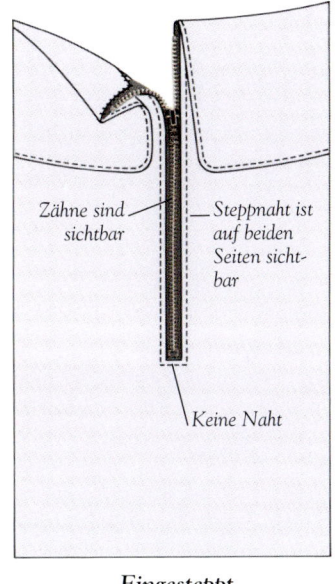

Zähne sind sichtbar
Steppnaht ist auf beiden Seiten sichtbar
Keine Naht

Eingesteppt

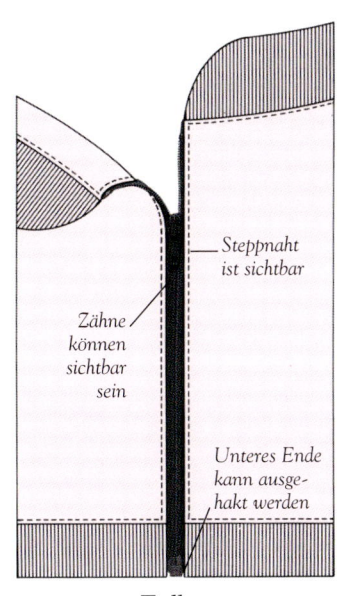

Steppnaht ist sichtbar
Zähne können sichtbar sein
Unteres Ende kann ausgehakt werden

Teilbar

DER REISSVERSCHLUSSFUSS

Reißverschlussfüße sind schmaler als normale Steppfüßchen. Sie sind asymmetrisch, die Nadel sticht neben dem Fuß in den Stoff. Die meisten Reißverschlussfüße lassen sich verschieben, sodass die Nadel wahlweise rechts oder links neben dem Fuß einsticht. Der Fuß läuft neben den Zähnen des Reißverschlusses entlang.

DEN REISSVERSCHLUSSFUSS EINSETZEN

Fuß links der Nadel

Setzen Sie den Fuß links von der Nadel ein, damit Sie sich beim Nähen an den Führungslinien auf der Stichplatte orientieren können. Lockern Sie die Halterungsschraube und schieben den Fuß so nahe wie möglich an die Nadel heran. Schraube anziehen.

NÄHEN MIT DEM REISSVERSCHLUSSFUSS

Stoff unter den Fuß legen. Fuß sollte dabei links von der Nadel stehen, Nadel sticht zwischen dem Fuß und den Zähnen des Reißverschlusses ein. Steppen Sie an den Zähnen entlang. Nahtanfang und -ende mit Rückstichen sichern.

DEN FUSS AUSRICHTEN

Setzen Sie Reißverschlüsse möglichst geöffnet ein. So können Sie die Stoffkante oder die Zähnchenkante exakt an einer der Hilfslinien auf der Stichplatte entlang führen (oben). Nur die letzten Stiche werden bei geschlossenem Reißverschluss genäht.

EINEN PLASTIKREISSVERSCHLUSS KÜRZEN

1 Messen Sie die Länge ab. Mit Nadel markieren. Zickzackstich einstellen, der breit genug ist, um über die geschlossenen Zähne zu greifen. Mit Stichlänge 0 einen Riegel als untere Begrenzung des Reißverschlusses nähen.

Reißverschluss unter dem Riegel abschneiden

2 Schneiden Sie das überschüssige Ende 1,5 cm unter dem Riegel ab (oben). Setzen Sie den Reißverschluss ein und steppen Sie am unteren Ende sorgfältig quer über die Zähne bzw. Spirale. (Nicht über Metallzähne steppen!)

VERSCHLÜSSE

DER VERDECKTE REISSVERSCHLUSS

Dies ist die gängigste Methode, einen Reißverschluss in eine Naht einzusetzen. Auch in einer Seitennaht oder der rückwärtigen Naht eines Kleides kann ein Reißverschluss so eingesetzt werden. Eine Seite der Öffnung im Stoff wird dicht neben den Zähnen festgesteppt. Naht und Zähne werden von der gegenüberliegenden Stoffkante verdeckt.

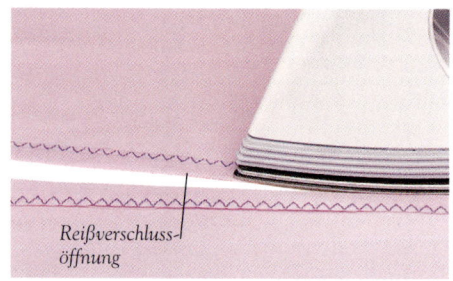

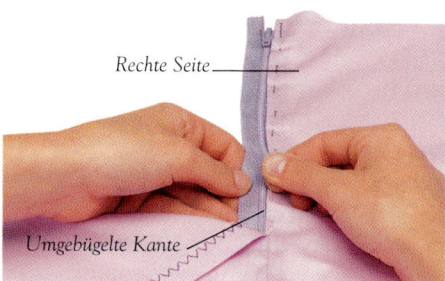

1 Lassen Sie die Naht in der Länge des Reißverschlusses plus 2 cm offen. Versäubern Sie die Schnittkanten und bügeln die Nahtzugaben auseinander. Auch die Kanten an der Reißverschlussöffnung werden nach links umgebügelt (oben).

2 Von der rechten Seite des Kleidungsstückes aus schieben Sie die rechte Kante des Schlitzes 3 mm weit vor. Dadurch entsteht ein winziger Untertritt. Bügeln Sie die neue Faltlinie ein (oben).

3 Stecken Sie den Reißverschluss unter die rechte Schlitzkante. Die Zähne liegen direkt neben der umgebügelten Stoffkante (oben). Das obere Ende des Reißverschlusses liegt etwa 2 cm unterhalb der oberen Stoffkante.

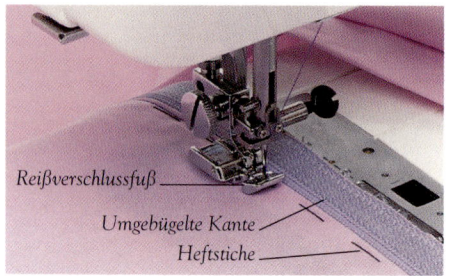
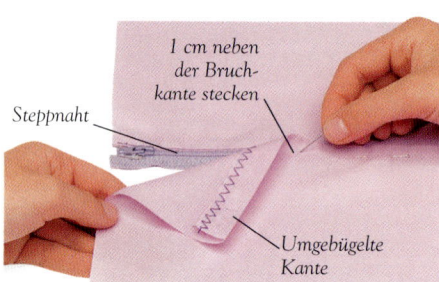
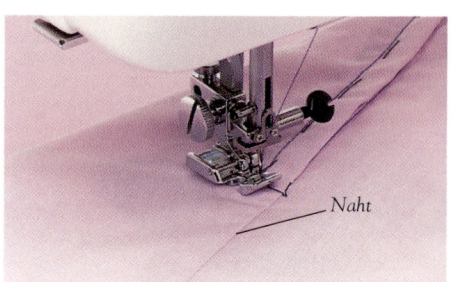

4 Reißverschluss einheften, Nadeln entfernen. Reißverschluss von oben nach unten einheften, Stepplinie möglichst nah an Zähnen. Kurz vor Nahtende Nadel heben. Verschluss schließen. Fertig nähen.

5 Legen Sie nun die linke Stoffkante so über den Reißverschluss, dass die Zähne und die rechte Steppnaht verdeckt sind. Stecken Sie den Reißverschluss 1 cm neben der Bruchkante fest (oben). Das untere Ende des Reißverschlusses mit einer quer eingesteckten Nadel befestigen.

6 Reißverschluss einheften, Nadeln entfernen. Reißverschluss von oben nach unten einsteppen. Anhalten und Nadel anheben, um den Schlitten an der Nadel vorbeizuschieben. Unten wenden, schräg zur Naht hin steppen. Heftfäden entfernen.

DER VERDECKTE REISSVERSCHLUSS IN EINER FORTLAUFENDEN NAHT

Wenn ein Reißverschluss nicht an der Kante eines Kleidungsstückes liegt, sondern in eine oberhalb und unterhalb fortlaufende Naht eingesetzt werden muss, ist diese Technik erforderlich. Meist findet man solche Reißverschlüsse in der Seitennaht langärmeliger, schmaler Kleider. Die überlappende Stoffkante liegt am Vorderteil.

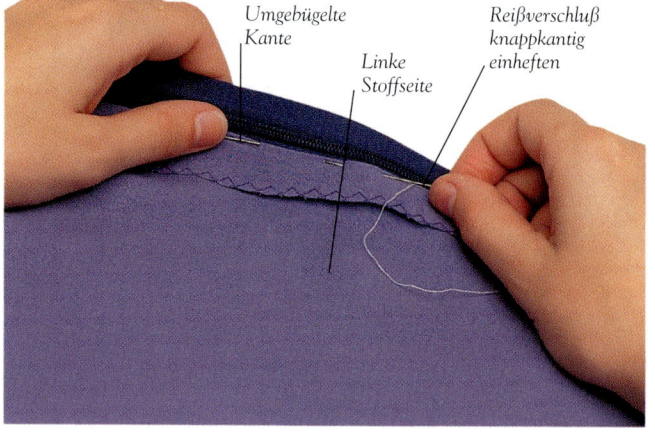

1 Obere Enden des Trägerbandes knapp über den Zähnen des Reißverschlusses zusammennähen. Länge des Verschlusses von Nahtstelle bis zur Klammer am unteren Ende messen. Seitennaht schließen, aber Schlitz in der passenden Länge offen lassen. Nahtlinie einheften, Zugaben auseinanderbügeln.

2 Schieben Sie die Nahtzugabe des Rückenteils 3 mm weit über die eingeheftete Nahtlinie hinaus, sodass ein schmaler Untertritt entsteht. Stecken Sie den Reißverschluss an die Stoffkante. Die Zähne liegen genau am Bruch. Heften. Nadeln entfernen. Steppen Sie mit dem Reißverschlussfuß den Reißverschluss knappkantig ein.

REISSVERSCHLÜSSE

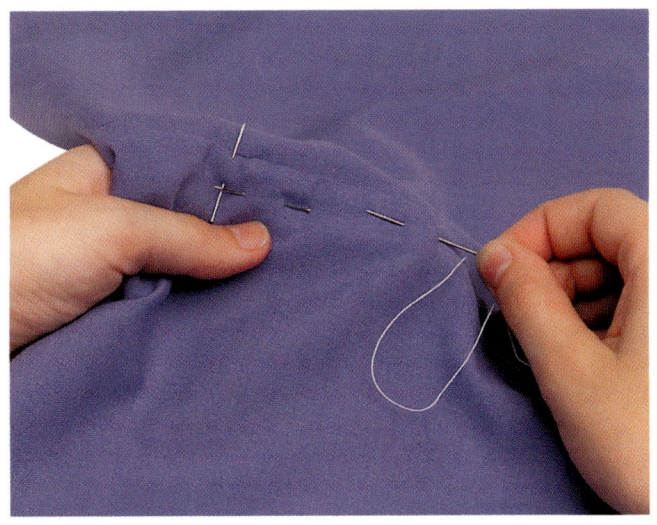

3 Stecken Sie dann von rechts den Reißverschluss flach hinter die umgebügelte Stoffkante des Vorderteils. Heften Sie 1 cm neben der Bruchlinie entlang (links). Steppen Sie nun von der Naht aus schräg über das untere Ende des Reißverschlusses. Wenden Sie 1 cm neben der Naht und steppen Sie nun die Längskante des Reißverschlusses ein. Heftfäden entfernen.

······· SAUBERE STEPPLINIEN ·······

Kurz unterhalb des unteren Reißverschluss-Endes anhalten. Nadel einstechen, Nähfuß heben. Stoff unter der Nadel drehen, bis die gewünschte Richtung erreicht ist – rechtwinklig zur Naht oder leicht schräg. Fuß senken, Naht beenden. Ende mit Rückstichen sichern.

············ DER REISSVERSCHLUSS IN DER NAHT ············

Diese Technik ist noch einfacher zu arbeiten als der verdeckte Verschluss. Sie eignet sich jedoch nur für mittige Nähte, etwa in der hinteren Mitte von Röcken oder Kleidern. Die umgebügelten Stoffkanten werden gleichmäßig breit abgesteppt. Auch bei Nähten, die oberhalb des Reißverschlusses weiterlaufen, kann diese Technik angewandt werden.

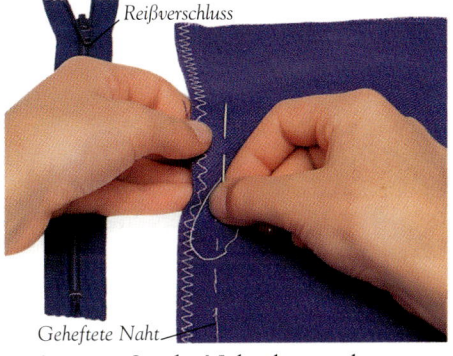

Reißverschluss

Geheftete Naht

1 Steppen Sie die Naht, lassen aber einen Schlitz in der Länge des Verschlusses plus 2 cm offen. Versäubern Sie die Schnittkanten und schließen Sie die Naht im Bereich des Verschlusses mit Heftstichen. Zugaben auseinanderbügeln, Modell nach rechts drehen. Verschluss mittig unter zugehefteten Schlitz legen.

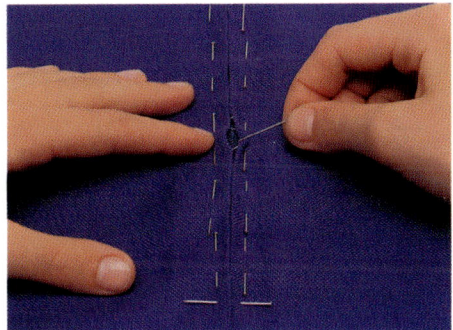

2 Die Spirale oder Zähnchenlinie des Verschlusses beginnt 2 cm unterhalb der oberen Stoffkante. Stecken Sie den Reißverschluss 5 mm neben der gehefteten Naht fest. Öffnen Sie die Naht an einigen Stellen vorsichtig mit einer Stecknadel, um zu prüfen, ob der Reißverschluss richtig liegt (oben).

Reißverschlussfuß

3 Heften Sie den Reißverschluss ein. Am oberen Ende dürfen die Stiche etwas auseinanderlaufen, damit Platz für den Schlitten bleibt. Nadeln entfernen, Verschluss einsteppen. Am Heftstich orientieren: Dicht neben den Heftfäden, aber nicht hindurchsteppen. Am unteren Ende mit eingestochener Nadel anhalten.

······· DEN SCHLITTEN AN DER NADEL VORBEIFÜHREN ·······

Unterbrechen Sie die Steppnaht. Die Nadel ist in den Stoff eingestochen, der Fuß wird angehoben. Schieben Sie den Schlitten vorsichtig am Fuß vorbei. Kontrollieren Sie, ob sich die Nahtlinie verschoben hat und richten sie gegebenenfalls neu aus. Senken Sie dann den Fuß und beenden die Naht.

4 Drehen Sie den Stoff um 90° und steppen quer bis zur Naht. Nähen Sie genauso viele Stiche jenseits der Naht und drehen Sie den Stoff wieder um 90°. Jetzt die zweite Längskante des Reißverschlusses einnähen. Zum Schluss die Heftfäden mit einer Stecknadel herausziehen (oben).

VERSCHLÜSSE

DER VORDERVERSCHLUSS

Bei Herrenhosen werden Reißverschlüsse grundsätzlich in einen vorderen Schlitz eingesetzt. Auch für Damenhosen und sportliche Röcke eignet sich diese Technik gut. Vorderverschlüsse sind bei weitem nicht so schwierig einzusetzen wie es scheint. Besonders bei eng sitzenden Kleidungsstücken ist ein zusätzlicher Untertritt sinnvoll.

DER ANGESCHNITTENE SCHLITZBELEG

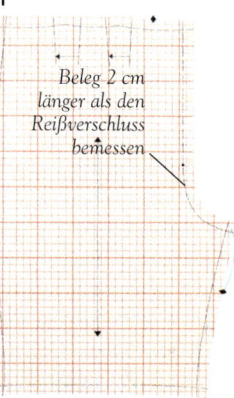

Beleg 2 cm länger als den Reißverschluss bemessen

1 Schnittmuster ohne Schlitzbeleg: Beleg selbst berücksichtigen. Folgen Sie der Kontur der Schrittnaht und geben Sie einen 2,5 cm breiten Streifen zu. 2 cm unter dem Verschlussende mündet der Beleg mit einer Rundung in die Schrittnaht.

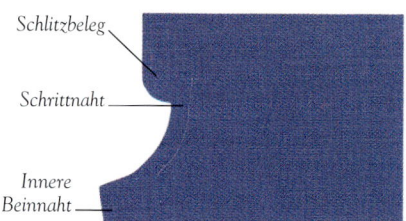

Schlitzbeleg
Schrittnaht
Innere Beinnaht

2 Bei Hosen vordere Schrittnaht von der Verschlussöffnung bis 5 cm vor der inneren Beinnaht nähen (bei Röcken: vordere Mittelnaht bis an Verschlussöffnung). So werden Innennähte genäht, ehe Schrittnaht geschlossen wird.

Umgebügelte, versäuberte Kante des Schlitzbeleges

3 Rechte Vorderkante 4 cm, linke 3 cm nach links umbügeln. Verschluss hinter linke Kante heften. Zähne liegen neben umgebügelter Kante, oben 2 cm unterhalb Stoffkante beginnen. Diese Verschlussseite einsteppen.

4 Auf dem linken Vorderteil eine Reihe Nadeln 1 cm neben Stepplinie einstecken. Legen Sie die umgebügelte Kante des rechten Vorderteils so auf, dass die Kante auf die Nadeln trifft. Rechte Kante festheften, Nadeln entfernen.

Linke Stoffseite

5 Heften Sie nun von der linken Seite des Modells aus die lose Reißverschlusskante an den Stoff. Die Heftlinie verläuft etwa 6 mm neben den Zähnen (oben). Es muss durch alle Stofflagen geheftet werden.

Rundung am unteren Ende des Schlitzes

6 Steppen Sie von rechts mit dem Reißverschlussfuß durch alle Stofflagen und Trägerband des Verschlusses. An Heftlinie orientieren. Am unteren Ende mündet Naht mit Rundung in die Schrittnaht. Heftfäden entfernen.

EINEN UNTERTRITT FERTIGEN

1 Schneiden Sie einen 10 cm breiten Stoffstreifen zu (2 cm länger als der Reißverschluss). Die fertige Breite des Untertritts beträgt mindestens 3 cm. Wenn am Taillenbündchen ein entsprechender Untertritt vorgesehen ist, es gegebenenfalls anpassen. (Bei sperrigen Stoffen Untertritt aus dünnem Baumwollstoff arbeiten).

Stoffstreifen für den Untertritt

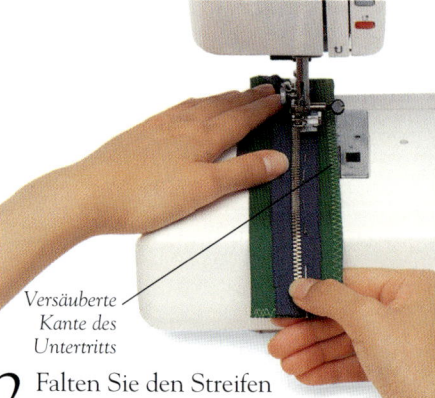

Versäuberte Kante des Untertritts

2 Falten Sie den Streifen der Länge nach zur Hälfte, die linken Stoffseiten nach innen. Versäubern Sie die Kanten zusammengefasst. Legen Sie den Reißverschluss auf und stecken Sie ihn etwa 2 cm neben der versäuberten Längskante fest (oben).

3 Steppen Sie Verschluss und Untertritt an das Modell (siehe Vorderverschluss, links). Untertritt beim Steppen der gerundeten Naht nicht mitfassen. Von innen die Unterkante des Untertritts mit Handstichen am Schlitzbeleg befestigen.

Reissverschlüsse

Der Vorderverschluss mit Untertritt

Eine Seite des Reißverschlusses wird an den Schlitzbeleg gesteppt, damit die Naht später von außen unsichtbar bleibt. Die obere, gerundete Steppnaht fasst den Reißverschluss nicht mit, darum kann sie auch in größerem Abstand zur Kante verlaufen. Ein Untertritt ist sinnvoll, aber nicht unbedingt erforderlich.

Rechtes Vorderteil — *Linkes Vorderteil* — *Schrittnaht*

1 Zeichnen Sie mit Heftstichen die gerundete Stepplinie auf dem rechten Vorderteil an. Nähen Sie die vordere Schrittnaht von der Reißverschlussöffnung bis 5 cm vor der inneren Beinnaht.

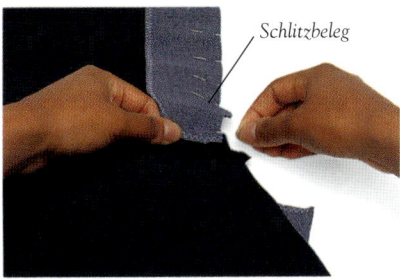

Schlitzbeleg

2 Versäubern Sie die Nahtzugaben und die Außenkanten des Schlitzbeleges mit Zickzackstichen. Stecken Sie dann den rechten Schlitzbeleg kantenbündig rechts auf rechts an das Vorderteil (oben) und steppen Sie ihn fest.

3 Schneiden Sie die Nahtzugaben abgestuft zurück (siehe S. 84). Klappen Sie den Beleg auf und bügeln Sie die Naht flach (oben). Dann alle Nahtzugaben vom Kleidungsstück weg bügeln.

Dicht neben den Zähnen steppen — *Versäuberte Kante des Schlitzbeleges* — *Linke Seite des Reißverschlusses geheftet, unteres Ende umgeschlagen*

4 Verschluss rechts auf rechts auf Schlitzbeleg legen. Die linke Verschlusskante verläuft entlang der Ansatznaht. Dort aufheften. Steppen Sie die rechte Seite des Verschlusses am Beleg fest. Eine doppelte Naht ist stabiler.

Heftlinie

5 Schlagen Sie jetzt den Beleg nach links um und bügeln Sie die Kante. Der Beleg wird entlang der eingehefteten Stepplinie mit querliegenden Nadeln am Oberstoff festgesteckt (oben).

Rechte Seite

6 Steppen Sie an der gehefteten Linie entlang (oben). Dann werden die Heftfäden entfernt. Stecken Sie die Teile des Untertritts rechts auf rechts zusammen. Die Längskante und die gerundete Schmalseite steppen.

7 Schneiden Sie die Nahtzugaben am Untertritt zurück. In der Rundung V-förmig einschneiden, damit die Naht flach liegt. Untertritt wenden, bügeln. Offene Schnittkanten mit Zickzackstichen versäubern.

8 Bügeln Sie die Kante des linken Vorderteils 6 mm neben der Nahtlinie nach links um. Öffnen Sie den Reißverschluss. Die umgebügelte Kante wird jetzt dicht neben den Zähnen auf das Trägerband gesteckt (oben).

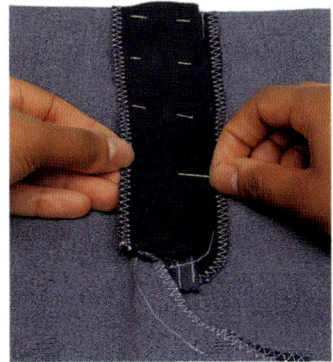

9 Von der linken Stoffseite aus legen Sie den Untertritt über den Reißverschluss. Die Rundung des Untertritts soll mit der Rundung der Steppnaht übereinstimmen. Mit querliegenden Nadeln feststecken (oben).

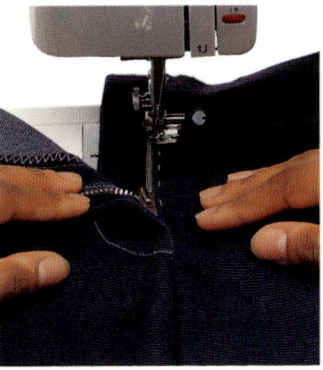

10 Von der rechten Seite aus durch alle Stofflagen heften: Oberstoff, Trägerband, Untertritt. Nadeln entfernen. Mit dem Reißverschlussfuß dicht neben den Zähnen des Verschlusses entlangsteppen. Nahtende verriegeln.

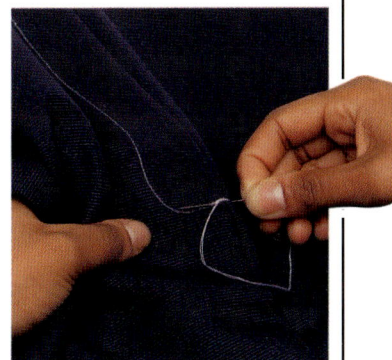

11 Sichern Sie das untere Ende des Schlitzes mit einem Riegel (siehe S. 79). Nähen Sie dabei mehrmals über die Schrittnaht. Auch der Untertritt wird beim Nähen des Riegels mitgefasst.

VERSCHLÜSSE

DER UNSICHTBARE REISSVERSCHLUSS

Ein unsichtbarer Reißverschluss wird mit einen speziellen Nähfuß eingesetzt. Die Einsatznaht liegt auf der Innenseite des Kleidungsstückes, von außen ist sie nicht sichtbar. Der fertige Reißverschluss ist völlig verdeckt, er sieht wie eine Verlängerung der darunterliegenden Naht aus. Die Auswahl dieser Verschlüsse ist relativ klein.

Geöffneter Reißverschluss

1 Bügeln Sie den Reißverschluss von der linken Seite, damit die Trägerbänder glatt und geschmeidig werden (oben). So lässt sich der Reißverschluss leichter unter der Maschine führen.

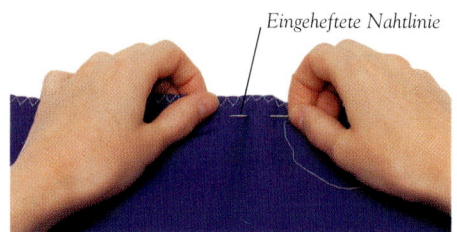

Eingeheftete Nahtlinie

2 Verschluss einsetzen, ehe Naht geschlossen wird. Schnittkanten versäubern. Nahtlinien mit Heftfäden markieren. Die Linien reichen oben und unten 5 cm über die Länge des Verschlusses hinaus.

Kante des Trägerbandes

3 Stecken und heften Sie eine Seite des geöffneten Reißverschlusses rechts auf rechts an die Nahtzugabe des Stoffes. Die Zähne sollen dabei genau an der markierten Nahtlinie liegen (oben).

4 Fuß für unsichtbare Verschlüsse einsetzen, Kerbe liegt an Unterseite über Verschlussspirale. Verschluss einsteppen, am Nahtende Rückstich.

Heftfäden nach dem Steppen entfernen

5 Andere Verschlussseite an den Oberstoff heften. Fuß wieder so einstellen, dass die Kerbe auf der Unterseite über der Spirale liegt. Kante steppen.

Einfacher Reißverschlussfuß

6 Verschluss schließen. Naht unterhalb des Verschlusses stecken, heften. Steppen. Nahtanfang reicht in Verschlusseinsatznaht hinein.

LETZTE HANDGRIFFE AM UNSICHTBAREN REISSVERSCHLUSS

Bei den meisten Stoffen reichen die oben beschriebenen Schritte aus. Bei besonders weichen oder dünnen Stoffen kann es aber sinnvoll sein, noch einige Extrastiche anzubringen. Wenn ein Verschluss in eine fortlaufende Naht eingesetzt wird, müssen die oberen Enden zusätzlich fixiert werden. Diese Stiche sind auf der rechten Seite unsichtbar.

TRÄGERBAND EINFÜGEN

Sehr weiche oder feine Stoffe neigen dazu, sich im Bereich des Reißverschlusses zu wellen. Das können Sie vermeiden, indem Sie die Außenkanten des Trägerbandes mit einer zusätzlichen Naht an den Nahtzugaben feststeppen. Nähen Sie nur durch das Trägerband und die Nahtzugabe, so bleibt die Naht auf der Außenseite unsichtbar.

IN DER FORTLAUFENDEN NAHT

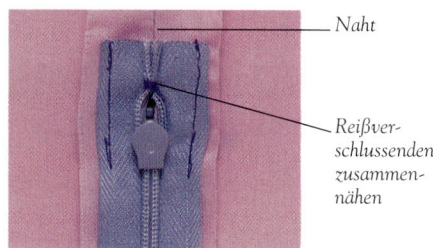

Naht

Reißverschlussenden zusammennähen

Setzen Sie den Reißverschluss in die Naht ein (siehe oben). Verbinden Sie die Trägerbänder am oberen Ende des Reißverschlusses mit Handstichen. Befestigen Sie auch die oberen Kanten des Trägerbandes an der Nahtzugabe. Dann die Nähte schließen.

DIE SPIRALE HOCHSTELLEN

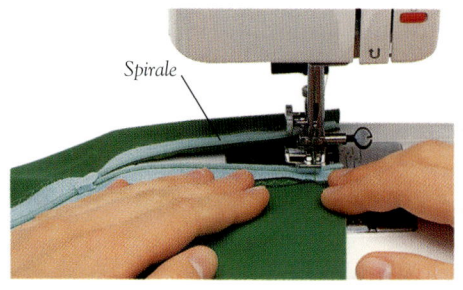

Spirale

Setzen Sie den Reißverschluss ein (siehe oben). Drücken Sie die Spirale leicht hoch und steppen Sie am oberen Ende des Verschlusses quer. Auf diese Weise bleibt die Spirale aufgerichtet und der Verschluss lässt sich leichter öffnen und schließen.

Muster am unsichtbaren Reissverschluss

Beim Einsetzen eines unsichtbaren Reißverschlusses ist es nicht möglich, den Stoff auf der rechten Seite zu kontrollieren. Das kann zu Schwierigkeiten beim Verarbeiten von Karos oder Streifen führen. Schon beim Zuschneiden muß der Musterverlauf berücksichtigt werden (S. 38). Danach wird der Reißverschluss eingesetzt.

Streifen

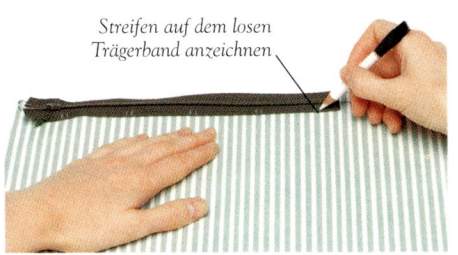
Streifen auf dem losen Trägerband anzeichnen

Streifen passen auf beiden Seiten des Reißverschlusses zusammen

1 Eine Seite des Verschlusses an die rechte Seite der Öffnung steppen (siehe S. 256, Schritt 4). Verschluss schließen. Rapport der Streifen mit Kreidestift auf die lose Seite des Bandes zeichnen.

2 Verschluss öffnen, an zweite Stoffkante heften. Stoff an Muster-Markierungen auf dem Trägerband ausrichten. Verschluss schließen. Muster kontrollieren, ehe Verschluß eingesteppt wird.

Diagonale Streifen

Eine Verschlussseite an Stoff steppen. Doppelseitiges Klebeband auf Bandseite kleben. Umgebügelte Kante des anderen Teils auf Klebeband befestigen, dass Streifen zusammenpassen. Zweite Seite einsteppen.

Teilbare Reissverschlüsse einsetzen

Es gibt zwei Möglichkeiten, einen teilbaren Reißverschluss einzusetzen. Der Reißverschluss kann in geschlossenem Zustand hinter den zusammenstoßenden Stoffkanten verborgen liegen. Er kann aber auch, als dekoratives Detail, sichtbar eingesetzt werden. Halsausschnitt und Saumkante können davor fertiggestellt werden.

Verdeckt

 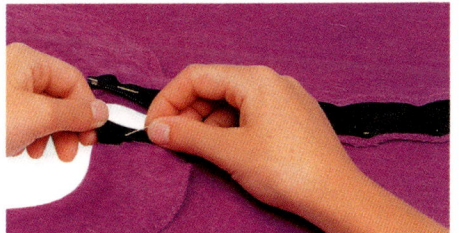 

1 Zugaben an Vorderkante nach links umbügeln. Von der rechten Seite des Modells aus geschlossenen Verschluss unter Kanten stecken (Zähne unter Kantenstoß). Schlitten sitzt 5 mm unter Oberkante.

2 Verschluss öffnen. Modell nach links drehen. Oberste Nadel lösen, Trägerband um Ausschnittbeleg schlagen, feststecken. Eventuell Verschluss einheften.

3 Reißverschlussfuß einsetzen, 1 cm neben der Bruchkante entlang steppen. Heftfäden entfernen. Verschlusszähne liegen unter der umgeschlagenen Vorderkante.

Sichtbar

Reißverschlussfuß

1 Bügeln Sie die Nahtzugaben an der Vorderkante nach links um. Stecken Sie den Reißverschluss von rechts unter die umgebügelte Kante. Die Zähne bleiben sichtbar (oben).

2 Heften Sie den Reißverschluss ein (oben). Entfernen Sie die Stecknadeln. Wenn der Halsausschnitt bereits fertiggestellt ist, schlagen Sie die oberen Enden der Trägerbänder ein und heften sie fest.

3 Verschluss öffnen. Reißverschlussfuß knapp neben den Zähnen entlang steppen. Zweite parallele Naht 6 mm neben der ersten steppen, damit Trägerband flach liegt. Heftfäden entfernen.

SICHTBARE REISSVERSCHLÜSSE

Wo der Reißverschluss nicht in eine Naht eingesetzt werden kann, bleibt er sichtbar (geeignet für einseitig offene und geschlossene Schlitze). Der eingeschnittene Schlitz muss mit einem Beleg verarbeitet werden. Reißverschlüsse mit Beleg können abgesteppt werden, oder auch mit einer unsichtbaren Naht eingesetzt werden.

ABGESTEPPTE NAHT

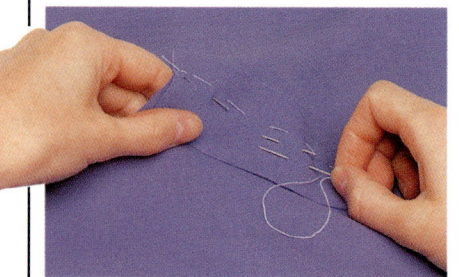

1 Zeichnen Sie auf dem Beleg eine Linie in Länge der Reißverschlusszähne plus 2 cm ein. Stecken und heften Sie den Beleg rechts auf rechts mittig auf künftige Verschlusslinie.

Stepplinie
Ecken einschneiden

2 An jeder Seite 3–6 mm neben Markierung entlang steppen. Untere Quernaht steppen. Abstand zwischen Stepplinie = Breite der Zähne am Verschluss. Schlitz gerade, Ecken schräg einschneiden.

3 Schlagen Sie den Beleg nach links. Die Naht soll von außen nicht sichtbar sein. Verschluss mittig hinter den Schlitz legen, festheften. Steppen Sie ihn entlang der Schlitzkante mit dem Reißverschlussfuß fest.

UNSICHTBARE NAHT

1 Versäubern Sie den Beleg mit einem Schlitz. Verschluss mittig hinter die Öffnung stecken. Heften Sie die Bruchkanten beidseitig mit hohlem Heftstich an das Trägerband.

Stoff-Dreieck

2 Heben Sie den Oberstoff unterhalb des Reißverschlusses an, bis zwischen Oberstoff und Beleg das kleine Dreieck sichtbar wird (siehe links). Steppen Sie das Dreieck auf dem Beleg fest.

3 Beleg auf einer Seite ausklappen, Verschluss in der Ansatznaht des Beleges feststeppen. Beleg, Reißverschluss und Nahtzugabe mitfassen. Die andere Seite entsprechend arbeiten. Dann die Heftfäden entfernen.

DER REISSVERSCHLUSS IM GESCHLOSSENEN SCHLITZ

Beleg *Mittelmarkierung*

1 Schneiden Sie einen 5 cm breiten Beleg (6 cm länger als der Reißverschluss). Verschlussschlitz auf dem Beleg einzeichnen, Beleg rechts auf rechts auf den Oberstoff stecken. Rechteck steppen (Längskanten 3–6 mm von Verschlussmittelmarkierung entfernt).

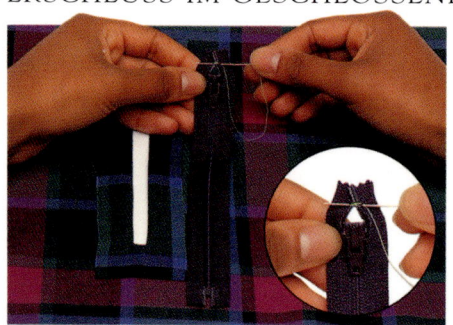

2 Schneiden Sie den Schlitz bis 1 cm vor jedem Ende auf. Die Ecken werden schräg eingeschnitten. Bügeln Sie den Beleg nach links um. Jetzt sind die Schnittkanten und Nahtzugaben verdeckt. Verbinden Sie die oberen Enden des Trägerbandes mit Handstichen (oben).

Knappkantig einsteppen

3 Arbeiten Sie von der rechten Seite aus weiter. Der Reißverschluss wird genau unter den belegten Schlitz gelegt und gesteckt. Heften Sie den Verschluss ein und entfernen Sie die Nadeln. Jetzt mit dem Reißverschlussfuß knappkantig einsteppen (oben). Heftfäden entfernen.

DER REISSVERSCHLUSS IN EINER FORTLAUFENDEN PASPELNAHT

Eine fortlaufende Naht ist auf beiden Seiten des Reißverschlusses geschlossen. Solche Verschlüsse findet man häufig in der Seitennaht schmaler Kleider, aber auch an abnehmbaren Polsterbezügen. Die Nähte an Polstern sind oft zusätzlich mit Paspeln verziert. Die Paspel werden angesteppt, ehe der Reißverschluss eingesetzt wird.

Nahtzugabe der Paspel

1 Paspelstreifen mit Reißverschlussfuß ansetzen. Gesamte Naht heften, Stoffteile liegen rechts auf rechts. Naht bis auf Verschlussschlitz steppen. Die Nahtzugaben auseinanderbügeln (oben). Heftfäden entfernen.

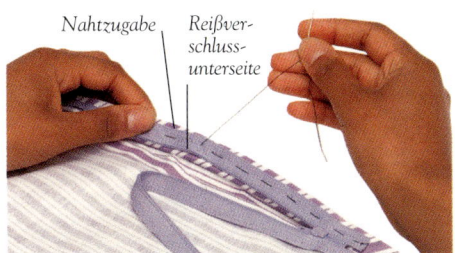

Nahtzugabe   Reißverschlussunterseite

2 Heben Sie die Nahtzugabe an der gepaspelten Seite an. Legen Sie eine Seite des Reißverschlusses rechts auf rechts auf die Nahtzugabe, die Zähne zeigen zum Paspel. Verschluss festheften. Mit Reißverschlussfuß einsteppen.

Reißverschlussfuß

3 Verschluss schließen. Stoff flach auslegen, rechte Seite nach oben. Loses Trägerband an die umgebügelte Kante des Oberstoffes stecken. Verschluss 1 cm neben Bruch festheften. Verschluss einheften, Heftfäden entfernen.

REISSVERSCHLÜSSE IN FALTEN

In einem Faltenrock wird der Verschluss so eingesetzt, dass er möglichst unauffällig zwischen den Falten verschwindet. Bei Kellerfalten liegt der Verschluss im Faltenboden unterhalb der beiden oberen Faltenbrüche. Bei Quetschfalten wird der Verschluss zwischen zwei Falten eingesetzt, bei einfachen Falten im unteren Faltenbereich.

REISSVERSCHLUSS IN DER KELLERFALTE

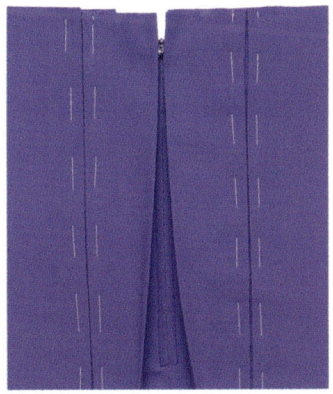

Naht, in die der Verschluss eingesetzt wird, so ausrichten, dass sie in der Mitte eines Faltenbodens liegt. Verschluss in die Naht einsetzen (siehe S. 253). So liegt der Verschluss unter den zusammentreffenden Falten verborgen. (Bei Quetschfalten Verschluss in eine Naht zwischen zwei Falten einsetzen.)

REISSVERSCHLÜSSE VON HAND EINNÄHEN

Bei Stoffen, in denen der Steppfuß einen dauerhaften Abdruck hinterlassen würde (z. B. Samt), empfiehlt sich, den Verschluss per Hand einzunähen. Heften Sie den Reißverschluss verdeckt (S. 252) oder in die Naht (S. 253). Nähen Sie ihn dann mit halbem Steppstich ein (links).

REISSVERSCHLUSS IN EINFACHEN FALTEN

1 Verschlussnaht so ausrichten, dass sie im unteren Bereich einer Falte liegt. Naht bis zum Schlitz steppen. Schneiden Sie die Zugabe am unteren Ende des Schlitzes ein. Im Bereich des Schlitzes die Stoffkanten beidseitig nach links umbügeln.

2 Arbeiten Sie von der rechten Seite aus weiter. Klappen Sie die Falte auf. Schieben Sie den Verschluss unter die Öffnung, die Zähne liegen nahe an der umgebügelten Kante. Stecken und heften, mit dem Reißverschlussfuß einsteppen.

Reißverschluss geschlossen einsteppen   Reißverschlussfuß

3 Von links arbeiten. Klappen Sie den Verschluss und die Gegenseite der Falte von der Schlitzkante weg. Beides zusammenstecken. Die Zähne liegen dabei 3 mm neben der Nahtlinie. Stecken, heften, steppen.

ANDERE VERSCHLÜSSE

Haken sind praktische Verschlüsse, die gleichermaßen mit geraden Riegeln und runden Ösen kombiniert werden können. Es gibt viele unterschiedliche Größen und Stärken. Oft werden sie oberhalb von Reißverschlüssen oder an Taillenbündchen angebracht. Auch Druckknöpfe werden in vielen Größen angeboten, zum Annähen und, besonders für sportliche Kleidung, auch zum Nieten. Klettbänder lassen sich leicht öffnen und schließen. Sie eignen sich für Ärmelverschlüsse und sind auch für Kinderkleidung sehr beliebt.

VERWANDTE TECHNIKEN

Stiche für Nähte und Kanten, S. 74
Nahtzugaben verkleinern, S. 84
Halsausschnitt einfassen, S. 134
Taillenbündchen vorbereiten, S. 166
Verdeckter Reißverschluss, S. 252
Reißverschluss in der Naht, S. 253

ÜBERSICHT

Haken mit runder Öse

Haken mit geradem Riegel

Einfache Haken und Ösen
Haken mit gebogenen Ösen sind für gegeneinander stoßende Stoffkanten gedacht, die mit geraden Riegeln für überlappende.

Bezogene Haken und Ösen
Zu solchen großen Haken gehören gebogene Ösen. Sie werden meist für Jacken oder Mäntel aus langflorigem Stoff verwendet.

Rockhaken mit Riegel
Flache, stabile Haken mit breitem Riegel werden zum Verschließen von Taillenbündchen an Röcken und Hosen verwendet.

Oberteil   *Unterteil*

Druckknöpfe
Diese Verschlüsse aus Kunststoff oder Metall (S. 263) bestehen aus einem Ober- und einem Unterteil, die beim Zusammendrücken einrasten.

Gezahnter Ring

Unteres Knopfteil

Oberes Knopfteil

Unterseite des Werkzeuges

Oberseite des Werkzeuges

Druckknopfband
Auf einem Trägerband sind in gleichmäßigen Abständen Druckknöpfe befestigt (S. 262). Es lässt sich einfach öffnen und schließen.

Oberes Knopfteil

Unteres Knopfteil

Klettband
Eine Seite des Bandes ist mit feinen Haken versehen, die andere mit Schlingen (S. 262). Durch Zusammendrücken schließt sich das Band ganzflächig.

Schlingenseite

Hakenseite

Nietenoberteil   *Unterteil*

Oberes Druckknopfteil   *Rückwärtige Niete*

Druckknöpfe zum Nieten
Nietknöpfe (S. 263) haben oft ein dekoratives Oberteil. Eine Stoffseite liegt zwischen oberer Ziernniete und Oberteil des Knopfes, die andere zwischen Unterteil des Knopfes und rückwärtiger Niete.

Ringknöpfe zum Nieten
Sehen aus wie mit Stoff bezogen, tatsächlich werden aber einfache gezahnte Metallringe mit den Druckknopfteilen zusammengehämmert (S. 263). Sie sind als Fertigsets erhältlich.

Sicherheitsnadel

Druckknopf hält den BH-Träger fest

Trägerhalter
Diese kleinen Bänder verhindert das Herausrutschen der Träger von Unterwäsche an Ausschnittkanten. Der Halter (S. 262) wird am Kleidungsstück befestigt, dann wird der Träger eingelegt und der Knopf geschlossen.

ANDERE VERSCHLÜSSE

HAKEN UND ÖSEN BEFESTIGEN

Haken und Ösen werden an überlappenden Kanten dort angesetzt, wo ein besonders sauberer Verschluss erwünscht ist. Ein doppelter Nähfaden wird mit einigen Rückstichen so am Stoff befestigt, dass die Ansatzstelle später vom Haken verdeckt ist. Dann wird der Haken angenäht. Er soll etwa 3 mm innerhalb der Stoffkante liegen.

HAKEN UND RUNDE ÖSE

1 Nähen Sie den Haken an beiden Stichlöchern fest. Nicht auf rechte Stoffseite durchstechen. Haken mit zwei oder drei Stichen über den geraden Schaft sichern. Fadenende mit Rückstichen befestigen.

2 Öse so auf Modellinnenseite anbringen, dass sie 3 mm über Stoffkante hinaussteht. Anfangsfaden befestigen. Durch beide Stichlöcher der Öse nähen und zusätzlich über den Bügel.

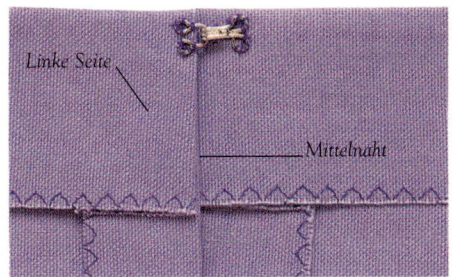

3 Schließen Sie Haken und Öse. Die Verschlusskanten sollten jetzt knapp überlappen und flach aufeinanderliegen. Von der rechten Seite darf weder Haken noch Öse zu sehen sein.

HAKEN UND GERADER RIEGEL

1 Haken so an die linke Seite der überlappenden Stoffkante nähen, dass sie 3 mm innerhalb der Kante liegen. Verschlusskanten übereinanderlegen, mit quer eingesteckter Nadel die Position der Riegel auf dem Untertritt markieren.

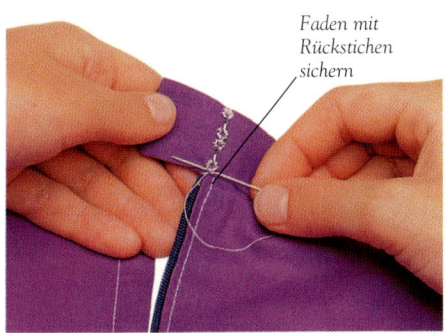

2 Erstes Stichloch des Riegels befestigen. Nadel zwischen den Stofflagen zum zweiten Stichloch führen und auch dieses annähen. Für weiterer Riegel stechen Sie wieder zwischen den Stofflagen durch. Am Ende den Faden gut vernähen.

ROCKHAKEN MIT RIEGEL

1 Legen Sie den Haken auf die Rückseite des Übertritts, 3 mm innerhalb der Kante. Auf diese Weise ist bei geschlossenem Bund auch der Riegel verdeckt. Nähen Sie durch jedes Stichloch mehrere Stiche (oben).

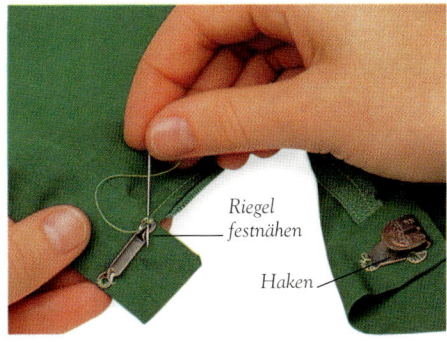

2 Legen Sie den Verschluss übereinander, sodass die Bündchenenden überlappen. Richten Sie den Riegel auf der unteren Bündchenseite aus und halten Sie ihn mit einer Stecknadel fest. Verschluss öffnen, Riegel annähen. Fadenende sichern.

HAKEN UND ÖSEN BEZIEHEN

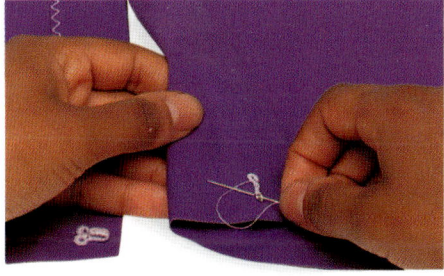

Wo Haken und Ösen auf der rechten Stoffseite sichtbar sind, sollen Sie sie mit passendem Nähgarn umwickeln. Nähen Sie Haken und Öse an. Gesamtes Metall mit feinen Languettenstichen umschließen. Stoff unterhalb des Riegels nicht mitfassen.

BEFESTIGUNG MIT KNOPFLOCHSTICH

Besonders sauber sieht es aus, wenn Haken und Ösen mit Knopflochstichen (S. 75) befestigt werden. Arbeiten Sie rings um jedes Stichloch einen Kranz aus feinen Knopflochstichen. Die Schlingen dabei zur Außenkante schieben.

Handgearbeitete Riegel, Ösen und Schlingen

Bei allen drei Formen machen Sie zunächst einige Stiche in der Länge der gewünschten Öse, dann umstechen Sie die Fäden mit Languettenstichen. Handgearbeitete Riegel, Ösen und Schlingen sind wesentlich unauffälliger als metallene. Wenn sie aus Knopflochgarn gearbeitet werden, sind sie jedoch ebenso stabil.

Handgearbeiteter Riegel

1 Nähen Sie den Haken 3 mm innerhalb der Kleiderkante von links fest. Schließen Sie die Öffnung und markieren Sie die Enden des Riegels mit zwei Stecknadeln (oben). Befestigen Sie den Arbeitsfaden mit einigen Rückstichen an einem Ende des Riegels.

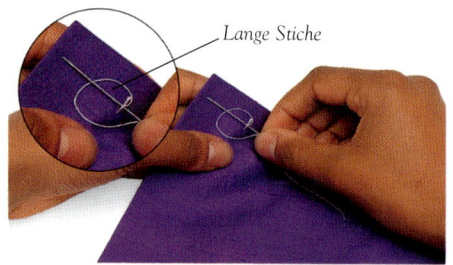

2 Arbeiten Sie von einem Ende des Riegels zum anderen lange Stiche hin und her. Machen Sie an einem Riegelende einen Languettenstich. Fäden der langen Stiche dicht an dicht mit Languettenstichen bedecken. Letzter Languettenstich geht durch den Stoff. Vernähen.

Handgearbeitete Öse

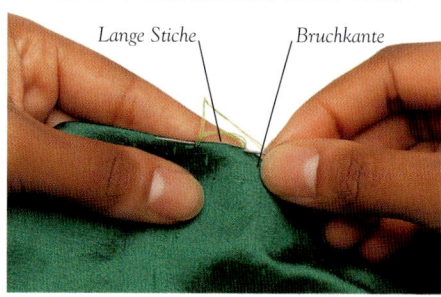

1 Befestigen Sie den Faden an der Stoffkante. Mit einfachem oder doppelten Faden vier lange Stiche an der Stoffkante entlang machen. Nadel dabei unter dem Bruch zum Anfang der Öse zurück führen. Fäden bleiben locker.

Handgearbeitete Knopfschlingen

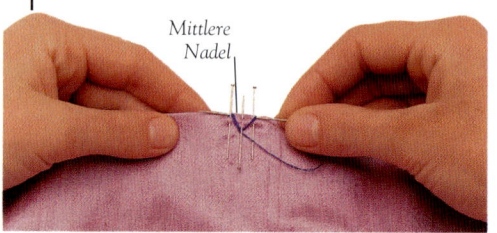

1 Schlingenbreite mit zwei Nadeln markieren. Dritte Nadel markiert halben Knopfdurchmesser. Arbeitsfaden befestigen, um Mittelnadel herum von einer Seite zur anderen stechen. Nadel unter Stoffbruch zurückführen. Viermal wiederholen.

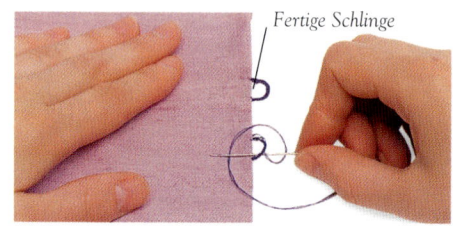

2 Prüfen Sie, ob der Knopf durch die Schlinge passt. Umstechen Sie dann die Schlinge dicht an dicht mit feinen Knopflochstichen (S.75). Der erste und der letzte Stich an jeder Seite führt durch den Stoff. Den Faden gut vernähen.

2 Machen Sie an einem Ende der Öse einen kleinen Languettenstich durch den Stoff. Die gesamten langen Stiche mit dichten Languettenstichen bedecken. Der letzte Stich geht durch die Stoffkante. Fadenende gut vernähen.

Verschlussbänder anbringen

Stabile Klettbänder werden als Verschluss an Kleidungsstücken meist für Sport- und Freizeitkleidung verwendet. Eine Seite ist mit feinen Haken bedeckt, die andere mit Fadenschlingen. Werden beide Seiten zusammengedrückt, bleiben die Haken in den Schlingen hängen. Druckknopfband ist feiner in der Verarbeitung.

Klettband

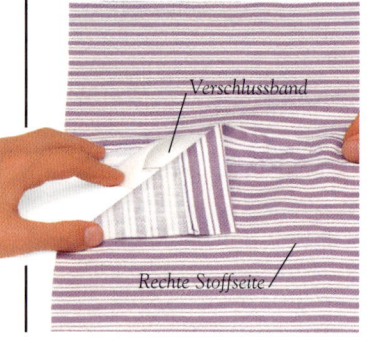

Eine Seite des Bandes an die Stoffkante stecken, beide Kanten feststeppen. Andere Seite des Bandes darauflegen, leicht andrücken. Zweite Stoffkante auf das doppelte Klettband legen. Klettband vorsichtig auseinanderziehen und zweite Hälfte an den Stoff steppen.

Druckknopfband

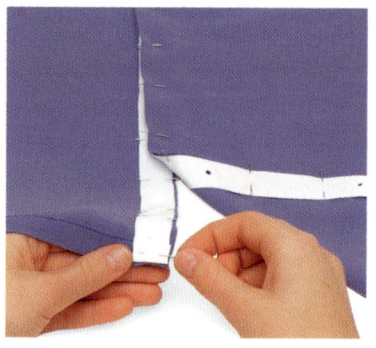

Beschneiden und versäubern Sie die Zugaben. Bügeln Sie sie auf der überlappenden Seite nach links, auf der unten liegenden Seite nach rechts um. Bandenden umschlagen, über die umgebügelten Nahtzugaben stecken. Mit Reißverschlussfuß knappkantig aufsteppen.

ANDERE VERSCHLÜSSE

DRUCKKNÖPFE

Druckknöpfe können überall dort eingesetzt werden, wo ein Verschluss nicht viel Zug aushalten muss. Schwarze und silberfarbene Druckknöpfe werden in vielen Größen angeboten. Für besonders feine Stoffe gibt es auch kleine, transparente Druckknöpfe aus Kunststoff. Darüber hinaus gibt es ein großes Angebot an nähfreien Druckknöpfen.

DRUCKKNÖPFE ANNÄHEN

1 Faden an der Rückseite der überlappenden Verschlusskante befestigen. Druckknopf an dieser Seite festnähen, ohne auf rechte Seite durchzustechen. Faden mit Rückstichen an Knopfkante sichern.

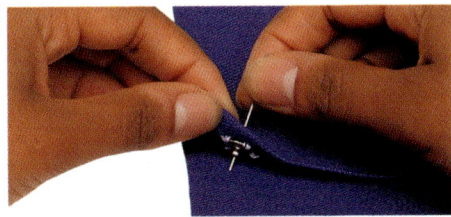

2 Verschlusskanten aufeinanderlegen. Nadel von außen durch den Druckknopf stecken, sodass die Nadelspitze in der Mitte herausragt. Diesen Punkt mit Kreide auf gegenüberliegender Verschluß-Seite markieren.

3 Nähen Sie das Unterteil des Druckknopfes fest an die unten liegende Verschlusskante (siehe Schritt 1). Jedes Loch des Druckknopfes wird mit vier Stichen befestigt. Fadenende sichern.

NÄHFREIE BEZOGENE DRUCKKNÖPFE

1 Rundes Stoffstück ausschneiden (dünnen Stoff zweilagig). Rohlingsoberteil mit Stoff bedecken. Oberknopf und Gegenstück in Werkzeug einlegen.

NÄHFREIE DRUCKKNÖPFE

1 Position der oberen Knöpfe auf oben liegender Verschlusskante anzeichnen. Kunststoffscheibe mit flacher Seite nach oben unter Markierung legen. Mit Körner Stoff lochen.

2 Kunststoffscheibe umdrehen. Oberteil des Knopfes in die Höhlung legen. Gegenstück fest in die Ausnehmung des Werkzeugs drücken. Beim Festhämmern wird oberer Teil des Knopfes zusammengepresst.

2 Zeichnen Sie die Positionen der Knöpfe auf beiden Stoffkanten an. Klappen Sie das Werkzeug zusammen. Schlagen Sie mit dem Hammer auf das Werkzeug – so verbinden sich die Teile fest.

3 Scheibe mit dem Oberknopf unter den Stoff legen. Der Dorn im Knopf ragt durch das gestanzte Loch. Werkzeug mit dem eingesetzten Oberteil des Druckknopfes darauf festhalten, festhämmern.

4 Knöpfe auf der gegenüberliegenden Seite des Verschlusses befestigen. Dorn der rückwärtigen Nieten durch das Loch schieben, Unterteil des Druckknopfes mit Hilfe des Werkzeugs darauf festhämmern.

3 Hämmern Sie gemäß der mitgelieferten Anleitung das untere Druckknopfteil mit dem dazugehörigen gezahnten Ring zusammen. Bezogenes Oberteil des Knopfes auf den Sockel drücken.

TRÄGERHALTER

Befestigen Sie einen stabilen Nähfaden an der Innenseite des Kleidungsstückes. Arbeiten Sie eine kurze Luftmaschenkette (S. 78), um den Träger der Unterwäsche festzuhalten. Ans Ende der Kette setzen Sie eine Hälfte eines kleinen Druckknopfes. Gegenstück an Schulternaht festnähen.

TASCHEN

TASCHEN
Übersicht 266
Ungefütterte aufgesetzte Tasche 267
Quadratische aufgesetzte Tasche 267
Aufgesetzte Taschen füttern 268
Taschen mit angeschnittenem Beleg füttern 268
Gefütterte Taschen aufsetzen 269
Aufgesetzte Tasche mit angeschnittener Klappe 270
Aufgesetzte Tasche mit separater Klappe 270
Angeschnittene Seitennahttasche 271
Angesetzte Seitennahttasche 272
Seitennahttasche mit angeschnittenem Beleg 272
Seitennahttasche mit separatem Beleg 273
Hüftsatteltasche 273
Paspeltasche 274
Zweiteilige Klappe für eingeschnittene Taschen 276
Einteilige Leiste für eingeschnittene Taschen 276
Klappentasche 277
Den Taschenbeutel nähen 278
Leistentasche 278
Tasche mit angeschnittener Leiste 278

TASCHEN

Taschen an Kleidungsstücken sind nicht nur funktional, sie sind immer auch ein Blickfang – ganz gleich, ob es sich um große, aufgesetzte Taschen oder eher unauffällige Paspeltaschen handelt. Taschen, die auf ein Kleidungsstück aufgesetzt werden, können aus passendem oder kontrastierendem Stoff gearbeitet werden. Sie können mit Zierstuppereien versehen oder mit einer Klappe geschlossen werden. Je nach Stil kann eine Tasche ein Kleidungsstück sportlich oder elegant wirken lassen. Es ist gar nicht so schwierig, die unterschiedlichen Arten von Taschen zu arbeiten.

VERWANDTE TECHNIKEN

Karos und Streifen, S. 38
Heftstiche, S. 73
Markierungen durchschlagen, S. 73
Maschinenstiche, S. 77
Nähte versäubern, S. 85
Einlage, S. 98

ÜBERSICHT

Aufgesetzte Tasche mit angeschnittener Klappe

Klappentasche

Aufgesetzte Tasche mit separater Klappe

Hüftsatteltasche

Seitennahttasche

Aufgesetzte Tasche

Paspeltasche

Leistentasche

Aufgesetzte Tasche mit angeschnittener Klappe
Diese Tasche hat an der oberen Kante einen angeschnittenen Beleg, der umgeschlagen wird (S. 270).

Klappentasche
Bei dieser Variante liegt die Tasche in einem Einschnitt, an der Oberkante wird die Klappe befestigt (S. 277).

Aufgesetzte Tasche mit separater Klappe
Oberhalb der aufgesetzten Tasche wird eine separat zugeschnittene Klappe auf den Oberstoff gesteppt (S. 270).

Hüftsatteltasche
Nur der von Taille bis Seitennaht verlaufende Eingriff ist sichtbar.

Seitennahttasche
Der Taschenbeutel wird an einer offenen Stelle in der Seitennaht befestigt und hängt im Inneren des Modells.

Aufgesetzte Tasche
Diese ungefütterte Tasche ist an der Oberkante mit einem Beleg versäubert, untere Ecken sind abgerundet.

Paspeltasche
Der Eingriff dieser Tasche sieht aus wie ein großes, eingefasstes Knopfloch.

Leistentasche
Die Leiste liegt oberhalb der Tasche und verdeckt den Eingriff. Die Leiste wird an- oder separat zugeschnitten.

TASCHEN

VORBEREITUNGEN

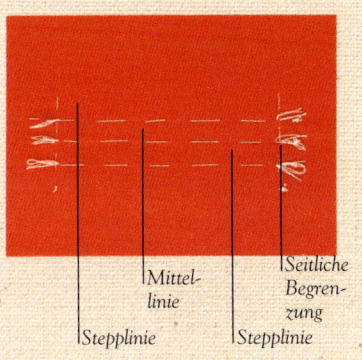

Markierungen für eingeschnittene Taschen
Leisten- und Klappentaschen (S. 274–279) müssen akkurat gearbeitet werden. Schlagen Sie die Ecken, die Mittellinie und die Stepplinien mit Heftfäden durch. Damit die Linien auf beiden Stoffseiten sichtbar sind, heften Sie sie mit Vorstichen nach.

Aufgesetzte Taschen verstärken
Aufgesetzte Taschen sitzen besser, wenn die Oberkante mit Einlage verstärkt wird. Ist der Beleg angeschnitten, schneiden Sie Einlage in der Größe des Beleges zu und bügeln oder heften Sie sie auf der linken Seite des Beleges bis zur Bruchlinie auf.

UNGEFÜTTERTE AUFGESETZTE TASCHE

Ungefütterte aufgesetzte Taschen werden hauptsächlich bei Hemden und Jacken verwendet. Meist sind die unteren Ecken abgerundet, an der Oberkante ist ein Beleg angeschnitten. Die Tasche bekommt mehr Festigkeit, wenn der Beleg vor dem Aufsetzen bis zur Oberkante mit Einlage verstärkt wird (siehe oben).

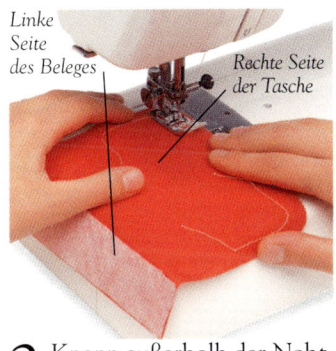
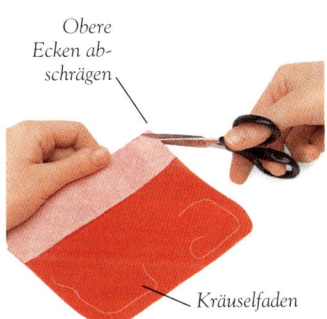

1 Rückseite des Beleges bis zur Bruchkante mit Einlage verstärken, Oberkante mit Zickzackstichen versäubern. Beleg nach rechts umschlagen, Schmalseiten stecken, steppen.

2 Knapp außerhalb der Nahtlinie wird im Bereich der abgerundeten Ecken mit großen Geradstichen eine Kräuselnaht angebracht (oben).

3 Die Nahtzugaben auf 1 cm zurückschneiden, aber die langen Enden der Kräuselfäden hängen lassen. Die oberen Ecken werden abgeschrägt (oben).

4 Wenden Sie den Beleg nach rechts. Bügeln Sie die Nahtzugaben nach links um. Damit die Rundungen glatt liegen, die Kräuselfäden anziehen (oben).

QUADRATISCHE AUFGESETZTE TASCHE

Quadratische Taschen eignen sich für die gleichen Kleidungsstücke wie aufgesetzte Taschen mit abgerundeten Ecken. Sie werden dort verwendet, wo der sportliche Stil eines Modells noch unterstrichen werden soll. Grundsätzlich werden beide Typen gleich gearbeitet, nur an den unteren Ecken unterscheiden sich die Techniken.

1 Versäubern und verstärken Sie den Beleg und steppen Sie die Schmalseiten. Bügeln Sie die Nahtzugaben nach links und wenden Sie den Beleg nach rechts (oben).

2 Die Nahtzugaben in den unteren Ecken aufschlagen. Dann die Ecken diagonal einschlagen, umbügeln und abschrägen (oben).

3 Bügeln Sie die Ecken neu ein und sichern Sie sie eventuell von links mit einigen Handstichen (oben). Dann wird die Tasche aufgesetzt.

AUFGESETZTE TASCHEN FÜTTERN

Wenn ein Stoff leicht ausfranst oder die Gefahr besteht, dass sich in einem weichen Stoff die Taschen ausbeulen, werden sie abgefüttert. Locker gewebte Stoffe erhalten auf diese Weise mehr Festigkeit und saubere Kanten. Transparente Stoffe sollten gedoppelt werden, damit die Einlage an der Oberkante nicht durchscheint.

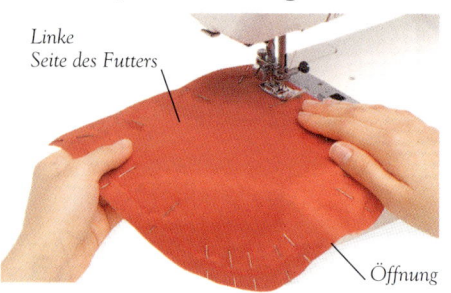

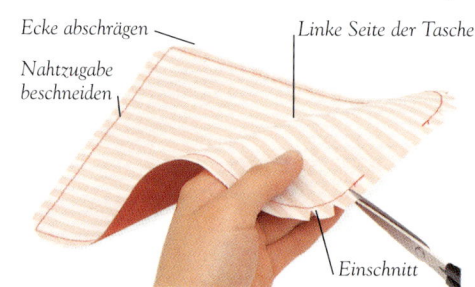

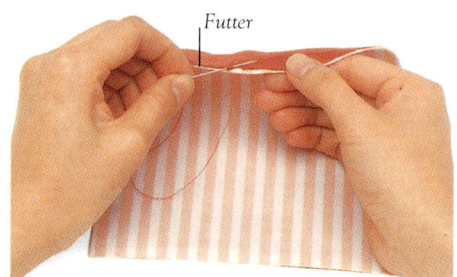

1 Schneiden Sie die Tasche aus dem Oberstoff zu. Nach dem gleichen Muster wird auch das Futter zugeschnitten. Stecken Sie Futter und Oberstoff rechts auf rechts zusammen und steppen Sie die Kante. In der unteren Mitte bleibt ein 4 cm langes Stück Naht offen (oben).

2 Schneiden Sie die Nahtzugaben auf 6 mm zurück. Die Ecken werden abgeschrägt und die Nahtzugaben zu den Ecken hin abgeflacht. (Bei eckigen Taschen auch die unteren Ecken abschrägen.) Rundungen V-förmig einschneiden (oben).

3 Wenden Sie die Tasche durch die Öffnung in der Naht. Drücken Sie die Ecken heraus und rollen Sie die Naht zwischen den Fingern auf die Innenseite. Bügeln Sie die Tasche und schließen Sie die Öffnung mit kleinen Handstichen (oben).

GEDOPPELTE TASCHE

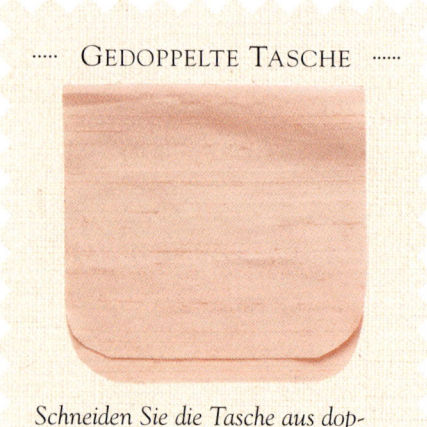

Schneiden Sie die Tasche aus doppelt liegendem Stoff zu, der Stoffbruch verläuft entlang der Oberkante. Arbeiten Sie weiter wie oben in Schritt 1–3 beschrieben. Die Naht an der Oberkante entfällt.

TASCHEN MIT ANGESCHNITTENEM BELEG FÜTTERN

Wenn eine Tasche einen angeschnittenen Beleg hat (S. 267), wird das Futter an die Belegkante gesetzt. Schneiden Sie die Tasche zu und klappen Sie den Beleg um. So können Sie den Stoffbedarf für das Futter bestimmen.

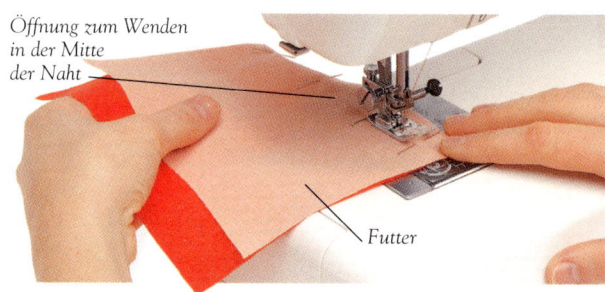

1 Verstärken Sie die linke Seite des Beleges bis zur Bruchkante mit Einlage. Schlagen Sie den Beleg an der Bruchlinie nach links um.

2 Messen Sie den Abstand zwischen Belegunterkante und unterer Taschenkante. Schneiden Sie das Futter in dieser Größe plus 3 cm Nahtzugabe zu. Jetzt den Beleg wieder hochschlagen. Das Futter rechts auf rechts an die Belegkante stecken und steppen. In der Mitte bleibt eine 4 cm lange Öffnung (oben).

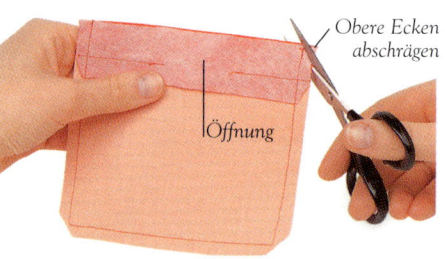

3 Legen Sie Stoff und Futter rechts auf rechts und stecken Sie zuerst die Unterkanten, dann die Seitenkanten bündig aufeinander. Alle drei Seiten steppen (oben).

4 Die Nahtzugaben werden beschnitten und die Ecken abgeschrägt (oben). Zu den Ecken hin die Nahtzugaben flach zulaufen lassen. Wenn die Tasche abgerundete Ecken hat, werden die Nahtzugaben hier V-förmig eingeschnitten.

5 Wenden Sie die Tasche, indem Sie sie durch die Öffnung an der Belegkante schieben. Die Ecken herausdrücken und die Naht zwischen den Fingern leicht nach innen rollen. Nun die Tasche bügeln und die Öffnung von Hand schließen.

GEFÜTTERTE TASCHEN AUFSETZEN

Eine gefütterte Tasche kann mit der Hand aufgenäht oder mit der Maschine aufgesteppt werden. Handgenähte Taschen sind nicht so haltbar und stabil wie aufgesteppte. Ehe die Tasche aufgesetzt wird, müssen alle Verzierungen darauf angebracht sein, wie z. B. Zierstoppereien, Monogramme oder aufgesteppte Borten.

AUFSTEPPEN

1 Legen Sie die vorbereitete Tasche (siehe gegenüber) mit der rechten Seite nach oben auf die gewünschte Position. Stecken Sie sie mit nach außen gerichteten Nadeln fest (oben). Bei Bedarf kann die Kante der Tasche aufgeheftet werden. Anschließend die Nadeln entfernen.

2 Steppen Sie knapp am äußeren Rand der Tasche entlang. Kante des Steppfüßchens dient als Orientierung. Normalerweise werden Taschen knappkantig aufgesteppt. Nur bei auftragenden, flauschigen Stoffen kann die Stepplinie bis zu 6 mm neben der Kante liegen.

MIT DER HAND

Heften Sie die Tasche zuerst auf die rechte Seite des Kleidungsstückes. Mit kleinen Überwendlingsstichen nähen Sie nun drei Seiten der Tasche fest. Nähen Sie feste Stiche, ziehen Sie den Faden aber nicht zu stramm an, sonst wellen sich die Kanten der Tasche.

ECKEN VERSTÄRKEN

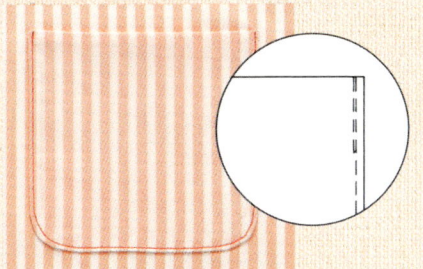

Rückstiche
Sichern Sie die oberen Ecken, indem Sie die ersten und letzten 1,5 cm der Steppnaht mit Rückstichen doppeln. Rückstiche liegen in der Linie der ersten Steppstiche. So bleibt die Verstärkung unauffällig.

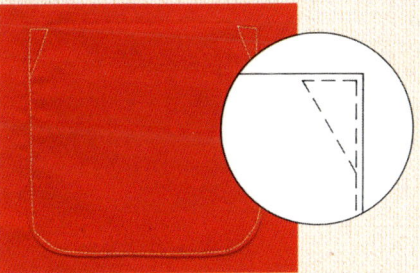

Dreieck
Dreiecke an den oberen Ecken sorgen dafür, dass sich der Zug auf die Ecken besser verteilt. Beginnen Sie die Stepperei an der Außenkante, steppen von da aus 2 cm nach unten, dann schräg nach oben und zuletzt quer.

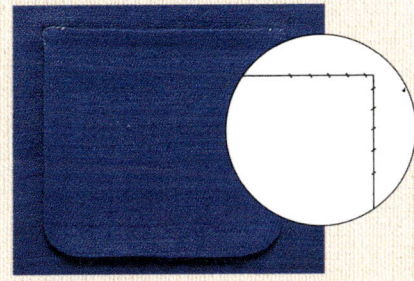

Handgenäht
Besonders bei feinen und empfindlichen Stoffen werden die Ecken gern mit winzigen Handstichen verstärkt. Nähen Sie 6 mm an der oberen und der seitlichen Kante entlang.

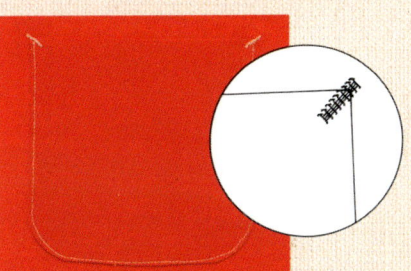

Handgenähter Riegel
Arbeiten Sie drei lange Stiche diagonal über die Ecke der Tasche. Diese Stiche mit feinen Languettenstichen umstechen. Darunter liegenden Stoff mitfassen.

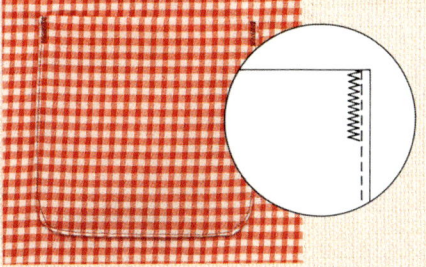

Zickzackriegel
Nähen Sie die Tasche auf und sichern die Nahtenden mit Rückstichen. Stellen Sie dann einen feinen Zickzackstich ein und nähen jeweils 1,5 cm an den Seitenkanten entlang.

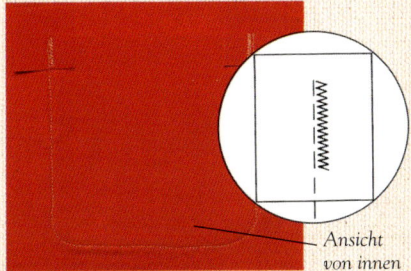

Untergelegter Flicken
Legen Sie auf der linken Seite Stoffstückchen unter die Ecken der Tasche, ehe Sie sie aufsetzen. Sichern Sie die Ecken mit einer der oben genannten Techniken.

TASCHEN

AUFGESETZTE TASCHE MIT ANGESCHNITTENER KLAPPE

Bei diesem Taschentyp bestehen Tasche und Klappe aus einem Stück. Um das Schnittmuster einer einfachen Tasche um eine Klappe zu verlängern, schneiden Sie vom Papierschnitt zunächst den angeschnittenen Beleg ab. Kleben Sie dann einen Papierstreifen in der doppelten Klappenhöhe an die Tasche und fügen Sie den Beleg wieder an. Schneiden Sie die Tasche zu und markieren Sie Ober- und Unterkante der Klappe mit Heftfäden. Auf Höhe der Bruchlinie wird der Stoff seitlich eingeknipst.

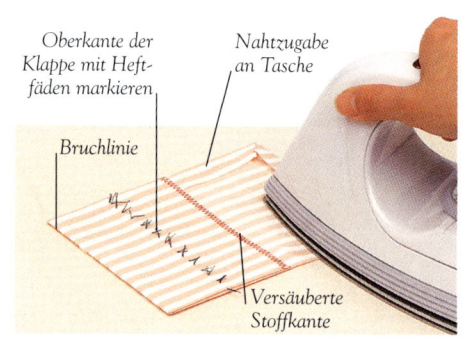

Oberkante der Klappe mit Heftfäden markieren
Nahtzugabe an Tasche
Bruchlinie
Versäuberte Stoffkante

1 Bügeln Sie bis zur Bruchlinie Einlage auf den Beleg und die halbe Klappe. Klappen Sie den verstärkten Teil nach rechts um und steppen Sie die Seitenkanten. Das Oberteil nach rechts enden. Dann die Nahtzugaben der Tasche nach links bügeln (oben).

Faltlinie der Klappe

2 Legen Sie die Tasche mit der rechten Seite nach oben auf das Kleidungsstück und stecken Sie sie fest. Steppen Sie die Tasche fest (oben). Die Naht beginnt und endet an der Faltlinie der Klappe. Schlagen Sie die Klappe um und bügeln Sie die Tasche.

AUFGESETZTE TASCHE MIT SEPARATER KLAPPE

Diese Taschen findet man oft an Freizeithemden. Die Klappe wird separat genäht und dann so weit oberhalb der Tasche festgesteppt, dass man noch hineingreifen kann. Tasche und Klappe können an den Kanten einfach abgesteppt werden, eine doppelte Steppnaht gibt jedoch mehr Halt. Steppen Sie mit passendem oder kontrastfarbigem Garn.

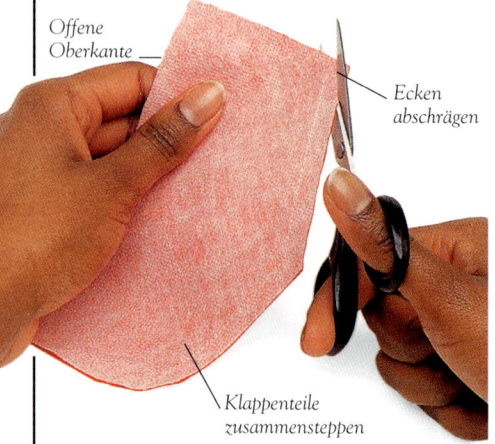

Offene Oberkante
Ecken abschrägen
Klappenteile zusammensteppen

1 Einlage auf äußeren Teil der Klappe bügeln. Beide Klappenteile rechts auf rechts zusammenstecken, Kanten steppen. Oberkante bleibt offen. Zugaben und Ecken beschneiden.

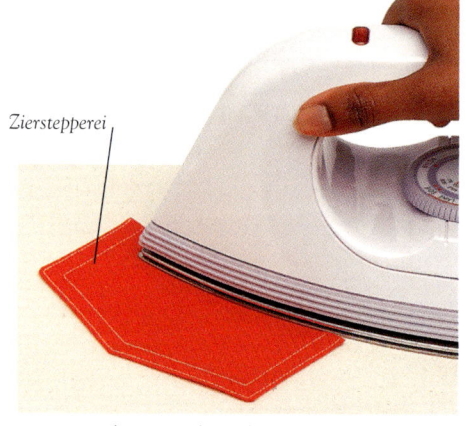

Ziersteppperei

2 Wenden Sie die Klappe und rollen Sie die Naht leicht nach innen. Gut bügeln. Nun die genähten Kanten knapp und 6 mm breit absteppen. Noch einmal bügeln (oben).

···NAHTZUGABE AN KLAPPE··· VERKLEINERN

Nach dem Verschieben die Kante heften

Halten Sie die Klappe so, dass die Innenseite nach oben zeigt. Legen Sie die Kanten über den Zeigefinger und schieben die Nahtzugabe der äußeren Klappe etwas nach unten (oben).

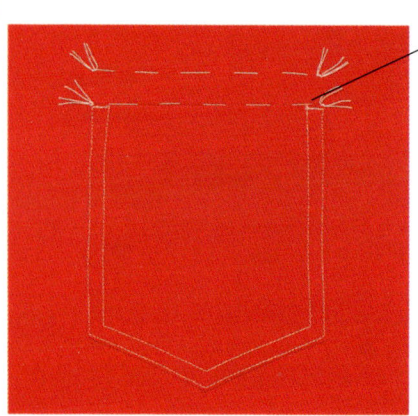

Heftfäden als Markierung

3 Zeichnen Sie die Oberkante der Tasche und die Lage der Klappe mit Heftfäden auf dem Stoff an. Stecken Sie die Tasche auf und steppen Sie sie knappkantig und 6 mm daneben fest.

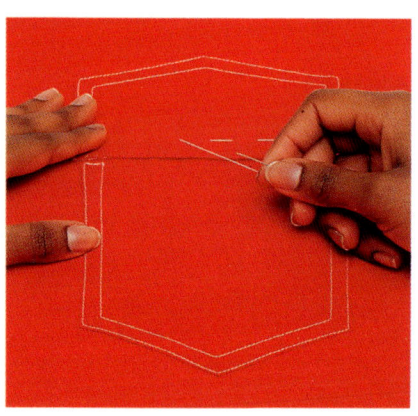

4 Legen Sie die Klappe rechts auf rechts auf das Kleidungsstück, die fertig abgesteppte Kante zeigt nach oben. Die Unterkante der Klappe soll 1,5 cm über die angezeichnete Markierungslinie hinaus nach unten reichen. Festheften (links) und steppen.

TASCHEN

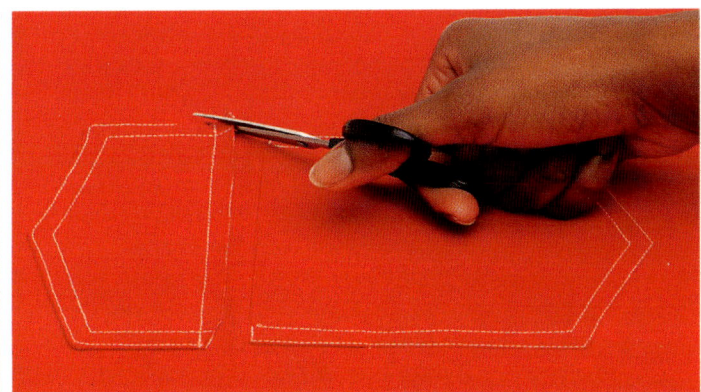

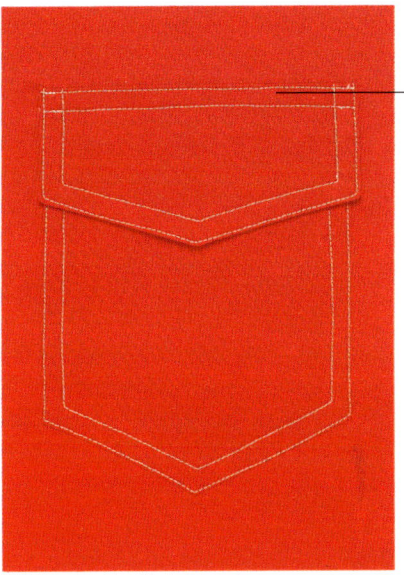

Steppnaht an der Oberkante der Klappe

5 Alle Heftfäden entfernen. Die Unterkante der Klappe auf etwa 5 mm zurückschneiden und die Ecken abschrägen. Am besten verwenden Sie dazu eine kleine, scharfe Schneiderschere (oben). So verschwindet die Nahtzugabe unter der Steppnaht der umgeschlagenen Klappe.

6 Bügeln Sie die Ansatznaht flach. Nun die Klappe über die Tasche schlagen und von der Naht aus nach unten bügeln. Steppen Sie knappkantig und 6 mm daneben die Oberkante der Klappe fest. Zum Schluss noch einmal bügeln.

ANGESCHNITTENE SEITENNAHTTASCHE

Dies ist die einfachste Art, eine Tasche zu nähen. Sie eignet sich für locker sitzende Hosen und Röcke. Der Taschenbeutel wird in einem Stück mit Vorder- bzw. Rückenteil zugeschnitten und auch in einem Arbeitsgang mit den Seitennähten genäht. Von der rechten Seite aus ist keine Naht sichtbar. Wenn die Öffnung der Tasche im schrägen Fadenlauf liegt, muss der Eingriff verstärkt werden, damit er nicht ausleiert. Am einfachsten ist es, ein passendes Stück Nahtband von innen auf die vordere Eingriffkante zu nähen.

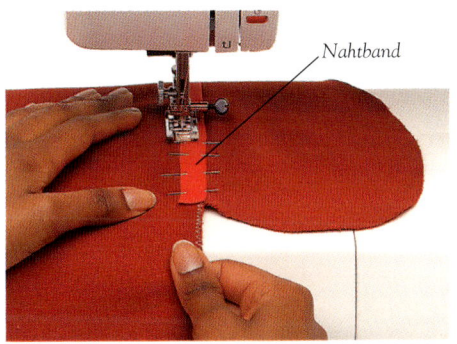

Nahtband

1 Schneiden Sie ein Stück Nahtband 5 cm länger als der Tascheneingriff zu. Stecken Sie das Band auf die Nahtzugabe der Seitennaht im Bereich des Eingriffes. Eine Kante verläuft entlang der Nahtlinie. Steppen Sie diese Kante fest (oben).

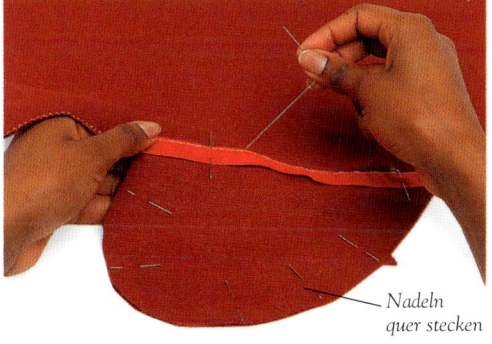

Nadeln quer stecken

2 Stecken Sie nun die Schnittteile an der Seitennaht rechts auf rechts kantenbündig zusammen. Auch die Kanten der Taschenbeutel werden fortlaufend gesteckt. Schließen Sie die Seitennaht im Bereich des Tascheneingriffs mit Heftstichen (oben).

Wendepunkt oben

Wendepunkt unten

3 Steppen Sie Seitennaht und Taschenbeutel. Am oberen und unteren Ende des Eingriffs mit eingestochener Nadel wenden.

Tasche ins Vorderteil bügeln *Nahtzugaben einschneiden*

4 Schneiden Sie die Nahtzugabe des Rückenteils am Tascheneingriff bis kurz vor die Naht ein. Bügeln Sie die Nahtzugaben über und unter der Tasche auseinander. Legen Sie die Tasche zum Vorderteil hin und bügeln Sie entlang der Heftlinie.

Nahtzugabe zurückschneiden

5 Entfernen Sie den Heftfaden am Eingriff und schneiden Sie die Nahtzugabe der Tasche auf 1 cm zurück. Versäubern Sie dann beide Kanten der Tasche zusammengefasst mit Zickzackstichen (oben).

ANGESETZTE SEITENNAHTTASCHE

Bei dieser Technik werden die Taschenbeutel separat zugeschnitten. So ist der Verschnitt beim Zuschneiden wesentlich geringer. Es ist sinnvoll, die Taschen aus dem gleichen Stoff wie das Kleidungsstück zu arbeiten. Wenn Sie Futterstoff für den Taschenbeutel verwenden wollen, setzen Sie einen Beleg auf den Eingriff (siehe S. 273).

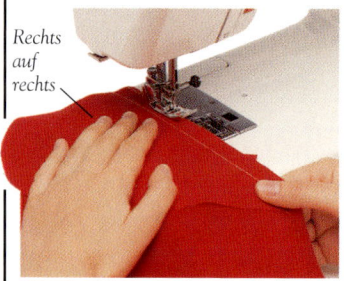

Rechts auf rechts

1 Nahtband auf die Nahtzugabe des vorderen Tascheneingriffs steppen. Vorderen Taschenbeutel an das Vorderteil, hinteren Taschenbeutel an das Rückenteil steppen. Zugaben versäubern.

Rechts auf rechts

2 Bügeln Sie die Taschenbeutel von den jeweiligen Haupt-Teilen weg. Legen Sie die Teile aufeinander, stecken die Kanten der Taschenbeutel, dann die Seitennähte. Tascheneingriff wird zugeheftet.

Nahtzugaben über und unter der Tasche auseinanderbügeln

3 Steppen Sie die Seitennähte und die Taschenbeutel. An den Ecken mit eingestochener Nadel wenden. Die hintere Nahtzugabe am Eingriff einschneiden und die Tasche ins Vorderteil bügeln (oben).

Nahtzugaben mit Zickzackstichen versäubern

4 Entfernen Sie die Heftfäden. Die Nahtzugabe der Tasche wird beschnitten und zusammengefaßt versäubert. Auch die Nahtkanten ober- und unterhalb der Tasche mit Zickzackstichen versäubern.

SEITENNAHTTASCHE MIT ANGESCHNITTENEM BELEG

Diese Technik eignet sich besonders für dickere Stoffe. Der Taschenbeutel wird separat zugeschnitten, z. B. aus Futterstoff. An der Seitennaht von Vorder- und Rückenteil wird ein schmaler Streifen angeschnitten, der als Beleg dient. So bleibt das Taschenfutter unsichtbar, wenn sich die Tasche am Eingriff öffnet.

Nahtzugabe am Tascheneingriff

1 Steppen Sie Nahtband auf die Nahtzugabe des Vorderteils (S. 89). Steppen Sie dann den vorderen Taschenbeutel an den Beleg am Vorderteil, ebenso den hinteren Taschenbeutel ansetzen. Die Nahtzugaben beschneiden und mit Zickzackstichen zusammenfassen (links). Dann die Nähte zur Tasche hin bügeln.

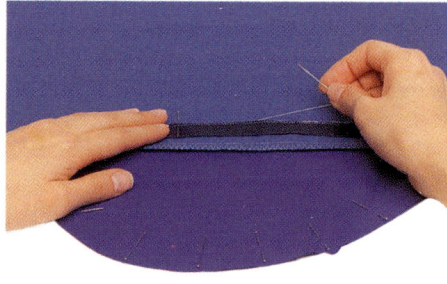

2 Legen Sie Vorder- und Rückenteil rechts auf rechts kantenbündig zusammen. Die Taschen müssen genau aufeinanderliegen. Stecken Sie die Kanten der Seitennaht und des Taschenbeutels. Schließen Sie den Tascheneingriff mit Heftstichen (oben).

Rechts auf rechts

3 Steppen Sie Seitennaht und Taschenbeutel in einem Arbeitsgang. Am oberen und unteren Ende des Tascheneingriffs wenden Sie jeweils mit eingestochener Nadel, dann beenden Sie die Seitennaht.

Taschenbeutel ins Vorderteil bügeln

4 Schneiden Sie die Nahtzugabe des Rückenteils oben und unten am Tascheneingriff ein. Die Nahtzugaben der Seitennaht werden auseinandergebügelt, die Tasche ins Vorderteil (oben). Bügeln Sie an der eingehefteten Linie am Tascheneingriff entlang.

Taschenkanten zusammengefasst versäubern

5 Entfernen Sie den Heftfaden im Eingriff. Schneiden Sie die Nahtzugaben am Taschenbeutel zurück und fassen Sie beide Kanten mit Zickzackstichen zusammen (oben). Auch die Kanten der Nähte ober- und unterhalb der Tasche mit Zickzackstichen versäubern.

Taschen

Seitennahttasche mit separatem Beleg

Wenn Sie bei dickeren Stoffen den Taschenbeutel aus Futterstoff arbeiten wollen, kann ein Beleg sinnvoll sein. Das Kleidungsstück sitzt besser, wenn der Taschenbeutel nicht zu dick ist. Auf der anderen Seite verhindert der Beleg, dass beim Aufspringen der Tasche das Taschenfutter sichtbar wird.

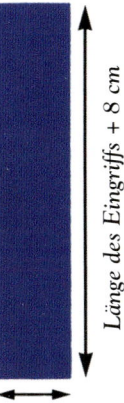

Länge des Eingriffs + 8 cm
5 cm

1 Schneiden Sie einen 5 cm breiten Streifen aus dem Oberstoff zu. Er soll 8 cm länger als der Tascheneingriff sein. Sie können den vorderen und hinteren Taschenbeutel mit einem Beleg verarbeiten, in der Regel reicht aber ein Beleg am hinteren Taschenteil aus.

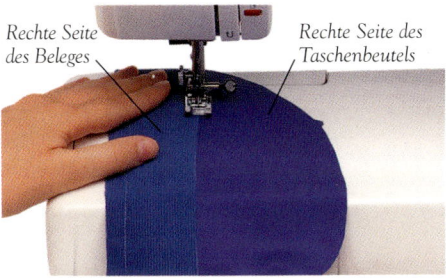

Rechte Seite des Beleges — *Rechte Seite des Taschenbeutels*

2 Streifen mit der rechten Seite auf den Taschenbeutel stecken. Eine Kante liegt bündig auf Kante des Beutels und wird dort festgesteppt. Andere Kante auf Taschenbeutel aufsteppen.

Oberkante des Taschenbeutels — *Ende des Belegstreifens* — *Linke Seite der Tasche*

3 Ober- und Unterkante des Belegs entsprechend Taschenkontur abschneiden. Bei zwei belegten Taschenteilen erste belegte Tasche als Schablone benutzen.

Hüftsatteltasche

Hüftsatteltaschen findet man vorwiegend bei sportlicher Kleidung. Bei diesem Typ wird ein Teil des Vorderteils ausgeschnitten, um den Eingriff zu bilden. Der ausgeschnittene Bereich wird durch einen Sattel unterlegt, der eine Seite des Taschenbeutels bildet. An der Seiten- und Taillennaht ist die Tasche mit dem Oberstoff verbunden.

Nahtband mittig auf die Nahtlinie des Eingriffs heften

1 Wenn der Stoff zum Ausdehnen neigt, verstärken Sie die gerundete Kante des Tascheneingriffs. Heften Sie an der Nahtlinie des Eingriffs ein schmales Nahtband auf die linke Stoffseite des Vorderteils.

Eingriffkante der Tasche — *Nahtzugabe*

2 Stecken Sie das Schnittteil für die Tasche rechts auf rechts an das Vorderteil und steppen Sie es an. Die Nahtzugaben abgestuft zurückschneiden und in der Rundung V-förmig einknipsen (oben).

3 Bügeln Sie Nahtzugabe und Tasche vom Modell weg. Wenn Kante nicht abgesteppt wird, wird Untersteppnaht angebracht. Steppen Sie auf der Seite der Tasche durch Stoff und beide Zugaben.

Abgesteppte Kante bügeln

4 Bügeln Sie die Tasche nach links (oben). Jetzt kann, wenn gewünscht, die Eingriffkante abgesteppt werden. Wird die Stepperei nahe an der Kante gearbeitet, kann die Untersteppung entfallen.

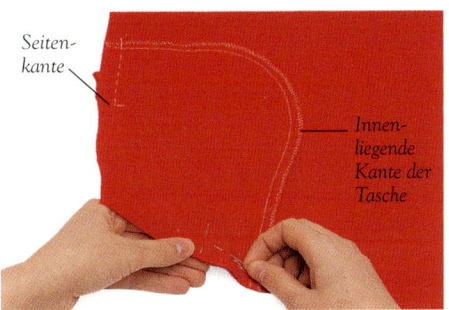

Seitenkante — *Innenliegende Kante der Tasche*

5 Hüftsattel rechts auf rechts kantenbündig an Tasche stecken. Gerundete Kanten zusammensteppen. Zugaben zurückschneiden, versäubern. Tasche an Seitennaht und Taillenkante anheften.

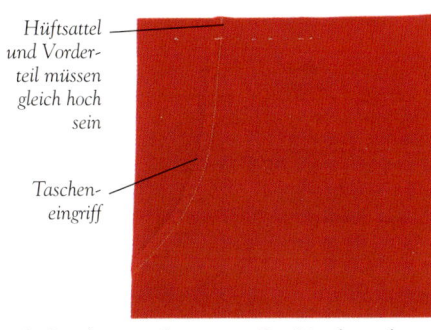

Hüftsattel und Vorderteil müssen gleich hoch sein — *Tascheneingriff*

6 Stecken und steppen Sie Vorderteil an Rückenteil. Taschenbeutel und Hüftsattel mitfassen. Zugabe auseinanderbügeln. Die obere Kante des Hüftsattels liegt in Verlängerung der Taillenkante am Vorderteil. Beim Bündchenansetzen mitfassen.

PASPELTASCHE

Diese Tasche, die in einem Einschnitt im Oberstoff gearbeitet wird, sieht aus wie ein langes, eingefasstes Knopfloch. Ein Teil des Taschenbeutels wird länger zugeschnitten, aus dieser Mehrlänge wird der Kantenabschluss gebildet. Der kürzere Teil des Taschenbeutels kann auch aus Futterstoff gearbeitet werden. So liegt die Tasche glatter und trägt weniger auf.

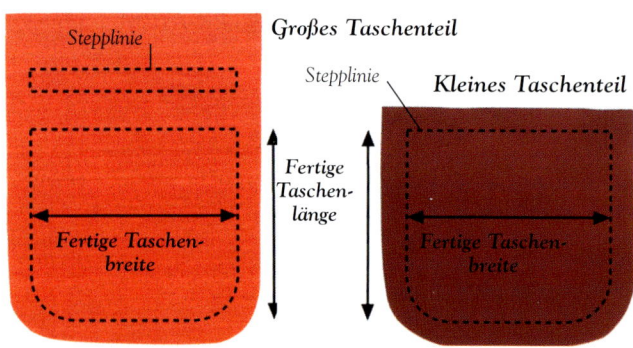

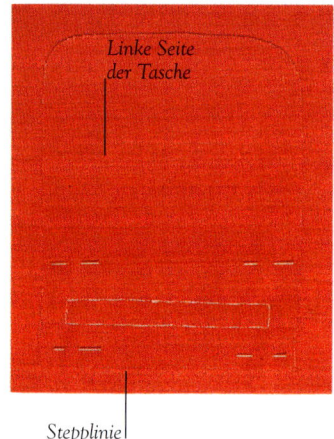

1 Schneiden Sie zwei Taschenbeutelteile zu oder passen Sie die oben vorgegebenen Teile Ihrem Schnitt an. Beide Teile müssen 2,5 cm breiter als die fertige Tasche sein. Am längeren Teil geben Sie zur fertigen Länge 6,5 cm dazu, am kürzeren 1 cm.

2 Die Position der Tasche auf dem Oberstoff mit Heftfäden markieren. Dann das große Taschenteil rechts auf rechts auf den Stoff legen. Die gerade Oberkante der Tasche zeigt nach unten, sie liegt 2,5 cm unterhalb der Stepplinien des Tascheneingriffs. Die Tasche wird festgesteckt, dann wird von der linken Seite aus das Rechteck der Markierungslinien nachgesteppt.

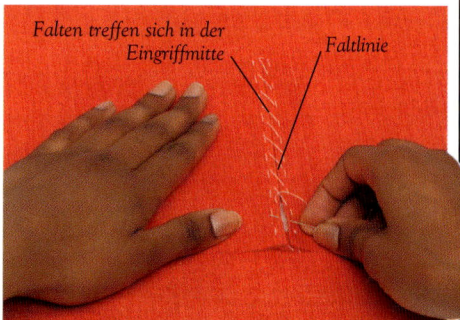

3 Schneiden Sie den Tascheneingriff durch alle Stofflagen hindurch auf. 1 cm vor den Ecken endet der gerade Schlitz, die Ecken selbst werden schräg bis kurz vor die Naht eingeschnitten (oben).

4 Taschenbeutel durch Schlitz auf die Innenseite des Modells schieben. An den Dreiecken ziehen, damit sich die Ecken des Schlitzes ausrichten. Schlitz bügeln, Oberkante des Beutels über Öffnung bügeln.

5 Oberes und unteres Beutelteil so einschlagen, dass zwei Falten entstehen, die sich in der Mitte des Eingriffs treffen. Falten stecken, Sitz kontrollieren. Faltkanten mit schrägen Heftstichen verbinden, Nadeln entfernen.

DEN EINSCHNITT VORBEREITEN

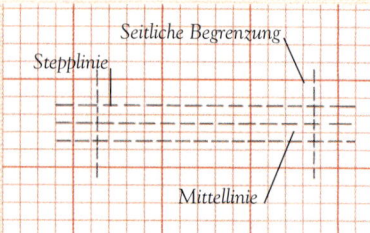

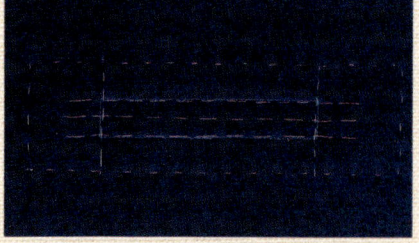

Markieren mit Heftgarn
Zeichnen Sie auf Schneiderpapier alle wichtigen Linien auf. Heften Sie die seitlichen Begrenzungslinien. 3 parallele Linien einheften, die Seitenmarkierungen um 2,5 cm überschneiden.

1 Verstärken Sie dünne oder locker gewebte Stoffe mit einem Rechteck aus Einlage (10 cm länger und 5 cm breiter als der Eingriff). Einlage auf linke Seite der Öffnung heften oder bügeln. Markierungslinien mit Heftfäden übertragen.

2 Beginnen Sie mit dem Steppen der Öffnung in der Mitte einer Längskante. Steppen Sie gerade Linien und wenden Sie an den Ecken im rechten Winkel. Schmalseiten sollen gleich lang werden. Nahtende läuft in Nahtanfang hinein.

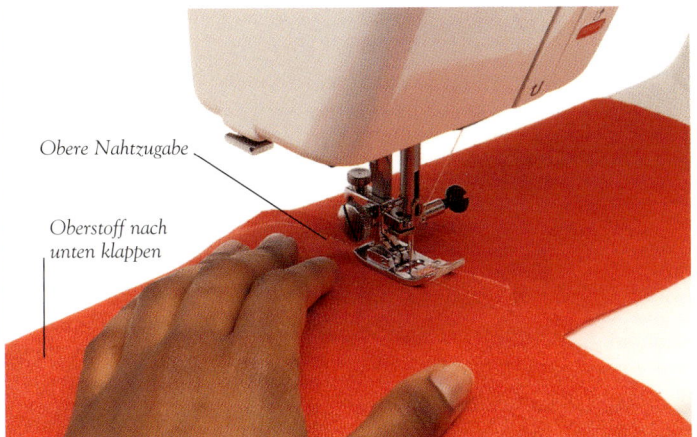

Obere Nahtzugabe
Oberstoff nach unten klappen

Oberkante der Tasche
Linke Stoffseite

6 Nun von der rechten Seite weiterarbeiten. Schlagen Sie den Stoff so zurück, dass die seitliche Kante der Tasche sichtbar wird. Steppen Sie über das kleine Dreieck und die beiden Falten an der Seite des Eingriffs. Dann den Stoff hochschlagen, dass die obere Nahtzugabe des Eingriffs sichtbar ist. Steppen Sie auf der ersten Naht durch Nahtzugabe und Tasche (oben).

7 Jetzt legen Sie das zweite Taschenteil rechts auf rechts an das bereits befestigte und stecken Sie die Kanten bündig zusammen. Klappen Sie den Stoff nach oben, sodass die untere Nahtzugabe der Öffnung sichtbar wird. Steppen Sie auf der ersten Naht (siehe Schritt 6) durch die Nahtzugabe und beide Taschenteile (oben).

Kleines Taschen-Teil
Großes Taschenteil

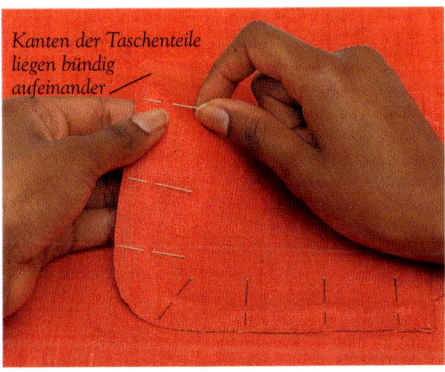

Kanten der Taschenteile liegen bündig aufeinander

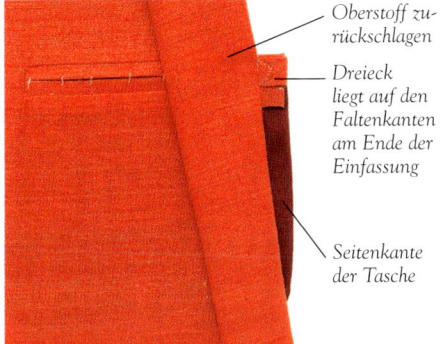

Oberstoff zurückschlagen
Dreieck liegt auf den Faltenkanten am Ende der Einfassung
Seitenkante der Tasche

8 Wenden Sie das Kleidungsstück nach links und entfernen Sie die Nadeln, die die beiden Taschenteile zusammenhalten. Klappen Sie das kleinere Taschenteil nach unten, das größere nach oben. Den Eingriff und die Taschenteile bügeln (oben).

9 Nun das obere Taschenteil nach unten legen. Falls die Kanten nicht genau auf denen des kleineren Teils liegen, beschneiden Sie sie leicht. Stecken Sie dann die Kanten der Taschenbeutel bündig aufeinander fest (oben).

10 Wenden Sie das Kleidungsstück nach rechts und schlagen Sie den Stoff so zurück, dass die Seitenkante der Tasche sichtbar wird. Steppen Sie an den oberen Enden der Tasche in der ersten Naht über die Faltenkanten und die kleinen Dreiecke.

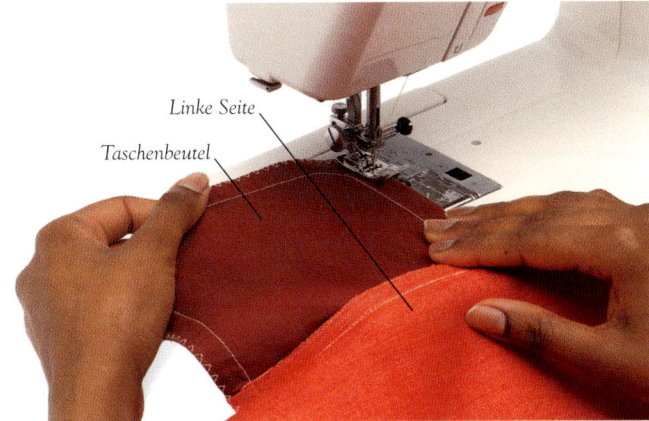

Linke Seite
Taschenbeutel

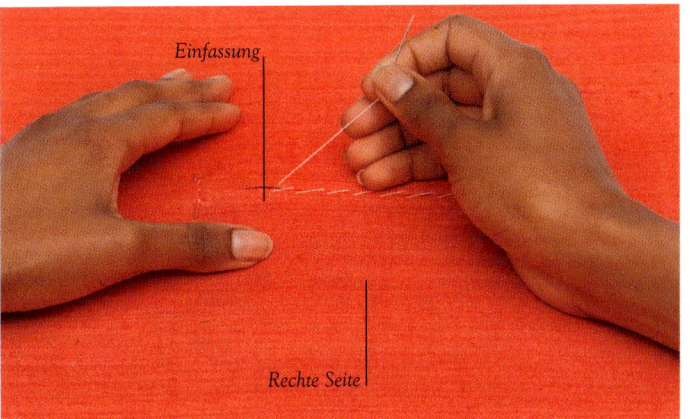

Einfassung
Rechte Seite

11 Schließen Sie nun die Naht der Tasche. Beginnen und enden Sie jeweils auf den Faltenkanten an den Schmalseiten des Eingriffs. Anschließend die Nahtzugaben zusammengefasst versäubern (oben). Jetzt die Tasche bügeln und die Heftfäden entfernen.

12 Prüfen Sie von der rechten Seite, ob die beiden Einfassstreifen gleichmäßig und gerade sitzen. Schließen Sie dann den Tascheneingriff mit schrägen Heftstichen (oben). Nun die Taschen noch einmal von außen bügeln. Die Heftfäden bleiben im Eingriff, bis das Kleidungsstück fertiggestellt ist.

ZWEITEILIGE KLAPPE FÜR EINGESCHNITTENE TASCHEN

Eine Klappe kann über einer aufgesetzten Tasche (S. 270–271) oder über einer eingeschnittenen Tasche angebracht werden (S. 277). Eine rechteckige Klappe kann aus einem Stoffteil gearbeitet werden. Soll die Kante der Klappe geformt sein, müssen zwei Teile zugeschnitten werden.

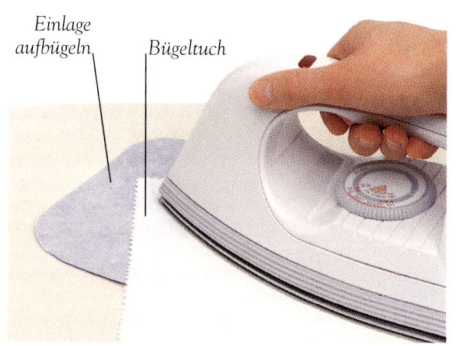

Einlage aufbügeln — *Bügeltuch*

1 Schneiden Sie zwei identische Klappenteile aus Oberstoff sowie ein Teil aus Einlage zu. Ein Klappenteil wird von links mit der Einlage verstärkt, dieses bildet später die äußere Klappe.

Offene Oberkante — *Nadeln quer stecken*

2 Stecken Sie die beiden Klappenteile rechts auf rechts kantenbündig zusammen. Heften Sie die Kanten bei Bedarf und steppen Sie sie dann zusammen. Die Oberkante bleibt offen.

Außenkanten der Teile zusammensteppen — *Nahtzugabe V-förmig einknipsen*

3 Entfernen Sie Nadeln und Heftfäden. Die Nahtzugaben abgestuft zurückschneiden, die Zugabe des verstärkten Teils bleibt breiter. In den Rundungen die Nahtzugabe V-förmig einknipsen (oben).

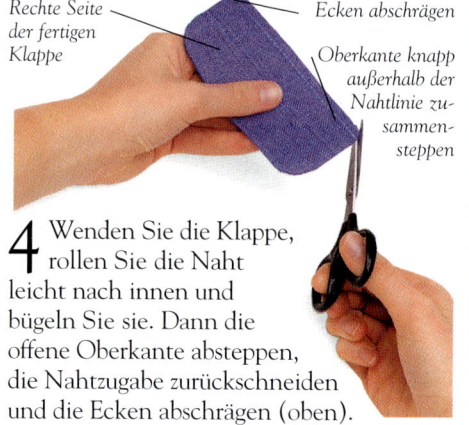

Rechte Seite der fertigen Klappe — *Ecken abschrägen* — *Oberkante knapp außerhalb der Nahtlinie zusammensteppen*

4 Wenden Sie die Klappe, rollen Sie die Naht leicht nach innen und bügeln Sie sie. Dann die offene Oberkante absteppen, die Nahtzugabe zurückschneiden und die Ecken abschrägen (oben).

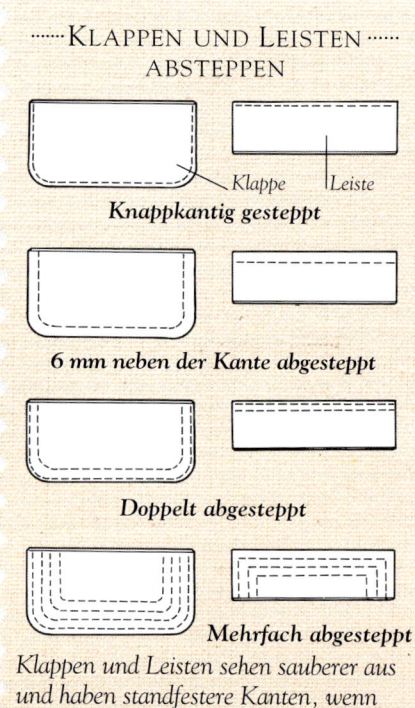

KLAPPEN UND LEISTEN ABSTEPPEN

Klappe — *Leiste*

Knappkantig gesteppt

6 mm neben der Kante abgesteppt

Doppelt abgesteppt

Mehrfach abgesteppt

Klappen und Leisten sehen sauberer aus und haben standfestere Kanten, wenn Sie sie absteppen. Bei dicken Stoffen reicht eine Stepplinie 6 mm neben der Kante. Doppelte Stepplinien sehen besonders sportlich aus, mehrfache Linien sind ein besonderer Blickfang.

EINTEILIGE LEISTE FÜR EINGESCHNITTENE TASCHEN

Eine Leiste wird in der Unterkante des Tascheneingriffs mitgefasst. Manchmal wird sie auch mit einer Klappe kombiniert, die dann an der oberen Kante des Eingriffs befestigt ist (S. 279). Leisten und Klappen mit geraden Kanten können in einem Stück zugeschnitten werden. Auch bei der Verarbeitung unterscheiden sie sich nicht.

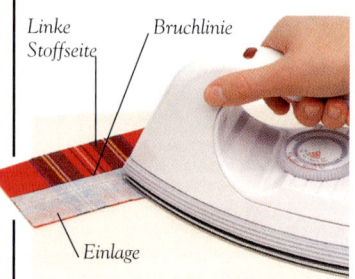

Linke Stoffseite — *Bruchlinie* — *Einlage*

1 Bügeln Sie bis zur mittleren Bruchlinie Einlage auf die Leiste (oben). Diese verstärkte Seite wird später die Außenseite der Leiste bilden.

Faltkante — *Offene Kante*

2 Falten Sie die Leiste rechts auf rechts der Länge nach zur Hälfte. Die Schmalseiten und die Unterkante sollen bündig aufeinanderliegen. Stecken Sie die Schmalseiten zusammen.

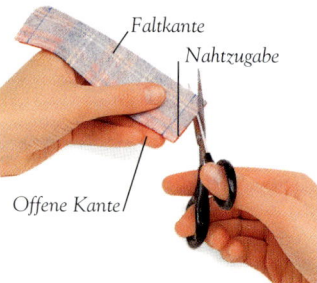

Faltkante — *Nahtzugabe* — *Offene Kante*

3 Steppen Sie jetzt die Schmalseiten und entfernen Sie die Nadeln. Die Nahtzugaben beschneiden und die Ecken an der Faltkante abschrägen (oben).

Kanten knapp außerhalb der Nahtlinie zusammensteppen — *Rechte Seite der Leiste*

4 Wenden Sie die Leiste, rollen Sie die Naht leicht nach innen und bügeln Sie die Kanten. Offene Kante zusammensteppen, Nahtzugabe beschneiden und Ecken abschrägen.

KLAPPENTASCHE

Bei einer Klappentasche hängt der Taschenbeutel unsichtbar im Innern des Kleidungsstückes. Der Eingriff liegt unter der Klappe verborgen. Zuerst arbeiten Sie die Klappe und befestigen sie am Oberstoff. Erst danach wird der Eingriff aufgeschnitten und der Taschenbeutel gearbeitet.

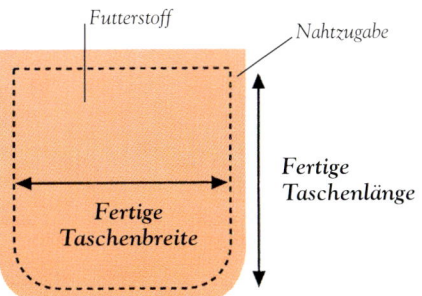

1 Schneiden Sie das kleinere Taschenbeutelteil zu und übertragen Sie alle Markierungen. Wenn Sie einen dicken Oberstoff verarbeiten, kann dieser Teil aus Futterstoff zugeschnitten werden. Es wird später verdeckt zwischen Oberstoff und zweitem Taschenteil liegen.

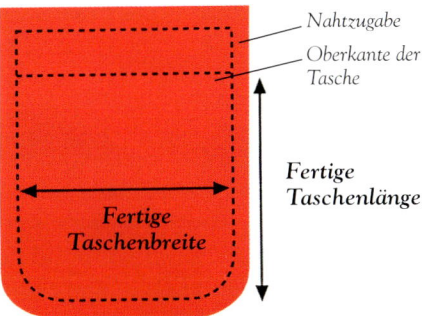

2 Größeres Taschenteil zuschneiden, Markierungen übertragen. Dieses Teil muss aus dem Modellstoff zugeschnitten werden, weil es bei geöffneter Klappe sichtbar ist. Es ist länger als das andere, weil es zugleich Beleg für die Öffnung ist.

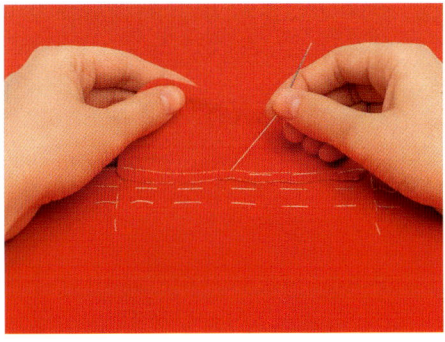

3 Zeichnen Sie die Position der Tasche mit Heftfäden an. Klappe fertigen (S. 276). Klappe wird rechts auf rechts an den Stoff gesteckt. Die unversäuberte Oberkante liegt knapp oberhalb der Mittellinie des Eingriffs, Nahtlinie der Klappe liegt auf der oberen Stepplinie des Eingriffs.

4 Jetzt den größeren Taschenbeutel rechts auf rechts über die Klappe legen. Seine gerade Unterkante soll 1 cm unterhalb der unteren Stepplinie des Eingriffs liegen. Den Taschenbeutel feststecken.

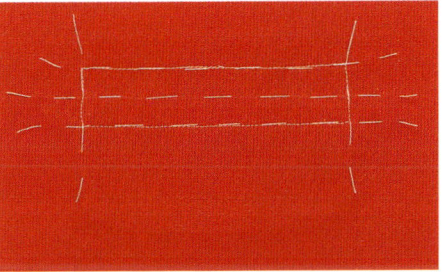

5 Auf den Markierungen von links ein Rechteck steppen. An den Ecken rechtwinklig wenden. Damit die Schmalseiten gleich breit werden, Stiche auszählen. In der Mitte einer Längskante beginnen, Nahtende läuft in Anfang hinein.

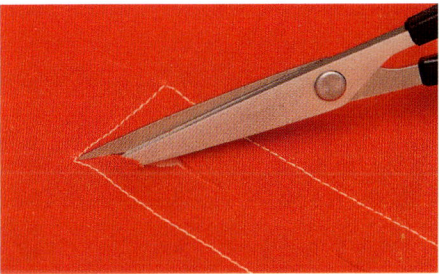

6 Jetzt durch alle Stofflagen den Eingriff aufschneiden. 1 cm vor den Ecken endet der gerade Schnitt, die Ecken werden bis kurz vor die Naht schräg eingeschnitten. An den Schmalseiten entstehen kleine Dreiecke aus Stoff (oben).

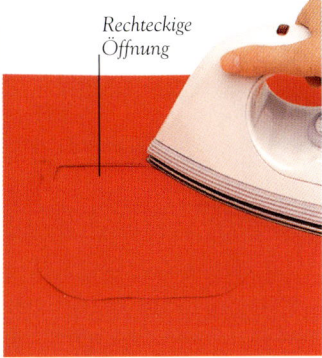

7 Schieben Sie den Taschenbeutel durch die Öffnung nach innen. Durch Zug an den kleinen Dreiecken richten Sie die Ecken der Öffnung sauber aus. Jetzt den Tascheneingriff bügeln (oben).

8 Die gerade Kante des kleinen Taschenbeutels wird bündig an die Oberkante des großen gesteckt. Klappen Sie den Oberstoff zurück und steppen Sie auf der vorherigen Naht den Taschenbeutel zusammen.

9 Bügeln Sie das kleine Taschenteil nach unten, von der Öffnung weg (oben). Kanten der beiden Taschenteile bündig zusammenstecken. Klappe nicht versehentlich mitfassen.

10 Steppen Sie die Kanten des Taschenbeutels und versäubern Sie sie (S. 278). Sichern Sie die Ecken der Klappe auf der rechten Seite des Kleidungsstücks mit einem Riegel (oben).

TASCHEN

TASCHENBEUTEL FERTIGSTELLEN

Der Teil einer Tasche, der im Innern des Kleidungsstückes verborgen ist, heißt Taschenbeutel. Er kann aus einem einzigen Stoffteil bestehen, wie bei der Tasche mit angeschnittener Leiste (siehe unten). Er kann aber auch aus zwei Teilen gearbeitet werden, wie bei der Klappentasche (S. 277). Beide Typen werden gleich gefertigt.

1 Das obere Teil des Taschenbeutels wird heruntergefaltet und auf das untere gelegt. Falls die Kanten nicht exakt übereinstimmen, werden sie jetzt beschnitten. Stecken Sie die seitlichen und die untere Kante mit querliegenden Nadeln zusammen.

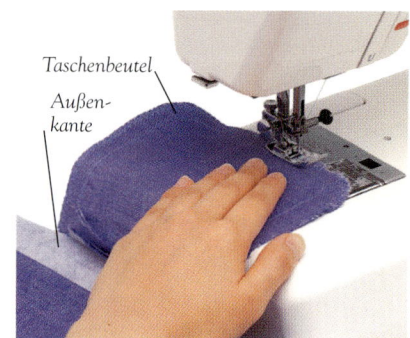

Taschenbeutel
Außenkante

2 Kanten zusammensteppen. Dabei liegt der untere Taschenbeutel oben. So können Sie die Einfassung der Öffnung und die kleinen Dreiecke mitfassen. Außenkanten des Taschenbeutels zusammengefasst mit Zickzackstichen versäubern (links).

LEISTENTASCHE

Eine Leiste ist ein schmaler Stoffstreifen, der an der unteren Kante des Tascheneingriffs befestigt ist und diesen verdeckt. Im Prinzip wird die Leistentasche genau wie die Klappentasche (S. 277) gefertigt. Lediglich die Leiste wird in diesem Fall an der Unterkante des Eingriffs mitgefasst. Leistentaschen werden gern an Westen und Mänteln gearbeitet.

Leiste steht hoch und verdeckt den Eingriff

Abgesteppte Schmalseite

1 Nähen Sie eine Leiste (S. 276), dann markieren Sie die Lage der Tasche mit Heftfäden. Die Leiste rechts auf rechts so aufstecken, dass ihre Nahtlinie auf der unteren Stepplinie des Eingriffs liegt. Heften.

2 Arbeiten Sie weiter nach den Schritten 4–9 der Anleitung für die Klappentasche (S. 277). Beachten Sie, dass die Leiste nach unten gebügelt wird (oben). Taschenbeutel fertigstellen (siehe oben).

3 Steppen Sie die Schmalseiten der Leiste auf dem Oberstoff fest, um ihr mehr Haltbarkeit zu geben. Wenn Sie keine Stepplinien wünschen, Schmalseiten von Hand unsichtbar befestigen.

TASCHE MIT ANGESCHNITTENER LEISTE

Bei dieser Technik werden Taschenbeutel und Leiste aus nur einem Stück Stoff gearbeitet. Da die Leiste auf der rechten Seite sichtbar ist, müssen Sie darauf achten, dass der Musterverlauf genau zu dem im Oberstoff passt. Besonders wichtig ist das bei Kleidungsstücken aus karierten Stoffen.

Länge des Taschenteils
Breite des Taschenteils

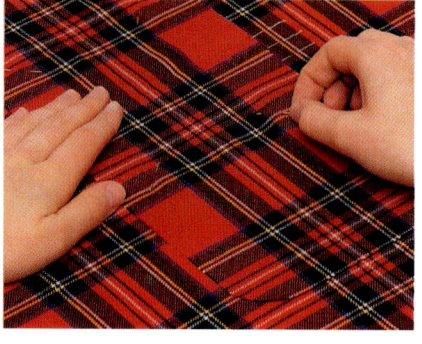

1 Schneiden Sie die Tasche im geraden Fadenlauf zu. Markierungen übertragen. Länge der Tasche entspricht doppelter Leistenbreite plus doppelter Taschentiefe, zuzüglich Zugaben. In der Breite nur Zugaben berücksichtigen.

2 Taschenteil quer zur Hälfte legen, Falte einbügeln. Taschenposition mit Heftfäden auf dem Oberstoff anzeichnen, Tasche aufgeklappt darauflegen. Der eingebügelte Bruch liegt auf der unteren Stepplinie. Tasche um Eingriffmarkierung herum feststecken.

TASCHEN

Oberkante des Eingriffs Öffnung / *Dreieck* / *Unterer Teil der Tasche*

3 Von der linken Seite aus das eingeheftete Rechteck exakt nachsteppen, dann die Heftfäden entfernen. Den Eingriff aufschneiden, dabei schräg in die Ecken hineinschneiden, sodass kleine Dreiecke entstehen (oben).

4 Die Tasche durch die Öffnung nach innen schieben. Durch Zug an den kleinen Dreiecken richten Sie die Ecken der Öffnung sauber aus. Bügeln Sie die Dreiecke dann von der Öffnung weg (oben). Die Tasche auf beiden Seiten von der Öffnung weg bügeln.

5 In den unteren Taschenbeutel legen Sie nun eine nach oben gerichtete Falte, die die gesamte Öffnung verdeckt. Bügeln Sie die Falte ein und heften Sie an der Faltkante entlang. Dann die Falte mit schrägen Heftstichen an der Ober-kante des Tascheneingriffs festheften (oben).

Nahtzugabe
Linke Stoffseite

6 Wenden Sie das Kleidungsstück nach rechts und klappen den Stoff hoch, sodass die untere Nahtzugabe des Eingriffs sichtbar wird. Nun auf der ersten Naht durch Taschenbeutel und Nahtzugabe steppen (oben).

········· **KOMBINERTE KLAPPEN- UND LEISTENTASCHE** ·········

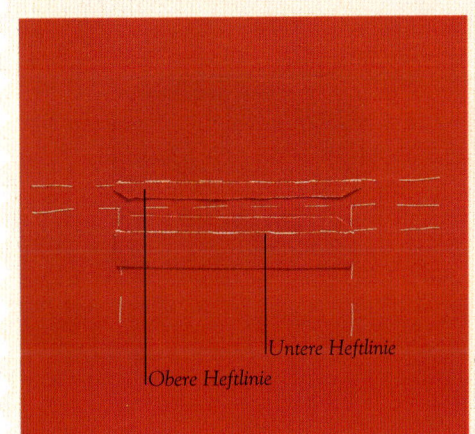

Untere Heftlinie
Obere Heftlinie

Eine besonders elegante Tasche entsteht durch Kombination von Klappen- und Leistentasche. Fertigen Sie zuerst Klappe und Leiste an (S. 276). Dann die Lage der Tasche mit Heftfäden markieren. Klappe und Leiste werden rechts auf rechts aufgesteckt. Die Nahtlinie der Klappe liegt auf der oberen Stepplinie, die der Leiste auf der unteren. Nun die Tasche fertigstellen (siehe S. 277). Die Klappe an den Schmalseiten lose lassen.

Linke Seite

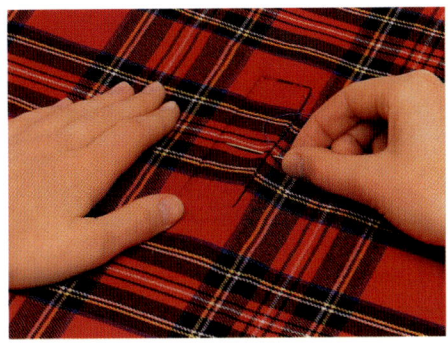

7 Das Kleidungsstück wieder nach links wenden und die Taschenbeutel-Kanten aufeinanderlegen. Eventuell müssen die Kanten nachgeschnitten werden. Stecken Sie die Seitenkanten und die Unterkante des Taschenbeutels zusammen (oben).

8 Von rechts arbeiten. Schlagen Sie den Stoff zurück, dass Seitenkante der Tasche sichtbar wird. Steppen Sie die Seiten- und Unterkante der Tasche zusammen. Dabei die kleinen Dreiecke an den Schmalseiten des Eingriffs mitfassen. Nahtzugaben versäubern, Heftfäden entfernen.

9 Kontrollieren Sie den Sitz der Leiste von der rechten Seite und bügeln Sie sie. Dann den Eingriff mit schrägen Heftstichen verschließen (oben). Diese Heftstiche werden erst entfernt, wenn das ganze Kleidungsstück fertiggestellt ist.

Professionelle Techniken

Maßschneiderei

Auswahl des Stoffes 282 . Auswahl des Schnittmusters 283

Probemodell und Schnittkorrekturen 284

Der Zuschnitt der Einlage 286

Die Stofflagen einer Jacke vorbereiten 287

Die Teile einer Jacke vorbereiten 287 . Einlage im Vorderteil 288

Einteilige Einlage im Rücken 289

Den Kragen verstärken 290

Den Kragen zusammensetzen 291 . Den vorderen Beleg ansetzen 291

Den Kragen ansetzen 292 . Die Ärmel 293

Schulterpolster einsetzen 294 . Der Saum 295

Das Jackenfutter fertigen 295 . Das Futter einsetzen 296

Bündchen für Hose oder Rock 297

Designertechniken

Corsage mit Stäbchen 298 . Durchbrochener Schnürverschluss 299

Schräg geschnittene Röcke 300

Geraffte Partien 300

Rollsäume in feinen Stoffen 301

Schräg geschnittene Ausschnittblende 301

Dekorative Rosetten 302

Dekorative Schleifen 303

MASSSCHNEIDEREI

Die Besonderheit der professionellen Maßschneiderei ist die mehrschichtige Verarbeitung von verschiedenen Materialien. Durch diese Technik bekommen maßgeschneiderte Kleidungsstücke ihren besonders guten Sitz. Die Zwischenlagen werden von Hand verarbeitet und in Form gedämpft. Einlagen zum Aufbügeln werden grundsätzlich nicht verwendet. Besonders für Basismodelle empfiehlt es sich, ein Probestück zu schneidern, an dem alle wichtigen Passformänderungen vorgenommen werden.

VERWANDTE TECHNIKEN

Nahtzugaben verkleinern, S. 84
Einlage und Zwischenfutter, S. 95
Gewebte Baumwolleinlagen, S. 98
Abnäher in der Einlage, S. 100
Ein Futter verstürzen, S. 103
Eingefasste Knopflöcher, S. 241

AUSWAHL DES STOFFES

In der klassischen Schneiderei werden unterschiedliche Einlagen und Zwischenfutter verwendet, je nach Art und Qualität des Oberstoffes. Ein schwerer Stoff braucht feste, formstabilere Innenlagen als ein leichter Stoff. Grundsätzlich unterscheiden sich die Verarbeitungstechniken der verschiedenen Lagen jedoch nicht wesentlich.

SCHWERE STOFFE

Am besten für die Maßschneiderei geeignet sind Wollstoffe – Kammgarn ebenso wie reine Wolle. Kammgarne sind recht fest und haben eine glatte Oberfläche. Sie werden gern für Anzüge und Kostüme verwendet. Wollstoffe sind lockerer gewebt und dadurch weicher. Beide Qualitäten lassen sich gut bügeln und sind formstabil. Ein Zwischenfutter wie Domette gibt dem Stoff Fülle und macht das Kleidungsstück wärmer. Als Einlage eignet sich mittelschwere Baumwolle am besten. Verwenden Sie bevorzugt Einlagen aus Naturmaterialien, um statische Aufladung zu vermeiden. Das Futter sollte nicht zu leicht sein.

Reine Wolle — *Domette Zwischenfutter* — *Mittelschwere Baumwolleinlage* — *Rayon-Futtertaft*

LEICHTE STOFFE

Seide und Leinen eignen sich gut für die klassische Maßschneiderei. Sie sollten aber mindestens so fest und formstabil sein, dass sie auch einer Jacke Kontur und Stand verleihen. Manche Mischgewebe sind ebenfalls für die Schneiderei geeignet. Leinen mit Viskose knittert weniger als reines Leinen, Seide mit Wolle ist fülliger als reine Seide. Selbst Baumwollstoffe wie Seersucker können verarbeitet werden. Leichter Mull oder Musselin sind ideal als Einlagematerial, leichte Baumwolle passt als Zwischenfutter. Wenn viel Formstabilität gewünscht wird, kann auch ein fester Linon verwendet werden. Als Futter wählen Sie ein feines Material wie Habutai-Seide.

Dupion-Seide — *Musselin* — *Leichte Baumwolleinlage* — *Habutai-Seide*

MASSSCHNEIDEREI

AUSWAHL DES SCHNITTMUSTERS

Maßschneiderei erfordert schon einiges Können. Ein maßgeschneidertes Modell wird nach einem exakten Schnittmuster zugeschnitten. Es passt sich genau Ihren Körperproportionen an, lässt aber trotzdem genug Bewegungsfreiheit. Am besten wählen Sie ein klassisches Modell wie eine Jacke oder einen Blazer. Solche Kleidungsstücke sind normalerweise auf Figur geschneidert, haben zweiteilige Ärmel mit Schlitz, ein Revers oder einen Kragen und aufgesetzte Taschen vorn. Wählen Sie selbst, ob das Modell vordere Teilungsnähte haben soll oder nicht und ob Sie ein schmales oder breites Revers wünschen.

Das Schnittmuster
Achten Sie beim Kauf des Schnittmusters darauf, dass auch ein Schnitt für das Futter enthalten ist. Bei geschneiderten Modellen ist das Futter unerlässlich, denn es schützt und verdeckt die formgebenden Einlageschichten. Außerdem lässt sich ein gefüttertes Kleidungsstück viel angenehmer an- und ausziehen. Nur wenige fertige Schnittmuster enthalten auch vorgegebene Schnittteile für die Einlage oder Markierungen für die Bruchlinie des Kragens.

Details
Einige kleine Details machen beim Anfertigen eines maßgeschneiderten Stückes besonders viel Mühe – aber an Ihnen ist letztlich die Qualität des Modells zu erkennen. Der Kragen besteht aus drei Lagen – dem Unterkragen, der formenden Einlageschicht und dem Oberkragen. Die Quernaht am Einschnitt des Revers fällt ins Auge und muss daher besonders sorgfältig gearbeitet werden. Arbeiten Sie saubere, eingefasste Knopflöcher, um den professionellen Gesamteindruck zu unterstreichen. Geknöpfte Ärmelschlitze gehören zu einem klassischen Blazer. Klappentaschen oder exakt gearbeitete Paspeltaschen vervollständigen das Bild.

EIN PERFEKT GESCHNEIDERTES KOSTÜM

Kragen
Der geschneiderte Kragen besteht aus drei Lagen: zwei Lagen Stoff und einer Schicht Einlage. Der Unterkragen wird mit der Einlage verstärkt.

Reversquernaht
An dieser Linie treffen bei klassischen Blazern Kragen und Reversaufschlag zusammen.

Eingefasste Knopflöcher
Die Einfassungen der Knopflöcher sind an maßgeschneiderten Modellen meist von Hand fertiggestellt, ebenso die Knöpfe mit Steg.

Ärmelschlitz
Am Ärmelschlitz liegen zwei Stofflagen übereinander. Der Ärmel ist weit genug, um die Hand durchzulassen. Die Knöpfe sind nicht zum Öffnen gedacht. Ein dekoratives Detail sind schräge Schlitze.

Paspeltasche
Diese Tasche liegt flach auf der Oberfläche des Rocks. Sie trägt nicht auf und unterbricht die Linie des Schnittes nur ganz dezent.

Jackenfutter
Das Futter dient dazu, die inneren Lagen der Jacke zu verstecken. Zudem lässt sich eine gefütterte Jacke wesentlich leichter an- und ausziehen.

Schulterpolster
sorgen dafür, dass der Blazer eine exaktere Kontur erhält. Die Auswahl der Polster richtet sich nach Stoffqualität und Statur.

Ärmelpolster
Ein kleines Polster in der Armkugel wird nach dem Einsetzen des Ärmels befestigt. Es hebt die Armkugel leicht an und stützt sie.

Eingesetzter Ärmel
Die Armkugel wird sorgfältig eingehalten, dann geheftet und schließlich in einer glatten, runden Linie gesteppt. So kann der Ärmel glatt an der Schulter hängen.

Gürtelschlaufen
Wenn der Rock mit einem Gürtel getragen werden soll, bringen Sie am Taillenbündchen Gürtelschlaufen an.

Rocksaum
Der Rock muss länger als das Futter sein. Ein geschneiderter Rock wird immer gefüttert, damit er glatt fällt und nicht »klettert«.

Jackenlänge
hängt vom Stil des Modells ab. Grundsätzlich sollte ein Blazer unterhalb der Hüfte enden. Eine schlank machende optische Wirkung erhält er, wenn er die breiteste Stelle der Hüften verdeckt.

PROFESSIONELLE TECHNIKEN

PROBEMODELL UND SCHNITTKORREKTUREN

Ein Probemodell wird meist aus Nessel oder einem anderen preiswerten Baumwollstoff gearbeitet. Alle Schnittmustermarkierungen werden mit Schneiderkopierpapier auf den Stoff übertragen oder mit Heftfäden durchgeschlagen. Die Schnittänderungen, die Sie am Probeteil vornehmen mussten, übertragen Sie zum Schluss auf das ursprüngliche Schnittmuster.

Nessel
Papierschnitt

1 Nessel auslegen, eine rechte und eine linke Stoffseite bestimmen. Stecken Sie den Schnitt nach dem Schnittauflageplan auf den Stoff. Schneiden Sie Vorder- und Rückenteile, seitliche Vorder- und Rückenteile, Ärmel und Unterkragen zu (oben).

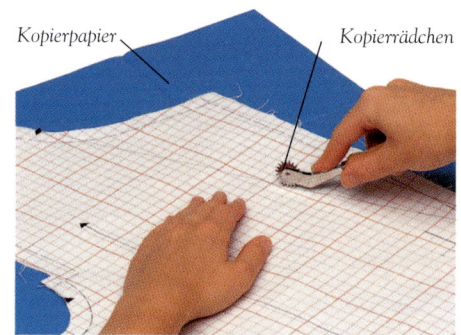
Kopierpapier   *Kopierrädchen*

2 Übertragen Sie alle Linien vom Papierschnitt mit Kopierpapier auf den Stoff oder schlagen Sie sie mit Heftfäden durch. Auch Nahtlinien, Clips und Quermarkierungen übertragen, damit alle Teile richtig zusammengesetzt werden können.

3 Alle außen liegenden Markierungen auf rechte Stoffseite übertragen (siehe Schritt 2). Quer- und Längsfadenlauf einzeichnen, ebenso die Taillenlinie und die Position von Knopflöchern und Taschen. Kopierpapier abnehmen.

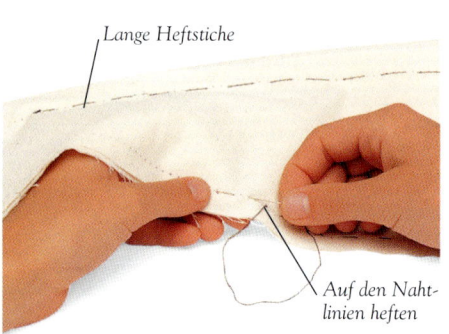
Lange Heftstiche
Auf den Nahtlinien heften

4 Stecken Sie die Teile an den Markierungen zusammen. Heften Sie Vorder- und Rückenteil entlang der Nahtlinien von Hand oder mit der Maschine. Ärmelteile zusammenheften. Nähte flach-, dann auseinanderbügeln.

Ärmel in den Armausschnitt einheften

5 Steppen Sie zwei Kräuselnähte an der Kante der Armkugeln. Passen Sie den Ärmel in den Armausschnitt ein und stecken Sie ihn fest. Ziehen Sie dann an den Kräuselfäden, um die überschüssige Weite einzuhalten. Jetzt den Ärmel einheften.

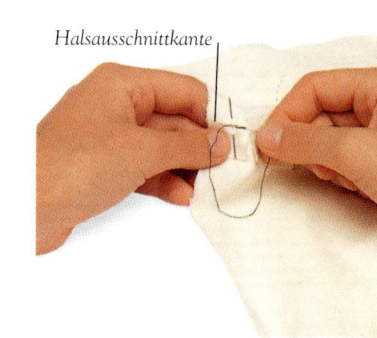
Halsausschnittkante

6 Heften Sie die rückwärtige Naht des Unterkragens. Setzen Sie den Kragen an die Halsausschnittkante. Dabei müssen die Nahtlinien und Markierungen genau aufeinanderliegen.

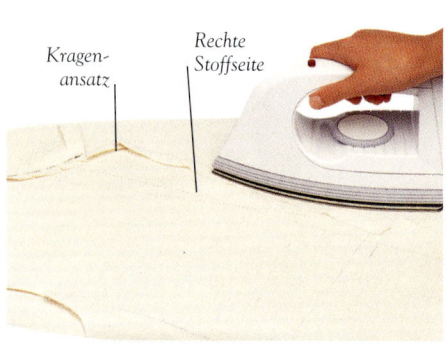
Kragenansatz   *Rechte Stoffseite*

7 Klappen Sie die Nahtzugaben an der Vorderkante und am Revers bis zum Ansatz des Kragens nach außen und bügeln Sie sie um. Die Nahtzugabe an der Außenkante des Kragens wird zur linken Seite umgebügelt. (oben).

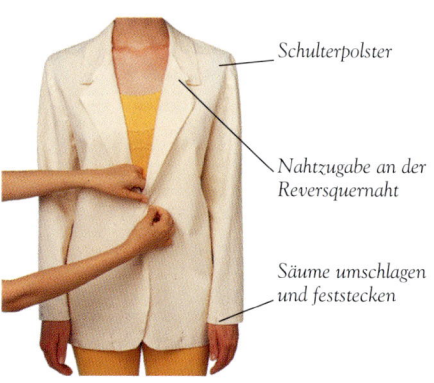
Schulterpolster
Nahtzugabe an der Reversquernaht
Säume umschlagen und feststecken

8 Schlagen Sie den Jackensaum und die Säume der Ärmel ein und stecken Sie sie fest. Fixieren Sie die Schulterpolster mit Nadeln und stecken Sie die Jacke auf Höhe der Knopflöcher an der Vorderkante zusammen. Überall geraden Fadenlauf prüfen.

REVERSUMBRUCH MARKIEREN

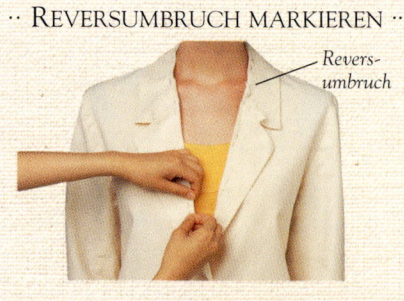
Reversumbruch

Wenn Bruchlinie des Revers nicht im Schnittmuster eingezeichnet ist, diese am Probemodell markieren. Stecknadellinie entlang der Bruchlinie am angezogenen Modell stecken. Auf der Linie Heftfaden einziehen, Nadeln entfernen.

MASSSCHNEIDEREI

DIE ANPROBE

Schulternaht sitzt gerade

1 Prüfen Sie den Sitz des Vorderteils. Schulternähte müssen gerade auf der Mitte der Schultern verlaufen. Kontrollieren Sie den Sitz aller gerundeten Nähte und Abnäher im Brustbereich. Die Mittellinien beider Vorderteile müssen genau aufeinanderliegen, die Lage von Knopflöchern und Taschen soll zu Ihren Proportionen passen. Modellänge überprüfen.

Umgeschlagene Säume
Position der Knopflöcher

Kragen verdeckt die Ansatznaht
Schulterbreite kontrollieren
Ausreichende Weite an Taille und Hüfte beachten

2 Sitz des Rückenteils überprüfen. Im Bereich der Schultern und der Hüften muss die Weite des Blazers ausreichen. Prüfen Sie, ob der hintere Kragen nahe am Hals sitzt und zu beiden Seiten symmetrisch verläuft. Die Ansatznaht des Kragens soll vom Kragen verdeckt werden. Der senkrechte Fadenlauf muss einen Winkel von 90° zum Fußboden bilden.

DIE SCHULTERPARTIE VERLÄNGERN

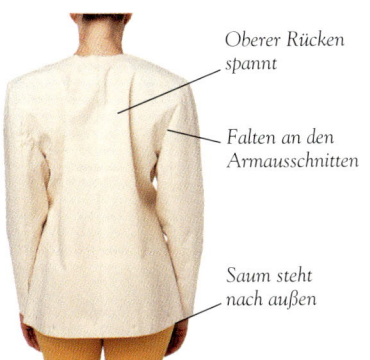

Oberer Rücken spannt
Falten an den Armausschnitten
Saum steht nach außen

1 Wenn die Schulterpartie einer Jacke zu kurz ist, sitzt sie nicht bequem und spannt im oberen Rücken. Von den Armausschnitten ausgehend werfen sich Falten, der Saum zieht sich in der hinteren Mitte hoch und steht nach außen.

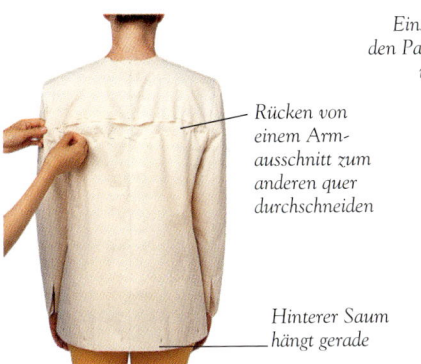

Rücken von einem Armausschnitt zum anderen quer durchschneiden
Hinterer Saum hängt gerade

2 Jacke an der engsten Stelle der Schulterpartie quer einschneiden. Nesselstreifen unter den Einschnitt legen, Schnittkanten auseinanderschieben, bis der Rücken bequem sitzt, die Falten an den Armausschnitten weg sind, der Saum gerade hängt.

Einschnitt auf den Papierschnitt übertragen

3 Einschnitt auf Rückenteil des Schnitts übertragen. Kanten der Armausschnitte werden nicht durchgeschnitten. Papierstreifen unter den Einschnitt legen, auseinanderschieben, bis die Verlängerung erreicht ist. Streifen festkleben, Nahtlinien verlängern.

DIE SCHULTERPARTIE KÜRZEN

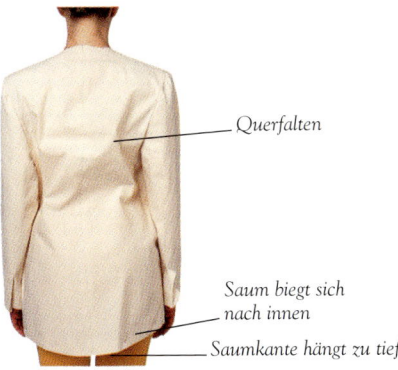

Querfalten
Saum biegt sich nach innen
Saumkante hängt zu tief

1 Wenn die Schulterpartie zu lang ist, entstehen im Rücken zwischen den Armausschnitten Querfalten im Stoff. Der Saum im Rückenteil der Jacke hängt zu tief und biegt sich nach innen.

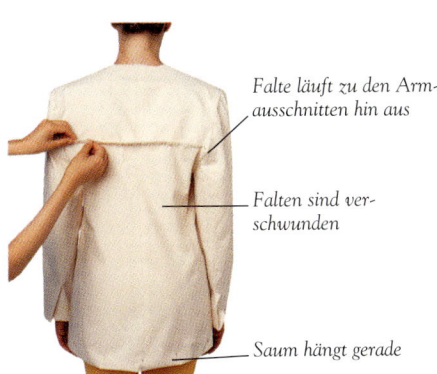

Falte läuft zu den Armausschnitten hin aus
Falten sind verschwunden
Saum hängt gerade

2 In Schulterpartie auf Höhe der Schulterblätter Querfalte heften. Falte ist dort am breitesten, wo sich die meisten Falten werfen. Zu Armausschnitten hin läuft sie aus, aber nicht in Naht hinein.

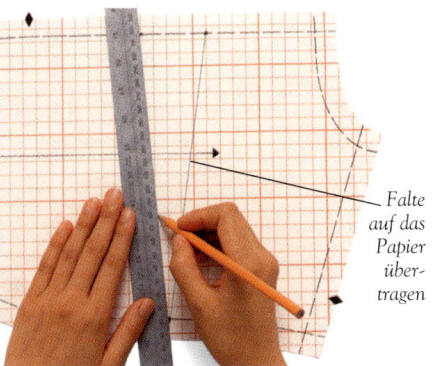

Falte auf das Papier übertragen

3 Übertragen Sie die Falte auf den Schnitt. An der breitesten Stelle der Falte obere und untere Faltlinie markieren. Linien laufen zu den Armausschnitten hin spitz zu. Schnitt falten, Falte festkleben.

Professionelle Techniken

Die hintere Mitte ändern

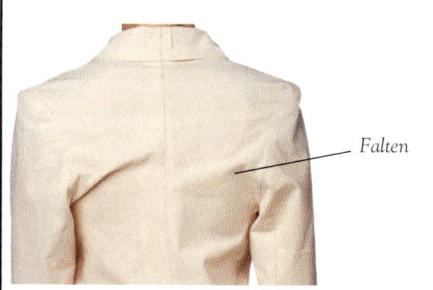
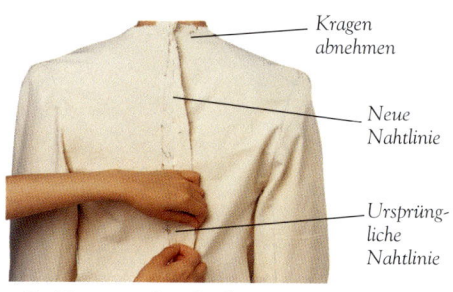
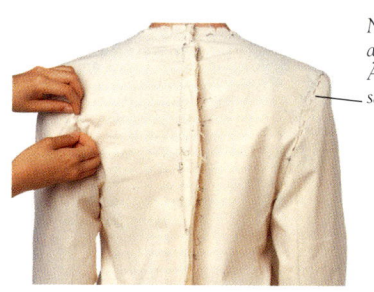

1 Wenn ein Blazer in der hinteren Mitte zu eng ist, sitzt er im Ganzen unbequem. Von der Mittelnaht ausgehend werfen sich Falten zu den Ärmeln und den Seitennähten hin.

2 Trennen Sie die hintere Mittelnaht vom Nacken bis zum Saum auf. Stecken Sie die Naht neu ab. Oben und unten sollte sie in die alten Nahtlinien hineinlaufen. Nahtzugabe wenn nötig einschneiden.

3 Wenn die Rückenpartie noch nicht glatt sitzt, trennen Sie die hinteren Ärmeleinsatznähte auf. Stecken Sie die Armkugeln neben den ehemaligen Nahtlinien wieder fest. Die neuen Nahtlinien laufen flach in die ursprünglichen hinein.

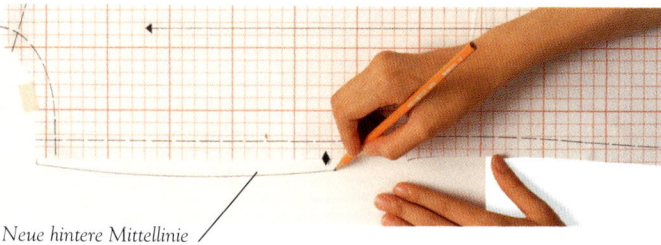
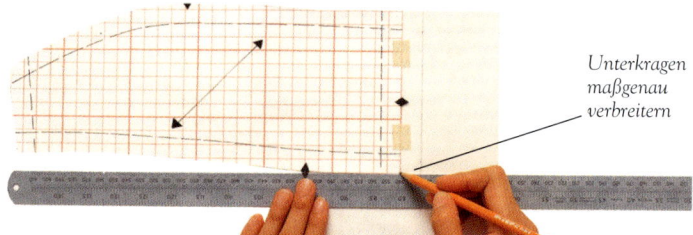

4 Um die neuen Nahtlinien auf den Schnitt zu übertragen, Seidenpapier unter die Kanten der hinteren Mitte und des Armausschnittes kleben. Messen, um wie viel Sie die Naht herausgelassen haben. Entsprechende Linien auf Papier zeichnen.

5 Auch der Kragen muss geändert werden. In der hinteren Mitte muss so viel Breite zugegeben werden, wie beim Probemodell an der Halsausschnittkante herausgelassen wurde. Änderung auf Seidenpapier übertragen. Auch Oberkragen ändern.

Der Zuschnitt der Einlage

Einteilige Einlagestücke schneiden Sie nach dem Schnittmuster des Oberstoffes zu. Nur so passen sie wirklich genau zur Form des Modells und unterstützen den Sitz. Eine zweiteilige Rückeneinlage überlappt in der hinteren Mitte, sie wird nur an den Nahtlinien befestigt. Die Unterkanten der Einlage bleiben lose für genug Bewegungsfreiheit.

Vordere Einlage

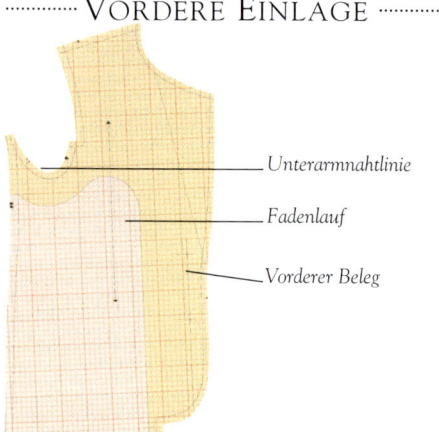

Auf Schnitt 5 cm unter Nahtlinie am Armausschnitt Markierung einzeichnen. Parallel zur Belegkante 1,5 cm entfernt Linie ziehen, dann Linie unterhalb des Arms zur Markierung. (Einlagebereich = gelb). Fadenlauf und Markierungen übertragen.

Hintere Einlage

Auf Schnitt für Rückenteil 5 cm unterhalb der Nahtlinie am Armausschnitt eine Markierung einzeichnen. Zweite Markierung liegt in der hinteren Mitte 12,5 cm unterhalb der Nahtlinie des Halsausschnittes. Markierungen mit geschwungener Linie verbinden. Einlagebereich ist gelb unterlegt. Nahtlinie liegt in der hinteren Mitte auf dem Stoffbruch.

Hintere Einlage für dehnbare Stoffe

Auf dem Schnitt für das Rückenteil 5 cm unterhalb der Nahtlinie am Armausschnitt eine Markierung einzeichnen. Zweite Markierung liegt 2,5 cm jenseits der hinteren Mitte an der Halsausschnittkante. Markierungen mit einer gebogenen Linie verbinden. Markierungen auf Schnitt für Einlage übertragen. Einlageteile überlappen in der oberen hinteren Mitte.

MASSSCHNEIDEREI

DIE STOFFLAGEN EINER JACKE VORBEREITEN

Die Einlage dient dazu, den Oberstoff zu stabilisieren und vor dem Überdehnen, Knittern oder Ausleiern zu schützen. Das Zwischenfutter wird nach dem gleichen Schnitt wie der Oberstoff zugeschnitten. Es sorgt für zusätzliche Wärme und Fülle des Oberstoffes und wird vor dem Anbringen der Einlage befestigt.

SCHNITTMUSTERMARKIERUNGEN ÜBERTRAGEN

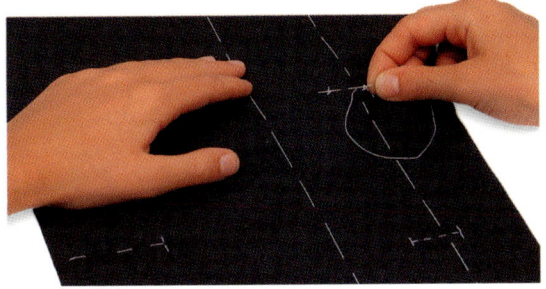

Schlagen Sie die Markierungen des Papierschnittes mit Heftfäden auf den Stoff durch. Knopflöcher, vordere Mitte, Position der Taschen, Bruchlinien für Ärmelschlitze und alle Fadenlaufmarkierungen anzeichnen. Schnitt abnehmen, lose Heftfäden durch dauerhaftere Heftstiche ersetzen.

ZWISCHENFUTTER BEFESTIGEN

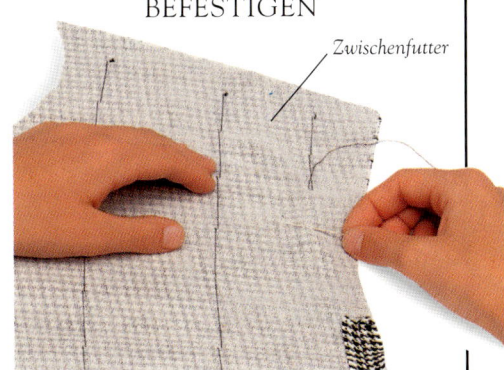

Zwischenfutter

Stecken Sie das Zwischenfutter auf die linke Seite des Oberstoffs. Mit langen diagonalen Heftstichen befestigen Sie beide Stofflagen aneinander. Die Stiche dürfen nicht zu fest ausfallen, immer nur wenige Fäden des Oberstoffes fassen. Vorder- und Rückenteil sowie alle Teile der Ärmel eventuell mit Zwischenfutter unterlegen.

MARKIERUNGEN AUF EINLAGE UND ZWISCHENFUTTER

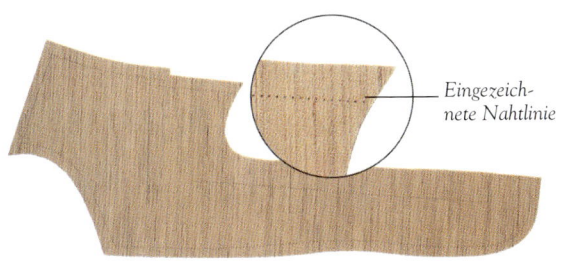

Eingezeichnete Nahtlinie

Übertragen Sie die Markierungen mit Kopierpapier und -rädchen auf Einlage und Zwischenfutter. Auch die Ansatzlinien des Kragens und die Umbruchlinie des Revers werden eingezeichnet. Auf dem Zwischenfutter auch alle Nahtlinien anzeichnen.

DIE TEILE EINER JACKE VORBEREITEN

Beim Zusammensetzen einer Jacke nähen Sie, nachdem das Zwischenfutter befestigt wurde, zuerst die Teilungsnähte. Schulter- und Seitennähte bleiben vorerst noch offen. Alle Abnäher werden genäht, aufgeschnitten und auseinandergebügelt, damit sie flach liegen und auf der Außenseite des Modells keine Beulen entstehen.

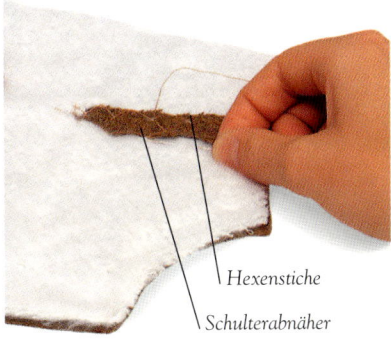

Hexenstiche
Schulterabnäher

1 Bei dickem Zwischenfutter Bereiche der Abnäher herausschneiden, sodass Oberstoff freiliegt. Abnäher im Oberstoff nähen, aufschneiden, auseinanderbügeln. Schnittkanten der Abnäherzugabe von Hand am Futter festnähen.

Nähte flachbügeln
Bügelkissen

2 Nähen Sie auch alle anderen Abnäher am Modell wie in Schritt 1. Stecken Sie an eventuellen Teilungsnähten den Stoff rechts auf rechts zusammen, heften und steppen Sie die Kanten. Zugaben beschneiden, einknipsen. Nähte auseinanderbügeln.

Nahtzugabe

Hexenstiche

3 Befestigen Sie die Nahtzugaben des Oberstoffes mit Hexenstichen am Zwischenfutter (links), damit die Nähte auch auf der Innenseite flach liegen. Die Hexenstiche dürfen nicht den Oberstoff durchstechen. Nähte und Abnäher noch einmal bügeln.

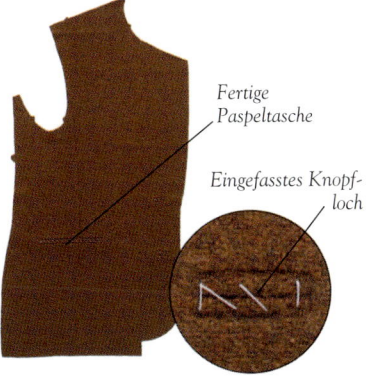

Fertige Paspeltasche
Eingefasstes Knopfloch

4 Arbeiten Sie jetzt eingefasste Knopflöcher (S. 241–244). Bei einer Damenjacke liegen die Knopflöcher im rechten Vorderteil, bei einer Herrenjacke im linken. Auch die Taschen werden jetzt vorbereitet und in den Oberstoff eingesetzt (S. 274–279).

EINLAGE IM VORDERTEIL

Die Einlage im Vorderteil dient vor allem dazu, die Vorderkante zu formen und zu stützen. Die Einlage sollte fest genug sein, dem Stoff Halt zu geben. Sie darf aber nicht den natürlichen Fall des Materials beeinträchtigen. Eine richtig gewählte Einlage trägt auch dazu bei, ein Modell haltbarer zu machen – sowohl beim Tragen als auch beim Reinigen.

Knopfloch ausschneiden
Einlage mit Markierungen

1 Bringen Sie auf der Einlage alle Markierungen an und legen Sie sie auf die Rückseite des Vorderteils. Stecken Sie sie fest. Achten Sie darauf, dass die Knopflochmarkierungen genau über den fertigen Knopflöchern im Oberstoff liegen. Heften Sie die Einlage fest und schneiden Sie die Knopflöcher rechteckig aus (oben).

Durch alle Stofflagen heften

2 Ziehen Sie die losen Kanten der Knopflocheinfassungen durch die Ausschnitte in der Einlage. Achten Sie darauf, dass die markierten Reversumbruchlinien auf Oberstoff und Einlage genau aufeinanderliegen. Heften Sie alle Lagen an der Reversumbruchlinie noch einmal zusammen (oben). Dann die Markierungsfäden aus dem Oberstoff entfernen.

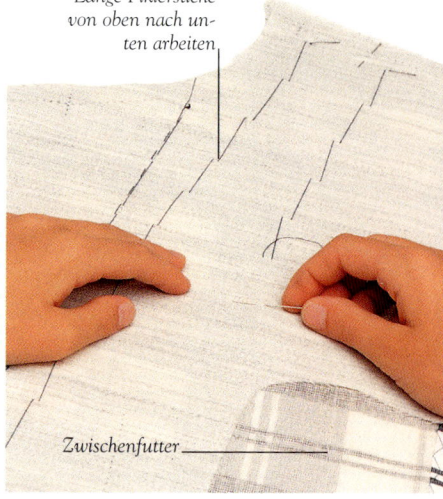

Lange Pikierstiche von oben nach unten arbeiten
Zwischenfutter

3 Befestigen Sie die Einlage mit langen, parallelen Pikierstichen auf dem Zwischenfutter. Die Stiche werden nur in eine Richtung gearbeitet und sehen aus wie längliche halbe Kreuzstiche (S. 75). Die Stichlänge beträgt etwa 5 cm (oben). Der Oberstoff soll bei diesem Arbeitsgang nicht durchstochen werden, ebenso die Nahtzugaben.

Hexenstiche
Knopflochkanten zusammenheften

4 Befestigen Sie die losen Kanten der eingefassten Knopflöcher mit Hexenstichen (S. 76) an der Einlage (oben). Hierbei darf nur die Einlage durchstochen werden, damit die Stiche später auf der Außenseite des Modells nicht sichtbar sind. Anschließend werden die Knopflöcher mit einem feuchten Tuch von links gebügelt.

Lange Pikierstiche
Kurze Pikierstiche
Revers

5 Befestigen Sie die Einlage im Bereich des Revers mit kürzeren parallelen Pikierstichen (siehe Schritt 3). Alternativ können Sie auch Fischgrätstiche (S. 98) oder schräge Heftstiche arbeiten. Es werden bei jedem Stich nur 2–3 Fäden des Oberstoffes mitgefasst (oben), die Nahtzugaben werden nicht fixiert.

Nahtzugaben der Einlage zurückschneiden

6 Schneiden Sie die Nahtzugaben der Einlage an den Seitennähten, der Vorderkante, an Schultern, Hals und Revers zurück. Dabei dürfen die Pikierstiche nicht durchgeschnitten werden (oben). Im Bereich der Armausschnitte wird die Nahtzugabe nicht beschnitten. So erhält der Ärmel nach dem Einsetzen mehr Stabilität.

MASSSCHNEIDEREI

Kante der Einlage

7 Die losen Außenkanten der Einlage werden mit Hexenstichen am Zwischenfutter befestigt, ebenso die Einlagekanten am Halsausschnitt und an den Schulter- und Seitennähten. Auch hierbei darf der Oberstoff nicht durchstochen werden (links).

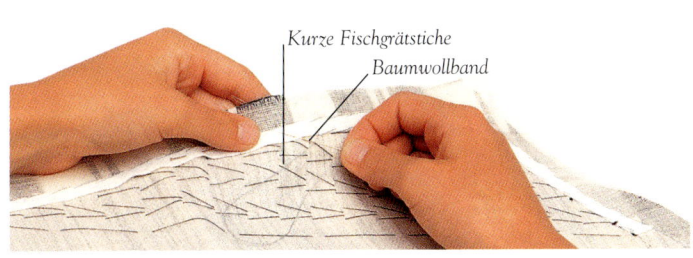

Kurze Fischgrätstiche
Baumwollband

8 Für mehr Stabilität stecken Sie 6 mm breites Nahtband an den Reverskanten und der gesamten vorderen Kante entlang. Die Außenkante des Nahtbandes verläuft entlang der Nahtlinie. An den Ecken des Revers Band gerade abschneiden, ohne dass die Enden überlappen. Kanten mit Überwendlingsstichen auf der Einlage festnähen. Es ist sinnvoll, vorgewaschenes Nahtband zu verwenden.

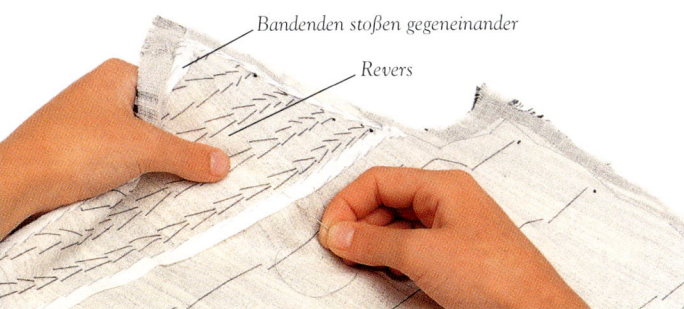

Bandenden stoßen gegeneinander
Revers

9 Auch die Reversumbruchlinie durch aufgesetztes Baumwollband stabilisieren. Die Außenkante des Bandes verläuft dabei an der Bruchlinie entlang. Die Enden des Bandes dort abschneiden, wo sie auf quer verlaufendes Band treffen. Längskanten des Bandes mit Überwendlingsstichen auf Einlage befestigen.

Revers
Bügelkissen

10 Legen Sie das Revers mit dem Oberstoff nach unten auf ein Bügelkissen. Halten Sie ein Dampfbügeleisen dicht über den Stoff und lassen Sie Dampf auf das Revers strömen (unten). Den Stoff auf dem Bügelkissen liegen lassen, bis er trocken und ausgekühlt ist. So hält das Revers seine Form am besten.

EINTEILIGE EINLAGE IM RÜCKEN

Bei einer maßgeschneiderten Jacke werden nur die Schultern und der Bereich der Armausschnitte mit Einlage verstärkt. Diese Einlage gibt dem Kragenansatz und den Ärmeln zusätzlichen Halt. Die Schulterpartie sitzt besser und fällt zwischen den Schulterblättern nicht in sich zusammen.

Halsausschnittkante
Einlage endet 5 cm unter dem Armausschnitt

1 Nähen Sie zuerst alle Abnäher in der hinteren Einlage. Legen Sie das Rückenteil der Jacke mit der rechten Seite nach unten auf eine glatte Arbeitsfläche. Legen Sie die Einlage so auf den Oberstoff, dass Markierungen aufeinanderliegen, und stecken sie an den Kanten fest.

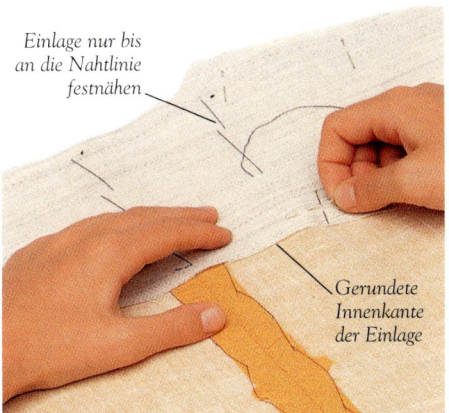

Einlage nur bis an die Nahtlinie festnähen
Gerundete Innenkante der Einlage

2 Nähen Sie die Einlage mit langen, parallelen Pikierstichen in senkrechten Reihen auf dem Rückenteil fest. Abstände zwischen den Stichreihen etwa 5 cm. Einlage nur am Zwischenfutter befestigen. Oberstoff und Nahtzugaben nicht durchstechen.

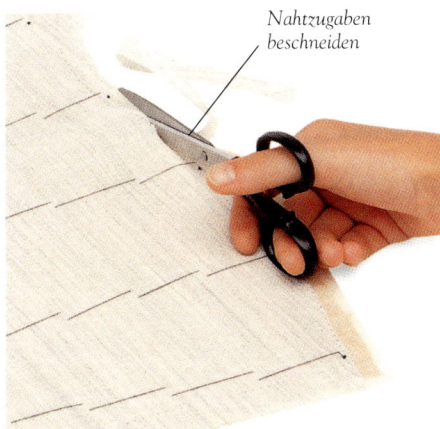

Nahtzugaben beschneiden

3 Schneiden Sie die Nahtzugaben der Einlage an den Seitennähten, den Schultern und der Halsausschnittkante zurück (oben). Die Nahtzugaben der Armausschnitte werden nicht beschnitten. Nähen Sie dann die Kanten der Einlage mit Hexenstichen am Zwischenfutter fest.

Den Kragen verstärken

Nur der Unterkragen einer Jacke wird mit Einlage verstärkt. Die Einlage gibt dem Kragen Stabilität und festigt die Umbruchlinie. Wird die Einlage mit Fischgrätstichen befestigt, formt sie den Kragen mehr. Befestigen Sie die Einlage mit einfachen Pikierstichen, formt sie ihn weniger. Sie können auch beide Sticharten kombinieren.

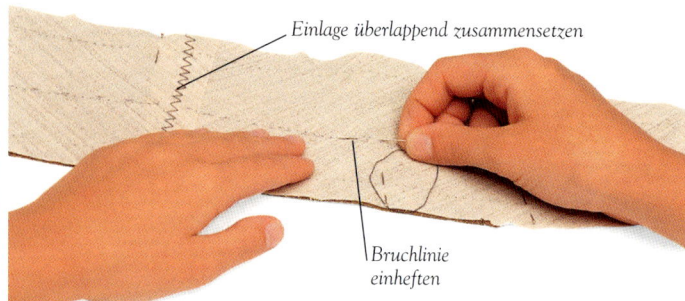

Einlage überlappend zusammensetzen
Bruchlinie einheften

1 Schließen Sie zuerst die hintere Mittelnaht am Unterkragen und bügeln Sie sie auseinander. Die Mittelnaht der Einlage überlappend schließen. Ziehen Sie auf der Einlage entlang der Bruchlinie des Kragens zur Markierung einen Heftfaden ein. Dann stecken Sie die Einlage auf die linke Seite des Unterkragens. Beide Lagen auf der Bruchlinie zusammenheften (oben).

Fischgrätstich
Nahtzugabe

2 Befestigen Sie die Einlage im Bereich des Standes (= Teil zwischen Ansatznaht und Umbruchlinie) mit kurzen Pikier- oder Fischgrätstichen. Jeweils nur einen oder zwei Fäden des Oberstoffs mitfassen, Faden nicht stramm anziehen. Stichreihen verlaufen parallel zur Bruchlinie. Nahtzugaben nicht fixieren.

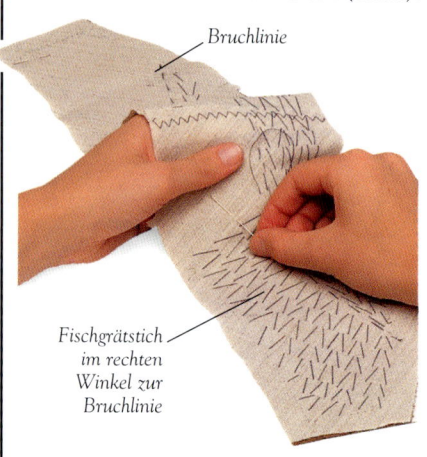

Bruchlinie
Fischgrätstich im rechten Winkel zur Bruchlinie

3 Befestigen Sie dann die Einlage auf dem restlichen Kragen mit etwas größeren Stichen als auf dem Stand. Hier verlaufen die Stiche im rechten Winkel zur Bruchlinie, sie folgen also dem Fadenlauf der Einlage. Ziehen Sie die Stiche nicht zu fest an und wölben Sie den Kragen beim Nähen über der Hand (links). Die Nahtzugaben nicht fixieren.

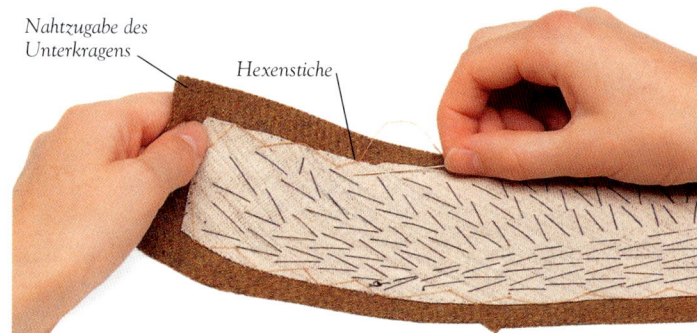

Nahtzugabe des Unterkragens
Hexenstiche

4 Entfernen Sie die Heftstichmarkierung auf der Bruchlinie. Schneiden Sie die Nahtzugaben der Einlage zurück und befestigen Sie die Kanten mit Hexenstichen. Dabei fassen Sie jeweils nur wenige Fäden des Oberstoffes, damit die Stiche auf der Außenseite des Kragens so wenig wie möglich zu sehen sind (oben).

Pikieren mit der Maschine

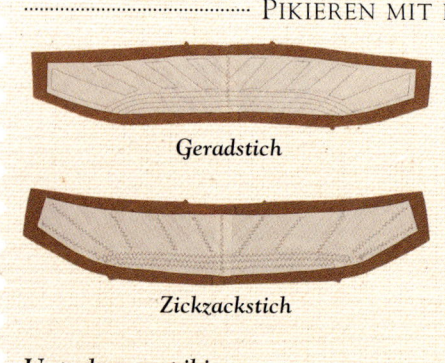

Geradstich
Zickzackstich

Unterkragen pikieren
Sie sparen viel Zeit bei der Verarbeitung eines Modells, wenn Sie die Einlage mit der Maschine aufsteppen. Dies kann mit Geradstichen oder mit Zickzackstichen geschehen. In jedem Fall sind die Stiche auf der rechten Stoffseite zu sehen.

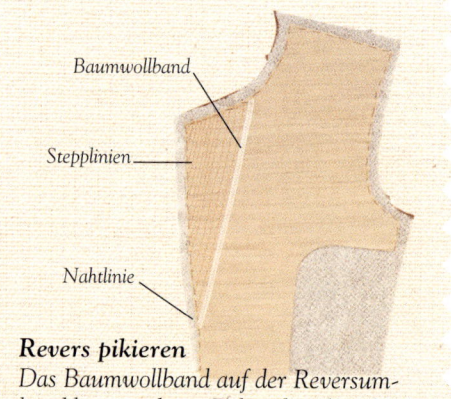

Baumwollband
Stepplinien
Nahtlinie

Revers pikieren
Das Baumwollband auf der Reversumbruchlinie wird mit Zickzackstichen festgesteppt. Danach steppen Sie mit Gerad- oder Zickzackstichen mehrere parallele Reihen über den Reversumschlag.

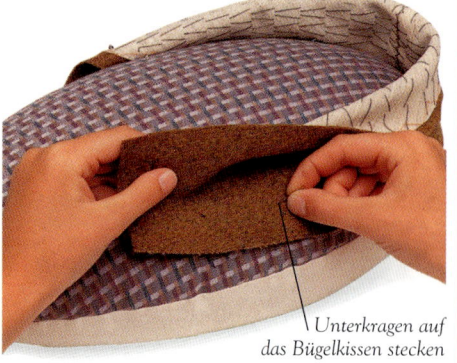

Unterkragen auf das Bügelkissen stecken

5 Stecken Sie den Unterkragen auf ein Bügelkissen (oben). Halten Sie ein Dampfbügeleisen dicht über den Kragen und lassen Sie Dampf darüberströmen zum Formen. Wenn der vorbereitete Unterkragen nicht gleich weiterverarbeitet wird, lassen Sie ihn auf dem Bügelkissen oder stecken Sie ihn auf ein aufgerolltes Handtuch.

Den Kragen zusammensetzen

Der Oberkragen sollte immer etwas größer als der Unterkragen zugeschnitten werden. So lassen sich die Nähte besser auf die Unterseite des Kragens rollen. Wenn Ihr Schnittmuster den Unterschied zwischen Ober- und Unterkragen nicht berücksichtigt, oder Ihr Stoff besonders dick ist, bemessen Sie die Nahtzugaben des Oberkragens etwas kleiner.

1 Stecken, heften und steppen Sie den Oberkragen an den Unterkragen. Die Ansatzkante bleibt offen. An den Ecken nähen Sie einen schrägen Stich, damit sie flacher ausfallen. Der etwas größere Oberkragen muss eventuell leicht eingehalten werden. Die Nahtzugaben abgestuft zurückschneiden (oben), dann die Nähte auseinanderbügeln.

2 Wenden Sie den Kragen und drücken Sie die Ecken heraus. Kanten des Kragens mit einem Bügeltuch bügeln. Naht leicht zum Unterkragen hinschieben. Die Wölbung des Kragens nicht herausbügeln. Klappen Sie den Kragen an der Bruchlinie um und bügeln Sie diese ein.

Den vorderen Beleg ansetzen

Der vordere Beleg sollte im Bereich des Revers etwas größer geschnitten sein als das Vorderteil der Jacke. Wenn dies in Ihrem Schnittmuster nicht vorgesehen ist, verkleinern Sie die Nahtzugabe oberhalb der Markierung am Ende der Reversumbruchlinie. Bei karierten und gestreiften Stoffen an der Reverskante auf Muster achten.

1 Steppen Sie an den Halsausschnittkanten von Beleg und Vorderteil je eine Stütznaht. Legen Sie dann beide Teile kantenbündig rechts auf rechts zusammen, stecken und steppen Sie die Schulternaht (oben). Die Naht wird zuerst flach gebügelt, dann auf die Hälfte zurückgeschnitten und auseinandergebügelt.

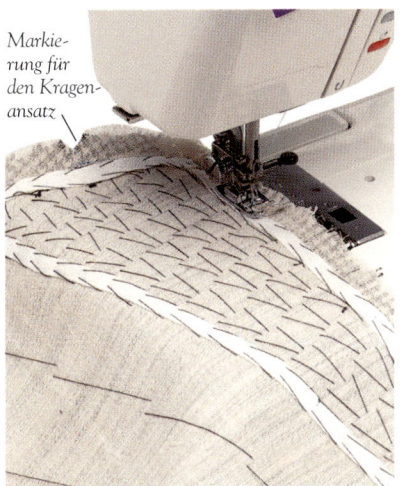

2 Stecken und heften Sie dann die Vorderkante des Beleges und das Vorderteil und die Reverskante. An der Markierung für den Kragenansatz beginnend wird diese Kante gesteppt. Steppen Sie die Schmalseite des Revers, dann die Reversaußenkante und fortlaufend die Vorderkante der Jacke. Alle Fäden gut vernähen.

3 Die Nahtzugabe auf Höhe der Markierung am unteren Ende des Revers einschneiden. Oberhalb des Einschnittes die Nahtzugabe so zurückschneiden, dass am Beleg 5 mm stehen bleiben, am Vorderteil 3 mm. Unterhalb des Einschnitts die Nahtzugabe des Vorder-teils auf 5 mm, die des Beleges auf 3 mm beschneiden (oben).

4 Bügeln Sie die Zugabe unterhalb des Einschnittes ins Vorderteil, oberhalb des Einschnittes in den Beleg. Beleg wenden. Mit dem Bügeltuch die Vorderkante bügeln. Naht im oberen Bereich leicht zum Oberstoff hin rollen, im unteren Bereich zum Beleg. Kante heften. Schulternaht schließen, auseinanderbügeln.

DEN KRAGEN ANSETZEN

Wenn Sie einen Kragen an eine Jacke ansetzen, nähen Sie den Unterkragen an die Halsausschnittkante des Oberstoffes, den Oberkragen an die Belege. Beide Nähte werden auseinandergebügelt und aufeinander befestigt. Damit der Kragen akkurat sitzt, müssen beide Ansatznähte exakt die gleiche Länge haben.

Unterkragen an die Ausschnittkante heften

1 Stecken und heften Sie den Unterkragen rechts auf rechts an die Nahtlinie des Halsausschnittes. Rechts und links je 2 mm Abstand zur Belegkante halten. Damit der Kragen beim Nähen flach liegt, Nahtzugabe des Oberstoffes einschneiden. Feststeppen, Kragen liegt unten.

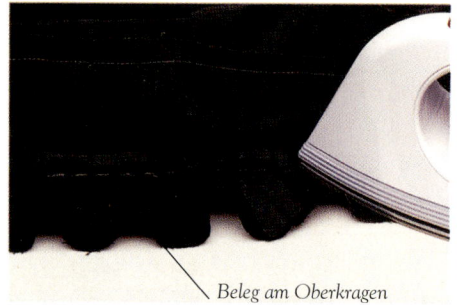

Beleg am Oberkragen

2 Bügeln Sie die Naht flach und schneiden Sie sie ein, wo es erforderlich ist. Dann den Oberkragen an die Belegkante steppen. Arbeiten Sie wie in Schritt 1, jedoch verzichten Sie auf die 2 mm Abstand. Bügeln Sie die Naht flach (oben) und schneiden Sie sie gegebenenfalls ein.

Hexenstiche — *Eingeschnittene Nahtzugabe*

3 Die Nahtzugaben auf 1 cm zurückschneiden, die einmündenden Nahtzugaben der Schulternaht abschrägen. Bügeln Sie die Kragenansatznähte auf einem Bügelkissen auseinander und fixieren Sie die Nahtzugaben mit Hexenstichen (oben).

Seitennaht stecken

4 Nun die Seitennähte der Jacke rechts auf rechts stecken und steppen (oben). Probieren Sie die Jacke an oder benutzen Sie eine Schneiderpuppe (S. 14), um den Sitz zu überprüfen.

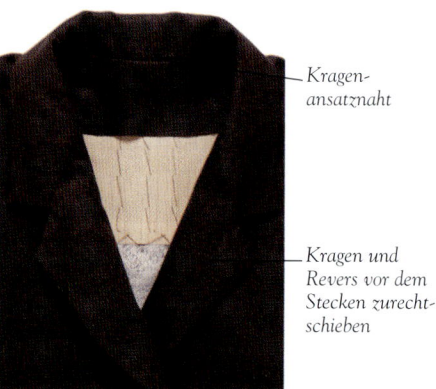

Kragenansatznaht — *Kragen und Revers vor dem Stecken zurechtschieben*

5 Schieben Sie die Umbruchlinien von Revers und Kragen zurecht, bis sie sitzen. Fixieren Sie die Umbruchlinien mit Nadeln und stecken Sie den Kragen knapp oberhalb der Ansatznaht fest.

Geheftete Umbruchlinie

6 Umbruchlinie von Kragen und Revers durch alle Stofflagen heften, Nadeln entfernen. Beleg am hinteren Halsausschnitt hochschlagen, an Kragenzugabe befestigen, Nadeln entfernen.

7 Nun stellen Sie die Knopflöcher in der vorderen Kante der Jacke fertig (siehe S. 241). Arbeiten Sie mit sehr feinen Stichen, besonders in den Ecken.

Knopfmarkierung

8 Schlagen Sie an der Vorderkante den Beleg zurück. Befestigen Sie den Beleg mit blinden Hexenstichen zwischen der obersten und der untersten Knopfmarkierung an der Einlage (oben).

Aufgerolltes Handtuch

9 Heftfäden entfernen. Legen Sie ein aufgerolltes Handtuch unter den Kragen und die Reverskanten. Halten Sie ein Dampfbügeleisen über Kragen und Revers und lassen Sie Dampf auf den Stoff einwirken.

DIE ÄRMEL

Die Ärmel einer klassischen, maßgeschneiderten Jacke werden meist in zwei Teilen zugeschnitten: einem Unter- und einem Oberärmel. Besonders beim Einsetzen des Ärmels müssen Sie sehr akkurat arbeiten, damit der Ärmel an der Schulter gut sitzt. Die Armkugel wird oft mit einem kleinen Ärmelpolster verstärkt (S. 294).

EINEN ZWEITEILIGEN ÄRMEL ZUSAMMENSETZEN

Zwischenfutter im Ärmel

1 Vordere Naht von Ober- und Unterärmel stecken, steppen. Zugabe flach-, dann auseinanderbügeln. Eingefasste Knopflöcher für Ärmelschlitz arbeiten (S. 241). Im schrägen Fadenlauf Streifen schneiden (3,5 cm breiter als Saumeinschlag). 1,5 cm außerhalb Saumlinie feststecken. Ecke bleibt unverstärkt.

Nahtzugaben nicht verstärken — *Einlage im geraden Fadenlauf* — *Einlage mit Vorstichen in der Saumlinie befestigen*

2 Streifen entlang der Saumlinie mit Vorstichen am Zwischenfutter befestigen. Oberkante mit Hexenstichen annähen. Streifen Einlage zurechtschneiden, der 12 mm breiter als Knopflochseite des Ärmelschlitzes ist und 1,5 cm länger als Umbruchlinie des Schlitzes.

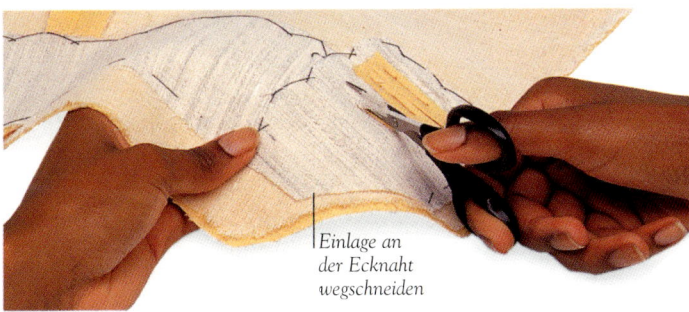
Einlage an der Ecknaht wegschneiden

3 Stecken Sie Längskante des Streifens 1,5 cm über die Bruchlinie des Schlitzes hinaus fest. An Nahtzugabe der Ecke Einlage wegschneiden. Befestigen Sie die Einlage mit Geradstichen an der Bruchlinie, mit Hexenstichen an der gegenüberliegenden Seite. Um die Knopflöcher Einlage wegschneiden. Knopflöcher fertigstellen (S. 241). Schlitzkante des Unterärmels 5 mm einschlagen.

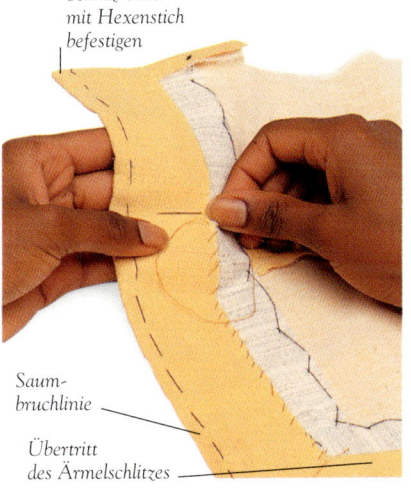
Schlitzkante mit Hexenstich befestigen — *Saumbruchlinie* — *Übertritt des Ärmelschlitzes*

4 Stecken Sie die untere Schlitzkante fest und befestigen Sie sie mit Hexenstichen. Steppen Sie die diagonale Naht der Ecke rechts auf rechts. Schneiden Sie die Nahtzugaben zurück, bügeln und wenden Sie die Ecke. Dann den Saum an der Unterkante einschlagen und 5 mm neben der Bruchkante heften. Die Seitenkanten und die Längskante ansäumen.

Ecke im Übertritt des Ärmelschlitzes

5 Stecken und heften Sie nun die hintere Ärmelnaht. Wenn Ihr Schnittmuster es vorsieht, müssen Sie den Unterärmel am Ellenbogen leicht einhalten. So bekommt der Arm mehr Bewegungsfreiheit und der Stoff wird weniger gedehnt. 1,5 cm oberhalb des Ärmelschlitzes endet die Steppnaht (links).

Nahtzugabe einschneiden

6 Bügeln Sie die Nähte zuerst flach, dann auseinander. Dabei wird die Nahtzugabe oberhalb des Schlitzes bis kurz vor die Naht eingeschnitten. Legen Sie den Schlitz so, dass der Oberärmel den Unterärmel überlappt (oben). Zeichnen Sie die Befestigungspunkte für die Knöpfe ein, ehe Sie die Knöpfe annähen (siehe S. 235–236).

ÄRMEL EINSETZEN

Unteren Ärmel zwischen den Markierungen feststecken

1 Im Bereich der Armkugel eine doppelte Kräuselnaht steppen. Ärmel rechts auf rechts in Armausschnitt schieben. Unterkante des unteren Ärmels kantenbündig an Ausschnittkante stecken. Ziehen Sie die Armkugel leicht aus dem Armausschnitt heraus.

Armkugel einhalten und stecken

2 2 cm rechts und links der Schulternaht je eine Nadel einstecken. Einkräuseln. Eingehaltene Weite bis zu den Nadeln verteilen, der Bereich dazwischen bleibt glatt. Ärmel im Armausschnitt mit kleinen Stichen festheften.

Nur die Nahtzugabe bügeln

3 Probieren Sie die Jacke an und kontrollieren Sie den Sitz des Ärmels. Bügeln Sie die Nahtzugabe von links auf einer glatten Oberfläche aus. Dabei werden die winzigen Kräusel, die durch das Einhalten entstanden sind, geglättet (oben).

Nahtlinie

4 Steppen Sie jetzt, an der Seite beginnend, den Ärmel entlang der Nahtlinie ein. Eine zweite Naht wird dicht neben der ersten genäht (oben) und sorgt für mehr Stabilität. Dann die Nahtzugabe auf 6 mm zurückschneiden.

Breitere Seite des Ärmelpolsters zeigt zum Ärmel

5 Ärmelpolster an die linke Seite der Armkugel setzen. Orientiert an Schulternaht mittig ausrichten. Polster entlang der Nahtlinie längs falten, feststecken. Entlang der Faltkante mit Überwendlingsstichen an Nahtlinie befestigen.

SCHULTERPOLSTER EINSETZEN

Schulterpolster bestehen aus mehreren dreieckigen Lagen von Wattierungsmaterial, z. B. Domette. Sie werden verwendet, um den Schulterbereich zu unterstützen und ihm mehr Kontur zu geben. Meist wird auf dem Schnittmuster die passende Polstergröße angegeben. Es gibt eine Vielzahl von fertigen Polstern zu kaufen.

SCHULTERPOLSTER HERSTELLEN

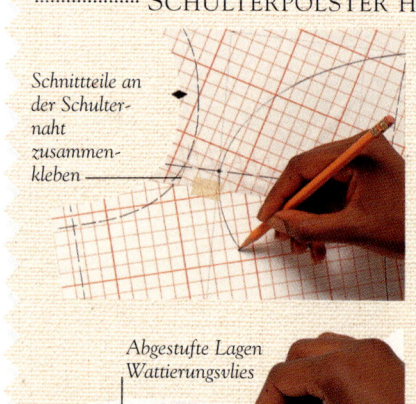

Schnittteile an der Schulternaht zusammenkleben

Abgestufte Lagen Wattierungsvlies

1 Kleben Sie die Schnitte für Vorder- und Rückenteil an der Schulternaht zusammen. Zeichnen Sie die Kontur des gewünschten Polsters auf. Kopieren Sie die Kontur und schneiden Sie sie aus Wattierungsvlies aus.

2 Schneiden Sie mehrere Lagen zu, die jeweils etwas kleiner werden. Nähen Sie sie mit Heftstichen zusammen (links). Für dicke Schulterpolster Wattierungsvlies mit Lagen von Flanell abwechseln.

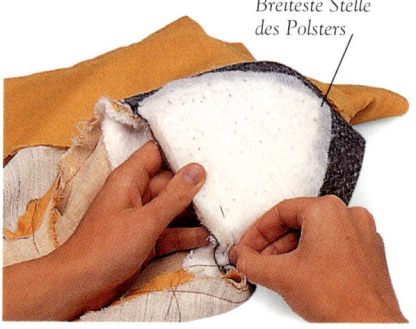

Breiteste Stelle des Polsters

1 Polster in der Jacke steht 1 cm über die Ärmeleinsatznaht hinaus. Breiteste Stelle liegt genau auf der Schulternaht. Polster feststecken, mit Geradstichen an die Nahtzugabe der Ärmelnaht nähen.

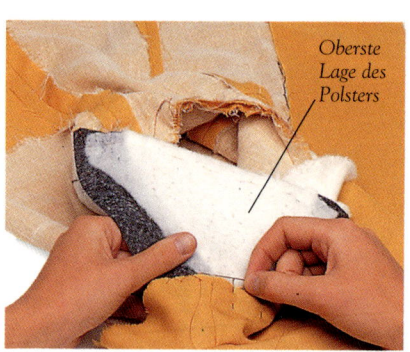

Oberste Lage des Polsters

2 Schieben Sie den Beleg zurück und befestigen Sie das Polster mit Überwendlingsstichen (S. 76) an der Nahtzugabe. Stecken Sie den Beleg fest. Dann nähen Sie den vorderen Beleg mit Hexenstichen an die oberste Lage des Polsters.

MASSSCHNEIDEREI

DER SAUM

Der Saum einer maßgeschneiderten Jacke sollte am späteren Träger oder an einer Schneiderpuppe abgesteckt werden. Messen Sie die Entfernung zwischen Saum und Fußboden, um festzustellen, ob er rundherum gerade ist. Erst dann die Saumzugabe beschneiden. Einlage bis zur Saumlinie zurückschneiden.

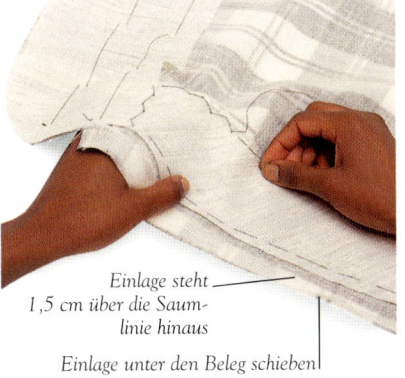

Einlage steht 1,5 cm über die Saumlinie hinaus
Einlage unter den Beleg schieben

1 Im schrägen Fadenlauf Einlagestreifen in Saumlänge und 3,5 cm breiter als Saumeinschlag schneiden. Belege aufklappen, Streifen 1,5 cm über die Saumlinie herausragend feststecken. In der Saumlinie mit Geradstichen und an Oberkante mit Hexenstichen befestigen.

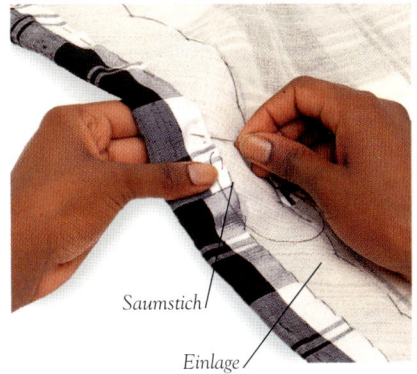

Saumstich
Einlage

2 Schlagen Sie den Saum an der Saumlinie nach oben. Heften Sie 6 mm neben der Bruchkante entlang. Schneiden Sie die Saumkante des Beleges so zurück, dass sie später vom Beleg verdeckt wird. Säumen Sie die Kante nun an die Einlage (links).

DEN SAUM BESCHWEREN

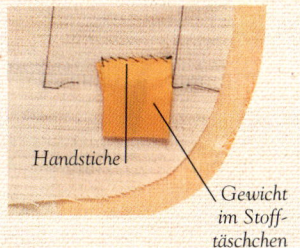

Handstiche
Gewicht im Stofftäschchen

Nähen Sie kleine Täschchen aus Futterstoff und schieben Sie in jede ein Vorhanggewicht. Dann nähen Sie die Täschchen von Hand an der Einlage oberhalb der Saumlinie fest.

Beleg an den Saum nähen
Bügeltuch

3 Klappen Sie den Beleg wieder nach links und nähen Sie die untere Schmalseite von Hand an die Saumkante. Bei leichten oder sehr weichen Stoffen kann diese Kante vor dem Annähen auch umgesteppt werden. Bügeln Sie die Kante mit einem Tuch glatt.

DAS JACKENFUTTER FERTIGEN

Die Konstruktionsdetails der Jacke werden unsichtbar, weil ein Futter eingesetzt wird. Der Futterstoff sollte in Qualität, Farbe und Pflegeansprüchen zum Oberstoff passen. Das Kleidungsstück sitzt besser, wenn im Rücken des Futters eine sogenannte Bequemlichkeitsfalte eingelegt wird. Wenn das Futter festgesteckt ist, muss die Jacke anprobiert werden.

ZWISCHENFUTTER AM FUTTER BEFESTIGEN

Zwischenfutter mit Pikierstichen befestigen
Zwischenfutter knapp neben der Naht wegschneiden
Saumzugabe am Zwischenfutter wegschneiden

Schneiden Sie den Rücken des Zwischenfutters nach dem Schnittmuster des Futters zu, ohne die Falte. Die vorderen Zwischenfutterteile werden entsprechend den vorderen Futterteilen zugeschnitten. Saumzugaben rundum abschneiden. Zwischenfutter auf die linke Seite des Futters stecken, mit Pikierstichen befestigen. Abnäher nähen, aufschneiden, auseinanderbügeln.

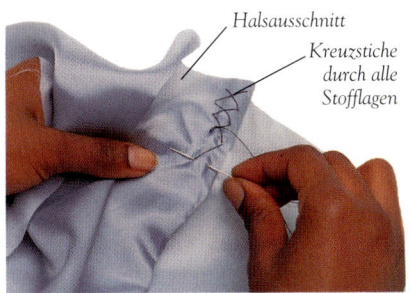

Halsausschnitt
Kreuzstiche durch alle Stofflagen

1 Abnäher und Teilungsnähte im Futter nähen. Falte im Rücken einheften, zu einer Seite bügeln. Fixieren Sie die Falte 3 cm unterhalb des Halsausschnittes mit Kreuzstichen. Schnittkanten mit Stütznähten versehen.

Ausschnitt, Schulter-, Kragen- und Armausschnittkanten werden genäht

2 Nähen Sie Schulter- und Seitennähte sowie alle Teilungsnähte im Oberteil. Nahtzugaben auseinanderbügeln, zurückschneiden, einknipsen. Offene Kanten nach links umbügeln. Zugaben der Armausschnitte nicht beschneiden.

Das Futter einsetzen

Das Futter versteckt Nähte und Schnittkanten im Inneren der Jacke. Eine gefütterte Jacke lässt sich leichter an- und ausziehen, weil der glatte Futterstoff auf jeder anderen Bekleidung gut gleitet. Das Futter sollte etwas größer zugeschnitten werden als der Oberstoff, damit es den natürlichen Fall des Stoffes nicht beeinträchtigt.

Schulternaht

Heftstiche

1 Setzen Sie das Futter zusammen (S. 295) und schieben Sie es links auf links in das fertige Modell. Stecken Sie die Seitennähte beider Lagen aufeinander fest. Dann wird das Futter mit langen Geradstichen an der Nahtzugabe der Seitennaht befestigt (oben). Auf den unteren 15 cm bleibt es lose.

2 Markierungen von Futter und Oberstoff in Deckung bringen. Schulternaht und Vorderkante des Futters feststecken. Die umgeschlagene Vorderkante des Futters verdeckt Schnittkante am vorderen Beleg. Armausschnitte von Futter und Oberstoff aufeinanderstecken. Futter an der Schulternaht festheften.

3 Säumen Sie die Vorderkante des Futters an den Beleg. Die unteren 15 cm des Futters noch nicht befestigen. Schlagen Sie das Futter an der hinteren Halsausschnittkante ein. Säumen. Heften Sie die Armausschnitte von Futter und Oberstoff kantenbündig zusammen. Kanten nachschneiden.

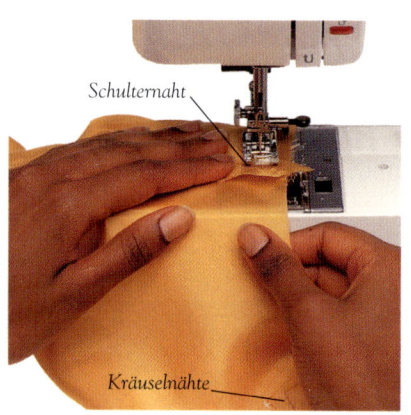

Schulternaht

Kräuselnähte

4 Schließen Sie nun die Längsnaht der Futterärmel und bügeln Sie die Nahtzugabe auseinander. Bringen Sie an der Armkugel zwischen der vorderen und hinteren Markierung zwei Kräuselnähte dicht nebeneinander an. Übrige Kante mit Stütznaht versehen (links).

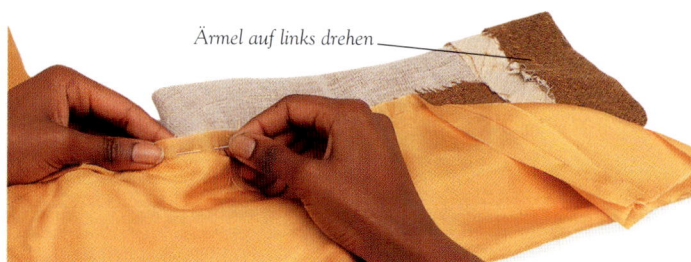

Ärmel auf links drehen

5 Drehen Sie das gesamte Kleidungsstück um. Legen Sie den Futterärmel auf den Ärmel des Oberstoffs und stecken Sie beide an den Nahtzugaben zusammen. Mit langen Geradstichen die Nahtzugaben zusammennähen (oben). Auf den unteren 10 cm des Ärmels bleibt das Futter lose.

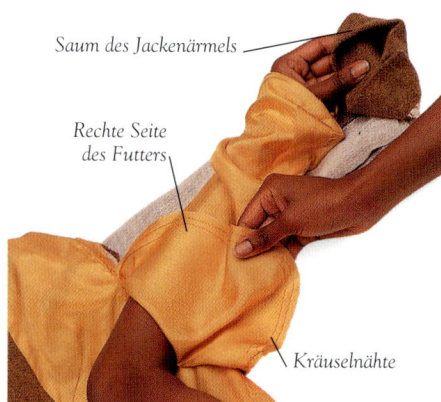

Saum des Jackenärmels

Rechte Seite des Futters

Kräuselnähte

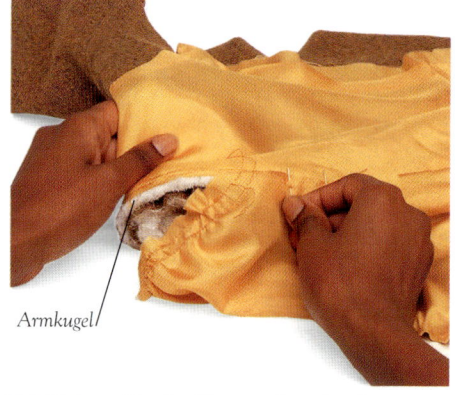

Armkugel

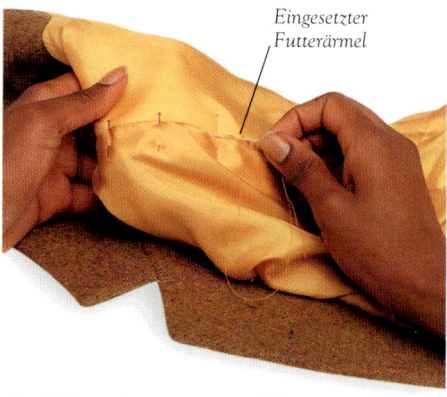

Eingesetzter Futterärmel

6 Schieben Sie Ihren Arm von der Schulternaht aus durch den Futterärmel. Fassen Sie die Unterkante des Jackenärmels und ziehen Sie das Futter zuerst über Ihren Arm, dann über den Ärmel (oben). Der Ärmel und das Futter liegen jetzt links auf links, der Futterärmel liegt außen.

7 Ziehen Sie das Futter über die Armkugel und die Kräuselfäden an, um die Weite der Armkugel einzuhalten. Passen Sie den Ärmel dem Armausschnitt an. Zugabe des Futters einschlagen und -schneiden. Kante des Futterärmels über die zusammengehefteten Stofflagen legen, feststecken.

8 Nähen Sie von Hand den Futterärmel im Armausschnitt fest. Arbeiten Sie mit kleinen Stichen, besonders sorgfältig dort, wo an der Armkugel Weite eingehalten wurde. Durchstechen Sie nur das Futter, die Stiche sollen auf der Außenseite nicht sichtbar sein.

MASSSCHNEIDEREI

Heftlinie
Saumkante

Futter am Saum zu einer Falte zusammenschieben

EIN ÄRMELFUTTER SÄUMEN
Falte im Futter

Legen Sie ins Futter 5 cm oberhalb des Futtersaumes eine 1 cm tiefe umlaufende Falte. Schlagen Sie die Unterkante des Futters ein und säumen Sie es 1,5 cm unterhalb der Saumeinschlagkante an (oben). Dann die Falte wieder herauslassen.

9 Bügeln Sie die Saumzugabe des Futters nach links um. Stecken Sie sie so an der Saumkante der Jacke fest, dass das Futter die Einschlagkante um 1,5 cm überlappt. Bei Bedarf kann das Futter zusätzlich 5 cm oberhalb der Saumlinie angeheftet werden. Nun das Futter ansäumen (oben).

10 Entfernen Sie den Heftfaden, der die Falte im Futter festhält. Schieben Sie den Stoff nach unten, sodass am Saum eine Falte im Futter entsteht. Säumen Sie die Vorderkanten des Futters an die vorderen Belege. Die Falte sorgt für perfekten Sitz des Oberstoffs.

BÜNDCHEN FÜR HOSE ODER ROCK

Ein Bündchen wird stabiler und sitzt besser, wenn Sie statt einfacher Einlage Gurtband verwenden. Mithilfe des Gurtbandes können Sie ganz einfach saubere, gerade Bündchen nähen. Es gibt spezielle Gurtbänder, die sich nicht quer zusammendrücken lassen. Gurtbänder werden in zwei Breiten angeboten: 2,5 cm und 4 cm.

Gurtband

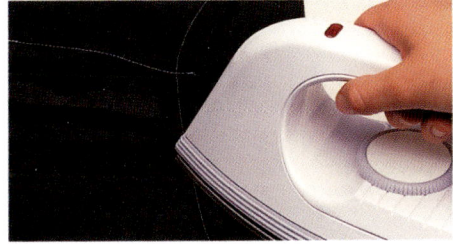

Kante entlang der Nahtlinie

1 Prüfen Sie zuerst, ob das Bündchen des Kleidungsstückes gut passt und ändern Sie es gegebenenfalls. Schneiden Sie das Gurtband in der Länge des Bündchens einschließlich Untertritt zu (oben). Die Nahtzugaben entfallen.

2 Stecken Sie das Bündchen entsprechend den Markierungen an die Taillenkante, Untertritt auf der rechten Stoffseite. Steppen Sie das Bündchen an und bügeln Sie die Naht flach, Nahtzugabe ins Bündchen bügeln. Bündchen nach unten auf den Oberstoff legen.

3 Legen Sie nun das Gurtband vom Bündchen weg so auf die Unterkante, dass es diese um die Breite der Nahtzugabe überlappt. Steppen Sie das Gurtband auf der Nahtzugabe des Bündchens bis 1,5 cm vor den Enden fest (oben). Die Nahtzugabe des Bündchens zurückschneiden.

ROCKSCHLAUFEN

Schneiden Sie zwei 20 cm lange Streifen Baumwollband zu. Zur Hälfte legen, dass Schlaufen entstehen. Jede Schlaufe an einer Seitennaht unter die eingeschlagene Unterkante des Bündchens stecken. Beim Annähen der Unterkante Schlaufen mitfassen.

Kante des Gurtbandes

4 Legen Sie das Bündchen rechts auf rechts der Länge nach zur Hälfte. Stecken und steppen Sie beide Schmalseiten, fassen Sie dabei das Gurtband aber nicht mit. Nahtzugaben beschneiden und Ecken abschrägen. Wenn Sie das Bündchen wenden, liegt das Gurtband innen.

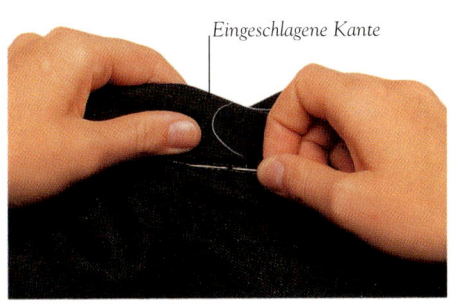
Eingeschlagene Kante

5 Ecken des Bündchens herausdrücken, Bündchen bügeln. Bügeln Sie die Zugabe an der Unterkante des inneren Bündchens nach links um und stecken Sie sie an der Ansatznaht des Bündchens fest. Nähen Sie die Kante von Hand an. Bündchen bügeln, passenden Verschluss anbringen.

DESIGNERTECHNIKEN

In der Designermode wird besonders großer Wert auf hochwertige Stoffe und raffinierte Detailverarbeitung gelegt. Dadurch erklären sich die hohen Preise, die oft verlangt werden. Die Stoffe, die für Abendkleider verarbeitet werden – Samt, Satin oder Chiffon – rutschen leicht und müssen besonders behutsam behandelt werden. Samt muss immer in Strichrichtung verarbeitet werden. Die Nähte werden mit kleinen Stichen geheftet, damit sich die Teile während der Verarbeitung nicht verschieben. Schulterfreie Oberteile bekommen besseren Halt durch eine Stäbcheneinlage.

VERWANDTE TECHNIKEN

Stiche für Nähte und Kanten, S. 74
Säume kleben, S. 89
Ein Zwischenfutter einsetzen, S. 105
Einen Halsausschnitt belegen, S. 127
Saumkante anzeichnen, S. 204
Der verdeckte Reißverschluss, S. 252

CORSAGE MIT STÄBCHENEINLAGE

Stäbchen können an die Nahtzugaben gesetzt werden oder an einer stärkeren Einlage befestigt werden, bevor diese in das Kleidungsstück eingearbeitet wird. Jedes Stäbchen wird in eine »Tasche« geschoben, die etwas breiter sein muss als das Stäbchen selbst. Diese Taschen können aus fertigem Band oder aus Futterstoff zugeschnitten werden.

DAS ZWISCHENFUTTER ANBRINGEN

Musselin mit aufgebügelter Einlage — Weicher Musselin — Fester Musselin — Musselin — Dupion-Seide — Samt

Mittelschwer — **Leicht**

Für Abendkleider werden meist leichte oder mittelschwere Stoffe verwendet. Damit die Corsage glatt sitzt und sich nicht verzieht, wird sie mit zweifachem Zwischenfutter unterlegt. Das festere Zwischenfutter liegt zuunterst, direkt auf dem Futter.

EINE CORSAGE ZUSAMMENSETZEN

Lagen aufeinander befestigen

Nahtzugaben einschneiden

Bügelkissen

1 Zuerst die Lagen der Corsage zusammenfügen. Das festeste Zwischenfutter liegt zuunterst, darauf das weichere Zwischenfutter und schließlich der Oberstoff. Stecken Sie die Lagen aufeinander und heften Sie sie an den Kanten zusammen. Dabei Nadeln entfernen. Vorsichtig bügeln.

2 Setzen Sie die Teile der Corsage zusammen. Bügeln Sie die Nähte flach und dann auseinander. An Rundungen Zugaben V-förmig einschneiden. Brustbereich über Bügelkissen oder aufgerolltes Handtuch legen, damit Sie die Rundung nicht flachbügeln.

DIE STÄBCHENEINLAGE

Nahtband auf das Zwischenfutter steppen

Band endet 6 mm vor der Saumlinie

Stäbchen

1 Schneiden Sie ein Stück Nahtband in der Länge der Corsage zu. Schmalseiten 6 mm breit einschlagen. Band an den Längskanten und der oberen Schmalkante auf das Zwischenfutter stecken, steppen. Stäbchen 6 mm kürzer als das Band zuschneiden, darunterschieben.

Bandende von Hand zunähen

2 Nähen Sie das untere Ende des Bandes mit der Hand zu (links). Dann wird das Zwischenfutter auf dem Oberstoff befestigt (siehe oben). Die Stäbchen zeigen dabei zum Körper hin. Corsagen mit Stäbcheneinlage dürfen nicht zu heiß gebügelt werden, sonst besteht die Gefahr, dass die Stäbchen schmelzen.

DESIGNERTECHNIKEN

STÄBCHENEINLAGE IN FEINEN STOFFEN

Wenn Sie eine Corsage aus sehr dünnem Stoff versteifen wollen, besteht die Gefahr, dass die Stäbchenenden den Stoff durchscheuern. Legen Sie darum zuerst eine oder zwei Lagen Nahtband über die Enden der Stäbchen und steppen Sie sie fest (oben), ehe Sie die Stäbchen in die Taschen einschieben.

STÄBCHEN AN DER NAHTZUGABE BEFESTIGEN

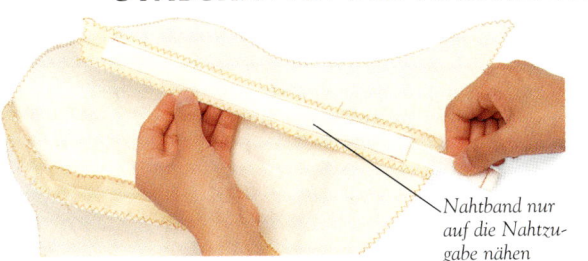

Schlagen Sie die Enden des Nahtbandes 6 mm weit ein und steppen Sie es mittig auf die auseinandergebügelte Nahtzugabe (es endet 6 mm vor der Saumkante). Stäbchen in die Tasche schieben, unteres Ende des Bandes vernähen.

EINE CORSAGE FÜTTERN

1 Futter zusammensetzen. Stecken und heften Sie es an die Corsage. Steppen Sie die Oberkanten von Corsage und Futter von der linken Seite aus zusammen. Reißverschlüsse vor dem Füttern einsetzen.

2 Zugabe zurück- und Rundungen V-förmig einschneiden. Oberen Einschlag des Futters mit Hexenstichen am Zwischenfutter befestigen. Corsage wenden, Futter an der Unterkante ansäumen.

DURCHBROCHENER SCHNÜRVERSCHLUSS

Ein durchbrochener Schnürverschluss kann in der vorderen oder hinteren Mitte einer Corsage angebracht werden. Messen Sie zuerst den erforderlichen Abstand zwischen den beiden Verschlusskanten ab. Im Rücken sollte der Abstand nicht mehr als 8 cm betragen, im Vorderteil maximal 5 cm.

1 Halbieren Sie die Verschlussbreite, zeichnen Sie auf dem Schnitt parallel zur vorderen bzw. hinteren Kante eine Linie und schneiden Sie den Streifen ab. Schneiden Sie die Corsage nach dem veränderten Papierschnitt zu und setzen Sie bei Bedarf Stäbchen ein (siehe oben und S. 298).

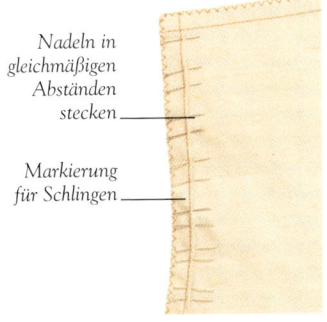

2 Steppen Sie im Abstand von 1,5 cm zur Kante eine Linie. Diese dient als Orientierung beim Ansetzen der Schlingen. Markieren Sie dann mit quer eingesteckten Nadeln die Breite und die Abstände der Schlingen. An der Ober- und Unterkante lassen Sie je einen Abstand von 2 cm zur ersten bzw. letzten Schlinge.

3 Stoffschlauch (S. 248–249) nähen, in Stücke von 4,5 cm Länge schneiden. Schlingen aufheften, quer über Schlingenenden steppen. Futter einsetzen. Schnürband (siehe Schritt 4) oder fertiges Band einfädeln.

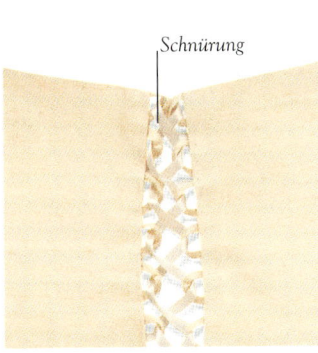

4 Schneiden Sie einen 8 cm breiten Streifen in der für die Schnürung erforderlichen Länge zu. Falten Sie den Stoff rechts auf rechts der Länge nach zur Hälfte. Schmalseiten und Längskanten mit Zugabe von 1,5 cm steppen. 6 cm Naht bleibt offen. Band durch Schlitz wenden, Öffnung schließen.

SCHRÄG GESCHNITTENE RÖCKE

Diese Schnittkonstruktion eignet sich besonders für leichte, flatternde Stoffe. Ebenso gut lassen sich auch kurze Röcke nach diesem Muster schneidern. Durch den schrägen Zuschnitt liegt der Rock an den Hüften flach an und fällt zum Saum hin glockig. Schräg geschnittene Röcke sollten grundsätzlich gefüttert werden.

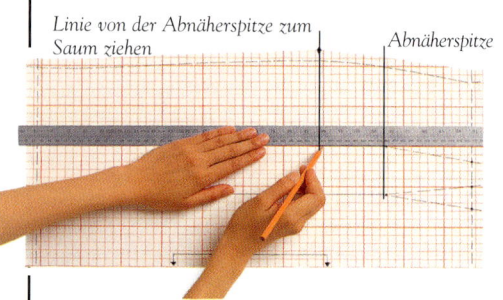

Linie von der Abnäherspitze zum Saum ziehen — *Abnäherspitze*

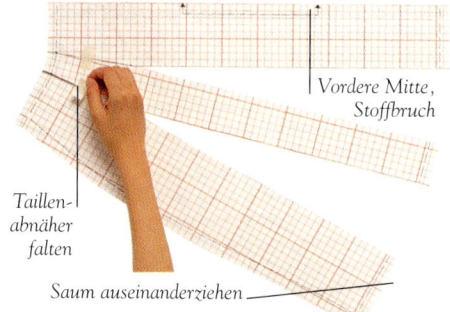

Vordere Mitte, Stoffbruch — *Taillenabnäher falten* — *Saum auseinanderziehen*

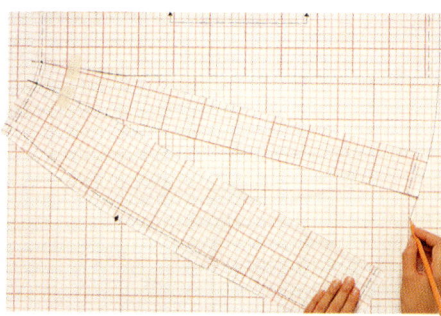

1 Grundlage des Schnittes ist das Muster eines schmalen, gerade geschnittenen Rockes mit zwei Taillenabnähern. Ziehen Sie auf dem Papierschnitt von den Abnäherspitzen ausgehend zwei parallele Linien bis zum Saum (oben).

2 Schnitt auf Linien bis Abnäherspitzen einschneiden. Abnäher ins Papier falten, Saumkante auseinanderziehen. Papier zur Hälfte falten, unter Schnitt legen. Vordere Mitte des ursprünglichen Schnittes liegt auf Falz im Papier. Auseinandergezogenen Schnitt fixieren.

3 Zeichnen Sie die neue Kontur auf das Papier. Den Saum in einer gerundeten Linie durchziehen. Schneiden Sie das neue Schnittmuster aus und lösen Sie das ursprüngliche. Im Winkel von 45° zur vorderen Mitte eine Linie für den schrägen Fadenlauf auf den Rockschnitt zeichnen.

GERAFFTE PARTIEN

Geraffte Stoffpartien werden grundsätzlich im schrägen Fadenlauf zugeschnitten. Beim professionellen Schneidern festlicher Kleidung spielen Raffungen eine große Rolle. Eine kleine Partie, etwa Brustbereich oder Taille, kann ebenso gerafft werden wie eine ganze Corsage. Das Arrangieren der Fältchen kostet einige Zeit.

Schneiderpuppe — *Zwischen den Linien soll gerafft werden*

Längskanten umheften

1 Modell auf glatter Arbeitsfläche oder Puppe bearbeiten. Bereich der Raffung festlegen. Ober- und Unterkante davon mit Heftlinien markieren. Breite und Länge der Fläche ausmessen.

2 Schneiden Sie im schrägen Fadenlauf einen Streifen in der erforderlichen Länge und der doppelten Breite zu (oben). Chiffon wird in dreifacher Breite zugeschnitten.

3 Heften Sie Ober- und Unterkante des Stoffes 3 cm breit um und steppen an einer Seitenkante zwei parallele Kräuselnähte mit langen Geradstichen. Diese Seite wie gewünscht einkräuseln.

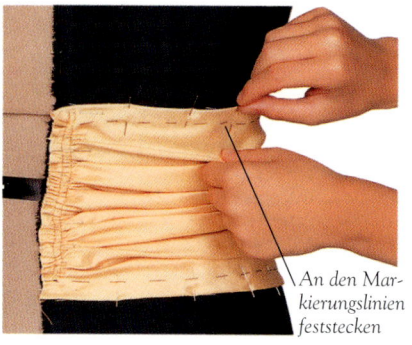

An den Markierungslinien feststecken

4 Stecken Sie den aufgekräuselten Streifen an einer Seite des Verschlusses an das Kleid. Legen Sie gerafften Streifen um das Kleid, das fest auf der Puppe sitzen muss. Ober- und Unterkante auf den eingehefteten Markierungslinien feststecken.

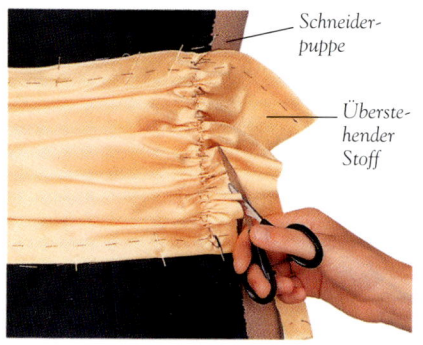

Schneiderpuppe — *Überstehender Stoff*

5 Nähen Sie nun von Hand in das ungeraffte Ende des Stoffstreifens zwei Kräuselnähte und ziehen Sie sie an, bis die Breite auf das benötigte Maß eingehalten ist. Den überstehenden Stoff abschneiden (links).

DESIGNERTECHNIKEN

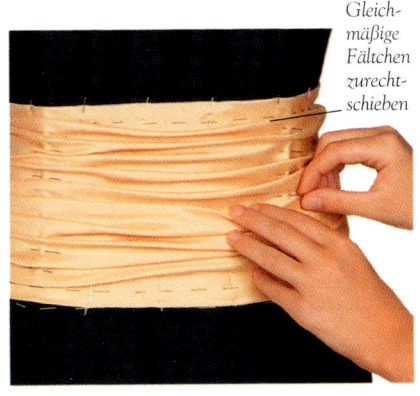

*Gleich-
mäßige
Fältchen
zurecht-
schieben*

6 Schieben Sie die Raffung zurecht. Fixieren Sie die Fältchen im gerafften Stoff mit Nadeln. Gehen Sie Stück für Stück vor und befestigen Sie den Stoff seitlich im Rücken, an der Seitennaht, seitlich vorn und in der vorderen Mitte. Die Nadeln liegen zwischen den Fältchen.

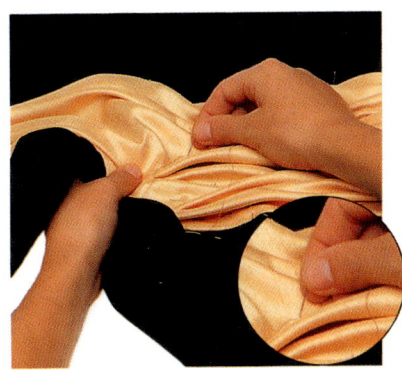

7 Kleid abnehmen, Raffung locker mit feinen Handstichen festnähen. Stiche greifen jeweils nur einen Faden des gerafften Stoffes auf und sind zwischen den Fältchen versteckt. Heftfäden entfernen. Seitliche Kanten der Raffung durch den Reißverschluss oder Beleg versäubern.

ROLLSÄUME IN FEINEN STOFFEN

Ein Rollsaum ist ein besonders schmaler Saum, der sich vor allem für feine und transparente Stoffe eignet. Glocken- oder Tellerröcke lassen sich damit ebenso gut säumen wie Schals aus Chiffon. Der fertige Saum ist höchstens 3 mm breit, auf der rechten Stoffseite ist nur eine Stichreihe sichtbar.

Schnittkante

1 Berechnen Sie eine Saumzugabe von 1 cm. Steppen Sie 5 mm neben der Schnittkante entlang, damit sich der Saum nicht ausdehnt (oben). Wenn der Stoff sich wellt, Fadenspannung justieren.

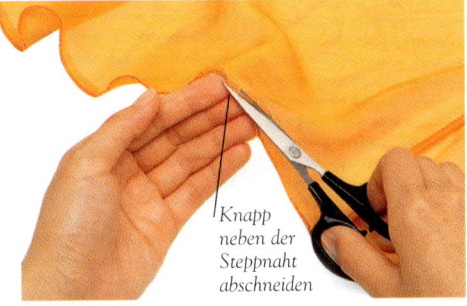

Knapp neben der Steppnaht abschneiden

2 Schlagen Sie den Saum nach links um und steppen Sie ihn knappkantig ab. Mit einer kleinen, scharfen Schere schneiden Sie dann die Saumzugabe knapp über der Naht ab (oben). Nun bügeln.

Saum knappkantig umstecken

3 Schlagen Sie den Saum 2 mm breit nach links um, stecken Sie ihn fest und steppen Sie ihn knappkantig. Wenn der Saum im geraden Fadenlauf verläuft, kann erste Steppnaht (Schritt 1) entfallen.

SCHRÄG GESCHNITTENE AUSSCHNITTBLENDE

Eine solche Kantenverarbeitung gibt einem trägerlosen Abendkleid besonderen Reiz. Oft wird die Blende aus andersfarbigem oder anders strukturiertem Stoff gearbeitet.

Die fertige Blende sieht aus wie ein nach außen umgeschlagenes Band an der Oberkante des Kleides. Solche effektvollen Abschlüsse sind recht einfach zu arbeiten.

Schrägstreifen rechts auf rechts gefaltet

1 Schneiden Sie einen Schrägstreifen in der Länge der Oberkante und der doppelten gewünschten Breite plus Nahtzugabe. Die Schmalseiten zusammensteppen (oben).

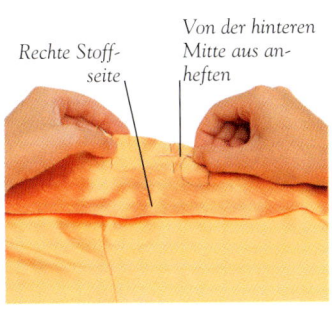

Rechte Stoffseite *Von der hinteren Mitte aus anheften*

2 Wenden Sie das Band nach rechts und bügeln Sie die Nähte aus. Bruchlinie nicht einbügeln. Offene Längskanten des Bandes zusammenheften. Band an die Oberkante des Kleides heften (oben).

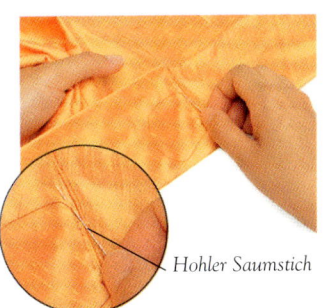

Hohler Saumstich

3 Oberkante mit Futter oder einem Beleg verstürzen. Ansatznaht des Beleges untersteppen, damit sie sich leicht nach innen rollt. Schmalseiten mit hohlen Saumstichen an hinterer Verschlusskante befestigen.

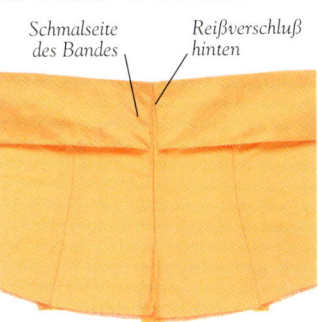

Schmalseite des Bandes *Reißverschluß hinten*

4 Die Oberkante des Bandes nicht bügeln. So passt sie sich am besten der Kontur des Kleides und der Rundung Ihres Körpers an.

Professionelle Techniken

Dekorative Rosetten

Rosetten aus Stoff eignen sich hervorragend als Dekoration für Abend- oder Brautkleider. Sie wirken einzeln ebenso schön wie in Gruppen verschiedener Größen. Stoffrosetten können aus dem gleichen Stoff wie das Kleid gearbeitet werden, aber auch aus einem kontrastierenden Material. Taft, Organza, Samt oder Seidensatin eignen sich am besten.

1 Schneiden Sie einen Schrägstreifen von etwa 70 cm Länge und 10 cm Breite. (Sie können auch mehrere kürzere Streifen im geraden Fadenlauf zusammensetzen.) Falten Sie den Streifen links auf links der Länge nach zur Hälfte und runden Sie die Enden ab.

70 cm — 10 cm

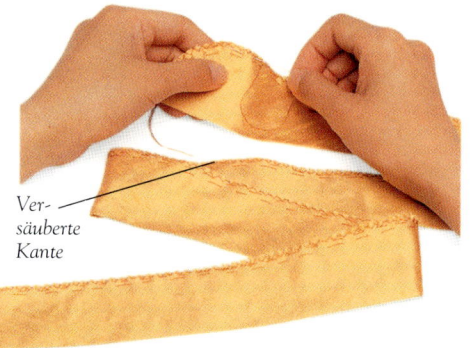

Versäuberte Kante

2 Versäubern Sie die Schnittkanten des gefalteten Streifens zusammengefasst mit Zickzackstichen. Ziehen Sie 5 mm neben der versäuberten Kante von Hand oder mit der Maschine an der Längskante und den abgerundeten Enden einen Kräuselfaden ein. Fadenenden hängen lassen.

Am schwächer gekräuselten Ende mit dem Aufrollen beginnen

3 Ziehen Sie den Kräuselfaden an und verteilen Sie die Fältchen über die ganze Länge. Das letzte Stück weniger stark kräuseln. Es bildet das Zentrum der Rosette und wird fest aufgerollt. Beginnen Sie, den Streifen aufzurollen. Fixieren Sie den Anfang mit einigen Stichen durch die Zugabe.

Unterseite der Blüte mit kleinen Stichen vernähen

4 Wickeln Sie den Stoffstreifen Stück für Stück auf und nähen Sie die weiteren Lagen in der unteren Nahtzugabe zusammen. Je weiter Sie sich dem äußeren Bereich der Blüte nähern, umso stärker sollte der Stoff gekräuselt sein. Wenn der ganze Streifen aufgerollt ist, nähen Sie noch einige Stiche durch die Unterseite und sichern den Faden gut.

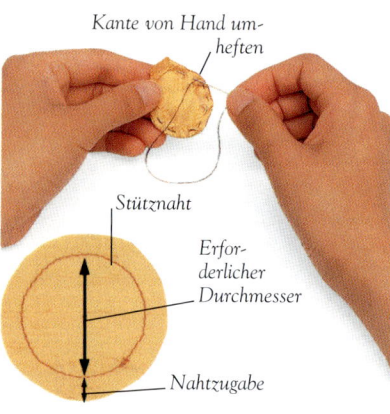

Kante von Hand umheften

Stütznaht

Erforderlicher Durchmesser

Nahtzugabe

5 Damit die Blüte einen sauberen Boden bekommt, schneiden Sie einen kleinen Stoffkreis zu. Er sollte die zusammengenähte Kante verdecken und rundum 5 mm Nahtzugabe haben. Steppen Sie am Rand des Kreises eine Stütznaht, schlagen Sie die Kante dann 5 mm breit ein und heften Sie sie um (links).

Heftfäden mit dem Pfeiltrenner entfernen

Stark gekräuselte äußere Blütenblätter

Boden

6 Legen Sie den Stoffkreis nun links auf links auf die Unterseite der Rosette. Nähen Sie ihn von Hand mit kleinen Überwendlingsstichen fest. Dann die Heftfäden vorsichtig entfernen (oben).

Rosetten befestigen

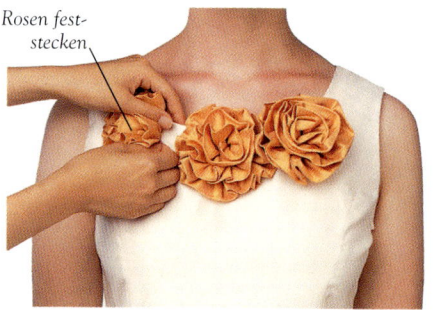

Rosen feststecken

Legen Sie zuerst die Position der Blüten fest. Ziehen Sie das Kleid an oder ziehen Sie es auf die Schneiderpuppe, um die Wirkung der Blüten zu überprüfen. Stecken Sie die Rosen am Oberstoff fest (oben) und nähen Sie sie von Hand an. Dabei stechen Sie mit kleinen Überwendlingsstichen nur durch den Boden der Blüten.

·· Perlendraht einarbeiten ··

Perlendraht Rosette

Draht mit aufgefädelten Perlen gibt es in Bastel- und Kurzwarengeschäften fertig zu kaufen. Meist wird er nur in Weiß angeboten, er lässt sich aber mit einfachen Textilfarben einfärben. Legen Sie ein Bündel Perlendrähte in die Mitte der Rosette, ehe Sie mit dem Aufrollen beginnen.

DEKORATIVE SCHLEIFEN

Große Schleifen werden hauptsächlich als Schmuck für Abend- und Brautkleider eingesetzt, manchmal aber auch für Kinderkleidung. Kleinere Schleifen passen gut als Dekoration in den Schulterbereich, große Schleifen können die hintere Mitte verzieren. Wenn die Schleife viel Stand haben soll, unterlegen Sie sie mit Tüll.

Linke Stoffseite

1 Legen Sie zuerst die Größe der fertigen Schleife fest. Schneiden Sie im geraden Fadenlauf ein Rechteck in der doppelten fertigen Größe plus Nahtzugaben zu. Legen Sie den Stoffstreifen rechts auf rechts der Länge nach zur Hälfte und steppen Sie die Längskante (links).

Längskanten nicht bügeln

2 Wenden Sie den Stoffschlauch, schieben Sie die Naht zur Mitte und bügeln Sie sie aus. Die Längskanten sollen nicht gebügelt werden, damit keine unerwünschten Falten und Kniffe entstehen (oben).

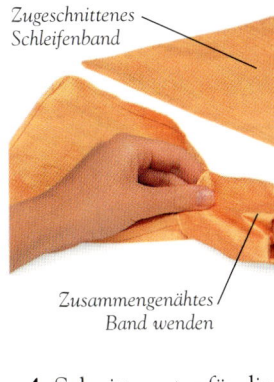

Zugeschnittenes Schleifenband

Zusammengenähtes Band wenden

Unterseite der Schleife

Schleifen-Bänder

3 Legen Sie die Schmalseiten des Stoffschlauches um 1 cm überlappend aufeinander, mit Nadeln fixieren. Zusammensteppen, sodass ein Ring entsteht. Nahtstelle liegt später auf der Rückseite der Schleife.

4 Schnittmuster für die herabhängenden Bänder der Schleife fertigen. Beide Bänder rechts auf rechts zusammenstecken, Kanten absteppen. Eine Schmalseite bleibt offen. Zugaben zurückschneiden, versäubern. Wenden.

5 Bügeln Sie die Bänder und legen Sie die ungesteppten Schmalseiten 1 cm weit übereinander. Stecken, aufeinandersteppen. Nahtstelle der Bänder auf die Naht an der Unterseite der Schleife stecken, heften.

Kräuselfaden durch alle Stofflagen ziehen

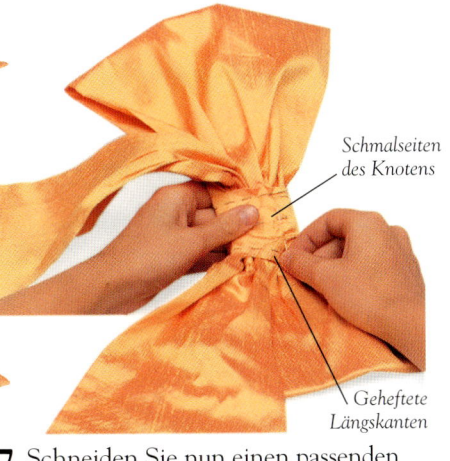

Schmalseiten des Knotens

Geheftete Längskanten

6 Nähen Sie mit einem stabilen Faden (eventuell doppelt nehmen) gleichmäßige, 2 cm lange Stiche durch die Mitte der Schleife. Ziehen Sie den Faden an, damit sich die Schleife in der Mitte kräuselt (oben). Die Fadenenden gut vernähen.

7 Schneiden Sie nun einen passenden Streifen Stoff für den Knoten zu mit 1,5 cm Zugabe für die Naht. Heften Sie die Längskanten nach links um und legen Sie den Streifen um die Mitte der Schleife. Die Enden werden auf der Rückseite der Schleife von Hand zusammengenäht.

ABNEHMBARE SCHLEIFE

Haken verhindern, dass die Schleife herabhängt

An allen vier Ecken der Schleife werden auf der Rückseite kleine Haken befestigt (oben), ebenso am Knoten. Am Kleid schürzen Sie an den entsprechenden Stellen winzige Ösen aus passendem Nähgarn.

Professionelle Techniken

Reparaturen

Kleine Reparaturen sind immer wieder nötig, sie verlängern die Lebensdauer Ihrer Kleidung. Ein Riss oder ein Loch, die versehentlich entstanden sind, können gestopft oder geflickt werden. Wenn solche Arbeiten sorgfältig ausgeführt werden, ist die Reparatur nahezu unsichtbar. Ein defekter Reißverschluss oder ein gerissenes Gummiband sind kein Grund, sich von einem Lieblingsstück zu trennen. Grundsätzlich eignen sich alle in diesem Buch erklärten Nähtechniken auch zum Reparieren. Einige besondere Kniffe sind hier vorgestellt.

Maschinennähte auftrennen

Manchmal ist es nötig, eine Naht aufzutrennen, um eine Stelle reparieren zu können. Mit einem Pfeiltrenner lässt sich das besonders schnell erledigen, Sie müssen jedoch achtgeben, dass sie nicht den Stoff verletzen. Ist die Naht einmal aufgetrennt, müssen alle Fadenreste entfernt werden. Einstichlöcher durch Bügeln beseitigen.

Mit dem Pfeiltrenner

Pfeiltrenner

Ziehen Sie die Naht etwas auseinander. Pfeiltrenner mit dem längeren Ende des Messers unter die Naht schieben. Mit der geschärften Stelle in der Biegung des Trenners die Fäden durchschneiden.

Mit der Schere

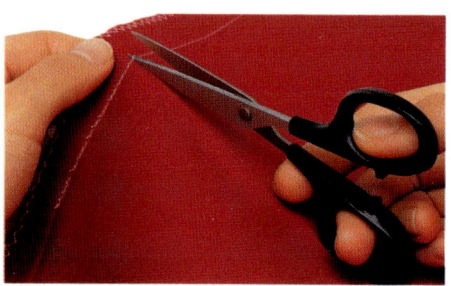

Heben Sie in kurzen Abständen mit der Spitze einer kleinen Schere einen Stich etwas an und schneiden Sie ihn auf. Ziehen Sie die Naht auseinander und schneiden Sie die Fäden zwischen den Lagen durch.

Feine Maschinenstiche

Schieben Sie eine Nadel unter einen Stich und lockern Sie ihn (oben). Dann schneiden Sie ihn mit einer kleinen, spitzen Schere auf. In kurzen Abständen wiederholen. Nun die Naht auseinanderziehen und die Fäden durchschneiden oder herausziehen.

Ein Loch stopfen

Ein Stopfpilz, ein Stück Pappe oder die freie Hand dienen als Unterlage beim Stopfen eines Loches. Dehnen Sie den Stoff um das Loch herum leicht und arbeiten Sie mit einer langen Stopfnadel. Das verwendete Garn sollte in Farbe und Stärke so gut wie möglich zum Stoff passen. Ist das Loch sehr groß, befestigen Sie ein Stück Tüll oder Musselin darunter.

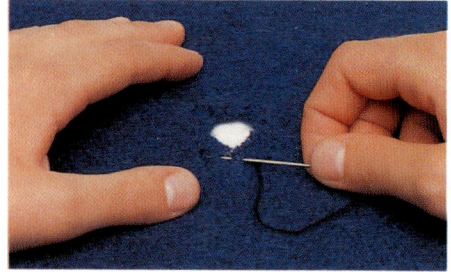

1 Nähen Sie um das Loch herum eine Runde aus kleinen Geradstichen (oben). Diese Stiche verstärken den Rand des Loches. Bei gestrickten Stoffen verhindern sie, dass sich Laufmaschen bilden.

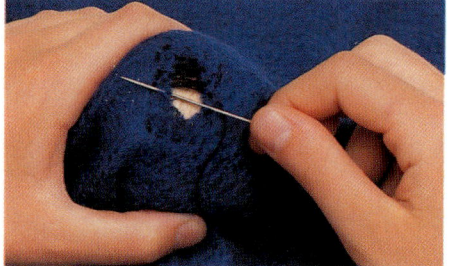

2 Arbeiten Sie dann parallele Stiche quer über die schadhafte Stelle, bis das Loch ausgefüllt ist. Die Stiche dürfen nicht zu locker sein, aber das Loch darf auch nicht zusammengezogen werden.

3 Drehen Sie den Stoff um 90° und ziehen Sie den Faden nun abwechselnd über und unter den Fäden hindurch (oben), als würden Sie weben. Dabei wird der Stoff am Rand des Loches jeweils mitgefasst.

Eine Naht reparieren

Eine Naht reparieren Sie immer mit farblich passendem Nähgarn. Entfernen Sie zuerst alle Fadenreste aus der schadhaften Stelle und schneiden Sie alle längeren Fadenenden ab. Wenn der Faden der Naht gerissen ist, braucht die Naht nur neu gesteppt zu werden. Ist jedoch der Stoff an der Naht zerrissen, muss diese Stelle repariert und verstärkt werden.

Eine Naht nachsteppen

Wenn eine Naht aufgegangen ist, schneiden Sie alle Fadenenden ab. Dann schließen Sie das offene Nahtstück wieder. Steppen Sie mit der Nähmaschine kurze Geradstiche (oben) oder arbeiten Sie von Hand mit kleinen Steppstichen auf der Innenseite. Neue Naht am Anfang und Ende in die vorhandene hineinlaufen lassen.

Einen Riss an der Naht reparieren

Flicken

Wenn der Stoff an der Naht eingerissen ist, bügeln Sie zuerst einen Flicken auf die schadhafte Stelle. Er soll den Riss verschließen, aber nicht zu groß sein (siehe unten, Einen Riss reparieren). Steppen Sie die Naht neu. Beginnen Sie auf der vorhandenen Naht, nähen Sie über den Flicken und wieder in die vorhandene Naht hinein.

Einen Riss unter dem Arm reparieren

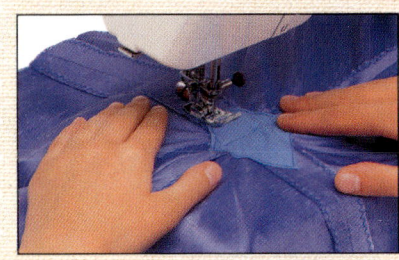

Wenn die Naht unter dem Arm gerissen ist, reparieren Sie zuerst die Naht (siehe links). Schneiden Sie dann aus dünnem Stoff eine Raute aus und bügeln Sie die Kanten nach links um. Stecken Sie den Flicken von innen auf die reparierte Stelle und steppen Sie an den Kanten und auf den Nahtlinien des Kleidungsstückes entlang.

Einen Riss reparieren

Ein Riss lässt sich am einfachsten reparieren, indem Sie einen passenden Flicken auf die Innenseite des Stoffes bügeln. Wenn Sie auf der rechten Stoffseite einen Flicken aufsetzen, sollten Sie ihn mit winzigen Handstichen befestigen. Das ist zwar nicht so haltbar wie ein mit der Maschine aufgesteppter Flicken, fällt aber auch weniger auf.

Verstärken und Nachsteppen

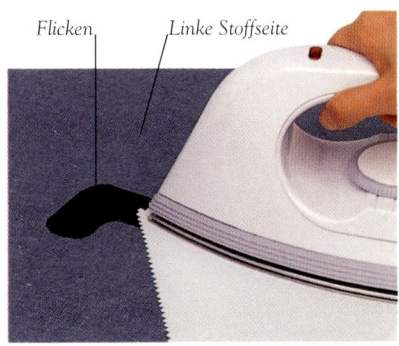
Flicken   Linke Stoffseite

1 Schneiden Sie ein Stück doppelseitiges Klebevlies zurecht, das gerade den Riss bedeckt. Bügeln Sie es auf ein gleich großes Stück Stoff. Legen Sie den vorbereiteten Flicken auf die linke Seite der beschädigten Stelle. Von der rechten Seite aus schieben Sie die Kanten des Risses vorsichtig zusammen. Dann bügeln Sie den Flicken mit einem Bügeltuch auf (links).

2 Wenn der Stoff um den Riss herum sehr strapaziert ist, steppen Sie von der rechten Stoffseite her die Kanten des Risses mit Zickzackstichen auf dem untergelegten Flicken fest. Verwenden Sie einen großen Zickzackstich und fassen Sie beide Risskanten in einem Arbeitsgang mit. Liegt der Riss an einer wenig beanspruchten Stelle, reicht ein aufgebügelter Flicken aus.

Einen Riss in dünnen oder elastischen Stoffen reparieren

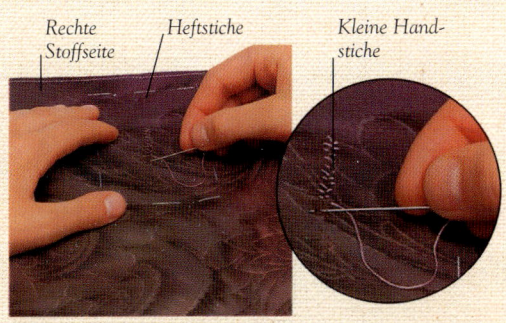
Rechte Stoffseite   Heftstiche   Kleine Handstiche

Bei feinen oder elastischen Stoffen wäre ein aufgebügelter Flicken zu dick oder zu starr. Heften Sie stattdessen ein Stück festes Papier unten den Riss. Schließen Sie den Riss von Hand mit feinen Matratzenstichen. Stechen Sie jeweils in den Riss hinein und abwechselnd an der rechten und linken Stoffseite heraus (oben). Machen Sie sehr kleine Stiche und ziehen Sie den Faden nicht zu fest. Anschließend die Heftfäden und das Papier entfernen.

Ein Loch flicken

Ein Flicken sollte so gut wie möglich zum Oberstoff passen. Wenn Sie keine Reste mehr haben, können Sie eventuell ein Stück aus dem Saum oder einem Beleg herausschneiden. Aufgebügelte Flicken eignen sich für dickere Stoffe wie Köper oder Jeans, bei denen eingeschlagene Kanten zu stark auftragen würden.

Mit Vlies flicken

1 Kanten des Loches glattschneiden. Flicken mindestens 1,5 cm größer als Loch und doppelseitiges Bügelvlies genauso zuschneiden. Entsprechend großes Vlies zuschneiden.

2 Bügeln Sie das Vlies auf die linke Seite des Flickens. Dann ziehen Sie das Trägerpapier ab und legen den Flicken auf das Loch im Oberstoff. Bügeln Sie den Flicken auf. Ein Bügeltuch (oben) verhindert, daß der Stoff glänzt.

3 Von der rechten Stoffseite aus wird der Flicken nun zusätzlich befestigt. Steppen Sie mit einem engen Zickzackstich um die Kante des Flickens herum (oben). Zum Versäubern eignet sich der Elastik-Zickzackstich oder der Federstich.

Flicken mit umgebügelten Kanten

1 Schneiden Sie das Loch oder die schadhafte Stelle quadratisch oder rechteckig aus, die Ecken schräg ein. Flicken zuschneiden, der an jeder Seite 2,5 cm größer als der Ausschnitt im Oberstoff ist.

2 Bügeln Sie die Kanten des Flickens nach rechts um. Legen Sie ihn dann auf der linken Seite des Oberstoffes auf das Loch. Heften Sie ihn fest und nähen ihn mit feinen Handstichen an (oben).

3 Schlagen Sie von der rechten Stoffseite aus die Kanten des Ausschnittes im Oberstoff nach links um und säumen sie an den darunter liegenden Flicken (oben). Heftfäden entfernen, bügeln.

Einen Reissverschluss reparieren

Wenn ein Reißverschluß aus Kunststoff oder Metall defekt ist, kann er vorübergehend repariert werden. Bei Metall-Verschlüssen rutscht manchmal der Schlitten von den Zähnchen, Kunststoff-Verschlüsse können klaffen, wenn sie unter Zug stehen. Solche Reparaturen sind aber nur Kurzzeit-Lösungen.

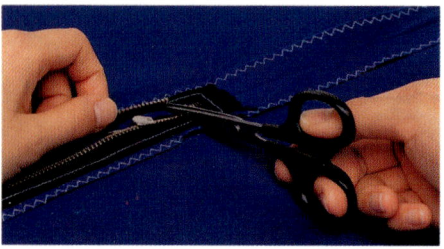

1 Schlitten ans untere Ende des Verschlusses schieben. Verschluß unterhalb des Schlittens zwischen zwei Zähnen 6 mm einschneiden. Wenn ein Zähnchen fehlt, Schlitten unter diese Stelle ziehen.

2 Fädeln Sie die Zähnchen über dem Einschnitt vorsichtig wieder in den Schlitten ein und ziehen ihn hoch. Wenn die Seiten des Reißverschlusses sich verschoben haben, ziehen Sie den Schlitten wieder hinunter und wiederholen den Vorgang, bis der Verschluß glatt liegt.

3 Verschluß schließen. Mit Überwendlingsstichen oberhalb der eingeschnittenen Stelle Riegel durch Trägerbänder nähen. Bei Kunststoff-Verschlüssen Riegel mit Zickzackstichen steppen.

REPARATUREN

EIN LOCH UNTER EINEM KNOPF REPARIEREN

Durch häufige Benutzung kann der Stoff unter einem Knopf zerreißen. Der Knopf wird entfernt, dann wird das Loch geflickt und die schadhafte Stelle verstärkt. Nun kann der Knopf wieder angenäht werden. Bei kleinen Löchern reicht ein Stück farblich passendes Reparaturband zum Aufbügeln, um das Loch zu schließen und zu verstärken. Ein größeres Loch in dünnem Stoff müssen Sie mit einem Flicken unterlegen. Der Flicken wird rund oder oval zugeschnitten.

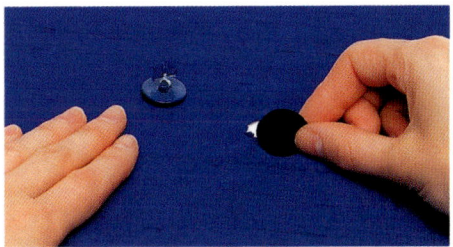

1 Schneiden Sie einen Kreis oder ein Oval aus Reparaturband zum Aufbügeln (oben) und bügeln Sie es auf die linke Seite des Loches. Ersatzweise können Sie einen kleinen Flicken unter das Loch heften.

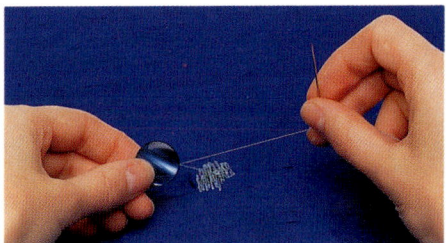

2 Von der rechten Stoffseite aus dicht nebeneinander parallele Reihen aus Geradstichen über das Loch und seine Ränder steppen. Durch Oberstoff und untergelegten Flicken steppen. Knopf annähen.

EIN KNOPFLOCH REPARIEREN

Ein Knopfloch kann durch häufiges Benutzen oder durch Hängenbleiben an einem Ende ausreißen. Auch an eng sitzenden Kleidungsstücken sind die Knopflöcher besonders beansprucht und können Schaden nehmen. Ehe das Ende des Knopfloches nachgenäht wird, muss es mit einem Stück Stoff oder farblich passendem Reparaturband verstärkt werden.

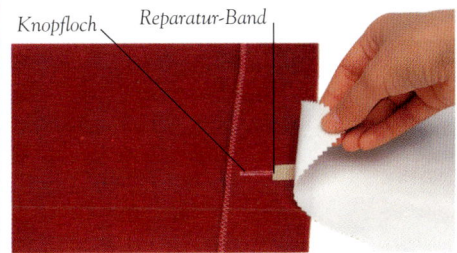

Knopfloch   *Reparatur-Band*

1 Schneiden Sie alle Fäden und ausgefransten Stoffkanten mit einer kleinen, scharfen Schere weg. Bügeln Sie dann auf die Rückseite des beschädigten Knopflochendes ein Stück Reparaturband. Benutzen Sie ein Bügeltuch (oben).

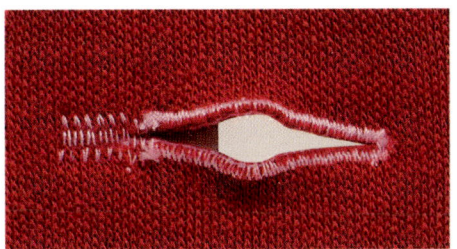

2 Mit passendem Nähgarn arbeiten Sie im rechten Winkel zum Knopfloch kleine Vorstiche. Das untergelegte Reparaturband muss dabei mitgefasst werden. Die Stiche sollten sehr klein und fest sein.

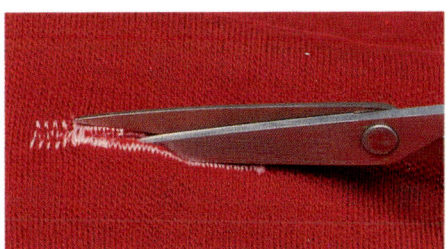

3 Kante des Knopfloches nachnähen. Reparaturband wird mitgefasst, die ursprünglichen Stiche werden überdeckt. Eventuell gesamte Kante des Knopfloches nachnähen. Band am Ende des Knopfloches aufschneiden (oben).

GUMMIZÜGE REPARIEREN

Es ist unkompliziert, das Gummiband in einem einfachen Tunnelzug zu ersetzen. Wesentlich komplizierter ist die Reparatur bei einem Kleidungsstück, bei dem das Gummiband durch eine Reihe von Steppnähten im Tunnel befestigt ist. Hier besteht die Gefahr, dass beim Auftrennen der Steppnähte der Oberstoff beschädigt wird.

Linke Seite des Tunnels

1 Trennen Sie eine der Quernähte des Tunnels vorsichtig mit einer kleinen, scharfen Schere auf (oben). Ersatzweise kann auch die untere Naht des Tunnels ein Stück weit aufgetrennt werden. Gummiband in der benötigten Länge zuschneiden (Nahtzugabe 2,5 cm).

Altes Gummiband   *Neues Gummiband*

2 Schneiden Sie das alte Gummiband durch und befestigen Sie das neue mit einer Sicherheitsnadel an einem Ende (oben). Ziehen Sie dann vorsichtig am anderen Ende des alten Gummibandes. Beim Herausziehen des alten Gummibandes wird gleichzeitig das neue Band eingezogen.

Öffnung

3 Kontrollieren Sie, ob das Band im Tunnel glatt liegt. Legen Sie dann die Enden übereinander und nähen Sie sie fest zusammen. Schließen Sie die Öffnung im Tunnel mit feinen Handstichen (oben). Gummi an den Quernähten des Tunnels feststeppen.

GLOSSAR

Abgenähte Ecke Spezielle Technik, Ecken in Säumen oder Einfassungen zu arbeiten. Dabei wird eine diagonale Naht über die Ecke genäht, die Nahtzugaben werden beschnitten.

Abnäher Kleine, spitz zulaufende Falte. Abnäher werden hauptsächlich an Damenkleidung gebraucht, um den Stoff den Rundungen von Brust und Hüfte anzupassen. Kleinere Abnäher können auch Schultern und Ellenbogen Form geben. Es gibt unterschiedliche Techniken, Abnäher zu arbeiten.

Absteppen Einzelne oder mehrere Reihen aus Geradstichen, die entlang einer Kante gearbeitet werden, um diese zu stabilisieren und zugleich zu verzieren. Ziersteppungen können mit kontrastfarbigem Garn ausgeführt werden, parallele Stepplinien können mit Zwillings- oder Drillingsnadeln gearbeitet werden.

Abstufen Zurückschneiden mehrschichtiger Nahtzugaben auf unterschiedliche Breiten. So liegen die Nähte besonders flach und tragen nicht auf.

Acetat Glänzender Synthetikstoff mit besonders schönem Fall (siehe S. 59).

Acryl Gewebter oder gestrickter synthetischer Stoff (siehe S. 56)

Ahle Werkzeug mit scharfer, runder Spitze zum Durchstechen von dickeren Stoffen und Leder.

Alpaca Wollstoff (siehe S. 51)

Angeschnittener Beleg Bei geraden Kanten kann ein Beleg in Verlängerung des Hauptteiles zugeschnitten werden. Er wird dann an der eingezeichneten Bruchlinie nach links umgeschlagen.

Armausschnitt Öffnung im Kleidungsstück, die den Arm durchlässt und in die eventuell der Ärmel eingenäht wird.

Ärmelbrett Kleines, schmales Bügelbrett, das zum Bügeln von Ärmeln und anderen schmalen Stoffpartien nützlich ist.

Ärmelpolster Kleines, längliches Polster, das in der Maßschneiderei verwendet wird. Es wird unter der Armkugel befestigt und sorgt für zusätzlichen Stand.

Ärmelschlitz Überlappende Öffnung am unteren Ende eines Ärmels.

Armkugel Gerundeter Teil eines Ärmels, der an die obere Schulterpartie des Kleidungsstückes gesetzt wird.

Aufbügelbare Einlage Nichtgewebtes Einlagematerial mit einer Beschichtung, die unter Hitzeeinwirkung (Bügeleisen) schmilzt und sich mit dem untergelegten Kleiderstoff flächig verbindet. In unterschiedlichen Stärken erhältlich.

Ausschnittblende In Form geschnittener Stoffstreifen zum Einfassen eines Hals- oder Armausschnittes.

Bandeinfassung Technik, eine Stoffkante mit einem breiteren Stoffstreifen oder Band einzufassen. Das Band steht über die Stoffkante hinaus. Auch geeignet zum Verlängern von Kleidungsstücken.

Bandverstärkung Mitgefasstes Baumwoll- oder Köperband, das das Ausdehnen einer Naht an einer besonders strapazierten Stelle verhindert.

Batist Baumwollstoff (siehe S. 45).

Baumwolle Wird aus den faserigen Umhüllungen der Samenstände der Baumwollpflanze hergestellt. Baumwollstoffe sind geschmeidig, preiswert, haltbar und vielseitig einsetzbar. Für Kleidung und für Möbelbezüge geeignet. Viele unterschiedliche Stärken sind erhältlich.

Baumwollkrepp Baumwollstoff mit feinen, beabsichtigten Knittern (siehe S. 44).

Baumwollsamt Baumwollstoff mit ausgeprägtem Strich (siehe S. 47).

Beleg Im Inneren des Kleidungsstückes liegendes Teil aus Oberstoff. Dient zum Versäubern von Kanten, die von außen her sichtbar sein können (z. B. Halsausschnitte, Vorderkanten von Jacken). Belege werden wegen der besseren Formstabilität meist mit Einlage versteift. Die geformte Kante wird an den Oberstoff gesteppt, die lose Kante später mit Handstichen befestigt.

Beschichtete Baumwolle siehe Chintz

Biber Baumwollstoff (siehe S. 46).

Biese Abgesteppte, schmale Falte im geraden Fadenlauf. Kann zum Einhalten von Weite gearbeitet werden (z. B. in der Taille), aber auch zur Verzierung dienen. Es gibt unterschiedliche Techniken, Biesen zu nähen.

Blinder Hexenstich Handstich. Die Technik ist identisch mit dem Hexenstich, nur wird hier die Stoffkante vor dem Nähen zurückgeschlagen, sodass die Stiche auf der rechten Stoffseite unsichtbar bleiben.

Blindsaumstich Dieser winzige Handstich dient zum unsichtbaren Befestigen von Saumeinschlägen und Belegkanten. Der Blindsaumstich bei Nähmaschinen besteht aus drei Geradstichen und einem großen Zickzackstich, der die zweite Stofflage fasst. Auch zum Nähen von Muschelsäumen geeignet.

Blindstich Handstich zum Arbeiten von Säumen, die auf der rechten Stoffseite unsichtbar sind. Auch als Nutzstich auf einigen Nähmaschinen verfügbar.

Bouclé Synthetischer Stoff (siehe S. 58).

Brustweite Gedachte horizontale Linie über Rücken und die breiteste Stelle der Brust. Wichtiges Maß zum Feststellen der Konfektionsgröße und beim Ändern von Schnittmustern.

Bügelkissen Kissen zum Bügeln gewölbter Stoffteile (z. B. Kragen).

Chally Wollstoff (siehe S. 50).

Chambray Baumwollstoff in Leinenbindung (siehe S. 43).

Charmeuse Sehr feiner, geschmeidiger synthetischer Stoff in Satin-Bindung (siehe S. 58).

Chiffon Feines Seidengewebe (siehe S. 55).

Plastikspule – siehe Nähmaschinenzubehör, S. 17

Chinesischer Kugelknopf Durch Verschlingen von Kordel oder Stoffschlauch wird eine Kugel hergestellt. Zum Verschließen von Posamentenverschlüssen.

Chintz Baumwollstoff (siehe S. 43).

Cord Baumwollstoff mit gerippten Flor (siehe S. 47).

Corsage Trägerloses Oberteil, beliebt für Abendkleider. Wird für besseren Sitz mit Stäbcheneinlage versteift.

Crash-Leinen Siehe S. 52.

Crêpe-de-Chine Weiches Seidengewebe (siehe S. 54).

Crinkle Fein geknitterter Stoff, meist aus Synthetik (siehe S. 60).

Damast Baumwollstoff (siehe S. 46).

Denim Strapazierfähiger Baumwollstoff (siehe S. 46).

Dévoré Samtartiges Material mit herausgeätzten Mustern (siehe S. 54).

Double Face Wendbarer Wollstoff (siehe S. 50).

Drell Baumwollstoff (siehe S. 47).

Druckknopf Knöpfe, die durch Zusammendrücken geschlossen werden. Gut geeignet für unsichtbare Verschlüsse, die wenig zugbelastbar sind.

Dupion Seidenstoff (siehe S. 55).

Durchschlagen Technik, die Markierungen eines Schnittmusters mit Heftfäden auf eine oder mehrere Stofflagen zu übertragen.

Durchziehnadel Dicke Nadel mit stumpfem Ende und großem Öhr. Zum Durchziehen von Gummiband oder Kordel durch einen Tunnelzug.

Echte Kappnaht Maschinengesteppte Naht, bei der alle Nahtzugaben eingeschlossen sind. Kappnähte sind flach und haltbar. Besonders beliebt für sportliche Kleidung (z. B. Jeans).

Eckenformer Werkzeug aus Kunststoff, das zum exakten Herausdrücken von Ecken (z. B. an Kragen) verwendet wird.

Einfädelhilfe Kleines Werkzeug mit einer Drahtschlinge, durch die der Nähfaden gezogen wird. Dann Drahtschlinge mit Faden durch das Nadelöhr ziehen.

Glossar

Einfassung Eine Stoffkante wird versäubert und zugleich verstärkt, indem ein Band oder Schrägstreifen bündig darübergesetzt wird. Geeignete Bänder sind im Fachhandel erhältlich, es können auch selbst zugeschnittene Streifen verarbeitet werden.

Eingefasste Kräuselnaht Eine gekräuselte und eine glatte Stoffkante werden zusammengesetzt. Dann wird die Nahtzugabe des glatten Stoffes über die beschnittene Nahtzugabe der Kräuselung gesteppt, um diese zu versäubern.

Einhalten Beim Zusammensetzen zweier unterschiedlich langer Stofflagen wird die Überlänge einer Lage so verteilt, dass der Stoff sich wölbt, aber keine Falten oder Kräuseln entstehen (z. B. an Armkugeln oder Ellenbogen).

Einlage Spezielle Materialien, die zwischen Oberstoff und Beleg angebracht werden und für zusätzliche Festigkeit und Formstabilität sorgen (z. B. an Kragen, Manschetten, Bündchen). In unterschiedlichen Stärken erhältlich. Nichtgewebte Einlagen zum Aufbügeln eignen sich für fast alle Zwecke, gewebte Einlagen werden vorwiegend in der Maßschneiderei verwendet. Siehe auch Aufbügelbare Einlage.

Einschnitt Nahtzugaben werden gerade oder V-förmig eingeschnitten, damit sie sich Spitzen oder Rundungen besser anpassen. Einschnitte können auch zur Markierung dienen.

Elastikstich Maschinenstich zum Nähen dehnbarer Stoffe. Er besteht aus zwei Vorwärts- und einem Rückwärts-Stich.

Elastikzickzackstich Maschinenstich, der zum Versäubern und Verbinden von elastischen Stoffen benutzt wird. Jeder schräge Stich besteht aus drei Einzelstichen.

Fadenlauf Die Richtung, in der Schuss- und Kettfaden eines Stoffes verlaufen. Wenn beide Fäden im rechten Winkel zueinander stehen, spricht man von einem fadengeraden Stoff.

Fadenlauflinie Markierung im Schnittmuster, die anzeigt, in welcher Richtung das Schnitteil auf den Stoff aufgelegt werden muß. Meist durch einen geraden Pfeil dargestellt.

Fadenspannung Mit einem Rad oder Schieber lässt sich an Nähmaschinen die Spannung des Oberfadens regulieren. Nur wenn die Fadenspannung richtig eingestellt ist, werden Ober- und Unterfaden gleichmäßig und glatt durch den Stoff gezogen.

Faille Synthetikstoff (siehe S. 57).

Fall Fähigkeit eines Stoffes, beim Herabhängen weiche Falten zu bilden. Nicht alle Stoffe fallen schön, darum sollte vor dem Kauf immer der Fall eines Stoffes kontrolliert werden. Der Fall kann durch eingelegte Falten oder Kräuselung beeinflusst werden.

Falsche französische Naht Selbstversäubernde Naht für gerundete Kanten (siehe auch Rechts-links-Naht).

Falte Einhalten der Stoffweite durch Einlegen von Kniffen, oft im Taillenbereich von Kleidern oder Röcken, aber auch an Vorhängen und Bettüberwürfen. Die Falten können teilweise eingesteppt werden oder ganz offen bleiben. Es gibt unterschiedliche Faltentypen, z. B. Kellerfalten, Quetschfalten.

Faltenboden Der innen liegende Teil einer Kellerfalte, der nur sichtbar wird, wenn die Falte aufspringt.

Fasern Natürliche oder synthetisch hergestellte Fäden, die zu Garn versponnen und dann zu Stoffen verarbeitet werden.

Federstich Maschinenstich zum Zusammenfügen zweier aneinanderstoßender Kanten (z. B. in Leder und Wildleder). Auch als Zierstich verwendbar.

Festonstich Auch Schlingstich. Handstich zum Versäubern und Verzieren von Kanten, auch zum Verbinden zweier Stofflagen.

Fingerhut Kleiner Becher aus Metall, Kunststoff oder Porzellan, der auf die Spitze eines Fingers gesetzt wird. So lässt sich eine Nadel schmerzfrei auch durch dicken Stoff drücken.

Fixierspray Wird auf Schnittkanten von Stoffen gesprüht und verhindert das Ausfransen. Im Fachhandel erhältlich.

Flächenkräuselung Spezielle Technik, eine Stofffläche mit der Nähmaschine aufzukräuseln. Es werden mehrere parallele Nähte nebeneinander gearbeitet, dabei wird ein unelastischer Oberfaden und ein elastischer Unterfaden verwendet.

Flanell Wollstoff (siehe S. 48).

Flock Synthetischer Stoff (siehe S. 59).

Flor Aufrecht stehende Fasern oder Schlingen auf einem Stoff, z. B. Samt, Frottee. Der Flor hat meist eine Laufrichtung, die beim Zuschnitt beachtet werden muss.

Formnaht Zwei unterschiedlich gerundete Kanten werden zusammengesetzt. So lassen sich Kleidungsstücke z. B. im Bereich von Brust und Hüfte plastisch formen.

Frottee Baumwollstoff (siehe S. 47).

Futter Innen liegende Stofflage, die alle Nähte und Zwischenlagen eines Kleidungsstückes verbirgt. Das Futter unterstützt den Fall des Modells und verbessert die Trageeigenschaften.

Gabardine Wasserabweisendes Wollmischgewebe (siehe S. 49).

Garnrollenhalter Dorn am Oberteil der Nähmaschine, auf das die Garnrolle für den Oberfaden aufgesteckt wird.

Stoffrosette – siehe Rosetten zur Dekoration, S. 302

Von dort aus wird der Faden durch die Führungshaken zur Nadel gezogen.

Georgette Seidenstoff, auch als synthetisches Material erhältlich (siehe S. 55).

Gerader Fadenlauf Ein langer, gerader Pfeil auf den Teilen des Papierschnittes zeigt an, wie sie auf den Stoff gelegt werden sollen. Der Pfeil muss immer parallel zur Webkante liegen.

Gewichte Vorhänge fallen besonders schön, wenn am Saum kleine Gewichte befestigt werden. Auch Säume von Kleidung können beschwert werden.

Goldlamé Metallisch glänzender synthetischer Stoff (siehe S. 61).

Gros-Grain Fester synthetischer Stoff (siehe S. 57).

Gürteleinlage Biegsame, schwere Einlage, die zur Versteifung und Formgebung von Gürteln verwendet wird. Kann durch ausreichend steife Einlage zum Aufbügeln ersetzt werden.

Gürtelschlaufe Kleine Schlaufe aus Stoffschlauch (abgesteppt oder schlicht), das am Taillenbündchen oder in der Seitennaht befestigt wird, um einen Gürtel festzuhalten.

Habutai Feines Seidengewebe (siehe S. 53).

Haken und Öse Zweiteiliger Verschluss für überlappende Kanten, der von rechts unsichtbar bleibt (z. B. an Bündchen). In verschiedenen Varianten im Fachhandel erhältlich.

Halber Rückstich Kleiner, unterbrochener Rückstich, der vor allem für unauffällige, stabile Nähte benutzt wird (z. B. Einsetzen von Reißverschlüssen).

Halsabschluss Halsausschnittkante eines Kleidungsstückes. Der Halsabschluß kann auf verschiedene Arten gearbeitet werden, z. B. mit Einfassung, Beleg oder Schlitz.

Heften Große Hand- oder Maschinenstiche, die zum provisorischen Zusammenfügen von Stofflagen verwendet werden.

Hexenstich Handstich, der hauptsächlich verwendet wird, um Kanten von Einlage oder Beleg am Oberstoff zu befestigen. Er wird von links nach rechts gearbeitet und kann auch als Zierstich verwendet werden.

Hüftweite Körpermaß in horizontaler Linie um die breiteste Stelle der Hüften herum. Bei der Größenbestimmung für Hosen und Röcke ist die Hüftweite wichtiger als die Taillenweite, ebenso beim Ändern von Schnittmustern.

Jacquard Gemusterter synthetischer Stoff (siehe S. 59).

Jersey Gestrickter, knitterfreier Stoff. Oft aus Baumwolle (siehe S. 42).

Kammgarn Wollstoff (siehe S. 48).

Kantelstich Kann alternativ zum Zickzackstich zum Versäubern von Stoffkanten verwendet werden. Die Schnittkante wird in einem Arbeitsgang umgeschlagen und schmalkantig abgesteppt, so kann der Stoff nicht ausfransen.

Kanten einfassen Um die Schnittkanten eines Stoffes wird bündig ein Stoffstreifen gelegt und festgesteppt. Auf diese Weise ist die Kante versäubert und zugleich verstärkt.

Kantenstich Maschinenstich zum Versäubern von Stoffkanten. Wird über die zusammengelegten Stoffkanten zweier zu verbindender Teile genäht. Dabei wird die Naht in einem Arbeitsgang geschlossen und versäubert. Es entsteht eine sehr schmale innen liegende Nahtzugabe. Besonders geeignet für transparente Stoffe.

Kaschmir Feiner, weicher Wollstoff (siehe S. 49).

Käseleinen Sehr locker gewebter Baumwollstoff (siehe S. 45).

Kattun Baumwollstoff (siehe S. 45).

Kette Die in Längsrichtung laufenden Fäden bei gewebten Stoffen.

Klappe Ein Stoffstreifen, der oberhalb der Eingriffsöffnung einer Tasche liegt. Eine separat gearbeitete Klappe verdeckt den Eingriff, sie wird oberhalb der Tasche auf das Kleidungsstück gesteppt. Die Klappe kann auch an der Tasche angeschnitten sein (z. B. bei aufgesetzten Taschen) und liegt dann auf der Außenseite der Tasche unterhalb der Öffnung.

Schnallenrohling zum Beziehen, siehe S. 177

Glossar

Klebevlies Ein weiches Vlies, das zwischen zwei Stofflagen gelegt wird. Durch Bügeln mit einem heißen Bügeleisen schmilzt das Vlies und verbindet die Stofflagen.

Klips Kleine Ausbuchtung an der Außenkante einer Schnittkontur, dient als Markierung zum korrekten Zusammensetzen von Schnittteilen.

Knitterfreie Wolle Siehe S. 51

Knopfloch Öffnung, durch die ein Knopf als Verschluss geschoben wird. Knopflöcher werden meist mit der Maschine mit feinen Zickzackstichen gearbeitet, können aber auch von Hand genäht oder dekorativ verziert werden (z. B. Kordeleinlage, Paspel).

Knopflochstich Kleiner Handstich, der über eine Stoffkante greift (z. B. zum sauberen Umstechen von Knopflochkanten).

Knopfschaft siehe Schaft

Knopfschlingen Dekorative Verschlussvariante, die an der Kante eines Kleidungsstückes zwischen Oberstoff und Beleg oder Futter befestigt wird. Siehe auch Posamentenverschluss und Stoffschlauch.

Köpfchen Gekräuselter Überstand an der Oberkante eines Tunnels oder einer Rüsche.

Kopierrädchen Werkzeug zum Durchdrücken von Markierungen auf den Stoff mithilfe von untergelegtem Schneiderkopierpapier.

Kräuselband Baumwollband mit Ösen für Vorhanggleiter, das an die Oberkante von Vorhängen genäht wird. Durch Zug an eingearbeiteten Schnüren lassen sich Breite, Kräuselung und Faltenwurf des Vorhanges regulieren.

Kräuseln Zwei Reihen lockerer Geradstiche werden dicht nebeneinander an einer Stoffkante gesteppt. Durch Zug an einem oder beiden Unterfäden lässt sich die Weite des Stoffes je nach Bedarf zusammenziehen. So entstehen feine Kräuseln, z. B. für Rüschen.

Kräuselstich Langer Maschinen-Geradstich, der ein- oder zweireihig gearbeitet wird. Durch Zug an den Unterfäden schiebt sich der Stoff zusammen. Dient zum Kräuseln oder Einhalten von Stoff (z. B. an Ellenbogen). Siehe auch Kräuseln.

Nadel und Faden – siehe Nähnadeln, S. 10

Kreidestift Kleiner Stift mit einer Mine aus Kreide und einer Bürste am hinteren Ende. Zum Einzeichnen von Linien und Abnähern auf Stoff.

Kreuzstich Handstich, der zugleich dekorativ und nützlich ist, z. B. um Falten festzuhalten.

Kugel siehe Armkugel

Kurvenlineal Spezielles Werkzeug zum Zeichnen von vielerlei gerundeten Linien. Wird zum Konstruieren und Ändern von Schnitten gebraucht. Spezielle Schneiderlineale haben Ausschnitte zum Einzeichnen von Knopflöchern und Nahtzugaben.

Kurzwaren Alle Zutaten, die außer Stoff zum Herstellen eines Modells erforderlich sind (z. B. Einlagematerialien, Einfassungen, Verschlüsse, Gummibänder, Borten). In der Regel sind die benötigten Kurzwaren in der Beschreibung eines Schnittmusters aufgelistet.

Längsfadenlauf Laufrichtung der Kettfäden im Stoff, parallel zu dem Webkanten. Der Längsfadenlauf ist weniger dehnbar als der Querfadenlauf, deshalb werden Kleidungsstücke meist in Längsrichtung zugeschnitten.

Languettenstich Handstich, der über eine Stoffkante gearbeitet wird. Dient zugleich zum Versäubern und Verzieren.

Lastex Leichter, elastischer Synthetikstoff (siehe S. 61).

Latex Undurchlässiges Gummi-Material (siehe S. 60).

Leder Bearbeitete Tierhaut (siehe S. 61).

Leinen Saugfähiger, kühlender Stoff, der aus den Fasern der Flachspflanze hergestellt wird. In verschiedenen Stärken und Qualitäten erhältlich, auch als Mischgewebe mit anderen Fasern.

Leiste Ein Stoffstreifen, der bei eingeschnittenen Taschen nach oben steht und die Eingrifföffnung verdeckt.

Lineal Ein langes Lineal wird in der Schneiderei zum Kontrollieren von Fadenlaufrichtung und zum Anzeichnen gerader Naht- und Saumlinien benötigt.

Linke Stoffseite Rückseite eines Stoffes, auf dem Flor und Muster nicht oder nur unvollständig erscheinen. Markierungen werden in der Regel auf der linken Stoffseite angebracht, da diese im Inneren des fertigen Kleidungsstückes liegt.

Linon Baumwollstoff (siehe S. 44).

Lochstickerei Bestickter, durchbrochener Baumwollstoff (siehe S. 45).

Lurex Synthetisches Material mit feinen Metallfäden (siehe S. 61).

Madras-Karo Leichter Baumwollstoff (siehe S. 43).

Maschinenheften Lange, lose Geradstiche, die zum provisorischen Verbinden von Stoffteilen verwendet werden.

Maßschneiderei Traditionelle Handwerkstechnik zur Herstellung besonders passgenauer Kleidung. Maßgeschneiderte Modelle erhalten ihre Formstabilität durch die Verarbeitung von mehreren Einlageschichten und sorgfältiges Dämpfen.

Mehrgrößenschnitt Schnittmuster, auf dem ein Modell in mehreren Größen eingezeichnet ist.

Mikrofaser Strapazierfähiger Synthetikstoff (siehe S. 57).

Mittellinie Senkrechte Linie, die auf Schnittmustern eingezeichnet ist und die genaue vordere oder hintere Mitte bezeichnet.

Mohair Leichter, warmer Wollstoff (siehe S. 51).

Moleskin Baumwollstoff (siehe S. 46).

Mungo Wollstoff (siehe S. 50).

Musselin Baumwollstoff (siehe S. 44).

Nadelgreifer Kleine flexible Kunststoffscheibe mit aufgerauter oder genoppter Oberfläche. Erleichtert das Festhalten der Nadel beim Nähen von festen Stoffen oder Leder.

Nähfüßchen Zubehörteil zur Nähmaschine, das den Stoff festhält und die Nadel führt. Lässt sich mithilfe eines Hebels anheben und absenken. Es gibt eine Vielzahl von Spezialfüßchen für die unterschiedlichsten Zwecke, z. B. Einsetzen von Reißverschlüssen, Paspeln, Perlen aufnähen.

Naht auf Stoß Zwei Stoffkanten stoßen aneinander und werden so zusammengenäht. Eventuell kann ein Streifen leichten Stoffes untergelegt werden. Üblich bei Einlage und Zwischenfutter, um Nahtwülste zu vermeiden.

Nahtlinie Die Linie, auf der beim Zusammenfügen von Teilen entlanggenäht wird. Sie liegt meist 1,5 cm innerhalb der Schnittkante.

Nahtschatten Kurze Nähte werden genau auf einer vorhandenen Naht angebracht und sind dadurch nahezu unsichtbar. Z. B. zur Stabilisierung von Hosenaufschlägen in Schatten der Seitennaht entlangnähen.

Nahtzugabe Abstand zwischen Nahtlinie und Schnittkante eines Schnittteils. Die Nahtzugabe ist in der Regel auf dem Schnittmuster eingezeichnet, meist beträgt sie 1,5 cm.

Netzstoff Baumwollstoff (siehe S. 44).

Nylon Nicht saugfähiger Synthetik-Stoff (siehe S. 59).

Oberbrustweite Körpermaß oberhalb der stärksten Stelle der Brust. Es wird unter den Armen um Brustkorb und Rücken gemessen. Wenn die Oberbrustweite mehr als 5 cm größer als die Brustweite ist, sollte ein Schnittmuster nach der Oberbrustweite ausgewählt werden.

Sicherheitsnadeln – siehe Nadeln, S. 10

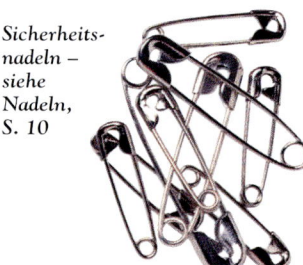

Oberkragen Außen liegender Teil eines Kragens.

Organza Seidenstoff (siehe S. 54).

Overlockmaschine Spezielle Nähmaschine, die in einem Arbeitsgang Nähte steppt, versäubert und beschneidet. Mit der Overlockmaschine gearbeitete Nähte sehen sehr sauber und professionell aus.

Overlockzubehör Zubehör- und Ausbauteile, die ermöglichen, dass mit einer Overlockmaschine zusätzliche Funktionen ausgeführt werden. Diese Teile werden normalerweise separat angeboten.

Paillettenstoff siehe S. 60.

Paspel Kantenverzierung aus einem mitgefaßten, zusammengelegten Stoffstreifen. Der Streifen kann flach bleiben oder durch eine Kordeleinlage plastisch geformt sein.

Pfeilspitze Kleiner, dreieckiger Riegel zur Verstärkung besonders beanspruchter Stellen an Kleidungsstücken (z. B. Taschenecken). Kann von Hand oder mit der Maschine gearbeitet werden.

Pfeiltrenner siehe Trennmesser

Pikierstich Vorwiegend in der Maßschneiderei verwendeter Handstich zum Verbinden von Einlage (Schneiderleinen) und Oberstoff. Mit kurzen, eng zusammenliegenden Stichen (Fischgrätstich) wird der Stoff dreidimensional geformt, mit langen, weiten Stichen werden die Stofflagen lediglich verbunden.

Polar Fleece Synthetikstoff (siehe S. 58).

Polyester Crêpe Leichter, synthetischer Stoff (siehe S. 57).

Polyesterleinen Synthetischer Stoff mit Leinenstruktur (siehe S. 58).

Polyestersatin Feiner glänzender Synthetikstoff (siehe S. 58).

Popeline Baumwollstoff (siehe S. 43).

Posamentenverschluss Dekorativer Verschluss, für den eine Kordel oder ein Stoffschlauch zu vier Schlingen gelegt wird. Die Schlingen werden zusammengenäht und dann auf dem Kleidungsstück befestigt. Zum Schließen dienen chinesische Kugelknöpfe. Für Jacken oder Mäntel.

Pressholz Werkzeug zum Pressen kleiner Flächen, z. B. Nähte oder Kragenecken. Das Unterteil besteht aus einem schweren Block, mit dem Falten in hitzeempfindliche Materialien gepresst werden.

Prinzessnaht siehe Formnaht

Punktstich Dekorativer Handstich, der als Ersatz für eine Zierstepperei verwendet wird (z. B. an Kragenkanten).

PVC Festes, undurchlässiges Kunststoffmaterial (siehe S. 60).

Querbruch Der Stoff wird im rechten Winkel zur Webkante in den Fadenlauf gelegt. So lassen sich breite Teile besser zuschneiden.

Querbruch mit Strich Stoff mit einer Strichrichtung wird quer rechts auf rechts gefaltet und im Bruch durchgeschnitten. Vor dem Zuschneiden die obere Lage herumdrehen, damit in beiden Lagen der Strich in die gleiche Richtung läuft.

Querfadenlauf Laufrichtung der querliegenden Fäden (Schuss), von Webkante zu Webkante.

Raffen Zusammenhalten von Weite durch unsichtbares Festnähen kleiner Fältchen.

Rapport Muster eines Stoffes, das sich wiederholt und in einer Richtung verläuft, z. B. Streifen oder Karos. Beim Zuschnitt von Stoffen mit Rapport sollte Lage und Richtung der einzelnen Musterelemente beachtet werden.

Rayon Stoff aus aufbereiteten pflanzlichen Zellulosefasern. Sehr saugfähig und angenehm zu tragen.

Rechte Stoffseite Die Außenseite eines Stoffes, auf die das Muster, der Flor oder eine Beschichtung liegen. Muss beim Zuschnitt beachtet werden.

Rechts-links-Naht Stabile Maschinennaht, bei der alle Nahtzugaben eingeschlossen sind. Eignet sich nur für gerade Kanten. Besonders günstig für transparente Stoffe, bei denen anderenfalls die Nahtzugaben durchscheinen würden.

Reißverschluss Verschlüsse für Schlitze oder Stoffkanten, die in vielen verschiedenen Varianten angeboten werden. Metall- und Kunststoffreißverschlüsse sind universell einsetzbar, verdeckte Reißverschlüsse werden vorwiegend in Kleidern und Röcken verarbeitet. Teilbare Reißverschlüsse eignen sich für Jacken. Es gibt unterschiedliche Techniken, Reißverschlüsse einzusetzen.

Reißverschlussfuß Schmaler, asymmetrischer Maschinenfuß. Meist einstellbar, um die Nadel rechts oder links vorbeizulassen. So kann sehr nahe an den Zähnen eines Reißverschlusses entlanggesteppt werden.

Revers Nach außen umgeschlagener Bereich der Vorderkante einer Jacke zwischen Kragen und oberstem Knopf.

Riegel Kleine, gerade Reihe enger Zickzackstiche, die von Hand oder mit der Maschine an besonders strapazierten Stellen gearbeitet werden (z. B. Taschenecken, Reißverschlussenden).

Rockabrunder Höhenverstellbares Hilfsmittel zum Anzeichnen von Saumkanten an Röcken. Durch Druck auf einen Blasebalg wird ein Kreidestrich auf den Stoff geblasen.

Rückstich Gerader Maschinensteppstich. Am Nahtanfang und -ende werden zur Befestigung zunächst einige Stiche vorwärts gearbeitet, dann einige Rückstiche auf den vorhandenen Stichen, und erst danach die gesamte Naht. Die meisten Nähmaschinen haben eine Taste zum Nähen der Rückstiche.

Rückstich Stabiler Handstich, der auf der Rückseite des Stoffes eine doppelte Stichreihe aufweist. Überwiegend für Nähte.

Rüsche Dekorative Kantenverzierung aus einem gekräuselten Stoffstreifen. Rüschen können einfach oder mit Köpfchen angesetzt werden, für Halsabschlüsse werden gern rund geschnittene Rüschen verwendet.

Satinstich Sehr enger Zickzackstich zum flächigen Ausfüllen einer Stofffläche oder zum Umstechen von Kanten. Die Riegel an den Enden von Knopflöchern werden in Satinstich gearbeitet.

Saum Versäuberte Unterkante eines Kleidungsstückes, Vorhanges oder geraden Ärmels. Säume können von Hand oder mit der Nähmaschine gearbeitet werden, die gewählte Technik richtet sich nach der Stoffqualität (z. B. Rollsaum für sehr feine Stoffe, stabiler gesteppter Saum für sportliche Kleidung aus festen Stoffen). Säume können von rechts unsichtbar sein, aber auch als dekorative Zierstepperei gearbeitet werden.

Saumlinie Faltlinie, an der die Saumzugabe nach innen eingeschlagen wird. Am fertigen Modell entspricht die Saumlinie der Unterkante.

Saumrolle Hilfsmittel zum Bügeln gewölbter Stoffteile.

Saumstich Handstich, der entweder schräg oder gerade gearbeitet wird. Zum unsichtbaren Befestigen von Saumeinschlägen, aber auch zum Fixieren von innen liegenden Belegkanten (z. B. an Kragen oder Manschetten).

Saumzugabe Nach innen eingeschlagener Stoff an der Saumkante eines Kleidungsstücks oder Vorhanges. Je nach Art des Modells kann die Breite der Saumzugabe variieren.

Schaft Kleiner Stiel zwischen Knopf und Stoff. Der Schaft kann Teil des Knopfes sein, kann aber auch aus Garn selbst hergestellt werden. Der Schaft sorgt dafür, dass dickerer Stoff unter dem Knopf nicht zusammengedrückt wird.

Schere mit abgewinkeltem Griff Spezielle Schneiderschere, die sich gut führen lässt. Der Stoff muss beim Zuschneiden nicht angehoben werden.

Schlingstich Siehe Festonstich.

Schlitz Eingefasster Einschnitt an Kleidungsstücken, z. B. an Halsausschnitten und Manschetten.

Schlitzbeleg Stoffstreifen, der beim Vorderverschluss unter dem Reißverschluss befestigt wird und verhindert, dass sich die Unterwäsche im Reißverschluss verhakt.

Schlitzblende Stoffstreifen zum Einfassen eines Schlitzes. Normalerweise wird jede Seite des Schlitzes mit einem einzelnen Streifen besetzt.

Schneidematte Gummimatte mit einem aufgedruckten Raster. Die Matte schützt die Arbeitsfläche, das Raster hilft beim Ausmessen.

Schneiderkopierpapier Papier zum Durchdrücken von Schnittkonturen und -markierungen auf Stoffe. In verschiedenen Farben und Größen erhältlich.

Schneiderädchen Kleines Werkzeug mit auswechselbaren, runden Messern zum Schneiden sauberer Stoffkanten. Sollte nur auf einer Schneidematte verwendet werden.

Schneiderkreide Kreidestücke zum Einzeichnen von Markierungen und Linien auf Stoff. Lässt sich leicht ausbürsten und wird in verschiedenen Farben angeboten.

Schneiderleinen Spezielles Einlagematerial, das in der Maßschneiderei benutzt wird. Schneiderleinen kann nicht aufgebügelt werden, es wird mit Pikierstichen am Oberstoff befestigt.

Schneiderlineal Messwerkzeug mit geraden und gebogenen Kanten. Zum Konstruieren und Ändern von Schnittmustern. Siehe auch Kurvenlineal.

Schneiderpuppe Natürlich geformte, lebensgroße Figur zum Anprobieren von maßgeschneiderter Kleidung. Schneiderpuppen sind in Festgrößen und als verstellbare Modelle erhältlich.

Schnittauflageplan Zeichnung, aus der ersichtlich ist, wie die einzelnen Teile des Papierschnittes zum Zuschnitt auf dem Stoff ausgelegt werden.

Schnittkante Die Kante eines zugeschnittenen Teiles, an der keine Webkante liegt. Schnittkanten fransen leicht aus und müssen darum versäubert, mit Fixierspray behandelt oder anderweitig gesichert werden.

Schnittkontur Aufgedruckte Linie auf dem Schnittmuster, die als Orientierung für den Zuschnitt dient. Bei Mehrgrößenschnitten sind verschiedene Linien vorhanden.

Schnittmustermarkierungen Aufgedruckte Symbole auf dem Schnittmuster, die z. B. die Fadenlaufrichtung (langer, gerader Pfeil), die Lage von Knöpfen, Knopflöchern, Abnähern, Taschen etc. kennzeichnen. Diese Markierungen werden mit Schneiderkreide oder Heftstichen auf den Stoff übertragen.

Schottentuch Wollstoff (siehe S. 49).

Schräger Fadenlauf Gedachte diagonale Linie auf dem Stoff, die weder in Längs- noch in Querrichtung liegt. Der »echte« schräge Fadenlauf liegt in einem Winkel von 45° zur Webkante. Schräg geschnittener Stoff fällt besonders schön.

Schräger Saumstich Siehe Saumstich.

Schrägstreifen Streifen im schrägen Fadenlauf zum Einfassen von Kanten. Wird in vielen Farben und Breiten im Fachhandel angeboten.

Schrägstreifenfalter Werkzeug, das die Kanten schräg zugeschnittener Stoffstreifen umpresst.

Schulterpolster Geformte Polster aus Schaumstoff (meist bezogen), die der Schulterpartie eines Kleidungsstückes Kontur geben. Schulterpolster können aus Wattierungsmaterial auch selbst hergestellt werden.

Schuss Die in Querrichtung laufenden Fäden bei gewebten Stoffen.

Schwesternstreifen Baumwollstoff (siehe S. 46).

Seersucker Leichter, strukturierter Baumwollstoff (siehe S. 43).

Seide Fasern, die von der Seidenraupe gesponnen und dann zu Fäden und Stoffen weiterverarbeitet werden. Seide ist kühl und saugfähig, sie wird in vielen Farben und Stärken angeboten.

Seide mit Leinen Siehe S. 53

Seide mit Baumwolle Siehe S. 53

Seide mit Wolle Siehe S. 53

Seidensatin Siehe S. 53

Selbstversäubernde Naht Spezielle Technik, eine Naht so zu steppen, daß die Schnittkanten von Stoff umschlossen sind.

Senkrechter Saumstich Siehe Saumstich.

Kleine Schere – siehe Schneidewerkzeuge, S. 11

Glossar

Shantung Seidenstoff (siehe S. 55).

Single Jersey Gestrickter Stoff, meist aus Wolle (siehe S. 51).

Smoken Technik, Stoff durch gleichmäßige Stiche flächig aufzukräuseln. Der Stoff wird zuerst gesmokt, dann weiter verarbeitet. Gebräuchlich für Kinderkleidung, Oberteile und den Taillenbereich von Röcken und Kleidern.

Smoker Gerät zum schnellen Aufkräuseln von Stoffflächen, auch zum Vorkräuseln für Smokarbeiten. Der Stoff wird über Walzen geführt und von einer Reihe von Nadeln durchstochen.

Spitze Durchbrochener Stoff, oft aus Baumwolle (siehe S. 45).

Spule Kleine Rolle zum Auswickeln von Garn, die in ein Gehäuse unter der Stichplatte der Nähmaschine gesetzt wird (Unterfaden). Aus Kunststoff oder Metall.

Stäbchen Schmale Streifen aus Nylon oder anderem Kunststoff, die zur Versteifung und Formgebung verwendet werden. Meist bei trägerlosen Oberteilen an Abendkleidern.

Stabiler Saumstich Besonders haltbarer Handstich, der zum Säumen schwerer oder viel strapazierter Stoffe verwendet wird.

Steg Kleine, geschürzte Verbindung, die zwei Stofflagen locker zusammenhält. Häufig zum leichten Fixieren eines losen Futters verwendet. Der Steg liegt unsichtbar zwischen Futter und Oberstoff.

Steppfuß siehe Nähfüßchen

Steppstich Einfacher, gerader Maschinenstich, der zum Heften, Steppen und Untersteppen von Nähten in unelastischen Stoffen verwendet wird.

Stopfpilz Ein Holzwerkzeug in Pilzform. Es wird beim Stopfen von Löchern unter die schadhafte Stelle geschoben und hält das Loch leicht gedehnt.

Strichrichtung Laufrichtung des Flors bei Samt, Cord und Webpelz. Beim Zuschneiden muss darauf geachtet werden, dass bei allen Teilen der Strich in die gleiche Richtung verläuft.

Stütznaht Eine Linie aus geraden Steppstichen, die knapp außerhalb der Nahtlinie angebracht wird. Die Stütznaht verhindert, dass die Stoffkante sich dehnt (z. B. an Jersey oder locker gewebten Stoffen).

Synthetiks Fasern, die auf chemischem Wege unter Verwendung von Alkohol, Wasser, Mineralöl, Gas und Luft hergestellt und dann zu Fäden und Stoffen verarbeitet werden. Synthetische Stoffe sind preiswert, haltbar und knitterfrei, aber nicht saugfähig.

Taft Seidenstoff (siehe S. 54).

Taillenabschluss Oberkante eines Rockes oder einer Hose. Kann mit einem Bündchen oder einem Beleg versäubert werden.

Taillenbund Stoffstreifen, der an der Taillenkante eines Kleidungsstückes angesetzt wird. Taillenbündchen sind meist mit Einlage verstärkt, damit sie formstabil bleiben. Sie können gerade, elastisch oder geformt sein.

Taillenweite Ein Band wird locker um den Körper gelegt, sodass es in die natürliche Taille rutscht. Diese Linie wird ausgemessen. Wichtig zur Auswahl einer Größe und beim Ändern eines Schnittes.

Taschenbeutel Der Teil einer Tasche, der im Inneren des Kleidungsstückes verborgen ist.

Taschentuchleinen Glattes, leichtes Leinengewebe (siehe S. 52).

Textilstift Hilfsmittel zum Einzeichnen von Markierungen auf Stoff. Markierungen sind entweder auswaschbar oder verschwinden nach 48 Stunden.

Trennmesser Kleines Werkzeug mit gebogener Klinge zum Anheben von Fäden und zum Auftrennen von Nähten.

Tricot Dehnbarer, gestrickter Stoff (z. B. Jersey). Wird mit abgerundeten Nadeln verarbeitet, damit die Maschen nicht verletzt werden. Nähte, die formstabil bleiben müssen (z. B. an Taschenkanten), werden mit Baumwollband unterlegt.

Tricot-Stich Siehe Elastikzickzackstich.

Tunnel Doppelt liegender, abgesteppter Bereich zum Durchziehen einer Kordel oder eines Gummibandes (z. B. in der Taille von Röcken oder Hosen).

Tweed Wollstoff (siehe S. 50).

Überlappende Naht Bei nicht ausfransenden Materialien (z. B. Leder) werden die zu verbindenden Kanten überlappend aufeinander gelegt und abgesteppt.

Übertritt Teil eines Kleidungsstückes, das auf ein anderes hinaufragt, z. B. an der Öffnung von Taillenbündchen oder Manschetten. Unter dem Übertritt kann ein verdeckter Verschluss liegen.

Überwendlingsstich Handstich zum Versäubern von Stoffkanten.

Unterkragen Unten liegender, nicht sichtbarer Teil des Kragens.

Unterlage Eine zusätzliche Schicht weichen Stoffes, die zwischen Oberstoff und Futter verarbeitet wird. Vorwiegend in der Maßschneiderei. Siehe auch Zwischenfutter.

Untersteppen Eine Steppnaht, die knapp neben der eigentlichen Naht von der rechten Stoffseite aus durch Beleg und Nahtzugabe gearbeitet wird. So rollt sich die Naht automatisch etwas nach innen und ist von außen her unsichtbar. Bei feinen Stichen oder an unzugänglichen Stellen kann die Untersteppung auch von Hand gearbeitet werden.

Untertritt Stoffkante, die von einer darüber hinausragenden Kante verdeckt wird (z. B. an Manschetten oder Taillenbündchen).

Velvet Dicker Baumwollstoff mit aufgerauter Oberfläche (siehe S. 47).

Verlegter Stoffbruch Der Stoff wird nicht in der Mitte zur Hälfte gefaltet, sondern außerhalb. So liegt ein Teil des Stoffes doppelt, ein anderer einfach. Oft hilfreich, um unnötigen Verschnitt zu vermeiden.

Verstärken Technik zum Stabilisieren besonders strapazierter Stellen, z. B. an Knopflöchern oder unter Knöpfen, durch Umstechen oder Unterlegen mit einer zusätzlichen Stofflage.

Verstürzen Zwei Stoffkanten werden so zusammengenäht und gewendet, dass alle Nahtzugaben zwischen den Stofflagen eingeschlossen sind (z. B. am Kragen).

Vichy-Karo Baumwollstoff in Leinenbindung mit quadratischen Karos (siehe S. 42).

Vinyl Synthetisches Material (siehe S. 60).

Viscose Synthetikstoff (siehe S. 57).

Voile Baumwollstoff (siehe S. 44).

Vorderer Beleg Streifen zum Versäubern der gesamten Vorderkante eines Kleidungsstückes.

Vorderverschluss Spezielle Verschlusstechnik für Hosen. Der Reißverschluss liegt verdeckt im vorderen Bereich der Schrittnaht.

Vorgewaschene Stoffe Materialien, die bei der Herstellung vorbehandelt wurden, damit sie nicht mehr einlaufen können.

Vorstich Auch Heftstich. Handstich zum Zusammennähen und Aufkräuseln von Stoffen. Zum Kräuseln werden zwei parallele Stichreihen gearbeitet. Der Vorstich lässt sich schnell nähen, ist aber weniger stabil als der Rückstich oder Steppstich.

Wachskreide Zum Einzeichnen von Markierungen auf Wollstoffen. Wird in verschiedenen Farben angeboten und lässt sich durch Bügeln mit einem feuchten Tuch wieder entfernen.

Waschseide Siehe S. 54.

Wattierlineal Zubehörteil, das an der Nähmaschine befestigt wird und beim akkuraten Steppen hilft.

Webkante Die nicht ausfransende Kante eines Stoffes, parallel zum Längsfadenlauf.

Webpelz Auch Kunstpelz. Synthetischer Stoff mit langem Flor. In vielen Farben und Florlängen erhältlich (siehe S. 61).

Wendbare Stoffe Stoffe, die infolge einer speziellen Webart von beiden Seiten benutzt werden können (z. B. Damast).

Wenden Technik zum Nähen von Ecken. Die Nadel wird im Eckpunkt eingestochen, dann wird der Nähfuß angehoben und der Stoff um die Nadel herum gedreht. Anschließend den Nähfuß wieder absenken und weiternähen.

Wildseide Siehe S. 53.

Wollcrêpe Weicher Wollstoff (siehe S. 49).

Wolle Natürliche Fasern (von Schaf, Ziege, Lama etc.) werden versponnen und zu Stoffen unterschiedlicher Dicke verarbeitet. Wollstoffe fallen schön, sind weich, saugfähig und wasserabweisend. Sie werden bevorzugt in der Maßschneiderei verarbeitet.

Wolljersey Gestrickter, mittelschwerer Wollstoff (siehe S. 51).

Wolltuch Schwerer, dicker Wollstoff (siehe S. 49).

Zackenschere Schere mit gezackten Klingen. Wird zum Zuschneiden von nicht ausfransenden Stoffen (z. B. Wolle) verwendet und gibt einen sauberen Kantenabschluss.

Zickzackblindsaumstich Maschinenstich zum unsichtbaren Befestigen von Saumkanten in dehnbaren Stoffen (ähnlich dem Blindsaumstich). Drei schmale Zickzackstiche wechseln mit einem großen Zickzackstich ab.

Zickzackstich Maschinenstich zum Versäubern von Schnittkanten. Länge und Breite der einzelnen Stiche können bei den meisten Nähmaschinen unterschiedlich eingestellt werden.

Zwickel Kleines, meist rautenförmiges Stoffstück, das in eine Naht eingesetzt wird, um mehr Bewegungsfreiheit zu erreichen (z. B. unter einem Arm).

Zwischenfutter Zusätzliche Stoffschicht, oft Musselin oder anderer leichter, flauschiger Stoff, der zwischen Oberstoff und Futter verarbeitet wird. Sorgt für zusätzliche Fülle und Wärme des Kleidungsstückes und verhindert das Durchscheinen von Nahtzugaben.

Schneiderklebeband, siehe Kurzwaren, S. 14

REGISTER

A

Abgesteppter Einschlagsaum 206
Abnäher 108–110
  am Ellenbogen 183
  auf Stoß arbeiten 100
  bügeln 48
  Formabnäher 110
  französische 110
  gerade 109
  im Futter 102
  in dicken Stoffen 109
  in der Einlage 100
  in feinen Stoffen 109
  in der Maßschneiderei 287
  Übersicht 108
  verlegen 27–28
Abstandhalter (beim Nähen eines Schaftes) 235
Acetat 56, 59
  Pflege 62
Acryl 56
  Pflege 62
Ahle 11
Alpaca 51
  Pflege 62
Ändern von Falten 119
Angeschnittene Seitennaht-Tasche 272
Ansetzen von Spitzenborte 213
Armausschnitt, Belege 131, 181
Ärmel 180–201
  eingesetzte 183
  Ellenbogen 183
  gerade 188–191
  Hemdenärmel 180, 183
  Kimono-Ärmel 180, 184
  kürzen 26
  Manschetten 192–201
  Maß nehmen 25
  Maßschneiderei 283, 293–294
  Raglan-Ärmel 180, 185
  Schnittmuster ändern 33
  Übersicht 180
  verlängern 26
  zweiteilige 180, 184
  Zwickel 186–187
Ärmelbrett 15
Ärmellose Kleider 180
  Armausschnitte belegen 181
Ärmelschlitze 283
Ärmelstulpen 186–187
Aufbügelbare Einlage 95
  am Kragen 143
  befestigen 99
Aufbügelbare Flicken
  auf Rissen 305
Aufbügelbare Baumwolle 95
Aufgesetzte Taschen 266
  füttern 268–269
  mit Klappe 270–271
  ungefüttert 267
  verstärken 269
Aufgespultes Garn 63
Aufschläge an Hosen 211
Aufspringende Abnäher 108, 112
Auftrennen von Maschinenstichen 304
Ausgestellte Röcke
  Hüftweite ändern 32, 33
  Taillenweite ändern 30, 31
Ausschnittbelege versäubern 127
Auszacken
  Halsausschnittbelege versäubern 127
  Nahtzugaben 85
  Saumkanten versäubern 206
Automatischer Knopflochfuß 18

B

Band-Verstärkung
  an Nähten 89
  in der Taille 159
Bandeinfasser 18
Bandeinfassung
  Zubehör für Overlockmaschine 19
Bänder 65
  dekorative 68
Batist 45, 95
  Pflege 62
Baumwollband 64
  für Stäbcheneinlage 298
  zur Zwickelverstärkung 186
Baumwollgarn 63
Baumwollkrepp 44
  Pflege 62
Baumwollsamt 47
  Pflege 62
Baumwollstoffe 42–47
  in der Maßschneiderei 282
  Mischgewebe mit Seide 53, 62
  Pflege 62
Belege
  an eingefassten und gepaspelten Knopflöchern 244
  Armausschnitte 131, 181
  befestigen mit Kreuzstich 129
  in der Maßschneiderei 291
Bequemlichkeitszugabe 24
Bezogene Knöpfe 234, 236–237
Bezogene Haken und Ösen 260, 261
BH-Trägerhalter 260, 263
Biber 46
  Pflege 62
Bienenwachs 15
Biesen 111
Biesenfuß 18
Bikiniverschluss 65
Bindegürtel 172
Blinder Hexenstich 76
Blindsaumfuß 18
Blindsaumstich
  an Saumeinschlägen 208
  handgenäht 76
  maschinengenäht 77
Bogenkante
  an Röcken 216
  an Spitze 212
  an Vorhängen 216
Borten 67
  für Polstermöbel 69
Bouclé 58
  Pflege 62
Breites Kräuselband 66
Brust
  Abnäher 108
  Maß nehmen 24–25
  Schnittänderungen 28
Bügelbrett 15
Bügeleisen 15
Bügelkissen 15, 290
Bügeln
  Abnäher 48
  Bügelhandschuh 15
  Bügeltuch 15
  synthetische Stoffe 56
  Werkzeuge 15
  Wollstoffe 48
Bundeinlage 64
Bündchenstanzband 167

C

Canvas-Einlage
  einnähen 98
  Maßschneiderei 282
  Schneiderleinen 95
Chally 50
  Pflege 62
Chambray 43
  Pflege 62
Charmeuse 58
  Pflege 62
Chenille-Borte 69
Chenille-Nadel 10
Chiffon 55
  Pflege 62
Chinesische Kugelknöpfe 237, 248
Chintz 43
  Pflege 62
Cord 47
  Pflege 62

313

Corsagen
　füttern 299
　mit Stäbchen 289–299
　passend zum Rock 159
　Schnürverschluss 299
Crash-Leinen 52
　Pflege 62
Crêpe-de-Chine 54
　Pflege 62
Crinkle 60
　Pflege 62
Cutter 11

D

Damast 46
　Pflege 62
Dekorationen
　Blüten 68
　Perlen 68
　Rosetten 302
　Rosetten für Polstermöbel 69
　Schleifen 68, 303
Dekorationsband 65
Denim 46
　Pflege 62
Designertechniken 298–303
Dévoré 54
　Pflege 62
Diagonale Streifen am Reißverschluss 256
Dicke Stoffe, Abnäher 109
Domette 282
Domette-Vlies 95
Doppelte Saumnaht 207
Doppelter Schrägstreifen 128
Doppelter Rückstich 72
Double-Face 50
　Pflege 62
Dreiecksteppung zur Taschenverstärkung 269
Drell 47
　Pflege 62
Druckknopfband 260, 262
Druckknöpfe 260, 263
　an gepaspelten Halsausschnitten 133
Dupion-Seide 55, 282
　Pflege 62
Durchziehnadel 14

E

Ecken
　formen 217
　in Nähten 83, 84
　in Falten 212
　paspeln 91
　verstärken (an Taschen) 269
Eckenbildung
　an flachen Säumen 223
　an Säumen 223
　an Ziereinfassungen 222
　an Vorhangsäumen 217
　in Schrägstreifen 226–227
　in Bandeinfassungen 224–225
Einfach eingefasste Halsausschnitte 126
Einfache Paspel 91
Einfache Steppnaht 82
Einfache Rüschen 228, 229
Einfädelhilfe 14
Einfassen von Manschettenschlitzen 192, 193
Einfassen von Säumen 207
Einfassen von Halsausschnitten 126, 134–137
Einfassen von Taschen 266, 274–275
Einfassung mit doppeltem Schrägstreifen 126
Einfassungen 65
　absteppen 227
　Ecken bilden 226–227
　Kanten 220–221
Einfassungen 220
　Ecken 224–225
　elastische Stoffe 220, 225
Eingefasste Knopflöcher 238, 241–244
　Maßschneiderei 241–244
Eingefasste Kräuselnaht 86
Eingefasste Knopflöcher 241
Eingefasster Saum 204
Eingeschnittene Taschen 266
　Fertigstellung 267
　Klappentasche 277
　Leistentasche 276, 278–279
Eingesetzte Ärmel 178
　einsetzen 182
　Maßschneiderei 283, 294
Eingrifftaschen 266, 273
Eingrößenschnitt 23, 35
Einhalten, Nähte 89
　Ellenbogen 183
Einkerbungen
　beim Zuschneiden 37
　in Nahtzugaben 84
　Schnittmustermarkierungen 23
Einlage 94, 95
　am Halsausschnitt 127, 128
　am vorderen Beleg 100, 101
　an Bruchkanten 100
　an Säumen 205
　an Kragen 143
　an eingefassten Knopflöchern 241
　befestigen 98–101
　in einer Jacke 287–290
　Maßschneiderei 282, 286–290
　Qualitäten 95
　Schnittmuster konstruieren 286
　Taillenbündchen 167
Einschlagsaum 204, 205
　an Ärmeln 188
Elastikgewebeband 66
Elastikstiche 77, 89
Elastikzickzackstich 89
Elastische Taillenbündchen 158, 164
Elastische Halsbündchen 154–155
Elastischer Blindsaumstich 77
Elastisches Gurtband 66
Ellenbogen
　Abnäher 108
　formen 183

F

Fadenende sichern 72
Fadenlauf 34, 35
Fadenlaufmarkierungen 37
Fadenschere 11
Faille 57
　Pflege 62
Falscher Tunnel 158, 163
Falscher Ärmelschlitz 199
Fältchen 111–113
　Abnäher 108
　Arbeitstechnik 112
　Übersicht 111
Falten 114–119
　Ärmelabschluss 199
　anpassen 118
　bügeln 42
　Ecken 212
　einhalten 119
　Fertigstellung 115
　feststeppen 116
　herauslassen 119
　Reißverschluss einsetzen 259
　säumen 212
　separater Faltenboden 117
　Typen 115–116
　Übersicht 114
Falten 114, 115
　anpassen 118
　Reißverschluss einsetzen 259
Faltenband 69
Federborte 67
Federstich 77, 90
Feine Stoffe
　doppelt einfassen 221
　handgenähter Rollsaum 206
　Nähte 90
　Risse reparieren 305
　Rollsaum 301
Feine Zickzackkante 90
Feiner Überwendlingsstich 74
　an Belegen 129
　an Taschenecken 269
Festonstich 75
Feststeppen von Kellerfalten 117
Fingerhut 14
Fixieren von Fältchen 112
Fixierspray 14
Flache Steppnaht 87
Flache Knöpfe annähen 235
Flächig kräuseln 122
Flachkragen 142
　ansetzen 145
　fertigen 144
　Teile 143
Flanell 48
　Pflege 62
　Pyjamaflanell 95
Flicken 304–307
　aufbügeln 306
　für Löcher 306
　für Taschenecken 269
Flock 59
　Pflege 62
Formblende am Halsausschnitt 126, 137
Formbündchen 158
Formgürtel 172, 175
Formstabile Elastikbänder 66
Fransen 69
Französische Abnäher 108, 110
Frottee 47
　Pflege 62
Füße für Nähmaschinen 18
　automatischer Knopflochfuß 240
　für Overlockmaschinen 19
　Reißverschlussfuß 251
Futter
　aufgesetzte Taschen 268–269
　Corsage 299
　einsetzen 102–104
　Hosen 104
　Jacke 283, 295–297
　Röcke 104
　säumen 210
　Stoffe 94

verstürzen 103
Zwischenfutter befestigen 105
Futtertaft 282

G

Gabardine 49
  Pflege 62
Gedeckte Fältchen 111
Gehäkelte Riegel 78
Gehfalte 114
Geklebte Gürtel 174
Gemusterte Stoffe 34
Georgette 55
  Pflege 62
Gerade Gürtel 172, 173–174
Gerade Ärmel 188–191
Gerade Taillenbündchen 158
Gerollter Knoten 72
Gerundete Nähte 88
  Änderungen im Brustbereich 28
  Taille verkleinern 31
  Taille vergrößern 30
  Gesäßweite ändern 33
Geschürzte Öse 262
Geschürzter Schaft 235
Geschürzter Steg 78
Gesteppte Säume 208–209, 214–215
  am Taillenabschluss 158, 165
  an geraden Ärmeln 189
  an Manschettenschlitzen 192, 193
  an Seitennahttaschen 273
  Eckenbildung 222
  Halsausschnitte 127, 128–133
Gesteppter Steg 78
Gestreifte Stoffe
  verdeckte Reißverschlüsse 257
  zuschneiden 38–39
Gestrickte Stoffe
  elastische Halsabschlüsse 154, 155
  Fadenlauf 34
  mit der Overlockmaschine verarbeiten 19
  Nähte 89
  siehe auch Jersey
Gewaschene Seide 54
  Pflege 62
Gewebebänder, Ecken bilden 224
Gewichte
  für Jacken 295
  für Vorhänge 69, 217
Gittertüll 59, 62
Glaskopfstecknadeln 10

Gleitender Knopflochfuß 18
Goldlamé 61
  Pflege 62
Gros-Grain 57
  Pflege 62
Gummi 60
  Bündchenware 66, 164
  dämpfen 171
  Gummiband 66
  in Bündchen 170–171
  in Tunnelzügen 161, 162
  Kräuselung mit Gummigarn 122
  mit Zugkordel 66
  reparieren 307
Gurtband 65
  als Taillenbeleg 165
  Taillenbündchen mit Gurtbandeinlage 169
Gürtel 172–177
  Bindegürtel 172
  Einlage 64
  Form 172, 175
  gerade 172, 173–174
  Gürtelschlaufen 172, 176–177
  Löcher 175
  Schnallen 65, 177
  Übersicht 172
Gürtelschlaufen 172, 177
  aufgesteppt 172
  aus Garn 172
  im Languettenstich 172
Gurtgummi 66

H

Haareinlage 95
Habutai-Seide 55
  Maßschneiderei 282
  Pflege 62
Häkelspitze 67
Haken und Ösen 260, 262
Halber Steppstich 74
Halbkugelknöpfe 234
Halblange Nähnadeln 10
Halsabschlüsse 124–139
  Belege 127, 128–133
  eingefasst 134–137
  elastische 154–155
  Formbeleg 137
  Kragen 142–153
  paspeln 132–133
  Schlitzblende 138–139
  schräg geschnitten 301
  Übersicht 126
  verstärken 128
Halsausschnitt mit Beleg 126

Heften
  glatte Stoffe 56
  Stiche 73
Hemdblusenkragen 142
  ansetzen 150
  nähen 149
  Teile 143
Hemden
  Ärmel 180, 183
  aufgesetzte Taschen 270
  Kragen 142, 150–151
  Manschetten 192, 194–197
Hexenstich 76
  an Abnähern 100
  Handstiche 73–76
Hohler Heftstich 73
Hohlstich 74
Hongkong-Methode 85
Hosen
  Aufschläge 211
  fertige Bündcheneinlage 297
  Flicken 68
  Futter 104
  Hüftweite ändern 32–33
  Maß nehmen 25
  Schnittmuster kürzen 26
  Schnittmuster verlängern 26
  Seitennahttaschen 271
  Taillenweite ändern 30–31
  Vorderverschluss 254–255
Hosengummi 66
Hosenschlitz 250, 254–255
Hüftsatteltaschen 266, 273
Hüftweite
  maßnehmen 24
  Schnittmuster verkleinern 33
  Schnittmuster verbreitern 32

J

Jabot-Kragen 142, 153
Jacken
  Ärmel 293–294
  Einlage 286–290
  Futter 283, 295–297
  Kragen 290–292
  Maßschneiderei 283–297
  Probemodell 284–286
  Saum 295
  Schulterpolster 294
  vorderer Beleg 291
  zusammensetzen 287
  Zwischenfutter 287, 295
Jaquard 59
  Pflege 62
Jaquard-Band 65

Jersey 34, 42
  einfassen 220, 225
  Halsausschnitte 135
  Pflege 62
  Risse reparieren 305
  siehe auch gestrickte Stoffe
  Wolljersey 51, 62
  zuschneiden 35
Jersey-Kattun 95

K

Kammgarn 48
  Maßschneiderei 282
  Pflege 62
Kantelfuß 18
Kanten 218–231
  beschneiden 67
  einfassen 220–227
  Rüschen 228–231
  siehe auch Säume
Kantenfuß 18
Kantenband 64
Kappnaht 86
Karierte Stoffe 38–39
Kaschmir 49
  Pflege 62
Käseleinen 45
  Pflege 62
Kattun 45
  Einlage 95
  Pflege 62
  Probestücke 284
Kellerfalten 114
  anpassen 118
  formen 115
  mit separatem Faltenboden 117
  Reißverschluss einsetzen 259
  zusteppen 117
Kimono-Ärmel 180, 184
Klappen 270–271, 276–277
Klappentasche 276, 278–279
Klebeband 15
Klebesaum 64
  Verarbeitung 205
Klebevlies 64
Klebstoffe 14
Kleider
  Corsage mit Stäbchen 298–299
  Designertechniken 298–301
  Hüftweite vergrößern 32
  Schnittmuster kürzen 26
  Schnittmuster verlängern 26
  siehe auch Röcke
  Taillenweite ändern 30–31
Klettverschluss 262

Knitterfreie Wolle 51
  Pflege 62
Knopffuß 18
Knöpfe 234–237
  annähen 235
  beziehen 236–237
  chinesische Kugelknöpfe 237, 248
  maschinell annähen 236
  Position festlegen 234
  Schaft 236
  Übersicht 234
  Unterstoff verstärken 307
  verstärken 236
Knopflöcher
  anzeichnen 239
  Augenknopfloch 246, 247
  ausmessen 238
  automatisch nähen 240
  beim Maßschneidern 283, 287
  eingefasste 241–244
  gepaspelt 243–244
  gepaspelt in Leder oder Wildleder 247
  handgenäht 246–247
  im Tunnelzug 161
  in speziellen Stoffen 244–245
  in der Naht 238
  in Leder 238, 245
  maschinengenäht 238–239
  mit Köperband 238, 244
  mit Kordeleinlage 240
  mit Bandeinfassung 238, 244
  reparieren 307
  senkrechte 234
  Übersicht 238
  waagerecht 234
Knopflochfuß 18, 240
Knopflochgarn 63
Knopflochgummi 66
Knopflochstich 75
  für Haken und Ösen 261
Knopfschlingenverschluss 248–249, 262
  Schnürverschluss 299
Knoten 72
Konturabnäher 108, 110
Köperband 64, 89
Köpfchen (bei Rüschen)
  ansetzen 230
  nähen 228, 229
  Übersicht 228
Kopierrädchen 13
Kordel zum Paspeln 67
Kordelfuß 18
Kordeleinlage in Biesen 113
Kordeleinlage bei Knopflöchern 238, 240

Korsagen
  füttern 299
  mit Stäbchen 289–299
  passend zum Rock 159
  Schnürverschluss 299
Kostüm, Maßschneiderei 283
Kragen 140–153
  Einlage auf einteiligem Kragen 100, 101
  Flachkragen 144–145
  Hemdenkragen 150–151
  Jabot 153
  Kragenecken 68
  Maßschneiderei 283, 290–292
  ohne hinteren Beleg 148
  Rüschen 231
  Schalkragen 152–153
  Spitzenkragen 68
  Steg 149–151
  Teile 143
  Übersicht 142
  Umlegekragen 146–147
  versteifen 143
Kräuselband 69
Kräuselfuß 18
  für Overlockmaschinen 19
Kräuselgummi 66
Kräuseln 120–123
  anpassen 120
  Ärmel 180
  flächig 122
  Kanten zusammensetzen 121
  mit Gummigarn 122
  mit Kordel 121
  Röcke 104, 159
  schräg geschnittene Rüschen 300–301
  versäubern 121
  Vorkräuseln zum Smoken 123
Kräuselnähte versäubern 121
Kreidestift 13
Kreuzfältchen 111, 113
Kreuzstich 75
Kugelknöpfe 234
Kunststoffreißverschlüsse 250
Kurvenlineal 12
Kürzen von Schnittmustern 26–27
Kürzen von Reißverschlüssen 251
Kürzen von Hosenbeinen 26
Kurzer Schrägstich 73
Kurzwaren 64–69

L

Langer Schrägstich 73
Längsfäden 34

Languettenstich 75
Lastex 61
  Lastexband 66
  Pflege 62
Latzhosenverschluss 65
Leder 61
  Knopflöcher 238, 245
  Pflege 62
  säumen 213
  siehe auch Wildleder
Ledernadel 10
Lederschere 11
Leinen 52, 53
  Maßschneiderei 282
  Pflege 62
Leinwand 95
Leistentasche 276, 278–279
Linon 44
  als Einlage 95
  Pflege 62
Löcher
  flicken 306
  stopfen 304
Lochstickerei 45
  Borten 67
  Pflege 62
Lurex 61
  Pflege 62
Lurexborte 69

M

Madras-Karo 43
  Pflege 62
Magnet 14
Mandarinkragen 142
Manschetten 192–201
  anfertigen und ansetzen 196–197
  doppelte 196, 197
  mit Schlitz 192
  ohne Schlitz 198–201
  Schlitze 192–197
  Umschlag 198–201
Markieren 13
Markierungshilfen 13
Markierungsstiche 73, 287
Maschinenfüße 18
Maschinenstiche 17, 77
  auftrennen 304
Maßband 12
Maße
  Größe auswählen 24
  Maß nehmen 24, 25
  Werkzeuge 12
Maßschneidern 282–297
  Ärmel 293–294

Belege 291
Einlagen 286–290
Futter 295–297
Kragen 290–292
Probestücke 284–286
Säume 295
Schnitte 283
Stoffe 282
Mausezähnchenborte 65
Mehrgrößenschnitte 23, 35
Messlehre 12
Metallreißverschlüsse 250
Metallicborte 63
Metallicgarn 65
Mikrofaser 57
  Pflege 62
Mohair 51
  Pflege 62
Moiré-Band 65
Moleskin 46
  Pflege 62
Mull 95
Mungo 50
  Pflege 62
Muschelsaum 111, 113
Musselin 44
  als Zwischenfutter 282
  Pflege 62
Muster in Stoffen 34
Mustertweed 50
  Pflege 62

N

Nadelgreifer 14
Nadelkissen 14
Nadeln
  für Handarbeit 10
  für Nähmaschinen 17
Nähfreie Knöpfe 234
Nähmaschinen 16–18
  Füße 18
  Nadeln 18
  Stiche 17, 77
  Teile 16
  Zubehör 17
Nähseide 63
Nähte 82–90
  absteppen 87
  auf Stoß 98
  Ecken 83, 84
  einhalten 89
  gebogene
    Taillenweite ändern 30, 31
    steppen 88
  gerade 82

Hilfslinien 82
in der Einlage 98
in gestrickten Stoffen 89
in glatten Stoffen 90
in Karos und Streifen 38
in synthetischen Stoffen 90
Kappnaht 86
kräuseln 121
Maßschneiderei 287
Nahtzugaben verkleinern 84
reparieren 305
Rüschen 229–230
schräge Kanten 89
Schrittnaht 88
Unterarmnaht verstärken 184
versäubern 85
verstärken mit Band 89
Nähzubehör 10–17
Nahtband 64
Nahtzugabe einschneiden 84
Netzstoff 44
Pflege 62
Nylonstäbchen 64
Nylonstoffe 56, 59
Pflege 62

O

Obertransport, zusätzlicher 18
Organdy 95, 101
Organza 54
als Einlage 95
Pflege 62
Ösen
aus Garn 262
Haken und 260, 261
in Gürteln 175
Schnallen 177
Overlockmaschinen 16, 19

P

Paillettenfuß 18
Paillettenstoff 60
Pflege 62
Paralleler Pikierstich 98
Paspel
Belegkante am Halsausschnitt 132–133
Halsausschnittkanten 126
herstellen 91
Saumkanten 209
Verdeckte Reißverschlüsse 259
Paspel mit Kordeleinlage 91
Paspelkordel 67

Perlen 68
Perlendraht 302
Perlenfüßchen 18
Perlennadel 10
Perlenschnur 67
Perlenspitze 67
Perlgarn 63
Pfeilspitzen 79
Pfeiltrenner 11
Pikierstich 98, 290
Plätten siehe bügeln
Polar Fleece 58
Pflege 62
Polstergarn 63
Polstermöbel, Kurzwaren für 69
siehe auch Vorhänge
Polsternadeln 10
Polyester 56
Polyester-Crêpe 57
Pflege 62
Polyesterleinen 58
Pflege 62
Polyesternähgarn 63
Polyestersatin 58
Pflege 62
Polyestervlies 95
Popeline 43
Pflege 62
Posamentenverschlüsse 248, 249
Pressholz 15
Probemodell, Maßschneiderei 284–286
Professionelle Techniken
Designertechniken 298–303
Maßschneiderei 282–297
Punktstich 74
PVC-Stoffe 60
Pflege 62
Pyjamaflanell 95

Q

Quadratische aufgesetzte Taschen 267
Quastenborte 69
Querfäden 34
Quetschfalten 114
Reißverschluss einsetzen 259
Sitz korrigieren 118

R

Raffen 300–301
Raglan-Ärmel 180, 185

Rayon 56
Futterstoff 282
Pflege 62
Rechts-links-Naht 86
Reißverschluss mit Untertritt 250
einsetzen 252–253
Reißverschlussfuß 18, 251
Reißverschlüsse 250–259
einsetzen 250–251
im Halsausschnittbeleg 129
in Falten 259
in der Naht 253
in Tunnelzügen 162
kürzen 251
Reißverschlussfuß 251
reparieren 306
sichtbar 258–259
teilbar 257
Übersicht 250
unsichtbar 256–257
verdeckt 252–253
Vorderverschluss 254–255
Reparaturband 64
Reparaturen 304–307
Gummiband 307
Knopflöcher 307
Nähte 305
Reißverschlüsse 306
Reversquernaht 283
Reversumbruchlinie 284
Riegel 79, 262
an Knopflöchern 247
an Taschen 269
Ripsband 65
Risse reparieren 305
Rocaille-Perlen 68
Rockabrunder 12
Röcke
an ein Oberteil setzen 159
Bogensaum 216
füttern 104
Gurtband 297
Hüftweite ändern 32, 33
im schrägen Fadenlauf 300
Maß nehmen 25
Reißverschlüsse 254–255, 259
Schlaufen zum Aufhängen 279
Schnittmuster kürzen 26
Schnittmuster verlängern 26
Seitennahttaschen 271
Taillenweite ändern 30–31
Rockhaken mit Riegel 260, 261
Rollfuß 18
Rollkragen 154
Rollsaum 206, 301
Rosetten 302
Rücken, maßnehmen 25

Rückstich 72
doppelter Rückstich 72
Knoten mit Rückstich 72
Riegel für Taschenecken 269
Rund geschnittene Rüschen 231
Runde Spitze an Nadeln 10
Rüschen 228–231
an geraden Ärmeln 188, 191
doppellagig 229
einlagig 228–229
Köpfchen
ansetzen 230
fertigen 228, 229
Übersicht 228
Nähte 229–230
rund geschnitten 231
Übersicht 228
Rüschenkragen 228
Rutschige Stoffe
heften 56
Manschetten 201

S

Samt
Baumwollsamt 47
Pflege 62
Samtband 65
Samtbrett 15
Satin
Bänder 65
Pflege 62
Polyestersatin 58
Seidensatin 53
Satinstichfuß 18
Saumklebevlies 64
Saumabrunder 12
Säume 202–217
an Hosenaufschlägen 211
an Rüschen 229
an geraden Ärmeln 188
an speziellen Stoffen 212–213
an Manschettenschlitzen 192
an Vorhängen 217
an einer Jacke 295
anzeichnen 204
Bogenkante an Rollos 216
Eckenbildung 223
eingeschlagen 204, 205
fertigstellen 208
Futter 210
handgenäht 206–207
in der Einlage 205
in Falten 212
in Webpelz 213
Leder 212

REGISTER

mit Beleg 208–209, 214,215
mit der Maschine nähen 208
Muschelsaum 216
offenkantig 206–207
paspeln 209
Rollsaum 301
Saumkanten einfassen 207
Schnittmuster kürzen 27
Schnittmuster verlängern 27
Spitze 212–213
Stiche 76
Übersicht 204
Zackensaum 216
Säume kleben 205
Säume in Leder kleben 213
Säumerfuß 18
Saumstich 76
Schaftknöpfe 234
   annähen 235
   Maßschneiderei 283
Schalkragen 142, 152–153
Schere 11
   auftrennen 304
   beim Zuschnitt 37
Saumband 65
   verarbeiten 207
Schildkrötenkragen 154
Schlaufen für Gürtel 172, 176–177
   Maßschneiderei 283
Schleifen 68, 303
Schlingen
   an Röcken 297
   aus Garn 262
   für Knöpfe 248–249
Schlingenborte 69
Schlitzbeleg 254
Schlitzblenden
   Ärmelschlitz bei Hemden 194–195
   Halsausschnitt 138–139
   Manschetten 192
   Vorderverschluss 126
Schmale Röcke
   an ein Oberteil setzen 159
   Hüftweite vergrößern 32
   Hüftweite verringern 33
   Taillenweite ändern 30, 31
Schmaler Säumer 18
Schnallen 65
   befestigen 177
   beziehen 177
Schneiderädchen 11
Schneidewerkzeuge 11
Schneidematte 11
Schneiderklebeband 15
Schneiderkopierpapier 13
Schneiderei, Maß- 282–297
Schneiderkreide 13

Schneiderleinen 95
Schneiderpuppe 14
Schneiderwinkel 12
Schnittmuster 14, 22–39
   Arbeitsanweisungen 22
   Ärmel ändern 33
   Bequemlichkeitszugabe 24
   Brustbereich ändern 28
   Eingrößenschnitte 23, 35
   Hüftweite ändern 33
   karierte und gestreifte Stoffe 38–39
   kürzen 26–27
   Markierungen übertragen 287
   Markierungen 23
   Maße 24
   Maßschneiderei 284–286
   Mehrgrößenschnitte 23, 35
   Schrittnaht ändern 29
   Schultern ändern 29
   Stoff zuschneiden 35–37
   Taillenweite ändern 30–31
   verlängern 26–27
   vorbereiten 35
Schnürverschluss 299
Schottentuch 49
   Pflege 62
   zuschneiden 38, 39
Schräger Saumstich 76
Schrägstreifen 65
   an Nähten 89
   an Säumen 207
   eingefasste Kanten 214–215
   gerüschte Säume 230
   Knopfschlingen 248
   Paspel 91
   zusammensetzen 89
Schrägstreifenbesatz
   an geraden Ärmeln 188, 189–190
   Ecke bilden 222
Schrägstreifenschneider 14
Schrittnaht
   maßnehmen 25
   Nähte 88
   Schnittmuster ändern 29
Schultern
   Maß nehmen 25
   Schnittmuster ändern 29
Schulterpolster 68
   eingesetzte Ärmel 182
   Jacken 294
   Maßschneiderei 283
   Raglanärmel 185
Schwesternstreifen 46
   Pflege 62
Seersucker 43
   Pflege 62

Seide mit Leinen 53
   Pflege 62
Seide mit Wolle 53, 62
Seide mit Baumwolle 53, 62
Seide 52–55
   Maßschneiderei 282
   Pflege 62
   zuschneiden 52
Seidenborte 67
Seidenpaspel 67
Seidensatin 53
   Pflege 62
Seitennahttasche 266, 271–273
Senkrechte Knopflöcher 234
Senkrechter Saumstich 76
Shantung-Seide 55
   Pflege 62
Sicherheitsnadel 10
Sichtbarer Reißverschluss 251
   einsetzen 257, 258–259
Single-Jersey 51
   Pflege 62
Smoken
   vorgekräuselter Stoff 123
Smoker 13, 123
Spezielle Stoffe 56–61
   Pflege 62
Spitze 45
   ansetzen 213
   Bogenkante 212
   Borten 67
   elastische 66
   Kragen 68
   Pflege 62
Spitze Ecken 83, 84
Sportgummiband 66
Spulen 16
Stäbchenperlen 68
Stabiler Saumstich 75
Stanzband 64
Stecknadeln 10
   für Seide 52
   Schnittmuster aufstecken 37
Steg
   am Futter 78
   aus Garn (für Knöpfe) 262
Stehkragen 154
Steppnähte auftrennen 304
Steppstich 77
Stiche 70–79
   auftrennen 304
   Biesen 112
   Fadenende sichern 72
   für Nähte 74–75
   heften 73
   Handstiche 72–76
   letzte Handgriffe 78–79

Maschinenstiche 17, 77
pikieren 98
Saumstiche 76
Sticknadel 10
Sticktwist 63
Stickwolle 63
Stoffe
   als Unterlage 94,95
   Baumwolle 42–47
   gestreift 38–39
   kariert 38–39
   knitterfrei 42
   Leinen 52–53
   Maßschneiderei 282
   Pflege 62
   Seide 52–55
   Strich 34
   synthetische 56–61
   Wolle 48–51
   zuschneiden 34–37
Stoffrosen 68
Stoffschlauch 248
   mit Kordeleinlage 248
Stopfen 304
Stopfgarn 63
Stopfnadel 10
Stopfpilz 14
Stores 217
Streifenmethode für Einlage 101
Strichrichtung 34
Strukturgummi 66
Synthetik-Crêpe 56
   Pflege 62
Synthetische Stoffe 56–61
   Nähte 90
   Pflege 62

T

T-Shirt-Ärmel 180
T-Stecknadeln 10
Taft 54
   Pflege 62
Taillenabschlüsse 156–177
   Abnäher 108
   belegen 165
   Bündchen ansetzen 166–171
   elastische Bündchen 170–171
   fertige Bündchenware 297
   Fertigstellung 166
   Formbündchen 170
   Gurtband 169
   Gürtel 172–177
   Gürtelschlaufen 176–177
   Lastex-Band 158, 164
   Maß nehmen 24, 166

Maßschneiderei 297
Rock und Oberteil
  zusammensetzen 159
Schnittmuster ändern 30–31
Taillenband 159
Tunnelzüge 158, 160–163
Übersicht 158
verstärken 167
Taillenbündchen mit Gurtband-
  einlage 169
Taschen 264–279
  aufgesetzte 267–271
  Ecken verstärken 269
  Fertigstellung 267
  Hüftsatteltaschen 273
  karierte und gestreifte Stoffe 38
  Klappen 276–277, 279
  Leistentasche 276, 278–279
  Maßschneiderei 283
  Paspeltaschen 274–275
  Seitennahttaschen 271–273
  Taschenbeutel 278
  Übersicht 266
Taschentuchleinen 52
  Pflege 62
Teflonfuß 18
Teiltunnel 158, 162
Teilbare Reißverschlüsse 250, 251
  einsetzen 257
Teilungsnähte
  Hüftweite ändern 32, 33
  Schnittmuster kürzen 26
  Schnittmuster verlängern 26
Tellerrock ändern
  Taille 30, 31
Textilbänder 64
Textilklebeband 15
Trägerhalter 260, 263
Trennmesser 11, 304
Tüll 59
  Pflege 62
Tüllspitze 67
Tunnel
  an geraden Ärmeln 188, 190–191
  Gummiband reparieren 307
  in der Taille 160–163, 171
Tunnelzug
  mit Zugkordel 160, 161
  umgeschlagen 158, 160
Tweed 50
  Pflege 62

Überkreuzende Nähte 84

Überlappende Manschetten 197
Überlappende Steppnaht 87
Überlappende Nähte
  in der Einlage 98
  in Wildleder 90
Überlappende Abnäher 100
Übertritt an Schlitzen 195
Umlegekragen 142
  ansetzen 147
  fertigen 146
  Teile 143
Umschlagmanschetten 198–201
Ungefütterte Vorhänge 217
Unsichtbarer Reißverschluss
  252–253, 258–259
Nähfuß für 18
Unterarmnaht reparieren 305
Unterlage
  Materialien 94
  Verarbeitung 96–97
Unterlegte Naht 87
Untersteppen 84
Untertritt am Schlitz 194–194

Velvet 47
  Pflege 62
Verdeckter Reißverschluss 250, 251
  Einsetzen 256
  Muster zusammenfügen 257
Verlängern von Schnittmustern
  26–27
Versäubern
  Falten 115
  Halsausschnittbelege 127
  Nähte 87
  Nahtzugaben 84
  Säume 206
  Überwendlingsstich 74
Verschlüsse 232–263
  Druckknöpfe 260, 263
  Haken und Ösen 260, 261
  Klettband 260, 262
  Knöpfe 234–237
  Reißverschlüsse 250–259
  Übersicht 260
Verstärken
  Falten 116, 117
  Knöpfe 236
  Reißverschlüsse 256
  Risse 305
  Taillenbündchen 167
  Taschenecken 269

Unterarmnaht 184
Verstärkter Blindsaum 76
Zwickel 186
Versteifung 64
  für Gürtel 173–174
Verstürzen, Futter 103
Vichy-Karo 42
  Pflege 62
Vier-Loch-Knöpfe 234
  annähen 235
Vinyl 60, 62
Viscose 56
  Pflege 62
Voile 44, 62
Vorderer Beleg, Einlage 100, 101
Vorhanggleiter 69
Vorhänge
  beschweren 69, 217
  Bogenkante 216
  Futter säumen 210
  säumen 217
  verankern 217
  Zubehör 69
Vorstich 74

W

Waagerechte Knopflöcher 234
Waffelsmok 122
Wäschegummi 66
Waschseide 54, 62
Wattierlineal 18
Wattierung 95
Webkante 34
Webpelz 61
  Knopflöcher in 244
  Nähte 90
  Pflege 62
  säumen 213
Wechselstich 73
Werkzeuge 10–19
  bügeln 15
  markieren 13
  messen 12
  nähen 14–15
  Nähmaschinen 14–15
  Overlockmaschinen 19
  schneiden 11
Wildleder
  Flicken 68
  Knopflöcher 245
  Nähte 90
  siehe auch Leder
Wildseide 53
  Pflege 62

Wollcrêpe 49
  Pflege 62
Wollgarne
  Stickgarn 63
  Stopfgarn 63
Wolljersey 51
  Pflege 62
Wollstoffe 48–51
  bügeln 48
  Maßschneiderei 282
  Pflege 62
  Seide mit Wolle 53, 62
  Zwischenfutter 95
Wolltuch 49
  Pflege 62

Z

Zackenlitze 67
Zackensaum 216
Zackenschere 11
Zickzackfuß 18
Zickzackstich 77
  Säume 206
  Taschenecken verstärken 269
  Versäubern von Ausschnitt-
    belegen 127
  Versäubern von Schnittkanten 85
Zierknöpfe 234
Zierstepperei
  Bündchen 171
  Einfassungen 221, 227
  Falten 115
  Gürtelschlaufen 176
  Knopflöcher in Leder 238, 245
  Leder 213
  Manschettenschlitz 195
  Nähte 87
  Säume 208
  Schlitzblende 139
  sichtbare Reißverschlüsse 258
  Taschenklappen 276
  Zwickel 186
Zubehör für Elastikarbeiten
  für Overlockmaschinen 19
Zugabe für Bewegungsfreiheit 14
Zuschneiden 34–37, 52
Zwei-Loch-Knöpfe 234
  annähen 235
Zweiseitige Rüschen 228, 229, 230
Zwischenfutter
  an einer Corsage 298
  befestigen 105
  in einer Jacke 287, 295
  Stoffe 94, 95

DANK

DER HERAUSGEBER BEDANKT SICH FÜR DIE FREUNDLICHE UNTERSTÜTZUNG:

Text und technische Beratung:
Chris Jefferys, Clare Carter, Lisa Rose und Martin Shoben vom London Centre for Fashion Studies / Londoner Fachhochschule für Modedesign.

Spezielle Beratung:
Das Team von MacCulloch und Wallis (London) Ltd.; Maureen McGuigan und die Mitarbeiter von Janome UK Ltd.; Valerie Wooton; Charyn Jones.

Bereitstellung der Materialien für die Fotos:
Stoffe:
Barneys Textile Centre, London; The Berwick Street Cloth Shop, London; Borval Fabrics, Pudsey; House of Faiman, London; Denholme Velvets Ltd., Bradford; Hanson's Discount Fabrics, Sturminster Newton; Harris Fabrics Ltd., Milton Keynes; James Hare Silks Ltd., Leeds; John Kaldon Fabric Maker UK Ltd., London; MacCulloch and Wallis (London) Ltd., London; Rose and Hubble Ltd., London; Graham Smith Fabrics Ltd., Keighley.

Kurzwaren und anderes Zubehör:
Adjustoform Products Ltd., Ashford (Schneiderpuppen); Coats Crafts UK, Darlington (Garne); Entaco Ltd., Studley (Nadeln); Fiscars UK Ltd., Bridgend (Scheren, Zackenscheren, Schneiderädchen); John Lewis Partnership, London (Bügelbrettbezüge und Kurzwaren); Newey Goodman Ltd., Tipton (Nadeln, Stecknadeln, Knöpfe und andere Kurzwaren); Perivale Gütermann Ltd., Greenford (Garne); Simplicity Partners Ltd., Galsgow (Schnittmuster); Stockman London Ltd., London (Bügelkissen); Vilene Interlinings, Halifax (Einlagen); William Whiteley & Sons, Sheffield (Lederscheren); YKK (UK) Ltd., London (Reißverschlüsse). Die Herausgeber der deutschen Ausgabe bedanken sich beim Verlag Aenne Burda GmbH & Co/Offenburg für die Bereitstellung der Tabelle für Stoffverbrauchsangaben (Seite 22).

Nähmaschinen und Zubehör:
Janome UK Ltd., Stockport; Princess Pleaters, Hereford.
Dampfbügeleisen: Domena Ltd., Haywards Heath.
Handpflege: The Body Shop / Bodyshop Colourings, London; The Garden Pharmacy, London.

Besonderen Dank an Barneys Textile Centre, The Berwick Street Cloth Shop, Borval Fabrics, James Hare Silks Ltd., Janome UK Ltd., John Kaldor Fabric Maker UK Ltd., MacCulloch and Wallis (London) Ltd., Newey Goodman Ltd., Rose and Hubble Ltd., Graham Smith Fabrics Ltd.

Weitere Mitarbeiter an diesem Buch:
Text: Jo Finnis, Adèle Hayward, Sasha Heseltine, Jacky Jackson, Emma Lawson
Layout / Gestaltung: Emmy Boys, Jackie Dollar, Rachel Gibson, Darren Hill, Robert Newman, Mark Wilde
DTP: Jason Little, Raúl L Boys, Jackie

Näharbeiten: Debbie Brett, Kathleen Copeland-Nyberg, Jean Coombs, Gwen Diamond, Penny Hill, Beryl Miller, Val Parker, Heather Purcell, Jane Skinner, Pam Southwell.
Maßschneiderei: Alan Cannon Jones, Tony Walker

Handarbeiten: Karima El-Ahmadi, Linda Birungi, Mary Clare Blake, Ana Börner, Lisa Broomhead, Alex Chiacchiararelli, Ana Jansson, Helen Oyo, Chacasta Pritlove, Vicky Rimmer, Lisa Rönnbäck, Amanda Sparling, Renée Teo.

Fotos S. 42-59: Sue Barker
Fotoassistenz: Sarah Ashun, Gary Ombler
Zeichnungen (S. 94, 108, 111, 114, 126, 142, 154, 172, 180, 188, 192, 198, 204, 228, 234, 238, 246, 248, 266) Bernhard Gussregen
Sonstige Zeichnungen: Karen Cochrane
Papierschnitte: John Hutchinson

Glossar: Jane Royston
Register: Hilary Bird